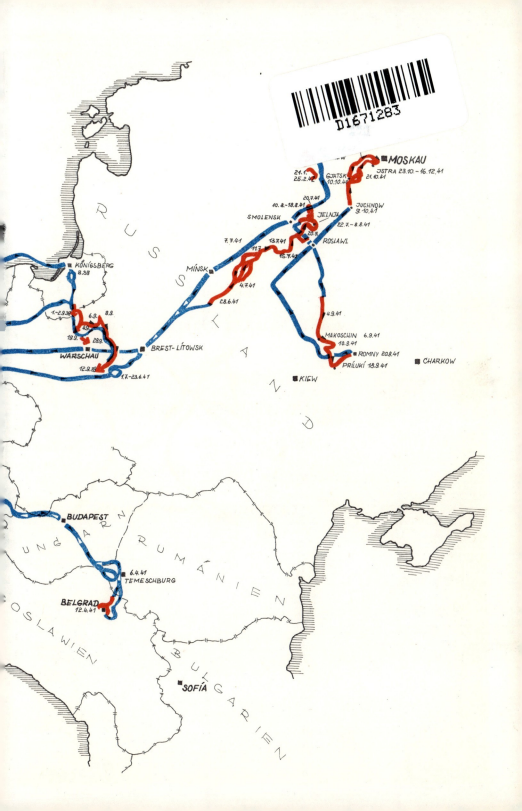

MOSKAU

21.1. / 25.2.42   GJATSK 10.10.41   ISTRA 23.10. – 16.12.41 / 21.10.41

20.7.41

10.8. – 18.8.41   JELNJA   JUCHNOW 9.10.41

SMOLENSK

7.7.41   13.7.41   20.7.   ROSLAWL   22.7. – 8.8.41

11.7.   15.7.41

MINSK

4.7.41

4.9.41

28.6.41

MAKOSCHIN 6.9.41 / 10.9.41

ROMNY 20.9.41   CHARKOW

PRILUKI 18.9.41

KÖNIGSBERG 8.39   KIEW

1. – 2.9.38   6.9.   8.9.

4.9.   28.9.

19.9.

WARSCHAU   BREST-LITOWSK

12.9.39   1.7. – 23.6.41

RUSSLAND

BUDAPEST

UNGARN   RUMÄNIEN

6.4.41   TEMESCHBURG

BELGRAD 12.4.41

JUGOSLAWIEN

SOFIA   BULGARIEN

IM GEDENKEN

AN UNSEREN ERSTEN DIVISIONSKOMMANDEUR

DEN SENIOR DER WAFFEN-SS

GENERALOBERST A. D.

P A U L H A U S S E R †

DEN TOTEN UND LEBENDEN KAMERADEN

DER EHEMALIGEN

SS-DIVISION DAS REICH

GEWIDMET

OTTO WEIDINGER · DIVISION DAS REICH

Otto Weidinger

Division Das Reich

Der Weg der
2. SS-Panzer-Division „Das Reich"

Die Geschichte der Stammdivision der Waffen-SS

Band III: 1941—1943

MUNIN VERLAG GMBH · OSNABRÜCK

Bild auf Schutzumschlag:
Vorderste Sicherung der Division DAS REICH
ostwärts Charkow — Januar 1943

©
Copyright 1973
by Munin Verlag GmbH · Osnabrück
Alle Rechte, auch die der fotomechanischen Wiedergabe, vorbehalten
Gesamtherstellung: Kölle-Druck, Buch- und Offsetdruckerei
Preuß. Oldendorf (Westf)
ISBN 3-921242-17-7

INHALTSVERZEICHNIS

Der Angriff auf Moskau — Operation „Taifun"
2. 10.—4. 12. 1941

Kriegsjahr 1943

Anhang

Einführung

Die Herausgabe des 3. Bandes der Divisionsgeschichte hat sich durch unvorhergesehene Umstände und durch eine längere Erkrankung des Verfassers um über zwei Jahre verzögert.

Inzwischen hat der Tod in unsere Reihen eine nicht mehr zu schließende Lücke gerissen.

Am 21. Dezember 1972 starb unser unvergessener Senior der Waffen-SS, der Begründer und erste Kommandeur der SS-Division DAS REICH, SS-Oberstgruppenführer und Generaloberst a. D. Paul Hausser, im 93. Lebensjahr — am gleichen Tage, an dem durch den Abschluß des Grundvertrages der Bundesrepublik Deutschland mit der Deutschen Demokratischen Republik (DDR) nach über hundertjährigem Bestand das Deutsche Reich staatsrechtlich aufgehört hat zu bestehen und damit zerstört ist.

Allen, die an der bewegenden Abschiedsstunde auf dem Neuen Friedhof in Ludwigsburg teilnahmen, wird es unvergessen bleiben, wie zum Abschluß der Trauerfeier, von etwa dreieinhalbtausend Soldaten der ehemaligen Waffen-SS gesungen, das Deutschlandlied und das Treuelind erklangen.

So ging mit dem Tode unseres Seniors symbolhaft auch eine Epoche der deutschen Geschichte zu Ende. (Gedenkblatt und Nachruf: Anhang S. 512)

Noch vier Wochen vor seinem Tode sprach der Verfasser mit ihm und ahnte nicht, daß dies das letzte Gespräch sein sollte. Dabei brachte unser Senior zum Ausdruck, daß er noch zu gerne die Vollendung der Divisionsgeschichte DAS REICH erleben würde. Bis in die letzten Tage seines Lebens hat er sich bevorzugt mit dem Studium der beiden ersten Bände beschäftigt, und seine Angehörigen schrieben dem Verfasser, daß er diese als letztes in den Händen gehabt habe.

Die Division DAS REICH war der Kern seines Lebenswerkes — der militärischen Formung der Waffen-SS zu einem Eliteverband im Rahmen des deutschen Frontheeres.

Schon vor Jahren hat er dem Verfasser seine handschriftlichen Aufzeichnungen zu den einzelnen Kampfabschnitten der Divisionsgeschichte, vor allem zur jeweiligen Gesamtlage, in welche die Division hineingestellt war, überlassen, die im Rahmen dieses Bandes ausgewertet und oft wörtlich zitiert werden.

Auf diese Weise hat unser Senior noch aktiv an dieser Divisionsgeschichte mitgewirkt. Es ist bedauerlich, daß es ihm nun doch nicht mehr vergönnt war, die Vollendung der Geschichte s e i n e r Division zu erleben.

In der Einführung zum Band II der Divisionsgeschichte wurde von der ungeheuerlichen Verleumdungskampagne gegen die Division DAS REICH im Zusammenhang mit der angeblichen „Bergung" von SS-Kriegsakten aus dem Schwarzen-See in der Tschechoslowakei berichtet, wonach es sich angeblich um „Dokumte aus dem Kriegsarchiv der SS-Division ‚Das Reich'" handelte.

Inzwischen wurde durch eine Sendung des ZDF-Magazins von Gerhard Löwenthal am 18. April 1973 diese Affaire als eine gerissene Fälschung und sorgfältig vorbereitete Manipulation des tschechoslowakischen Geheimdienstes, „Amt für Desinformation", entlarvt, wobei der stellvertretende Chef dieses Amtes, Ladislav Bittmann, der sich inzwischen nach dem Westen abgesetzt hatte, alle Einzelheiten und Hintergründe dieser Aktion aufdeckte.

Damit wurde diese Diffamierungskampagne praktisch von der damaligen Gegenseite selbst entlarvt.

Durch die eidesstattliche Erklärung des ehem. SS-Hauptscharführers Georg Streicher (siehe Anhang S. 521) ist inzwischen geklärt worden, daß die gesamten Kriegsakten der Division DAS REICH von Angehörigen der Waffen-SS selbst verbrannt wurden und sich mit an Sicherheit grenzender Wahrscheinlichkeit weder in tschechischen noch in russischen Archiven befinden. Andernfalls wären diese längst den deutschen Behörden zur Verfügung gestellt worden, wenn sie irgendwelches belastendes Material enthalten hätten.

Dieser Band III zeigt die geradlinige Fortführung des Weges der SS-Division DAS REICH als fester Bestandteil des deutschen Frontheeres und im Winterfeldzug 1942/43 ihren Einsatz als eine der drei ältesten Divisionen der Waffen-SS im Rahmen des ersten SS-Panzerkorps unter dem Befehl unseres ersten Divisionskommandeurs, SS-Obergruppenführer und Generalleutnant Hausser.

Auch dieser Abschnitt der Divisionsgeschichte soll ein weiterer Beitrag zur historischen Wahrheit und die Grundlage für eine spätere objektive Geschichtsschreibung bilden.

Aalen, im September 1973   O t t o W e i d i n g e r

Die Lage im Mittelabschnitt der Ostfront
nach der Herauslösung der SS-Division REICH aus der Front
im Jelnja-Bogen

Rückblick:

Der damalige Divisionskommandeur, Generaloberst a. D. Hausser, schreibt in seinen persönlichen Aufzeichnungen:

Der operative Schwerpunkt an der Ostfront lag in der Mitte bei der Heeresgruppe von Bock mit den Panzergruppen 2 (Guderian) und und 3 (Hoth).

Die Vorstöße dieser Panzertruppen führten zu mehrfachen Kesselschlachten auf der Landbrücke zwischen Dnjepr und Düna bis zunächst in die Linie Mogilew—Witebsk, dann bis zum Oberlauf der Desna: Jelnja—Jargewo ostwärts Smolensk.

Hier fiel die erste Entscheidung!

Von russischer Seite aus gesehen sollte hier, nachdem die Abwehr an der „Stalin-Linie" mißlungen war, der Angreifer aufgehalten werden, um Moskau zu sichern.

Nach den Angaben von Werth*) bedeutete Smolensk „die erste Schlappe des Blitzkrieges". Hier führte Stalin zum ersten Mal neue starke Truppeneinheiten aus dem Osten heran. Die deutsche Front stand.

Eine Schlappe wäre es gewesen, wenn sie nachgegeben hätte. So war es ein Erfolg. Nach kurzer Auffrischung und Zuführung von Ersatz stand die Truppe zu neuen Aufgaben bereit.

Aber auch bei den Sowjets war die Moral wieder gefestigt. Das Gefühl, Moskau sei in Gefahr, und die Reden Stalins vom „vaterländischen Krieg" taten ihre Wirkung; das waren neue Töne!

Die Anstrengungen zur Verteidigung wurden verstärkt.

Der damalige Generalstabschef Stalins, Marschall Schukow, schreibt in seinen „Erinnerungen und Gedanken"**), daß er sich in der Zeit der

---

*) Alexander Werth: „Krieg in Rußland 1941—45", Droemersche Verlagsanstalt, Th. Knaur, München

**) G. K. Schukow: „Erinnerungen und Gedanken" in deutscher Übersetzung, Deutsche Verlagsanstalt, Stuttgart 1969

schwersten Kämpfe am 29. Juli 1941 bei Stalin zum Vortrag gemeldet habe „über den schwächsten und meistgefährdeten Abschnitt der russischen Fronten"; das sei die „Zentral-Front". Sie müsse verstärkt werden, und die „Südwestfront" müsse hinter den Dnjepr zurückgenommen und damit Kiew aufgegeben werden. Dagegen sei es erforderlich, im Westabschnitt einen Gegenstoß zu führen, um den „Brückenkopf Jelnja" zu beseitigen. Moskau sei in Gefahr.

Stalin war nicht einverstanden. — Schukow wurde als Chef abgelöst und übernahm den Oberbefehl der „Reserve-Front" in Gshatsk. Er orientierte sich an den folgenden Tagen bei der 24. Armee im Raum Jelnja! Er erkannte die gut organisierte deutsche Abwehr, die den „Brückenkopf Jelnja" in einen „Befestigungsbereich" verwandelt hatte. Die 24. Armee mußte verstärkt werden. Von Marschall Schukow werden die SS-Division REICH und die 10. Panzerdivision erwähnt.

W. Haupt schreibt in „Heesresgruppe Mitte"[*]):

„Das russische Oberkommando hatte seine im Mittelabschnitt eingesetzte ‚Reservefront' im Süden mit der 28. und 43. Armee mit starker Luftwaffenunterstützung gegen den Brückenkopf Jelnja eingesetzt. Die im Brückenkopf haltende SS-Division REICH (SS-Obergruppenführer Hausser) blutete hier zum ersten Mal aus und mußte am 17. 8. (— beginnend — d. Verf.) von Infanteriedivisionen abgelöst werden."

Wie ging nun die Schlacht um Jelnja weiter?

„Nacheinander kämpften, litten und bluteten in den Gräben bei Jelnja: 10. PD, SS-Div. REICH, 268., 292., 263., 137., 87., 15., 78. I.D. und das Inf.Rgt. mot. GROSSDEUTSCHLAND.

Feldmarschall v. Bock rief am 28. 8. um 10.30 Uhr im Hauptquartier des Oberkommandos des Heeres an und berichtete: ‚Ende der Widerstandskraft der Heeresgruppe ist vorauszusehen! Es ist unmöglich, Ostfront zu halten.'

Während der Chef des OKH, Generaloberst Halder, zu verstehen gibt, daß eine Aufgabe des Jelnja-Bogens evtl. in Erwägung gezogen werden müsse, ging die Schlacht um Jelnja weiter. Die Sowjets holten nun die 24. Armee heran und setzten sie ebenfalls gegen den Jelnja-Bogen an. Damit rannten drei russische Armeen gegen diese vorgeschobenen Stellungen an.

---

[*]) W. Haupt: „Heeresgruppe Mitte", Verlag Podzun, Bad Nauheim, S. 78

Am 30. 8. erzielten die russische 50. und 64. Schützendivision mit Unterstützung der 47. Fliegerdivision und einiger Panzerregimenter einen tiefen Einbruch. Drei Tage später — am 2. 9. — entschloß sich das Oberkommando des Heeres auf energisches Drängen des Heeresgruppenkommandos hin, den Jelnja-Bogen zu räumen.
Die sowjetische 24. Armee konnte am 6. September in die Ruinenstadt einziehen."

Überblick über die Lage

Die Lage an der Front der Heeresgruppe Mitte war alles andere als rosig:
Ein Krisenherd erster Ordnung war der Brückenkopf Jelnja gewesen. Die dort eingesetzten Divisionen verbluteten in einem Abwehrkampf, der sich mit der Schlacht von Verdun des Ersten Weltkrieges vergleichen ließ.
Die Heeresgruppe hatte frontal nach Osten ihre Bewegungsfreiheit eingebüßt. Sie war festgefahren und verfügte Anfang September 1941 weder über genügend Menschen noch über genügend Material, um frontal nach Osten offensiv zu werden.
Mitte September mußte sie zum Stellungskrieg übergehen. Die Front ostwärts Smolensk wurde in 120 Kilometer Breite verteidigt. Hier stürmten ununterbrochen sechs sowjetische Armeen, ohne die allgemeine Frontlage irgendwie beeinflussen zu können.
Der Schwerpunkt hatte sich eindeutig nach Süden verlagert, wo die Panzergruppe Guderian seit dem 8. August ihre Bewegungsfreiheit wiedergewonnen hatte, als das XIV. Pz.-Korps in einer Einkreisungsschlacht im Raume Miloslawitschi—Klimowitschi bis zum 13. August vier feindliche Panzerdivisionen, stärkere Kavallerie- und Luftlandebrigaden vernichtet oder zersprengt hatte.
Die Regierung in Moskau predigte dem Volke den „nationalen Befreiungskrieg". Es wurden alle Anstrengungen gemacht, die verschiedenen Völker des riesigen Landes einmütig zum Kampf gegen die deutschen Armeen aufzurufen. Stalin knüpfte eiligst wieder an die Tradition des zaristischen Rußland an. Die Begriffe „Mütterchen Rußland" und „Väterchen Stalin" wurden in den Sprachgebrauch des russischen Volkes aufgenommen.

TEIL G

DER FELDZUG GEGEN RUSSLAND
TEIL II: 19. 8. 1941 — 18. 2. 1943

Die operativen Möglichkeiten

Wie sollte nun der Kampf weitergeführt werden? Es gab im großen drei Möglichkeiten: Vorstoß auf Moskau, Beseitigung der tiefen Flanke bei Kiew und Angriff auf Leningrad. Letzterer hatte allerdings keine kriegsentscheidende Bedeutung.

Hitler hat schon früh zu dem Entschluß Kiew geneigt. In der Führerweisung von 21. 8. 41 heißt es bereits:

> „Das wichtigste, noch vor Einbruch des Winters zu erreichende Ziel ist n i c h t die Einnahme Moskaus, sondern Wegnahme der Krim, des Industrie- und Kohlengebietes am Donez und die Abschnürung der russischen Ölzufuhr aus dem Kaukasus-Raum; im Norden die Abschließung Leningrads und die Vereinigung mit den Finnen[*].“

Zwar sagen Philippi und Heim[**]: . . . „Der schöpferische Funke zur Schlacht von Kiew entsprang nicht dem Befehl Hitlers; er lag auch nicht in den Absichten der Heeresführung; er stammt vom Oberkommando Süd.“

Dennoch blieb es dem Oberkommando des Heeres nicht erspart, eine „Schlacht wider Willen" zu schlagen.

Das Oberkommando des Heeres mit von Brauchitsch und Halder und der Befehlshaber der Panzergruppe 2, Guderian, sind immer für die Fortsetzung des Angriffs auf Moskau eingetreten. Moskau war nicht nur die Hauptstadt Rußlands, sondern auch die große Straßenspinne und „Eisenbahndrehscheibe". Fiel diese aus, so standen für operative Verschiebungen dem Gegner nur wenige Nord-Süd-Bahnen und -Straßen zur Verfügung.

Es war jetzt noch Zeit, vor der Herbstschlammperiode und vor dem Winter das Erreichen von Moskau zu erhoffen. Entsprechende eindring-

---

[*] Guderian: Erinnerungen eines Soldaten, S. 183, Kurt Vowinckel-Verlag, Neckargemünd

[**] Philippi u. Heim: „Der Feldzug gegen Sowjetrußland", Verlag W. Kohlhammer GmbH, Stuttgart

liche Vorschläge hatte die Heeresgruppe Mitte und auch Generaloberst Guderian gemacht. Sie wurden von Hitler abgelehnt, da die Besetzung des Industriegebietes am Donez aus kriegswirtschaftlichen Gründen an erster Stelle stehe.

Deshalb war die „Armeeabteilung Guderian" — zunächst ohne XXXXVI. Pz.-Korps — schon zur Schlacht um Kiew nach Süden angesetzt.

So bot sich die Lage, als die SS-Division REICH in den letzten Augusttagen 1941 zur frontnahen Auffrischung im Raum ostwärts Smolensk lag.

II. Von Jelnja bis Lenino vor Moskau
19. 8. 1941 — 21. 12. 1941

Als Heeresgruppenreserve
in frontnaher Auffrischung im Raum ostwärts Smolensk:
19. 8. — 1. 9. 1941

Nach Herauslösung der SS-Division REICH aus der Jelnja-Front erfolgt ihre Verlegung in sechs Marschgruppen in den Auffrischungsraum westlich der Straße Dankowo, Roslawl, südlich der Linie Polujewo—Rudnja Nowaja.

Kaum hatten die letzten Teile der Division ihre Auffrischungsräume erreicht — die Straßen waren durch wolkenbruchartige Gewitterregen völlig verschlammt —, als am 20. August vom XXXXVI. Panzerkorps der Befehl eintrifft, daß die Division, sofort antretend, als Reserve der Heeresgruppe Mitte in einen neuen Auffrischungsraum ostwärts Smolensk verlegt wird. Die Truppe, die sich gerade für die Ruhe eingerichtet und mit der Instandsetzung der Waffen und Fahrzeuge begonnen hat, muß sich sofort wieder marschbereit machen und vom 20. bis 22. August teilweise denselben Weg, auf welchem sie gekommen ist, wieder zurückmarschieren. Der Divisionsgefechtsstand wird in Ilinja (15 km nordostwärts Smolensk) errichtet.

Nach dem Divisionsbefehl für die Wiederauffrischung ist mit einem Verbleiben im derzeitigen Raum von etwa 7 Tagen zu rechnen. Danach

sind alle Vorhaben einzurichten. Die Truppe ruht weitgehend in Biwak-
räumen. Die Instandsetzung von Waffen, Bekleidung, Fahrzeugen und
Gerät wird sofort in Angriff genommen. Einzelne Einheiten werden
zur Erntehilfe eingesetzt. Am 25. August besucht der Kommandierende
General von Vietinghoff das SS-Regiment DEUTSCHLAND und das
SS-Regiment 11.

In den Tagen vom 26. bis 28. August treffen ca. 320 Mann Heeresersatz
von der Panzergruppe 2 und 1372 Mann Waffen-SS-Ersatz ein und
werden auf die Einheiten der Division verteilt. Damit wird jedoch erst
etwa ein Drittel der Ausfälle gedeckt, und die Division ist nach Eingliederung dieses Ersatzes gerade nur notdürftig einsatzfähig.

Die Männer erholen sich nach den wochenlangen Kämpfen, Entbehrungen und Anstrengungen seelisch und körperlich. Singende und musizie-
rende Gruppen sitzen abends vor den Zelten. An den Heeresrundfunk-
empfängern lauschen viele zum ersten Mal der von Lale Andersen beim
Soldatensender Belgrad gesungenen Weise „Lili Marlen...", die eine
starke Brücke zur Heimat schlägt und die bei den alliierten Soldaten
genauso beliebt werden sollte wie bei den deutschen. Verschiedene Einheiten sehen in einem Kino in Smolensk die Spielfilme „Reitet für
Deutschland..." und „Friedrich Schiller".

Daneben muß in Ausbildungsgruppen der eingetroffene Ersatz auf den
Ausbildungsstand der Fronttruppe gebracht werden, müssen Straßen
ausgebessert, Brücken gesichert und auf Grund eingegangener Meldungen über Absprünge von russischen Fallschirmjägern Spähtrupps angesetzt werden.

Am 28. 8. werden alle Kommandeure zur Division befohlen. Der Ia,
Ostubaf. Ostendorff, gibt einen umfassenden Überblick über die Gesamtlage. Sicher hat das deutsche Ostheer und die SS-Division REICH
auf ihrem Kampfweg stolze Erfolge errungen. Die vergangenen
Kämpfe haben jedoch auch schwere blutige und empfindliche Verluste
gekostet. Das Feindbild, das der Ia skizziert, läßt keinen Zweifel an
der noch vorhandenen und stetig wachsenden Stärke der Roten Armee.
Wie notwendig die befohlenen Sicherungsmaßnahmen sind, geht aus der
Tatsache hervor, daß ein Zug der 14. (Pz.Jg.) SS-DEUTSCHLAND
am 30. August auf die Mitteilung von Ortseinwohnern außerhalb des
Unterkunftsraumes des Regimentes bewaffnete russische Fallschirm-
jäger, darunter ein Leutnant und ein Feldwebel, in einer Scheune über-

rascht und festnimmt und durch die Vernehmung des Leutnants der Division wichtige Unterlagen gegeben werden.

Nur noch wenige Tage dauert diese Atempause, bis die Division notdürftig wieder aufgefrischt ist und für neue Aufgaben bereitsteht. Am 31. August wird die Division alarmiert. Sie scheidet mit diesem Tage aus dem Verband des XXXXVI. Panzerkorps aus und wird ab sofort der Panzergruppe 2, die von nun ab als „Armeeabteilung Guderian" bezeichnet wird, unmittelbar unterstellt. Sobald die Brücke in Smolensk für sie frei ist, hat die Division den Marsch nach Süden anzutreten.

Die Schlacht um Kiew

Gliederung der Heeresgruppe Mitte

Die Heeresgruppe Mitte war — ohne XXXXVI. Panzerkorps — befehlsgemäß mit dem rechten Flügel zum Stoß nach Süden angetreten. Dieser Flügel gliederte sich wie folgt:
rechts: 2. Armee:

> Höh.Kdo. XXXV mit 112., 45. ID
> XIII. AK mit 134., 17., 260. ID
> XXXXIII. AK mit 131., 293. ID

links: „Armeeabteilung Guderian":

> XXIV. Pz.-Korps mit 3., 4. PD, 10. ID mot.,
> ab 4. 9. 41: SS-Division REICH
> IR GROSSDEUTSCHLAND
> XXXXVII. Pz.-Korps mit 17., 18. PD, 29. ID mot.

Das XXXXVI. Panzerkorps mit der SS-Division REICH war von der Heeresgruppe Mitte zunächst noch als Heeresgruppenreserve zurückgehalten worden, weil Feldmarschall v. Bock immer noch mit dem rechtzeitigen Stoß auf Moskau rechnete.

Als jedoch die „Ameeabteilung Guderian" nördlich der Desna gegen überlegenen Feind in eine schwierige Lage gerät, wird auch die SS-Division REICH nachgeführt, um den Stoß nach Süden zu verstärken.

Marsch in den Bereitstellungsraum um Awdejewka

Am 1. September setzt sich die Division bei kühlem, regnerischem Wetter in Marsch. Fünf Marschgruppen marschieren in der Reihenfolge: Kradsch.Btl. + Aufkl.Abt., Rgt. DER FÜHRER, Pi.Btl., Rgt. 11 und Rgt. DEUTSCHLAND — die Divisionswaffen sind auf die Marschgruppen aufgegliedert — auf der Straße Smolensk, Roslawl, Mglin, Unetscha, Starodub auf Awdejewka. Gesamtstrecke etwa 500 Kilometer.

Bis Roslawl geht der Marsch auf guter, asphaltierter Straße, die anschließend übergeht in Knüppeldämme und ausgefahrene Waldwege. Ab 2. September verwandeln Gewittergüsse mit anschließendem Dauerregen die Vormarschstraße in grundlose Moraste, so daß fast nur noch Kettenfahrzeuge durchkommen. Die Zugmaschinen müssen streckenweise alle Räderfahrzeuge ins Schlepp nehmen und immer wieder bis an die Achsen eingesunkene Fahrzeuge herausziehen. An die Kraftfahrer werden höchste Anforderungen gestellt. Große Marschverzögerungen sind die Folge, und die Marschkolonne der Division zieht sich daher auf sechs Tage auseinander. Aus diesem Grund können in die Kämpfe bis zur Desna nur Teile der Division eingreifen.

Tiefffliegende Ju 52 und starker Gegenverkehr von Heeresnachschubkolonnen zeigen, daß die Kämpfe bereits in vollem Gange sind. Nach den bisher bei der Division eintreffenden Meldungen sieht die Lage etwa folgendermaßen aus:

Kiew bildet den Zipfel eines langen und sich ständig verengenden russischen Frontvorsprungs nach Westen. Die Frontlinie verläuft am 3. September aus dem Raume nördlich von Tschernigow in allgemein nordostwärtiger Richtung, biegt westlich Nowgorod Sewerssk scharf nach Süden bis Krolowetz ab und geht von hier direkt nach Norden über Woronesh und Schostka auf Nowgorod-Sewerssk zurück.

Die 10. ID mot. hatte in den vergangenen Tagen im Raume südlich Awdejewka schwere Kämpfe mit bitteren Verlusten gegen eine russische Panzerbrigade und 4 Divisionen zu bestehen. In ihrer rechten Flanke auf der Grenze zur 2. Armee waren Feindkräfte stehengeblieben, gegen die bisher die 10. ID mot. teilweise mit ihren rückwärtigen Teilen, wie Bäckerei-Kompanie etc., sichert.

Gegen diesen Feind geht nun die SS-Aufklärungsabteilung REICH vor.

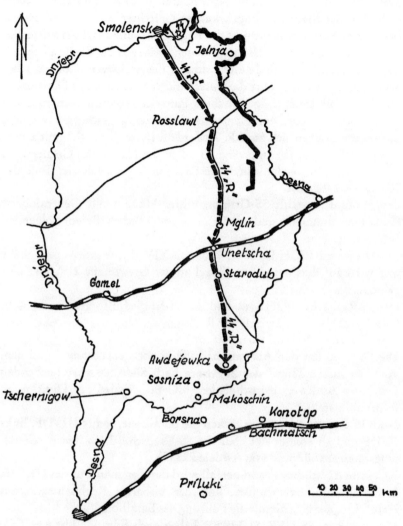

Anmarsch der SS-Division REICH (1. — 4. 9. 1941)
aus dem Raum ostwärts Smolensk zur Schlacht um Kiew in den Raum
um Awdejewka nördlich der Desna

Die Division hat in den frühen Morgenstunden mit ihren vordersten Teilen Starodub passiert, und beim Regiment DER FÜHRER kommt es südlich der Stadt zu einigen kurzen Gefechten mit ausweichendem Feind. Am Nachmittag erreicht das Regiment (ohne I./DF) Awdejewka und sichert den Ort zunächst nach Süden, während das SS-Kradsch.Btl. westlich davon nach Südwesten sichert. Generaloberst Guderian begrüßt bei seiner Frontfahrt die eintreffenden Verbände der Division. Der Russe fühlt mit einigen leichten Panzern gegen die Sicherung des SS-Kradsch.Btl. vor, von denen zwei Panzer abgeschossen werden, die anderen ziehen sich zurück. Außerdem führt dieses Btl. mit einem kampfkräftigen Spähtrupp einen Stoß in die Flanke des Gegners. Im Laufe des Tages werden durch die Division bei Awdejewka Teile der 10. ID mot. abgelöst.

Am Nachmittag trifft SS-Gruppenführer Hausser mit Generaloberst Guderian zusammen und erhält einen mündlichen Befehl folgenden Inhalts:

„SS-Division REICH ist ab 4. 9. dem XXIV. Panzerkorps unterstellt und wird auf dessen rechtem Flügel an der Grenze zur 2. Armee eingesetzt.

Das SS-Rgt. DER FÜHRER und das SS-Kradsch.Btl. greifen am 4. 9. früh 06.00 Uhr in südwestlicher Richtung an, ohne das Eintreffen weiterer Teile der Division abzuwarten.

Die Division hat den Auftrag, nach Südwesten vorzustoßen und dem vor dem linken Flügel der 2. Armee nach Südosten zurückgehenden Feind den Rückweg abzuschneiden. MG-Btl. 5 wird der Division ab sofort unterstellt."

Noch in den Abendstunden rücken die Bataillone, rechts III./DF, links II./DF und als rechter Nachbar das SS-Kradsch.Btl., in den Bereitstellungsraum am Südrand von Awdejewka ein.

Bei einem nächtlichen Feuerüberfall wird der Kommandeur des III./DF, Hstuf. Kempin, verwundet, und der bisherige Regimentsadjutant Hstuf. Lingner übernimmt die Führung des Bataillons.

Mit dem Rgt. SS-DER FÜHRER haben auch folgende übrigen Teile der Marschgruppe 2 (DF) den Einsatzraum erreicht: Divisionsführungsstaffel, Sturmgeschütz-Batterie, I./SS-Art.Rgt., Nachrichtenabteilung, 2. Batterie/Flak-Abt. und eine Sanitätskompanie.

f) Verfolgungskämpfe in der Schlacht von Kiew
4. 9. — 18. 9. 1941

4. September 1941:
Um 6.00 Uhr tritt das durch Sturmgeschütze und leichte Flak verstärkte SS-Rgt. DER FÜHRER, unterstützt durch I./SS-AR und MG-Btl. 5, zusammen mit dem SS-Kradsch.Btl. über die eigenen Sicherungen hinweg zum Angriff nach Südwesten mit offener linker Flanke an.
Zunächst wird nur langsam Boden gewonnen, doch bald geht der Angriff flüssig vorwärts.
Das II./DF greift mit der 7. Kompanie den Ort Lusik an und nimmt ihn. Die beiden Sturmgeschütze „Seydlitz" und „Prinz Eugen" erledigen dabei zwei Panzer und bekämpfen Feldstellungen am Westrand des Ortes. Nach der Einnahme von Lusik rollt der Angriff zügig weiter. Am Nachmittag stürmt das II./DF unter Stubaf. Harmel ungestüm weiter nach Süden und hängt sich in pausenloser Verfolgung dem flüchtenden Feind an die Fersen, so daß es den Rotarmisten nicht mehr gelingt, sich noch einmal zum Kampf zu stellen. In den späten Nachmittagsstunden gelingt es, die Brücke bei Rudnja über den Ubedy unversehrt in die Hand zu bekommen, Rudnja zu nehmen und das Höhengelände südlich der Ortschaft zu besetzen. Dabei werden durch die Sturmgeschütze vier feindliche Geschütze vernichtet.
Das III./DF stößt in Richtung Chlopeniki vor, wobei die Sturmgeschütze „Blücher" und „Lützow" drei Geschütze, eine B-Stelle und mehrere MG-Nester vernichten. Gegen Mittag wird Chlopeniki erreicht und gesäubert. Flüchtende Kolonnen werden unter Feuer genommen, und das Btl. stößt am Nachmittag bis auf die Höhe des II./DF vor.
Beim II./DF — von Rudnja aus — setzt die 15. (Kradsch.)/DF mit den Sturmgeschützen die Verfolgung des Gegners in Richtung Tschernotitschi fort und überrascht vor dem Ort eine flüchtende russische Kolonne, die sich ergibt. Zahlreiche Gefangene werden eingebracht, zehn Geschütze und über ein Dutzend Lastkraftwagen erbeutet.
Das SS-Kradsch.Btl., das zusammen mit dem SS-Rgt. DER FÜHRER zum Angriff antritt, hat den Auftrag, die Front südwestlich Awdejewka aufzurollen, dabei den Wald zu durchkämmen und damit die rechte Flanke des Rgt. DF zu sichern.

Es löste diese Aufgabe durch flankierenden Angriff auf die Westflanke des Gegners mit der 1. Kompanie als Spitzenkompanie, dahinter die 4. (MG)-Kompanie, rechts rückwärts gestaffelt die 2. Kompanie, während die 3. Kompanie vom Ortsrand Awdejewka aus frontal auf den Wald südwestlich des Ortes angreift.

Der Angriff geht so zügig vorwärts, daß bereits um 08.30 Uhr das befohlene Angriffsziel erreicht ist.

Der Feind vor der Division leistet nur noch stellenweise organisierten Widerstand und scheint vor der SS-Division REICH und vor der 10. ID mot., die sich weiter links dem Angriff der Division angeschlossen hatte, nach Südwesten auszuweichen. Im Waldgebiet nordwestlich Awdejewka steht noch zahlenmäßig starker Feind, der jedoch ohne einheitliche Führung ist.

Währenddessen quält sich der übrige Teil der Division über die durch immer erneut einsetzende Regengüsse fast unpassierbaren Straßen weiter nach Süden vor. So steht die Marschgruppe SS-Rgt. 11 am Nachmittag vor Starodub wieder einmal festgefahren und die Marschgruppe SS-Rgt. DEUTSCHLAND aufgeschlossen dahinter.

5. September 1941:

Die Panzergruppe Guderian beabsichtigt aus Brückenköpfen südlich der Desna weiter nach Süden vorzustoßen, um auf ihrem rechten Flügel in Zusammenarbeit mit der 2. Armee den Kessel nordwestlich Sosniza zu schließen.

Während rechts der Division die 1. Kavalleriedivision weiter nach Süden vorgeht, um den Raum vom Gegner zu säubern, wird die 10. ID mot. links der Division den Raum zwischen dem Fluß Bogatschka, dem Fluß Ubety und der Desna vom Feinde säubern.

Der Auftrag der Division ist es, den Vorstoß auf Sosniza fortzusetzen und den Ort zu nehmen sowie die Höhe westlich Sosniza zu besetzen und nach Westen zu sichern.

Gegen 4.30 Uhr greift der Russe Chlopeniki an. Der Angriff wird jedoch durch die Sturmgeschütze abgeschlagen, wobei ein Geschütz und eine Pak vernichtet werden.

Das verstärkte Rgt. DER FÜHRER stößt aufgesessen weiter nach Süden vor. Starke in verschiedene Richtungen zurückgehende Feindtruppen werden durch die I./SS-AR wirkungsvoll unter Feuer genommen.

Während eines solchen Aufenthaltes erreicht das I./DF wieder das Regiment, übernimmt sofort die Spitze und stößt mit großem Schwung weiter nach Süden, während das III./DF der Division direkt unterstellt wird.

Auf dem Vormarsch fährt Generaloberst Guderian an der Kolonne des Regiments entlang und begrüßt die Truppe mit anerkennenden Worten. Am Nachmittag gegen 15.30 Uhr wird mit II./DF der Vorstoß auf Tschernotitschi fortgesetzt. Der Russe hatte in der Nacht vom 4./5. 9. die Ortschaft wieder besetzt und versuchte seine früher stehengebliebenen Geschütze herauszuholen. Noch vor Einbruch der Dunkelheit werden die Feldstellungen beiderseits Tschernotitschi niedergekämpft. Die 15./DF mit zwei Sturmgeschützen greift den Ort erneut an und nimmt ihn in Besitz. Anschließend werden die Höhen 846 und Punkt 79.0 angegriffen und genommen, wobei die Sturmgeschütze ein Geschütz und eine Pak erledigen. Zurückgehende feindliche Kolonnen werden von hier aus unter Feuer genommen.

Der Feind zieht sich auf Sosniza zurück und wird verfolgt. Dabei werden wieder drei Feindgeschütze das Opfer der deutschen Sturmgeschütze. Sosniza wird noch an diesem Tage angegriffen und genommen.

Bei diesem Vorstoß hat die Fernsprechkompanie der SS-Nachr.Abt. REICH durch vorbildlich schnellen Bau der Fernsprechleitung hinter der Angriffsspitze die dauernde Verbindung zwischen den vordersten Bataillonen und dem Divisionsgefechtsstand sichergestellt und wird für diese Leistung im Divisionsbefehl vom 5. 9. 41 lobend erwähnt.

Das III./DF wird nach dem Vorgehen des I. und II./DF durch die Division nach Rudnja vorgezogen und sichert dort die Höhen südlich davon sowie gegen das Waldgelände nach Norden. Beim SS-Kradsch. Btl. bleiben die bis zur Ablösung durch das MG-Btl. 5 am Morgen aufgestellten Sicherungen ohne Feindberührung. Das Btl. marschiert nur wenige Kilometer bis nach Chlopeniki und sichert den Ort nach allen Seiten.

Die SS-Aufkl.Abt. klärt aus dem Raume nördlich Rudnja auf bis in die Linie: Rejmentorowka—Dolschok—Chawdejewka—Alexandrowka—Mjna—Sosniza.

Bildung eines Brückenkopfes über die Desna bei Makoschin

6. September 1941:

Die Feindgruppen, die in dem Waldgelände nordwestlich Awdejewka eingeschlossen sind, versuchen nach Süden durchzubrechen. Infolge des erfolgreichen Vorgehens der 2. Armee muß daher mit vermehrtem Feinddruck von Nordwesten gerechnet werden. Die 1. Kav.Div. (rechts) wird durch ihren Vorstoß auf Walynka die rechte Flanke der Division sichern und das Waldgelände im Raum Dolschok—Awdejewka—Cholmy vom Feinde säubern.

Die 10. ID mot. (links) hat mit dem IR 41 den Raum westlich Progny erreicht, und das verstärkte Kradsch.Btl. 40 säubert den Raum zwischen Desna und Ubety.

Die SS-Div. REICH hat den Auftrag, durch weiteren Vorstoß nach Süden und Wegnahme der wichtigen Desna-Brücken südwestlich Sosniza die Einkreisung des Feindes zu vollenden und durch Vorstoß über Mjena die Verbindung mit der 2. Armee anzustreben.

Von den vier im Abschnitt der Division vorhandenen Desna-Brükken soll die beste Brücke mit günstigster An- und Abfahrtsstraße festgestellt und am Südufer der Desna ein kleiner Brückenkopf gebildet werden.

Außerdem ist der Abschnitt Hf. Gontscharoff—Sosniza—Makoschin mit Front nach Nordwesten stützpunktartig zu besetzen, um feindliche Durchbrüche nach Südosten zu verhindern.

Am Vormittag steht das SS-Rgt. DER FÜHRER mit Anfängen an der Desna südlich Sosniza. Das III./DF ist dem Regiment wieder unterstellt, ebenso sind ein Zug Sturmgeschütze und die I./SS-AR wieder auf Zusammenarbeit angewiesen. Das I./DF dringt im Laufe des Vormittags bei Mjena in eine Feindkolonne ein und bringt ihr verheerende Verluste bei. Der Gegner bekommt jetzt den Beginn der Umklammerung zu spüren. Vor der vom Westen her angreifenden 2. Armee gehen starke russische Verbände aus Nordwesten über die Eisenbahnbrücke bei Makoschin über die Desna zurück. Eine starke Verteidigung am Nord- und Ostrand von Makoschin, deren Rückgrat zwei russische Panzerzüge sind, soll den Sowjets diesen Übergang über den etwa 60 Meter breiten Fluß offenhalten.

Während das I./DF noch in verbissenem Kampf ostwärts Mjena festliegt, sichern das II./DF und III./DF ostwärts Makoschin an der Desna. Das SS-Kradsch.Btl., ohne 1. Kp., die dem MG-Btl. 5 unterstellt ist, marschiert um 7.00 Uhr von Chlopeniki ab und erreicht über Rudnja, Tschernotitschi zur Verfügung der Division Sosniza.

Erlebnisbericht
des Kradmelders SS-Sturmmann Helmut Günther, SS-Kradsch.Btl. REICH *)

Die Brücke von Makoschin

„Motore anwerfen!" Auf einer verhältnismäßig guten Straße rollte das Bataillon an. Der 6. 9. 1941 war angebrochen! Es sollte einer der tragischsten Tage des Kradschützenbataillons werden. Der 1. Zug der 2. Kompanie fuhr Spitze, dann folgte der Chef der 2. und hinter ihm der Kommandeur. Neben und hinter dem Alten fuhren wir Melder. Hinter dem Funkwagen folgte der Rest der 2. Kompanie und des Bataillons.

Nach etwa fünfzehn Kilometern verließen wir die Straße und fuhren auf Feldwegen weiter, wie wir sie bisher gewohnt waren. Der Wettergott meinte es an diesem Tage ganz besonders gut; es war warm, die Sonne zeigte sich von der besten Seite. Der sandige Boden hatte trotz des anhaltenden Regens der letzten Tage eine allzu große Schlammbildung verhindert, und mit einer ziemlich hohen Spitzengeschwindigkeit rauschte das Bataillon dahin.

Ein größerer Ort tauchte auf, die Bevölkerung schaute uns verblüfft an: die hatten noch keinen deutschen Soldaten gesehen. Ich mußte zurück zum Troß mit dem Befehl, er sollte nachkommen und in Sosniza unterziehen. Nur die Gefechtsteile des Bataillons fuhren weiter. Ich hatte eine Ahnung, daß dem Bataillon ein Auftrag bevorstand, der nicht ganz stubenrein war . . .

Schnell machte ich noch einen Besuch bei Ewald, der mit dem schweren Küchenwagen herumjonglierte, um ihn an den richtigen Platz zu bugsieren.

„Ewald, wo ist meine Verpflegung für die letzten Tage?" Dabei blin-

---

*) Helmut Günther: „Heiße Motoren — Kalte Füße", Kurt Vowinckel-Verlag, S. 142

zelte ich mit den Augen. „Rück' mal den Schnaps 'raus, das andere kannst du dir auf die Stiefel schmieren!"
„Junge, werd bloß nicht frech, deinen Schnaps habe ich fortgeschüttet!" Beide lachten wir. Das wäre wohl das Letzte gewesen, was Ewald getan hätte. Mir war bekannt, daß Marketenderwaren ausgegeben worden waren. Meinen Schnaps hatte Nickel mitgefaßt und längst verdrückt. Der Schlot kannte da keine Hemmungen! Aber Ewald konnte ja nicht wissen, wer nun gerade von den Meldern anwesend war. Ohne Murren füllte er meine Feldflasche, und mit einem „Hals- und Beinbruch" von Ewald zog ich ab, ehe der Spieß mich aufhalten konnte. Den sah ich nämlich gerade quer über die Dorfstraße auf uns zu stolzieren.

Für Werner und Albert gab es, nachdem wir das Bataillon erreicht hatten, keinen Aufenthalt. Die beiden mußten etwa hundert Russen, die dem Bataillon über den Weg liefen, zu einer Sammelstelle bringen. Daß zwei Mann für diese Aufgabe etwas wenig waren, ließ unseren Alten kalt. Mit entsicherter MPi. hockte Albert auf dem Beiwagen, und so kurvten sie wie ein Schäferhund, immer im notwendigen Abstand, neben dem Marschblock her. Daß den beiden dabei das Hinterteil mit Grundeis ging, versteht sich am Rande. Oft wurden kleinere Gruppen von gefangenen Iwans mit einer entsprechenden Handbewegung ohne jede Bewachung nach hinten geschickt. Die meisten kamen auch an, aber viele verkrümelten sich. Sicher war es Leichtsinn; aber wo die Bewachung hernehmen, wenn jeder Mann gebraucht wird? Die Kumpels weiter hinten mußten eben aufpassen; schließlich war das Kriegsgebiet nicht die „Kö" in Düsseldorf.
Eine gewaltige Staubwolke in der Ferne zeigte den Weg, den das Bataillon genommen hatte. Er führte über freies, offenes Gelände. Nur kurzes Steppengras bedeckte den Boden. Mit dem stillen Wunsch, in kein Loch zu geraten, hob ich mich etwas vom Sattel, klemmte meine Oberschenkel fest an den Benzintank und drehte den Gasgriff auf. Die Maschine bockte wie ein Zirkusgaul, aber sie lief. Bald hatte ich die zuletzt fahrenden Kräder überholt und schob mich langsam nach vorn. Auch die B-Kräder hatten ein anständiges Tempo drauf. Wie die Reiterschar eines ollen Hunnenkönigs fegte das Bataillon, tief gestaffelt, über die Steppe. Nach der Wühlerei der letzten Tage war diese Attacke wie eine Erlösung. Links und rechts von unserer wilden Jagd tauchten Feldstellungen des Iwan auf. Sogar einzelne Soldaten waren zu erken-

nen. Wie ein Schemen, alles in Staub gehüllt, brausten wir vorbei. Es fiel nicht ein einziger Schuß. Ob die Iwans uns für Kameraden hielten? Langsam und sicher hatte ich mich an die Spitze vorgemogelt. Hier fuhren Klingenberg und Obersturmführer Wagner um die Wette. Werner und Albert, die zum Glück ihre Gefangenen bald losgeworden waren und, während ich den Troß nachzog, bereits wieder beim Bataillon gelandet waren, fuhren scharf hinter dem Alten. Nickel sah ich drüben an der rechten Seite, tief gebeugt auf seiner Solomaschine. Loisl mußte irgendwo zwischen den Kompanien hängen. Wieder ging es durch ein Dorf. An einem Brunnen wollte eine alte Oma Wasser schöpfen. Uns sehen, die vollen Wassereimer fallen lassen und blitzschnell im Haus verschwinden war eins. Was mußte diese Frau für einen Schreck bekommen haben, als wir so vorbeirauschten! Ohne Aufenthalt ging es weiter. Kein Mensch hielt an, um vielleicht festzustellen, ob das Dorf auch tatsächlich feindfrei sei und irgendwo Iwans hockten. Die Luft war erfüllt von dem Donnern der Motore, mit kreischenden Rädern ging es um die Hausecken. Jetzt bloß keine Panne, war mein sehnlichster Wunsch. Ein richtiggehender Begeisterungsrausch hatte alles erfaßt. Egal ob Mann, Unterführer oder Führer. So etwas hatte es bei uns noch nicht gegeben. Ohne Aufklärung, ohne Spitzengruppe, die Spitze war der Alte jetzt selbst, ohne jede Seitensicherung; wie eine wilde Horde fegte der ganze Haufen vorwärts.

Hinter dem Dorf begann wieder Steppe, weitere Feldbefestigungen waren zu erkennen. Ein harmloser Schuß rauschte hinter uns ins Gelände. „Vorwärts!" schrie Klingenberg. Stehend im Kübel, den Körper gespannt wie ein Jäger, brauste dieser tolle Hecht an der Spitze seiner Kradschützen voraus. Peng, ein Knall, der Kübel fängt an zu schlingern und bleibt stehen. Reifenpanne! Ohne viel Worte zu verlieren, schwingt sich Klingenberg auf Werners Krad.

„Weiter, warum bleibt ihr stehen, was fällt euch ein?" schreit er, und es war sein Glück, daß Obersturmführer Wagner ohne anzuhalten weiterfuhr. Es hätte dem Alten nichts ausgemacht, Wagner an Ort und Stelle eine Zigarre zu verpassen.

Am Horizont tauchen die Konturen eines größeren Ortes auf. Mit höchstmöglicher Geschwindigkeit jagen die ersten B-Kräder, der Alte mittendrin, in die Stadt hinein. Erst in der Mitte des Städtchens läßt Klingenberg halten. Während ein Zug Kradschützen, mit Ostuf. Rentrop an der Spitze, vorbeiflitzt, hält Wagner beim Kommandeur. Auch der Adju ist da, und es gibt eine kurze Besprechung der Offiziere.

Wegnahme der Eisenbahnbrücke von Makoschin

In Sosniza erhält das SS-Kradsch.Btl. den Auftrag, die Eisenbahnbrücke bei Makoschin im Handstreich zu nehmen und auf dem Südufer der Desna einen Brückenkopf zu bilden.

Das verstärkte Kradsch.Btl. soll mit den unterstellten Waffen in folgender Marschfolge aufgesessen zum Vorstoß auf Makoschin antreten: 2. Kp. (verst. durch 2 Sturmgeschütze, 2 Pak, 1Fla.MG-Zug, 1 Pi.-Zug, 1 schw.Gr.W.-Gruppe), Btl.-Führungsstaffel, 4. Kp., 3. Kp., Rest 5. Kp., 1 Bttr./II./SS-AR.

Für 13.30 Uhr ist von der Panzergruppe 2 ein Stuka-Angriff auf Makoschin sowie auf das Nord- und Südufer an der Eisenbahnbrücke zugesichert. Doch vergebens wartet die Kampfgruppe Klingenberg auf die Stukas.

Als um 14.45 Uhr immer noch nichts von einem Anflug deutscher Flugzeuge zu bemerken ist, erteilt Generaloberst Guderian persönlich vom Gefechtsstand des Rgt. DER FÜHRER aus an das SS-Kradsch.Btl. den Befehl zum Vorstoß auf Makoschin.

Da das plötzlich einsetzende schöne Wetter die sandigen Straßen und Wege verhältnismäßig schnell abtrocknen läßt, kann das SS-Kradsch.-Btl. seinen Vorstoß auf Makoschin mit erhöhter Geschwindigkeit durch noch nicht aufgeklärtes feindliches Gelände durchführen. An der Wegegabel Slobtka—Makoschin erfolgt die erste Feindberührung, und es werden einige Gefangene gemacht.

Der Stoß in die noch feindbesetzte Ortschaft gelingt durch die Überraschung verhältnismäßig schnell, trotz eines heftig feuernden Panzerzuges, gegen den der Fla.MG-Zug in Stellung geht. Doch dann schießt es aus allen Ecken. Der Gegner hat sich gefangen und wehrt sich verbissen. Im Nahkampf mit Handgranaten und Maschinenpistolen fressen sich die Männer weiter durch die Ortschaft.

Mit den Kradschützen der 2. Kp. unter Hstuf. Wagner, zwei Sturmgeschützen und zwei Panzerspähwagen des Rgt. DF, die mit der 15./DF auf den Ostrand von Makoschin angesetzt sind, wird durch den Ort auf die Bahnlinie vorgestoßen. Russische Truppen gehen laufend über die Desna-Brücke nach Süden. Die Sturmgeschütze „Derfflinger" und „Prinz Eugen" stoßen sofort an die Brücke vor. Ein Sturmgeschütz nimmt einen am anderen Ufer stehenden Panzer unter Feuer und vernichtet ihn. Ein Panzerzug wird unter Feuer genommen und setzt sich daraufhin ab. Da ein neuer Angriff des Panzerzuges erwartet wird, fahren die beiden Sturmgeschütze etwas zurück.

Während dieser Kämpfe sind der Chef der 2. Bttr./SS-Flak-Abt., Ostuf. Rentrop, der sich zufällig bei der Spitze befindet, und der Führer der 14. (Pz.Jg.)/DF, Ustuf. Frank, mit einigen Kradschützen des 1. Zuges der 2. Kradsch.Kp. am Ortsrand von Makoschin entlanggestoßen, setzen in kühnen Sprüngen über die große Eisenbahnbrücke, zerreißen dabei die ausgelegten Zündschnüre zu den Sprengladungen, reiben den russischen Sprengtrupp auf und fassen mit wenigen Männern auf dem Südufer der Desna Fuß. Damit ist es diesem Stoßtrupp im letzten Augenblick gelungen, die Sprengung der für den weiteren Vormarsch entscheidend wichtigen Desna-Brücke zu verhindern.

Daraufhin fahren beide Sturmgeschütze wieder an die Brücke vor. Als sie bis auf 50 Meter heran sind, erscheinen plötzlich die auf 13.30 Uhr angekündigten, aber jetzt längst nicht mehr erwarteten Stukas — es sind drei Staffeln mit insgesamt 27 Maschinen — und setzen trotz Signalflaggen und Leuchtzeichen zum Angriff auf Makoschin sowie auf das Nord- und Südufer der Desna an der Brücke an. Dann versinkt die Ortschaft in einem Inferno von heulenden und in gewaltigen Detonationen berstenden Stukabomben in qualmenden Rauch und Brand. Die Bomben treffen nicht nur den Feind, sondern liegen auch mitten in den im Ort noch kämpfenden Kradschützen und haben eine verheerende Wirkung. Das erschütternde Ergebnis dieses Stuka-Angriffes sind beim SS-Kradsch.Btl. 10 Tote und 30 Schwerverwundete, die meisten vom Nachrichten-Zug und von der Btl.-Kradmeldestaffel. Ostuf. Schädlich, der Führer der 5. Kradsch.Kp., der gerade auf dem Weg zum Btl.-Gefechtsstand war, fällt dem Angriff ebenfalls zum Opfer. Wie durch ein Wunder bleibt der Kommandeur, Stubaf. Klingenberg, mit seinem Adjutanten, Ustuf. Hilger, unversehrt, da beide kurz vorher an den südlichen Ortsrand vorgegangen waren, um von hier aus einen Überblick über die Lage an der Brücke zu erhalten. Mancher Fluch wird zu den Stukas hinaufgebrüllt.

Ein Zusammentreffen von tragischen Umständen und Mißverständnissen hat offensichtlich zu diesem Unglück geführt. Keine Truppe ist anscheinend im Bewegungskrieg mit schnell wechselnden Fronten gegen solche tragischen Zwischenfälle gefeit. Gerade unsere Stukas haben die Männer der Division REICH in den schweren Kampftagen von Jelnja in vorbildlicher Kameradschaft hervorragend und oft entscheidend unterstützt. Es ist anzunehmen, daß der tragische Irrtum bei der Übermittlung der Angriffszeit für die Stukas entstanden ist, und es entspricht wohl der Eigenart dieser Waffe, daß ihr Einsatz, wenn sie einmal zum Sturzangriff angesetzt ist, trotz Leuchtzeichen und Fliegertücher nicht mehr gestoppt werden kann. Da bei der Truppe mit dem Einsatz der Stukas überhaupt nicht mehr gerechnet wurde, sind wahrscheinlich auch die eigenen Fliegererkennungszeichen erst gezeigt worden, als es schon zu spät war.

Etwas Gutes hatte jedoch dieser Stuka-Angriff trotzdem: Er hat den Vorstoß über die Brücke bzw. die Abwehr in dem kleinen Brückenkopf auf dem Südufer erheblich erleichtert, der letzte Widerstand in Makoschin ist damit zusammengebrochen und die beiden Panzerzüge sind endgültig ausgeschaltet.

Durch eine Bombe wurde die Brücke teilweise getroffen und brannte. Mit den Löschgeräten der Sturmgeschütze wird der Brand jedoch sofort gelöscht. Wegen dieser Beschädigung können die beiden Sturmgeschütze nicht den Brückenkopf am Südufer erreichen. Aber ein verst. Zug der 2. Kradsch.Kp. stürmt über die Brücke, um den Stoßtrupp, der die Sprengung verhindert hat, zu unterstützen.

Der Feind erkennt die drohende Gefahr. Er setzt sofort zum Gegenstoß an, den er laufend verstärkt. Er legt die Brücke unter derart konzentriertes Artilleriefeuer, daß ein Überschreiten zunächst nicht mehr möglich ist. Am Tage kann den tapferen Männern im Brückenkopf keine Hilfe mehr gebracht werden. Sie müssen allein aushalten und 'verteidigen den noch kleinen Brückenkopf gegen alle Angriffe des Gegners. Der Kompanieführer der 14. (Pz.Jg.)/DF, Ustuf. Frank, besiegelt diesen schweren Kampf mit dem Tode.

Durch den Pionier-Zug der 5. Kradsch.Kp. wird die Brücke unter starkem feindlichem Artilleriefeuer ausgebessert, und das Sturmgeschütz „Prinz Eugen" wird in den Brückenkopf vorgezogen, während „Derfflinger" infolge eines Laufkettenschadens erst später die Brücke überschreiten kann.

Die übrigen Sturmgeschütze, die zusammen mit der 15. (Kradsch.)/DF vom Osten her in den Kampf eingegriffen hatten, haben inzwischen den Feuerschutz nach Nordwesten übernommen und wehren mehrere Feindvorstöße ab.

Die Besatzungen der beiden russischen Panzerzüge kämpfen mit erstaunlicher Hartnäckigkeit. Schon vor dem Stuka-Angriff waren sie immer wieder vorgefahren und haben den Feuerkampf aufgenommen, obwohl sie von den Sturmgeschützen, von den Fla.MG und Pak unter Feuer genommen wurden. Als sich die Panzerzüge einmal abgesetzt hatten, sprengte der Pionier-Zug die Schienen. Ein erneut heranfahrender Panzerzug entgleist daraufhin und fährt, nachdem er den ersten entgleisten Wagen abgehängt hat, wieder zurück. Als der eine Panzerzug durch das konzentrische Feuer zu brennen anfängt, steigen die Besatzungen beider Panzerzüge aus. Kurz darauf greifen die Stukas noch einmal an und vernichten diese vollständig.

Während dieser Kämpfe sind die 3. und 4. Kp. des SS-Kradsch.Btl. zur Sicherung der rechten Flanke nach Westen und Nordwesten eingesetzt.

In der Nacht wird der Rest der verstärkten 2. Kp. und die gesamte 4. (MG)Kp. zur Verstärkung des Brückenkopfes ebenfalls auf das Südufer der Desna nachgezogen. Sie bezieht dort beiderseits der Brücke Stellungen.

SS-Ostuf. Fritz Rentrop, der aus eigenem Entschluß in gefahrvoller Lage die Führung des Stoßtrupps übernommen und durch seinen Handstreich die wichtige Desna-Eisenbahnbrücke unversehrt in die Hand bekommen hat, ermöglichte damit den sofortigen weiteren Vorstoß der SS-Division REICH über die Desna nach Süden, wodurch starken feindlichen Verbänden der Rückzugsweg nach Osten abgeschnitten wurde. Diese entscheidende Tat des tapferen Stoßtrupps wurde mit der Verleihung des Ritterkreuzes an Ostuf. Rentrop am 21. Oktober 1941 gewürdigt. Er selbst blieb im Februar 1945 als Sturmbannführer und Ia des IV. SS-Panzerkorps vor dem Feinde.

Das SS-Rgt. 11 mit unterstellter II./SS-Art.Rgt. (ohne 1 Bttr.) besetzt im Laufe des Tages mit den inzwischen herangekommenen Teilen folgenden Abschnitt zur Abwehr mit Front nach Nordwesten: Brücke

Rudnja einschl. — Höhe 84,6 (2 km südwestl. Tschernotitschi) und überwacht durch starke Spähtrupps die Straße Tschernotitschi—Gontscharoff bei Tag und Nacht.

Das MG-Batl. 5 (verst. durch 1. SS-Kradsch.Kp.) säubert tagsüber das Waldgebiet Nowenjkij—Shuklja—Lusk—Hf. Korbin.

Generaloberst Guderian schreibt in seinen Erinnerungen*) unter dem 6. 9. 41:

„Wieder Besuch bei SS-REICH. Sie befand sich im Angriff auf die Eisenbahnbrücke über die Desna bei Makoschin. Ich bemühte mich, ihr hierzu Luftwaffenunterstützung zu verschaffen. Die Division war infolge der schlechten Wege noch nicht versammelt. Unterwegs traf ich eine Reihe von Formationen teils auf dem Marsch, teils in den Wäldern rastend. Die Truppe machte einen besonders disziplinierten Eindruck und verlieh ihrer Freude, wieder bei der Panzergruppe zu sein, lebhaften Ausdruck.

Nachmittags wurde die Brücke genommen, ein weiterer Übergang über die Desna gewonnen. Meine Fahrzeugstaffel mußte mehrfach feindliches Artilleriefeuer durchfahren, erlitt aber keine Verluste. Auf der Rückfahrt begegneten wir ... wegen der schlechten Wege zu Fuß marschierenden SS-Einheiten."

Als Generaloberst Guderian auf seiner weiteren Fahrt zum Divisionsgefechtsstand kam, gab er den Befehl, den Brückenkopf über die Desna so zu erweitern, daß die Division von dort aus zum Angriff auf dem Westufer des Sejm antreten könne, um das Vorgehen des XXIV. Panzerkorps über diesen Abschnitt zu erleichtern.

(An diesem Tage wird der wochenlang so heißumkämpfte Jelnja-Bogen, der von den deutschen Divisionen befehlsgemäß geräumt wurde, von Teilen der russischen 24. Armee besetzt.)

7. September 1941:

Während der Nacht wird der Brückenkopf durch die 2. Kradsch.Kp., zwei Sturmgeschütze und die 4. SS-Kradsch.Kp. verstärkt. Heftige russische Angriffe werden mit wenig Munition abgewehrt.

---

*) Guderian: „Erinnerungen eines Soldaten", S. 193

Im Morgengrauen erhält das Sturmgeschütz „Derfflinger" einen Pak-Treffer und muß zurückfahren. Es bleibt jedoch auf dem Bahndamm in den Schienen hängen. Da sich auch „Prinz Eugen" bald restlos verschossen hat, sollte es ebenfalls über die Brücke zurück, kommt jedoch nicht an „Derfflinger" vorbei, und so müssen beide Sturmgeschütze auf dem Bahndamm in starkem Artilleriefeuer stehenbleiben, da es unmöglich ist, sie sofort wieder flott zu machen.

Vor dem kleinen Brückenkopf greift der Gegner im Laufe des Tages immer wieder verbissen an, um den Brückenkopf einzudrücken und die auch für ihn sehr wichtige Desnabrücke wieder zurückzugewinnen. Alle Angriffe werden jedoch durch die beiden verstärkten Kradschützen-Kompanien abgeschlagen. Fast den ganzen Tag über liegt schweres Artilleriefeuer aller Kaliber bis zu 21 cm einschließlich Granatwerferfeuer auf der Brücke, die trotz verschiedener Beschädigungen immer noch passierbar bleibt.

Ein eigener Angriff aus dem kleinen Brückenkopf heraus verspricht wegen des mangelnden Bereitstellungsraumes keinen Erfolg. Zudem hat sich der Feind im Desna-Abschnitt verstärkt. Außerdem stehen abgesprengte schwächere Feindteile noch im Waldgebiet nördlich und südlich Chlopeniki. Stärkerer Feind befindet sich noch immer nordwestlich Mjena und im Desna-Abschnitt ostwärts Makoschin. Mit Feinddruck aus Nordwesten und Auftreten von Feindresten an der Vormarschstraße der Division muß daher gerechnet werden.

Die SS-Division REICH erhält daher von der Panzergruppe 2 den Auftrag, am 7. 9. die Einschließung der Feindkräfte in der rechten Flanke nördlich der Desna zu vollenden und den Brückenkopf über die Desna nach Süden zu erweitern.

Das Regiment DER FÜHRER wehrt zunächst in den jetzigen Stellungen alle Angriffe aus nordwestlicher Richtung ab und bereitet gleichzeitig im Laufe des Vormittags mit der 16. (Pi.)/DF und in Zusammenarbeit mit dem SS-Pionier-Bataillon das Übersetzen in breiter Front über die Desna beiderseits Makoschin mit Floßsäcken vor; und zwar werden angesetzt: I./DF westlich, III./DF ostwärts der Eisenbahnbrücke. Es ist beabsichtigt, einen zweiten erweiterten Brückenkopf um den vorläufigen kleinen Brückenkopf zu bilden, den damit eingeschlossenen Feind zu vernichten und endlich das SS-Kradschützen-Bataillon zu entlasten.

Das II./DF wird gleichzeitig etwa 6 Kilometer ostwärts Makoschin übergesetzt, nimmt im Angriff eine kleine Ortschaft auf dem Südufer und hält diese gegen kleinere Feindangriffe, wodurch zugleich die linke Flanke des Regimentes gedeckt wird.

SS-Regiment 11 sichert weiterhin die Stützpunkte Rudnja und Tschernotitschi und klärt in nordwestlicher und westlicher Richtung auf.

Das SS-Regiment DEUTSCHLAND, das am Abend vorher in mühsamem Vormarsch mit dem verstärkten I./D Tschernotitschi erreicht hat, tritt um 6.30 Uhr wieder an und erreicht um 11.15 Uhr mit vordersten Teilen Mjena und sichert den Raum Mjena-Baba. Die SS-Aufklärungsabteilung steht südlich davon.

Seit Mittag greift der Feind in etwa Regimentsstärke mit Unterstützung von fünf Batterien den kleinen Brückenkopf Makoschin erneut an und wird abermals im tapferen Einsatz der beiden Kradschützen-Kompanien abgewehrt.

Um 16.00 Uhr beginnt das Regiment DER FÜHRER mit dem Übersetzen und Angriff des I. und III./DF beiderseits Makoschin über die Desna, der planmäßig vor sich geht, so daß bei Einbruch der Dunkelheit die beiden Bataillone größtenteils am Südufer der Desna stehen und, soweit noch möglich, vorgehen, um am nächsten Vormittag einen zweiten größeren Brückenkopf zu bilden.

Ein genauer Überblick über die eigene Lage südlich der Desna ist naturgemäß an diesem Abend nicht mehr zu erhalten.

Erweiterung des Brückenkopfes über die Desna und weiterer Vorstoß nach Süden

8. September 1941:

Beim ersten Tageslicht gelingt es endlich, die beiden auf dem Eisenbahndamm hängengebliebenen Sturmgeschütze wieder flott zu machen und zur Reparatur über die Brücke zurückzuschleppen.

Mit dem Morgengrauen wird der Angriff der beiden Bataillone DF auf dem Südufer der Desna fortgesetzt.

Das I./DF, das in unübersichtlichem Gelände angreift, hat harte Kämpfe zu bestehen, kann aber in den frühen Vormittagsstunden den Bahndamm südlich der Eisenbahnbrücke erreichen.

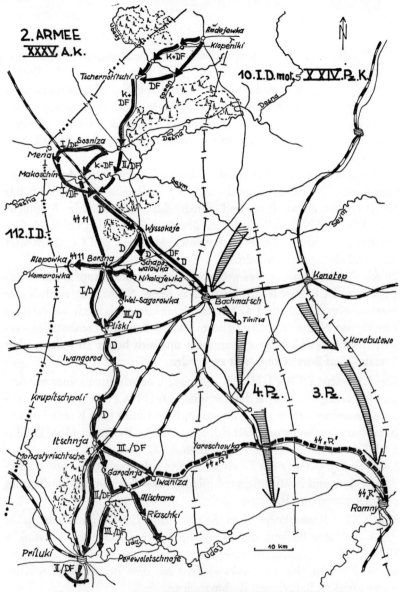

Der Kampfweg der SS-Division REICH in der Kesselschlacht um Kiew
vom 4. — 23. September 1941

Zeichenerklärung: SS-„R" = SS-Div. „Reich"
                     D = SS-Rgt. „Deutschland"   ▬ ▬ ▬ ▬ ▬
                 DF = SS-Rgt. „Der Führer"   = Marschweg
                 K = SS-Kradsch.Btl. „Reich"   der Division aus dem
                 Divisionsgrenzen nur ungefähr   Raum Priluki
                                                            nach Romny

Das III./DF geht in dichtem Nebel in der Niederung der Desna vor, sieht etwa 3 Kilometer vor sich die große Ortschaft Slobotka liegen, erreicht lautlos vorgehend und unerkannt den Fuß der Höhe und dringt so überraschend in die Ortschaft ein, daß der Feind kaum nennenswerten Widerstand leisten kann. Zahlreiche Gefangene, darunter eine geschlossene Artillerieabteilung mit Geschützen, fallen dem Bataillon in die Hand.

Noch am Vormittag wird am Bahndamm der erweiterte Brückenkopf geschlossen. Die damit eingeschlossenen Feindkräfte werden durch das SS-Kradschützenbataillon und durch das nachrückende Regiment DEUTSCHLAND vollständig aufgerieben. Es werden dabei 11 Geschütze, zahlreiche sonstige Waffen sowie Munition und Gerät erbeutet und 1400 Gefangene gemacht.

Durch die Erkämpfung des größeren Desna-Brückenkopfes durch das Regiment DER FÜHRER wird nach seiner Säuberung endlich das Herausziehen der 2. und 4. Kradschützenkompanie nach schwerstem Einsatz am Nachmittag ermöglicht. Das SS-Kradschützenbataillon erhält Befehl, beschleunigt zu sammeln und sich bereit zu halten, über Wysskoje auf Borsna angesetzt zu werden.

Das Regiment DER FÜHRER soll nach Überschreiten seiner vordersten Sicherungslinie durch das Regiment DEUTSCHLAND die Bataillone zusammenziehen, die Fahrzeugstaffeln hinter dem Kradschützenbataillon heranholen und hält sich bereit, hinter Regiment DEUTSCHLAND, voraussichtlich rechts gestaffelt, zu folgen.

Der Feind gegenüber der Division scheint sich abzusetzen. Mit stärkerem Widerstand in allgemeiner Linie Borsna—Baturin ist allerdings zu rechnen, ebenso mit Panzern.

Das XXIV. Panzerkorps, dem die Division nunmehr untersteht, stößt gegen die Linie Bachmatsch—Konotop vor, um dann den Vorstoß in südwestlicher Richtung fortzusetzen.

Die 4. Panzerdivision — links — tritt aus dem Brückenkopf 6 Kilometer ostwärts Baturin auf Bachmatsch an.

Die 10. ID mot. sichert zwischen SS-Division REICH und der 4. Panzerdivision nördlich des Sejm-Flusses.

Die Division REICH hat den Auftrag, aus dem gebildeten Desna-Brückenkopf ebenfalls auf Bachmatsch und mit Teilen auf Borsna vorzustoßen.

Die SS-Aufklärungsabteilung tritt sofort nach Wiederherstellung der Eisenbahnbrücke Makoschin durch das SS-Pionierbataillon nach Südosten in Richtung Jaduty an und klärt bis zur Linie Komarowka—Pliska—Bhf. Bachmatsch auf.

Die Brücke wird zunächst für folgende Einheiten in folgender Reihenfolge freigegeben: SS-Aufklärungsabteilung, II./SS-Art.Rgt., verst. Regiment DEUTSCHLAND, Kradschützenbataillon.

Um 14.00 Uhr erhält das Regiment DEUTSCHLAND den Auftrag, mit verstärktem I./D abgesessen über die Desna-Brücke auf Butowka vorzugehen, um dem dort mit Front nach Südosten liegenden II./DF den Rücken freizukämpfen und mit dem verstärkten III./D beiderseits der Bahnlinie zunächst auf den rechten Flügel des III./DF vorzugehen.

Auf die Meldung der SS-Aufklärungsabteilung, daß der Gegner motorisiert und mit bespannten Einheiten nach Jaduty ausweicht, genehmigt die Division den Vorschlag des Regimentskommandeurs SS-DEUTSCHLAND, Oberführer Bittrich, beiderseits der Bahnlinie mit dem I./D auf Pratschi vorzugehen und das III./D dahinter folgen zu lassen.

Durch schadhafte Brückenstellen ist das Nachziehen der schweren Waffen, vor allem der Artillerie, zunächst nicht möglich. Das II./D verbleibt zunächst aufgesessen in Baba.

Die 15. (Kradsch.)/DEUTSCHLAND geht auf Bonderewka vor und setzt Aufklärung nach Westen an. Sie meldet um 17.45 Uhr, daß Bonderewka erreicht ist und die Waldstücke westlich davon durch schwächere feindliche Infanterie besetzt sind. Um 18.00 Uhr erreicht das I./D den Bahnhof Bonderewka. Das III./D hat um 21.45 Uhr Hf. Strdnje erreicht und sichert nach Osten und Westen.

Der Kessel von Kiew zeichnet sich ab

9. September 1941:

Die Desna ist von der rechts angreifenden 2. Armee in der ganzen Breite erreicht und Tschernigow besetzt.

Das XXIV. Panzerkorps hat den Raum zwischen Korop und Krolewetz durchschritten und befindet sich im Angriff auf Konotop. Damit gerät die sich tapfer und erfolgreich im Pripjet-Gebiet verteidigende 5. Sowjetarmee in Gefahr, eingeschlossen zu werden.

Seit dem 9. 9. beginnt die russische Front im Dnjepr-Bogen auseinanderzufallen. Auch beim Gegner gibt es Probleme über die Weiterführung des Kampfes. Als unsere Bewegungen bei der russischen Führung der „Südwestfront" die geplante Einkesselung erkennen lassen, gibt Marschall Budjenny am 9. 9. die Befehle für die Vorbereitungen des Rückzuges und erbittet von Stalin die Zustimmung zur Aufgabe von Kiew und des Dnjeprbogens. Aber der Diktator bekommt einen Wutanfall und gibt seinen berühmten Befehl:

„Stehen und halten und notfalls sterben!"

Marschall Budjenny wird bald darauf durch Marschall Timoschenko ersetzt. Die Gegensätze zwischen den Ansichten bleiben aber bestehen. Vor der Front der SS-Division REICH — Divisionsgefechsstand in Makoschin — hat der Feind, welcher noch mit kampfkräftigen Teilen nördlich des Abschnittes Krassnostaff—Wyssokoje liegt, Feldstellungen nordwestlich Borsna und nördlich Bahnhof Dotsch angelegt und besetzt. Südlich dieser Abschnitte muß mit starkem Feind gerechnet werden.

Alle Beobachtungs- und Aufklärungsergebnisse lassen darauf schließen, daß Jaduty und Bratschi von starkem Gegner besetzt sind. Verschiedene feindliche Angriffe werden abgeschlagen.

Die Division hat den Auftrag, sich bis zum Nachmittag Bereitstellungsräume zu erkämpfen, aus denen sie vor Dunkelwerden die Feldstellungen auf dem Südufer des Dotsch-Abschnittes angreifen und nehmen soll. Die SS-Aufkl.Abt. wird von Jaduty aus nach Süden und in der rechten Flanke über Ssidorowka gegen den befohlenen Raum zur Aufklärung angesetzt.

Das Regiment DEUTSCHLAND soll in der bisherigen Zusammensetzung entlang der Bahnlinie und südlich davon in südostwärtiger Richtung angreifen, Bereitstellungsräume nordwestlich Wyssokoje erreichen und gegen den Ort aufklären und erkunden.

Um 14.00 Uhr tritt das Regiment DEUTSCHLAND mit dem verstärkten I./D an der Spitze auf Bratschi an, das III./D folgt dahinter. Hervorragend unterstützt durch die beiden Sturmgeschütze „Lützow" und „Yorck", werden die russischen Feldstellungen gegen heftigen Widerstand und unter starkem Artilleriefeuer niedergekämpft. Um 16.30 Uhr wird Bratschi genommen. Um diese Zeit wird auch das II./D vorgezogen und längs der Bahnlinie angesetzt.

Gegen Abend geht der Angriff durch Sumpf und Moor weiter. Die feindlichen Granateinschläge verschwinden fast lautlos im Sumpf. Der Gegner schießt jedoch zeitweise mit Schrapnell. Ein Sturmgeschütz vernichtet eine feindliche Batterie mit vier Geschützen.

Trotz Einbruch der Dunkelheit stößt das Regiment DEUTSCHLAND weiter vor und erreicht gegen 21.15 Uhr mit dem I. und III./D den Südtteil von Wyssokoje, mit dem II./D den Ostteil der Ortschaft, wo die Bataillone Sicherungsstellungen beziehen.

Das SS-Regiment DER FÜHRER hält die bisherigen Stellungen des II. und III./DF und zieht das I./DF nach Vormarsch des SS-Regiments 11 über Ostanowka hinaus über die Eisenbahnbrücke in den Raum nordostwärts Bondarewka. Es soll bei Nachlassen des feindlichen Widerstandes in allgemeiner Richtung Hf. Zerkownyj nachstoßen und den Gegner vernichten.

Im Laufe des Tages setzt der Regimentskommandeur DF, Obersturmbannführer Kumm, bei Eintreten dieser Lage sein Regiment mit dem III./DF voraus zum Angriff entlang der Bahnlinie an und überholt während der Nacht im weiteren Vorgehen das Regiment DEUTSCHLAND, welches im Raum Wyssokoje während der Nacht Sicherungsstellungen bezogen hat.

Das SS-Regiment 11 geht mit dem II./11 an der Spitze und zwei Sturmgeschützen über die Desna-Brücke auf Jaduty vor. Die Infanterie ist abgesessen, da die Wege für Kolonnen unpassierbar sind. Der Ort wird noch in den späten Abendstunden genommen. Auf Grund des versumpften Geländes und des starken Feindwiderstandes kann jedoch das Tagesangriffsziel Borsna nicht mehr erreicht werden.

Im Rahmen der Panzergruppe Guderian hat sich die Lage folgendermaßen entwickelt:

Bei der 4. Panzerdivision greift das Kradsch.Btl. 34 von Mittschenki aus an und kommt, unterstützt durch einen Stuka-Angriff, so gut vorwärts, daß es kurz nach Mittag gelingt, Baturin zu nehmen.

Das Schützenregiment 12 greift mit einer Panzerabteilung und ebenfalls mit Unterstützung eines sehr erfolgreichen Stuka-Angriffes Gorodischtsche an und nimmt es.

Die 3. Panzerdivision (Generalleutnant Model) geht weiter nach Süden vor und erreicht die Bahnlinie westlich Konotop, während die Stadt noch feindbesetzt ist.

Einer Vorausabteilung der 3. Panzerdivision, die von hier aus angesetzt wird, gelingt es um 18.00 Uhr, Korabutowo und die dortigen beiden Übergänge unversehrt in die Hand zu bekommen.

Die 10. ID mot. übernimmt die Sicherung der Ostflanke des Panzerkorps und stößt zunächst an Konotop vorbei.

Damit hat des XXIV. Panzerkorps zwischen Baturin und Konotop tatsächlich die weiche Stelle der feindlichen Front getroffen. Auf die Meldung von dem raschen Vorgehen der 3. Panzerdivision hin befiehlt die Panzergruppe, sofort mit möglichst starken Kräften weiter auf Romny vorzustoßen und dort Brückenköpfe über die Flüsse Romen und Ssula zu bilden.

Noch um Mitternacht tritt die 3. Panzerdivision mit der Vorausabteilung, dahinter Gruppe Manteuffel und dahinter Gruppe Kleemann, in Richtung Romny an. Damit ist der entscheidende Schritt zur Bildung des Riesenkessels Kiew getan!

10. September 1941:

Das Regiment DER FÜHRER stößt während der Nacht weiter nach Süden vor und steht am Morgen am Eisenbahnknotenpunkt von Bachmatsch im Kampf gegen weit überlegene Feindkräfte, die vor dem Angriff der 4. Panzerdivision nach Westen zurückgehen. Der Feind erleidet schwere Verluste. Das Regiment verliert hier einen seiner besten und tapfersten Offiziere, den Chef der 11./DF, SS-Hstuf. Ney.

Schon während der Nacht und den ganzen Tag über regnet es in Strömen, und die Vormarschstraße versinkt im Schlamm.

Die rechte Gruppe der Division (SS-Rgt. 11, SS-AA, SS-Kradsch.Btl.) greift nach der Einnahme von Jaduty am vergangenen Abend, bei der eine Brücke zerstört wurde und die zweite unversehrt in eigene Hände fiel, mit dem SS-Rgt. 11 zu Fuß bei Dauerregen unter großen körperlichen Strapazen weiter an und wirft den Feind aus seinen Feldstellungen auf den Höhen bei Klenussof, und bis zum Abend wird im weiteren Angriff Konoschewka genommen, wo der Feind am Dotsch-Abschnitt noch heftigen Widerstand leistet.

Der Auftrag für das SS-Kradsch.Btl., mit unterstellten zwei Sturmgeschützen auf Borsna vorzustoßen, kann infolge der grundlosen Wege, auf denen die Kräder bis an die Achsen einsinken, nicht durchgeführt werden. Aus dem gleichen Grunde muß auch der zweite befohlene Einsatz zum Vorstoß auf Alepowka entfallen. Das SS-Kradsch.Btl. sitzt zunächst einmal im Schlamm fest.

Das Regiment DEUTSCHLAND tritt um 5.10 Uhr auf dem Bahnhof Dotsch an, um mit dem I./D rechts und dem III./D links der Straße Bhf. Dotsch—Schapowalowka und das Höhengelände hart nördlich davon zu erreichen.

Um 6.20 Uhr werden starke Feindkolonnen, die von Schapowalowka auf Borsna marschieren, gemeldet. Die Division befiehlt daher, vom III./D diese Straße durch Vorgehen auf Wel. Sagorowka und westlich davon sperren zu lassen.

Die 4. Panzerdivision greift inzwischen Bachmatsch von Nordosten an. Schapowalowka ist von starkem Feind besetzt. Das Vorgehen auf Wel. Sagorowka ist jedoch zunächst nicht möglich, da alle Bataillone des SS-DEUTSCHLAND in schweren Abwehrkämpfen nach Osten und Süden stehen. Einzelne Kompanien haben schon seit 36 Stunden keine Verpflegung mehr erhalten.

Starker Feinddruck auf das III./D macht sich aus Nosilewka bemerkbar, der jedoch durch einen Entlastungsvorstoß der 6./D bis zum Südrand Nosilewka gemildert wird.

Gegen 9.45 Uhr hat das I./D sein Angriffsziel erreicht und sperrt die Straße von Schapowalowka nach Osten. Damit ist die starke Feindkolonne auseinandergebrochen, und beiderseits der Straße wird eine Abwehrfront gebildet.

Um 11.30 Uhr befiehlt das Regiment DEUTSCHLAND, mit der verstärkten 15./D (Kradsch.Kp.) als Vorausabteilung und in der Reihenfolge: verst. II./D, verst. III./D, verst. I./D westlich der Bahnlinie Wyssokoje—Bachmatsch vorzugehen. Gegen Mittag ist die Höhe 200 nordostwärts Klenusoff erreicht. In der Ortschaft befindet sich noch Feind.

Im Divisionsbefehl vom 10. 9. 41 heißt es u. a.:

„Die Division hat vom 9. 9. morgens bis 10. 9. mittags, aus dem Brückenkopf Makoschin mit den drei Infanterieregimentern unermüdlich vorstoßend, trotz teilweise starken Feindwiderstands und schwieriger Geländeverhältnisse 20 km nach Südosten und Süden Boden gewonnen. Es gelang nach nächtlichem Vormarsch, erhebliche Teile des vor der 4. Pz.Div. nach Westen zurückgehenden Gegners im Angriff zu vernichten."

Die verst. 15./D nimmt bei Tschessnakoff, 6 km nördlich Bachmatsch, Verbindung mit der 4. Panzerdivision auf.

Als die Vorausabteilung gegen 15.00 Uhr Bachmatsch erreicht, ist der Ort bereits von der 4. Panzerdivision genommen, und befehlsgemäß gewinnt und hält das Regiment DEUTSCHLAND die Linie: Westrand Schapowalowka bis Bachmatsch (ausschl.) entlang der Straße. Es sichert gegen Borsna und hält Anschluß an die 4. Panzerdivision. Die Nacht verläuft ruhig.

Um 23.55 Uhr trifft bei der Division folgender Funkspruch vom XXIV. Panzerkorps ein:

> „Führung und Truppe volle Anerkennung für die
> Leistungen am 10. 9.   gez. Frhr. v. Geyr"

An diesem Tag mußten von den Männern der Kampfeinheiten große Strapazen gefordert werden, da der gesamte Vorstoß zu Fuß mit Waffen, Munition und Gerät erfolgte. Wer einmal ein Maschinengewehr mit Munitionsgurten, Munitionskästen oder einen Granatwerfer bzw. die schwere Bodenplatte eines Granatwerfers auf dem Rücken getragen hat, der weiß, was es heißt, 20 km auf grundlosen Wegen, in strömendem Regen und bei dauerndem Feindwiderstand mit immer wiederkehrendem Instellunggehen und Abbauen zurückzulegen.

Der SS-Schütze Ludwig Hümmer, 3./SS-DEUTSCHLAND, schreibt in seinem persönlichen Tagebuch über den 10. 9. 41:

„Das I./D geht weiter vor und bleibt dem zurückweichenden Feind auf den Fersen. Mehrere Ortschaften werden genommen. Am Morgen wird haltgemacht, nachdem es durch brennende Ortschaften gegangen ist. Am Bahndamm geht es weiter vor. Es regnet jetzt in Strömen. Alles atmet auf, als gegen Abend haltgemacht wird. Die Verbindung zur 4. PD ist hergestellt. Bis auf die Haut durchnäßt graben wir uns ein und sichern. Im Nu sind die Schützenlöcher voll Wasser, denn es regnet ununterbrochen weiter. Nachts liegen wir in den Wasserlöchern. Unsere Füße sind schrecklich zugerichtet. Fast alle sind durch den anstrengenden Marsch auf dem sumpfigen Moorboden fußkrank."

Die Lage im Kampfraum Kiew hat sich inzwischen wie folgt entwickelt: Die 4. Pz.Div. hat Bachmatsch genommen und ist bis zum Abend auf Tiniza vorgestoßen.

Die 3. Pz.Div. ist bereits um 8.50 Uhr in Romny eingedrungen und hat die beiden nördlichen Brücken unzerstört in die Hand bekommen. Um 12.00 Uhr ist der ganze Ort, auch die unzerstörte Südbrücke, in eigener Hand, jedoch treiben sich noch Versprengte in den Gärten herum, so daß man die Stadt nur im gepanzerten Fahrzeug durchqueren kann. Die 10. ID mot. hat Konotop genommen.

Beim rechten Nachbarn, der 2. Armee, erläßt deren Oberbefehlshaber Generaloberst Frhr. v. Weichs einen Tagesbefehl, in dem es u. a. heißt:

„Mit diesem Angriff habt Ihr die Voraussetzung zu einer Vernichtungsschlacht größten Ausmaßes geschaffen, die in diesen Tagen beginnt. Von allen Seiten her wird der Feind von uns eingeschlossen und vernichtet werden . . .“

Die Heeresgruppe Süd bereitet den Übergang über den Dnjepr bei Krementschug vor, von wo aus sie nach Norden vorstoßen soll, um der Armeeabteilung Guderian bei Romny die Hand zu reichen und damit den riesigen Kessel von Kiew zu schließen.

Aus den Gefangenenaussagen ergibt sich, daß die in der Ukraine kämpfenden russischen Verbände zwar noch die Kraft haben, sich zu verteidigen, ihre Angriffskraft aber gebrochen ist. Von diesem Tage an verliert Marschall Budjenny, der Oberbefehlshaber aller sowjetischen Truppen an der russischen „Südwestfront", die Übersicht über seine Armeen im Raum nördlich und ostwärts von Kiew.

Der Auftrag für die SS-Division REICH für den 11. 9. 41 lautet:

„SS-Div. REICH nimmt Borsna, säubert das Gelände zwischen Eisenbahn und Ssejm im Zusammenwirken mit 4. Pz.Div., deckt die Westflanke des Korps durch Vorstoß in den Raum Itschnja—Parafejewka und nimmt Verbindung mit dem rechten Flügel der 2. Armee auf."

Von Bachmatsch ab übernimmt zunächst das Regiment DEUTSCHLAND die weitere Angriffsführung der Division. Das Regiment DER FÜHRER wird abschnittsweise nachgezogen und greift am 15. 9. wieder in die Kämpfe ein.

11. September 1941:
Das Regiment DEUTSCHLAND setzt mit Sturmgeschützen den Vormarsch auf Golowenjki fort und besetzt die Ortschaft.

Gegen 9.00 Uhr wird Borsna durch das SS-Rgt. 11, verst. durch einen Zug Sturmgeschütze, gegen schwachen Feindwiderstand genommen. Von Westen her marschiert eine Feindkolonne aller Waffen auf Alepowka. Daraufhin wird das SS-Rgt. 11 gegen diesen Gegner abgedreht, um ihn zu schlagen.

Die bei Golowniki aufgestellten Sicherungen des SS-Kradsch.Btl. bringen 160 Gefangene ein. Am Nachmittag wird der Marsch bei strömendem Regen auf Schapowalowka fortgesetzt. Die 1. SS-Kradsch.Kp. geht noch bis Nikolajewka vor und stößt hier auf den Feind.

Das III./SS 11 fährt mit Sturmgeschützen noch gegen Abend einen Angriff auf Schapowalowka, der erfolgreich verläuft.

Der zwischen Eisenbahn und Ssejm eingeschlossene Feind weicht anscheinend bei Nowyje Meiny über den Ssejm aus. Eine weitere Bewegung nach Süden ist für die Division REICH nicht möglich, da infolge der schlechten Wetterlage und der katastrophalen Wegeverhältnisse ein motorisiertes Vorgehen ausgeschlossen ist. Ähnlich ergeht es den anderen Divisionen des Korps:

So nimmt die 4. Pz.Div. mit Pz.Rgt. 35 bei ganz geringem Feindwiderstand Hf. Potrowsky. Obwohl diese Division im Süden keinen nennenswerten Feind mehr vor sich hat, kann sie infolge Betriebsstoffmangels nicht weiter vorstoßen.

Die 3. Pz.Div. erweitert ihren Brückenkopf Romny. Bobrik südlich Romny ist zwar noch feindbesetzt, aber sonst hat die Division keinen Feind vor sich. Da die B-Stoff-Kolonnen Romny nicht erreicht haben, kann die nach Süden angesetzte verstärkte Aufklärung nicht antreten.

Das bisher der Division REICH unterstellte MG-Btl. 5 wird der 10. mot. Div. unterstellt, um den Flugplatz Konotop zu sichern, kann aber an diesem Tage sein Ziel ebenfalls nicht mehr erreichen.

Der Auftrag des Korps für die SS-Division REICH lautet für den kommenden Tag:

„SS-REICH stößt über Itschnja auf Monastyrischtsche vor, sperrt den Udaj-Abschnitt nach Westen und beseitigt mit rückwärtigen Teilen Feindkräfte im bisherigen Kampfraum."

Der südliche Zangenarm des Kessels wird angesetzt

Bei der Heeresgruppe Süd rollen Teile der 16. Pz.Div. unter General Hube im Verband des XXXXVIII. Panzerkorps des Generals Kempf über die am Tage vorher fertiggestellte Kriegsbrücke bei Krementschug nach Norden. In 12 Stunden kämpft sich diese Division 70 Kilometer

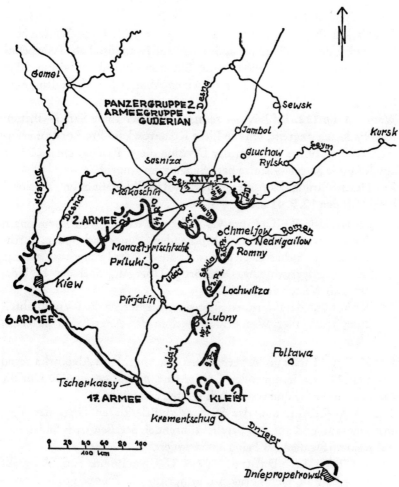

Die Schlacht um Kiew
Lage am 14. 9. 1941. Der Kessel ist durch 3. Pz.Div. von Norden und 16. Pz.Div. von Süden zwischen Lochwitza und Lubny fast geschlossen

gegen einen sich hartnäckig wehrenden Feind über grundlose Wege vorwärts.

Da sich das Antreten der Heeresgruppe Kleist von Süden her verzögert hatte, befiehlt Generaloberst Guderian, die Linie Monastyrischtsche— Kustowzy (Priluki)—Lochwiza zu erreichen und dort zu sperren.

12. September 1941:

Geschlagene Feindtruppen marschieren seit dem 11. 9. von Westen über Alepowka, dann nach Süden abdrehend auf Iwangorod ab. Teile befinden sich noch ostwärts davon vor der Sicherungslinie der Division. Stärkere Kräfte des Gegners schirmen seinen Abmarsch nach Süden gegen Nordosten ab.

Während die 112. Inf.Div. — rechts — aus der Linie Sanki—Britani nach Südosten angreift, um die Linie Komarowka—Prochory zu erreichen, tritt als linker Nachbar der Division die 4. Pz.Div. um 6.00 Uhr aus der Linie Kuren—Tiniza nach Süden zum Angriff an.

Zur Durchführung des Auftrages für SS-REICH heißt es im Divisionsbefehl für den 12. 9. 41 u. a.:

„SS-Division REICH, um 9.00 Uhr mit Anfang von Borsna nach Süden antretend, verfolgt abrückenden Gegner nach Süden, durchbricht seine Sicherungen und stößt durch über Iwangorod, Itschnja auf Monastyrischtsche. Der dortige Übergang über den Fl. Udaj ist nach Westen zu sperren.

Es kommt darauf an, wenigstens mit einer starken Vorausabteilung trotz aller Wegeschwierigkeiten das Angriffsziel zu erreichen."

Das SS-Rgt. 11 setzt im Morgengrauen den Angriff auf Alepowka gegen den vom Westen kommenden Gegner fort, nimmt gegen 6.00 Uhr die Ortschaft in Besitz und sperrt nach Westen und Süden.

Die SS-Aufkl.Abt. und das SS-Kradsch.Btl. klären längs der Vormarschstraße und auf den parallel führenden Straßen nach Süden auf, auf welchen Straßen der Feind abmarschiert.

SS-DEUTSCHLAND tritt gegen 7.30 Uhr von Borsna nach Süden auf Hf. Kossikoff an. Der Vormarsch bringt für die Truppe große Strapazen. Eine kurze Strecke geht es aufgesessen mühsam vorwärts, doch bald zwingt der Gegner, der sich erneut festgesetzt hat, zum Absitzen. Viele

Männer sieht man barfuß marschieren, da sie mit den Marschstiefeln immer wieder in dem grundlosen Morast steckenbleiben. Einige Kilometer südlich Borsna stößt das Spitzenbataillon I./D auf stärkeren Feindwiderstand, der mit Artillerieunterstützung gebrochen wird. Während gegen 13.20 Uhr das III./D von Borsna über Wel. Sagorowka abgedreht wird, wo schwacher Feind gemeldet ist, stößt das I./D weiter nach Süden. Die Sturmgeschütze „Blücher" und „Schill" kommen heran, die dem Bataillon unterstellt sind. Nachdem der Zugführer Oscha. Muscheid durch Pak-Splitter ausgefallen ist, übernimmt Ostuf. Telkamp den Zug, der die Infanterie hervorragend unterstützt. Die Sturmgeschütze bekämpfen bei den vordersten Teilen feindliche Feldstellungen und B-Stellen. „Schill" erledigt eine Pak. Von den Männern der Infanterie kann man immer wieder hören:, „Wenn wir unsere Sturmgeschütze nicht hätten!" An einer kleinen Brücke fährt „Blücher" auf eine Mine und muß mit gerissenen Laufketten abgeschleppt werden. Der Russe weicht zurück.

Kurz vor dem Eindringen in die Ortschaft Hf. Lendin wird gegen 16.00 Uhr die Brücke vom Feind gesprengt. Die 16. (Pi.)Kp./D und die 3. SS-Pi.Kp. werden beschleunigt vorgezogen, um die Brücke wieder instand zu setzen. Diese Arbeiten dauern bis zum Morgengrauen.

Inzwischen verlegt der Regimentsgefechtsstand SS-DEUTSCHLAND um 20.00 Uhr zu Fuß nach vorne.

Um 23.00 Uhr trifft von der Division folgender Funkspruch ein:

„4. Pz.Div. mit Anfang Gajworon; 3. Pz.Div. Lochwiza. Feind in wilder Flucht nach Osten. Weiter vorstoßen, jede Stunde ist wichtig!"

Daraufhin wird sofort ein Stoßtrupp des I./D über den Fluß nach Süden auf Pliska angesetzt, stößt aber 4 km südlich von Hf. Lendin beiderseits der Vormarschstraße auf stärkeren Feindwiderstand. Da sich russische Scharfschützen sehr unangenehm bemerkbar machen, die dem Stoßtrupp auf nahe Entfernung gegenüberliegen, muß er sich eingraben und für die Nacht sichern.

An diesem Tage — 12. 9. 41 — erläßt der Kommandeur der SS-Division REICH folgenden

Tagesbefehl

1.) Der Führer und Oberste Befehlshaber hat dem SS-Unterscharführer Rossner, 2./Pz.Jg.Abt., das Ritterkreuz des Eisernen Kreuzes für sein mutiges Verhalten bei der Vernichtung mehrerer feindlicher Panzer in den Kämpfen im Jelnja-Bogen verliehen. Unterscharführer Rossner ist nachher seiner schweren Verwundung erlegen. Wir senken unsere Standarten und Fahnen vor diesem tapferen Mann.

2.) Der Oberbefehlshaber des Heeres hat dem SS-Untersturmführer Weisenbach und dem SS-Unterscharführer Ehm, 14./SS-D, ein Anerkennungsschreiben für die erfolgreiche Bekämpfung feindlicher Panzer im Jelnja-Bogen übersandt. Ihre Namen sind in das „Ehrenblatt des Deutschen Heeres" aufgenommen.

3.) Am 1. 9. 41 ist die Division aus dem Raum um Smolensk angetreten, um am rechten Flügel der Pz.Gr. Guderian in den Kampf zum Übergang über die Desna eingesetzt zu werden. Der Marsch stellte infolge schlechter Wege und häufiger Regengüsse unerhörte Anforderungen an Mann und Material. Die Division zog sich über 6 Tage auseinander.

Es gelang besonders durch Einsatz der Aufklärungsabteilung, dem Kradsch.Btl., Rgt. „DF" und Teilen der Divisionstruppen, im schnellen Vorgehen die russischen Verbände nördlich der Desna zu zerschlagen und zahlreiche Geschütze und Material zu erbeuten. Hierbei zeichnete sich besonders das II./„DF" durch ungestümes Vordringen aus. Ein Ruhmesblatt in der Geschichte der Division werden die Kämpfe um die Eisenbahnbrücke Makoschin, die der Gegner mit allen Mitteln halten wollte, bilden. Die ersten an der Brücke waren am 6. 9. der SS-Obersturmführer Rentrop, Flak-Abt., mit Untersturmführer Frank, SS-Untersturmführer Burmeister, Oberscharführer Ruhland und Rottenführer Fredel der 14./SS-„DF", dann die Sturmgeschütze, die 15./SS-„DF" und das Kradschützen-Btl. Im vorbildlichen Vorstürmen gelang es dem Obersturmführer Rentrop mit seinen 4 Mann Begleitung, die vorbereitete Sprengung der Brücke zu beseitigen, den ausgebrochenen Brückenbrand zu löschen, eine feindliche Pak zu nehmen und die Wiedernahme der Brücke zu verhindern. Hierbei ist der SS-Untersturmführer Frank gefallen.

Die nachstoßenden Sturmgeschütze bekämpften einen Panzerzug auf dem Südufer und schossen zusammen mit einem Zug mittlerer Pak 3 Panzerzüge auf dem Nordufer kampfunfähig. Ihrem früh-

zeitigen Eintreffen ist es zu verdanken, daß ein kleiner Brückenkopf durch das Kradsch.Btl. auf dem Südufer gebildet werden
konnte. Die hier eingesetzten Teile des Kradsch.Btl. haben diesen
Brückenkopf auch am folgenden Tage gegen dauerndes schweres
Artilleriefeuer und mehrfache Angriffe tapfer gehalten.
Der Brückenkopf wurde durch Einsatz des Rgt. „DF" wesentlich
erweitert. Aus diesem traten anschließend die Regimenter 11,
DEUTSCHLAND und anschließend Rgt. „DF", im Kampf unterstützt durch die Artillerie und Divisionstruppen, nach Süden an. In
unaufhaltsamem Vorgehen, auch nachts, wurden die Russen südlich
der Desna zerschlagen, das operative Ziel, die Bahn von Bachmatsch
nach Westen, am 11. 9. erreicht, die Verbindung mit der 4. Pz.Div.
hergestellt und dem linken Flügel der rechten Nachbar-Armee das
weitere Vorgehen südlich der Desna ermöglicht.
Diese Märsche und Kämpfe wurden meist zu Fuß durchgeführt. Der
motorisierte Vormarsch war durch die grundlosen Wege und durch
das nur teilweise ermöglichte Vorziehen der Fahrzeuge auf dem
Eisenbahndamm außerordentlich erschwert. Führung und Truppe
haben die volle Anerkennung des Kommandierenden Generals des
XXIV. Pz.-Korps gefunden.
Der Vormarsch geht weiter! gez. Hausser

Die Entwicklung der Lage beim XXIV. Pz.-Korps

Im Rahmen des XXIV. Panzerkorps hatte sich die Lage inzwischen wie
folgt entwickelt:
Die 4. Pz.Div. — links — findet in Gaiworon alle Brücken zerstört
und muß den Vormarsch für diesen Tag einstellen.
Bei der 3. Pz.Div. — nach wie vor die Schwerpunkt-Division der Panzergruppe Guderian — setzt Generalleutnant Model um 10.00 Uhr die
Vorausabteilung Frank nach Süden an mit dem Auftrag, die Verbindung mit der Heeresgruppe Süd herzustellen. Sie stößt überall nur auf
schwächeren Feindwiderstand. Über Andrejewka vorgehend nimmt die
Abteilung um 18.00 Uhr bei Meiny drei unzerstörte Brücken und überrascht dort motorisierte und bespannte Kolonnen des Gegners. Sie erreicht noch am Abend den Raum nördlich Lochwiza. Nur noch 40 km

südlich davon steht die Spitze der Heeresgruppe Süd! Die anderen Teile der Division können noch nicht antreten, da infolge verschlammter Wege noch kein Betriebsstoff nach vorne gekommen ist.

Nach Mitteilung der Panzergruppe 2 hat die von Süden kommende Panzergruppe 1 mit der 16. Pz.Div. die Gegend 30 km südlich Choroly erreicht. Es kommt der Panzergruppe darauf an, daß das XXIV. Panzerkorps mit stärkeren Kräften möglichst weit nach Süden, wenigstens bis Lochwiza vorstößt, um zu verhindern, daß der Gegner südlich davon nach Osten entkommt. Dies wird jedoch dadurch erschwert, daß durch die schlechten Wegeverhältnisse ein Nachbringen von stärkeren Teilen und Betriebsstoff zunächst nicht möglich ist.

Die 10. ID mot., die mit dem IR 41 zur Sicherung der linken Flanke des Korps nach Osten angreift, kommt im Kampf gegen feindliche Vorhuten gut vorwärts und nimmt Swetschkino.

Zum ersten Mal stellt am 12. 9. die deutsche Luftaufklärung fest, daß sich die sowjetischen Truppen auf der ganzen Front zurückziehen.

Feldmarschall v. Rundstedt, der Oberbefehlshaber der Heeresgruppe Süd, ersucht das Oberkommando des Heeres, ihm zwecks einheitlicher Befehlsgebung die 2. Armee und die Armeegruppe Guderian zu unterstellen. Doch das OKH lehnt dieses Ersuchen im Hinblick auf seine weiteren Pläne ab. So verbleiben beide Großverbände weiterhin unter dem Befehl der Heeresgruppe Mitte.

13. S e p t e m b e r 1 9 4 1 :
Die Panzergruppe Guderian setzt durch Vorstoß nach Süden die Einschließung des Gegners fort.

Der Auftrag für die Division REICH bleibt unverändert. Hierzu heißt es im Divisionsbefehl für den 13. 9. 41:

> „SS-Division REICH auf dem rechten inneren Flügel stößt in Fortsetzung des Vormarsches am 12. 9., auch am 13. 9. unter beschleunigter Brechung allen Widerstandes weiter vor und erreicht auch unter schwierigen Verhältnissen ihr Angriffsziel: den Fluß Udaj bei Monastyrischtsche und sperrt den dortigen Übergang nach Westen."

In den frühen Morgenstunden tritt das Regiment DEUTSCHLAND mit dem I./D an der Spitze erneut an und bricht den Widerstand nördlich Pliska, erreicht die Ortschaft und durchstößt sie. Die Brücke in Pliska ist nicht gesprengt.

Auch das III./D, welches abgedreht war, um leichten Feindwiderstand zu brechen, erreicht Pliska. Beim Passieren der Brücke durch Sturmgeschütze bricht diese zusammen. Sie wird sofort notdürftig wiederhergestellt, so daß wenigstens Leerfahrzeuge die Brücke wieder benutzen können.

Gegen 10.00 Uhr erreicht SS-DEUTSCHLAND Iwangorod. Der Gegner leistet im Ort noch Widerstand. Gegen 11.20 Uhr sichten die vordersten Teile des I./D eine neue Feindkolonne, die von Bar auf Machnorka im Anmarsch ist. Die Kolonne ist mehrere hundert Meter lang und kann zum Teil in der Flanke gefaßt werden.

Am Abend wird der Udaj-Abschnitt südlich Krupitschpoli erreicht, Wegen Betriebsstoffmangel können stärkere Teile der Division nicht nachgezogen werden. Zahlreiche verlassene russische Fahrzeuge stehen an den Straßen, immer mehr Gefangene werden nach hinten geschickt. Ein Mann der 3. Kp./DEUTSCHLAND schreibt in seinen persönlichen Aufzeichnungen über diesen Tag: „Aber wenn nur die wunden Füße nicht wären, die bei jedem Schritt furchtbar schmerzen."

Beim SS-Kradsch.Btl. REICH läuft dieser Kampftag wie folgt ab:

Noch in der Nacht vom 12./13. 9. wird der Rest des Kradsch.Btl. nach Nikolajewka vorgezogen. Die 2. Bttr./SS-Art.Rgt., ein Fla.MG-Zug und ein Sturmgeschütz-Zug mit „Derfflinger" und „Prinz Eugen" werden unterstellt.

Um 4.15 Uhr tritt das Kradsch.Btl. mit der 2. und 3. Kompanie abgesessen auf Streljniki an unter Flankensicherung durch die 4. Kompanie. Die 1. Kompanie mit zugeteiltem Sturmgeschütz-Zug, Fla.MG-Zug und Granatwerfergruppe hält sich bereit, sofort anzutreten, sobald die beiden Kompanien Streljniki erreicht haben.

Die Ortschaft wird nur von schwachem Feind gehalten und schnell besetzt. Nachdem die Brücke hier so ausgebessert ist, daß sie für alle Fahrzeuge tragbar ist, tritt die verstärkte 1. Kradsch.-Kompanie weiter nach Süden an. Vor Krassilowka wird schwacher Feindwiderstand gebrochen. Der Gegner verläßt seine Feldstellungen und zieht sich in südlicher Richtung zurück. Der Vormarsch ist durch die verschlammten Wege sehr behindert. Starke Feindkolonnen werden beobachtet und bekämpft. Wegen der katastrophalen Straßenverhältnisse kann jedoch der Erfolg nicht ausgenutzt werden. Südlich der Bahnlinie werden russische 7,5-cm-Geschütze bekämpft und vernichtet.

Im weiteren Vorstoß auf Chwastowzy wird am Dorfrand eine Pak und ein 7,5-cm-Geschütz erledigt. Aufgefahrene feindliche Artillerie westlich des Ortes wird durch das Feuer der Sturmgeschütze vertrieben. Ein Teil der 1. Kradsch.-Kompanie erreicht, auf den Sturmgeschützen aufgesessen, Chastowzy. Dabei werden zwei Geschütze und eine größere Zahl Lastkraftwagen erbeutet und zahlreiche Gefangene eingebracht.

Um 16.00 Uhr geht der Vorstoß in südlicher Richtung weiter. Biljmatschewka wird durchschritten, südlich davon werden russische Kolonnen überrascht und überrannt. Die SS-Kradschützen stoßen, auf Beutefahrzeugen verladen und auf den Sturmgeschützen aufgesessen, weiter nach Süden vor. Der Feind leistet vor Maximowka noch einmal Widerstand, der jedoch in einem kurzen Feuergefecht gebrochen wird. Zahlreiche Gefangene werden eingebracht. Während der Nacht sichert diese Spitzengruppe den Ort, während die Masse des Kradsch.Btl. in Chwaswajowy verbleibt.

Die SS-Aufkl.Abt. hat während des Tages vom Raum nordwestlich Iwangorod aus in westlicher und südwestlicher Richtung aufgeklärt und laufend die Bewegungen des Feindes gemeldet.

Die weitere Lageentwicklung im Rahmen des Korps:
Die 4. Pz.Div. nimmt gegen Mittag im Angriff Grigorowka nach Ortskampf, und am frühen Nachmittag wird von der Panzerbrigade dieser Division Dmitrowka genommen.

Bei der 3. Pz.Div. hat die Vorausabteilung am späten Abend des 12. 9. die Brücken in Lochwiza im Handstreich genommen. Starke Feindkolonnen sind durch die Luftaufklärung aus allgemein westlicher Richtung gemeldet. Anscheinend will der Gegner nach Osten abmarschieren, ohne zu wissen, daß Lochwiza schon besetzt ist. Die Gruppe Frank hält tagsüber Lochwiza gegen starken Feinddruck von Westen, während die Gruppe v. Lewinski mit Infanterie, Panzern und Artillerie gegen Mittag von Romny aus antritt und gegen Abend Lochwiza erreicht, mit dem Auftrag, Aufklärung auf Lubny vorzutreiben.

Die 10. Inf.Div. mot. erreicht bei Dunkelwerden mit Anfang des IR 41 Karabutowo. Die Aufklärung der Division stellt eine feindliche mot.

Marschkolonne um 10.00 Uhr von Osten mit Anfang bei Beskowka fest, deren Ende nicht abzusehen ist.

Nach einer Meldung der Panzergruppe 1 hat die 16. Pz.Div., von Süden kommend, gegen 11.00 Uhr Lubny besetzt. Damit ist die mittlere russische Heeresgruppe im wesentlichen eingeschlossen, d. h. alle Straßen und Eisenbahnlinien sind abgeschnitten.

Das XXIV. Panzerkorps erhält den Auftrag, mit der SS-Division REICH am nächsten Tage weiter auf Itschnja anzugreifen, mit frei werdenden Teilen der Division auf Kustowzy und ostwärts vorzugehen und am 15. 9. zwischen Udaj und Ssula den Feind gemeinsam mit den anderen Divisionen des Korps zu schlagen. Hierzu muß die SS-Division nach Südosten angreifen, da hier noch starker Gegner steht.

Die Absicht des Korps für den Einsatz der Division am 14. 9. lautet daher:

„SS-REICH stößt zunächst bis Itschnja durch, säubert den Raum bis zur Grenze der 4. Pz.Div. und schließt auf. Späteres Vorgehen auf Kustowzy und ostwärts davon ist beabsichtigt."

14. September 1941:

Das schlechte Wetter hält an. Bei Tagesanbruch tritt nach Wegeerkundung das III./D von Iwangorod über den Udaj-Abschnitt auf Krupitschpoli zur Brückenkopfbildung an.

Das I./D und II./D setzen gegen 5.50 Uhr den Angriff von Biljmatschibka über Maximowka mit einem Btl. auf Krupitschpoli und mit einem Btl. über Hf. Bushkari auf Wegegabel 1,5 km südlich Krupitschpoli fort.

Im Laufe des Vormittags wirft das III./D ein feindliches Bataillon und nimmt durch kühnes Vorgehen der 9. und 10. Kp. die Brücke bei Krupitschpoli, an der zehn Sprengladungen angebracht waren, die teilweise kurz vor der Zündung standen. Der Feind wird nach Süden, Osten und Westen zersprengt. Die Brücke ist befahrbar. Laufend werden flüchtende Kolonnen durch die zugeteilten Sturmgeschütze beschossen. Aber immer wieder setzt sich der Feind.

Nördlich Itschnja leistet er mit zwei Batterien und Infanterie Widerstand, und gegen 14.35 wird der Ostrand von Itschnja nach hartnäckigem Gefecht erreicht. Am frühen Nachmittag ist das Regiment

DEUTSCHLAND wiederholt das Ziel feindlicher Bombenangriffe. Gegen 15.30 Uhr ist der Südrand von Itschnja erreicht und der Ort fest in der Hand des Regiments. Der Gegner zieht nach Süden ab.

Am späten Nachmittag spricht der Divisionskommandeur, SS-Gruppenführer und Generalleutnant Hausser, mit Funkspruch dem Regiment DEUTSCHLAND seine Anerkennung für die bisherige Leistung aus. Das Regiment hat bei seinem Vorstoß nach Süden unter schwierigsten Wegeverhältnissen und bei immer wieder auftretendem Feindwiderstand am 13. und 14. 9. erbeutet:

4 15-cm-Geschütze
1 schw. Flak
6 7,62-cm-Geschütze
5 schw. Maschinengewehre
2 Panzerspähwagen
307 Kraftfahrzeuge
730 Gefangene.

Die weitere Verfolgung des Gegners bei Nacht kann infolge von Minensperren südlich Itschnja und wegen des Fehlens der Fahrzeuge, die auf den verschlammten Straßen noch nicht nachgezogen werden konnten, nicht durchgeführt werden.

Das verst. SS-Kradsch.Btl. REICH hat — links gestaffelt — im Laufe des Tages den Raum zwischen Regiment DEUTSCHLAND und der Grenze zur 4. Pz.Div. gesäubert und Maximowka erreicht.

Wie sieht nun die Gesamtlage im ostwärtigen Kampfraum des sich schließenden Kessels aus?

Auf der ganzen Front weicht der Feind abschnittsweise nach Süden zurück. Die eigene Luftaufklärung versagt auf Grund des schlechten Wetters völlig. Die Erdaufklärung bleibt im Schlamm stecken. Die zur Flankensicherung eingesetzten Verbände des XXXXVI. und XXXXVII. Panzerkorps werden nahezu unbeweglich. Die Unsicherheit in der langen Südostflanke wächst von Tag zu Tag. Bei Lochwiza und südlich davon staut sich der Gegner, der sich noch durch die Lücke zwischen Panzergruppe 1 (von Süden) und Panzergruppe 2 (von Norden) nach Osten retten will. Die 3. Pz.Div. hat bisher nur ein Regiment nach Lochwiza vorbringen können. Der Rest windet sich noch weit rückwärts durch den Schlamm.

Bei den starken russischen Ansammlungen westlich Lochwiza handelt es sich offensichtlich großenteils um Nachschubeinheiten, die im Laufe des Tages durch deutsche Stuka-Verbände mit großem Erfolg angegriffen und vernichtet werden.

Die 10. Inf.Div. mot. tritt hinter den letzten Teilen der 3. Pz.Div. von Korabutowo nach Süden an. Von Osten her geht jedoch der Feind beiderseits der Bahn vor und drückt bereits auf Teile der Division. Gegen ihn wird das IR 20 südlich der Bahn zum Angriff angesetzt.

Paul Carell schreibt in „Unternehmen Barbarossa"*) unter dem 14. 9. 41:

„ . . . Am Abend steht die Aufklärungsabteilung der Division [16. PD] noch hundert Kilometer von der Spitze der 3. Panzerdivision entfernt. Der Russe hat inzwischen die drohende Gefahr erkannt. Die deutsche Luftaufklärung der Luftflotten 2 und 4 meldet, daß feindliche Kolonnen aller Waffen von der Dnjepr-Front im Anmarsch gegen Guderians und Kleists Verbände sind, in Richtung auf die offene Lücke. Sie muß geschlossen werden, wenn nicht große Teile der sowjetischen Armeen entweichen sollen . . .

. . . Noch fünfzig Kilometer trennen die beiden Panzergruppen. Fünfzig Kilometer sind noch offen! Russische Aufklärer kurven über der Lücke. Sie lotsen die Nachschubkolonnen, die durch die deutschen Linien zu kommen versuchen. Schnell zusammengesuchte Panzerrudel fahren voran, um ihnen einen Weg zu schlagen. General Geyr v. Schweppenburg sieht sich auf seinem vorgeschobenen Gefechtsstand plötzlich von einer solchen durchbrechenden Russenkolonne angegriffen. Der Stab wird zur Festung . . . Im letzten Augenblick kann Oberleutnant Vopels 2. Kompanie den Kommandierenden General und Stab des XXIV. Panzerkorps vor einem schnellen Ende retten . . . "

W. Haupt schreibt in „Heeresgruppe Mitte"*) über diesen Tag:
„Aber General Model gibt nicht auf. Bei der 3. Pz.Div. beginnt eine kleine Kampfgruppe, bestehend aus 2 Offizieren und 45 Mann, am Morgen des 14. 9. den kühnen Raid nach Süden — und stellt um 18.20 Uhr die Verbindung mit der 2./Pionier-Bataillon 16 der 16. PD her. Damit ist der Kessel um Kiew geschlossen! Die Schlacht um Kiew be-

---

*) Paul Carell: „Unternehmen Barbarossa", Ullstein-Verlag, S. 110
*) W. Haupt: „Heeresgruppe Mitte", Podzun-Verlag, S. 81

ginnt — sie wird zur größten Kesselschlacht der Kriegsgeschichte werden."

(Im Norden der Ostfront haben starke deutsche Kräfte die Stadt Leningrad eingeschlossen.)

15. September 1941:
Der Divisionsbefehl für den 15. 9. hat folgenden Wortlaut (Auszug):

1.) Der Oberbefehlshaber der Heeresgruppe Mitte, Feldmarschall v. Bock, hat der SS-Division „Reich" telegraphisch seine besondere Anerkennung für die Leistung von Führung und Truppe ausgesprochen.
Verst. Regiment „Deutschland" hat in zweitägigem Nachstoßen hinter dem fliehenden Gegner am Nachmittag des 14. 9. Itschnja genommen.
Verst. Kradsch.Btl. hat links gestaffelt zur gleichen Zeit Maximowka erreicht.
Beide haben bei schwierigsten Wegeverhältnissen und mehrfachen Gefechten zu Fuß eine Strecke von etwa 40 km zurückgelegt.
Die Einkreisung der eingeschlossenen russischen Armeen geht ihrer Vollendung entgegen. Bis dahin muß noch einmal von allen das Äußerste verlangt werden.

2.) Feind vor Pz.Gruppe 2 versucht in Eilmärschen der drohenden Umklammerung zu entgehen. Nachhutgefechte wurden nur noch schwach geführt.

3.) Pz.-Gruppe 2, in südlicher Richtung weiter vorstoßend, schließt die Einkreisung ostwärts Kiew. Die Divisionen schließen in sich auf die vorstoßenden Vorausabteilungen auf und verdichten die Sperrung mit Front nach Westen.
XXXV. Korps, auf dem linken Flügel der 2. Armee, hält Anschluß an rechten Flügel der Pz.-Gruppe 2.

4.) SS-Division „Reich", als rechte Stroßtruppe der Pz.-Gruppe 2, setzt am 15. 9. die Verfolgung des Gegners in südlicher Richtung fort und erreicht, mindestens mit einer Vorausabteilung, Priluki. Die nachfolgenden Teile schließen soweit als möglich auf.

5.) Rgt. „DF" mit unterstellter I./A.R., einer Pz.Jg.Kp., einer le. Flak-Battr. ohne einen Zug, einer s. Bttr. und einem Sturmgeschütz-Zug tritt mit Anfang 5.00 Uhr von Iwangorod Nordeingang an, erreicht Itschnja und stößt von dort auf günstigster Straße entlang Eisenbahn bis Priluki vor. Dieses ist zu nehmen und nach Süden und Westen zu sichern.

Da mit erheblichen Marschverzögerungen im Sumpfgelände südl. Iwangorod zu rechnen ist, bildet das Regiment eine Vorausabteilung für den Auftrag. Masse des Regiments schließt nördlich Itschnja auf und folgt hinter Vorausabteilung.

Unterstellte Teile A.R. sind nach Itschnja zuzuführen; desgleichen le. Flak-Battr. durch Rgt. „D".

6.) Rgt. „D" sichert Itschnja und die befohlene Linie nordwestlich davon und hält ein verst. Btl. verfügbar, um bei Auftreten stärkeren Feindes in dem Waldgebiet südwestl. Itschnja das Gelände vom Feinde säubern zu können.

Dem Rgt. bleibt unterstellt III./A.R. und eine schw. Bttr. Die bisher nicht in dem Raum um Itschnja herangezogenen Kfz.-Staffeln verbleiben in ihren jetzigen Räumen bis nach Durchmarsch der übrigen Division. Das Nachziehen ist außer Versorgungsfahrzeugen ausdrücklich verboten.

7.) Rgt. 11 sichert mit einem Btl. die Vormarschstraße nach Westen im Abschnitt Hf. 3 km südwestlich Iwangorod—Krupitschpoli. Masse des Rgts. zunächst in Machnowka. Das Rgt. hält sich bereit, hinter Rgt. „DF" und der Kfz.-Staffel des Kradsch.Btl. über Itschnja, Iwaniza in südlicher Richtung, links hinter Rgt. „DF" gestaffelt, vorzustoßen.

8.) Kradsch.Btl. erweitert Brückenkopf südlich Maximowka und erreicht aus diesem den Raum um Gushowka. Die Kfz.-Staffel ist hinter Rgt. „DF" über die Brücke Iwangorod nach Maximowka heranzuziehen und über die erkundete Brücke in Gushowka zu sammeln.

Von dort Vorstoß auf vorher erkundetem Wege über Iwaniza auf Garodnja; für weiteren Vorstoß erfolgt Befehl. Das Btl. sichert die Flanke der Division und hält Verbindung.

9.) Aufkl.Abt. verbleibt mit Masse bis auf weiteren Befehl in Pliska und klärt mit wenigen Spähtrupps auf im Raume: Ombisch—Tomaschowka—Priluki—Eisenbahnstrecke bis Itschnja ausschl.

Marschiert Gegner noch von Nordwesten oder Westen heran? Wo stärkere Feindteile in diesem Raum? Schwerpunkt der Aufklärung Brücken über den Fl. Udaj.

. . . .

Div.Gef.St. Iwangorod Schule.

. . . .

Um 10.15 Uhr befiehlt das Korps Abdrehen der SS-Div. REICH mit allen verfügbaren Teilen nach Osten über Turkenowka, Jaroschewka auf Romny. Hierdurch soll der Ostflügel des Korps verstärkt werden. Auf Befehl der Panzergruppe wird dieser Befehl jedoch wieder rückgängig gemacht. Es bleibt beim Vorstoß der SS-REICH nach Süden.

Mit diesem Tage greift das Regiment DER FÜHRER wieder in die Kämpfe ein. Der Regimentskommandeur, Ostubaf. Kumm, schildert diesen Kampftag wie folgt[*]):

„Das Regiment DER FÜHRER hat den Auftrag erhalten, Priluki anzugreifen und zu nehmen.

Mehr und mehr formt sich das Bild, daß die Division REICH als spitzer Keil, beiderseits begleitet von zurückflutenden Feindverbänden, auf das Zentrum des Kiew-Kessels vorstößt.

Gegen 13.45 Uhr hat das Regiment ein Waldgefecht 5 km südwestlich Itschnja zu bestehen und stößt anschließend weiter vor. Am Abend hat sich der Gegner in Matischowka, besonders aber auf den Höhen südlich des Ortes, erneut festgesetzt. Das aus der Bewegung heraus angreifende II./DF hat betrübliche Verluste. Hier fällt der prächtige Chef der 6./DF, Hstuf. Grund. Zwei Offiziere und 95 Russen werden gefangengenommen. Das Btl. muß mit Einbruch der Dunkelheit den Angriff einstellen, um sich erneut zu formieren.

Um die gleiche Zeit steht das III./DF an einer 3 km ostwärts davon führenden Straße ebenfalls in harten Kämpfen.

Das I./DF ist wieder zur Verfügung des XXIV. Panzerkorps herausgezogen. Trotz mehrfach angesetzter Aufklärung während der Nacht hat sich der Gegner unbemerkt absetzen können. Der hohe Ausbildungsstand und das instinktiv sichere Verhalten der sowjetischen Soldaten und Offiziere wird immer wieder festgestellt."

---

[*]) Otto Weidinger: „Kameraden bis zum Ende", Plesse Verlag, Göttingen, S. 85

Beim Regiment DEUTSCHLAND wird während der Nacht vom 14./15. 9. eine Verfolgungsgruppe zusammengestellt und deren Einsatz vorbereitet, der jedoch durch den Divisionsbefehl hinfällig wird. Gegen 5.00 Uhr morgens greift die verst. 6. Kp./D mit zwei Sturmgeschützen unter Ostuf. Telkamp die Höhen bei Schajenki, 2 km westlich Itschnja, an. Der Feind hatte jedoch die Feldstellungen fluchtartig verlassen. Anschließend wird von der 6. Kp./D mit den Sturmgeschützen Schajenki angegriffen, genommen und dort untergezogen. Damit ist der Gegner auf den Udaj-Abschnitt zurückgeworfen.

Beim Regiment DER FÜHRER leistet der Gegner immer wieder heftigen Widerstand. Gegen Abend wird der Südrand Kolessniki gewonnen, der weitere Angriff auf Kustowzy bis zum nächsten Morgen eingestellt.

Die Absicht des Korps für die Division REICH am 16. 9. lautet:

„XXIV. Pz.K. engt den Kessel weiter ein.
SS-Division REICH wirft, in breiter Front vorgehend, den Feind über den Udaj-Abschnitt: Kustowzy (Priluki)—Iwankowzy (einschließl.) zurück."

(Anmerkung: für Kustowzy wird auch der Name Priluki verwendet, vermutlich auf Grund verschiedener Schreibweisen auf den russischen Karten. Von der Truppe wurde der Name Priluki bevorzugt gebraucht.)

Gesamtlage: In dem gewaltigen Kessel um Kiew befinden sich die Teile von 5 russischen Armeen: der 21., 5., 37., 26. und 38. Armee.

Bei Ssentscha wird von der 3. Pz.Div. die Verbindung mit der Vorausabteilung der von Süden kommenden 9 Pz.Div. hergestellt. Damit ist der Kessel nun wirklich geschlossen, in dem sich ca. 50 russische Divisionen befinden.

Der Kampf um Priluki

16. September 1941:

Da sich der Gegner während der Nacht aus seinen Stellungen vor dem II./DF abgesetzt hat, geht bei Tagesanbruch der Angriff dieses Bataillons auf Priluki, beiderseits der Straße entwickelt, zügig vorwärts.

Ohne Widerstand dringt das II./DF in den frühen Morgenstunden in den Nordrand von Priluki ein. Die Stadt liegt beiderseits des Flusses Udaj mit einem kleinen Teil am Nordufer und einem 2—3 km ausgedehnten Teil am Südufer.

Der Feind hat sich in den Häusern und Gärten des Nordteils zur Verteidigung eingerichtet. Ein Panzerzug greift vom Westrand der Stadt in die Kämpfe ein. „Kein Schritt zurück! Halten und notfalls sterben!", lautet der Befehl des sowjetischen Oberkommandos an die Rotarmisten. Das II./DF, aus der Bewegung heraus angreifend, beißt sich im Nordteil der Stadt fest. Um jedes Haus, um jedes Gartenstück wird erbittert gerungen und der Kampf fast nur mit Handgranaten und Maschinenpistolen geführt.

Die Sturmgeschütze „Lützow", „Yorck" und „Schill" unter Ostuf. Telkamp stoßen mit der 15. (Kradsch.)Kp./DF auf Priluki vor. Ohne Widerstand wird die Brücke am Ortsausgang von Priluki erreicht. Etwa einen Kilometer dringen die Sturmgeschütze in die Stadt ein. Da die Infanterie durch die Häuserkämpfe nur langsam vorwärts kommt, müssen die Geschütze zeitweilig anhalten. Durch diesen Zeitverlust gelingt es den flüchtenden Russen, über die Brücke im Stadtbereich zu kommen und diese zu sprengen. Die Brücke ist außerdem noch durch eine Minensperre gesichert. „Lützow" fährt auf eine Mine und bleibt bewegungsunfähig liegen. Ostuf. Telkamp und seine Besatzung booten aus und gehen zum Gefechtsstand der 7./DF. „Yorck" und „Schill" bleiben vor der Minensperre in Stellung und unterstützen die Infanterie. Das III./DF hat in der Nacht vom 15./16. 9. aufgesessen, eine feindliche Stellung durchbrochen und konnte hierbei dem Gegner beträchtliche Verluste zufügen. Im weiteren Angriff erreicht das Bataillon den Flußlauf des Udaj, wenige Kilometer ostwärts des II./DF, bleibt aber dann zunächst in starkem Feindfeuer aus dem Südteil von Priluki liegen.

Seit den frühen Morgenstunden befindet sich der Regimentsgefechtsstand DF auf einer beherrschenden Höhe rund 300 m nördlich der Stadt und hat von dort aus sehr gute Beobachtungsmöglichkeiten. Der Einsatz der eigenen Artillerie kann von dieser Höhe aus gut geleitet und der Panzerzug zum Abdrehen gezwungen werden.

Gegen 9.00 Uhr stellt der Regimentskommandeur, Ostubaf. Kumm, überraschend feindliche Infanterie in Stärke von zwei Bataillonen fest, die von Nordwesten her gegen den Rücken des II./DF und gegen den Regimentsgefechtsstand vorgeht. Gleichzeitig liegt der Gefechtsstand unter feindlichem Artilleriefeuer.

Von Stunde zu Stunde nimmt das Feindfeuer an Heftigkeit zu, und gleichzeitig verstärkt der Feind seine infanteristischen Angriffe. Durch den Einsatz aller verfügbaren Männer gelingt es, den Angriff zu stoppen. Wesentliche Hilfe leistet hierbei die 5. Bttr./SS-Art.Rgt. REICH unter Hstuf. Johst, die im direkten Richten Schuß auf Schuß in die angreifenden Russen feuert.

Bei den Sturmgeschützen und beim II./DF, das zunächst ohne Verbindung mit dem Regimentsgefechtsstand war, hatte sich zur gleichen Zeit folgendes abgespielt:

Die ausgebootete Besatzung des durch Mine ausgefallenen „Lützow" war vom Gefechtsstand der 7./DF aus darangegangen, weiter rückwärts erbeutete russische Flak-Geschütze unbrauchbar zu machen, und Ostuf. Telkamp hatte dabei festgestellt, daß eine größere russische Kolonne im Anmarsch von Norden war und das II./DF im Rücken bedrohte. Ein Melder benachrichtigte sofort das II./DF und holte die Sturmgeschütze heran. Zwei weitere russische Bataillone werden beobachtet, die von Norden auf den Ostteil der Stadt vorrücken.

Als die erste Kolonne, an deren Spitze ein Panzerspähwagen und ein MG-Wagen fährt — offensichtlich am Regimentsgefechtsstand vorbei —, etwa 300 m über die Brücke am Nordrand der Stadt vorgerückt ist, trifft das Sturmgeschütz „Yorck" ein und eröffnet sofort das Feuer. Zunächst werden die gepanzerten Fahrzeuge und dann die ganze Kolonne vernichtet.

Nach Abwehr dieses Feindes macht das II./DF kehrt und tritt mit verkehrter Front zum Gegenangriff an. Der Regimentskommandeur setzt nun die 5./DF unter Hstuf. Stadler zusammen mit „Yorck" und „Schill" zum Angriff nach rückwärts in nordwestlicher Richtung an.

Die 5./DF leistet in diesem Kampf Hervorragendes. In dem etwa zweistündigen Gefecht wird die Feindkolonne vollständig aufgerieben. Etwa 900 Tote, 30 Geschütze, 13 Panzer und 150 Fahrzeuge aller Art bedecken das Gefechtsfeld, während zahllose Russen beim Versuch, nach Süden über den Fluß zu entkommen, im Morast der Sumpfniederung einsinken und ertrinken.

Die Vorstadt von Priluki ist damit fest in der Hand des Regiments

DER FÜHRER. Der Kampf im Westteil der Stadt dauert am Abend noch an. Die Pioniere beginnen sofort mit der Wiederherstellung der Brücke.

Das verst. SS-Rgt. 11 ist im Laufe des Tages aus dem Raum Borsna zum Vorstoß nach Süden angetreten. Unterwegs werden ihm die beiden Sturmgeschütze „Derfflinger" und „Blücher" unterstellt. Der Vormarsch geht über Itschnja, Iwaniza — links hinter Rgt. DF gestaffelt — in Richtung auf die Höhen ostwärts Dedowzy. Der Udaj-Abschnitt ostwärts von Priluki wird ohne Feindwiderstand erreicht. Jenseits des Flusses ist der Gegner in Stellung gegangen. Die Sturmgeschütze bekämpfen die feindlichen Stellungen und ermöglichen damit das Übersetzen des II. und III./SS 11 über den Udaj. Die Sturmgeschütze können nicht übersetzen und werden während der Nacht zum Auftanken und Munitionieren nach Mazejewka zurückgezogen.

Beim Regiment DEUTSCHLAND wird auf Grund des im Raum der Division aufgetretenen starken Gegners gegen 14.00 Uhr das III./D als Divisionsreserve nach Kolessiki zum Divisionsgefechtsstand abgestellt.

Von dort aus wird es durch die Division über Ssorotschnizy nach Süden angesetzt und erreicht Jarowda—Beleschtschina ohne Feinberührung. Der Betaillonsgefechtsstand bleibt in der Ortschaft, in der eine vernichtete feindliche Artillerie-, Pak- und Fahrzeugkolonne vorgefunden wird. Das III./D wird hier zur Sicherung der rechten Flanke von DF und nach Nordwesten angesetzt. Der Feind ist im Zurückgehen nach Süden.

Das SS-Kradsch.Btl. hatte den Auftrag, noch in der Nacht vom 15./16. 9. mit der 4. Kp. zu einem 7 km südlich von Itschnja gelegenen russischen Munitions- und Öllager vorzustoßen und dieses zu sichern. Das Lager wird am Morgen erreicht. Hier wurden u. a. auch 6 deutsche MG 34 gefunden, mit denen die Kompanie ihre Ausstattung verstärkte. Das Kradsch.Btl. selbst stößt weiter auf Garodnja vor und erreicht gegen Abend im Vorgehen auf Perewolotschnoje den Ort Rjaschki.

Die Gesamtlage im Kampfraum Kiew:
Der Riesenkessel wird weiter zusammengedrückt. Die Kampfkraft der Russen läßt merklich nach. Starke Nachhuten kämpfen stellenweise noch außerordentlich zäh. Entscheidende Entschlüsse werden beim

Gegner nicht mehr gefaßt. Versuche zum Ausbruch erfolgen ohne Zusammenhang. Nur Teile entkommen.

Die Panzergruppe Guderian tritt in Fühlung mit der von Süden herankommenden Panzergruppe v. Kleist.

Die 10. Inf.Div. mot. sichert den Raum um Romny. Der vorgeschobene Gefechtsstand der Panzergruppe 2 wird nach Romny verlegt.

(Romny war vor der Schlacht von Poltawa, im Dezember 1708, einige Tage das Hauptquartier König Karls XII. von Schweden.)

Während das Armeeoberkommando 2 am 16. 9. durch das OKH bereits wieder an die Ostfront der Heeresgruppe Mitte verlegt wird, bleibt lediglich der Stab der Armeegruppe Guderian als oberste Kommandobehörde der Heeresgruppe Mitte am Südflügel.

17. September 1941:
Die Absicht des Korps für den 17. 9. 41 lautet:

SS-Div. REICH säubert, in breiter Front über den Udaj vorgehend, den Udaj-Bogen und erreicht den Weg Priluki (Kustowzy)—Schurawka.

4. Pz.Div. wirft Feind über den Udaj zwischen Iwankowzy und Antonowka zurück und hält den Udaj-Abschnitt zwischen Schurawka und Antonowka.

3. Pz.Div. wirft den Feind über den Udaj-Abschnitt Antonowka—Tischki zurück.

10. mot. Div. schlägt den Feind ostwärts Konotop im Zusammenwirken mit XXXXVI. Panzerkorps und sichert den Raum Chmeljow—Romny nach Osten.

Im Divisionsbefehl für den 17. 9. 41 heißt es ausschnittsweise:

1.) Verst. Rgt. „DF" hat am 15. 9. 41 in mehreren Gefechten Feind von Itschnja in südlicher Richtung geworfen und am 16. 9. nach Brechung erbitterten Widerstandes den Ostteil Priluki genommen. Rgt. 11 hat durch Vorstoß in der linken Flanke des Rgt. „DF" diesen Erfolg ermöglicht.

Verst. Kradsch.Btl. hat nach Süden ausweichenden Feind mehrfach geschlagen und durch Vorstoß auf Garodnja die tiefe linke Flanke der Division geschützt.

Unübersehbare Beute an Geschützen, Kraftfahrzeugen und Material, besonders beim Rgt. „DF", ist in unsere Hand gefallen.

2.) Feind flieht in südlicher und südostwärtiger Richtung. Starke Nachhuten kämpfen stellenweise noch außerordentlich zäh.

3.) Linker Flügel der 2. Armee geht rückwärts gestaffelt hinter rechtem Flügel der SS-Div. „Reich" in südlicher Richtung vor.

4. Pz.Div. als linker Nachbar der SS-Div. „Reich" setzt Vorstoß aus Linie Ssekirenzy und ostwärts nach Süden fort und schwenkt mit rechter Schulter entlang Fl. Udaj nach Westen ein, um mit rechtem Flügel Schurawka zu erreichen.

4.) SS-Div. „Reich" säubert Nordufer Fl. Udaj, geht in breiter Front auf das Südufer über und stößt vor bis in Linie: Höhen südwestlich Priluki—Höhen südwestlich Iwkowzy . . ."

Beim Regiment DER FÜHRER war es in der Nacht vom 16./17. 9. dem III./DF gelungen, über den Udaj hinweg in den Südteil der an vielen Stellen brennenden Stadt einzudringen.

Die in Priluki eingesetzten Sturmgeschütze übernehmen am Morgen den Feuerschutz beim II./DF an der gesprengten Brücke und ermöglichen der Infanterie das Übersetzen über den Udaj. Der Feind leistet vor allem im Bahnhofs- und Fabrikgelände hartnäckigen Widerstand. Das SS-Rgt. 11 greift weiter nach Süden an und gewinnt das Höhengelände beiderseits Glubowka. Das rechte Btl. dreht von dort aus nach rechts ein und unterstützt den Kampf des Regiments DER FÜHRER um den Bahnhof Priluki.

Das SS-Kradsch.Btl. erreicht Perewolotschnoje, erkämpft den Udaj-Übergang und bildet für das nachfolgende Regiment DEUTSCHLAND einen kleinen Brückenkopf. Während die Männer noch im Kampf um die Brücke stehen, trifft Generaloberst Guderian auf einer Frontfahrt bei den SS-Kradschützen ein und wird Augenzeuge dieses Kampfes.

Das Regiment DEUTSCHLAND, dessen I./D Korpsreserve bleibt und dessen III./D vorläufig zur Verfügung der Division bleibt, sichert zunächst weiter die rechte Flanke der Division.

Gegen 7.00 Uhr tritt es mit dem II./D, verstärkt durch die III./SS-AR, auf Iwaniza an. Der Regimentskommandeur, Oberführer Bittrich, erreicht gegen 12.45 Uhr die Udaj-Brücke bei Perewolotschnoje, die gesprengt ist. Der Gegner leistet etwa in Stärke von 1—2 Kompanien und einer Schwadron Kavallerie noch Widerstand. Das feindliche Artilleriefeuer ist gering.

Das II./D wird beschleunigt herangezogen und die III./SS-AR zur Unterstützung eingesetzt, um den von den SS-Kradschützen gebildeten kleinen Brückenkopf zu verstärken. Unter dem außerordentlich wirkungsvollen Feuerschutz der unterstützenden Artillerieabteilung klettern die Männer des II./D über die Brücke.

Oberführer Bittrich erstattet Generaloberst Guderian, der sich an der Brückenstelle befindet, Bericht über das bisherige Gefecht.

Anschließend stößt das II./D ohne stärkeren Feindwiderstand nach Durchschreiten von Perewolotschnoje auf Höhe 158 vor, die gegen 16.00 Uhr erreicht wird. Von hier aus geht es weiter über die Höhe 171 vor und steht bei Einbruch der Dunkelheit beiderseits Besubowka.

In der Abenddämmerung stellen sich beim Regimentsgefechtsstand vor einem Waldrand versprengte rückwärtige Feindteile zum Kampf, die durch schnelles Eingreifen mehrerer Maschinengewehre der 15./D vernichtet werden.

Die SS-Aufkl.Abt., mit Hellwerden antretend, erreicht Lewki und klärt im Raume südwestlich Kolessniki auf und stellt mit der 45. ID Verbindung her.

In der Gesamtlage der Panzergruppe ist insofern eine Änderung eingetreten, als durch starke russische Angriffe gegen die Außenfront des Kessels im Nordosten sich das bevorstehende Eingreifen des XXIV. Panzerkorps im Raum Romny nach Osten zur Verstärkung der dortigen Abwehr und zu einem Gegenangriff abzeichnet. Die 3. und 4. Pz.Div. gliedern bereits ihre nicht eingesetzten Teile zum Abmarsch.

Das Korps hat am 18. 9. die Absicht, mit der SS-Division REICH die Linie Priluki—Bogelanowka—Machnowka zu gewinnen und hier nach Anschluß an die 4. Pz.Div. den Udaj-Bogen nordostwärts dieser Linie zu säubern.

18. September 1941:

In der Nacht zum 18. 9. kann auch das II./DF, unterstützt durch den Angriff des III./DF, den Udaj-Fluß überqueren. Den ganzen Tag über dauert das schwere Ortsgefecht an.

Am Abend aber kann der Regimentskommandeur DF, Ostubaf. Kumm, dem Divisionskommandeur, Gruf. Hausser, auf einer Höhe südlich der Stadt melden:

„Priluki fest in der Hand des Regiments!"

Der Divisionskommandeur spricht dem Regiment DER FÜHRER seine besondere Anerkennung für diesen Erfolg aus.
Im Divisionsbefehl vom 18. 9. 41 heißt es u. a. (Auszug):

1.) Verst. Rgt. DF hat nach zweitägigem erbittertem Kampf mit hartnäckigem Gegner die Stadt Priluki genommen und damit einen Eckpfeiler des feindlichen Widerstandes herausgebrochen.
Die übrigen Truppenteile der Division, besonders Rgt. 11, haben durch Vorstoß ostwärts Priluki zu dem Erfolg beigetragen.
Feind ist nur noch in kleinen Gruppen vor der Division vorhanden . . .

2.) + 3.) . . . .

4.) SS-Division „Reich" geht über die am 17. 9. befohlene Sicherungslinie hinaus bis zu folgender Linie vor:
Westrand Priluki—Bogdanowka—Machnowka.
Der Udaj-Bogen ostwärts dieser Linie ist vom Feind zu säubern . . .

Bis zum Abend ist der Udaj-Bogen durch die Einheiten der Division planmäßig gesäubert und damit ist die Aufgabe von SS-REICH in diesem Raum erfüllt. Der Division wurden einige Ruhetage in Aussicht gestellt.

Inzwischen hat sich jedoch die Lage an der Ostflanke der Armeegruppe Guderian dramatisch zugespitzt:
Bei Romny rollt ein Flankenangriff mit 3 russischen Schützendivisionen, 2 Kavalleriedivisionen und 2 Panzerbrigaden gegen die 10. Inf.Div. mot., von der allein der Flankenschutz der Armeegruppe zwischen Romny und Lochwiza aufrechterhalten wird. Nur mit Hilfe einiger Flak-Batterien des Flak-Rgt. 104 und des Flak-Rgt. „Hermann Göring" kann der Angriff mühsam abgestoppt werden, der bis an den Stadtrand von Romny herangetragen wurde.
Die Russen hatten zwei Kampfgruppen gebildet, die die Front zwischen der „Briansker Front" und der „Südwestfront" schließen sollten. Bei Putiwl stürmen die Charkower Kriegsschüler singend gegen die Stellungen der 17. Pz.Div. und des Inf.Rgt. „Großdeutschland". Sie

fallen bis auf den letzten Mann: das „Langemarck" der Russen, so schreibt Paul Carrell über diesen Angriff.

Generaloberst Guderian berichtet in seinen „Erinnerungen eines Soldaten" über diesen Tag:

„Krise in Romny. Seit dem frühen Morgen war aus der Ostflanke Gefechtslärm zu hören, der sich im Laufe des Vormittags verstärkte. Frischer Feind — die 9. russische Kavalleriedivision und eine weitere mit Panzern — ging in drei Kolonnen vom Osten auf Romny vor und kam bis auf 800 m an den Rand der Stadt heran. Ich konnte von einem der hochgelegenen Wachttürme des Gefängnisses am Stadtrand von Romny den feindlichen Angriff einwandfrei beobachten. Das XXIV. Pz.-Korps wird mit seiner Abwehr betraut. Zur Verfügung standen 2 Bataillone der 10. (mot.) ID und einige Flak-Batterien. Unsere Luftaufklärung hatte gegen überlegenen Feind einen schweren Stand. Auf Romny erfolgte ein beachtlicher Fliegerangriff. Schließlich gelang es aber, die Stadt und unseren vorgeschobenen Gefechtsstand zu halten. Jedoch hielten die russischen Antransporte auf der Strecke Charkow—Sumy sowie die Ausladungen bei Sumy und Shurawka an. Zu ihrer Abwehr wurden durch das XXIV. Pz.-Korps Teile SS-‚Reich' und der 4. Pz.-Div. aus der Kesselfront herausgezogen und nach Konotop und Putiwl in Marsch gesetzt.

Die bedrohliche Lage veranlaßte uns, den Gruppengefechtsstand nach Konotop zurückzuverlegen.

Das XXIV. Pz.-Korps wünschte den Angriff auf den neu von Osten herankommenden Gegner zu verschieben, um ihn mit versammelten Kräften packen zu können. Leider konnte ich auf diesen begreiflichen Wunsch nicht eingehen, weil die Mitwirkung der SS-‚Reich' bei diesem Unternehmen voraussichtlich nur noch für wenige Tage gesichert war; sie sollte unter dem XXXXVI. Pz.-Korps zusammen mit IR ‚GD' zur Panzergruppe 4 in den Raum von Roslawl abgegeben werden.

Außerdem mahnten neue Ausladungen bei Seredina Buda und neue Antransporte über Sumy nach Norden zur Eile.

An diesem Tag fiel Kiew ..."

Auf Grund dieser alarmierenden Lage wird es nichts mit den in Aussicht gestellten Ruhetagen der Division.

SS-REICH erhält den Korpsbefehl, mit allen Teilen am 19. 9. frühzeitig über Jaroschowka auf Romny abzumarschieren und den Raum um Romny zu halten. Das verst. IR 41 (10. ID mot.) hält Romny bis zum Eintreffen der Division REICH und wird dann dieser unterstellt.

An diesem 18. 9. 41 führt Stalin die alten zaristischen Bezeichnungen der „Gardedivisionen" wieder ein. Die ersten vier russischen Schützendivisionen werden in „Gardedivisionen" umbenannt. Es handelt sich hier um Divisionen, die seit Kriegsbeginn gegen die Heeresgruppe Mitte kämpften, nämlich die 100., 127., 153. und 161. Schützendivision.

Zusammenfassung und Rückblick

Zum Abschluß dieser Kämpfe geht am 18. 9. der „Bericht der SS-Division REICH vom 11. 9.—18. 9. 41" an das Kommandoamt der Waffen-SS nach Berlin ab, in dem der Einsatz der Division seit der Gewinnung des Brückenkopfes südlich Makoschin noch einmal kurz zusammengefaßt wird. Er lautet:

„Nach Bildung eines starken Brückenkopfes südlich Makoschino stößt die Division, mit SS-Rgt. ‚Deutschland' voraus, entlang der Bahn auf den Eisenbahnstraßenknotenpunkt Bachmatsch. Starker Feindwiderstand, schwierige Wege und Witterungsverhältnisse erschweren den Vorstoß.

Am 11. 9. 41 ist die Linie Borsna (Rgt. 11)—Bachmatsch (Rgt. ‚D') erreicht und am linken Flügel bei Bachmatsch die Verbindung zum linken Nachbarn, der 4. Pz.Div., hergestellt. Durch den anhaltenden Regen sind alle Wege abseits der Eisenbahnlinie grundlos geworden. Der Eisenbahndamm, auf dem ein Blockverkehr eingerichtet werden mußte, bietet die einzige Möglichkeit für das Nachführen von Munition und vor allem der schweren Waffen.

Bei allen Schwierigkeiten wird ständig die Fühlung mit dem Feind aufrechterhalten und mit letzter Kraft nachgestoßen in südl. Richtung über Iwangorod—Ischnja mit dem Ziel, Priluki (auch genannt Kustowzy) zu erreichen und südlich des Udaj-Abschnittes durch einen weiten Brückenkopf um Priluki diesen wichtigen Straßenknotenpunkt für den Feind auszuschalten. Durch höchste Anspannung, besonders der Infanterie, wird am 16. 9. 41 mit der Spitze der Division der Udaj bei Priluki erreicht. An allen Abschnitten versuchte der Gegner, den Vorstoß durch Minensperren und durch Kampf aus flüchtig ausgeworfenen Feldstellungen aufzuhalten. Am 16. 9. nachmittags geht die Division in breiter Front über den Udaj mit rechtem Flügel (Rgt. ‚DF') bei der Brücke Priluki, mit dem linken Flügel (Rgt. 11) bei und ostwärts Borsna. Die Brücken wurden alle im letzten Augenblick gesprengt.

Der Feindwiderstand vom Südufer, vor allem in Priluki, war besonders hartnäckig. Starke eigene Verluste waren dabei nicht zu vermeiden. Am 18. 9. früh ist ein großer Brückenkopf südl. Priluki gebildet und damit der Auftrag der Division bei dieser Operation erfüllt.

Der Generalfeldmarschall v. Bock hat der Division am 13. 9. 41 in einem Fernschreiben seine besondere Anerkennung für Führung und Leistung der Truppe zum Ausdruck gebracht.

Einzelheiten

Der Ausfall an kriegserfahrenen Kp.-Führern, Zugführern und Unterscharführern macht sich erschreckend bemerkbar. Unterscharführer müssen häufig Züge führen. In einem Btl. (II./SS ‚D') führten vier junge Untersturmführer die Kompanien.

Die Panzergruppe 2 hat die Aufnahme der Angehörigen des Stoßtrupps Rentrop in das Ehrenblatt des Deutschen Heeres beantragt. Es sind dies:

SS-Untersturmführer d. Res. Frank (gefallen)
SS-Untersturmführer Burmeister
SS-Oberscharführer Ruhland
SS-Rottenführer Frodel,

sämtlich 14./SS ‚Der Führer'. SS-Obersturmführer Rentrop wird für das Ritterkreuz des Eisernen Kreuzes vorgeschlagen.

Die Division soll nach neuestem Befehl zur Teilnahme an einer neuen Operation verlegt werden, marschiert am 19. 9. 41 früh zum Einsatz in ostw. Richtung.

gez. Hausser"

71

Gefangene und Beute der SS-Division REICH
vom 3. 9. 1941 bis 18. 9. 1941

1.) Gefangene: 12 951
2.) Beute: a) Geschütze: 243
             b) Pak: 28
             c) schw. Granatwerfer: 37
             d) 9 Panzer, 4 Panzerzüge außer Gefecht gesetzt
             e) zahlreiche Infanteriewaffen
             f) 25 schwere Traktoren
             g) mehrere Munitionslager, Waffenlager,
                1 Armeesanitätspark

Das Ende der Schlacht um Kiew

Während des Verlegungsmarsches der Division in den Raum westlich
von Roslawl geht die Schlacht um Kiew am 26. 9. 41 zu Ende.
Paul Carell[*]) schreibt dazu:
„Fünf sowjetische Armeen waren vollständig, zwei weitere zum großen Teil zerschlagen. Eine Million Mann gefallen, verwundet, ver-
sprengt, gefangen. Marschall Budjenny, alter Kampfkumpan Stalins und ehemals Wachtmeister der zaristischen Armee, war auf aller-
höchsten Befehl aus dem Kessel geflogen. Er sollte nicht in die Hände
der Deutschen fallen; und auch den Tod dieses Revolutionshelden
wollte Stalin vermeiden. Budjennys Kommando hatte Generaloberst
M. P. Kirponos wieder übernommen. Er fiel mit seinem Stabschef
Generalleutnant Tupikow bei einem Ausbruchsversuch.
Die Bilanz der Schlacht in Zahlen: 665 000 Gefangene [etwa das Sechs-
fache der Vernichtungsschlacht von Tannenberg 1914]. 3718 Geschütze. 884 Panzerwagen. Und weiteres unübersehbares Kriegsmate-
rial . . .
Eine Schlacht mit solchen Zahlen kannte die Geschichte bis dahin nicht:
Fünf Armeen vernichtet. Fünf Armeen! In der überlegenen Führung,
in der kühnen Beweglichkeit und der zähen Ausdauer der deutschen
Truppe lag dieser Sieg begründet.
Es war eine ungeheure Niederlage Stalins." Sein Befehl: „Siegen oder

---

[*]) „Unternehmen Barbarossa", S. 114

sterben" kostete eine Million Soldaten. „ . . . Das kostete die ganze Ukraine. Und damit lag der Zugang zur Krim und zum sowjetischen Ruhrgebiet, dem Donezbecken, offen."

19. September 1941:
Der damalige Regimentskommandeur DF, Ostubaf. Kumm, berichtet: „In der Nacht zum 19. 9. wird das Regiment zu neuem Einsatz alarmiert und erhält folgenden Befehl:

> ,Feind führt zur Sprengung des Kessels ein neu zusammengestelltes Korps mit einer Schützendivision, einer Kavalleriedivision und einer Panzerbrigade aus Richtung Charkow gegen Romny vor. Die dort stehenden eigenen Kräfte, die 10. Inf.Div. mot., reichen zur Abwehr des Stoßes nicht aus. Die Division ,Reich', voraus SS-Aufkl.Abt. und Regiment ,Der Führer', erreicht im Eilmarsch Romny, greift über die eigenen Sicherungslinien hinweg diese Feindkräfte an und vernichtet sie.'

Während die 3. und 4. Pz.Div. in ihren bisherigen Abschnitten noch mit der Säuberung des gewonnenen Geländes beschäftigt sind, marschiert die Division REICH seit den frühen Morgenstunden in der Reihenfolge:

Marschgruppe SS-Aufkl.Abt.
Marschgruppe Rgt. DF
Marschgruppe Kradsch.Btl.
Marschgruppe Rgt. D
Marschgruppe Rgt. 11

über Olischana, Iwaniza, Jaroschewka, Fol. Bubny nach Romny.

Die Absicht des Korps ist es, den Gegner ostwärts Romny zu schlagen, hierzu mit 3. und 4. Pz.Div. von Süden, mit SS-Div. REICH von Westen und mit 10. Inf.Div. mot. von Norden anzugreifen.

Die Panzergruppe befiehlt, daß dieser Angriff schon am 20. 9. stattfinden soll. Es können jedoch, da die 3. Pz.Div. noch nördlich des Udaj gebunden ist und die 4. Pz.Div. fast keinen Betriebsstoff mehr hat, zunächst nur schwache Teile der 4. Pz.Div. von Süden her vorstoßen. Die 10. Inf.Div. mot. soll daher mit möglichst starken Kräften von Norden über Beshowka, Chorushewka, Nedrigailow in die tiefe Flanke des Gegners, SS-Division REICH mit starken Kräften in allgemeiner Richtung Nedrigailow, 4. Pz.Div. mit Teilen (schließlich nur eine verst. Kompanie) über Lipowaja Dolinea in allgemeiner Richtung Nedrigailow angreifen.

Der Regimentskommandeur DF war zur Verbindungsaufnahme mit den dort eingesetzten Sicherungskräften und zur Erkundung des Einsatzes des Regiments vorausgefahren.

Von einem Regimentsgefechtsstand der 10. Inf.Div. mot. auf dem Kirchturm von Romny aus hat man eine ausgezeichnete Beobachtung auf das spätere Kampfgelände.

Romny, auf einer Höhe liegend, wird vom Fluß Romen begrenzt, der nach Südwesten fließt. Jenseits des Flusses steigt langsam ein etwa 5 km breiter Höhenrücken an, auf dem in einem Brückenkopf die Einheiten der 10. Inf.Div. mot. liegen.

Vom Feind selbst ist zu dieser Stunde noch nichts zu beobachten. Lediglich die Meldungen vom Anmarsch der genannten Feindverbände verbreiten einige Unruhe.

Die SS-Aufkl.Abt. und das verst. Regiment DER FÜHRER treffen am Nachmittag in Romny ein, nachdem gegen 15.55 Uhr ein mehrmaliger feindlicher Fliegerangriff etwa 8 km westlich von Romny auf die Kolonne der Division erfolgte.

Das I. und II./DF gehen sofort über den Fluß und stellen sich in dem großen Brückenkopf zum Angriff bereit. Die Höhen von Sidorenkow und der Ort selbst sollen mit Unterstützung der Sturmgeschütze genommen werden.

Das II./DF wird diesseits des Flusses etwa 5 km nach Nordosten geschoben.

In die Bereitstellung des I. und II./DF hinein greift der Russe mit rund 30 zum Teil überschweren Panzern an. Die Sicherungskräfte des Brückenkopfes beginnen zu weichen. Mit Unterstützung der Sturmgeschütze ‚Derfflinger' und ‚Yorck', die im Angriffsstreifen des I./DF eingesetzt sind, treten beide Bataillone zum Gegenangriff an.

Wirkungsvolle Hilfestellung leistet die Bedienung einer 8,8-Flak, die sich südlich des Flusses in Stellung befindet. In großartigem Kampfgeist gehen die Männer die Panzer an, und was nicht den Sturmgeschützen und der Flak zum Opfer fällt, wird mit Tellerminen und geballten Ladungen ausgeschaltet.

Nach einer Stunde stehen 28 Feindpanzer in Flammen. Zwei der überschweren Kolosse können die Flucht ergreifen.

Über den Fluß hinweg greift das II./DF bei Einbruch der Dämmerung eine Ortschaft an, und es gelingt den Kompanien, ein feindliches Kavallerieregiment zu überraschen und fast völlig zu vernichten. Diesen Erfolg des II./DF ausnutzend, werden das I. und III./DF noch in der Nacht zum 20. September auf gleiche Höhe vorgeschoben.

Eine Feindgruppe (ca. 300 Mann Kavallerie mit IG und Pak) stößt auf die Straße südlich Romny vor und besetzt Bobrik. Eine dagegen angesetzte verst. Kp. des IR 41 kann den Gegner nicht vertreiben."

g) Schlacht im Raum ostwärts Kiew
20. 9. — 24. 9. 1941

20. September 1941:

Gemäß „Divisionsbefehl für den Angriff am 20. 9. 41" soll die Division REICH mit unterstelltem IR 41 und verfügbaren Teilen den Feind gegenüber der Brückenkopfstellung angreifen, die beherrschenden Höhen ostwärts der Stellung nehmen und über Karowinzy auf Nedrigailow vorstoßen.

Gegen 11.00 Uhr tritt SS-REICH zunächst mit dem IR 41 nach Osten an. Der Angriff kommt gut vorwärts. Der Gegner leistet infanteristisch nur geringen Widerstand. Auch seine Artillerie schießt nur wenig.

Gegen Mittag wird das III./D, das der Division direkt unterstellt wird, auf Bobrik angesetzt und nimmt bis zum Abend die Ortschaft. Während dieser Kämpfe treten jedoch zahlreiche Feindpanzer auf. Von den 12 zuerst aufgetretenen Panzern werden 10 abgeschsossen. Die Zahl der Abschüsse erhöht sich bis zum Abend auf 15, dabei zwei schwere 52-to-Panzer.

Zwischen der Straße nach Nedrigailow und Ssule schließt sich am Nachmittag das Regiment DER FÜHRER dem Angriff an. Nördlich von Ssule gehen das SS-Kradsch.Btl. und die SS-Aufkl.Abt. vor. Bis zum Abend ist Wolkowzy genommen, von dort verläuft die Linie nach Süden.

Das SS-Kradsch.Btl. hatte in Basowka nordostwärts von Romny das Kradsch.Btl. 40 der 10. Inf.Div. mot. durch die 2. und 4. Kompanie abgelöst. Der Gegner, der südlich des Ssule-Flusses sitzt, hat sich sehr gut mit Granatwerfern auf die Stellungen eingeschossen und stört die Ablösung durch sein Feuer. Durch die 3. Kompanie wird ein Brückenkopf gegen einen sich heftig wehrenden Gegner bei Pustowojtowka gebildet.

Während des ganzen Tages erfolgen schwere feindliche Bombenangriffe auf die Division REICH, durch die Verluste eintreten.

Über den Kampf der Sturmgeschütze berichtet das Kriegstagebuch der Stu.Gesch.Abt. REICH in einem

Einsatzbericht:

Sturmgeschütz gegen 52-to-Panzer

„Derfflinger" und „Yorck" werden gegen Mittag dem I./DF unterstellt und treten von Romny aus auf die Höhen bei Ssidorenkoff und auf die Ortschaft an.

Von in der Nähe befindlichen Öltürmen greifen russische Panzer an. Beide Sturmgeschütze nehmen die Panzer unter Feuer. Ein T 34 fährt in einen Graben und bleibt bewegungsunfähig liegen. Die anderen drehen ab und verschwinden hinter einem Hügel. Beide Sturmgeschütze fahren ein Stück zurück.

Oscha. Klaffke und Uscha. Roos steigen aus, um die Lage zu besprechen. In diesem Augenblick taucht ein neuer russischer Panzer auf, feuert auf die beiden Sturmgeschütze und verschwindet wieder. Oscha. Klaffke wird tödlich getroffen, Uscha. Roos leicht verwundet.

„Derfflinger" fährt mit dem toten Oscha. Klaffke zurück. Da taucht der russische Panzer — ein schwerer Typ von 52 to — nochmals auf und fährt direkt auf das Geschütz „Yorck" zu. Roos springt sofort in sein Geschütz. Es gelingt, auf kürzeste Entfernung drei Treffer auf den Turm des Panzers anzubringen, so daß derselbe aufhört zu schießen. Trotzdem fährt der Panzer weiter und rammt das Sturmgeschütz. Die Besatzung des „Yorck" bootet sofort aus. Strm. Frankenbusch ist leicht verletzt. Die Hoffnung, daß jetzt auch die Besatzung des russischen Panzers aussteigt, erfüllt sich nicht. Der Panzer fährt vielmehr zurück und an dem gerammten Sturmgeschütz vorbei. Er wird darauf durch den Schuß einer 8,8-Flak zum Stehen gebracht.

Gegen Mittag kommt Ustuf. Kneissl mit dem „Derfflinger" zurück. Um 16.00 Uhr wird zusammen mit dem I./DF ein Angriff auf Sidorenkoff gefahren. „Derfflinger" vernichtet und erbeutet je ein Geschütz, „Yorck" erledigt eine Feldhaubitze und mehrere MG-Nester. Der Ort wird genommen.

Die Division gibt den Truppen in einer Abschrift einer Verfügung der Heeresgruppe Mitte bekannt, wie die von den Russen bei Tieffliegerangriffen in größerer Zahl geworfenen Phosphorbrandbomben zu bekämpfen sind.

So brachte der 20. 9. zwar Erfolge gegen den Feind im Osten, aber fortgesetzte Kämpfe an der Kesselfront bei der 3. Pz.Div., vor der sich der Stab der russischen 5. Armee befand. Die Kradschützen der 3. Pz.-

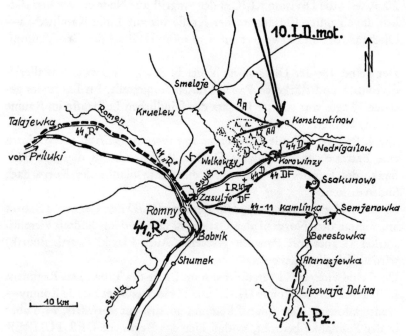

Abwehr und Gegenangriffe der SS-Division REICH im Raum ostwärts Romny
vom 19. — 23. September 1941

Zeichenerklärung: SS-R = SS-Div. REICH; D = Rgt. DEUTSCHLAND;
DF = Rgt. DER FÜHRER; SS 11 = SS-Rgt. 11;
AA = SS-Aufkl.Abt.; K = SS-Kradsch.Btl.

Div. nehmen noch den tapferen Oberbefehlshaber dieser Armee, Generalmajor Potapow gefangen, womit die Kämpfe hier endlich ihren Abschluß finden.

Die Schlacht um Kiew geht für die „Armeegruppe Guderian" dem Ende entgegen. Die Divisionen sollen in den folgenden Tagen nacheinander aus der Front herausgezogen und zunächst zur Vorbereitung auf einen neuen Einsatz gesammelt werden.

Seit dem 13. 9. 41 hat die „Armeegruppe Guderian" 30 000 Gefangene gemacht.

21. September 1941:

Nach Erweiterung des Brückenkopfes Romny durch den Angriff am 20. 9. setzt die Division REICH den Angriff auf Nedrigailow und südlich davon unter Einsatz starker Kräfte bis zur Linie Kamlitschka—Olschana fort und erweitert auf dem rechten Flügel den Brückenkopf.

Der Feind vor der Division ist bisher in Stärke von zwei Kavalleriedivisionen und stärkeren Panzerkräften festgestellt. Im Laufe des gestrigen Tages war starker Einsatz der feindlichen Luftwaffe im Raume Romny erfolgt.

Die 4. Pz.Div. soll mit Hellwerden mit ihrer Aufkl.Abt. (verst. durch eine Batterie) über Lipowaja Dolina, Beresnowka in die tiefe Südflanke des Feindes vorstoßen und die rechte Flanke des Korps nach Süden decken.

SS-REICH greift gegen 6.00 Uhr mit dem III./D den Gegner in Bobrik an, nimmt den Nordteil der Ortschaft, während im Südteil ziemlich starker Gegner mit Panzern verbleibt. Auch Plesski (westl. Bobrik) wird als feindfrei gemeldet.

Der Feindwiderstand verstärkt sich im Laufe des Tages. Das Regiment DEUTSCHLAND (ohne III./D) greift beiderseits der Straße Romny—Nedrigailow an. Der Angriff kommt zunächst gut vorwärts, wird aber in der Südflanke bedroht, so daß hier das Regiment DER FÜHRER zum Angriff auf die Höhe 91,55 mit einem unterstellten Sturmgeschützzug angesetzt wird, das aber die Höhe nicht erreicht.

Bis zum Abend sind die Höhen dicht südwestlich Korowinzy genommen. Nördlich der Ssula muß die SS-Aufkl.Abt., die in Konstantinowka stand, vor starkem Feind mit Panzern bis in die Gegend Smeloje zurückgenommen werden.

Gegen 17.00 Uhr löst das SS-Rgt. 11 das Inf.Rgt. 41 ab, das über Smeloje zur 10. Inf.Div. mot. herangezogen wird.

Der Feind stößt in das große Waldgebiet südostwärts Smeloje. Gegen diesen sichert und klärt das SS-Kradsch.Btl. bei Bassowka und südlich auf. Von Chmeljow her klärt Pi.Btl. 45 auf, von Beshowka her die Aufkl.Abt. 10.

Die Operation gegen den Feind ostwärts Romny wird dadurch gestört, daß die 4. Pz.Div. infolge Betriebsstoffmangels nicht rechtzeitig von Süden herangeführt werden kann. Eine Einschließung der um Nedrigailow stehenden russischen Kräfte wird hierdurch in Frage gestellt. Dazu kommt, daß die 3. Pz.Div. immer noch am Udaj-Abschnitt durch eine Aufgabe gebunden ist, die eigentlich Sache des XXXXVIII. Pz.-Korps ist. Ihr Abmarsch wird daher für den 22. 9. befohlen.

Das XXIV. Pz.-Korps beabsichtigt am 22. 9. 41, den Feind um Nedrigailow mit SS-Division REICH, 10. Inf.Div. mot. und 4. Pz.Div. zu schlagen. Die 4. Pz.Div. soll zur raschen Beendigung des Kampfes frühmöglichst mit starken Kräften über Lipowaja, Dolino in Flanke und Rücken des Feindes vor SS-REICH vorstoßen, während diese den Angriff auf Nedrigailow mit starkem linken Flügel unter Abschirmung der Südflanke fortsetzen soll. Die 10. Inf.Div. mot. soll den Feind nördlich der Ssula unter Sicherung der Ostflanke schlagen, wozu das SS-Kradsch.Btl. dieser Division unterstellt wird.

Während diese Kräftegruppe an der äußeren Kesselfront einen starken feindlichen Entsatzversuch offensiv abwehrt, gehen an der inneren Kesselfront die Kämpfe allmählich zu Ende.

Über den Abschluß dieser Kämpfe in der Kesselschlacht von Kiew zitiert W. Haupt in „Heeresgruppe Mitte" auf S. 82 einen Sanitätsoffizier der 3. Pz.Div., der am 21. 9. 41 in sein Tagebuch schrieb:

> „Es ist ein Bild des Grauens. Menschen und Pferdeleichen zwischen Wagen und Gerät aller Art. Sanitätswagen sind umgestürzt, schwere Flak, Kanonen, Haubitzen, Panzer, LKW. Sie sind teils im Sumpf steckengeblieben, teils haben sie sich in Häuser oder Bäume gebohrt, sind Abhänge hinuntergestürzt, ineinandergefahren oder verbrannt ... Ein Chaos ist zurückgelassen."

Die „Südwestfront" der Roten Armee ist in einem grauenvollen Chaos untergegangen. Die klassische Kesselschlacht des Zweiten Weltkrieges ist zu Ende gegangen. Allein die Armeegruppe Guderian meldete 82 000 Gefangene.

22. September 1941:

Der Schwerpunkt der Kämpfe liegt weiterhin beim Regiment DEUTSCHLAND.

Gegen 6.00 Uhr setzt das Regiment den Angriff fort und stößt, unter Bindung des Gegners im Westteil von Korowinzy, mit dem verst. I./D und dahinter das verst. II./D mit Sturmgeschützen nördlich an Korowinzy vorbei nach Osten und erreicht mit dem I./D ohne wesentliche Feindeinwirkung die Höhe 1200 m ostwärts 91,5.

Das II./D gewinnt, unterstützt durch flankierendes Feuer der schweren Waffen und durch die mit dem Bataillon vorgehenden Sturmgeschütze, in zügigem Vorgehen die Ziegelei 500 m ostwärts von Korowinzy. Durch zusammengefaßtes Feuer treten beim Gegner starke Verluste ein.

Das Regiment DER FÜHRER, mit vordersten Teilen auf der Höhe bei Balturinoff, folgt dem Regiment DEUTSCHLAND rechts rückwärts gestaffelt.

Gegen 11.30 Uhr trifft der Kommandierende General des XXIV. Pz.-Korps mit dem Divisionskommandeur SS-REICH auf dem Gefechtsstand des Regiments DEUTSCHLAND ein.

Um 14.30 Uhr erhält die 16. (Pi.)/D den Befehl, den bisher ausgesparten Ort Korowinzy zu säubern. Sie führt diesen Auftrag im Laufe des Nachmittags durch und erbeutet dabei:

       10 Geschütze
        2 Panzer
        3 Pak

und bringt ca. 150 Gefangene ein.

Das Regiment DEUTSCHLAND erreicht mit dem I./D rechts und dem II./D links im Laufe des Spätnachmittags den Höhenzug 1,5 km südwestlich von Nedrigailoff und stößt bis zum Abend noch bis Nedrigailoff vor, besetzt zunächst den West- und Südrand und dringt noch in den Westteil der Ortschaft ein. Der im Norden durch die 10. Inf.Div.

mot. überflügelte Gegner versucht nach Süden durchzubrechen, wird jedoch durch das II./D abgewiesen.

Das III./D wird motorisiert nach Korowinzy herangezogen. Die Beutemeldung des Regiments DEUTSCHLAND an diesem Tage lautet: 12 Geschütze, 6 LKW, 4 sMG, 7 lMG, 2 sGr.W., 3 Pak, 3 Panzer (44 to), 1 l IG und 520 Gefangene.

Das SS-Rgt. 11 greift im Laufe des Tages über Bobrik nach Osten an und erreicht bis zum Abend, unterstützt durch Sturmgeschütze, Hf. Glubokoj. Der Feind geht hier beschleunigt zurück. Im Südteil von Bobrik verbleiben noch einzelne Feindpanzer, die anscheinend den Rückzug des Gegners decken.

Das Regiment DER FÜHRER nimmt im Laufe des Vormittags die Höhen südostwärts von Korowinzy. Der Gegner, der aus Korowinzy und Kermany nach Nedrigailoff zurückgeht, wird vom Regiment DER FÜHRER gemeinsam mit der auf den Höhen nördlich der Ssula stehenden 10. Inf.Div. mot. zusammengeschossen.

Das Regiment DF dreht am Nachmittag nach Süden ab, um starken Feind anzugreifen, der aus dieser Richtung im Vorgehen gemeldet ist. Am Abend verhalten das I. und II./DF vor der Ortschaft Sakunowo, während das III./DF zur Sicherung der rechten Flanke zurückgelassen wird. In der Nacht angesetzte Aufklärung beider Bataillone meldet den Ort schwach feindbesetzt.

Die Kraft des starken feindlichen Entlastungsvorstoßes von Osten erlahmt offensichtlich. Eine Umfassung und Einschließung des Gegners durch diese deutsche Kräftegruppe gelingt jedoch nicht.

23. September 1941:

Gegen 0.30 Uhr erhält das Regiment DEUTSCHLAND den Befehl, nach Ablösung durch das SS-Kradsch.Btl. zu sammeln und rechts rückwärts gestaffelt dem Regiment DER FÜHRER zu folgen, das um 6.00 Uhr von Höhe 86 aus in Richtung Ssemjonowka zum Angriff antritt. SS-DEUTSCHLAND soll Ssakunowo erreichen, den Gegner dort angreifen und beiderseits der Ortschaft nach Westen sperren.

Im Laufe des Vormittags werden auf Grund verschiedener neuer Feindeindrücke bis 10.30 Uhr verschiedene Aufträge gegeben, die jedoch nicht zur Durchführung kommen.

Um 10.40 Uhr erhält das Regiment den mündlichen Divisionsbefehl: „SS-Regiment DEUTSCHLAND ab 13.00 Uhr marschbereit zum Abrücken in westlicher Richtung auf bisherigem Anmarschweg."

Um 13.00 Uhr marschiert das Regiment nach Ablösung durch das SS-Kradsch.Btl. ab über Romny in den neuen Unterkunftsraum Tschernigow, wo es gegen 20.50 Uhr untergezogen ist

Das SS-Rgt. 11 greift weiter auf Kamlinke (Kamlitschka) an und nimmt es gegen Mittag in Besitz. Am Nachmittag setzt es den Angriff auf Semjonowka fort, das bis zum Abend genommen wird.

Nördlich davon säubert die SS-Aufkl.Abt. das Gelände zwischen Kamlinke (Kamlitschka) und Ssakunowo von versprengten Feindteilen.

Das Regiment DER FÜHRER tritt in den frühen Morgenstunden ohne Artillerievorbereitung zum Angriff auf Ssakunowo (8 km nördlich Kamlinke) an. Der Ort wird ohne nennenswerten Widerstand durchschritten und eine Höhe jenseits Ssakunowo besetzt.

Plötzlich beginnt im Rücken der beiden Bataillone ein Feuerzauber, an dem sich alle Waffen des Feindes beteiligen. Der Gegner hat sich, wie später festgestellt wird, in Stärke eines Regiments in den Häusern, Gärten und Maisfeldern beiderseits der Ortschaft ausgezeichnet getarnt und steht nun zwischen den Bataillonen und dem dicht aufgeschlossenen Regimentsgefechtsstand und versucht die Kompanien im Rücken anzugreifen.

Kurz entschlossen machen beide Bataillone kehrt und packen die Ortschaft Ssakunowo von Süden noch einmal an, während vom Regimentsgefechtsstand aus mit den schweren Infanteriewaffen, vor allem den Infanteriegeschützen, in den Kampf eingegriffen wird. Es entwickelt sich ein äußerst heftiges Gefecht, das den ganzen Tag über andauert. Von Westen her greift der Gegner mit „Stalinorgeln" (russisches Salvengeschütz) ein. Das III./DF kann später eines dieser Salvengeschütze erbeuten.

Am Abend ist der Kampf in der Ortschaft beendet. Der Feind läßt etwa 1200 Tote zurück. Die eigenen Verluste sind ebenfalls beträchtlich, stehen jedoch in keinem Verhältnis zu den Verlusten des Gegners.

Damit ist der russische Entlastungsangriff endgültig gescheitert. Es war das letzte Gefecht des Regiments DER FÜHRER in der Schlacht um Kiew. Das Regiment hat während dieser Kämpfe ca. 15 000 Gefangene eingebracht und über 200 Geschütze erbeutet. Die Zahlen der vernichteten Panzer, Kraftfahrzeuge und des anderen Kriegsmaterials sind nicht mehr feststellbar.

Mit dem Ablauf dieses Kampftages ist der schwere Einsatz der SS-Division REICH in der Kesselschlacht von Kiew beendet, bei dem sie sowohl an den Erfolgen an der inneren Kesselfront bis in den Raum Priluki, als auch bei der Abwehr des starken russischen Entlastungsvorstoßes von Osten im Raum ostwärts Romny hervorragend beteiligt war.

Über jedes Lob erhaben war die Leistung der Männer in den Infanterieregimentern, bei der SS-Aufklärungsabteilung und beim SS-Kradschützen-Bataillon. Neben den zahlreichen teils schweren Gefechten mußten sie große Strecken auf grundlosen Wegen und durch verschlammtes Gelände, bepackt mit Waffen, Gerät und Munition bei tagelangem Dauerregen zurücklegen. Lange Zeit hatten sie keinen trockenen Faden am Leibe. In den dauernd durchnäßten Stiefeln waren die Füße wundgescheuert und mit Blasen bedeckt, so daß sie bei jedem Schritt schmerzten.

Eine besondere Leistung vollbrachten in diesem Einsatz auch die gesamten Divisionsnachschubdienste in der Versorgung der kämpfenden Truppe mit Munition, Betriebsstoff und Verpflegung sowie bei der Instandsetzung und beim Nachschub von Waffen, Gerät und Kraftfahrzeugen. Ebenfalls nicht vergessen sind hier die Abschleppdienste der verschiedenen Einheiten, die Tag und Nacht unterwegs waren, um beschädigte oder festgefahrene Fahrzeuge wieder flott zu machen.

Diese Nachschubleistung unter Führung des Divisions-Nachschubführers, Stubaf. Fritz Steinbeck, gehörte zu einem ihrer Höhepunkte des gesamten Rußlandeinsatzes, da sie bei geradezu katastrophalen Straßenverhältnissen infolge der Regenperiode und dazu noch im offensiven Bewegungskrieg mit täglich wechselnden Versorgungszielen erfolgte. Gar mancher Versorgungsfahrer mußte die schon sehr kalten Nächte in seinem bis an die Achsen festgefahrenen Fahrzeug verbringen und warten, bis ein Kettenfahrzeug der Division vorbeikam, um ihn aus dem Schlamm zu erlösen. Doch kurze Zeit später konnte er bereits wieder festsitzen, und das gleiche Lied begann von vorne. Der Weg, den die kämpfende Truppe von Roslawl bis Priluki und bis Romny nur einmal zurücklegte, mußte von den Nachschubdiensten viele Male und oft täglich unter großen Strapazen zurückgelegt werden.

Durch den aufopfernden Einsatz der Truppenärzte und ihres Sanitäts-personals, der Krankenkraftwagenfahrer, der Ärzte und ihrer Helfer auf den Hauptverbandplätzen und im Feldlazarett war die ärztliche Versorgung der zahlreichen Verwundeten trotz größter Schwierigkeiten stets sichergestellt, und viele Divisionskameraden verdanken ihnen ihr Leben.

Alle Angehörigen der Divisionsnachschubdienste haben durch ihren anstrengenden und nervenaufreibenden Einsatz den erfolgreichen Kampf der Division überhaupt erst ermöglicht, der eine eindrucksvolle Gesamtleistung darstellt.

Vom 23. 9. an beginnen die Umgruppierungen für die neue Operation. Der Schwerpunkt der Panzergruppe 2 wird hierfür in den Raum von Gluchow und nördlich davon gelegt.

Die SS-Division REICH scheidet mit diesem Tage aus dem Verband der Armeegruppe Guderian (Panzergruppe 2) aus. Sie tritt zur Panzergruppe 4 Hoepner und wird dem XXXX. Panzerkorps unter General der Kavallerie Stumme unterstellt.

Es war das letzte Mal im Kriege — so können wir rückblickend feststellen —, daß die Division unter dem Oberbefehl von Generaloberst Guderian kämpfte, und vom Divisionskommandeur bis zum jüngsten Soldaten wurde das Ausscheiden aus der vertrauten Panzergruppe 2 ehrlich bedauert. Guderian war ein aufrichtiger Freund der noch jungen Waffen-SS und wußte stets ihre Leistungen zu schätzen und zu würdigen.

So schreibt er in seinem literarischen Lebenswerk: „Erinnerungen eines Soldaten" auf Seite 406 u. a.:

„Ich habe die Leibstandarte und die SS-Division REICH im Kampfe erlebt und später als Generalinspekteur der Panzertruppen zahlreiche SS-Divisionen besichtigt und kann mein Urteil dahin zusammenfassen, daß diese Verbände sich unter meinen Augen stets durch Manneszucht, Kameradschaft und gute Haltung im Kampfe ausgezeichnet haben. Sie fochten Schulter an Schulter mit den Heeres-Panzer-Divisionen und wurden — je länger der Krieg dauerte, desto mehr — die unseren."

Generaloberst a. D. Paul Hausser schreibt in seinen persönlichen Aufzeichnungen:

„Trotz der russischen Niederlage in der Kesselschlacht um Kiew stellt die russische Kriegsgeschichte fest, daß der deutsche Sieg in der Ukraine zum ‚Bankrott der faschistischen Blitzkriegspläne' beigetragen hat. Hat Stalin doch recht gehabt? Der deutsche Erfolg in dieser Kesselschlacht war der Grund ‚zum verspäteten Angriff auf Mokau'."

Der Divisionskommandeur, SS-Gruppenführer Hausser, erläßt am 23. 9. 41 zum Abschluß der Kämpfe folgenden

Tagesbefehl

1.) Der Führer und Oberste Befehlshaber hat dem SS-Obersturmbannführer Ostendorff das Ritterkreuz des Eisernen Kreuzes verliehen. Diese Verleihung gilt nicht seiner Generalstabstätgkeit, sondern seinem persönlichen Eingreifen in der kritischen Nacht von Uschakowa.

SS-Obersturmbannführer Ostendorff hat nach einem feindlichen Einbruch am 25. 7. 41 persönlich die Feinderkundung durchgeführt, den Einsatz der schweren Waffen vorbereitet, den Gegenstoß angesetzt und geführt. Der Gegner wurde zurückgewofen und die alte Stellung wiedergewonnen. Die Gefahr eines feindlichen Durchbruchs für Division und Korps wurde beseitigt. SS-Oberstursturmbannführer Ostendorff hat damit persönlich wesentlich dazu beigetragen, daß die Division nach Abschluß der Kämpfe im Jelnja-Bogen melden konnte, daß sie ihre Stellungen überall ohne Verlust an Boden gehalten habe.

2.) Der Reichsführer SS hat den SS-Oberführer Hansen zu anderer Verwendung abgerufen. Damit scheidet der erste Artillerie-Regimentskommandeur der Waffen-SS aus der Division aus. Aufstellung und Ausbildung des Regiments als Stammtruppe der gesamten Artillerie der Waffen-SS ist sein Werk. Möge seine Schule „schnellste Feuerbereitschaft zur Unterstützung der Infanterie" weiter wirken. Mit der Führung des SS-Artillerie-Regiments wird SS-Oberführer Merk beauftragt.

3.) Nach Schließung des großen Kessels ostwärts Kiew wurde die SS-Division „Reich" beschleunigt in den Raum um Romny geführt, um im Rahmen des XXIV. Pz.-Korps Romny gegen einen starken feindlichen Entlastungsstoß zu halten und anschließend die herangeführten Feindkräfte zu vernichten.

Bei Durchführung dieses Auftrages haben alle Truppenteile der Division wieder ihr Bestes hergegeben.

Rgt. „Der Führer" stieß zunächst zusammen mit I.R. 41 zur Erweiterung des Brückenkopfes vor. Bei diesem Gefecht schossen die Panzer-Jäger und schwere Flak zahlreiche mittlere und schwere Panzer ab.

In den darauffolgenden Tagen stießen Rgt. „Deutschland" und „Der Führer" in raschem Tempo nach Osten vor und gewannen in harten Gefechten schnell Boden. Rgt. „Deutschland" konnte am Abend des 22. 9. nach Vernichtung starker Feindkräfte in Nedrigailoff eindringen und eine feindliche mot. Kolonne vernichten. Rgt. „Der Führer" stieß gleichzeitig nach Südosten vor, um den flüchtenden Feind zu verfolgen. In einem erbitterten Gefecht am 23. 9. konnten feindliche Kräfte zerschlagen werden.

Rgt. 11 stieß aus dem rechten Flügel des Brückenkopfes dem Gegner nach und nahm in raschem Zupacken Ssemjonowka. Mehrere Panzer wurden hierbei abgeschossen.

Aufkl.Abt. und Kradsch.Btl. schufen durch unermüdliche Aufklärung in der unübersichtlichen Nordflanke die Voraussetzungen für den erfolgreichen Einsatz der Division.

Während Teile der Division noch im Kampfe stehen, hat das vorderste Regiment bereits wieder den Marsch zu neuem Einsatz angetreten. Die Anforderungen sind groß. Aber vergessen wir nicht, daß nur, wenn jeder das Äußerste leistet, was ein guter Soldat leisten kann, das große Ziel erreicht werden kann.

Wir folgen dem Führer weiter zum endgültigen Siege.

gez. Hausser

Der Kommandierende General des XXIV. Pz.-Korps, General der Panzertruppen Geyr v. Schweppenburg, verabschiedet sich am 23. 9. 41 mit folgendem Schreiben an die Division:

An die
SS-Division „Reich"

Die hervorragenden Kampfleistungen der SS-Division „Reich" im Verband des XXIV. Pz.-Korps und die Art ihrer Führung lassen mich das Ausscheiden aufrichtig bedauern.

Dank, Anerkennung und weiterhin Soldatenglück dieser ausgezeichneten Truppe.

gez. Frhr. von Geyr

Der Befehlshaber der Panzergruppe 2, Generaloberst Guderian, erläßt zum Ausscheiden der Division aus seinem Verband am 23. 9. 41 folgenden

Tagesbefehl

Soldaten der SS-Div. „Reich"!

Am 1. 9. 41 ist die Division aus dem Raum um Smolensk angetreten, um am rechten Flügel der Panzergruppe in dem Kampf zum Übergang über die Desna eingesetzt zu werden. Der Marsch stellte infolge schlechter Wege und häufiger Regengüsse unerhörte Anstrengungen an Mann und Material. Die Division zog sich über 6 Tage auseinander.

In heftigen Kämpfen wurde die Front des Gegners durchstoßen, der Stromlauf der Desna und des Seim überwunden und am 13. September der Ring um den Feind ostwärts Kiew durch Vereinigung mit einer von Süden vorstoßenden Panzergruppe geschlossen. Der Oberbefehlshaber der russ. 5. Armee fiel in unsere Hand. Die ganze russische Südfront ist damit zertrümmert. Ihr habt in diesen Wochen abermals Eure Pflicht in vollem Maße getan, alle Anstrengungen auf Euch genommen, obwohl Euch seit dem 22. 6. 41 keine Ruhepause gewährt werden konnte.

Ein Ruhmesblatt in der Geschichte der Division werden die Kämpfe um die Eisenbahnbrücke in Makoschin.

Ich danke Euch für Euren oft bewährten Kampf- und Angriffsgeist. Der nun aus dem Bereich der Gruppe ausscheidenden Division die besten Wünsche für die Zukunft.

Heil Deutschland und Heil unserem Führer!

gez. Guderian

In einem Lagebericht an das Führungshauptamt in Berlin vom 27. 9. 1941 heißt es zu den eben abgeschlossenen Kämpfen:

„Die Kämpfe zur Vernichtung des russischen Entlastungsstoßes eines Kavallerie-Korps (2 Kav.Div., 1 Inf.Div., 1 Panzerbrigade) ostwärts

Romny wurden am 24. 9. beendet. Dem Gegner wurden durch die letzten Vorstöße der Regimenter DER FÜHRER und SS 11 erhebliche Verluste an Material und Personal zugefügt. Der Entlastungsstoß ist hauptsächlich durch die Division zurückgewiesen worden . . .
. . . Verluste seit Beginn der Kämpfe im Verband des XXIV. Pz.-Korps: 1700 Mann. Wir hoffen, den Ersatz rechtzeitig vor dem neuen Einsatz heranzubekommen.
KFZ-Lage wird naturgemäß schlechter, wahrscheinlich 60 % marschbereit . . .“

gez. Hausser

Verlegung in den Raum westlich von Roslawl und kurze Auffrischung 24. 9. — 2. 10. 1941

Ab 24. 9. 41 wird die SS-Division REICH nach Ablösung der am Feinde stehenden Truppenteile aus dem Kampfraum ostwärts Romny zunächst in westlicher Richtung in Marsch gesetzt, nachdem das Regiment DEUTSCHLAND schon am 23. 9. abends in den Raum Hf. Timoschewskago—Welikije Bubny verlegt worden war.
Der Marschweg geht über Romny, Itschnja, Tschernigow, dann in nördlicher Richtung über Gomel, Dowsk in den Raum westlich von Roslawl in folgender Reihenfolge:

Marschgruppe Klingenberg
Marschgruppe DER FÜHRER
Marschgruppe DEUTSCHLAND   mit eingegliederten
Marschgruppe Artillerie-Rgt.   Divisionswaffen

Am 26. 9. 41 durchbricht das XXXX. Pz.-Korps, dem die Division REICH einige Tage später unterstellt werden sollte, unter vollem Einsatz der 258. Inf.Div. mit Schwerpunkt links die feindliche Stellung weit nach Osten in Richtung Mosalk—Juchnow.
Es ist beabsichtigt, die Division REICH hinter dem rechten Flügel des XXXX. Pz.-Korps nachzuführen.
Bis zum 28. 9. 41 hat die Division bei Nachtfrösten und kaltem Wetter ihren neuen Unterkunftsraum beiderseits der Straße Propoisk, Tscherikow, Kritschew westlich Roslawl erreicht. Das Divisions-Stabsquartier liegt in Usztjz.

In diesem Raum sind den Truppen der Division bis zum 2. Oktober nur wenige Tage der Ruhe und Auffrischung nach schweren wochenlangen Kämpfen vergönnt, an denen gerade noch im letzten Augenblick Mannschaftsersatz eintrifft, der in jeder freien Minute durch die fronterfahrenen Unterführer in den Einheiten den letzten Schliff für den bevorstehenden Einsatz erhält. Fahrzeuge, Waffen und Gerät werden gründlich überholt. Das Regiment DEUTSCHLAND erhält z. B. 750 Mann Ersatz.

Ebenso wichtig aber sind nach den ungeheuren körperlichen Strapazen des abgeschlossenen Einsatzes die wenigen Mußestunden, die der körperlichen und seelischen Auffrischung dienen.

Am 1. Oktober nimmt der Divisionskommandeur, SS-Gruppenführer Hausser, mit dem XXXX. Pz.-Korps Verbindung auf.

Im Kriegstagebuch des Regiments DEUTSCHLAND sind folgende Verluste des Regiments in der Zeit vom 24. 6. 41 bis 30. 9. 41 verzeichnet:

	gefallen	verwundet	vermißt	krank
Führer:	16	37	8	2
Unterführer und Mannschaften:	355	963	24	114
zusammen:	371	1000	32	116

Gesamtausfall: 1519 Führer, Unterführer und Mannschaften.

Der Angriff auf Moskau — Operation „Taifun"
2. 10. — 4. 12. 1941

Überblick über die Lage:

Der damalige Divisionskommandeur, Generaloberst a. D. Paul Hausser, schreibt dazu in seinen persönlichen Aufzeichnungen:

„Die deutschen Heere standen jetzt im Großen in der Linie: Asowsches Meer—Finnischer Meerbusen. Jeder Schritt vorwärts verbreiterte den Raum trichterähnlich.

War der Zeitverlust durch die Offensive auf Kiew noch zu reparieren? Die mot. Verbände hatten etwa 1000 km zurückgelegt, die aus der Mitte nach Kiew und zurück zusätzlich 600 km, bis Moskau kamen 500 km dazu.

Die Beweglichkeit der mot. Truppen stand auf schwachen Füßen. Die Gefechtsstärken sind erheblich gesunken, aber das Gefühl der Überlegenheit ist noch voll vorhanden. Die Luftwaffe war dem Gegner noch überlegen.

Vor der Front standen starke Feindgruppen, besonders an der Rollbahn. Dem Frontstab West Timoschenko unterstanden die Gruppen Juchnow, Wjasma, Gshatsk und Rshew."

Vorbereitungen für die Operation „Taifun"

Schon zu Beginn der Schlacht um Kiew, am 6. 9. 41, hatte das OKH in der Weisung befohlen, daß die Heeresgruppe Mitte möglichst bald nach Osten angreifen soll, mit dem Auftrag, den Feind ostwärts Smolensk in doppelter Umfassung in Richtung Wjasma, mit starken Panzerkräften auf beiden Flügeln, zu schlagen.

Erst nach dieser Einkreisungsoperation würde die Heeresgruppe Mitte zur Verfolgung in Richtung Moskau — rechts angelehnt an die Oka, links angelehnt an die obere Wolga — anzutreten haben.

Nach diesem Befehl mußte die Heeresgruppe Mitte noch im Verlauf der Schlacht um Kiew ihre Truppen umgruppieren.

Vom Nordabschnitt der Ostfront wurde zur Verstärkung der Heeresgruppe die Panzergruppe 4 (Befehlshaber: Generaloberst Hoepner) über Nevel herangeführt.

Aus dem Reich kam die für Afrika vorgesehene 5. Panzerdivision. Die Luftwaffe führte ebenfalls starke Kräfte zu. So wurde das VIII. Fliegerkorps (Generalleutnant Frhr. v. Richthofen) vom Nordabschnitt wieder in den Bereich der Luftflotte 2 (Mitte) zurückverlegt. Vom Südabschnitt der Ostfront wird das II. Flak-Korps (Generalleutnant Desloch) herangeführt.

Gliederung der Heeresgruppe Mitte von Süd nach Nord:

„Armeegruppe Guderian" (Generaloberst Guderian)
2. Armee (Generaloberst Frhr. v. Weichs)
4. Armee (Feldmarschall v. Kluge)
Panzergruppe 4 (Generaloberst Hoepner)
9. Armee (Generaloberst Strauss)
Panzergruppe 3 (Generaloberst Hoth)

Die SS-Division REICH wird im Rahmen der Panzergruppe 4 am 24. 9. 41 zunächst dem LVII. Pz.-Korps (General der Panzertruppen Kuntze) und ab 3. Oktober 41 dem XXXX. Pz.-Korps (General der Kavallerie Stumme) unterstellt. In diesem Korps kämpfen die 2. Pz.-Div. und die schon so vertraute 10. Pz.Div. (gemeinsamer Einsatz mit Panzer-Rgt. 7 in Polen 1939, Vormarsch 1941 bis Jelnja und gemeinsamer Kampf im Jelnjabogen).

Bereits am 26. September hatte das Heeresgruppen-Kommando Mitte den Angriffsbefehl erlassen, wonach die 4. Armee mit unterstellter Panzergruppe 4 mit Schwerpunkt beiderseits der Straße Roslawl—Moskau angreifen wird.

Die Panzergruppe Guderian, jetzt „Armeegruppe Guderian", die am rechten Flügel der Heeresgruppe steht, macht, ohne ihren Divisionen auch nur einen Tag Ruhe gönnen zu können, von der Front um Kiew um 180 Grad kehrt und rückt in den Abschnitt Gluchow vor. Sie hatte zur Sicherung des rechten Flügels der Heeresgruppe die weitest gesteckten Angriffsziele erhalten und sollte daher den Angriff einige Tage früher beginnen.

Die „Rote Armee" hatte in den letzten vier Wochen, in denen die Offensive der Heeresgruppe Mitte nicht weiter nach Osten vordrang, ebenfalls umgestellt und von Norden nach Süden folgende 12 Armeen aufgestellt, neu formiert, umgruppiert oder aus dem Hinterland herangeführt: 22., 29., 30., 19., 16., 20., 24., 43., 50., 3., 13. und 40. Armee.

Die Armeegruppe Guderian trat befehlsgemäß am 30. 9. bei dichtem Frühnebel an. Zwar waren noch nicht einmal alle Korps in ihren Ausgangsstellungen, und der rechte Flügel konnte vorerst überhaupt nicht geschützt werden — doch der Angriff rollte.

Das bewährte XXIV. Pz.-Korps traf beiderseits der Straße Sswesk—

Orel mit der 3. und 4. Pz.Div. in vorderster Linie den Gegner überraschend. Das Korps konnte schon am nächsten Tag Sswesk nehmen, während die 10. Inf.Div. mot. zur Flankensicherung nach rechts eingesetzt wurde.

Das XXXXVII. Pz.-Korps kam ebenfalls mit der 17. und 18. Pz.Div. schnell voran und drang nördlich von Sswesk in den Raum Karatschew westlich von Orel vor.

Diese beiden Korps errangen in zwei Tagen einen unglaublichen Erfolg. Sie durchbrachen die sowjetische Front und hatten bis zu 130 km Tiefe gewonnen — dann war der Betriebsstoff zu Ende. Damit war der Schutz des rechten Flügels der Heeresgruppe Mitte gesichert*).

h) Durchbruch durch die Desna-Stellung
2. 10. — 4. 10. 1941

In der Nacht zum 2. Oktober, an dem das Unternehmen „Taifun" begann, verlasen die Einheitsführer und Kommandeure den Tagesbefehl Hitlers:

„Die letzte große Entscheidungsschlacht dieses Jahres wird diesen Feind vernichtend treffen... Vom deutschen Reich aber und von ganz Europa nehmen wir damit die Gefahr weg, wie sie seit den Zeiten der Hunnen- und später Mongolenstürme entsetzlicher nicht mehr über dem Kontinent schwebte...

Das deutsche Volk wird deshalb in den kommenden Wochen noch mehr bei Euch sein als bisher!"

Der Befehlshaber der Panzergruppe 4, Generaloberst Hoepner, erläßt am 2. Oktober folgenden

Tagesbefehl

„Der 2. Oktober ist der Geburtstag des verewigten Generalfeldmarschalls von Beneckendorff und von Hindenburg.

Er war der Erste, der große Siege über die Russen errang und damit ihren Einfall in das Reich verhinderte.

---

*) W. Haupt: „Heeresgruppe Mitte", Podzun-Verlag, S. 86—87 — sinngemäß übernommen

An seinem Geburtstage treten wir zu einem entscheidenden Waffengang gegen die letzte große russische Kräftegruppe an. Für die Panzergruppe sei am 2. 10. 1941 die Parole:
„Hindenburg — vorwärts — Sieg!"

Hoepner

W. Haupt schreibt über den Beginn des Unternehmens „Taifun":

„Die Offensive gegen Moskau begann am 2. 10. bei strahlendem Herbstwetter. Wieder, wie am ersten Tag, flogen die Kampfstaffeln der Luftflotte 2 voraus und bahnten den Weg, den die Batterien der Artillerie sturmreif schossen. Die Truppe war einigermaßen mit Menschen und Material aufgefüllt — und noch fühlte sich der deutsche Soldat seinem russischen Gegner überlegen*)."

Die Panzergruppe 4 eröffnete um 5.30 Uhr den Angriff. Schon zwei Stunden später hatten ihre Korps Brückenköpfe am Ostufer der Desna gebildet.
Das XXXX. Pz.-Korps wirft den Feind. Am Abend steht die 10. Pz.-Div. (Generalmajor Fischer) bereits 30 km tief hinter der Desna und hat die sowjetische Front aufgebrochen. Vor ihr befindet sich kein geschlossener russischer Verband mehr.
Um 17.30 Uhr erhält die SS-Division REICH den Befehl der Panzergruppe 4, am 3. 10., von Kritschew antretend, den Raum Pokinitscha—Prigorje—Malaja Koschkina—Ladischino (ostwärts Roslawl) zu erreichen. Nach Eintreffen wird die Division dem XXXX. Pz.-Korps unterstellt. Pionierkräfte sind beim Vormarsch vorne einzugliedern.
Am 3. Oktober, um 6.00 Uhr beginnend, tritt die Division in folgender Reihenfolge in den Raum ostwärts Roslawl an:

Kradsch.Btl., Aufkl.Abt., Div.Stab, Pz.Jg.Abt., Pi.Btl., Flak-Abt., Teile Art.Rgt., Rgt. DEUTSCHLAND, Rgt. DER FÜHRER, Rgt. 11, San.Dienste und Div.Nachschubdienste.

Mit Erreichen dieses Raumes ist die Division dem XXXX. Pz.-Korps (General der Kavallerie Stumme) unterstellt.
Noch am Abend des 3. 10. haben die 10. und 2. Pz.Div. die Bolwa (Fluß) überschritten.

---

*) W. Haupt: „Heeresgruppe Mitte", Podzun-Verlag, S. 88

In den frühen Morgenstunden des 4. 10. erreichen die letzten Teile der Division ihre Unterziehräume. SS-REICH wird im Laufe des Tages der 10. Pz.Div. nachgeführt und erreicht mit Anfang die Desna. Sie schließt nach Einnahme der Gefechtsgliederung entlang der Vormarschstraße auf und rastet hier bis auf weiteren Befehl.

Die Vormarschstraße geht über Kassizy (23 km südostwärts Roslawl), Prigory, Gromaschowo, Litwinowa, Tjunino, Babinki, Blisnezy, Tolbina, Milejkowo, Pawloskaja, Brücke 2 km nordostwärts Schtschipan. Die Gefechtsgliederung der Division:

Pi.Btl., Aufkl.Abt., Kradsch.Btl., Div.Fhr.Staffel, Marschgruppe SS-DEUTSCHLAND, Marschgruppe Blume (Flak-Abt.), Marschgruppe DER FÜHRER, Marschgruppe Rgt. 11.

Am 5. Oktober schafft die 10. Pz.Div. 40 km Geländegewinn und nimmt Juchnow.

Die Division REICH marschiert bis zur Bolwa und erreicht mit Teilen hinter der 10. Pz.Div. Makroje, während sie mit letzten Teilen die Desna überschreitet.

Die weitere Vormarschstraße geht über die Desna-Brücke (2 km nordostwärts von Schtschipan), Buda, Bolijschtschaja Lutna—Murajewka, Makroje.

Die rechte benachbarte 2. Armee gewinnt endlich Bewegungsfreiheit, als sich der Angriff der 17. Pz.Div. auf Brjansk bemerkbar macht.

Der Kessel um Brjansk schließt sich

Die 43. und 50. Sowjetarmee weichen nach Westen aus. Die Infanteriedivisionen der 2. Armee folgen dem Gegner dichtauf und nähern sich am nächsten Tag der Straße Brjansk—Roslawl. Damit beginnt sich der Kessel um Brjansk zu schließen.

Von Juchnow aus setzt das XXXX. Pz.-Korps die 2. und 10. Pz.Div. nach Norden an, um Gshatsk zu erreichen. Da schaltet sich jedoch das OKH ein und verlangt, daß der Kessel nicht dort, sondern gem. Führerbefehl bei Wjasma zu schließen sei. Daraufhin dreht die Panzergruppe 4 zur Einschließung des Gegners im Raum Wjasma nach Nordwesten ein. Angriffsziel für 10. Pz.Div.: Wjasma, für 2. Pz.Div.: Raum südlich davon.

6. Oktober 1941:

Mit diesem Tage greift die SS-Division REICH wieder in die Kämpfe ein.

Der Auftrag für die Division lautet, über Juchnow nach Norden eindrehend, im Alleingang mit offener rechter Flanke den Raum zwischen Gshatsk und Wjasma zu erreichen. Sie bekommt gleichzeitig die schwierige Doppelaufgabe, von dort einerseits nach Osten und Nordosten gegen feindliche Entlastungsstöße abzuschirmen, andererseits nötigenfalls nördlich Wjasma mit Front nach Westen zur Schließung des Kessels von Wjasma eingesetzt zu werden.

An der Spitze der Division marschieren die Aufkl.Abt. und das Kradschützen-Btl. Die Aufkl.Abt. erhält den Auftrag, Jegorje Kuleschi zu erreichen und von dort bis zur Linie: Shelonja—Mjeshettschino—Straße bis Gshatsk—Eisenbahnlinie bis Wjasma aufzuklären.

Das Kradsch.Btl. soll für die Division einen Weg erkunden bis zur Autobahn bei Spasskoje.

Die verstärkte Marschgruppe SS-DEUTSCHLAND marschiert den ganzen Tag, hat um 11.15 Uhr ein leichtes Gefecht bei Schatjescha, wo schwacher motorisierter Feind den Fluß Wora an mehreren Stellen nach Osten überschreitet.

Die Aufkl.Abt. stößt gegen 13.30 Uhr bei Sacharowo auf Feindwiderstand und bleibt auf der Höhe 186,8 liegen. Um 17.25 Uhr greift das verst. III./D als Vorhutbataillon von Sacharowo aus diese Höhe an. Nach kurzem Gefecht wird der Gegner hier mit Feuerunterstützung der Aufkl.Abt. geworfen und weicht nach Norden aus. Es handelte sich offensichtlich um eine stärkere feindliche Nachhut mit mehreren Geschützen. Nach dem Zurückweichen des Gegners stößt das Kradsch.Btl. bis Jegorje Kuleschi durch, nimmt die dortige Straßen- und Eisenbahnbrücke und bildet mit Einbruch der Dunkelheit einen Brückenkopf beiderseits der Vormarschstraße.

Gegen 19.45 Uhr hat die Vorhut SS-DEUTSCHLAND ihr Tagesziel Iwanowskaja erreicht und sichert nach Osten und Westen. Divisionsgefechtsstand: Krapiwka.

Während des Tages gab es vereinzelte feindliche Tieffliegerangriffe und Bombenwürfe auf die Marschgruppe SS-DEUTSCHLAND, wodurch geringe Verluste eintraten.

Über die Gesamtlage der 4. Armee schreibt W. Haupt*):

„10. P.D. war von Süden her direkt nach Wjasma vorgestoßen und drang am 6. 10. in die Stadt ein.

Die Divisionen der 4. Armee folgten den vorgeprellten Panzerdivisionen dichtauf. Die Armee stand bereits am 3. Angriffstag im Rücken der sowjetischen Front ostwärts Jelnja! Jetzt gab hier der Gegner den Kampf auf. Daraufhin konnte das bisher frontal angreifende und stark angeschlagene IX. A.K. seine Offensive aufnehmen. Die 292. I.D. (Generalmajor Lucht) nahm am 6. 10. [bei erstem Schneefall] Jelnja.

Der Kessel um Wjasma brennt, wie der Kessel um Briansk, langsam aus . . . Gleichzeitig tritt von Juchnow aus die SS-Division REICH an und stößt unaufhaltsam weiter nach Norden auf Gshatsk vor."

Damit steht SS-REICH, die in den Juli- und Augusttagen zusammen mit der 10. Pz.Div. und dem Inf.-Regiment GROSSDEUTSCHLAND wochenlang in einer mörderischen Schlacht den Jelnja-Bogen verteidigt hatte, nur wenige Wochen später weit im Rücken der russischen Jelnja-Front südlich von Gshatsk und schickt sich an, die Autobahn Smolensk—Moskau zu sperren. Wer hätte damals geglaubt, daß nach verhältnismäßig kurzer Zeit die gesamten russischen Kräfte im Mittelabschnitt durchbrochen, aufgespalten und eingekesselt sein würden und daß ihnen nichts anderes übrig blieb, als die Waffen zu strecken?

Im Vorbefehl der Division für den 7. 10. heißt es u. a.:

„1.) . . . Neuer Feind von Osten wurde bisher nicht festgestellt. Auf Autobahn Wjasma—Gshatsk starke feindliche Rückzugsbewegungen während des 6. 10.

2.) Absicht der Division: Vorstoß auf Straße nach Norden und Sperrung der von Westen und Südwesten heranführenden 2 Straßen sowie der Eisenbahn bei Gshatsk.

3.) Hierzu Befehle im einzelnen:
   a) Kradsch.Btl. sichert Straße und Eisenbahnbrücke bei Jegerje—Kuleschi, klärt ostwärts der Vormarschstraße gegen die rechte Flanke auf und hält sich bereit, am 7. 10. mit neuem Auftrag vorgeworfen zu werden.
   b) Aufkl.Abt. . . . klärt weiter auf. Sicherung der rechten Flanke. Schwerpunkt der Aufklärung: Raum um Gshatsk.

---

*) W. Haupt: „Heeresgruppe Mitte", S. 91

Grenadiere der SS-Div. DAS REICH — Stoßtruppführer mit seinen Männern

Ukrainische Mädchen
in Trachten

„Volksvergnügen"
in einem ukrainischen
Dorf

unten links:
ukrainischer Müller

unten rechts:
Bäuerin mit Kind

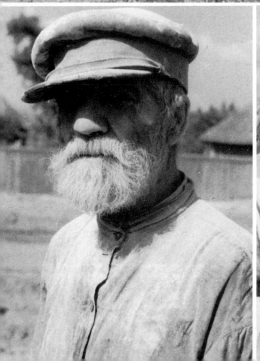

c) Rgt. DEUTSCHLAND, welchem alle marschtechnisch unterstellten Truppenteile (1 Zug Sturmgeschütze, III./SS-AR, 1 Bttr. IV./SS-AR, 1 le. Flak-Bttr., 1 Kp./Pz.Jg.Abt., 1 San.Kp., Teile B-Stoff- und Muni.Kol.) unterstellt werden, säubert das in den Nachtstunden gewonnene Gelände beiderseits der Vormarschstraße nach Entminung durch verst. 16. (Pi.)Kp./D vom Feinde und beschleunigt diese Arbeiten so, daß es um 8.00 Uhr mit Anfang über Brücke Jegerje—Kuleschi auf Gshatsk zum Vormarsch antritt.

Es kommt darauf an, beide Brücken bei Szawinki und Schatjescha in die Hand zu bekommen und zu sichern. Während des Vorstoßes ist anzustreben, sobald starker Feindwiderstand an der Straße auftritt, nach frontaler Fesselung des Gegners durch weites Ausholen, möglichst ostwärts, zur Umgehung des Gegners und zur überholenden Verfolgung zu gelangen . . ."

(Die bisherigen mot. Armeekorps [AK mot.] werden offiziell in „Panzerkorps" umbenannt. Im Sprachgebrauch der Truppe hatte sich jedoch dieser Begriff schon seit Beginn des Rußlandfeldzuges durchgesetzt.)

7. Oktober 1941:

Um 8.00 Uhr befindet sich der Divisionskommandeur beim Regimentsgefechtsstand DEUTSCHLAND und ändert den Befehl dahingehend ab, daß das Regiment nach Erreichen des ersten Angriffszieles (Worja-Übergang nördlich Upolosa) nach Nordwesten abdreht über Tubitschino, Kamjenka nach Wyrubowo mit dem Auftrag: Sperren der Autobahn bei Welitschowo nach Westen und Osten.

Die Aufkl.Abt. und das Kradsch.Btl., die z. T. während des Marsches am Vorhutbataillon SS-DEUTSCHLAND vorbeigezogen waren, stoßen nördlich der Worja auf Gegner, der sich schnell zurückzieht. Bei Tubitschino und Scharapowo verstärkt sich jedoch der Feindwiderstand, der mit Sturmgeschützen gebrochen wird.

Gegen 12.15 Uhr wird eine feindliche mot. Kolonne von ca. 300 LKW auf der Straße von Tschaly nach Tupitschino festgestellt, auf welche die Aufkl.Abt. rechts und das II./D links der Vormarschstraße angesetzt werden. Die Kolonne weicht jedoch daraufhin nach Norden aus.

Nach Mitteilung der Division soll am 8. 10. voraussichtlich Einsatz nach Westen auf Wjasma erfolgen.

Um 14.20 Uhr sind die Höhen 1,5 km nordwestlich Scharaponowa durch das II./D mit Sturmgeschützen genommen.

Um diese Zeit geht beim XXXX. Pz.-Korps von der Panzergruppe 4 folgender Befehl ein:

> „Für Vorbereitung weiteren Angriffs auf Moskau soll SS- Division REICH baldmöglichst Gshatsk nehmen. Abziehen von Kräften dieser Division für Wjasma-Kessel unerwünscht."

Um 15.50 Uhr hat das II./D Michejewa genommen. Der Gegner weicht nach Norden aus. Daraufhin wird das II./D nach Nordwesten auf Sloboda Potowskaja abgedreht, das um 16.45 Uhr erreicht und nach Westen gesichert wird. Die dortige Brücke ist in sehr schlechtem Zustand und muß durch eine Pionier-Kp. instand gesetzt werden, die sofort herangeholt wird.

Gegen 17.30 Uhr tritt das I./D als neue Vorhut an, um motorisiert weiter nach Norden vorzustoßen und Kamjonka zu erreichen. Um die gleiche Zeit tritt die Aufkl.Abt. mit Sturmgeschützen gegen Mischjewa an, das genommen wird. Das Sturmgeschütz „Ziethen" wird durch einen Treffer beschädigt und bleibt bewegungsunfähig liegen.

Alle durch Panzerspähtrupps der 1./Aufkl.Abt. und der 15./D erkundeten Wege befinden sich in sehr schlechtem Zustand und können nur bei Trockenheit befahren werden. Daher wird das I./D um 19.50 Uhr zu Fuß auf Kamjenka angesetzt, das gegen 23.00 Uhr genommen wird.

Die Verluste bei SS-DEUTSCHLAND betragen an diesem Tage: zwei Tote und 18 Verwundete (darunter zwei Führer).

Die Beute dieses Tages beträgt 8 sMG, 1 Panzer (20 to), 2 Geschütze (dabei ein 21-cm-Mörser), 2 schwere Granatwerfer und 184 Gefangene (darunter 4 Offiziere).

Ein Mann der 3. Kp./DEUTSCHLAND schreibt in seinem Tagebuch über den 7. 10. 41:

> „Früh am Morgen geht es weiter. Unsere Kolonne stockt öfters. Einzelne Russen, selbst mit Fahrzeugen, sind in der Gegend. Sie erkennen uns erst spät als Feind und machen kehrt. Wir ‚kassieren' uns einige Fahrzeuge. B-Kräder fahren flüchtenden Fahrzeugen nach und stoppen sie. Wir ‚kapern' uns einige russische LKW. Ein Bataillon vor uns ist schon

im Kampf. Man merkt es am Kampflärm und an den brennenden Dörfern vor uns. Gegen Abend sitzen wir ab, und es geht ca. 10 km zu Fuß weiter bis zu einer Ortschaft, wo wir haltmachen. Wir machen viele Gefangene, die sich führerlos in der Gegend herumtreiben."

Am Abend trifft folgender Funkbefehl vom XXXX. Pz.-Korps bei der Division ein:

„SS-REICH nimmt Gshatsk als Voraussetzung der Operation nach Osten und übernimmt gleichzeitig den Schutz des Rückens des XXXX. Pz.-Korps."

Gesamtlage der Heeresgruppe Mitte am 7. 10. 41

Der Kessel um Wjasma ist geschlossen

Die links benachbarte 9. Armee mit unterstellter Panzergruppe 3 (Hoth) hatte am 4. 10. die große Schwenkung nach Südosten ausgeführt. Die 7. Pz.Div. stößt von Nordwesten auf die Autobahn bei Wjasma durch, besetzt diese in 15 km Breite und stellt die Verbindung mit der 10. Pz.Div. in Wjasma her. Damit ist nach dem Kessel von Brjansk auch der zweite große Kessel um Wjasma geschlossen. Teile der sowjetischen 16., 19., 20. und 32. Armee sind zwischen Jarzewo und Wjasma eingeschlossen.

Das OKH glaubt sich mit diesem großen Erfolg in seinen Plänen bestätigt und befiehlt am 7. 10. 41:

„4. Armee hat unverzüglich gegen und über die Linie Kaluga—Mohaisk mit unterstellter Panzergruppe 4 vorzustoßen im Zuge der Autobahn Wjasma—Moskau."

i) Vorstoß über Gshatsk
8. 10. — 13. 10. 1941

Der Auftrag für die Division REICH, Gshatsk zu nehmen, ist von erheblicher Bedeutung als Voraussetzung für den weiteren deutschen Angriff in Richtung Moskau.

In den ersten Morgenstunden erhält das Regiment DEUTSCHLAND

den Befehl, auf der alten Vormarschstraße Juchnow—Gshatsk vorzustoßen, um so schnell wie möglich die Autobahn Smolensk—Moskau zu erreichen.

Das I./D erhält den Auftrag, in Kamjoka kehrtzumachen und dem Regiment motorisiert zu folgen.

Das III./D zieht aufgesessen an die Vormarschstraße vor, um an die Aufkl.Abt. aufzuschließen, die nördlich Maschina im Angriff liegengeblieben war, und um links der Straße anzugreifen. Das II./D folgt motorisiert.

Gegen 7.30 Uhr wird ein starker russischer Angriff in Regimentsstärke auf die Aufkl.Abt. gemeldet. Daraufhin sitzt das II./D ab und stößt zunächst mit der verst. 6. Kompanie über Skaljatino in die feindliche rechte Flanke. Das II./D greift mit Masse nach links ausschwenkend den Gegner bei Pitrjajka an, erreicht die Ortschaft gegen 8.45 Uhr und tritt nach kurzer Pause weiter zum Angriff an.

Das III./D, nördlich von Strica abgesessen, erreicht im Angriff die Höhe bei Petrjajka und bleibt zunächst liegen. Nach Instellunggehen der Artillerie treten um 10.30 Uhr die Aufkl.Abt. rechts und das III./D links der Straße erneut zum Angriff an. Das Angriffsziel des Regiments ist Pokroff.

Das II./D erreicht gegen 10.40 Uhr die Höhe westlich Waschki. Um diese Zeit weicht der Gegner vor dem III./D in Bataillonsstärke zurück.

Gegen 11.15 Uhr hat das II./D den Südrand Pokroff erreicht und stößt bis 12.00 zum Nordrand durch.

Während dieser Kämpfe wird das Sturmgeschütz „Prinz Eugen" durch Flaktreffer abgeschossen. Hauptsturmführer Günster, der Richtkanonier und der Fahrer sind tot. Der Ladeschütze ist nur leicht verwundet und bringt die Meldung zum II./D. Der Tod des Chefs der Sturmgeschützbatterie ist ein schwerer Verlust für die Division.

Der Feind kommt nicht mehr dazu, sich festzusetzen, da SS-DEUTSCHLAND ihm ständig auf den Fersen bleibt. Der Gegner hat keine Artillerie, verfügt jedoch über starke Flak, die er geschickt abschnittsweise eingebaut hat und dadurch unseren Sturmgeschützen sehr lästig und gefährlich wird.

Das zweite Angriffsziel für das Regiment ist Nikolskoje. Um 13.05 Uhr ist die Brücke nördlich Ssonesna erreicht, und SS-DEUTSCHLAND geht weiter auf Ssiwzowa vor. Da der Feind zurückweicht und sich auf der Vormarschstraße massiert, wird die III./SS-AR vorgezogen, um den Gegner aus offener Feuerstellung zu bekämpfen. Auch das Regiment geht auf der Vormarschstraße weiter vor.

Um 13.35 Uhr ist Petelina genommen. Der Feind weicht mit starken Teilen und etwa zwei Batterien in den Wald ostwärts Nikolskoje aus. Die III./SS-AR schießt mit zwei Batterien aus offener Feuerstellung und faßt den Gegner auf der freien Fläche vor dem Wald.

Vom Einsatz zurückkehrende Stukas greifen den Gegner zusätzlich mit Bordwaffen an.

Um 14.30 Uhr hat das II./D kämpfend den Südrand von Nikolskoje erreicht, und um 15.45 Uhr ist die Ortschaft fest in eigener Hand.

Da der bisherige Auftrag des I./D hinfällig wurde, wird das Bataillon auf der Vormarschstraße herangezogen und tritt um 16.30 Uhr trotz einsetzenden Schneetreibens motorisiert an, um die Autobahn Smolensk—Moskau zu erreichen. Etwa 500 m nördlich von Alexejewa wird das an der Spitze fahrende Sturmgeschütz „Schill" durch Flakfeuer abgeschossen. Die Besatzung unter Ustuf. Kneissl wird verwundet, kann sich aber retten.

Das III./D, das nach Heranholen der Fahrzeuge inzwischen aufgesessen ist, folgt hinter dem I./D. Um 19.30 Uhr meldet das III./D, daß es die große West-Oststraße (vermutlich Rollbahn) nach Westen und Osten sperrt.

Um 20.10 Uhr kommt vom I./D folgende Meldung:

„Nach Einwohneraussagen Autobahn um 3 km überschritten; z. Zt. starker Widerstand durch Flak oder Panzer auf der Straße. Schützensicherung mit 1 MG rechts und links der Straße bisher in je 200 m Breite festgestellt."

Das I./D hatte also im dichten Schneetreiben, ohne es zu wissen, die Autobahn bereits nach Norden überschritten, und das dahinter folgende III./D hat die Sperrung der Autobahn übernommen.

Um 20.25 Uhr funkt das I./D an das Regiment:

„Nach weiteren Einwohneraussagen und entgegen der Karteneinzeichnung verläuft die Autobahn 200 m südlich Swerschkowo. Aufklärung gegen Eisenbahn nördlich Swerschkowo angesetzt."

Das I. und III./D verbleiben während der Nacht mit Masse in Swerschkowo, das II./D und der Regimentsstab in Alexejewa.

Das Regiment DEUTSCHLAND hat am 8. 10. erbeutet: 7 Flak-Geschütze, 5 LKW, 1 le. Panzer, 23 MG. Dazu hat es 335 Gefangene eingebracht.

Die eigenen Verluste betragen:
Tote: 11 Unterführer und Mannschaften
Verwundete: 5 Führer, 42 Unterführer und Mannschaften
Vermißt: 2 Mann.

Dieser 8. Oktober war vor allem für die Sturmgeschützbatterie ein schwerer, erfolgreicher, aber auch verlustreicher Kampftag. Er wird im KTB der Sturmgeschützbatterie wie folgt geschildert:

Chef der Sturmgeschützbatterie gefallen

„Mit SS-Deutschland geht der Vormarsch in nördlicher Richtung weiter mit dem Auftrag, die Autobahn Smolensk—Moskau so schnell wie möglich zu erreichen.

‚Prinz Eugen' mit Hstuf. Günster und ‚Derfflinger' mit Uscha. Wittowitz werden bei II./D, ‚Schill' mit Ustuf. Kneissl und ‚Blücher' mit Uscha. Schulz beim III./D eingesetzt.

Das II./D tritt gegen 9.00 Uhr bei Slobodka zum Angriff an. Der Russe geht zurück. Bei der Verfolgung wird ‚Prinz Eugen' von einer Pak beschossen. Ein Treffer zersplittert das Fahrerschauglas und das Rundblickfernrohr. Das Geschütz muß anhalten. In einer knappen Stunde ist der Schaden behoben. In dieser Zeit rollt der Angriff weiter. Zug Kneissl mit III./D stößt längs der Straße vor. Auftretende Infanterieziele werden mit MPi bekämpft.

Bei Nishnjaja-Petrjajka erreicht ‚Prinz Eugen' wieder die Spitzengruppe links der Vormarschstraße. Zwei gut getarnte Flak-Geschütze werden erkannt und sofort durch einige Schüsse erledigt. Gleichzeitig wird ‚Prinz Eugen' von zwei rechts liegenden Flak-Geschützen beschossen. Ehe das Geschütz noch das Feuer eröffnen kann, durchschlägt ein Volltreffer die Panzerung bei der Fahreroptik. Hstuf. Günster, der Richtkanonier Strm. Bückle und der Fahrer Strm. Lindenbach sind tot. Der Ladeschütze, Strm. Paprocki, verläßt mit nur geringen Verletzungen sofort das Geschütz und meldet beim Bataillonsgefechtsstand den Tod seiner Kameraden.

102

‚Derfflinger' sitzt in sumpfigem Gelände fest.

Ustuf. Kneissl war inzwischen mit ‚Schill' herangekommen und erledigte mit einigen Volltreffern die russischen Geschütze (7,62-cm-Flak). Die Verfolgung der fliehenden Russen wird erneut aufgenommen, Geschütze und Kolonnen werden beschossen. ‚Derfflinger' wird durch ‚Schill' aus dem Sumpfgelände herausgezogen.

Bei Nikolskoje erreichen beide Geschütze wieder die Spitze des I./D, und die Verfolgung der Russen wird fortgesetzt. Vor Slobodka vernichtet ‚Blücher' zwei Flak-Geschütze. Gegen 17.00 Uhr setzt heftiges Schneetreiben ein. ‚Schill' fährt an der Spitze mit aufgesessener Infanterie. Etwa 500 m nördlich Alexejewa hält ‚Schill', um die Optik zu säubern. Dabei wird am gegenüberliegenden Waldrand ein russischer LKW und ein Geschütz erkannt und sofort das Feuer aufgenommen. Plötzlich erhält ‚Schill' von links Flakfeuer. Ustuf. Kneissl wird am Bein verwundet. Es gelingt nicht mehr, das Geschütz zu wenden. Ein zweiter Schuß schlägt in die Wanne. Fahrer Müller wird leicht am Rücken verwundet. Nebelkerzen werden gezogen. Die Besatzung steigt aus. Gerade als Ustuf. Kneissl als Letzter ausbootet, geht ein dritter Schuß ins Getriebe. Das jetzt herankommende ‚Blücher' erledigt sofort die Flakgeschütze und folgt der Spitzengruppe. Die Besatzung ‚Schill' geht zum Verbandsplatz zurück.

Die Sonne geht unter, und es schneit, als die Sturmgeschützbatterie ihre drei Gefallenen, darunter ihren Chef, zu Grabe trägt. Die Gräber sind beim Eingang der Ortschaft Tupitschina unter einer Baumreihe ausgehoben. Ostuf. Telkamp spricht die Abschiedsworte."

Da laufend Teile des Gegners aus dem Kessel von Wjasma nach Osten durch die dünnen Sicherungslinien bzw. durch die weit auseinandergezogenen Kolonnen der eigenen Truppen auszubrechen versuchen, ist eine Versorgung über die Straße Juchnow—Gshatsk kaum möglich. Der Auftrag für die Division REICH durch das XXXX. Pz.-Korps für den 9. Oktober lautet:

„SS-REICH nimmt Gshatsk, sichert nach Osten und klärt nach Osten auf. Sie stellt auf der Autobahn Verbindung mit der 10. Pz.Div. in Wjasma her."

9. Oktober 1941:

In den Morgenstunden stellt sich das Regiment DEUTSCHLAND zum Angriff auf Gshatsk beiderseits der Vormarschstraße bereit: verst. I./D rechts, verst. III./D links der Straße.

1. Angriffsziel: Eisenbahndamm.

Das II./D übernimmt die Sicherung an der Autobahn. Der Angriff wird durch die III./SS-AR und einer Batterie der IV./SS-AR unterstützt.

Um 10.15 Uhr erreicht ein kampfkräftiger Spähtrupp unter Führung von Ustuf. Cyraks den Südeingang von Gshatsk über Petrisowa—Hochlowa ausholend und gelangt unbemerkt in den Rücken des Gegners. Es gelingt ihm, drei russische Mannschaftstransportwagen (MTW) zu erbeuten. Die Verluste des Gegners: 20 Tote. Drei auf LKW aufgeprotzte Geschütze werden darin gehindert, in Stellung zu gehen, und setzen sich nach Osten ab.

Um 10.30 Uhr tritt das I./D aus der Bereitstellung zum Angriff an und erreicht in zügigem Vorgehen den Waldrand 1 km südlich der Bahnlinie, wobei der Gegner beim Beziehen seiner vorbereiteten Stellungen im Wald überrascht wird. Russische Tiefflieger greifen an, ohne jedoch Schaden zu verursachen.

Im Wald entwickelt sich im linken Abschnitt ein besonders für die 2. Kp./D verlustreiches Gefecht, wobei der Feind in drei Gegenstößen versucht, die in seine Stellungen eingedrungenen deutschen Truppen zurückzuwerfen.

Der rechte Flügel des I./D umfaßt in zügigem Vorgehen diesen Gegner und vernichtet ihn (ca. 70 tote Russen). Das Sturmgeschütz „Blücher" erledigt ein Geschütz, und kurz vor Gshatsk werden einige Feldstellungen überrannt.

Ohne weitere Verzögerung und ohne größeren Feindwiderstand dringt das Bataillon über den Bahndamm in Gshatsk ein, säubert den rechten Ortsteil und sichert nach Norden und Osten. Am Nordrand der Stadt können durch „Blücher" noch flüchtende Kolonnen unter Feuer genommen werden.

Auch das III./D kommt im Angriff gut vorwärts, erreicht um 11.55 Uhr den Südrand von Gshatsk, und um 13.00 Uhr ist die Stadt fest in eigener Hand.

Die Vormarschstraße 1,5 km südlich von Gshatsk ist vorübergehend gesperrt, da Einzelfahrzeuge durch Feindteile (bis zu 80 Mann) überfallen wurden. Das Gelände wird gesäubert und der versprengte Gegner vernichtet oder gefangen.

In den Waldstücken südwestlich von Gshatsk und entlang der Bahnlinie lebt der Kampf des öfteren wieder auf, wobei auch vereinzelt feindliche Panzer auftreten. Einheitliche Angriffsabsichten des Gegners sind jedoch nicht zu erkennen.

Neben erheblicher Beute an Waffen und Gerät wurden beim Regiment DEUTSCHLAND 465 Gefangene eingebracht.

Die Verluste betragen am 9. 10.:

> Tot: 11 Unterführer und Mannschaften
> verwundet: 1 Führer, 27 Unterführer und Mannschaften.

Sturmmann L. Hümmer, 3. Kp./D, schreibt in seinem Tagebuch über diesen Kampftag:

Gshatsk genommen

„Früh treten wir wieder zum Angriff an. Es herrscht Regen und Schneetreiben. Unter starkem feindlichem Feuer gehen wir vor. Russische Flieger bekämpfen uns im Tiefflug mit Bordwaffen, ohne Schaden anzurichten. Doch wir erreichen unser Ziel: Gshatsk. Wir nehmen den Ort und sichern nach allen Seiten.

In einem großen Gebäude in einem kantinenähnlichen Saal ist in großen, sauberen Kesseln gerade das Essen, Reis mit Fleisch, fertig, das für die russischen Soldaten gekocht war. Kurz vor dem Mittagessen haben sie Gshatsk geräumt. — Einer teilt sofort Teller aus, die in einem Regal stehen, und im Nu ist die ganze Kompanie beim gemeinsamen Mittagessen, das die Russen für uns gekocht haben!

Die Bevölkerung ist sehr freundlich, und die Wohnungen sind gut eingerichtet.

Ein Spähtrupp (9. Gruppe) wird angesetzt, um zu erkunden, ob die nächsten Ortschaften feindfrei sind. Er stellt fest, daß der Russe überall kompanieweise im Zurückgehen ist. Wir gehen über eine längere Holzbrücke über einen Fluß weiter bis zum nächsten Dorf, meist durch Wald.

Rings um uns oft zahlreiche flüchtende Russen. Der Spähtrupp muß sich einmal im Dickicht verstecken, als nur wenige Meter entfernt russische Soldaten in starken Gruppen vorbeiziehen.

Alle russischen Einheiten sind im Zurückgehen. Auch im nächsten Dorf halten sie nicht an, sondern gehen weiter zurück. Nach Lösung seines Auftrages tritt der Spähtrupp den Rückweg an. Die Nacht vergeht ruhig."

An diesem Tage greift auch das Regiment DER FÜHRER wieder in das Kampfgeschehen ein.

Nachdem die 16. (Pi.)Kp./DF bei Juchnow die Brücke über die Oka wiederhergestellt hat, wird das Regiment DER FÜHRER rechts neben dem Regiment DEUTSCHLAND zum weiteren Angriff nach Norden gegen die Autobahn Smolensk—Moskau angesetzt; und zwar: rechts II./DF, links I./DF, III./DF hinter I./DF.

Starke Feindgruppen, die immer wieder versuchen, die Vormarschstraße nach Osten zu überschreiten, werden in heftigen Gefechten zurückgeworfen. Vor allem in einer Ortschaft südlich der Autobahn leistet der Russe heftigen Widerstand und wehrt sich verzweifelt. Das II./DF ist im Angriff auf Moltschanowa auf offenem Felde liegengeblieben. Ostuf. Holzer, Chef der 7. Kp., ergreift die Initiative und reißt, seiner Kompanie voranstürmend, die Männer mit und dringt in den Ort ein. Bald ist die Ortschaft in eigener Hand.

Am Nachmittag, nach Brechen dieses hartnäckigen Widerstandes, wird die Autobahn erreicht und überschritten. Vorübergehend geht das Regiment mit Front nach Nordosten zur Verteidigung über, da der Gegner in der Gegend von Ssloboda von Osten her mit stärkeren Kräften und Panzern angreift. Der Angriff wird abgewehrt und die Masse zum Abdrehen nach Osten gezwungen, wobei einzelne Panzer durch die Sturmgeschütze vernichtet werden.

Kaltblütigkeit ist alles

Das KTB der Sturmgeschützbatterie berichtet am 9. 10. über den Einsatz bei SS-DER FÜHRER:

„Das Geschütz ‚Lützow' tritt mit II./DF gegen 5.00 Uhr morgens auf Moltschanowa an. Vor dem Dorfe kämpfte der Russe hartnäckig. Mit der 6./DF dringt ‚Lützow' in das Dorf ein. Der Russe wird zurückgedrängt, und auch die hinter dem Dorf liegenden Feldstellungen werden genommen. Der Angriff wird auf Snoski weiter vorgetragen. Nach kurzem Feuergefecht flüchtet der Russe aus den ersten Feldstellungen. Plötzlich erscheinen auf der Höhe zwei schwere russische Panzer. ‚Lützow' nimmt zunächst den ersten unter Feuer. Durch mehrere Volltreffer wird der Turm des Panzers abgeschossen — erledigt. Der zweite Panzer kommt gleichzeitig von der Seite und versucht ‚Lützow' zu rammen. Eine feindliche Pak hat ebenfalls das Feuer auf ‚Lützow' eröffnet. In diesem kritischen Augenblick stellen sich noch Ladehemmungen ein. Beim Beheben des Schadens werden Uscha. Waller und SS-Mann Roßbauer durch Splitter leicht verwundet. Im letzten Augenblick ist das Geschütz schußbereit. Der auf bedrohliche Nähe herangekommene russische Panzer wird durch einen Schuß in den Motorraum in Brand gesetzt. Die von links schießende Pak wird durch Volltreffer zum Schweigen gebracht.

Eine Anzahl unserer Infanteristen liegt verwundet in den ersten Gräben. Trotz starken feindlichen Feuers fährt ‚Lützow' vor und nimmt einige verwundete Kameraden auf das Geschütz. Nachdem die Verwundeten zurückgebracht waren, fährt das Geschütz erneut vor, um die restlichen Verwundeten herauszuholen. Zweihundert Meter vor den russischen Stellungen bleibt das Geschütz stehen. Der Betriebsstoff ist ausgegangen. Der Fahrer, SS-Mann Roßbauer, steigt trotz heftigen Feuers aus und bringt von rückwärts zwei Kanister Benzin. Nach dem Tanken fährt das Geschütz nach Moltschanowa zurück.“

Gegen 18.30 Uhr erhält das II./D von der Division den Auftrag, hart nördlich der Autobahn dem Feind vor dem Regiment DER FÜHRER über Ssamoty in die Flanke zu stoßen. Die Verbindung zu DF wird hergestellt. Um 20.00 Uhr soll der Angriff auf Ssamoty beginnen — wo sich der linke Flügel des Regiments DF befindet. Der Nachtangriff unterbleibt jedoch auf Grund der unübersichtlichen Feindlage.

Kradschützen stoßen auf der Autobahn nach Westen vor

Auch das Kradsch.Btl. erreicht am 9. 10. die Autobahn und erhält den Auftrag, nach Westen mit der 10. Pz.Div. Verbindung aufzunehmen. Auf der Autobahn ist starker Verkehr nach Osten. Sie wird sofort mit

Pak und MG gesperrt. Zwei schnell fahrende LKW, auf denen dicht-gedrängt russische Soldaten stehen, werden abgeschossen, und damit ist die Straße gesperrt. Die nachfolgenden Fahrzeuge können nicht weiter, aber auch nicht mehr zurück, weil die Pak ihr Feuer nach rückwärts bis zur nächsten Kurve verlegt. Dann beginnen die Maschinengewehre ihr grausiges Lied. Die Russen sind so überrascht, daß sie kaum an ernst-lichen Widerstand denken. Während sich einzelne durch die Büsche davonmachen, wird der größte Teil gefangengenommen.

Dann stoßen die Kradschützen-Kompanien weiter nach Westen vor. Unterwegs stößt das Bataillon auf kleinere Feindgruppen, die nieder-gekämpft werden. Eine solche russische Gruppe besteht ausschließlich aus Offiziersschülern. Sie kämpften sehr tapfer und hartnäckig, und die letzten von ihnen fielen durch Handgranaten.

Gegen 16.00 Uhr stößt das Kradsch.Btl. bei Pissoschna-Wilitschawo auf sehr starken feindlichen Widerstand, der bis zum nächsten Morgen um 5.00 Uhr dauert.

Im KTB des XXXX. Pz.-Korps finden wir unter dem 9. 10. folgende Eintragung:

„Während die Abwehrfront des XXXX. Pz.-Korps bereit stand, um den eingekesselten Gegner abzufangen, war SS-REICH in unaufhalt-samem Angriff auf Gshatsk, das um 12.30 Uhr genommen wurde.

Um 16.30 Uhr stieß SS-REICH in weiterem Vordringen nach Osten auf stärkeren Gegner in Gegend Ssloboda, dabei 28 schwere und 6 leichte Panzer.

Kradsch.Btl. SS-REICH, das Auftrag hatte, auf der Autobahn Verbin-dung mit 10. Pz.Div. herzustellen, stieß südlich Welitschowo auf Feind."

In diesen schweren Kampftagen bewähren sich auch besonders die Sani-tätsdienste der Division. Auf dem Marsch von Juchnow nach Gshatsk wurde die 1. San.Kp. bombardiert und hatte erhebliche Ausfälle, so daß sie zunächst nicht mehr einsatzbereit war. Deshalb mußte die 2. San.Kp. einspringen, die eigentlich etwas Ruhe haben sollte. Sie lag an einem sehr ungünstigen Ort. Außerdem waren die elektrischen Geräte, die Edison-Sammler, ausgefallen. Ohne Licht konnte jedoch nicht ope-riert werden. Daher muß improvisiert werden. Zunächst werden aus Bienenwachs, das gesammelt wird, Kerzen hergestellt, die zur Beleuchtung dienen. Dann werden in den Ecken des Operationszeltes Männer mit Fackeln aufgestellt, und im Scheine dieser notdürftigen Beleuchtung wird fortlaufend operiert.

Der Weg für den Abtransport der Verwundeten war wegen des noch bestehenden Kessels von Wjasma nach Westen noch nicht frei. Da der Weg nach Süden um den Kessel herum zu weit und auch durch versprengte Feindteile noch zu unsicher war, sammelten sich deshalb im Raum südlich Gshatsk ungewöhnlich viele Verwundete an, die auf den Abtransport warteten.

Auch die Divisions-Führungsstaffel mit dem Divisionskommandeur und Ia wird im Laufe des Tages mehrere Male von russischen Jägern angegriffen, doch trotz mehrerer Treffer in den einzelnen Fahrzeugen wird niemand verletzt. Die Luftherrschaft liegt jedoch in diesen Tagen, wenigstens im Kampfraum der Division, eindeutig auf russischer Seite.

Die kleine Divisions-Führungsstaffel

Der ständige Begleiter und Dolmetscher des Divisionskommandeurs, Hstuf. Dr. med. Windisch, berichtet darüber:

„Die kleine Führungsstaffel der Division, bestehend aus dem Kfz 15 mit dem Divisionskommandeur, Obergruppenführer Hausser, dem Ia Ostubaf. Ostendorff, Hstuf. Dr. Windisch mit dem Fahrer Hscharf. Schmidt, dem Wagen des Adjutanten, Hstuf. Kröger, sowie dem Funkwagen und der Meldestaffel, befand sich bei vielen entscheidenden Angriffen bei den vordersten Gefechtsständen. Wie oft haben wir da entscheidende Minuten oder gar Stunden beim Gefechtsstand des angreifenden Regiments, Bataillons oder der Kompanie verbracht. Manchmal krochen oder robbten wir bis zu unseren vorgeschobenen Schützenlöchern, weil der Chef einen besseren Überblick über das Gelände und die feindlichen Stellungen gewinnen wollte. Gefangene wurden dann verhört, Beutekarten studiert oder wichtige Entscheidungen getroffen. Ich bekam immer wieder Sonderaufträge, wie: bei den verschiedenen Einheiten Gefangene zu verhören, russische Artilleriekarten zu suchen und zu finden. Diese waren ausgezeichnet, von bester Qualität und Genauigkeit. Ich fand sie meist in liegengebliebenen Troßfahrzeugen, speziell bei solchen der russischen Feldartillerie. Die Vernehmung der

Gefangenen war oft nicht sehr ergiebig. Die armen Teufel wußten ja auch nicht viel, soweit es sich um Soldaten handelte. Aber immerhin — manchmal erfuhr man doch etwas Wesentliches, vor allem von Unterführern und Offizieren. Auch so mancher General hat mir interessante Dinge erzählt. Ich sorgte immer dafür, daß die Gefangenen, wenn es irgendwie möglich war, verpflegt und untergebracht wurden."

10. Oktober 1941:

Das Kradsch.Btl. REICH kommt auch in der Nacht vom 9./10. Okt. nicht zur Ruhe.

Die Nacht in Osstaschkowa

Die 5. (schw.) Kradsch.Kp., die am Abend in Osstaschkowa, einem kleinen Ort unmittelbar südlich der Autobahn, untergezogen war und Sicherungen bezogen hatte, wurde gegen 01.00 Uhr nachts von stärkeren Kräften angegriffen. Zwei leichte russische Panzer, die mehrere Male mit hoher Geschwindigkeit mitten durch die Ortschaft fuhren, wurden schließlich durch Rampensperren des Pionierzuges, auf die sie auffuhren, vernichtet. Der russische Angriff, der fast bis zum Morgen dauert, wird mit hohen Verlusten für den Gegner abgeschlagen. Neben den beiden Panzern werden 12 russische Fahrzeuge, darunter ein Flak-Geschütz auf Selbstfahrlafette, mehrere Maschinengewehre, viele Maschinenpistolen und Gewehre erbeutet. Beim Morgengrauen ist der schwere Angriff abgeschlagen. 83 russische Tote werden in der Ortschaft und nördlich davon bis zur Autobahn gezählt. Die 5. Kradsch.Kp. hat 8 Tote, darunter der neu zur Kompanie gekommene Standartenoberjunker Meier (IG-Zug), und mehrere Verwundete. Die Hauptlast des Kampfes hat infanteristisch der Pi.-Zug getragen, während der IG-Zug und der Pak-Zug den Kampf mit ihrem Feuer auf nächste Entfernung hervorragend unterstützten. Doch jeder Mann der schweren Waffen war in dieser Nacht zugleich auch Infanterist.

Auch bei den übrigen Kradschützenkompanien greift der Gegner gegen 2.00 Uhr nachts mit starkem Feuer und Urrähh!! an, wird aber abgewehrt. Am frühen Morgen sind die Männer der 2. und 4. Kradsch.Kp. nicht wenig erstaunt, als die Straßengräben links und rechts der Rollbahn voller Russen sind, die ihnen entgegenkriechen. Ein Versuch, sie durch einen Dolmetscher zum Überlaufen zu bewegen, hat keinen Erfolg. Durch einen schweren Granatwerfer und ein MG werden sie niedergekämpft oder verjagt.

Doch dann beobachtet man ein Bild, durch das man sich die Hartnäckigkeit des Gegners erklären kann: ca. 3—4 km westlich sieht man ein Straßenkreuz, das auf einer Anhöhe liegt und an dem eine Nord—Süd-Straße die Autobahn kreuzt. Sie ist gut einzusehen. Auf dieser Straße sieht man silhouettenhaft eine riesige russische Fahrzeugkolonne von mehreren hundert Fahrzeugen in Richtung Norden fahren. Die Fahrzeuge sind vollgestopft mit russischen Soldaten, die nach Norden aus dem Kessel zu entkommen versuchen. Leider können sie mit den eigenen Waffen nicht erreicht werden. Der Feind vor dem Kradsch.Btl. hatte mit seinem hartnäckigen Kampf offensichtlich den Durchbruch nach Osten versucht und dann später die Deckung des Abzugs der russischen Kolonnen nach Norden durchgeführt. Als die Kolonnen in der Ferne verschwunden sind, ergeben sich auch die gegenüberliegenden Russen, und das Kradsch.Btl. macht mehrere hundert Gefangene.

Im Laufe des Vormittags wird das Kradsch.Btl. nach Szimjeschkina zurückgenommen, wo es bis zum 11. 10. nach Norden, Westen und Süden sichert und noch einige nächtliche Angriffe, teils mit einzelnen Panzern, abzuwehren hat.

Im Divisionsbefehl für den Angriff am 10. 10. heißt es u. a. (Auszug):

1.) Verst. Rgt. „D", Aufkl.Abt. und Kradsch.Btl. haben vom 6.—8. 10. durch unermüdliches Anpacken des Gegners, welcher sich dem Vorstoß von Juchnow auf Gshatsk entgegenzustellen versuchte, starke feindliche Kräfte zerschlagen und zahlreiche Waffen und Geräte erbeutet.

Am 9. 10. hat Rgt. „D" in raschem Angriff Gshatsk genommen und sichert dort nach Osten, Norden und Westen.

Rgt. „DF" hat im Angriff gegen zahlenmäßig überlegenen Gegner mit Panzern das Gelände beiderseits Filissowa mit Front nach Nordosten genommen und gegen starke feindliche Gegenangriffe gehalten.

Kradsch.Btl. ist auf der Autobahn von Swerschkowa in Richtung auf Wjasma vorgestoßen und bei Pessotschna auf Feind in ausgebauter Stellung gestoßen.

Die leichten Flak-Batterien sowie die Sturmgeschütz-Batterie haben alle diese Angriffe entscheidend unterstützt.

2.) Feind, welcher mit unterlegenen Kräften vor unseren Angriffen auswich, ist am 9. 10. durch herangeführte neue Kräfte verstärkt worden. Im Raum um Budjewo sind mehrere Schützen-Btle. und starke Panzerverbände versammelt, welche am Nachmittag des 9. 10. in südwestlicher Richtung angegriffen haben. Mit weiteren Angriffen am 10. 10. ist zu rechnen.

3.) SS-Div. REICH, welche den Auftrag hat, den Raum um Gshatsk zu nehmen und als Basis für die Fortsetzung der Operation zu halten, greift am 10. 10. Feind im Raume um Budajewo an und vernichtet ihn.

4.) . . . .

5.) Rgt. „DF" greift um 8.00 Uhr aus der erreichten Linie mit Schwerpunkt auf linkem Flügel Feind auf Höhen westl. Sssloboda an und nimmt diese Höhen. 2. Flak-Bttr. bleibt dem Rgt. hierfür unterstellt.

6.) Rgt. „D" greift mit II. Btl. um 8.00 Uhr Feind bei Ssamoty in Anlehnung an I./DF an und ermöglicht diesem die Einnahme des Ortes.

Nach Wegnahme des Ortes ist das Btl. anzuhalten.

I./D erreicht bis 8.00 Uhr über Sswaschkowa die Eisenbahnlinie südl. Baryschewa und tritt um 8.00 Uhr von dort über Weselewa zum Angriff auf Budajewo an.

II./D erreicht nach Durchführung seines ersten Auftrages das Nordostufer des Fl. Aljoschnja bei Petrezowa und folgt dem Angriff des I./D.

III./D, welchem III./A.R. unterstellt wird, sichert Gshatsk nach Osten, Norden und Westen und macht den Ort selbst von Truppen und Fahrzeugen frei.

7.) Aufkl.Abt. klärt mit Schwerpunkt zwischen Division und Fl. Worja südlich der Autobahn und nördlich davon bis zur Eisenbahnlinie auf.

Die Ost—Weststraße nördlich der Eisenbahnlinie ist zu überwachen.

Die Masse der Abt. ist im Verlauf des Angriffs der beiden Regimenter in den Raum ostwärts Wetza heranzuziehen, daß Feind bei Ausweichen nach Osten entlang Autobahn mit allen verfügbaren Waffen zusammengeschossen werden kann.

....

....

19.) Kampfanweisung:

Nach Wirksamwerden der Angriffe beider Inf.-Regimenter kommt es darauf an, ein Ausweichen des Gegners in anderer Richtung als auf der Autobahn nach Osten zu verhindern. Bei Beginn rückwärtiger Bewegungen des Feindes folgen die Inf.-Regimenter über die befohlenen Angriffsziele hinaus, jedoch nur so weit, daß ein geordneter Rückzug verhindert wird.

Auf der Autobahn zurückgehende Teile des Feindes sind durch alle verfügbaren schweren Waffen, besonders durch die Artillerie und später durch die ostwärts Wetza herangeführte Aufkl.Abt. zusammenzuschießen.

Alle Truppenteile müssen anstreben, den Gegner völlig zu vernichten."

gez. Hausser

Aus allen Meldungen und Beobachtungen geht hervor, daß der Feindwiderstand und die Kräfte des Gegners im Raum ostwärts Gshatsk sich schnell verstärken, offensichtlich, um den strategisch wichtigen Raum um Gshatsk mit allen Mitteln zurückzugewinnen.

Bei einem Vorstoß der 3. Kompanie/D im Rahmen des I./D werden großangelegte russische Stellungen mit ausgebauten Bunkern, Blockhäusern mit Öfen und eine große unterirdische Feldbäckerei vorgefunden und besetzt. Überall in den Bunkern liegt massenweise das frischgebackene Brot, das den Männern des I./D außerordentlich willkommen ist. Die Öfen sind noch geheizt. Der Raum Gshatsk ist also auch ein wichtiger Versorgungsstützpunkt der Russen, den sie damit verloren haben.

Der Angriff des Regiments DER FÜHRER beginnt planmäßig, und die vordersten Teile befinden sich gegen 9.45 Uhr im Angriff auf den Höhen ostwärts Kobylkina.

Der Gegner stellt sich jedoch nicht zum Kampf, sondern weicht vor dem Angriff des Regiments aus.

So erreicht die Division bis zum Abend die Linie Ssloboda—Frolawka (DF)—Gshatsk (D) und geht zur Abwehr über.

II./D, welches am 9. 10. abends zu einem Entlastungsvorstoß auf dem Nordflügel des Regiments DER FÜHRER entlang der Autobahn angesetzt wurde, hat durch kühnes Hineinstoßen in den Feind während der Nacht Kobylkino erreicht und mußte im Laufe des Vormittags einen starken Gegenangriff der Russen mit zahlreichen Panzern abwehren.

Der Divisionsgefechtsstand befindet sich in Ssnoski. Auf Grund des sich laufend verstärkenden Gegners, der sich am 10. 10. nicht stellt, der sich jedoch offensichtlich mit starken Kräften zu neuem Angriff bereitstellt, geht die Division daher am Abend des 11. 10. zunächst zur Abwehr über, um den operativ wichtigen Raum um Gshatsk auf jeden Fall zu halten.

Im Divisionsbefehl vom 10. 10. für die Abwehr am 11. 10. heißt es u. a.:

1.) . . . .

   Der Btl.Kdr. II./D, Hstuf. Stadler, hat bei einem feindlichen Gegenangriff mit zahlreichen Panzern durch persönliches Eingreifen beginnende rückwärtige Bewegungen des Btls. zum Stehen gebracht. Er wurde dabei verwundet.

2.) Feind ostwärts der Division ist dem Angriff des Rgts. DER FÜHRER ausgewichen und sammelt seine Kräfte anscheinend nördlich Wetzna. Neuer Feind, motorisierte Infanterie mit Artillerie und einigen Panzern, ist auf der Straße nördlich der Eisenbahn von Osten auf Gshatsk im Anmarsch.

   Westlich und südlich Gshatsk nur noch versprengte Einheiten, einzelne Batterien und Panzer, welche versuchen, nach Osten zu entkommen.

3.) SS-Div. REICH geht in der erreichten Linie zur Abwehr über und verteidigt mit Schwerpunkt nach Osten, mit Teilen nach Westen.

4.) Hauptkampflinie: Höhen westlich Ssloboda — Südwestufer Fluß Aljoschnja — Stolbowo — Bulytschowa — Potitschnaja — Westrand Gshatsk — Koschina — Hf. Bratki.

5.) Abschnitte: rechts: Rgt. DER FÜHRER bis Eisenbahnlinie Gshatsk nach Osten (einschl), links davon: Rgt. DEUTSCHLAND bis Koschina (ausschl.), links davon: Pi.Btl.

   . . . .
   . . . .

114

Verlustzahlen für den 10. 10. liegen nur vom Rgt. DEUTSCHLAND
wie folgt vor:

Gefallen: 28 Unterführer und Mannschaften
verwundet: 3 Führer, 78 Unterführer und Mannschaften
vermißt: 6 Mannschaften.

Im KTB des XXXX. Pz.-Korps heißt es unter dem 11. 10.:
„Am 10. X. fand ein schwerer Angriff der SS-REICH aus Gegend
Nikolskoje nach Nordwesten statt, der durch die 18. russ. Panzerbrigade flankiert wurde. Dabei hatte ein SS-Regiment 500 Mann Verluste."

11. O k t o b e r 1941:
In der Nacht vom 10./11. 10. ändert sich jedoch das Feindbild grundlegend.
Die Nachtaufklärung ergibt, daß etwa 20 Panzer bei Wetzna stehen
und daß Infanterie auf LKW nach Osten abbefördert wurde. Feind
schanzt südlich Hp. Drownino beiderseits der Autobahn von je 1 km
nördlich und südlich davon. Dorthin sind anscheinend die geschlagenen
Teile des Gegners zurückgeführt. Außerdem wurde ein Inf.Btl. (mot.)
von Osten dorthin zugeführt.
Auf Grund dieses veränderten Feindbildes wird vom XXXX. Pz.-
Korps sofort umdisponiert. Der Befehl für die Abwehr ist damit überholt, und die Div. REICH erhält vom Korps folgenden Auftrag:

„SS-REICH stößt am 11. 10. dem geschlagenen Gegner auf Moskau nach.
Erstes Sprungziel: Moshaisk.
Hinter SS-REICH folgt verst. Pz.Rgt. 7 der 10. Pz.Div. zunächst
bis Gshatsk.
Weitere Kräfte werden laufend mit Freiwerden von der Kesselfront nachgeführt."

W. Haupt schreibt in „Heeresgruppe Mitte", S. 97:

„Das XXXX. Pz.-Korps (Gen. d. Kavallerie Stumme) war nach Bereinigung des Kessels um Wjasma langsam im Aufschließen nach Osten.
Die erste freigemachte Division — SS-Division REICH (SS-Obergruppenführer Hausser) — hatte Gshatsk genommen und befand sich in

weiterem Vormarsch nach Osten. 2., 5. und 10. P.D. können erst sechs Tage später folgen.
Die Division ‚Reich' stand allein gegen zwei russische Armeen!"

Um 10.00 Uhr tritt die Division REICH mit zwei Angriffsspitzen über die bisherige HKL an:
Die rechte Angriffsgruppe DER FÜHRER unter Führung von Ostubaf. Kumm besteht aus:

    Rgt. Der FÜHRER
    Art.-Gruppe Hecht: II./AR 61, I./SS-AR
    Pz.Jg.Abt. (ohne 1 Kp.)
    2. Flak-Bttr.
    1 Kp./Pi.Btl.
    1 Geschütz 8,8-Flak
    1 San.Kp.

Die Angriffsgruppe DF greift beiderseits der Autobahn nach Osten an.

Die linke Angriffsgruppe DEUTSCHLAND unter Führung von Oberführer Bittrich setzt sich wie folgt zusammen:

    Rgt. DEUTSCHLAND
    Art.Rgt. (ohne I. AR)
    1 Pz.Jg.Kp.
    1 Flak-Bttr.
    1 Kp./Pi.Btl.
    1 San.Kp.

Die Angriffsgruppe SS-DEUTSCHLAND greift entlang der Straße Gshatsk—Staraja—Drowino—Moshaisk an, um den Gegner von der Angriffsgruppe DER FÜHRER abzulenken.
Beide Angriffsgruppen sollen nach Brechung des feindlichen Widerstandes mit starken aufgesessenen Teilen weiter in Richtung Moshaisk vorstoßen.

Russischer Panzerzug greift ein

Noch vor dem Angriffsbeginn trifft beim I./DF, welches links der Autobahn angreift, die Meldung ein, daß aus dem Raume Jelnja (II) *) ein russischer Panzerzug herankommt, der wenig später, langsam auf

---

*) Jelnja (II) im Gegensatz zum Jelnja des heißumkämpften Jelnja-Bogens

Gshatsk zufahrend, erkannt wird. Der Panzerzug wird sowohl vom Sturmgeschütz „Lützow" beim I./DF als auch von der Angriffsgruppe SS-DEUTSCHLAND aus bekämpft. Da die Eisenbahnlinie südostwärts Gshatsk gesprengt ist, werden Sprengtrupps der 16./SS-D und 3. Kp./Pi.Btl. sofort angesetzt, um die Eisenbahnschienen bei Hp. Holesniki zu sprengen und damit dem Panzerzug den Rückweg zu verlegen.

Beim I./DF fährt das Sturmgeschütz „Lützow" dem ankommenden Panzerzug entgegen und nimmt sofort das Feuer auf. Treffer um Treffer werden auf die Lokomotive, die Panzertürme und die Vierlings-MG erzielt, und der Panzerzug fährt stark feuernd langsam wieder zurück.

Die dem Rgt. DEUTSCHLAND unterstellten Teile des SS-AR gehen ostwärts Iwaschkowo in offene Feuerstellung und beschießen aus 1500 Meter Entfernung den Zug. Die 4. Bttr./SS-AR schießt sich aus 400 Meter Entfernung heran. Die Gruppen liegen gut, der Zug bleibt mit Treffern in der Lokomotive stehen, feuert jedoch stark weiter. Gegen 12.00 Uhr ist der Panzerzug restlos ausgeschaltet, und die Besatzung flüchtet.

Während bei der Angriffsgruppe SS-DER FÜHRER das I./DF durch die Orte Woinowa und Kurjanowa nach Osten vorstößt, jedoch wegen schlechter Wegeverhältnisse der Vormarsch zum Stehen kommt — die Sturmgeschütze und Munitions-Zugkraftwagen müssen die ganze Nacht steckengebliebene Fahrzeuge herausziehen —, liegen das II. und III./DF am Nachmittag, in harte Kämpfe verwickelt, vor einem Waldstück beiderseits der Autobahn fest. Der Gegner, ein Meister der Tarnung, ist nicht auszumachen, und trotzdem schlägt den beiden Bataillonen stärkstes Feuer aus zahlreichen Maschinengewehren entgegen.

Die feindliche Artillerie beginnt sich einzuschießen. Trotz des Einsatzes aller dem Rgt. DER FÜHRER unterstellten Waffen auf den Waldrand ist der Gegner nicht zum Schweigen zu bringen.

In dieser mißlichen Lage kommt für die Division eine unerwartete Hilfe.

Die Gruppe Hauenstein, das verst. Pz.Rgt. 7 der 10. Pz.Div. (verst. durch Kradsch.Btl. 10 und 1 Pz.Art.Abt.), war inzwischen von der Kesselfront Wjasma nachgezogen worden und hatte gegen 13.00 Uhr die Autobahn-Straßenkreuzung 4 km südlich Gshatsk erreicht und wird durch Korpsbefehl zunächst der Division REICH unterstellt. Die I./Pz.Rgt. 7 wird auf Zusammenarbeit mit der Angriffsgruppe SS-DER FÜHRER, die II./Pz.Rgt. 7 mit der Angriffsgruppe SS-DEUTSCH-LAND angewiesen.

Während das Rgt. DER FÜHRER immer noch in schwerstem feindlichem Artillerie- und MG-Feuer festliegt, meldet sich der Kommandeur des I./Pz.Rgt. 7 auf dem Gefechtsstand DF. 70 Panzer hat er zur Verfügung, um mit den Grenadieren des Regiments anzugreifen. Selten war die Freude über diese vertrauten Waffengefährten aus dem Jelnjabogen so groß wie in diesem Augenblick.

Die Panzer entwickeln sich nördlich der Straße und rollen feuernd gegen den stark besetzten Waldrand vor. Wenige Augenblicke später lösen sich aus dem Wald etwa 30 Feindpanzer zum Gegenangriff. Sie hatten das heftige, alles niederhaltende MG-Feuer abgegeben. Es entwickelt sich ein dramatischer Panzerkampf, der innerhalb einer halben Stunde mit einem vollen Erfolg der deutschen Panzer endet. 10 russische Panzer stehen in Flammen, die übrigen setzen sich schleunigst ab. Drei eigene Panzer sind auf Minen gefahren und fallen aus. Eine russische Pak wird noch abgeschossen.

III./DF, auf Panzern aufgesessen, stößt sofort mit diesen weiter nach Osten vor und kann noch in der Nacht russische Feldstellungen durchbrechen.

In Chalopowa igelt sich die I./Pz.Rgt. 7 ein, das III./DF schließt zu Fuß auf, und gemeinsam wird die Nacht über gesichert. In den Mittagsstunden dieses Tages besucht General der Kavallerie Stumme den Divisionsgefechtsstand.

Bei der Angriffsgruppe SS-DEUTSCHLAND geht ab 10.00 Uhr der Angriff zunächst zügig vorwärts. I./D erreicht die Orte Stolbowo und Sujewa und bekämpft Feldstellungen. Bei diesem Vorstoß gelingt es dem Sturmgeschütz „Blücher", einen Panzerspähwagen und zwei mittlere Panzer zu erledigen.

Eigene Artillerie gegen russische Panzer

An der Spitze des SS-D soll „Blücher" mit aufgesessener Infanterie durch einen Wald nach Staraja durchstoßen. Beim Durchqueren des Waldstückes taucht plötzlich vorne ein russischer Panzer auf. „Blücher" eröffnet sofort das Feuer, und Panzergranate um Panzergranate treffen den russischen Panzer, ohne ihn jedoch zu durchschlagen. Der Panzer dreht zwar ab, jedoch ein zweiter und dritter Panzer kommen über die Höhe. Eine eigene Pak kommt heran und nimmt das Feuer auf, ohne jeglichen Erfolg. „Blücher" hat inzwischen seine ganze Munition verschossen, bleibt jedoch trotzdem zur moralischen Unterstützung stehen.

Da greift die eigene Artillerie mit Panzergranaten in den Kampf ein. Ein Panzer wird in Brand geschossen. Aus dem anderen Panzer steigt die Besatzung aus und flüchtet. Später wird festgestellt, daß einer der Panzer von „Blücher" durch Kettentreffer bewegungsunfähig geschossen war.

Gegen 11.00 Uhr haben das I. und III./D Staraja erreicht und ohne Feindberührung durchschritten.

II./D wird bis Iwaschkowo motorisiert nachgeführt, stößt weiter vor, leidet aber unter katastrophalen Wegeverhältnissen und bleibt später mit den Fahrzeugen bei Palenjewa restlos stecken.

Gegen 13.20 Uhr ist Paleninowa genommen. Um 14.30 Uhr haben das I. und III./D die Höhe ostwärts Kurjanowa erreicht, als fünf feindliche Panzer (T 34) aus dem Wald fünf Kilometer ostwärts Kurjanowa angreifen. Sie werden abgewiesen.

Ein schweres Geschütz der Artillerie erledigt einen T 34, der gerade wenden will. Die russischen Panzer feuern nun aus dem Wald und halten die freie Fläche vor diesem unter Feuer.

Stoßtrupps des III./D arbeiten sich im Wald an die Panzer heran, und es gelingt ihnen, drei T 34 außer Gefecht zu setzen.

Gegen 17.30 Uhr stoßen wieder feindliche Panzer aus dem Wald hervor. Die Geschütze des SS-Art.Rgt. stehen in offener Feuerstellung und vernichten auf 300 m Entfernung drei weitere T 34.

Um 18.00 Uhr meldet sich der Kommandeur der II./Pz.Rgt. 7 von der 10. Pz.Div. auf dem Gefechtsstand SS-DEUTSCHLAND. Die Panzerabteilung erreicht gegen 18.00 Uhr Staraja und sichert hier während der Nacht.

Nach Gefangenenaussagen hat der Gegner in diesem Abschnitt 29 schwere und 40—50 leichte Panzer zur Verfügung. Dabei soll es sich um fabrikneue, bisher noch nicht eingesetzte Panzer handeln.

Rgt. DEUTSCHLAND hält während der Nacht die erreichten Stellungen und beabsichtigt, am kommenden Morgen mit II./Pz.Rgt. 7 durch den Wald weiter nach Osten durchzustoßen.

Die Beute im Abschnitt der Angriffsgruppe DEUTSCHLAND beträgt am 11. 10.:

> 14 Panzer, davon 6 durch Artillerie, 1 Panzerspähwagen, 1 Geschütz, 1 Pak, 3 LKW.
> Ein Panzerzug wurde vernichtet.
> Gefallen: 6 Unterführer und Mannschaften.
> Verwundet: 1 Führer, 22 Unterführer und Mannschaften.

Im KTB des XXXX. Pz.-Korps heißt es:

„Die SS-Div. REICH im Angriff gegen Feind in Linie Iwniki—Drowino erreichte die Linie Kzutiny—Kuzjanowa. Der Feind steht mit Panzern gegenüber; das Gelände ist zum Teil vermint."

Während die 14. (mot.) Div. und die 36. (mot.) Div. den Auftrag erhalten, weiter nach Nordosten in Richtung Kalinin vorzustoßen, erhält SS-Div. REICH vom XXXX. Pz.-Korps durch Funk für den 12. 10. folgenden Auftrag:

> „SS-Div. ‚Reich' mit für den Angriff unterstellten Teilen der 10. Pz.Div. durchbricht die Moskauer Schutzstellung und setzt sich in den Besitz von Moshaisk.
> Das zeitweise der SS-Div. ‚Reich' unterstellte verst. Pz.Rgt. 7 tritt mit Eintreffen des Div.Kdrs. unter den Befehl der Division zurück.
> Bezüglich einheitlicher Regelung der Kampfführung zur Einnahme von Moshaisk wird die 10. Pz.Div. der SS-Div. ‚Reich' unterstellt."

Außerdem wird der Div. REICH durch Kurier auf Grund der Erfahrung bei 3. (mot.) Div. ein Schreiben für den Angriff der Division durch die Moskauer Schutzstellung überbracht.

„Russen von rechts!"

Hier sei noch ein kleines Erlebnis beim Divisionsgefechtsstand REICH in Ssnoski südlich Gshatsk am Morgen dieses Tage festgehalten, der in der Nähe eines dichten Waldes lag. Der Dolmetscher, Hstuf. Dr. med. Windisch, berichtet darüber:

„Früh morgens formierten sich die Fahrzeuge der einzelnen Abteilungen des Div.-Stabes, um den über Gshatsk auf der „Alten Poststraße" in Richtung Borodino angetretenen Truppen zu folgen.

Kurz vor dem Abrücken schrie jemand: ‚Russen von rechts!' — Alles ging sofort in Stellung bzw. in Deckung. Genauso schnell erkannte ich mit meinem Fernglas die vermeintlichen Russen als Letten. Sie kamen gerade mit drei Flak-Geschützen aus dem dichten Wald heraus. Ich rannte sofort zum Chef [Gruppenführer Hausser], um ihm das mitzuteilen. Wieso ich das so genau wüßte, wollte er wissen. Ich berichtete ihm hastig, daß ich als Deutsch-Balte 1930 im lettischen Heer meine obligatorische Dienstpflicht abgeleistet habe. Deswegen erkannte ich sie sofort an den typischen blauen Mützen, der Farbe der lettischen Artilleristen.

Da die Letten auch verhielten und keinerlei Angriffsabsichten zeigten, sauste ich mit einem B-Krad hin und sprach sie lettisch an, worauf sie in ein Freudengeheul ausbrachen. Schnell wurde das Woher und Wohin geklärt. Sie hatten den Auftrag, mit ihren Flak-Geschützen die Magistrale Smolensk—Moskau gegen feindliche Flugzeuge, also gegen unsere eigenen, zu sichern. „Wir haben uns aber bemüht, eure Flugzeuge nicht zu treffen!" — versicherten sie. Sie baten, mit uns gegen die Russen weiterkämpfen zu dürfen; denn die Letten waren nie Freunde der Bolschewisten. Ich trug diese Bitte dem Chef vor. Leider wurde nichts daraus; denn damals war man noch nicht soweit. Mir taten die armen lettischen Soldaten leid, die nun den bitteren Weg in die Gefangenschaft antreten mußten.

Einige Jahre später sollte es zwei lettische Divisionen der Waffen-SS geben. Wer hätte dies damals schon geahnt!"

Schwere Kämpfe im Vorfeld der „Moskauer Schutzstellung"

12. Oktober 1941:

Im Laufe des Vormittags tritt das Rgt. DER FÜHRER erneut zum
Angriff an, während gegen 12.00 Uhr die I. Pz.Abt. im Nachstoß hinter dem Regiment antritt.

Auf Grund der Luftaufklärung wurden bei Starjkowa starke Feindstellungen und Panzergräben festgestellt. Sie werden westlich der Ortschaft umgangen. Dann bricht das Regiment zusammen mit der I. Pz.-
Abt. in die Feldbefestigungen ein und vernichtet den Feind. Damit ist
eine wichtige Zwischenstellung vor der Moskauer Schutzstellung genommen.

Während die Panzer-Abteilung mit Teilen von DF den Ort angreift
und nimmt, stößt die 1. Pz.Kp. mit Teilen der 4. Kp./DF dem Gegner
auf der Autobahn nach. Einen Stuka-Angriff ausnutzend, gelangt diese
verstärkte Kompanie unter Vernichtung feindlicher Panzer, Flak und
Pak bis zum Jelenka-Abschnitt. Mehrere Brücken gehen hinter der
vorwärtsdrängenden Kompanie hoch, so daß die Abteilung auf der
Autobahn nicht mehr folgen kann. Sie muß nach Norden ausholen, um
dann nach Süden abbiegend wieder auf die Autobahn zu gelangen.

Beim Rgt. DEUTSCHLAND rollen um 5.30 Uhr die Panzer der
II. Pz.Abt. in die Bereitstellung und treten zum Angriff an. I. und
III./D schließen sich dem Vorstoß an, II./D soll motorisiert nachfolgen.
Der Waldrand ostwärts Kurjanowa ist noch mit feindlicher Infanterie
besetzt. Im Walde stehen starke feindliche Panzerkräfte. Die Waldwege sind außerordentlich schlecht. Selbst die Panzer haben Schwierigkeiten, vorwärts zu kommen.

Bald nach Überschreiten der vordersten Linie und nach Durchstoßen
kleiner, aber dichter Waldstücke kann die vorderste Panzerkompanie
die ersten feindlichen Panzer abschießen. III./D hat um 7.30 Uhr
Shulewo erreicht und geht weiter vor. Gegen 8.00 Uhr haben die eigenen Panzer bereits 27 Feindpanzer abgeschossen, und entlang der Vormarschstraße gibt es laufend Panzergefechte.

Um 8.30 Uhr wird am Westrand Durykino feindliche Infanterie geworfen. Um 10.30 Uhr ist ein Brückenkopf bei Fl. Konopljowka gebildet, und damit ist das von der Division gesteckte Angriffsziel erreicht. Während des ganzen Vormittags hatte sich ein fortlaufendes

Panzergefecht entwickelt, in das sowohl die ganze II. Pz.Abt. wie auch alle anrollenden Feindpanzer hineingezogen werden. Trotzdem geht es gut vorwärts, und die Männer des III./D folgen den Panzern dichtauf. Im Verlauf der einzelnen Gefechtsphasen werden 41 Sowjetpanzer abgeschossen bei 4 eigenen Verlusten, und gegen 11.30 Uhr ist Drownino, das Tagesziel, erreicht. Der Regimentsgefechtsstand SS-DEUTSCHLAND befindet sich am Ortsrand. Auf dem Brückenkopf liegt flankierendes Artilleriefeuer von Süden.

Anschließend überschreitet die II. Pz.Abt. noch den Konopljowka-Bach ostwärts des Ortes und sichert bei Twerdiki auf der jenseitigen Höhe nach Osten. Sie erhält jedoch aus den Waldstücken ostwärts der Ortschaft Pak-Feuer und aus einem Waldstück südlich der Autobahn Artilleriefeuer. Letzteres wird von der Artillerie SS-REICH bald zum Schweigen gebracht.

Rgt. DEUTSCHLAND meldet der Division die Absicht, auf Kaluzkowa oder auf Papowka weiter vorzustoßen und bittet um Entscheid durch die Division.

Diese befiehlt um 12.40 Uhr durch Funk: „Angriffsziel Papowka. DF ist verständigt."

Um 13.00 Uhr werfen feindliche Flugzeuge Lufttorpedos ab, die jedoch keinen Schaden anrichten, aber die offensichtliche Bedeutung der „Moskauer Schutzstellung" für den Feind demonstrieren. Um 13.30 Uhr tritt das verst. Rgt. DEUTSCHLAND auf das neue Angriffsziel an. Die II. Pz.Abt. tritt erneut mit dem Regiment an, dreht bald darauf nach Südosten ab, muß aber wegen Betriebsstoffmangel eine Stunde später ihr Vorgehen einstellen.

Um 15.10 Uhr ist Papowka ohne Feindwiderstand erreicht und an der Autobahn Verbindung mit dem Rgt. DER FÜHRER aufgenommen. Die II. Pz.Abt. zieht in Papowka unter und igelt sich für die Nacht ein. Auch Rgt. DEUTSCHLAND verbleibt für die Nacht im erreichten Raum.

Beute durch II. Pz.Abt. und SS-DEUTSCHLAND am 12. 10. 41:

> 41 Feindpanzer vernichtet
> 1 Infanteriegeschütz
> 1 Pak
> 27 LKW
> 115 Gefangene.

Um 20.45 Uhr erhält das Regiment von der Division durch Funk folgenden Auftrag für den 13. 12.:

> „Rgt. ‚D' tritt 06.00 Uhr mit Panzern aus erreichter Linie entlang Straße Gshatsk—Moshaisk an und erreicht Kolozkoje. Von dort Aufklärung gegen die feindliche Stellung."

Die Verluste des Regiments betragen: 1 Gefallener, 10 Verwundete.

Der Divisionsgefechtsstand SS-REICH befindet sich in Atemoskowa. Im KTB des XXXX. Pz.-Korps heißt es am 12. 10. u. a.:

> „Die SS-Div. REICH war am Morgen um 8.00 Uhr nach Fertigstellung der Brücke bei Krutizy zusammen mit der Panzerbrigade der 10. Pz.Div. erneut angetreten. Im Kampf mit stärkerem Gegner erreichte sie im Laufe des Tages die Linie Papowka—Lapunscha. Die Panzer der 10. Pz.Div. stießen bis 5 km westlich Jelnja (II) vor. Diese Pz.Div. hat seit dem 11. 10. insgesamt 56 russische Panzer, darunter zehn T 34, vernichtet."

Mit den Kämpfen dieses Tages ist die wichtigste Zwischenstellung vor der „Moskauer Schutzstellung" genommen.

Der Einbruch in die „Moskauer Schutzstellung"

13. Oktober 1941:

Um 6.30 Uhr tritt Rgt. DEUTSCHLAND, verst. durch II./Pz.Rgt. 7, über Papugicha an die Straße bei Grigarowa, von dort entlang der Vormarschstraße auf Kolzakoje an.

Bei Grigarowa sitzen die Männer des III./D und der Regiments-Führungsstaffel auf die Panzer der II. Pz.Abt. auf. I./D und II./D folgen im Fußmarsch, da die Fahrzeugstaffel des Regiments infolge schlechter Wegeverhältnisse — es kommen nur Kettenfahrzeuge durch — am Tage vorher bei Kurjakowo kehrtmachen mußte, um über Gshatsk dem Regiment hinter SS-DER FÜHRER, einschl. der 13., 14., 15. und 16./D auf der Autobahn nachzufolgen.

Bei leichtem Feindwiderstand wird gegen 9.30 Uhr Kolozkoje erreicht und nach Osten gesichert. Von hier aus wird die 9./D zusammen mit dem verst. 3. Zug der 5. Pz.Kp. zur Aufklärung auf das Stellungssystem bei Rogatschewo angesetzt.

Über diesen Einsatz berichtet der Zugführer des Panzerzuges, Oblt. Lohaus, in seinem

Gefechtsbericht über die Aufklärung des verst. 3. Zuges
der 5. Kp./Pz.Rgt. 7 mit der 9./SS-D am 13. 10. 1941*):

„Die gemischte Aufklärungsgruppe hatte den Auftrag, festzustellen, ob die Bahnlinie bei Kolotsch und der Bachgrund südlich davon passierbar sind und an welcher Stelle die Pz.Abt. am besten durch das Stellungssystem stoßen kann. Anmarschweg: Kolozkoje, Akinschino, Golobino, Hp. Kolotsch, Rogatschewo.

Die SS [9./D] saß auf unsere Panzer auf und fuhr mit uns über Akinschino, in dem wir noch keinen Widerstand feststellen konnten, bis Golobino, wo wir das erste Gewehrfeuer erhielten. Die SS saß ab und drang in Golobino ein, wo schon einige flüchtig ausgeworfene Feldstellungen festgestellt wurden. Wir arbeiteten uns zusammen mit der SS bis Golobino vor und hatten dort schon guten Einblick in das Stellungssystem, das stark bewaldet war und südlich des Kolotsch-Abschnittes verlief.

Wir beobachteten im Glas, wie der Feind noch ganz ahnungslos an seinen Stellungen arbeitete, wie er Gräben aushob und im Begriff war, neue Bunker zu bauen. Das Stellungssystem zog sich in der Hauptsache am halben Hang im Bogen von Nordosten nach Südwesten bis Rogatschewo und von dort ab nach Südwesten in Richtung Jelnja (II) hin.

Die Bahnlinie am Hp. Kolotsch wurde erreicht. Gleich hinter der Bahnlinie ging der 3. Zug/Pz.Rgt. 7 in Stellung und überwachte das Vorgehen der SS-Kompanie in den Bachgrund südlich Kolotsch. Die SS kam gut voran, und der 3. Zug drang mit drei Panzern III auf dem Weg Kolotsch—Rogatschewo in den Bachgrund vor.

Als der erste Panzer 50 m vor der Brücke war, flog diese in die Luft. Auch 75 m südlich der Brücke erfolgte eine Sprengung — der letzte Übergang über den Panzergraben. Während zusammen mit der SS eine Übergangsmöglichkeit über den Bach gesucht wurde, nahm das feindliche Feuer immer mehr zu. Die beiden Panzer IV, die noch auf der Höhe in Stellung waren, konnten jedoch das Feuer, vor allem aus den Bunkern, niederhalten. In kurzer Zeit wurden vier feindliche Bunker zerstört.

Die SS hatte sich in der Zwischenzeit über den Bachgrund und den Pan-

---

*) Oberst a. D. Walter Straub: „Geschichte des Panzerregiments 7"

zergraben hinweg dem feindlichen Stellungssystem genähert, was ihr durch den Feuerschutz der Panzer gelang.

Der Zugführer des 3. Zuges (Pz.), Oberleutnant Lohaus, bootete mit seinem Gruppenführer, Oberfeldwebel Scholz, aus, ging in Deckung an den Bachgrund heran und konnte nach längerem Suchen einen Übergang feststellen. Nun lag hinter dem Bachgrund noch der Panzergraben, der zu Fuß erreicht wurde und etwa 8 m breit und 4 m tief war.

Die SS war inzwischen schon bis an die Häuser von Rogatschewo vorgedrungen und blieb dann im feindlichen Feuer, das sich immer mehr verstärkte, liegen. Vor allem der linke Flügel der Kompanie hing etwas ab, da die Höhe links stark bewaldet war und ein Bunker feuerte, der anfangs geschwiegen hatte. Aus diesem Bunker wurde auch auf einen sich in Stellung befindlichen Pz. IV geschossen, und er erhielt zwei Treffer. Im zusammengefaßten Feuer beider Panzer IV wurde der Bunker außer Gefecht gesetzt.

Da bot sich an der Stelle, an der vorhin die Sprengung beobachtet wurde, die beste Möglichkeit zum Überwinden des Panzergrabens. Die Sprengung war nicht ganz gelungen, so daß an dieser Stelle der Graben nur die halbe Tiefe erreicht hatte und mit Baumstämmen, die in der Nähe lagen, aufgefüllt werden konnte, so daß die Möglichkeit bestand, dort überzugehen.

In der Zwischenzeit war auch das I./D herangekommen und wurde zum Angriff auf Rogatschewo angesetzt. Es gab dann noch einige Unklarheiten über das Unterstellungsverhältnis unseres verst. Zuges, und schließlich erhielt ich vom Kommandeur der SS-Division ‚Reich' den Befehl, mit dem I./SS-,D' zusammen auf Rogatschewa—Jelnja anzutreten.

Ich trat mit meinem Zug an und hatte mit meinem Panzer gerade den Panzergraben, der von der SS gangbar gemacht worden war, überschritten, da erreichte den Zugführer ein Funkspruch, wonach er auf Befehl des Korps mit seinem Zug in den Verband der Kompanie bei der Abteilung zurückbefohlen wurde. Er machte kehrt und trat den Rückmarsch über Kolotsch, Golobino, Akinschino nach Kolozkoje an, wo er seine Kompanie erreichte."

Unter dem anfänglichen Feuerschutz der Panzer, die infolge der Panzerhindernisse zunächst nicht folgen konnten, griff die 9./D, verst. durch einen sMG-Zug 12./D, den Gegner an, nutzte das Überraschungsmoment aus und nahm die Feldstellungen 150 Meter nordwestlich Rogat-schewo. Nach Überschreiten des Panzergrabens wurde der 3. Pz.-Zug zur Kompanie zurückbefohlen.

Damit ist die 9. Kp./SS-DEUTSCHLAND als erste in die „Moskauer Schutzstellung" eingedrungen, obwohl sie ursprünglich nur den Auftrag hatte, den genauen Verlauf des russischen Stellungssystems und die Art seiner Befestigungen festzustellen.

Das war die Stunde des SS-Regimentes DEUTSCHLAND!

Als der Regimentskommandeur, Oberführer Bittrich, den Erfolg der verst. 9./D erfährt, entschließt er sich, mit dem ganzen Regiment, die Bataillone hintereinander gestaffelt, in die durch die verst. 9./D unerwartet geschlagene Bresche hineinzustoßen, Rogatschewo anzugreifen und den Einbruch zu erweitern.

Um 13.22 meldet er seine Absicht der Division, und diese antwortet um 14.30 Uhr durch Funk:

> „Einverstanden. Nördlich Jelnja vorbeistoßen. SS-,DF' wird sich Angriff anschließen."

Inzwischen ist das Regiment DEUTSCHLAND in der Reihenfolge I., II., III./D über Golowino zum entscheidenden Angriff angetreten. Ab 16.00 Uhr ist die „Gruppe Hauenstein" (verst. Pz.Rgt. 7) wieder der 10. Pz.Div. unterstellt und marschiert zur Autobahn. Das Pz.Rgt. 7 marschiert auf dieser nach Westen zurück, um sich im Raume Ssloboda zur Verfügung zu halten. Damit erfolgt der Einbruch in die „Moskauer Schutzstellung" rein infanteristisch, zunächst ohne schwere Infanterie-waffen und ohne Panzerunterstützung.

Im KTB des XXXX. Pz.-Korps heißt es am 13. 10. u. a.:

„Die SS-Div. ,Reich' soll längs der Autobahn und südlich aufklären. Am 14. 10. soll auf Grund der Aufklärungsergebnisse angegriffen werden. Vom Arko 128 wird das Nebel-Rgt. 54 der SS-Div. ,Reich' unterstellt.

Um 14.00 Uhr Anruf des Ia der SS-Div. ,Reich'. Er teilt folgendes mit: Die angesetzte Aufklärung hat ergeben, daß sich bei Kolozkoje in der Jelnja-Stellung eine schwache Stelle befindet. Die SS-Div. ,Reich' greift deshalb um 15.30 Uhr an dieser Stelle an, um einen Brückenkopf ostwärts der Stellung zu bilden."

Der Kommandierende General teilt in Abwesenheit des Divisionskommandeurs der 10. Pz.Div. dem Ia folgendes mit:

„SS-Div. ‚Reich' greift um 15.30 Uhr Jelnja-Stellung [Moskauer Schutzstellung] an, deshalb neuer Entschluß, mit den Panzern voraussichtlich nicht nördlich umfassend, sondern durch das von der SS-Div. ‚Reich' geschlagene Loch weiter hindurchzustoßen. Die Vorbereitungen hierfür sind von der 10. Pz.Div. zu schaffen."

Unter dem Feuerschutz einer schnell in Stellung gebrachten Batterie bricht das SS-Rgt. DEUTSCHLAND in die Moskauer Schutzstellung ein. Der Einbruch gelingt; der Gegner ist völlig überrascht. Ein durchlaufender Panzergraben mit Drahthindernis wird schnell überwunden. Um 16.12 Uhr meldet SS-DEUTSCHLAND bereits an die Division:

„Vorderste Stellung durchbrochen. Ort 3 km nordostwärts
Jelnja erreicht."

Das I./D war in die Einbruchstelle der verst. 9./D unter Führung von Obersturmführer Tost hineingestoßen und hat sie bis an den Südrand Rogatschewo erweitert. Das II./D durchkämmt gleichzeitig den Waldrand ostwärts Rogatschewo von Hp. Kolotsch aus. Das III./D folgt hinter dem I./D.

Die bisher mit SS-DEUTSCHLAND auf Zusammenarbeit angewiesene II./Pz.Rgt. 7 wird in Kolozkoje aus dem Unterstellungsverhältnis der Division gelöst und zur 10. Pz.Div. zurückgerufen. Auch der die verst. 9./D unterstützende Pz.-Zug, der vom Div.Kdr. SS-REICH zunächst zur Unterstützung des Einbruchs eingesetzt war, wurde beim Überschreiten der feindlichen HKL durch das Korps zurückbeordert. Wegen dieser unverständlichen Maßnahme funkte das Regiment um 16.40 Uhr an die Division:

„Weiter an Gen.Kdo.: Infanterie eingebrochen ohne schwere Waffen. Abmarschbefehl für Panzer nicht zu verantworten.

gez. Bittrich"

Drei Generale beobachten den Kampf um die Moskauer Schutzstellung

Hstuf. Dr. Windisch von der kleinen Divisions-Führungsstaffel berichtet über diesen Angriff:

„Wir standen am Nachmittag im Schutz des Waldes neben der Magistrale und beobachteten den Feind, der drüben mit Panzern umherkurvte. Eine Batterie 8,8-Flak war in Stellung gegangen und beschoß die russischen Panzer. Man sah deutlich die Leuchtspurgeschosse ihre leicht bogenförmigen Bahnen ziehen, auf die Panzer aufschlagen — und abprallen. Unsere Grenadiere des Rgt. DEUTSCHLAND waren nördlich der Magistrale in das feindliche Stellungssystem eingedrungen und kämpften sich in erbittertem, verlustreichem Ringen weiter durch.

Währenddessen begann ein Feuerzauber, wie ich ihn in diesem Maße noch nicht erlebt hatte. Gedeckt von Bäumen und Büschen standen wir mit drei Generalen auf der Höhe und beobachteten angespannt die Bewegungen der eigenen Truppen und die des Feindes. Es handelte sich um den Kommandierenden General des XXXX. Pz.-Korps, General der Kavallerie Stumme, unseren Divisionskommandeur, Gruppenführer Hausser, und einen General der Heeresartillerie.

Plötzlich hörte ich das charakteristische Geräusch russischer Raketengeschütze, der sog. „Stalinorgeln", bummern. Das galt sicher uns; denn alle waren plötzlich in Schützenlöchern verschwunden. Da ich mir keines gegraben hatte, konnte ich nicht spurlos verschwinden. So warf ich mich einfach hinter einen Baum und erlebte das schauerlich-schöne Schauspiel einschlagender Raketengeschosse, deren Pulvergeruch und schwarz-rot-violett düsterer Schein aus den sich tulpenförmig öffnenden Granaten mir immer unvergeßlich bleiben werden.

Die ganze Gegend, die ganze Luft war erfüllt von Explosionen einschlagender Granaten. Plötzlich ging hinter uns auch noch die Hölle los. Ich wußte tatsächlich nicht, was da im Gange war, und rannte zu meinem Freund Mix, dem Ic der Division, der nicht weit von mir in Deckung lag. Der lachte und antwortete auf meine Frage: ‚Unsere Nebelwerfer!' Dieses ohrenbetäubende Geheul muß man einmal gehört haben. Es mischte sich mit dem Gekrach der einschlagenden russischen Granaten, es pfiff, dröhnte, fauchte und toste von Abschüssen und Einschlägen der Artillerie, von Maschinengewehren, Granatwerfern und Nebelwerfern. Die Wirkung letzterer auf den Feind muß verheerend gewesen sein. Die Kämpfe dauerten die ganze Nacht über an. Gefangene wurden von mir verhört; sie waren schwer schockiert, verstört und froh, lebend davongekommen zu sein. Die Wirkung unserer Werfer hatte nach ihrer Ansicht den Kampf entscheidend beeinflußt..."

Gegen 17.30 Uhr greift das I./D durch den Wald 500 m südostwärts Rogatschewo mit einbrechender Dunkelheit an, kommt gut vorwärts und stößt 400 m nordwestlich Jelnja auf starken Widerstand. II./D wird zur Abschirmung der linken Flanke des Regiments eingesetzt. III./D wird im Walde 500 m südostwärts Rogatschewo zur Verfügung gehalten. Die III./SS-AR unterstützt mit der 9. Batterie den Angriff des Regiments.

Gegen 22.30 Uhr befinden sich die vordersten Teile 2 km nordwestlich Jelnja.

Um 23.00 Uhr trifft folgender Funkspruch der Division bei SS-DEUTSCHLAND ein:

„Besondere Anerkennung des Kommandierenden Generals für SS-Rgt. DEUTSCHLAND. Verbindung mit linkem Flügel DER FÜHRER suchen. Unterstützung durch Panzer wahrscheinlich."

Bei SS-DEUTSCHLAND wurde am 13. 10. an Beute eingebracht: 2 Panzer, 11 sMG, 5 Geschütze, 3 Pak, 4 sGr.W. und 205 Gefangene.

Im KTB des XXXX. Pz.-Korps findet sich für diesen Tag die Eintragung:

„Um 16.30 Uhr trifft bereits die Meldung ein, daß die Stellung von SS-DEUTSCHLAND durchbrochen ist und der Anfang der SS-Div. REICH bei Woronina, 3 km ostwärts Koletzkoje, steht.

Das Rgt. DEUTSCHLAND war nach Süden in Richtung auf Jelnja vorgestoßen und hatte am Abend noch starken Feindwiderstand vor sich."

Bei Einbruch der Dunkelheit ist eine 500 m tiefe und 1 km breite Einbruchstelle erkämpft.

Nachtangriff des Regiments DER FÜHRER

Bei der rechten Angriffsgruppe der Division, dem verst. Rgt. DER FÜHRER, hatte sich die Lage an diesem 13. 10. wie folgt entwickelt: Der Angriff längs der Autobahn wird fortgesetzt — das III./DF ist wieder aufgesessen auf den Panzern der 10. Pz.Div., während das I./DF und II./DF auf eigenen Fahrzeugen folgen. Die Orte Klemjatina und Rykatschowa werden durchstoßen und am Nachmittag wird die Moskauer Schutzstellung erreicht.

Hier ist ohne eingehende Aufklärung und Bereitstellung kein weiteres Vorwärtskommen möglich. In einem wellig nach Osten aus einem Bachgrund ansteigendem Gelände ist die Stellung in einer Tiefe von über 2 km angelegt. Fünf Panzerhindernisse schützen sie: der Bachlauf, eine Höckerlinie, ein Panzergraben, eine Eisenigelsperre und ein Fischgrätengraben. In der Stellung befinden sich durchlaufende Gräben, stark verdrahtet mit Betonbunkern und Kampfständen. Panzer sind bis zur Kuppel eingegraben. Erst im Laufe der folgenden Kämpfe wird klar, daß 50 eingebaute Flammenwerfer die Straßenbrücke sichern und daß jenseits der Stellung, an einem Waldrand, wiederum Panzer stehen, die der Feindartillerie ausgezeichnete Beobachtungsstellen bieten. Auf einer Höhe, beiderseits der Autobahn, durch den Wald gedeckt, verhält die Panzerspitze. Das III./DF und das bald darauf eintreffende II./DF setzen sofort Aufklärung durch den Wald an und bringen die ersten Meldungen über das Ausmaß des feindlichen Stellungssystems. Der Regimentsgefechtsstand wird auf die Höhe etwa 500 m vor Beginn der Stellungen vorgezogen. Am späten Nachmittag trifft der Divisionskommandeur dort ein und befiehlt Aufklärung und Bereitstellung zum Angriff für den 14. 10. früh. Die Aufklärung ist bereits am Feind. Die Bataillonskommandeure und Kompaniechefs gehen selbst nach vorn, um günstige Einbruchsmöglichkeiten zu erkunden. Die Kompanien liegen gut gedeckt im Schutz des Waldes: rechts der Autobahn das II./DF, links das III./DF. Das I./DF liegt noch etwa 3 km zurück. Der Feind schießt starkes Störungsfeuer in den Bereitstellungsraum.

Am späten Abend erscheint der Divisionskommandeur erneut auf der Höhe und teilt dem Regimentskommandeur mit, daß dem Regiment DEUTSCHLAND als linkem Nachbarn des Regiments überraschend der Einbruch in die Moskauer Schutzstellung gelungen sei und befiehlt den Angriff des Regiments DER FÜHRER noch für die Nacht.

Die Erkundung hatte ergeben, daß nördlich der Rollbahn, also beim III./DF, wesentlich günstigere Einbruchsmöglichkeiten bestehen als südlich davon. Der Rgt.-Kommandeur, Ostubaf. Kumm, zieht deshalb das I./DF heran, stellt es links vom III./DF bereit und befiehlt der unterstellten Artilleriegruppe Hecht, bestehend aus II./AR 61 und I./SS-AR, ebenfalls links der Autobahn in Stellung zu gehen mit VB beim I./DF und III./DF. Während diese beiden Bataillone den Angriff zu führen haben, sichert das II./DF beiderseits der Autobahn und unterstützt den Angriff durch Feuer. Dann tritt das Regiment zum Angriff während der Nacht an.

Es erzwingt den Einbruch in das Stellungssystem. In einem unerbittlichen Kampf Mann gegen Mann, fast nur mit Handfeuerwaffen geführt, dringen die Stoßtrupps beider Bataillone in die Feindstellungen ein — ihnen steht ein russischer Eliteverband, die 32. sibirische Schützendivision, gegenüber —, kämpfen sich von Grabenstück zu Grabenstück vor und durchstoßen in einem schmalen Keil im Verlauf der Nacht zum 14. 10. die Stellungen fast in ihrer ganzen Tiefe.

Die Verbindung zum Rgt. DEUTSCHLAND kann hergestellt werden. Gegen 20.15 Uhr befindet sich I./DF nordwestlich Jelnja. Um 23.15 Uhr trifft bei der Division REICH in Kandassowa der Korpsbefehl Nr. 6 fernmündlich mit folgendem Auftrag für den 14. 10. ein:

„SS-Div. REICH vollendet den Durchbruch durch die Moskauer Schutzstellnug an und nördlich der Autobahn, gewinnt als erstes Angriffsziel die Linie: Fomino—Artemki—Utizy—Semenowskoje—Kolotscha-Fluß südlich Borodino und säubert die Feindstellung zwischen Karshen und Borodino von den nicht angegriffenen Feindteilen. Sobald die fechtenden Teile der 10. Pz.Div. durchgezogen sind, tritt sie erneut an, nimmt, über Bol. Sokolowo vorgehend, Moshaisk und stößt weiter auf Rusa vor."

k) Durchbruch durch die Moskauer Schutzstellungen
14. 10. — 26. 10. 1941

14. O k t o b e r 1 9 4 1 :
In der Nacht vom 13./14. 10. gelingt es den beiden SS-Regimentern DEUTSCHLAND und DER FÜHRER, in schweren und sehr verlust-

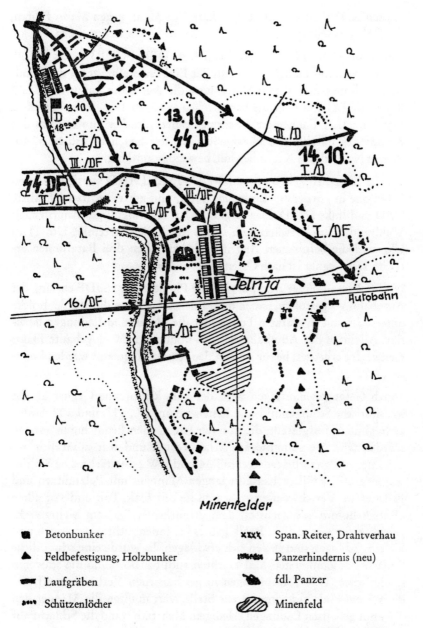

Durchbruch durch die Moskauer Schutzstellung am 13. und 14. Oktober 1941

▪	Betonbunker	xɪxx	Span. Reiter, Drahtverhau
▲	Feldbefestigung, Holzbunker	▰▰	Panzerhindernis (neu)
�¬	Laufgräben	➤	fdl. Panzer
•••	Schützenlöcher	⬬	Minenfeld

reichen Kämpfen, die oft zu Nahkämpfen Mann gegen Mann führen, die Einbruchstelle bis zum Morgengrauen auf 3 km zu erweitern.

Am Morgen des 14. 10. wird beim Rgt. DER FÜHRER das II./DF nachgezogen mit dem Auftrag, aus der Einbruchstelle heraus das feindliche Stellungssystem nach Süden über die Autobahn aufzurollen und damit die Rollbahn für die bereitstehende 10. Pz.Div. freizukämpfen. Das beim II./DF eingesetzte Sturmgeschütz „Blücher" unterstützt den Kampf des Bataillons und schießt einen der neuen russischen 32-to-Panzer KW 2 durch Kettenbeschuß bewegungsunfähig.

Bei der linken Angriffsgruppe SS-DEUTSCHLAND werden alle drei Bataillone in vorderster Linie eingesetzt, und zwar: rechts I./D, Mitte II./D und links III./D. Das Regiment hat als endgültiges Angriffsziel: Waldrand 3 km ostwärts Jelnja und mit Teilen Artemki. Um 11.15 Uhr sind die befohlenen Angriffsziele von allen drei Bataillonen erreicht. Der Gegner ist nach Osten ausgewichen.

Noch während dieser Kämpfe sind die Pioniere der 16./DF entlang der Autobahn vorgestoßen, haben mit Minensuchgeräten die Straßenbrücke untersucht und in starkem Feindfeuer die Minen und Ladungen beseitigt. Allein an der Autobahn wurden mindestens 50 eingebaute Flammenwerfer erbeutet, bevor sie von den Russen eingesetzt werden konnten.

Durch Gefangenenaussagen wird der hart kämpfende Gegner als die 32. sibirische Schützendivision, bestehend aus 17., 113. und 302. Schützenregiment, festgestellt, die von der japanischen Front herangezogen worden war. Sie stammte aus Wladiwostok und war zusätzlich mit zwei neuen Panzerbrigaden mit T 34 und KW 2 verstärkt. Die Sibirier waren große, kräftige Kerle in langen Mänteln, mit Pelzmützen und Fellstiefeln. Verschwenderisch waren sie mit Flak, Pak und vor allem „Ratsch-Bumm" ausgerüstet, dem gefährlichen 7,62-cm-Mehrzweckgeschütz. Sie waren stur. Panik gab es bei ihnen nicht. Sie standen und hielten. Schlugen und ließen sich erschlagen. Es wurde eine schreckliche Schlacht ... Zum ersten Mal tauchten auch bei Borodino die schweren sowjetischen T-34-Kampfwagen in geschlossenen Verbänden auf. Da die 8,8-cm-Flak nicht immer zur Stelle war, mußten die Männer den T 34 mit geballten Ladungen erledigen. Mehrfach stand die Schlacht auf des Messers Schneide ...

Paul Carell schreibt dazu*):

„Die gesamte im Panzergruppenabschnitt greifbare Heeresartillerie wurde unter dem Befehl des Artilleriekommandeurs (Arko) 128, Oberst Weidling, einheitlich zusammengefaßt, um den mit Todesverachtung stürmenden Grenadieren der Waffen-SS ein Loch in die sowjetische Verteidigungsfront zu schießen. Zuerst aber mußten die Flammenwerferstände mit den elektrischen Zündungen genommen werden. Dann die Minenfelder. Dann die Drahtverhaue. Bunker. Das Abwehrfeuer der massierten Flak, Pak und Granatwerfer wurde von erfahrenen Stoßtrupps unterlaufen, die Gegenstöße der russischen Panzer im Nahkampf abgeschlagen. Die Hölle raste. Und über den Köpfen fauchten die sowjetischen Tiefflieger. Eigene Jäger des VIII. Fliegerkorps fegten durch die Wolkenfetzen des verqualmten Himmels. Die Verbandplätze füllten sich . . . Reihenweise lagen sie da: in schwarzen Uniformen — die Panzermänner. In zerrissenen Feldblusen — die Grenadiere. In buntscheckigen Tarnjacken — die Männer der Waffen-SS. Tot. Schwerverwundet. Verbrannt. Erschlagen. Die Wut machte die Augen rot — auf beiden Seiten. Es gab keine Gnade mehr.

Und dann war die Graben- und Bunkerlinie der Sibirier an einer Stelle aufgerissen. Die beiden Infanterieregimenter der SS-Division ‚Reich‘, ‚Deutschland‘ und ‚Der Führer‘, stürmten. Keine Zeit zum Schießen. Spaten und Kolben waren die Waffen. Die sibirischen Batterien wurden von hinten genommen. Die Bedienungen hinter den Schutzständen der Flak, Panzerabwehrkanonen und MG verteidigten sich und wurden im Nahkampf niedergemacht. Genauso fochten die Schützenregimenter der 10. Panzerdivision. Sie kämpften auf demselben Schlachtfeld, auf dem Napoleon vor 130 Jahren gestanden hatte, und stürmten die zäh verteidigte historische Schanze von Semenowskoje. Vergeblich wehrten sich die Sibirier.“

Der Divisionskommandeur schwer verwundet!

An diesem Tag trifft die Division REICH außer den hohen Verlusten ein besonders schwerer Schlag. Etwa 300 m vor dem Regimentsgefechtsstand DER FÜHRER wird der von allen verehrte Divisionskomman-

---

*) Paul Carell: „Unternehmen Barbarossa“, S. 125/126, Ullstein-Verlag

deur und Generalleutnant Hausser bei einem persönlichen Erkunden der Autobahnbrückenstelle durch Panzerbeschuß im Gesicht am rechten Auge schwer verwundet.

Der den Divisionskommandeur begleitende Arzt und Dolmetscher, Hstuf. Dr. Windisch, berichtet darüber:

„Früh am 14. 10. waren wir wieder [die kleine Divisions-Führungsstaffel] vorne. Wir ließen die Kraftfahrzeuge zurück und gingen zu Fuß weiter, immer am Waldrand Deckung suchend. Pioniere machten sich an einer Straßenbrücke zu schaffen, und wir näherten uns dieser Stelle, um zu sehen, wie weit sie mit der Arbeit gekommen waren. Immer wieder schlugen hier und dort feindliche Panzergranaten ein . . . . . . Plötzlich blieb unser Chef stehen und griff sich an das rechte Auge. Wir waren vor Schreck wie gelähmt. Sofort rannten wir zu ihm hin, um ihm beizustehen. Er war an der rechten Gesichtshälfte und am Auge schwer verwundet . . . Nach Anlegen eines Notverbandes wurde er zur 1. San.Kp. gebracht, von wo er nach operativer Versorgung mit einem Fieseler Storch weiterbefördert wurde . . . Seine Verwundung berührte uns alle stark, und seine nun folgende Abwesenheit wurde von allen schmerzlich empfunden. War er es doch, der der ganzen Division das persönliche Gepräge gegeben hatte."

Wie ein Lauffeuer geht die Hiobsbotschaft durch die ganze Division, und alle Führer, Unterführer und Männer sind tief erschüttert. Es sollte der letzte Tag sein, an dem „Papa Hausser", wie er allgemein genannt wurde, seine so oft bewährte Division REICH geführt hat. Wenn er auch später immer wieder seine alte Division als Kommandierender General eines Panzerkorps, als Oberbefehlshaber der 7. Armee und als Oberbefehlshaber der Heeresgruppe „G" als ihm unterstellte Truppe traf — die SS-Division REICH hatte ihren einmaligen Kommandeur für immer verloren, der das Herz und die bedingungslose Gefolgschaft seiner Männer besaß, der als großer militärischer Könner und als starke soldatische Persönlichkeit bei allen vorgesetzten Dienststellen des Heeres große Achtung und Autorität besaß. — Ein schwarzer Tag für die Division!

Wenn die Division REICH sich im weiteren Verlauf des Krieges trotz des ungeheuren Aderlasses immer wieder aufs neue bewährte und ihren hervorragenden soldatischen Ruf bis zum letzten Tage des Krieges bewahrt hat, dann ist das nicht zuletzt der hervorragenden Grundlage zu verdanken, die SS-Gruppenführer und Generalleutnant Hausser in sie hineingelegt hat.

An seiner Stelle übernimmt der Kommandeur des SS-Rgt. DEUTSCH-LAND, Oberführer Bittrich, die Führung der Division, während der bisherige Kommandeur des SS-Rgt. 11, Staf. Jürgen Wagner, an seine Stelle als Kommandeur des Regiments DEUTSCHLAND tritt. Kommandeur des SS-Rgt. 11 wird Ostubaf. Schmidhuber.

Am Abend dieses verlustreichen Großkampftages ist die erste Moskauer Schutzstellung über die Autobahn hinweg in einer Breite von fast 4 km aufgerissen und in eigener Hand.

Im KTB des XXXX. Pz.-Korps wird dieser entscheidende Tag wie folgt geschildert:

„Bis zum frühen Morgen des 14. 10. erreichte die SS-Div. REICH die Linie: Westrand Jelnja — Ostrand Rogatschewo. Sie lag hier noch stärkerem Gegner gegenüber, der im Lauf des Vormittags des öfteren mit Panzern vorstieß. Durch Bekämpfung der Panzer mit der unterstellten schweren Flak und Vernichtung der Widerstandsnester gelang es, den Angriff weiter voranzutreiben, so daß um 14.00 Uhr das Rgt. DEUTSCHLAND die Linie Artemki—Utizy erreichte. Der Russe zog sich von Utizy nach Osten zurück.

Das Rgt. DER FÜHRER wurde ostwärts von Jelnja vorbei über die Autobahn nach Südosten zur Säuberung des Waldrückens südlich der Autobahn angesetzt.

Nach bisheriger Erkundung war ein Vorbeiziehen der Panzerbrigade der 10. Pz.Div. leider noch nicht möglich, da das Gelände nördlich der Autobahn für Panzer ungeeignet erschien. Ein Durchziehen auf der Autobahn war ebenfalls nicht möglich, da bei Jelnja hinter der bereits erreichten Linie noch ein besetzter russischer Bunker war, der die Straße unter Feuer hielt und ein Ausbessern der stark zerstörten und gesprengten Straße nicht möglich war."

Im KTB des Pz.Rgt. 7 steht unter dem 14. 10. 41:

„Nach einer Weisung des Korps [XXXX. Pz.-Korps] soll das Regiment vorerst die SS lediglich vor feindlichen Panzern schützen und deren etwaige Angriffe in Gegenstößen zerschlagen.

Um 3.30 Uhr tritt es auf der Autobahn in ostwärtiger Richtung in der Reihenfolge: I. Abt., Rgt.-Stab, II. Abt. an. Bei Nowo Wassiljewka

wird es angehalten mit dem Befehl, sich südlich der Autobahn bereit-
zuhalten.

Währenddessen greift die SS-Division ‚Reich‘ den Jelenka-Abschnitt
an, den der Gegner mit einer frisch herangeführten sibirischen Division
zäh verteidigt. Der Feind hat auch leichte und mittlere Panzer bei sich.
Das Pz.Rgt. 7 braucht aber nicht einzugreifen. Um 16.00 wieder zurück-
fahrend, ziehen Rgt.-Stab und I. Abt. in Ranin Fjodorowskoje und die
II. Abt. in der Gegend von Chwaschtschjowka für die Nacht unter.“

Beim Durchbruch durch die 1. Moskauer Schutzstellung wurden durch
die Division REICH erbeutet:

> 21 Geschütze
> 14 Pak
> 92 sMG
> 10 schwere Granatwerfer
> 14 Panzer
> 65 Flammenwerfer
> 2 LKW
> 1 PKW
> 1 Panzerspähwagen
> 1 Pioniergerätelager

859 Gefangene wurden eingebracht.

Um 19.30 Uhr gehen vom XXXX. Pz.-Korps folgende Aufträge für
den 15. 10. an die unterstellten Verbände heraus:

„10. Pz.Div. tritt am 15. 10. so früh als möglich über die Sicherungslinie der SS-Division ‚Reich‘ zur Verfolgung an und gewinnt, wenn möglich südlich an Moshaisk vorbeistoßend, als erstes
Angriffsziel die Gegend von Kubinka. Zeitpunkt des Antretens
ist zu melden.
SS-Division ‚Reich‘ säubert hinter der erreichten Linie den Frontabschnitt von Karshen einschl. bis Borodino vom Feinde, folgt den
fechtenden Teilen der 10. Pz.Div. unmittelbar, nimmt Moshaisk
und die Moskwa-Brücke hart nördlich Moshaisk.
Das weitere Vorführen der Division über Rusa oder hinter 10.
Pz.Div. hängt von den Ergebnissen der Straßenerkundung ab. Zu
diesem Zweck sind frühzeitig Erkundungstrupps mit den vorde-

ren Teilen der 10. Pz.Div. zur Erkundung der Straßen Moshaisk—
Rusa und Dorochowa—Rusa anzusetzen.
Für beide Divisionen kommt es darauf an, so bald wie möglich
viel Raum nach Osten zu gewinnen."

Im Divisionsbefehl für den 15. 10. 41 heißt es u. a.:

„1.) SS-Division REICH hat am 12. u. 13. 10. 41, unterstützt durch
Pz.Rgt. 7, in raschem Vorstoß die Moskauer Sperrstellung erreicht
und hierbei zusammen mit den Panzern eine sehr große Zahl von
feindlichen Panzern vernichtet. Dieser Erfolg wurde am 13. 10. 41
im Wehrmachtsbericht genannt.
Rgt. ‚D' hat nach Feststellung eines schwachen Punktes in der
feindlichen Stellung durch sofortiges Zupacken noch am 13. 10. den
Einbruch in die Stellung erzwungen und hat diesen Erfolg zusammen mit Rgt. ‚DF' am 14. 10. in schwerem Kampf gegen hartnäckig verteidigenden Gegner zum Durchbruch erweitert. Dieser
Durchbruch war besonders im Abschnitt des Rgt. ‚DF' sehr hart.
Rgt. ‚DF' hat bei Erringen dieses Erfolges während mehrerer Tage
keine Feldküchen heranziehen können und war bei der Kälte ohne
warme Verpflegung.
2.) Feind gegenüber der Division ist infanteristisch stark, an Artillerie
jedoch schwach. Er kämpft mit zahlreichen einzelnen Panzern.
3.) SS-Div. ‚Reich' erkämpft am 15. 10. unter Ausnutzung des Antretens der 10. Pz.Div. entlang der Autobahn nach Osten das befohlene Angriffsziel Artemki und sichert und hält die Linie Artemki—
Utizy. Die Division wird am 16. 10. hinter 10. Pz.Div. antretend
auf Rusa angreifen . . . "

15. Oktober 1941:
Nun sollte das XXXX. Pz.-Korps mit Div. REICH und 10. Pz.Div.
rechts, das XXXXVI. Pz.-Korps links in Richtung Moshaisk—Moskau
angreifen. — Das sind noch 100 km bis Moskau. Räderfahrzeuge kommen kaum von der Stelle. Die Versorgung bleibt aus. Auf den Rollbahnen unbewegliche Kolonnen. Die Autobahn ist gesperrt. Ein Kampf
mit Wetter und Wegen hat begonnen.
Während der Nacht hatte der Russe erhebliche Verstärkungen heran-

geführt. Der Ort Artemki ist noch stark besetzt und durch zwei gut ausgebaute Feldstellungen gesichert. Der Russe schießt mit schwerer Artillerie auf die Autobahn und die Waldstücke beiderseits der Autobahn westlich Artemki und bringt der SS-Div. REICH schwere Verluste bei. Auch russische Salvengeschütze (Stalinorgeln) werden eingesetzt. Snamenskoje, Judinki und Fomina sind noch vom Gegner besetzt, und dadurch ist die rechte Flanke von SS-REICH bedroht.

Außerdem stellte die Luftaufklärung am frühen Morgen etwa 10 Batterien feindlicher Flak im Raume Tschebunowo—Moshaisk längs der Autobahn fest.

Diese Meldungen machen den vom Korps gefaßten Entschluß, mit Panzern der 10. Pz.Div. über die Sicherung der SS-Division REICH zur Verfolgung anzutreten, zunichte.

Daher erhalten beide Divisionen am frühen Morgen folgenden neuen Auftrag:

> „Artemki ist unter einheitlicher Führung des Kommandeurs der 10. Pz.Div. durch SS-Div. REICH und Panzer der 10. Pz.Div. zu nehmen. Hierzu soll nach planmäßiger Artilleriebekämpfung das Rgt. DEUTSCHLAND mit Unterstützung von Panzern, die zu diesem Zweck ‚am kurzen Zügel‘ zu führen sind, angreifen."

Jedoch auch diese beiden Aufträge für 10. Pz.Div. und SS-Div. REICH können nicht durchgeführt werden. Es zeigt sich jetzt immer deutlicher, daß am 13. und 14. 10. nur die erste Moskauer Schutzstellung mit dem allerdings stärksten Sperriegel beiderseits der Autobahn durchbrochen war und daß weitere Schutzstellungen in ziemlicher Tiefe folgen werden.

Die 10. Pz.Div. meldet dem Korps, daß das Gelände ostwärts Jelnja mit den mehrfach von Norden nach Süden verlaufenden Bachabschnitten sich für den Gegner zu stets neuem Widerstand anbietet, was ein flottes Vorwärtskommen bzw. ein Durchstoßen mit Panzern unmöglich macht. Die an der Kesselfront bei Wjasma bisher eingesetzte Schützenbrigade der 10. Pz.Div. ist noch nicht eingetroffen und die Division deshalb für den Auftrag, auf Moshaisk längs der Autobahn vorzustoßen, nicht voll verwendungsfähig.

Die 10. Pz.Div. schlägt daher vor, über Utizy, Borodino in Richtung auf Tatarin angreifen und Artemki durch die SS-Div. REICH in Besitz nehmen zu lassen.

Das Korps akzeptiert diesen Vorschlag und unterstellt der SS-Div. REICH zum planmäßigen Einsatz der Artillerie den Arko 128. Der Angriff von SS-REICH soll um 11.00 Uhr beginnen.

Um 12.30 Uhr meldet der Ia von SS-REICH, Ostubaf. Ostendorff, dem Korps, daß der Russe in rechter Flanke zu stark sei, um Artemki mit Erfolg anzugreifen. Es sei notwendig, zunächst die Flankenbedrohung südlich der Autobahn auszuschalten. Der Gegner machte im Laufe des Vormittags Gegenangriffe in Bataillonsstärke auf die Sicherungslinie der Division und stößt ebenfalls mit Teilen von Nordosten auf Rogatschewo vor.

Teile des Rgt. DEUTSCHLAND werden bei Utizy herausgezogen mit dem Auftrag, den Gegner ostwärts Rogatschewo auf die Eisenbahnlinie nördlich Rogatschewo zurückzuwerfen.

Beim Rgt. DER FÜHRER waren noch in der Nacht zum 15. 10. das I./DF und III./DF weiter nach Osten über Artemki vorgestoßen und hatten sich an einem Waldrand einige Kilometer westlich Borodino zur Verteidigung eingerichtet. Das II./DF säubert indessen die 1. Moskauer Schutzstellung weiter nach Süden. Der Weg für die Panzer der 10. Pz.-Div. ist frei.

In der „Geschichte des Panzerregiments 7" heißt es:

„Das Pz.Rgt. 7 hatte am Morgen Jelnja erreicht und biegt von hier nach Norden ab mit dem Auftrag, über Utizy, Borodino, Tatarinowa vorgehend, Moshaisk von Westen her anzugreifen. In einem Wald südlich von Utizy, wo die vorderste Linie der Div. REICH verläuft, erfolgt die Bereitstellung. Dann stößt die I. Pz.Abt. durch die feindlichen Feldstellungen von Utizy auf Borodino vor. Damit stehen die Panzer eines württembergischen Regiments auf historischem Boden; denn am 7. 9. 1812 kämpften und siegten hier ebenfalls württembergische Soldaten unter Napoleon.

Im zweiten Treffen kommt die II. Pz.Abt. in guter Zusammenarbeit mit den SS-Schützen flüssig vorwärts bis vor die bewaldeten Höhen von Utizy. Dort steht noch ein Denkmal für Napoleon. Mit Teilen der II. Pz.Abt. und SS-Schützen werden die stark ausgebauten und befestigten Stellungen gesäubert. Miserable Wege verhindern das Nachkommen der Infanterie, so daß der Angriff abgestoppt werden muß. Die 1. Pz.Kp. nimmt noch Borodino, schießt dabei einige feindliche

141

Panzer ab und sprengt die Bahnlinie Smolensk—Moskau. Dann sichern I. Pz.Abt. um Borodino nach Osten und Süden, die II. Pz.Abt. nach Norden und Westen. Eine SS-Kompanie wird in die Panzersicherung eingegliedert."

Durch Schneefall und leichten Frost sind die Wege für Räderfahrzeuge so gut wie unpassierbar. Der Kampf wird immer beschwerlicher. Der Winter ist unerwartet früh hereingebrochen.

Die Verluste der beiden Infanterieregimenter DEUTSCHLAND und DER FÜHRER sind außerordentlich hoch. Der zugeführte Ersatz kann die entstandenen Lücken nur teilweise schließen.

Die noch am Tage vorher in stärkerem Umfang aufgetretenen feindlichen Panzer sind verschwunden. Am Abend bietet sich folgende Lage:

SS-Div. REICH sichert nach Osten in der Linie: Höhe nördlich Fomino — Ostrand des Waldstückes ostwärts Jelnja — Ostrand Utizy. Weitere Sicherungen nach Süden befinden sich im Waldstück südlich der Autobahn, nach Norden westlich Utizy und nach Nordosten in Rogatschewo.

10. Pz.Div. steht mit der Masse der Panzer im Raum Utizy und südwestlich. Die Schützenbrigade der 10. Pz.Div. wird noch in der Nacht mit Masse den Raum ostwärts Gshatsk erreichen.

Der Russe schießt nach wie vor mit schwerer Artillerie auf das Waldstück westlich Artemki und streut mit Salvengeschützen (Stalinorgeln) die Stellungen ab.

Der Kommandeur der SS-Aufkl.Abt. REICH, Hstuf. Mühlenkamp, wird verwundet. Der bisherige Chef der 1. Kradsch.Kp., Hstuf. Kment, übernimmt die Führung der SS-Aufkl.Abt. Hstuf. Weidinger übernimmt dessen Kompanie.

Wie erst gegen Abend bekannt wird, hatte es im frühen Morgengrauen auf dem Hauptverbandplatz des Rgt. DEUTSCHLAND Alarm gegeben. „Der Russe ist durch!" ging es von Mund zu Mund. Granatwerferfeuer schlägt bereits in den H.V.P. ein. Alles, was gehen kann, schlägt sich zum H.V.P. des Rgt. DER FÜHRER durch. Die anderen Verwundeten werden in Eile verladen. Sie erreichen glücklich — vom Feuer verfolgt — den H.V.P. DER FÜHRER. Von hier geht es auf Lastkraftwagen im Schneesturm weiter nach Gshatsk ins SS-Lazarett.

Paul Carell schreibt in „Unternehmen Barbarossa" (S. 126):
„Die 32. sibirische Schützendivision starb auf den Höhen von Boro-
dino. Der große Riegel der ersten Moskauer Schutzstellung an der
Autobahn nach Moskau war damit gesprengt."

16. Oktober 1941:

Die in der Nacht zum 16. 10. nach Gefangenenaussagen erwarteten
Gegenangriffe der Russen blieben aus — mit Ausnahme eines schwächeren Angriffs ohne Artillerievorbereitung in Kompaniestärke in den
frühen Morgenstunden, der jedoch abgewiesen wurde.

Der Auftrag des XXXX. Pz.-Korps für den 16. 10. lautet:

„Korps setzt mit 10. Pz.Div. den über Utizy auf Tatarin angesetz-
ten Angriff von dort auf Moshaisk fort und dreht mit Teilen von
Tatarin nach Westen zum Aufrollen der feindlichen Stellung auf
Borodino ein.
SS-Div. REICH erweitert den Durchbruch nach Norden und
Süden so, daß eine flankierende Einwirkung auf die Autobahn
ausgeschaltet und der noch in der Flanke der Division stehende
Feind vernichtet wird. Die frontale Linie ist zu halten."

Das Rgt. DER FÜHRER, dem ab 6.00 Uhr das II./SS-Rgt. 11 unterstellt wird, ist inzwischen so umgegliedert, daß Teile des Regiments
beiderseits der Autobahn mit Front nach Osten die erreichten Stellungen halten und die Masse des Regiments bis 8.00 Uhr zum Angriff
nach Süden bereitgestellt ist. Der Auftrag lautet:

„Die südlich der Autobahn im Waldgebiet südostwärts Jelnja und
westlich dieses Waldes befindlichen Stellungen sind zu nehmen
und bis zur Linie: Snamenskoje—Judinki—Südostecke des Waldes
aufzurollen."

Um 11.00 Uhr befindet sich das Regiment im Angriff auf Snamenskoje.
Die Kampfkraft des Gegners ist auch nach dem Durchbruch durch die
erste Moskauer Schutzstellung nicht gebrochen. Nach planmäßigem
Artillerieeinsatz unter Leitung des Arko 128 gelingt es dem Rgt. DER
FÜHRER, unter schweren Kämpfen in abschnittsweisem Angriff Sna-
menskoje, Judinki und Fomino zu nehmen und das Waldgelände süd-

lich der Autobahn zu säubern. Artemki hält der Russe nach wie vor mit starker Besetzung.

Trotz der zunehmenden Schneefälle setzt der Feind in diesen Tagen in immer stärkerem Maße Schlachtflieger ein — ein Zeichen dafür, was für ihn hier auf dem Spiele steht. Die Witterung wird mit jedem Tag ungünstiger. Starkes Schneetreiben, abgelöst von Regenfällen, nachts leichter Frost, bei Tage wieder Tauwetter. Die Wege und das Gelände verwandeln sich in zähen Schlamm.

Die Ausfälle haben ein Ausmaß angenommen, daß die Gefechte nur noch unter Einsatz der letzten Reserven geführt werden können. Die Kompanien haben noch durchschnittlich eine Gefechtsstärke von 35 Mann: jeweils zwei Züge zu je zwei äußerst schwachen Gruppen. Aber jedes dem Regiment befohlene Angriffsziel wird erreicht, wenn auch unter unsagbaren Mühen und Strapazen*).

Beim Rgt. DEUTSCHLAND waren die Bataillone während der Nacht zum 16. 10. so umgegliedert worden, daß das II./D die Sicherung des Regiments nach Osten übernimmt. I./D und III./D werden im Morgengrauen herausgezogen, um feindliche Stellungen nördlich der Bahnlinie aufzurollen.

Ein Zug Fla.MG und ein Zug Flak, zusammen mit dem Sturmgeschütz „Blücher", die am Vormittag befehlsgemäß auf dem Wege zum I./D über Jelnja vorfahren, werden vom Regimentskommandeur der Schützenbrigade 10 um Unterstützung gegen russische Feldstellungen gebeten. „Blücher" fährt vor und nimmt den Ort und die vorgelagerten Stellungen unter Feuer. Hierbei wird eine Pak vernichtet. Dann setzt die Gruppe den Marsch zum I./D fort. Auf diesem Wege springt beim Sturmgeschütz die Gleitkette ab, und damit fällt es für den Einsatz an diesem Tage aus.

Ab 8.00 Uhr säubert I./D den Wald ostwärts Rogatschewo und greift auf Fomino an. Ostwärts davon geht die Schützenbrigade der 10. Pz.-Div. über Jelnja auf Schewardino vor.

Um 11.00 Uhr tritt das III./D zur infanteristischen Unterstützung des Panzerangriffs auf Bahnhof Borodino an und erreicht gegen 13.30 Uhr den Waldrand ostwärts Woronina. Die Schützenbrigade liegt südlich

---

*) Aus den persönlichen Aufzeichnungen des Regimentskommandeurs DER FÜHRER, Ostubaf. Otto Kumm

davon bis zum Abend in heftigem Feuerkampf fest. Daraufhin wird das III./D angehalten und am Bahndamm zur Sicherung eingesetzt.

Das Bataillon erhält von den Höhen südostwärts Fomino starkes flankierendes Feuer und hat schwere Verluste. In Anbetracht des Auftrages für den kommenden Tag wird I./D auf Bhf. Kolotsch und mit Teilen nach Borodino unter Belassung von Feldwachen an der Bahn zurückgenommen.

Das SS-Kradsch.Btl. REICH wird im Laufe des Tages auf der Autobahn nachgezogen mit dem Auftrag, von Süden her durchzustoßen, um so den beiden Regimentern Luft zu verschaffen.

Die 10. Pz.Div. stößt im Verlaufe des Tages mit schwachen Teilen bis an den Bachabschnitt 5 km westlich Moshaisk vor. Da im Rücken der Division bei Semenewskoje und Schewardino ebenfalls noch starke Feindbesetzung festgestellt ist, wird die Masse der Pz.Div. am Abend nach Tatarin zurückgenommen, wo sie einen Igel bildet. Noch am Abend nehmen die Schützen der 10. Pz.Div. Schewardino im Angriff.

Die Autobahn ist vollgestopft mit Fahrzeugen, Schlammloch an Schlammloch. Tiefe Trichter . . . allein im Autobahnabschnitt Gshatsk —Moshaisk liegen zwei- bis dreitausend Fahrzeuge fest.

Über diese Kämpfe heißt es im Wehrmachtbericht vom 16. 10. 41:

„Im Osten wird schon an mehreren Stellen um die etwa 100 km vor Moskau verlaufende äußere Verteidigungslinie der sowjetischen Hauptstadt gekämpft.

Die wichtigsten Städte Kaluga und Kalinin, 160 km südwestlich, bzw. nordwestlich Moskau, sind seit Tagen in unserer Hand . . ."

Die Aufträge des XXXX. Pz.-Korps lauten für den 17. 10.:

„10. Pz.Div. säubert das Gelände zwischen Schewardino und Tatarin vom Feinde und setzt mit der Masse sobald als möglich den Angriff auf Moshaisk fort.

SS-Div. REICH setzt an und südlich der Autobahn den Angriff nach Osten mit Schwerpunkt südlich der Autobahn fort und erreicht im abschnittsweisen Vorgehen die Gegend des Straßenkreuzes 6 km südwestlich Moshaisk.

Trennungslinie zwischen SS-Div. ‚Reich' und 10. Pz.Div.:
Autobahn bis Jelnja (durch beide Divisionen zu benutzen) — Weg

von Jelnja nach Utizy (für 10. Pz.Div.) — St. Borodino — Südrand Nowoßurino.
7. Inf.Div., die ab sofort dem XXXX. Pz.-Korps unterstellt wird, nimmt Wereja und stößt weiter auf Straßenkreuz Schelkowka vor."

17. Oktober 1941:
Nach einem Feindnachrichtenblatt der Division hat sich die Feindlage wie folgt entwickelt:

Gegner hatte seine Kräfte an seiner gesamten Westfront nach der ersten deutschen Offensive in die Gruppen Süd, Mitte und Nord gegliedert. Durch die Einkreisungsschlacht ostwärts Kiew ist die Südgruppe entscheidend geschwächt worden. In den Kesseln bei Brjansk und Wjasma wurde die Masse der Gruppe Mitte vernichtet. Die Nordgruppe hatte durch den deutschen Vorstoß südlich des Ilmensees starke Verluste. Zu ihrer Verstärkung wurden Teile aus der Gruppe Mitte herausgezogen und im Norden eingesetzt. Angriffe dieser Gruppe im Wolchow-Abschnitt versuchen die Leningrad-Armee zu entlasten.

Im mittleren Frontabschnitt hatte der Gegner dem deutschen Vorstoß ostwärts Gshatsk zunächst keine geordneten Reserven entgegenzustellen. Es gelang ihm aber, Zeit zu gewinnen und für die Abwehrstellung bei Jelnja die 32. Schützendivision von der Nordfront heranzuziehen, mit der es die Division beim Durchbruch durch die 1. Moskauer Schutzstellung als Gegner zu tun hatte. Zu dieser Division gehören das 52. Haubitz-Rgt. und das 133. le.Art.Rgt. (bereits eingesetzt). Nach Gefangenenaussagen ist ein weiteres Artillerieregiment (154?) herangezogen. Es befinden sich der Division außerdem noch gegenüber: Teile des 36. Kradschützenregiments und ein der 32. Division angeschlossenes Marschregiment mit den Bataillonen VIII, IX und X. Mit dem Auftreten einer größeren Zahl Panzer der 18. und 19. Tank-Brigade ist zu rechnen. Zur Panzerabwehr hat der Gegner das Pak-Regiment 367 eingesetzt. Der Kampfwert der im Stellungssystem eingesetzten Truppe ist gut.

Nach Gefangenenaussagen und Beutepapieren sind auch ostwärts Artemki beiderseits der Autobahn Feldbefestigungen mit Betonbunkern zu erwarten.

146

Gesamteindruck: Gegner ist gezwungen, stärkere Kräfte aus anderen Frontabschnitten heranzuziehen, um die Moskauer Schutzstellung bei Jelnja (II) zu verteidigen. Nach den letzten Niederlagen im Süden, bei Brjansk und Wjasma kann er mit den noch vorhandenen Kräften den deutschen Angriff auf Moskau nicht mehr aufhalten.

Gem. Divisionsbefehl für den 17. 10. wurde der Feind in beiden Flanken der Durchbruchstelle der Div. REICH erfolgreich angegriffen und geworfen. Im Norden wird noch gekämpft. Vor der Front befindet sich immer noch stärkerer Gegner in Artemki. Von Osten sind neue Feindkräfte mit Panzern herangeführt worden.

Division REICH stellt sich nach Heranziehen der Masse des Regiments DEUTSCHLAND aus der Nordflanke und nach Heranführung des Kradsch.Btls. am Morgen des 17. 10. im Walde ostwärts Jelnja (II) so zum Angriff bereit, daß sie um 10.00 Uhr zum Angriff nach Osten mit Schwerpunkt südlich der Autobahn angreifen kann.

Die Teile der Division, welche die Südflanke freigekämpft haben, verbleiben dort und schirmen die Südflanke gegen feindliche Gegenstöße ab.

Rgt. DER FÜHRER (ohne II./DF), welchem das SS-Kradsch.Btl. nach Heranführung in den frühen Morgenstunden unterstellt wird, stellt sich unter Sicherung gegen Artemki im Waldgelände westlich und nordwestlich Fomino zum Angriff bereit. Der Angriff soll tiefgestaffelt mit SS-Kradsch.Btl. in Front, das bisher zur Sperrung der Autobahn Gshatsk — Wjasma — westlich Gshatsk eingesetzt war und wieder in die Kämpfe eingreift, über Fomino (Ortschaft) 1 km ostwärts Fomino zunächst bis Siwkowa geführt werden.

Das I. und III./DF sollen nach Freiwerden in der Front infolge des Angriffs des Rgt. DEUTSCHLAND in den Sicherungsabschnitten sammeln und dem SS-Kradsch.Btl. nachgeführt werden.

Die SS-Aufkl.Abt. hat den Auftrag, mit Masse Michailowskoje zu erreichen und bis zur Linie Protwa-Fluß—Borisowo—Moshaisk Südrand in rechter Flanke und Front aufzuklären.

Gruppe Schmidthuber (verst. II./SS-Rgt. 11 und II./DF) sichern in bisheriger Stellung mit Aufklärung nach Süden und Südosten.

Zwei Artillerieabteilungen sind auf Zusammenarbeit mit dem SS-Kradschützenbataillon angewiesen.

Die Division tritt um 7.30 Uhr mit vorgestaffeltem rechten Flügel DF, dem unterstellten verst. SS-Kradsch.Btl. (1 Stu.Gesch., 1 Fla-MG-Zug, 1 Pak-Zug) nach planmäßiger Artillerievorbereitung zum Angriff südlich der Autobahn an und kämpft sich den ganzen Tag weiter nach Osten vor. Der Gegner ist schwächer als angenommen.

Das links eingesetzte Rgt. DEUTSCHLAND soll, später antretend, Artemki von Norden aus nehmen.

Im Abschnitt der 10. Pz.Div. hat sich am Morgen die Lage insofern geändert, als der Russe tief im Rücken der Division, von Norden her umfassend, mit schwachen Kräften aus dem Wald ostwärts Golobino angriff. Diese Tatsache macht einen sofortigen Vorstoß auf Moshaisk unmöglich und erfordert die sofortige Bereinigung des Geländes im Rükken der 10. Pz.Div.

Beim Rgt. DEUTSCHLAND erfolgen im Morgengrauen feindliche Vorstöße gegen alle drei Bataillone, so daß der vorgesehene Angriff nach Osten verschoben werden muß. Gegner sitzt immer noch in den Feldstellungen nördlich der Bahnlinie und kann bei einem Herauslösen des Regiments die Autobahn von Norden bedrohen.

Trotzdem trifft um 12.00 Uhr fernmündlich der Befehl ein, I./D und III./D herauszuziehen und das Regiment am Waldrand westlich Artemki—Utizy zum Angriff nach Osten bereitzustellen.

Um 15.25 Uhr erfolgt ein russischer Tieffliegerangriff mit Bomben und Bordwaffen auf Waldrand und Wald. Ein Munitionswagen wird getroffen und brennt aus. Weitere Verluste entstehen nicht.

Um 16.30 Uhr tritt III./D über Waldnase durch den Panzergraben auf den Nordwestrand Artemki zum Angriff an. I./D hat den Befehl, links rückwärts gestaffelt zu folgen. Um 17.00 Uhr hat der Feind die Annäherung noch nicht erkannt. 400 m vor Artemki erfolgt ohne Ankündigung und völlig überraschend ein eigener Stuka-Angriff mit 9 Stukas auf die Ortschaft. Augenblicklich wird die eigene vordere Line mit Orange-Rauch- und Leuchtzeichen kenntlich gemacht.

Unter sofortiger Ausnutzung dieser großartigen Unterstützung stößt III./D in die Ortschaft hinein und macht über 200 Gefangene. Der Luftangriff hat den Russen viele Tote gekostet.

Um 20.00 Uhr haben III./D und I./D Artemki vollkommen in Besitz, während II./D in den Erdhöhlen am Waldrand verbleibt. Damit ist das hartnäckig verteidigte und starke feindliche Widerstandsnest inmitten der 1. Moskauer Schutzstellung, welches das Vorwärtskommen der

Division so lange verhindert hat, endgültig ausgeschaltet. In der Ortschaft wurden erbeutet: 2 Panzer (durch II./D abgeschossen), 3 schwere Flak und zahlreiche MGs. Die Gefangenzahl erhöhte sich auf 240.

Die schweren und erbitterten Kämpfe der Vortage beginnen zu einem Erfolg zu führen.

Das Rgt. DER FÜHRER hat mit dem unterstellten SS-Kradsch.Btl. Siwkowa genommen. Gegen Abend werden durch „Ziethen" zurückgehende feindliche Kolonnen beschossen. Starkes Flakfeuer der Russen verhindert ein weiteres Vorgehen. Bei einbrechender Dunkelheit wird in Siwkowa der Angriff eingestellt.

Bei einer Besprechung beim Befehlshaber der Panzergruppe 4 am 17. 10. werden die Korpskommandeure über die weitere Führung der Operation auf Moskau folgendermaßen orientiert:

„Die Panzergruppe 4 soll Moskau von Westen, Norden und Nordosten abschließen. Moskau selbst darf auf Befehl des Führers nicht betreten werden. Absperrungslinie ist die Ringbahn.

Rechter Nachbar: 4. Armee, linker Nachbar: 9. Armee. Neben dem XXXX. Pz.-Korps sind der Panzergruppe 4 unterstellt: XXXXVI. Pz.-Korps und VIII. A.K.

XXXX. Pz.-Korps soll gegen die West- und Nordwestfront Moskau vorstoßen. Es kommt darauf an, schnelle Kräfte auf das Nordufer der Moskwa hinüberzubekommen. Das Panzerkorps hat zunächst den Auftrag, Wereja und Moshaisk zu nehmen.

Auf den Feindeindruck zu sprechen kommend, führt Generaloberst Hoepner aus: „Der Russe hat keine Armee mehr und kann deshalb nicht mehr operativ führen. Er hat jedoch die 32. mandschurische Division, eine durchaus vollwertige Truppe, und vier neu aufgestellte Panzerbrigaden vorgeworfen. In Moskau selbst wird er Polizei und Sicherheitsverbände haben, die jedoch außerhalb Moskaus keine Verwendung finden dürfen."

Die Aufträge des XXXX. Pz.-Korps für den 18. 10. lauten daher:

„10. Pz.Div. greift scharf zusammengefaßt aus Gegend Tatarin auf Moshaisk an.

SS-Div. REICH erreicht, mit der Masse südlich der Rollbahn vorgehend, die Straße Akssjenjewo—Moshaisk, dreht nach Nordosten ein und stößt beiderseits der genannten Straße über Straßenkreuz 197,1 auf Moshaisk durch."

Die Erstürmung des Autobahnkreuzes südwestlich Moshaisk

18. Oktober 1941:

Am frühen Morgen tritt das verst. SS-Kradsch.Btl. im Rahmen des Rgts. DER FÜHRER nach Norden auf die Autobahn und dann weiter längs der Autobahn zum Angriff auf das Straßenkreuz südlich Moshaisk an. Durch günstige Wetterverhältnisse ist der Einsatz der deutschen Luftwaffe besonders erfolgreich, die bereits am frühen Morgen feindliche Panzer- und Artilleriestellungen bei Kokarino und Flakstellungen in der Gegend des Straßenkreuzes südwestlich Moshaisk und Wereja angriff. Mehrere Flak-Geschütze und Fahrzeuge werden an der Autobahn erbeutet.

Die Luftwaffe unterstützt in diesen schweren Tagen den Angriff der Division in hervorragender Weise.

Das Sturmgeschütz „Ziethen", welches bei den vordersten Teilen marschiert, muß eine schwache Brücke passieren, die unter der Last zusammenbricht. „Ziethen" stürzt etwa 4 m ab, wird aber anschließend von „Yorck" wieder herausgeholt.

Beim weiteren Vorgehen werden anrollende russische Panzer beschossen und zum Abdrehen gezwungen. Während „Ziethen" noch die Panzer beschießt, nimmt „Yorck" eine Munitionskolonne unter Feuer. Es gelingt, 5 Fahrzeuge in Brand zu schießen. Nach kurzem Halt in Tschebunowa wird am Nachmittag 6 km an der Autobahn nach Osten vorgestoßen. Die vordersten Teile der Infanterie sind auf den beiden Sturmgeschützen aufgesessen. Nach weiteren 2 km erhält die Spitze starkes Feuer von rechts und links. Die Kradschützen gehen sofort in Deckung, und „Ziethen" nimmt eines der feuernden 7,62-cm-Flakgeschütze unter Feuer und vernichtet es.

Um weitere Ziele erkennen zu können, öffnet der Geschützführer der „Ziethen", Oscha. Engelputzeder, einen Augenblick die Luke und beobachtet mit dem Fernglas. In diesem Augenblick wird er von der Kugel eines Baumschützen tödlich getroffen. „Ziethen" fährt zurück, um seinen toten Geschützführer zu bergen.

Im Wald links der Autobahn halten nur wenige Schützen in Schützenlöchern und mehrere Baumschützen die Angriffsspitze des Kradsch.Btl. längere Zeit auf, bis die Baumschützen durch Abstreuen der Baumkronen mit MG-Feuer und die Schützen in den Erdlöchern mitten im

Wald, ohne großes Schußfeld, durch Umfassung einiger Gruppen der
3. Kradsch.Kp., ausgeschaltet werden. Sie hielten ihre Stellungen bis
zum Tode.

Nachdem „Ziethen" mit einem neuen Geschützführer wieder vorgefahren ist, werden von beiden Sturmgeschützen flüchtende Kolonnen
bekämpft.

Kurz vor dem Straßenkreuz südwestlich Moshaisk (Westkreuz) entwickelt sich ein hartes Waldgefecht, bis es der 1. und 2. Kradsch.Kp.
gelingt, nach erbitterten und verlustreichen Nahkämpfen das Straßenkreuz selbst zu stürmen und in Besitz zu nehmen, nachdem die 3.
Kradsch.Kp. nördlich umfassend im Wald angegriffen hatte. Von hier
aus wird ein Spähtrupp dieser Kompanie unter Führung von Oscha.
Kloskowski auf Moshaisk angesetzt, der wichtige Ergebnisse bringt, die
zur schnellen Einnahme der Stadt beitragen. Russische Artillerie und
Salvengeschütze legen ihr konzentriertes Feuer auf das Waldgelände
westlich des Straßenkreuzes. Man glaubt, die Hölle ist los — aber es ist
zu spät. Dieses besonders wichtige Straßenkreuz ist in unserer Hand
und wird sofort gesichert. Vor Einbruch der Dunkelheit werden nochmals Panzer auf große Entfernung beschossen und zum Abdrehen gezwungen. Für die Nacht verbleiben beide Sturmgeschütze gesichert
durch die Kradschützen zur Sicherung an der Autobahn.

Die Einnahme von Moshaisk

Das Rgt. DEUTSCHLAND tritt um 8.00 Uhr mit I./D rechts der
Autobahn, III./D links der Autobahn zum Angriff an. II./D folgt hin-
ter III./D. Die beiden Sturmgeschütze „Lützow" und „Blücher" be-
schießen bereits auf dem Wege zum III./D nach Kromino russische
Panzer, die sich jedoch nicht zum Kampfe stellen und sich absetzen.
Das Regiment hat zunächst nur geringen feindlichen Widerstand. Eine
Flakbatterie wird beim Abbauen überrascht und zusammengeschossen.
Vier schwere Flak und Zugmaschinen bleiben auf der Autobahn liegen.
Alle Brücken an der Autobahn sind gesprengt.
Um 11.45 Uhr dreht der an der Spitze des Regiments weilende Divi-
sionskommandeur, Oberführer Bittrich, die beiden vordersten Batail-
lone nach Nordosten ab mit dem Auftrag, zunächst Sobolki zu errei-
chen und dort zu sichern.

II./D wird nach Sokolowo nachgezogen und geht gegen Nowossurjino vor, das gegen 13.00 Uhr ohne Feindberührung erreicht wird.

Zur Einnahme von Moshaisk ist das Rgt. DEUTSCHLAND von Südwesten her auf den Südteil der Stadt angesetzt, während die 10. Pz.Div. von Nordwesten her den Nordteil der Stadt angreift.

Von Sokolowo aus wird kampfkräftige Aufklärung angesetzt. Die beiden Bataillone erhalten vom Rgt.Kdr., Ostubaf. Wagner, den Auftrag, über Nowossurjino auf den Stadtteil Moshaisk südlich der Eisenbahn vorzustoßen und auf das Höhengelände ostwärts der Stadt nach Osten und Süden zu sichern.

Zu dieser Zeit ist es fraglich, ob die 10. Pz.Div., die auf den Nordteil der Stadt angesetzt ist, ihr Angriffsziel schon erreicht hat.

Um 14.00 Uhr erscheint der Befehlshaber der Panzergruppe 4, Generaloberst Hoepner, auf dem Regimentsgefechtsstand in Sobolki und läßt sich in die Lage einweisen.

Gegen 15.00 Uhr treten III./D und I./D von Nowossurjino auf Moshaisk an. Die Stadt wird erreicht. Auf dem Wege dorthin vernichtet „Blücher" ein Geschütz und eine Flak, „Lützow" eine Pak. In Moshaisk treten noch einzelne russische Panzer auf, von denen zwei vernichtet werden. Der Gegner legte also größten Wert auf das Halten der Autobahn-Straßenkreuze südwestlich und südlich Moshaisk, während er offensichtlich nicht mehr genügend Kräfte zur Verfügung hatte, um zugleich auch die Stadt Moshaisk mit allen Mitteln zu verteidigen.

Gegen 16.00 Uhr treffen der Komandierende General des XXXX. Pz.-Korps, Stumme, und der Divisionskommandeur auf dem Regimentsgefechtsstand ein — ein Zeichen für die Wichtigkeit und Bedeutung der Einnahme von Moshaisk und für das Erreichen und Überwinden des Moskwa-Abschnittes.

Beim Pz.Rgt. 7 wird der Angriff auf Moshaisk von den Schützen eingeleitet. Als diese den westlich von Kukarino gelegenen Wald durchschritten haben, erhält die II. Pz.Abt. um 14.30 Uhr den Befehl, Moshaisk zusammen mit den Schützen zu nehmen und anschließend den Ostteil der Stadt Tschertanowo gegen Osten zu sichern.

Die II. Pz.Abt. umgeht einen Panzergraben bei Höhe 211 durch Ausbiegen nach Nordosten und erreicht ohne Feindberührung auf der großen Straße, von Nordwesten herkommend, Moshaisk. Während des Vormarsches erhält die Pz.Abt. vom Regiment die Orientierung, daß die SS-Div. REICH mit Teilen im Süden der Stadt einrücke. Sofort durchstoßend, erreicht die Abteilung Tschertanowo, wo die Spitzenkompanie von acht anfahrenden Panzern fünf abschießt.

Während der Nacht nehmen I./D und III./D in Jamskaja (Südteil von Moshaisk) Verbindung mit der Schützenbrigade 89 (10. Pz.Div.) auf und sichern nach Süden und Osten.

Damit haben die SS-Div. REICH und die 10. Pz.Div. gemeinsam die wichtige Stadt Moshaisk in Besitz genommen und stehen ca. hundert Kilometer vor Moskau!

Das II./D verbleibt in Nowossurjino. Rgt. DEUTSCHLAND hat beim Vorstoß auf Moshaisk vier schwere Flak mit Zugmaschinen erbeutet und 94 Gefangene eingebracht.

Beim Rgt.Nachr.-Zug wird folgender russischer Funkspruch aufgefangen:

„SS greift auf Autobahn an. Wir haben schwere Verluste an Menschen und Material. Erbitten dringend Panzer und Flak."

Rgt. DEUTSCHLAND meldet der Division hohe Ausfälle an Männern, die auf Grund der unausgesetzten körperlichen und seelischen Überbeanspruchung der letzten Großkampftage rund um die Uhr beim Durchbruch durch die 1. Moskauer Schutzstellung, der zudem mit hohen blutigen Verlusten verbunden war, völlig übermüdet und an dem Rand ihrer physischen und psychischen Leistungsfähigkeit angelangt sind. Der Angriff in verschlammtem Gelände bei Schneematsch über viele Kilometer bis Moshaisk mit den schweren Waffen, Munition und Gerät auf den Schultern hat die letzten Kraftreserven gekostet. Größere Anforderungen können an keine Truppe mehr gestellt werden, als sie in den vergangenen Tagen von den Männern der Division REICH gefordert und auf sich genommmen wurden.

Um 18.00 Uhr ist Moshaisk fest in eigener Hand. Die Sicherung beider Divisionen stehen am Ostrand der Stadt. Feindliches Artillerie-Störungsfeuer aus Nordosten liegt auf der Stadt.

In Auswirkung des errungenen Erfolges gehen folgende Aufträge des Korps an die Divisionen:

„10. Pz.Div. gewinnt über Schelkowska Rusa, um von dort aus auf Swenigorod weiter vorzustoßen. Straße Moshaisk—Otjakowo—Michailowskoje—Autobahn und Alte Poststraße stehen zur Verfügung.

SS-Div. REICH säubert Autobahn bis Michailowskoje. 5. Pz.Div.
geht über Moshaisk auf Wjedjenskoje vor.
Arko 128 tritt am 19. 10. mit Masse der Heeresartillerie zur 10.
Pz.Div.
Antreten so früh wie möglich. Antretezeit melden."

Panik in Moskau — „Die Deutschen kommen!"

19. O k t o b e r 1 9 4 1 :
Paul Carell berichtet in „Unternehmen Barbarossa" (S. 126/127) über
die Einnahme von Moshaisk:
„Am 19. Oktober 1941 war Moschaisk gefallen. Moschaisk! Das war
vor den Toren Moskaus. Noch hundert Kilometer Autobahn. Und die
Moschaisker Chaussee führte direkt in die sowjetische Hauptstadt.
‚Moschaisk ist gefallen', ging es durch die Moskauer Straßen. ‚Moschaisk gefallen, die Germanjetzki kommen.'
Die Kreml-Schornsteine rauchten wie bei 30 Grad Kälte: Man verbrannte die Geheimarchive, die nicht evakuiert werden konnten. Die
Moskauer waren fassungslos. Noch vor vierzehn Tagen hatte man
ihnen mit Amerikas Hilfsversprechen Siegeszuversicht eingeflößt.
Denn am 2. Oktober hatten Churchills Vertreter, Lord Beaverbrook,
und Roosevelts Beauftragter, Harriman, im Kreml das Protokoll über
die anglo-amerikanischen Waffenlieferungen unterschrieben. Obwohl
die Vereinigten Staaten noch neutral und nicht im Kriege waren, wurde
verkündet: Die drei Großmächte sind entschlossen, zur Erringung des
Sieges über den deutschen Erzfeind aller Nationen zusammenzuarbei-
ten. Es wurden für die ersten zehn Monate — beginnend am 1. Oktober — versprochen und auch geliefert:
3000 Flugzeuge — 2000 mehr, als die deutsche Luftwaffe am 30.
September an der Ostfront einsatzfähig hatte,
4000 Panzer — dreimal soviel, wie alle drei deutschen Panzergruppen am 30. September zur Verfügung hatten,
30 000 Motorfahrzeuge.

Aber kam das nun nicht alles zu spät? Gewann Hitler wieder einmal
das Wettrennen gegen die Westmächte, wie er es 1939 im Kreml schon
einmal gewonnen hatte? . . .

... am 15. Oktober um 12 Uhr 50 empfing Außenminister Molotow den amerikanischen Botschafter Steinhardt und teilte ihm mit, daß die Regierung — bis auf Stalin — Moskau verlasse und das diplomatische Korps nach Kuybitschew, 850 km ostwärts Moskau, evakuiert werde. Jede Person dürfe nur so viel Gepäck mitnehmen, wie sie selber tragen könne.

Als sich diese Kunde durch die Stadt verbreitete und gar bekannt wurde, daß Lenins Sarg aus dem Mausoleum auf dem Roten Platz abtransportiert worden war, brach die Panik aus: ,Die Deutschen kommen!'"

In der Nacht zum 19. Oktober treffen folgende alarmierende Funksprüche der 10. Pz.Div. beim Korps ein:

„Der Div.-Stab und andere Stäbe seit 22.00 Uhr in schwerem Kampf. Starke Verluste. Stab vorläufig bewegungsunfähig."

„Kampf um Div.-Stab noch im Gange. Artilleriefeuer von Norden."

„Nach wie vor Feuergefecht, u. a. 2—3 Feindpanzer!"

„Schwere Verluste in Nowaja-Derewnja und bei der in Kriwuschimo ebenfalls angegriffenen Aufkl.Abt. Angriff mit Einsatz von Panzern abgeschlagen. Säuberung noch im Gange."

Um 8.40 Uhr teilt die 10. Pz.Div. mit, daß der Auftrag, weiter nach Osten vorzustoßen, solange der Gegner im Norden nicht angegriffen wird, nicht möglich sei.

Das Gelände im Rücken der 10. Pz.Div. wird gesäubert und im Laufe des Tages Verbindung mit der SS-Div. REICH hergestellt. Die mit schwächeren Teilen in Moshaisk eingedrungenen Russen werden wieder hinausgeworfen und der Ostrand gesichert.

In der Nord- und Südflanke des XXXX. Pz.-Korps steht noch zahlenmäßig starker Gegner, der jedoch nur im Norden bei der 10. Pz.Div. Durchbruchsversuche nach Osten machte, während der Feind in der Südflanke der Div. REICH teils in seinen Stellungen sitzen bleibt und mit Teilen nach Osten abzumarschieren versucht.

Das verst. SS-Kradsch.Btl. tritt am Morgen auf der Autobahn nach Osten gegen die Straßenkreuzung südlich Moshaisk (Ostkreuz) und Jasenow zum Angriff an. Durch das dichte Unterholz gestaltet sich der Angriff sehr schwierig, da auch mehrere russische Panzer und Pak in das Gefecht eingreifen. Der Gegner verteidigt sich hartnäckig. Es gelingt dem Sturmgeschütz „Yorck", bei Bekämpfung der Feldstellungen einen 24-to-Panzer und zwei Pak zu erledigen. „Ziethen" erhält während des Gefechts mit einer Pak, welche ebenfalls zusammengeschossen wird, von links starkes Feuer von einem Flak-Geschütz. Die Wanne des Sturmgeschützes wird durchschlagen. Die Besatzung ist gezwungen, auszubooten und in Deckung zu gehen. „Ziethen" kann später aus eigener Kraft zurückfahren.

Beim SS-Kradsch.Btl. wird der Kommandeur, Stubaf. Klingenberg, leicht verwundet, verbleibt jedoch bei der Truppe, der Bataillonsadjutant, Ostuf. André, ist gefallen, und der Chef der 2. Kradsch.Kp., Ostuf. Wagner, verwundet.

Rgt. DEUTSCHLAND erhält noch in der Nacht den Befehl, mit einem Bataillon über Kolatschewo auf den Waldzipfel südlich Kolatschewo bis zur Autobahn anzugreifen, um den Gegner in seinen Stellungen von der Flanke her aufzurollen und damit das Rgt. DER FÜHRER zu entlasten.

Ein zweites Bataillon soll auf das ostwärtige Straßenkreuz angreifen und dort igelförmig sichern. Nach Bereinigung der Stellungen vor dem Rgt. DER FÜHRER soll der Angriff nach Umgruppierung entlang der Autobahn bis Michailowskoje vorgetragen werden.

II./D (ohne 1. Kp., die als Sicherung zum Div.-Stab abgestellt wird) mit unterstellter 16./D (Pi.Kp.) übernimmt die Sicherungen des I./D und III./D.

Das III./D tritt gegen 7.00 Uhr auf die Feldstellungen vor Rgt. DER FÜHRER zum Angriff an, während das I./D auf Straßenkreuz angreift. Beide Bataillone erhalten am Südrand von Jamskaja starkes feindliches Feuer mit schweren Waffen.

Um 8.00 Uhr nimmt I./D nach heftigem Feuergefecht Höhe 230 und bleibt dort zunächst in starkem Feindfeuer liegen. III./D liegt am Südrand Jamskaja fest. Gleichzeitig liegt die Ortschaft unter starkem feindlichem Artilleriefeuer und dem Feuer von Salvengeschützen.

Am Bahndamm entlang gelingt es russischer Infanterie, an der Naht zwischen dem II./D und der 10. Pz.Div. bis an den Ortsrand vorzudringen. Die sofort zum Gegenstoß angesetzte 7./D wirft den Gegner in Stärke von zwei Kompanien und macht dabei über 50 Gefangene.

Um 9.55 Uhr dringt III./D mit einem Stoßtrupp in Kolatschewo ein. Gegen 10.00 Uhr gelingt es dem SS-Kradsch.Btl., eine weiche Stelle beim Gegner zu finden und in diese hineinzustoßen. Um 11.00 Uhr erreicht es den Ostrand des Waldes 1200 m westlich Straßenkreuz. III./D wird daher nach Osten abgedreht, um mit dem SS-Kradsch.Btl. das Straßenkreuz anzugreifen.

Beim I./D fühlt der Gegner mit acht Panzern gegen die tiefe Flanke des Bataillons vor, wobei drei Panzer abgeschossen werden. Es schirmt die linke Flanke des Regiments von Höhe 230 nach Osten ab.

Durch den Vorstoß der Masse des Bataillons in die tiefe Flanke des vor dem Rgt. DER FÜHRER zurückweichenden Gegners konnten diesem durch zusammengefaßtes Feuer sämtlicher Waffen schwere Verluste beigebracht werden. Um 12.10 Uhr wird in raschem Zupacken mit III./D das Straßenkreuz erreicht und nach Osten und Nordosten gesichert sowie die Verbindung mit DF und Kradsch.Btl. hergestellt.

Um 14.00 Uhr geht an alle Einheiten der Division der Befehl:

„SS-Div. REICH sichert und hält die erreichte Linie, klärt in Front und rechter Flanke auf und schließt mit Masse in den Raum ostwärts Artemki auf."

Damit kommen die Männer der Division endlich wenigstens für kurze Zeit zur Ruhe. Die weiter nach Osten vorgetriebene Aufklärung stößt auf keinen Feind.

Da die Masse der Fahrzeuge der beiden Divisionen festliegt und zunächst ein Aufschließen notwendig ist, außerdem die Truppe nach den harten Kämpfen einen Tag der Ruhe bedarf, wird vom Korps für den 20. 10. auf weiteren Angriff verzichtet. Die Divisionen erhalten den Auftrag, die besetzte Sicherungslinie zu verbessern und durch rege Gefechtsaufklärung und Erkundung die Vorbereitungen für einen planmäßigen Angriff am 21. 10. zu treffen.

An diesem Tage würdigt der Oberbefehlshaber der Heeresgruppe Mitte, Generalfeldmarschall v. Bock, den Abschluß der Doppelschlacht von Wjasma-Brjansk, an der die Div. REICH durch ihren Vorstoß über Juchnow auf Gshatsk und durch den Vorstoß des SS-Kradsch.Btls. auf der Autobahn Gshatsk—Wjasma nach Westen beteiligt war und diese gegen Wjasma abriegelte, mit folgendem

Tagesbefehl

Die Schlacht bei Wjasma und Brjansk hat die in vielen Linien hintereinander befestigte russische Front zum Einsturz gebracht. In schwerem Ringen mit dem an Zahl weit überlegenen Feinde wurden acht russische Armeen mit 73 Schützen- und Kavalleriedivisionen, 13 Panzerdivisionen und -brigaden und starker Heeresartillerie zertrümmert.

Die Beute beträgt:

673 098 Gefangene,

1 277 Panzer,

4 378 Geschütze,

1 009 Flak- und Panzerabwehrkanonen,

87 Flugzeuge

und gewaltige Mengen Kriegsgerät.

Ihr habt auch diesen harten Kampf in Ehren bestanden und damit die größte Waffentat des Feldzuges vollbracht!

Allen Kommandobehörden und Truppen, die in und hinter der Front zu diesem Erfolg beigetragen haben, spreche ich meinen Dank und meine Anerkennung aus.

gez. v. Bock
Generalfeldmarschall

Von der Division geht der „Bericht über den Einsatz vom 10. 10. bis 20. 10. 1941" an das Führungshauptamt in Berlin ab, in dem der Angriff ostwärts Gshatsk und der Durchbruch durch die Moskauer Schutzstellungen geschildert wird. Am Schluß des Berichts heißt es u. a.:

„Die Truppe befindet sich seit dem 6. 10. 1941 in ununterbrochenem Angriff. Bei schwierigsten Wegeverhältnissen und denkbar schlechter Witterung (Schneesturm, Glatteis, Tauwetter) und oftmals ohne die Möglichkeit, die Fahrzeuge und besonders die Feldküchen nachzuziehen, sind große Erfolge errungen worden.

Jetzt ist die Truppe, Führer, Mann und Fahrzeuge, am Ende der Kraft. Darmerkrankungen, Magenerkrankungen, Erfrierungen und allgemeine Schwächezustände treten auf. Uniform und Gerät müssen instand gesetzt werden.

Eine Ruhepause von mehreren Tagen mit der Möglichkeit, die Männer in heizbaren Räumen unterzubringen, ist erforderlich, um notdürftig für den weiteren Angriff gerüstet zu sein.

Nachtrag: Nach soeben eingetroffenen Weisungen soll die Division etwa am 23. 10. 1941 zum weiteren Vorstoß nach Osten hinter der 10. Pz.Div. antreten."

158

Der Kommandierende General des XXXX. Pz.-Korps verfaßt einen zusammenhängenden Bericht an die Panzergruppe 4, aus dem noch einmal klar der entscheidende Einsatz der SS-Div. REICH beim Durchbruch durch die Moskauer Schutzstellungen hervorgeht. Er hat folgenden Wortlaut:

Einleitung der Kämpfe zur Einschließung von Moskau und die Einnahme von Moshaisk

„Der Auftrag, Moshaisk zu nehmen, wurde gegeben, als das XXXX. Pz.-Korps noch in der Kesselschlacht von Wjasma eingesetzt war. Dazu sollten sofort alle freiwerdenden Kräfte aus der Front gezogen und der SS-Div. ‚Reich‘ bei Gshatsk zugeführt werden. Ein verst. Pz.Rgt. der 10. Pz.Div. wurde trotz größter Bedenken der Panzergruppe 4 zur SS-Div. ‚Reich‘ in Marsch gesetzt. Diese Maßnahme wirkte sich sehr gut aus. Die SS-Div. ‚Reich‘ konnte dadurch nach verlustreichem Kampf mit feindlichen Panzern südostwärts Gshatsk schnell unter Brechung feindlichen Widerstandes ostwärts Gshatsk die Moskauer Schutzstellung erreichen.

Am 13. 10. fand die erste Besprechung über Ausführung des Auftrages mit den Divisionskommandeuren der 10. Pz.Div. und SS-Div. ‚Reich‘ statt. 10. Pz.Div. hatte bei Wjasma nur noch die Schützenbrigade von Bülow belassen, um selbst das Kommando über die bisher der SS-Div. ‚Reich‘ unterstellten Teile der 10. Pz.Div. zu übernehmen. General der Waffen-SS Hausser konnte ein abschließendes Urteil über die Stellung bei Jelnja westlich Moshaisk noch nicht geben, faßte aber seinen Eindruck dahin zusammen, daß diese Stellung stark ausgebaut und gut besetzt sei.

Ich entschloß mich, die 10. Pz.Div. möglichst über Porjetsche bzw. Bultschewo ausholen zu lassen, um die Stadt von Norden bzw. Nordosten zu nehmen. Es konnte angenommen werden, daß dort die Moskauer Schutzstellung bei Karatscharowo oder Gorsztowo nicht so stark besetzt und die Angriffsrichtung zur Wegnahme von Moshaisk von dort günstig sei.

Ich ordnete daher sofortige Erkundung beider Wege durch 10. Pz.Div.

159

und Erkundung der Stellung beiderseits der Rollbahn und der Wege südlich davon durch SS-Div. ‚Reich' an, um gegebenenfalls diese Division mit Schwerpunkt südlich der Rollbahn angreifen zu lassen. Meine eigene Erkundung der Stellung bei Jelnja hatte das Ergebnis, daß die Stellung sehr günstig dem Gelände angepaßt war, frontal nur schwer zu nehmen sei, wenn die Besetzung entsprechend durchgeführt und genügend Unterstützungswaffen vorhanden wären. Kein Schuß fiel, etwa 200 Russen gingen in voller Figur unbekümmert in Stellung. Sie hatten anscheinend den Befehl zur Besetzung.

Die SS-Div. ‚Reich' war in der Entfaltung mit beiden Regimentern nebeneinander an die Stellung herangekommen, wobei der Weg nördlich der Rollbahn (Poststraße) als so schlecht bezeichnet wurde, daß schwere Waffen nicht mit vorgeführt werden konnten und daß nur für Zugmaschinen ein Durchkommen möglich sei. Ich entschloß mich, mit der SS-Div. ‚Reich' einen planmäßigen frontalen Angriff für den nächsten Tag vorzubereiten und dazu den Artillerie-Aufmarsch durchzuführen in der Erwartung, daß der Gegner zwar über genügend Gewehrschützen, aber nicht über die genügende Anzahl schwerer Waffen und Artillerie verfüge. Überläufer bezeichneten die Stimmung als schlecht. Dem Entschluß entsprechend, sollten die Befehle gegeben werden, als Rgt. ‚Deutschland' nördlich der Autobahn den Durchbruch durch die Stellung bei Rogatschewo und die Fortnahme von Doronino meldete. SS-Div. ‚Reich' hatte daraufhin selbständig den sofortigen Angriff des Rgts. ‚Der Führer' beiderseits der Rollbahn zur Wegnahme Jelnjas befohlen, damit Rgt. ‚Deutschland' nicht in der Luft hängen bleibe.

Dies änderte die Lage grundlegend. Es war klar geworden, daß die Stellung zumindest in einer Tiefe von einigen Kilometern nicht überall stark besetzt sei.

Damit war zu erwarten, daß bei Fortsetzung des Angriffs am nächsten Morgen die Stellung durchbrochen sein konnte, auch ohne planmäßige Vorbereitung. War dies richtig, erschien auch die sehr weit abgesetzte ausholende Bewegung der 10. Pz.Div. nicht mehr nötig zu sein. Der Durchbruch in die Tiefe konnte schnell und sicher zum Ziele führen. Es kam hinzu, daß die Erkundung des Weges auf Porjetsche bis zum Abend nur bis 8 km von Gshatsk durchgeführt war und der Weg als grundlos bezeichnet wurde. Ich entschloß mich daraufhin, die 10. Pz.-

Div. hinter der SS-Div. ‚Reich‘ so bereitzustellen, daß sie auch mit Panzern einen festgelaufenen Infanterieangriff wieder flottmachen konnte oder, wenn dies nicht nötig sei, die Pz.Div. auf Moshaisk durch die SS-Div. ‚Reich‘ hindurchzuführen, sobald das Stellungssystem von der Infanterie der SS-Div. ‚Reich‘ durchstoßen und damit der Weg für die Pz.Div. frei sei. Eine entsprechende Linie in der Tiefe wurde hierzu befohlen. Der Angriff am nächsten Morgen zeigte die Richtigkeit des Entschlusses. Der Schwerpunkt lag bei dem Rgt. ‚Deutschland‘, das von Nordwesten nach Südosten vorstieß, während das Rgt. ‚Der Führer‘, frontal vorging. Es gelang am Angriffstage trotz feindlicher Panzervorstöße — es wurde inzwischen eine Tank-Brigade gemeldet — den jenseitigen Waldrand westlich Artemki zu erreichen. Erst sehr spät war aber an die Panzergräben und Igelhindernisse heranzukommen, da die vielen zäh verteidigten Flankierungsbunker ein Herankommen ausschlossen. Erst am nächsten Morgen war es den Pionieren gelungen, die Gräben zu überbrücken, so daß Panzer und Fahrzeuge durchgezogen werden konnten. Zwar hatte die SS-Div. ‚Reich‘ die befohlene Linie zum Durchziehen der 10. Pz.Div., Fomino—Artemki—Utizy, nicht voll erreicht, trotzdem entschloß ich mich, die 10. Pz.Div., die inzwischen ihre Schützenbrigade herangezogen hatte, für den nächsten Tag durchzuziehen und Moshaisk von Süden zu nehmen und SS-Div. ‚Reich‘ die Schutzstellung von der Autobahn nach beiden Seiten säubern zu lassen, um dann hinter 10. Pz.Div. auf Autobahn und Poststraße nach Osten weiter vorzustoßen.

Vor Antritt der Bewegung beantragte die 10. Pz.Div. den einheitlichen Befehl auf dem Gefechtsfeld. Dies bedeutete die Unterstellung der nicht zur Säuberung der Stellung eingesetzten Teile der SS-Div. ‚Reich‘, die sich vorn am Feinde befanden, unter die Pz.Div. Ich erklärte mich damit einverstanden und gab entsprechenden Befehl an die SS-Div. ‚Reich‘. Nach kurzer Zeit bat der Kommandeur der 10. Pz.Div., sich von der Autobahn und Poststraße absetzen zu dürfen; und zwar seine Division über Utizy—Bhf. Borodino nach Nordosten herumzudrehen, um nach Erreichen der Straße Borodino—Moshaisk die Stadt von Nordwesten zu nehmen. Er glaubte, an der Autobahn zu viele Schwierigkeiten durch Minen, Pakfeuer und zerstörte Brücken zu finden und dadurch viel Zeit zu verlieren. Diese Entfaltung war an sich erwünscht und schon von mir geplant gewesen. Nur die bei der schlechten Witterung sehr schwierigen Wege hatten mich davon abgehalten, diese zu befehlen. Mein diesbezüglicher Einwand wurde von dem Div.Kdr. dadurch teilweise entkräftet, daß seine Erkundung die Brauchbarkeit des Weges ergeben habe. Ich machte noch darauf aufmerksam, daß eine Säuberung seiner linken Flanke vor Eindrehen auf Moshaisk unbedingt nötig sei. Dies hatte er schon in seinen Plan aufgenommen und hielt dies durch einen Panzervorstoß mit Infanteriekräften für nicht schwierig und zeitraubend. Ich gab nach dieser mündlichen Aussprache mein Einverständnis zu dieser Entfaltung in der Erwartung, daß dadurch nicht vermeidbare Reibungen an der Autobahn und Poststraße bei den Divisionen ausgeschaltet sein würden und Moshaisk, wenn nötig, nunmehr von 2 Seiten angegriffen werden könnte. Das schien mir um so mehr wünschenswert, als nach Gefangenenaussagen und Fliegerbildern Moshaisk festungsartig ausgebaut ist und unbedingt gehalten werden sollte. Ersteres hat sich auch später bestätigt.

Für SS-Div. ‚Reich‘ ergab sich, daß die Säuberung besonders im Süden nötig war, um bei stärkerem Widerstand in der Tiefe der Rollbahn den Schwerpunkt dieser Division auch nach Süden verlegen zu können. Es zeigte sich bald, daß der Gegner falsch eingeschätzt war. Auch die Mitteilung der Panzergruppe, der Feind läge nur wenige 100 m beiderseits der großen Straße, während die übrigen Stellungsteile unbesetzt seien, erwies sich als ein Irrtum. Die 32. russ. I.D. mit einer Tank-Brigade und verschiedenen anderen Einheiten hatten die ganze Stellung besetzt und verteidigten sich zähe. Damit begann das erbitterte Ringen um die Erweiterung des Durchbruchs zur Fortsetzung der Operation auf Moskau. Sehr schwere Wegeverhältnisse taten ihr Übriges. Nur schrittweise konnte sich die Pz.Div., deren Panzer verhältnismäßig schnell die Gegend um Tatarin erreichten, mit Schützen und Artillerie ihren Weg nach Nordosten bahnen. Schwere Kämpfe mit den Bunkerbesatzungen in der Tiefe der Stellung ließen diese Kämpfe sich über mehrere Tage erstrecken. Auch die Erweiterungskämpfe der SS-Div. ‚Reich‘ in Richtung Judinki waren schwer. Dazu herrschte Schneesturm am 2. Angriffstage, der jede Vorwärtsbewegung beinahe unmöglich machte. Ein Versuch der Panzer der 10. Pz.Div., allein von Tatarin auf Moshaisk durchzustoßen, mißlang. Auch hier mußte ein planmäßiger Angriff angesetzt werden und dazu zunächst die Westflanke in einem größeren Umfange wie bisher gesäubert werden. Im Laufe der tagelangen

Kämpfe hat es sich immer mehr erwiesen, daß an der Rollbahn selbst nur sehr schwer vorzukommen war.

Es wurde daher der Schwerpunkt der SS-Div. ‚Reich‘ nach Süden verlegt, um dadurch den Gegner an der Rollbahn durch Einschwenken nach Norden vom Rücken her aufzurollen. Dies führte zu vollen Erfolgen. Besonders schwierig gestaltete sich die Lage der 10. Pz.Div. Es gelang ihr nur unvollkommen, sich die Westflanke freizukämpfen, während im Rücken bei Borodino-Gorki noch immer Feind in der Stellung saß. Trotzdem war nicht zu warten, bis dieser Gegner völlig erledigt war. Die Zeit drängte, immer neue Verstärkungen führte der Gegner heran. Zügig kam am 4. Angriffstage die SS-Div. ‚Reich‘ vor. Sie näherte sich der Straße, die von Moshaisk nach Südwesten führt. Damit hatte sie eine gute Stoßrichtung auf Moshaisk nach Nordosten gewonnen. Die Säuberung des ausgedehnten Waldgebietes in Rücken und Flanken der Division mußte einer späteren Zeit überlassen bleiben.

Die 7. I.D., von Süden kommend, wurde dem Korps unterstellt. Das schwere Vorwärtskommen beider schnellen Divisionen ließ nicht mit Sicherheit erwarten, daß Moshaisk bald genommen würde. Andererseits drängte die Lage, daß Moshaisk in unseren Besitz als Ausgangspunkt weiterer Operationen käme. Ich entschloß mich daher, trotz gewichtiger Bedenken, diese Div. nicht nach Nordosten an die Rollbahn von Wereja heranzuführen, sondern zur Hilfe für die Einnahme von Moshaisk direkt nach Norden einzudrehen.

Tatsächlich gelang es der SS-Div. ‚Reich‘ dann, überraschend schnell in Moshaisk einzudringen und sich dort mit der 10. Pz.Div. die Hand zu geben, während die 7. I.D. weit auseinandergezogen noch weit südlich abhing.

Eine ernste Krise am 19. 10., als der Gegner mit starken Kräften von Osten auf Moshaisk und das Straßenkreuz südlich davon angriff, wurde durch die Zähigkeit der SS-Div. ‚Reich‘ in der Verteidigung behoben. Der Gegner erreichte sein ihm befohlenes Ziel, Moshaisk unter allen Umständen wieder zu nehmen, nicht. Moshaisk blieb fest in unserer Hand."

Soweit der Bericht des Kommandierenden Generals an die Panzergruppe 4.

20. Oktober 1941:

Die Nacht zum 20. 10. verläuft im Rahmen des Korps und bei beiden Regimentern der Division, DEUTSCHLAND und DER FÜHRER, ruhig und ohne Kampfhandlungen. Es hat geschneit.

Das SS-Kradsch.Btl. setzt den Angriff gegen das Ostkreuz an der Autobahn südlich Moshaisk nach starker Artillerievorbereitung fort. Es entwickelt sich ein Gefecht, in dessen Verlauf das Sturmgeschütz „Prinz Eugen" ein russisches Geschütz auf Selbstfahrlafette im Zweikampf zusammenschießt. Während des Gefechts wird die 3. Kradsch.Kp., bisher Reserve, herangezogen, deren Einsatz sich auswirkt. Nach Verbindungsaufnahme mit Rgt. DEUTSCHLAND, das von Norden durch den Wald nach Süden stößt, ist der Kampf entschieden. Das Ostkreuz ist genommen und wird gegen Osten gesichert. Lytkino wird erreicht.

An diesem wichtigen Autobahn-Straßenkreuz münden die Alte Poststraße, die Landstraße in Richtung Moskau, die Autobahn nach Moskau sowie die Eisenbahnlinie Smolensk—Moskau ein.

Die russischen Stellungen waren sehr gut ausgebaut und mit aller Raffinesse angelegt. Dem SS-Kradsch.Btl. fallen an Beute mehrere Panzer, die zum Teil durch 8,8-Flak und Sturmgeschütze abgeschossen waren, mehrere Pak und Flak, teilweise auf Selbstfahrlafette, in die Hände.

Das Bataillon fühlt weiter nach Osten vor. Es sollte außerdem die Verbindung mit der Aufkl.Abt. der 7. ID bei Borisowo herstellen, was jedoch wegen starker feindlicher Besetzung bei Borisowo und am Mshut-Fluß nicht möglich war.

Die durch die Division angesetzte Aufklärung meldet das Waldgelände südostwärts Straßenkreuz bei Jasewo feindfrei. Der Russe verhält sich im allgemeinen ruhig, legt ab und zu Störungsfeuer nach Moshaisk und auf das Straßenkreuz südlich davon, so daß ein Verlagern des Verkehrs, insbesondere der nach Norden durchziehenden 5. Pz.Div., über das ostwärtige Straßenkreuz noch nicht möglich ist. Erhebliche Verkehrsstauungen, hervorgerufen durch die Grundlosigkeit der sog. „Hauptstraßen", sind die Folge.

Für die ruhenden Infanterieregimenter können infolge starker Straßenverstopfung die Fahrzeuge, auf denen sich Waschzeug und Wäsche befindet, nicht herangezogen werden, so daß eine geordnete und gründliche Auffrischung nicht möglich ist.

Vom Rgt. DEUTSCHLAND werden, trotz mehrfacher Auffrischung

mit Führer-, Unterführer- und Mannschaftsersatz seit Beginn des Ostfeldzuges, nach dem Stand vom 20. 10. 41 folgende Gefechtsstärken an die Division gemeldet:

Einheit:	Führer:	Zugführer:	Gefechtsstärke	Bemerkungen:
1. Kp.	—	2 Ufhr.	37	nur 1 Zug
2. Kp.	1 Fhr.	1 Uscha.	67	
3. Kp.	1 Oju.	1 Ufhr.	27	Kp. besteht aus 1 Zug
4. Kp.	2	2 Uscha.	98	
5. Kp.	1	1 Uscha.	60	nur 2 Züge
6. Kp.	1	2 Uscha.	58	nur 2 Züge
7. Kp.	1	1 Oju., 2 Uscha.	85	
8. Kp.	—	3 Oscha.	94	1 MG-Zug aufgelöst
9. Kp.	—	3 Uscha.	70	
10. Kp.	—	3 Uscha.	65	
11. Kp.	1	1 Uscha.	47	
12. Kp.	1	4 Oscha.	98	

Die Divisionen erhalten für den 21. 10. folgende Aufträge:

„10. Pz.Div. greift beiderseits der alten Poststraße und nach Erreichen der Gegend ostw. Puschkino auch beiderseits der Autobahn an und erreicht als Angriffsziel die Gegend von Dorochowo.
SS-Div. REICH greift beiderseits der Autobahn nach Osten an. Mit der Wegnahme von Puschkino stellt sie ihr Vorgehen nach Osten vorläufig ein. Außerdem säubert sie das Gelände südlich der Autobahn. Insbesondere stellt sie die Verbindung zur Aufkl.-Abt. der 7. Inf.Div. bei Borisowo her. Für diese Aufgabe sind genügend starke Kräfte in Ansatz zu bringen."

21. Oktober 1941:

Rgt. DEUTSCHLAND soll nördlich der Autobahn zum Angriff antreten mit dem 1. Angriffsziel Michailowskoje und 2. Angriffsziel Puschkino.
Beim Einrücken des I./D und III./D in den Bereitstellungsraum legt der Gegner mehrere Lagen seiner Salvengeschütze auf die Vormarsch-

straße, die jedoch keinen wesentlichen Schaden anrichten. Der um 7.15 Uhr beginnende Angriff erreicht schon nach kurzer Zeit den Nordwestrand von Otjakowo, das feindfrei ist.

Um 8.10 Uhr erfolgt ein starker russischer Angriff in Stärke von zwei Bataillonen von Südosten und Osten, unterstützt mit Panzern und Artillerie, auf das am ostwärtigen Straßenkreuz sichernde SS-Kradsch.-Btl., so daß hier der rechte Flügel des Regiments DEUTSCHLAND mit 16./D und mit der neu zum Einsatz kommenden 9. und 11./D, sowie der linke Flügel des Regiments DER FÜHRER mit I./DF mit zur Abwehr übergehen müssen. Das Sturmgeschütz „Prinz Eugen" unterstützt den Abwehrkampf. Auch die Feuerstellungen der 2. Batterie des SS-Artillerieregiments sind bedroht. Nach einem einelnhalbstündigen äußerst harten Abwehrkampf, bei dem mit einzelnen Geschützen in direktem Richten geschossen werden muß, ist der Angriff abgewehrt.

Der Gegner hat die 82. mot. Schützendivision aus der Mongolei, einen Eliteverband der Sowjets, herangeführt, um das wichtige Autobahn-Straßenkreuz zurückzuerobern.

Paul Carell schreibt in „Unternehmen Barbarossa" über diesen Abwehrkampf:

„Als Hauptmann Kandusch, Ordonnanzoffizier beim Ic des XXXX. Pz.-Korps, General Stumme über das Gefecht berichtete, standen ihm die Tränen in den Augen. Im Nahkampf mit Spaten, Handgranaten und Seitengewehr hatten die 18—20jährigen Jungens zwei sowjetische Bataillone geworfen. Viele der jungen SS-Leute waren gefallen. Und alle waren sie barfuß in den Stiefeln. Bei 15 Grad Kälte!"

(Durch das Waten seit 10 Tagen durch Schlamm, Schneematsch und Regen hatten sich die Strümpfe „aufgelöst", und jeglicher Nachschub war ausgeblieben.)

II./D am linken Flügel des Rgts. DEUTSCHLAND war inzwischen angetreten und ist ohne wesentliche Feindberührung gut vorwärtsgekommen. Gegen 15.00 Uhr ist Michailowskoje genommen, wobei „Lützow" zwei Feindpanzer abschießt. Das Bataillon verbleibt in der Ortschaft und sichert sie, während das I./D mit zwei Sturmgeschützen auf Gratschewo angesetzt wird.

III./D greift weiter auf das Tagesziel Puschkino an. „Blücher" erledigt dabei ein 15-cm-Geschütz und beschießt fliehende Feindkolonnen. Nach schwächerem Gefecht westlich der Ortschaft wird Puschkino gegen

16.20 Uhr genommen. Dabei stößt das Bataillon auf eine feindliche Artilleriekolonne und erbeutet fünf Geschütze mit Traktoren.

I./D nimmt im Angriff unter Vernichtung von vier Feindpanzern gegen 16.45 Uhr Gratschewo.

Rgt. DEUTSCHLAND erbeutet an diesem Tage: 7 Panzer, 22 Kraftfahrzeuge, 10 Geschütze mit Traktoren und Munition, 6 leichte und schwere MG, 3 schwere Granatwerfer, 1 Zugmaschine und bringt 80 Gefangene ein.

Der Angriff der Division ist am linken Flügel so gut vorwärtsgekommen, daß ab 15.00 Uhr bereits der Verkehr zur Front durch das Korps über das Straßenkreuz bei Jasewo und von der Front über das Straßenkreuz südwestlich Moshaisk geleitet werden kann.

Am rechten Flügel der Division stößt das Rgt. DER FÜHRER auftragsgemäß mit „Prinz Eugen" nach Süden im Angriff auf Borisowo vor, während das unterstellte SS-Kradsch.Btl. und das I./DF noch das für die weiteren Operationen wichtige Oststraßenkreuz nach Osten und Südosten sichern.

Der große Ort Borisowo, nicht weit südlich der Autobahn, liegt — wie eine Festung anzusehen — auf einem langen Höhenrücken, im Norden und Süden durch ein weites Bachtal natürlich geschützt. Die Aufkl.Abt. der 7. Inv.Div. hatte den Ort von Süden genommen, mußte ihn aber in schweren Kämpfen wieder räumen. Damit ist zunächst der 7. Inf.Div. der weitere Vormarsch nach Norden versperrt.

Der Feind hat sich an den Ortsrändern gute Stellungen ausgebaut und wird durch Artilleriefeuer aus ostwärtiger Richtung unterstützt. Mit dem III./DF rechts und dem II./DF links greift das Regiment am Morgen aus der Bereitstellung heraus an. Im Grunde des Bachtals jedoch liegen die Kompanien im flankierenden Feindfeuer fest und kommen keinen Schritt vorwärts.

Die II. Art.Abt./REICH unter Stubaf. Wunder unterstützt den Angriff, erkennt schnell die Brennpunkte der Feindabwehr und faßt das Feuer aller Geschütze scharf zusammen. So gelingt es, einen Stützpunkt nach dem anderen zusammenzuschießen und dann den in Bewegung geratenen Feind in Borisowo selbst mit dem zusammengefaßten Feuer der ganzen Abteilung zu zerschlagen. Unter Ausnutzung dieses Artilleriefeuers dringen die Kompanien mit wirkungsvoller Unterstützung des Sturmgeschützes „Prinz Eugen" in die Ortschaft ein und können südlich davon die Verbindung zur Aufkl.Abt. 7 herstellen. Doch in der Ortschaft verteidigt sich der Russe noch zäh und muß in erbittertem Ortskampf überwältigt werden.

Die 10. Pz.Div. ist am Morgen beiderseits der Alten Poststraße zum Angriff angetreten. Der Gegner wird verhältnismäßig schnell geworfen, und noch am Vormittag werden die Orte Rylkowo, Schkolowo und Alexandrowo genommen.

Im Rahmen einer Besprechung des Chefs des Stabes des XXXX. Pz.-Korps bei der Panzergruppe 4 erfährt dieser die Absicht, daß bei der Einschließung Moskaus das XXXX. Pz.-Korps die Nordfront übernehmen soll.

Das Korps meldet am Abend durch Funk an die Panzergruppe 4, daß die Autobahn zwischen Jelnja und Kromino in völliger Auflösung begriffen sei und zu ernsten Besorgnissen Anlaß gäbe. Schneller Einsatz aller verfügbaren Baukräfte an dieser Stelle sei erforderlich.

Die Aufträge des Korps an beide Divisionen für den 22. 10. lauten:

„10. Pz.Div. setzt Angriff fort und nimmt Straßenkreuz von Dorochowo.

SS-Div. ‚Reich' stellt die Verbindung zur Aufkl.Abt. 7 durch Fortsetzung des Angriffs bei Borisowo endgültig her und übernimmt die Sicherung des Verkehrs auf der Straße vom Prodwa-Übergang bei Borisowo einschl. bis zum Straßenkreuz von Jasewo.

Außerdem säubert sie das Gelände südlich der Autobahn.

Der bei Korowino und Bigajlowo festgestellte Feind ist zu beobachten und durch Feuer zu vernichten."

22. Oktober 1941:
Die Kälte nimmt von Tag zu Tag zu.

10. Pz.Div. setzt am Morgen zunächst mit Fußteilen den Angriff von Modenowo aus nach Osten fort. Nach Wiederherstellung einer Brücke ostwärts der Ortschaft stößt sie mit Panzern weiter vor und erreicht, auf der Alten Poststraße vorgehend, bis zum Abend den Westrand von Schelkowka. Hier verteidigt sich der Feind zäh, so daß von einem nächtlichen Angriff abgesehen wird.

Rgt. DER FÜHRER säubert Borisowo und nimmt den Ort fest in die Hand. Die Brücke über den Prodwa-Fluß südlich Borisowo ist gesprengt. Der am Abend vorher gegebene Sicherungsauftrag für die Division entfällt. Durch einen Stuka-Angriff am Vormittag und durch Säuberungsaktionen der SS-Div. REICH ist der Gegner südlich der Autobahn zersprengt. Die Verbindung mit der 7. Inf.Div. bei Mitinka und Slatoustowo wird durch Rgt. DER FÜHRER hergestellt.

Beim Rgt. DEUTSCHLAND wird Verbindung mit der 7. Inf.Div. und der 10. Pz.Div. aufgenommen. Spähtrupps zur Aufklärung und Säuberung von umliegenden Ortschaften sind angesetzt. Es herrscht rege feindliche Fliegertätigkeit.

Auflösung des SS-Rgt. 11

Im Laufe des Tages wird durch den

„Divisionsbefehl zur Umgliederung
der Infanterie vom 22. 10. 41"

das SS-Rgt. 11, das sich seit Beginn des Rußlandfeldzuges tapfer geschlagen und oft bewährt hat, aufgelöst. Um die Regimenter DEUTSCHLAND und DER FÜHRER wieder kampfkräftiger zu machen, wird die Masse der Führer, Unterführer und Männer des SS-Rgt. 11 bis zur Wiederauffrischung der Division nach dem Feldzuge zu den beiden anderen Infanterieregimentern versetzt, und zwar:

zum SS-Rgt. DEUTSCHLAND: 20 Unterführer und 300 Männer,
zum SS-Rgt. DER FÜHRER: 47 Unterführer und 400 Männer.

Um eine spätere Wiederauffüllung des Rgt. 11 zu ermöglichen, bleiben die Stämme des Regimentsstabes, der Bataillonsstäbe und der Kompanien bestehen. Sie werden unter dem Befehl von Ostubaf. Schmidhuber zusammengefaßt und in Moshaisk untergebracht.

Die Kraftfahrzeuge des SS-Rgt. 11 sind durch den TFK I daraufhin zu überprüfen, welche Fahrzeuge nur noch zum Ausschlachten und zur Sicherstellung eines kleinen Bestandes an Ersatzteilen zu verwerten sind.

Damit hat das SS-Rgt. 11 praktisch aufgehört zu bestehen, und es muß an dieser Stelle gesagt werden, daß es später niemals mehr wiedererstanden ist. Trotzdem bleiben die Leistungen und Opfer dieses Regiments, das vom ehemaligen Kommandeur der SS-Aufkl.Abt. REICH, Ostubaf. Dr. Wim Brandt, aufgebaut und frontverwendungsfähig gemacht worden war, unvergessen.

Die beim Korps über die Weiterführung der Operationen, insbesondere über die Wahl der Marschstraßen angestellten Erwägungen gehen dahin, daß bei den derzeitigen Witterungsverhältnissen die für Zweibahnverkehr einzig brauchbare Marschstraße die Autobahn ist. Da der Russe jedoch genau wie wir an der Straße kämpft und an der Seenenge bei Kubinka mit erheblichem neuen Feindwiderstand zu rechnen ist, entschließt sich daß XXXX. Pz.-Korps, das ohnedies die Nordfront des Einschließungsringes um Moskau übernehmen soll, zur Vermeidung weiterer hoher Verluste mit Rücksicht auf eine gemeldete Wetterverbesserung, von Schelkowka aus nach Norden über Rusa weiter vorzustoßen.

Während die 10. Pz.Div. für den 23. 10. den Auftrag erhält, mit Masse um Dorochowo aufzuschließen und mit einer Vorausabteilung die Moskwa-Brücke von Star. Rusa in Besitz zu nehmen und sie für weiteres Vorgehen nach Norden offenzuhalten, bekommt die Div. REICH den Auftrag, im Raume Borisowo—Lininka—Puschkino—Rylkowo—Jamskaja—Nowoßurjino—Sobolki—jeol. Ponferki zu sammeln, um sich hier zu neuer Verwendung umzugliedern. Sie übernimmt die Sicherung nach Nordwesten bzw. Westen in Linie Moskwa-Brücke, nordwestlich Moshaisk — Nowaja Derewnja — Kukarino — Nowoßurjino und bringt dazu ein Bataillon im Westteil von Moshaisk unter. Das Gelände südlich der Autobahn ist zu säubern.

23. Oktober 1941:
Die Division bleibt mit Masse in Ruhe, gliedert sich um, die Waffen und Geräte werden instand gesetzt.
Der Divisionskommandeur, SS-Brigadeführer und Generalmajor Bittrich, erläßt folgenden

Divisionstagesbefehl

„Die SS-Division ‚Reich' hat vom 6. 10. bis 21. 10. 41 fast ohne Pause angegriffen. Wir stießen von Juchnow nach Norden bis Gshatsk vor, mit zwei offenen Flanken am Ostrand des Kessels von Wjasma vorbei. Dabei wurde starker Feind zerschlagen bzw. vernichtet und in kühnem Stoß das Ziel, die Autobahn Smolensk —Moskau erreicht. Zur gleichen Zeit haben Divisionen des Heeres im Sturm von Westen die von der Division in wochenlanger Abwehrschlacht gehaltenen Jelnja-Stellungen ostwärts Potschinok zurückerobert. Damit ,sind unsere Toten von Jelnja gerächt', wie es in einem Korpsbefehl des XXXXVI. Pz.-Korps heißt.

Ohne Ruhepause stieß dann die Division an und nördlich der Autobahn nach Osten vor. Durch die Schnelligkeit dieses Stoßes und die bis zum Letzten bewiesene Einsatzbereitschaft von Führer und Mann wurde der Feind am planmäßigen Aufmarsch in und hinter seiner Moskauer Schutzstellung gehindert. Grundlose Wege, Schneestürme und schneidender Frost bedeuteten für die Division ebensowenig ein Hindernis wie die mit aller Hartnäckigkeit geführten Gegenangriffe des zahlenmäßig weit überlegenen Feindes. Dieser Abschnitt des Kampfes reiht sich würdig an die bisherigen Leistungen der Division. Groß ist der Erfolg. An ihm sind alle Einheiten der Division gleichermaßen beteiligt.

Wir grüßen unsere Gefallenen. Ihr Tod soll nicht umsonst gewesen sein.

Wir gedenken unserer Verwundeten; ihnen gelten unsere Wünsche. Als einer der Tapfersten ist der Führer der Sturmgeschütz-Batterie, SS-Hauptsturmführer Günster, gefallen. Unser Divisionskommandeur, SS-Obergruppenführer Hausser, ist in vorderster Linie schwer verwundet worden. Er hat der Division für die weiteren Kämpfe seine besten Wünsche übermittelt.

Für den nächsten Abschnitt unseres Kampfes werden wir erneut unseren Mann zu stellen haben. Ich weiß, ich kann mich auf Euch verlassen. Wir werden die Rote Armee wieder schlagen, wo wir sie treffen. Wir werden mithelfen, den Bolschewismus zu vernichten, auf daß Deutschland leben kann.

Heil dem Führer!
gez. Bittrich
SS-Brigadeführer"

Im Wehrmachtsbericht vom 23. 10. 41 heißt es u. a.:

„Trotz schwieriger Witterungsverhältnisse wurde die äußere Verteidigungsstellung der sowjetischen Hauptstadt in den letzten Tagen von Südwesten und Westen her in breiter Front durchbrochen.

Unsere Angriffsspitzen haben sich stellenweise bis 60 km an Moskau herangekämpft . . .!"

24. Oktober 1941:
Die Division bleibt weiter in Ruhe. Der Divisionsarzt Oberführer Dr.
Dermietzel, meldet der Division zur Weiterleitung an das SS-Führungs-
hauptamt Berlin:

Personelle Verluste der SS-Division „Reich"
(Einsatz Rußland)

Gesamtaufstellung auf Grund der täglichen Meldungen über personelle
Verluste: (+) = Führerverluste

	Gefallene:	Verwundete:	Vermißte:	Kranke:
Brest - Jelnja				
22. 6.—31. 8. 41	889 (+32)	2793 (+124)	100 (+2)	
Nowgorod -				
Severskji - Priluki				
1. 9.—19. 9. 41	213 (+12)	942 (+ 47)	7	
Romny				
20. 9.—30. 9. 41	104 (+ 5)	392 (+ 13)	10	
Gshatsk - Moshaisk				
6. 10.—23. 10. 41	392 (+15)	1130 (+ 40)	30	
	1598 (+64)	5257 (+224)	147 (+2)	747

Personelle Verluste insgesamt: 8039

gez. Dermietzel
SS-Oberführer und Divisionsarzt

Diese Verlustmeldung trägt den Vermerk:
„Hat dem Führer vorgelegen" gez. Schulze, SS-Hptstuf.

Diese nüchternen Zahlen zeigen, welche hohen blutigen Verluste und
Ausfälle die Division in den ersten fünf Monaten des Rußlandfeld-
zuges zu tragen hatte.
Um 11.30 Uhr ist die 10. Pz.Div. bis zur Moskwa bei Star. Rusa vor-
gestoßen. Die Brücke ist gesprengt, am Nordufer ist nur schwacher
Gegner mit Artillerie, der sich jedoch bald zurückzieht.

172

Nach Erkundung einer Furt stoßen Panzer weiter nach Rusa vor, wo sie mit Pak-Feuer und Molotow-Cocktails empfangen werden. Die Panzer bleiben daher am Abend am Südostrand von Rusa liegen.

Die Division meldet folgende Beute vom Beginn des Feldzuges bis 23. 10. 1941:

	Geschütze	Pak	sMG	s.Gr.W.	Panzer	Flammen-werfer	Flugzeuge
1.) Bis Abschluß Jelnja	23	21	92	49	116		
2.) Einsatz ostwärts Kiew	314	24	51	51	17		
3.) Einsatz Romny	23	3	24	10	39		
4.) Einsatz bis 23. 10. 41	134	30	234	32	116	65	45
insgesamt	494	78	401	142	288*)	65	45

Ferner wurden erbeutet bzw. vernichtet: 4 Panzerzüge, zahlreiche Handwaffen, Munitionslager, Fahrzeuge, Sanitätsgerät.
Die gesamte Beute wurde dem Gegner im Kampf abgenommen bzw. vernichtet. Die Division hat niemals nach Abschluß von Kesselschlachten stehengelassenes Material erbeutet."

25. Oktober 1941:

In der Nacht verstärkte der Russe sein Artilleriefeuer auf Schelkowka. Die Brücke über die Moskwa ist durch Pi.Btl. 49 bis 3.00 Uhr fertiggestellt. Damit ist der weitere Vormarsch der 10. Pz.Div. gesichert.
In den frühen Morgenstunden sind Panzer und Schützen der 10. Pz.-Div. angetreten. Um 6.30 Uhr ist Rusa in eigener Hand. Um 10.00 Uhr haben die vordersten Teile die Serna westlich Dubrowo überschritten. Die Brücke ist unzerstört.
Vor der 7. Inf.Div. verstärkte sich erneut der feindliche Widerstand unter Einsatz von Panzern an der Autobahn und Störungsfeuer durch Artillerie und Salvengeschütze.

---

*) 61 Panzer wurden durch unterstellte Wehrmachtteile abgeschossen

Der 10. Pz.Div. gelingt es trotz schwierigster Geländeverhältnisse, am Abend mit Panzern bis nach Marjina vorzustoßen.

Mit den zunehmenden Regenfällen werden die Bewegungen immer qualvoller. Auf der Autobahn zwischen Gshatsk und Moshaisk steht auf 50 km Länge und mehr eine endlose Kolonne festgefahrener Kraftfahrzeuge, oft zwei und drei Kolonnen nebeneinander, bis zu den Achsen, teilweise bis zum Kühler im Schlamm. Wenn bisher auch die Zugmaschinen immer wieder ausgeholfen haben, die Fahrzeuge aus dem Schlamm zu ziehen — jetzt sitzen selbst die Halbkettenfahrzeuge hoffnungslos fest. So wartet alles sehnsüchtig auf den Frost, der den Boden und die Straßen wieder befahrbar macht.

Bei einem Spähtruppunternehmen des III./DF werden zwei riesige Elche eingebracht — eine freudig begrüßte Bereicherung der kärglichen „Speisekarte" für die Männer.

Die Aufträge des Korps für den 26. 10. lauten:

„10. Pz.Div. setzt den Angriff auf Nowo-Petrowskoje fort und dreht nach Erreichen des Angriffszieles in Richtung Istra ein unter Einsatz stärkerer Teilkräfte am Abschnitt Denkowo zur Sicherung nach Westen.

SS-Div. ‚Reich' folgt mit der Aufkl.Abt., den Bahnhof-Übergang Schelkowka um 7.00 Uhr nach Norden überschreitend, der 10. Pz.Div. dichtauf. Mit Erreichen der Wegegabel 1 km südwestlich Podporina klärt sie längs der Straße Podporina—Onufrijewo —Istra auf. Es kommt darauf an, baldmöglichst Unterlagen über Straßenbeschaffenheit und Feindverhältnisse für das spätere Vorgehen der SS-Div. ‚Reich' zu erhalten.

Mit Masse tritt die Division um 13.00 Uhr über Bahnübergang Schelkowka nach Norden an und folgt der hinter der 10. Pz.Div. marschierenden Heeres-Artillerie so weit wie möglich in Richtung Rusa. Die bisher südlich der Autobahn untergebrachten Teile sind, abgesehen vom Rgt. DER FÜHRER, bis 13.00 Uhr in den Raum nördlich der Alten Poststraße über Moshaisk bzw. Verbindungsstrecke Schalikowa heranzuziehen.

Das Rgt. DER FÜHRER ist bis zum Freiwerden der Vormarschstraße abrufbereit zu halten."

Beginn der Schlammperiode

26. Oktober 1941:
Gemäß Divisionsbefehl für den Vormarsch soll die Division mit Anfang am 26. 10., mit Masse am 27. 10. den Vormarsch hinter 10. Pz.Div. über Rusa in Richtung Istra antreten.

Die vier Marschgruppen:

Marschgruppe Klingenberg:	verst. SS-Aufkl.Abt.
Marschgruppe Weiß:	Div.-Stab + Nachr.Abt.
Marschgruppe Wagner:	verst. Rgt. DEUTSCHLAND
Marschgruppe Kumm:	verst. Rgt. DER FÜHRER

stehen auf Abruf bereit.

Aber an diesem Tag setzt strömender Landregen ein, der alle Wege für Räderfahrzeuge praktisch unpassierbar macht. Auf Befehl der Division muß Rgt. DEUTSCHLAND die Orte Michailowskoje und Gratschewo für Infanterieeinheiten der 7. Inf.Div. frei machen.
I./D bleibt beim Umzug nach Schokolowa mit den Fahrzeugen auf dem Weg ab Alte Poststraße restlos im Schlamm stecken. Die Truppe erreicht im Fußmarsch den neuen Unterkunftsort. Die Fahrzeuge müssen in den folgenden Tagen mit Zugmaschinen der Artillerie auf den Bahndamm gezogen werden.
Unterdessen greift der Russe am Nachmittag unter Einsatz von Panzern nördlich der Alten Poststraße an, nimmt Trutanowka, drückt Teile der 7. Inf.Div. über Boltino zurück und stößt weiter bis auf Dorochowo vor.
Abgesehen von dem feindlichen Artilleriefeuer ist infolge von Verkehrsstockungen und grundlosen Straßen der Vormarsch der Division an diesem Tage nicht mehr möglich. Am Abend spitzt sich durch den feindlichen Gegenangriff die Situation zu. Russische Panzer sind durchgebrochen und schießen in die Batteriestellungen der schweren Mörser-Abteilung 637 bei Kusolewo. Die Div. REICH erhält daraufhin Befehl, ein Bataillon alarmbereit in den Unterkünften zu halten, wozu das II./D in Otjakowo bestimmt wird.
Die trotz schwieriger Wegeverhältnisse bis Marjiana vorgestoßene 10. Pz.Div. ist bis 10.00 Uhr mit der Masse der Division bis in den Raum nördlich Rusa aufgeschlossen. Die Division meldet am frühen

Morgen, daß ein weiteres Vorankommen z. Z. wegen grundloser Wege unmöglich ist.

Der Kommandierende General fährt persönlich nach vorne und überzeugt sich von dieser Tatsache. Das Korps verzichtet daraufhin auf einen weiteren Vorstoß auf Nowo-Petrowskoje, da ein Vorwärtskommen eines stärkeren kampfkräftigen Verbandes im Schlamm ausgeschlossen ist. Ein Vorstoß mit Teilkräften würde ein Zersplittern der Kräfte bedeuten.

Damit hat endgültig die gefürchtete Herbstschlammperiode ihren Anfang genommen, welche die kämpfende Truppe fast zur vollständigen Bewegungslosigkeit verurteilt und den dringenden Nachschub so gut wie unmöglich macht.

Die zur Unterstützung der 10. Pz.Div. dringend benötigten Truppenteile der SS-Div. REICH müssen daher, im Schlamm festsitzend, untätig im Raum Moshaisk liegenbleiben und können vorerst nicht nachgeführt werden.

Im Laufe des Vormittags stößt der Russe mit Panzern auf Ssloboda—Lyskowa vor. Der Angriff wird jedoch abgewiesen.

Die Schützenregimenter und Pioniere der 10. Pz.Div. werden sofort zum Wegebau angesetzt. Ein Knüppeldamm von etwa 5 km Länge muß gebaut werden.

Die SS-Aufkl.Abt. REICH bleibt ostwärts Podporina im Dreck stecken, so daß das beabsichtigte Vorziehen der Abteilung über Podporina—Onufrijewo—Istra nicht möglich ist.

Das II./D wird angewiesen, mit der zum VII. AK gehörenden 267. ID in Schelkowa Verbindung aufzunehmen, um für den Fall, daß der Russe weiter angreifen sollte, zum Einsatz abrufbereit zu sein.

Die 10. Pz.Div. igelt sich bei Marjina und Lyskowo ein. Die Div. REICH aber wartet auf die Gelegenheit, trotz des Schlamms und der Verkehrsstauungen wieder antreten zu können.

Die Leistung der Versorgungstruppen der Division REICH

Nachdem der deutsche Vormarsch auf Moskau durch das Einsetzen der Schlammperiode und durch die vorläufige Erschöpfung der Angriffskraft der deutschen Truppen für zwei Wochen zum Stehen gekommen war, soll hier einmal innegehalten werden, um der Männer der Division REICH zu gedenken, die oft nur am Rande erwähnt wurden, deren großartige Leistung jedoch erst die Voraussetzung für den Vorstoß der kämpfenden Truppe bis vor die Tore Moskaus war. Es sind die Kommandeure, Führer, Unterführer und Männer unserer Divisions-Nachschubtruppen.

Als bei Beginn des Ostfeldzuges der Ib der Division, Hauptsturmführer Kunstmann, an einer Besprechung der Generalstabsoffiziere der Divisionen bei der Armee teilnahm, wurde den Teilnehmern klargemacht, daß nach 600 Kilometern Angriff die Kapazität der Nachschubdienste erschöpft sei. Ein zügiges weiteres Vordringen würde von diesem Zeitpunkt an von der Umrüstung der Eisenbahn von der russischen Breitspur auf Normalspur und von „den Improvisationskünsten der Ib" (der für den gesamten Nachschub verantwortlichen Generalstabsoffiziere) abhängen. Es komme darauf an, evtl. Beute an Treibstoff und Verpflegung sinnvoll auf die Truppen aufzuteilen.

Nach diesen Forderungen hat der Ib mit seinem Stab und den Versorgungstruppen gehandelt.

Die Versorgung der Division in den bisherigen und noch bevorstehenden Kämpfen stellt eine Meisterleistung dar, ohne die die großen Kampfleistungen der Division nicht denkbar sind.

Als die Division im Jelnja-Bogen in schwersten Abwehrkämpfen gegen fünffach überlegenen Feind lag, betrug der Versorgungsweg für die Nachschubkolonnen 450 Kilometer. Wenn man bedenkt, daß die Rollbahn Smolensk—Moskau noch nicht frei war und der gesamte Nachschubverkehr Orscha—Jelnja auf der südlich verlaufenden Straße, die ohnehin von den vormarschierenden Infanteriedivisionen verstopft war, durchgeführt werden mußte, so wird der zeitweilige Munitionsmangel bei Jelnja verständlich.

Erst als die Armee infolge der strategischen Bedeutung des Jelnja-Bogens den Versorgungstruppen der Division REICH Vorfahrt einräumte und die an der Straße eingesetzte Feldgendarmerie entsprechende Weisungen hatte, besserte sich schlagartig die Versorgungslage.

Der damalige O 2 der Division (Ordonnanzoffizier beim Ib), Ostuf. Fritz Steinbeck, schildert in seinen Aufzeichnungen, daß er in diesen Wochen Tag und Nacht auf der Nachschubstraße nach Orscha unterwegs war, um mit Vorfahrtsbefehlen der Armee die Kolonnen der Division auf der meist verstopften Straße an den vormarschierenden Infanteriedivisionen vorbeizuziehen bzw. im Gegenverkehr nach Orscha durchzuschleusen. Der Kübelwagen des O 2 war schon den an Engen und Brücken postierten Feldgendarmen bekannt, so daß sie bei seinem Auftauchen bereits die „Straßen" räumten.

Bei jeder Versorgungsfahrt blieben eine Reihe von Fahrzeugen unterwegs infolge technischer Mängel liegen, die durch den katastrophalen Zustand der Straßen, durch Hitze und Staub auftraten, oder fielen durch Bekämpfung aus feindlichen Hinterhalten aus.

Die Männer der Nachschubkolonnen saßen Tag und Nacht am Steuer und waren längst überfordert. So konnte es vorkommen, daß ganze Kolonnen nach einem längeren Halt nicht mehr anfuhren, weil die Fahrer in den tiefen Schlaf der totalen Erschöpfung gefallen waren.

Wenn man weiß, daß die Versorgung der 4. Armee sowie der Panzergruppen 2 und 3 täglich 22 Versorgungszüge erforderlich machte, von denen jedoch nur 14 eintrafen, so kann man sich unter Berücksichtigung des 450 Kilometer langen Versorgungsweges eine ungefähre Vorstellung von der damaligen Versorgungslage, aber auch von der großartigen Leistung der Nachschubdienste machen.

Ähnlich war es bei dem Vormarsch von Roslawl über Juchnow auf Gshatsk. Der Kessel von Wjasma wurde im Osten von der Division abgeriegelt. Dauernd versuchten Teile der Russen, nach Osten durch die dünnen Linien auszubrechen. Eine Versorgung über die Straße Juchnow—Gshatsk war unter diesen Umständen unmöglich.

Die größten Schwierigkeiten waren in der Herbstschlammperiode von Ende Oktober bis Mitte November zu überwinden, als die Kolonnen oft bis an die Achsen im Schlamm festsaßen. Nur durch das selbständige Handeln der Führer, Unterführer und Männer, durch ihr ständiges Improvisieren, durch ihre ideenreichen Aushilfen und durch ihr rastloses Bemühen, den Anschluß an die kämpfende Truppe zu halten, konnte deren lebenswichtige Versorgung sichergestellt werden.

Die wichtigsten Hilfsmittel dazu waren der Panjewagen mit den anspruchslosen und zähen Panjepferden, aus denen ganze Kolonnen zusammengestellt wurden, und während der Wintermonate in Schnee und Eis die von Panjepferden gezogenen Schlitten. Panjewagen und Panjeschlitten haben sich auch beim Abtransport der Verwundeten hervorragend bewährt.

Die Versorgung der Division auf schnellem Vormarsch in diesen weiten Räumen war besonders schwierig, vor allem, wenn die Truppe von einem Einsatz zum anderen geworfen wurde, wie das bei der Division REICH der Fall war.

Besondere Erwähnung verdienen hier die Fahrer der Betriebsstoff- und Munitionswagen, die oft genug ganz auf sich gestellt durch schnell durchstoßenes und daher meist unsicheres Gebiet zu den rückwärtigen Versorgungsbasen fahren mußten, um den so dringend benötigten Betriebsstoff und Munition nach vorne zur Truppe zu bringen. Ein Ausfall eines solchen Wagens konnte sich auf die Kampfhandlungen sehr ungünstig auswirken.

Was hilft der größte Kampfgeist der Truppe, wenn sie keine Munition, keine funktionierenden Waffen, keinen Treibstoff und keine Verpflegung mehr bekommt?!

Hinzu kommt, daß mit zunehmender Partisanentätigkeit durch Überfälle, gesprengte Brücken und verminte Nachschubwege die Kolonnen meist auf sich allein gestellt waren und so manches Mal zum Karabiner und zum Maschinengewehr greifen mußten.

Wer denkt hier nicht an die ärztliche Versorgung und an den Abtransport der Verwundeten durch die Truppenärzte und ihr Sanitätspersonal, die oft unter schwierigsten Bedingungen und primitivsten Verhältnissen erfolgen mußten? Wer denkt nicht an die Krankenkraftwagen-Züge und an das ärztliche Personal auf den Hauptverbandplätzen und im Feldlazarett, wo die Ärzte mit ihren Männern an Großkampftagen fast ununterbrochen bis zur physischen Erschöpfung operierten und die Verwundeten versorgten?

Hierher gehören auch die Leistungen des Divisionsnachschubführers, der Waffen- und Fahrzeuginstandsetzungsdienste, der Bäckereikompanie und des Schlächtereizuges und nicht zuletzt des Feldpostamtes. Letzteres hatte es vor allem beim Wechsel des Unterstellungsverhältnisses nicht einfach. Es mußte sehr schnell reagieren und umschalten, um die briefliche Verbindung mit der Heimat nicht abreißen zu lassen. Jeder, der dabei war, weiß, welchen Einfluß die Briefe aus der Heimat auf die Stimmung und den Geist der Truppe ausüben.

Die Leistung der Nachschubdienste der Division wurde durch die Tatsache erleichtert, daß die Kommandeure und Führer der kämpfenden Truppe und der Versorgungsdienste sich schon aus Friedenszeiten bei der SS-Verfügungstruppe kannten und daß dringende Versorgungs-fragen oft sehr unkonventionell und unbürokratisch im Gespräch zwischen alten Freunden rasch und ohne Aufhebens geregelt wurden. Diese große und entscheidende Leistung kann jeden Angehörigen der Versorgungstruppen unserer Division mit Stolz erfüllen und soll durch dieses Kapitel für immer der Vergessenheit entrissen werden. Ohne sie wäre die allgemein anerkannte und geschichtliche Gesamtleistung der SS-Division REICH nicht denkbar gewesen.

Die Lage auf russischer Seite

Oleg Penkowskij schreibt in seinem Buch „Geheime Aufzeichnungen" über die damalige Lage:

„ . . . Im Oktober [1941] durchstießen die Deutschen unsere Verteidi-gungslinien östlich Smolensk und Briansk, kesselten sechs oder sieben unserer Armeen ein und machten rund eine halbe Million Gefangene. Der Weg nach Moskau war damit frei.

In aller Eile wurde General Schukow aus Leningrad geholt. Er über-nahm den Oberbefehl an der Westfront. (Das entspricht bei uns dem Mittelabschnitt. Der Verf.) Gleichzeitig wurde Generalmajor Artjem-jew, der Befehlshaber des Moskauer Militärbezirkes, mit der direkten Verteidigung der Hauptstadt beauftragt. Artjemjew war ein NKWD-General. (NKWD = Volkskommissariat des Innern — ‚Geheimpoli-zei'. Der Verf.) Er führte zuerst eine NKWD-Division in Moskau und war dann 1941 Befehlshaber des Militärbezirks geworden. Damals ka-men die meisten Kommandierenden Generale, die Stalin auf die ver-schiedensten Posten der Moskauer Verteidigungsfront setzte, aus der NKWD. Artjemjews politischer Kommissar war Konstantin Fjodoro-witsch Telegin, der Kommandant von Moskau war General Sinilow und der Kommandant des Kreml General Siridonow. Armeeoberbe-fehlshaber wie Iwan Iwanowitsch Maslennikow und Chomenko wa-ren gleichfalls NKWD-Generale. Später gaben sich alle diese Komman-dierenden Generale den Anschein, als seien sie aktive Generale der Roten Armee, aber nur einer von ihnen, Chomenko, erwies sich als guter Truppenführer. Dennoch wurde Maslennikow später Oberbe-fehlshaber einer Front.

Immerhin bleibt es eine Tatsache, daß alle diese NKWD-Generale 1941 von Stalin Kommandos im Raum Moskau erhielten. Sie erwiesen sich während der großen Panik, die die Stadt vom 16. bis zum 19. Oktober ergriff, für Stalin als äußerst wertvoll. Zu dieser Zeit hatten die Parteiführung, der NKWD und verschiedene Militärbehörden bereits mit der Flucht nach Osten begonnen. Überall lockerten sich die Bande der Disziplin. Die Regierung verhängte den Belagerungszustand über die Stadt und mobilisierte die Bevölkerung zum Ausheben von Gräben und zum Bau von Befestigungen. Außerdem wurden aus der Stadtbevölkerung ‚Freiwilligen-Divisionen‘ und eine ‚Volkswehr‘ aufgestellt. Man warf sie unausgebildet und nur unzulänglich bewaffnet den angreifenden deutschen Kräften entgegen, um für Schukow Zeit zur Neugruppierung seiner ausgebrannten Verbände zu gewinnen . . ."

l) Abwehrkämpfe westlich Moskau
27. 10. — 16. 11. 1941

An einen weiteren massierten Angriff auf Moskau ist vorläufig nicht zu denken.

Zwecks Gliederung zur Abwehr soll die SS-Division REICH am 27. 10. befehlsgemäß in den Raum nördlich Rusa verlegen.

Der im Laufe der Nacht mit einigen Panzern nördlich Dorochowo eingebrochene Russe setzt am Vormittag massiert und in schmalen Streifen angreifend zwischen Autobahn und Alte Poststraße seine Vorstöße fort. Schelkowka und Dorochowo liegen unter starkem feindlichen Artillerie- und Salvengeschützfeuer, so daß ein Vormarsch geschlossener Teile der Division nicht möglich ist.

Der Vorstoß der Russen auf Schelkowka ist für das Korps besonders unangenehm, da der gesamte Versorgungsverkehr wegen Unbrauchbarkeit der Straße Rusa—Woroizowo—Moshaisk über das Straßenkreuz Schelkowka geleitet werden muß. Die Betriebsstofflage ist außerordentlich prekär.

Nachdem um 7.30 Uhr die Säuberung des Straßenkreuzes gemeldet wurde, haben gegen 8.00 Uhr die ersten Gruppen des SS-Kradsch.Btls. mit verhältnismäßig geringen Verlusten Schelkowka passiert und können den befohlenen Raum erreichen. Die folgenden Marschgruppen der Division sitzen teilweise noch im Schlamm fest und warten auf Betriebsstoff.

Während das verstärkte Panzer-Rgt. 7 bei Skirminowa vom Feind unter Einsatz von Artillerie, Salvengeschützen, Bombern und Tieffliegern angegriffen wird und nur noch Betriebsstoff für zehn Kilometer Aktionsradius hat, ist der Rest der 10. Pz.Div. am Knüppeldamm zum Wegebau eingesetzt.

Kampfweg der SS-Div. REICH vom 6. Oktober — 4. Dezember 1941
über Juchnow, Gshatsk, Moskauer Schutzstellungen, Moshaisk, Rusa, Istra bis Lenino
16 km vor dem Stadtrand von Moskau

Um 21.30 Uhr wird das XXXX. Pz.-Korps durch das VII. A.K. in einem Fernschreiben um Unterstellung eines verstärkten Bataillons der SS-Division REICH als bewegliche Reserve gebeten. General Stumme behält sich jedoch nach Zustimmung den Zeitpunkt der Abgabe vor, um ein vorzeitiges Zersplittern der Division REICH zu verhindern, sagt jedoch im Notfall sofortige Hilfe zu.

Die Division erhält den Befehl, während der Nacht und in den frühen Morgenstunden möglichst starke Teile in kleinen Gruppen durch Schelkowka hindurchzuschleusen.

Am 28. 10. gelingt es bis zum frühen Morgen trotz großer Schwierigkeiten und stärkeren Artilleriefeuers, die Pioniere, Panzerjäger, Nachrichtenabteilung und den Divisionsstab durch Schelkowka hindurchzuziehen. Das Pionierbataillon REICH übernimmt den Bau der Behelfs-

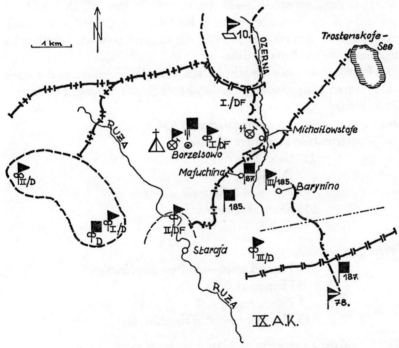

Unterkunftsübersicht SS-Division REICH im Raum nördlich Rusa
Anlage zum Div.-Befehl vom 8. 11. 1941

Karte 1 : 50.0000

brücke über die Moskwa. Da der Russe sich am Morgen bis an den Waldrand hart ostwärts der Straße bei Kusowlewo herangeschoben hatte und die Straße mit MG- und Gewehrfeuer bestreicht, kann die Masse der Division nicht mehr nach Rusa in Marsch gesetzt werden.

Erst in der Nacht vom 28./29. 10. tritt die Masse der Division mit dem Regiment DEUTSCHLAND voraus trotz Artilleriestörungsfeuers auf der Straße Schelkowka—Staraja Rusa den Marsch in den neuen Unterkunfts- und Sicherungsraum nordwestlich Rusa an. Es gelingt ihr, ohne Ausfälle den Unterkunftsraum zu erreichen. Die Division erhält Befehl, die Waldstücke beiderseits Tobolowa südlich des Serna-Flusses zu säubern und den Ort selbst mit stärkeren Teilen zu belegen.

Das XXXX. Panzerkorps gibt für die vergangenen Kämpfe folgende Gefangenen- und Beutemeldung an die Panzergruppe 4:

„Nach Beendigung der Kesselschlacht bei Wjasma hat XXXX. Pz.-Korps in der Zeit vom 12.—25. 10. mit 10. Pz.Div., SS-Div. REICH sowie der zeitweise unterstellten 7. Inf.Div. über Gshatsk—Moshaisk vorgehend im Angriff auf Moskau die Gegend ostwärts Schelkowka und nordostwärts Rusa erreicht.

Das Ergebnis der teilweise sehr harten Kämpfe, besonders an der stark ausgebauten Jelnja-Stellung (1. Moskauer Schutzstellung. Der Verf.), ist folgende:

An Gefangenen wurden eingebracht: 19 634.

An Waffen und Gerät wurden erbeutet:

> 237 Geschütze
> 7 Do-Geräte
> 177 Pak- und Infanteriegeschütze
> 616 Kraftfahrzeuge
> 57 Flak

Vernichtet wurden:

> 199 Panzerkampf- und Panzerspähwagen
> 65 Flammenwerfer
> 1 Panzerzug
> 15 Flugzeuge wurden abgeschossen.

Der Befehl der Panzergruppe 4 lautet nach wie vor:

> „Die Panzergruppe zerschlägt den Feind vor Moskau. Ein zeitlich einheitlicher Angriffsplan ist wegen der Versorgungslage nicht

möglich. Die Kampfweise der Russen und die fortschreitende Jahreszeit erfordern aber das scharfe Herangehen jeder Division, sobald sie hierzu die Kampfmittel und Bewegungsmöglichkeit hat. XXXX. Pz.-Korps greift den Feind bei Nowo-Petrowskoje an. Es soll ihn im Zusammenwirken mit XXXXVI. Pz.-Korps und V. AK vernichten und dann beschleunigt über Istra nach Osten durchstoßen, um die von Moskau nach Klin und Dmitrow führenden Straßen zu sperren."

Lage bei den Nachbarn:
Rechts vom XXXX. Pz.-Korps befindet sich das VII. AK in alter Linie bei Schelkowka.
Links: XXXXVI. Pz.-Korps mit 2. Pz.Div. im Raume südlich Wolokolamsk, mit 11. Pz.Div. im Raum Achtschewino—Bultschewo, mit 5. Pz.Div. im Raum nördlich Moshaisk.
SS-Division REICH soll beim kommenden Angriff nach Nordosten angesetzt werden. Dazu sind in dieser Gegend Wegeerkundungen anzusetzen. Das Ziel für die SS-Division REICH und 10. Pz.Div. ist Istra.
Bei den Russen werden die ihnen fehlenden Armeen, die in den großen Kesselschlachten zerschlagen wurden, jetzt durch „General Schlamm" und „General Winter" ersetzt. Durch sie wird Moskau vor dem raschen Zugriff der deutschen Truppen bewahrt.
Bei den verheerenden Witterungs- und Straßenverhältnissen spielen für den deutschen Soldaten, der fast am Ende seiner Kräfte ist, die Dörfer eine wichtige Rolle. Auf Befehl des Korps ist daher zu verhindern, Dörfer sinnlos zusammenzuschießen oder abzubrennen, da sie die Truppe dringend als Unterkunft benötigt. Da der Verpflegungsnachschub nicht sichergestellt ist, muß aus dem Lande gelebt werden. Die Verpflegungssonderausstattungen und eisernen Rationen dürfen nur auf Befehl der Division angegriffen werden.
Der Divisionsgefechtsstand befindet sich in Timoschino. Am 31. 10. stellt die Aufklärung der Division schwache feindliche Sicherungen am Flußübergang 6 km nordostwärts Dubrowo fest. Nach Gefangenenaussagen soll im Raum südlich und südostwärts des Trostenskoje-Sees eine neue russische Tankbrigade versammelt sein.
Mit der Auflösung des SS-Regiments 11 besteht die SS-Division REICH ab 1. November nur noch aus zwei Infanterieregimentern.

Der damalige Regimentskommandeur DER FÜHRER, Ostubaf. Kumm, schildert die Lage am 1. 11. in seinen Aufzeichnungen wie folgt:

„Als Anfang November der Regen etwas nachläßt und ein schwacher Frost einsetzt, wird das Regiment DER FÜHRER über das Straßenkreuz Schapalowka von der Autobahn nach Norden in den Raum Rusa verlegt. Die Straße Schapalowka—Rusa ist stellenweise Hauptkampflinie, an der entlang in heftigem feindlichem Artilleriefeuer die Fahrzeuge in schnellem Tempo durchgezogen werden. Von Rusa aus hat sich die 10. Pz.Div. mit schwachen Teilen durch einen Wald nach Nordosten durchgefressen. Der tief verschlammte Waldweg ist durch einen Knüppeldamm passierbar gemacht worden. Der Russe versucht bei Tag und Nacht, durch Angriffe von Osten die Spitze der 10. Pz.Div. abzuschneiden, während er sie gleichzeitig durch konzentriertes Feuer, besonders etlicher Batterien Salvengeschütze (Stalinorgeln) niederhält. Der Frost zieht an, und seit Tagen fällt Schnee."

Die sog. Autobahn zwischen Gshatsk und Moshaisk befindet sich in einem derartigen Zustand, daß sie als Straße überhaupt nicht mehr angesprochen werden kann. Die Schlammlöcher erreichen eine Tiefe von $1^1/2$—2 Meter, und die gesamte Straße ist mit einer Schlammschicht von $1/2$ bis $3/4$ Meter Tiefe bedeckt, so daß die Fahrzeuge nicht nur bis an die Achsen, sondern meistens bis an das Fahrgestell im Schlamm stecken. Die „Autobahn" wird daher ab 2. 11. für jeden Verkehr gesperrt, mit Ausnahme von Verwundetentransporten und Fahrzeugen mit besonderer Genehmigung der Panzergruppe oder der 252. Inf.Div. Nachdem durch den Dauerfrost der Boden wieder härter wurde, konnten die Fahrzeuge wieder fahren. Doch der eisige Ostwind mit feinen Eiskristallen bedeckte in wenigen Minuten Fahrzeuge und Waffen mit einer dünnen Eisschicht. — „Der Krieg verkroch sich in die armseligen Hütten der Dörfer . . ."

In der Lagebeurteilung des Kommandierenden Generals Stumme vom 4. 11. heißt es u. a.:

„1.) Der Russe verteidigt den Außengürtel von Moskau unter dem Druck der Kommissare und Offiziere zäh, führt dazu neue Panzer- und Truppeneinheiten heran und verfügt somit über stärkere Abwehrkraft und -waffen, als bisher angenommen. Im großen gesehen ist der Feind wohl zur Verteidigung übergegangen. Trotzdem muß bei den neu herangeführten Divisionen stets mit größeren Angriffshandlungen, bei den übrigen mit Teilvorstößen gerechnet werden . . .

2.) Die Angriffskraft unserer Infanterie ist geschwächt . . . Daraus ergibt sich, daß Angriffe nur durchschlagen werden bei schärfster Zusammenfassung der Infanteriekräfte und bei Organisation eines starken Feuers der Artillerie und der schweren Infanteriewaffen im Schwerpunkt.

‚Die Infanterie muß vorgeschossen werden.‘ Die Hilfe der Panzer und der Stukas ist für die Infanterie weiterhin von ausschlaggebender Bedeutung.

3.) Das XXXX. Pz.-Korps schiebt sich z. Zt. mit 10. Pz.Div. vorne und SS-Div. REICH dahinter an der Straße Rusa—Skirminowa zusammen, um auftragsgemäß zunächst die Straße Istra—Wolokolamsk in Gegend Petrowskoje durch Angriff zu erreichen und dann auf Istra vorzustoßen . . .“

In der Nacht vom 6./7. 11. löst das SS-Kradsch.Btl. die Sicherungen des II./IR 86 bei Michalewskoje am Oserna-Bach ab. Bereits am ersten Tag hat das Bataillon unter heftigem Artillerie- und Salvengeschützfeuer zu leiden.

Das III./D — verstärkt durch einen Zug Pak und einen Zug leichte Infanteriegeschütze — wird der 87. Inf.Div. unterstellt, da das IR 185 gegenüber den umfassenden Angriffen des Gegners nicht mehr stark genug ist. Durch das einsetzende Frostwetter und den im beschränkten Maße durchgeführten Betriebsstoffnachschub ist eine bedingte Bewegungsmöglichkeit gegeben.

Am Abend des 6. 11. geht daher der Befehl für die Verteidigung bis zur Wiederaufnahme des Angriffs an die Divisionen: Während darin die 10. Pz.Div. die Verteidigung des Oserna-Abschnittes übernimmt und den Brückenkopf von Skirminowa für die Weiterführung des Angriffs offenhält, hat die SS-Division REICH den Auftrag, die Ostflanke an der Oserna im Abschnitt Michailowskoje—Gorodischtsche zu sichern und sich mit Masse im Raum Staraja Rusa so bereitzustellen, daß späterer Angriff ostwärts des Oserna-Flusses in Richtung auf Borodenka möglich ist.

Generaloberst a. D. Paul Hausser, der auch nach seiner Verwundung den Weg und die Kämpfe seiner alten Division mit großem Interesse verfolgte, schreibt in seinen persönlichen Aufzeichnungen zur großen

Lage vor der neuen Offensive gegen Moskau:

„Die oberste Stelle entschied sich am 7. 11. für die Fortsetzung der Offensive — für ‚die Flucht nach vorne‘.

Wieder wurde die beiderseitige Umfassung geplant: auf dem rechten Flügel mit der Panzergruppe 2 (Guderian) von Tula auf Kolomna; in der Mitte mit der 4. Armee und der Panzergruppe 4 gegen den West-bzw. Nordwestrand Moskaus; auf dem linken Flügel mit der 9. Armee und der Panzergruppe 3 zum Wolga-Moskwa-Kanal.

Eine schriftliche Orientierung des Chefs des Generalstabs des Heeres an die Chefs der Heeresgruppe und der Armeen begründete den Entschluß: Der zu erwartende Kälteeinbruch ermögliche eine vorübergehende Operation für begrenzte Zeit, um günstige Vorbedingungen für die Kampfführung im Winter und den Anfang des Jahres 1942 zu schaffen."

Die Kämpfe am „Knüppeldamm"

7. November 1941:
In der Nacht löst das SS-Kradsch.Btl. REICH mit einem unterstellten Zug der 2./Flak-Abt. die 10. Pz.Div. bei Michailowskoje ab. Fedschina wurde im Kampf genommen, am Abend jedoch wegen starken Artilleriefeuers wieder geräumt.

Nach Durchkämmen des Waldes südlich Lyskow und Eindrehen nach Osten stehen die Sicherungen der Division am Abend in der Linie Michailowskoje — westlich Fedschina und Wald nördlich der Ortschaft. Der 10. Pz.Div. war es nur mit Teilen gelungen, durch das Waldstück nach Norden durchzustoßen, da der Russe vermutlich von Nordosten her am Mittag wieder eingedrungen war und die Vormarschstraße sperrte. Daher erhält die SS-Division REICH am Abend den Auftrag, durch nochmaliges Durchkämmen des Waldes beiderseits des Knüppeldammes das Gelände bis zum Nordrand des Waldes zu säubern. Die 10. Pz.Div. soll unmittelbaren Anschluß an die Sicherungen der Division REICH an der Divisionsgrenze nehmen und ein erneutes Einsickern des Feindes von Nordosten in den Wald verhindern.

Das Regiment DER FÜHRER in Staraja erhält den Auftrag, den Knüppeldamm nach Osten und Süden freizukämpfen und zu sichern. Da es sich nach den Angaben der 10. Pz.Div. um schwache Feindkräfte handelt, wird zunächst nur das I./DF, verstärkt durch die Sturmgeschütze „Lützow" und „Blücher", durch einen Zug 2./Flak-Abt. und einen schweren Granatwerferzug des Regiments, angesetzt. Die beiden Sturmgeschütze können vorerst wegen des sumpfigen Geländes nicht eingesetzt werden.

Beim Angriff in den dichten Wald hinein hat das I./DF starke Verluste, kann sich aber in den Besitz einer kleinen Höhe etwa 500 Meter südlich des Knüppeldammes setzen.

In der Nacht vom 7./8. 11. setzt Tauwetter ein, so daß die Straßen, die nicht befestigt sind, besonders das Wegestück südlich Lyskowo, für Räderfahrzeuge innerhalb kurzer Zeit unbrauchbar sind. Das geplante Aufschließen nach vorwärts durch die 10. Pz.Div. ist daher nur mit schwachen Teilen möglich, abgesehen davon, daß der Feind sich noch im Waldstück südlich Lyskowo ostwärts der Vormarschstraße eingenistet hat und den Knüppeldamm mit Granatwerfern unter Feuer hält. Auch am 8. und 9. 11. gelingt es dem I./DF nicht, den etwa drei Kilometer langen Wald zu säubern, da es sich um buschähnliches, unübersichtliches Unterholz handelt und wegen des eingleisigen Verkehrs auf dem Knüppeldamm zunächst keine schweren Waffen nachgezogen werden können.

Da in diesem Waldgelände ein Einsatz von Granatwerfern nicht möglich ist, wird der Division REICH vom XXXX. Pz.-Korps für den Einsatz von Flammenwerfertrupps für den Angriff am 10. 11. Flammöl zur Verfügung gestellt.

Am 9. 11. um 12.45 Uhr meldet das der 87. Inf.Div. unterstellte III./D an sein Regiment, daß der Feind im Laufe des Tages mit vier Panzern und Infanterie angegriffen hat und abgewehrt wurde. Eigene Verluste zwei Tote und zwei Verwundete.

Am 10. 11. gelingt es dem Feind sogar, mit Teilen den Knüppeldamm nach Norden zu überschreiten und von beiden Seiten unter Feuer zu halten. Nacheinander werden nun das III./DF und das II./DF vorgezogen und zur Sicherung des Knüppeldammes eingesetzt. Jeder Vorstoß nach Südosten in den Wald hinein ist jedoch mit erheblichen Verlusten verbunden. Die 3. Kp./DF unter Ostuf. Lex hat hier schwere Verluste.

Auf Grund des gut liegenden eigenen Artilleriefeuers und unter dem Druck der Stoßtrupps des Regiments DER FÜHRER setzt sich der Russe schließlich weiter nach Osten ab, hält sich aber noch in Feldbefestigungen im Walde westlich Gorodischtsche. Seine Waldstellungen hat er zäh verteidigt. Gefangene konnten nicht gemacht werden, da die Russen im Nahkampf bis zum letzten Atemzug kämpften.

Das III./D — der 87. Inf.Div. unterstellt — meldet, daß es im Morgengrauen Feindberührung mit starker russischer Aufklärung hatte und daß ein russisches Flugzeug Brandblättchen auf mehrere Ortschaften abwarf, offensichtlich in der Absicht, diese durch Brand zu zerstören und damit als Unterkünfte für die deutschen Truppen auszuschalten. Am Vormittag des 11. 11. dringt der Russe mit stärkeren Spähtrupps durch die dünnen Sicherungslinien des Regiments DER FÜHRER durchsickernd bis an den Knüppeldamm vor und sperrt am Nordrand des Waldes bei Lyskowo unter Einsatz von drei Pak die Vormarschstraße.

Am Nachmittag greift die 9./DF zusammen mit den drei Sturmgeschützen „Blücher", „Lützow" und „Prinz Eugen" an, und der Russe wird auf seine Stellungen ostwärts der Vormarschstraße zurückgeworfen. Feindliche Feldstellungen werden durch die Sturmgeschütze bekämpft, wobei „Blücher" im Sumpf steckenbleibt. Auch „Lützow" muß wegen Kupplungsschaden zunächst stehenbleiben. Am späten Nachmittag ist die Vormarschstraße wieder frei. Der Verkehr ist jedoch wegen einiger schadhafter Stellen, an denen Fahrzeuge hängenbleiben, nur stockend. Auf Skirminowa und der Höhe südlich davon liegt zeitweilig feindliches Artilleriestörungsfeuer.

Das III./D wird abgelöst und kehrt von der 87. Inf.Div. wieder zum Regiment DEUTSCHLAND in seine alte Unterkunft Iwonina zurück.

Am 12. 11. greift um 7.00 Uhr morgens die 6./DF mit starken Stoßtrupps nach Unterstützung durch schweres Nebelgerät zusammen mit den Sturmgeschützen „Prinz Eugen" und „York" zur Säuberung des Waldstückes südostwärts Lyskowo an und durchbricht zunächst russische Feldstellungen, stößt dann aber auf starkes feindliches Abwehrfeuer eines in gut getarnter Waldstellung eingegrabenen Gegners und bleibt liegen. Im dichten Waldgelände gelingt es „Prinz Eugen", ein Geschütz zu vernichten.

Währenddessen wird jedoch das Sturmgeschütz von einem zweiten russischen Geschütz beschossen und frontal sowie an der Seite getroffen. Auch „York" erhält einen Treffer am linken Antriebsrad. Es gelingt jedoch dem Sturmgeschütz, das gegnerische Geschütz zusammenzuschießen, bevor es sich absetzen kann. Dann fährt es ebenfalls zurück. Im Laufe des Vormittags hatte der Feind bei der 10. Pz.Div. nach starkem Artillerie- und Salvengeschützfeuer mit stärkeren Kräften — mindestens einem Regiment — unter Einsatz zahlreicher Panzer Skirminowa von Norden und Nordwesten angegriffen. Dabei ist der Kommandeur des Panzerregiments 7 gefallen.

Um 13.40 Uhr meldet die 10. Pz.Div. an das Korps: „Panzerkampf ostwärts Skirminowka. Die Ortschaft unhaltbar, wenn nicht SS morgen und ganzes Korps übermorgen angreift. Wann Angriff beabsichtigt?"

Während Skirminowka gehalten werden kann, fällt Marjina durch 19 T 34 in Feindeshand, während die Höhen nordwestlich Skirminowka durch T 34 und 52-to-Panzer genommen werden. Die Verluste der 10. Pz.Div. sind schwer. Sie entschloß sich daher mit Zustimmung des Korps, in der Nacht vom 12./13. Skirminowka aufzugeben und die dort eingesetzten Kräfte auf einen engen Brückenkopf zurückzunehmen.

Der Regimentsgefechtsstand „DF" wird durch den Wald hindurch nach Litkino vorgezogen und liegt nun dicht hinter der Spitze der 10. Pz.Div. Die Schneefälle nehmen erheblich zu, und nachts setzt starker Frost ein.

Zur großen Lage am 12. 11. schreibt W. Haupt in „Heeresgruppe Mitte" (S. 100):

„Am 12. 11. befahl der Chef des Generalstabes Halder persönlich bei der Heeresgruppe in Orscha, daß die Heeresgruppe Mitte weiterhin offensiv bleiben müsse. Generalfeldmarschall von Bock war der gleichen Auffassung. Er steckte als Operationsziel das Erreichen der Moskwa in Moskau und des Wolga-Kanals.

Doch das OKH ging noch weiter: Generaloberst Halder befahl, daß die 2. Panzerarmee — die an diesem Tag nur noch 50 einsatzbereite Panzer (von 600!) besaß — Gorki erreichen sollte! Das liegt 400 Kilometer hinter Moskau! — Ein Ansinnen, das nur noch kopfschüttelnd und kommentarlos zur Kenntnis genommen werden konnte ...

... Von dem täglichen Bedarf von 32 Versorgungszügen trafen in Smolensk höchstens 20 je Tag ein. Das Thermometer fiel und fiel.

Die Heeresgruppe wird dabei noch erheblich geschwächt: Das Luft-flottenkommando 2 erhält vom OKW den Befehl, sofort nach Italien zu verlegen. Hier waren die deutsch-italienischen Truppen in Nordafrika empfindlich geschlagen und brauchten tatkräftige Luftwaffen-unterstützung, wenn überhaupt Nordafrika gehalten werden sollte."

Sammlung für das Winterhilfswerk (WHW)

Am Rande des Kampfgeschehens wird in diesen Tagen bei den Truppen der Division, so komisch das auch klingen mag, für das Winterhilfs-werk (WHW) gesammelt. Als Beispiel der Sammelergebnisse sei hier folgender Auszug aus dem Regimentsbefehl des SS-Regiments DEUTSCHLAND vom 13. 10. 1941 zitiert, der im Rahmen des Re-giments-Kriegstagebuches erhalten geblieben ist:

„1.) Die Sammlung für das WHW-Konzert hat im Regiment ein stol-
zes Ergebnis gebracht.
Insgesamt wurden 140 959.20 RM gesammelt.
Meine besondere Anerkennung spreche ich dabei dem II./SS-Rgt.
„Deutschland" aus, das 44 280.— RM aufbrachte . . ."

Die übrigen Einheiten der Division hatten gleich hohe Ergebnisse, und das Gesamtergebnis für die SS-Division REICH betrug:

RM 862 785.93

Der damalige Kradmelder beim SS-Kradsch.Btl. REICH, Helmut Günther, schreibt darüber in seinem Buch „Heiße Motoren — Kalte Füße" (Kurt Vowinckel Verlag) S. 190:

„ . . . Was sollten wir schon mit dem vielen Mammon? (Wehrsold. Verf.) Streichhölzer, Bindfaden, Zündkerzen und Hindenburglichter waren viel wichtiger! Hier gab es weder Kneipe noch Laden, wo wir unser Geld los werden konnten. Für uns waren es Spielmarken, fertig, aus! Es war keine Leistung, daß ‚Winterhilfssammlungen' innerhalb unserer Division ungeahnte Summen ergaben. Wir spendeten gegen Hunger und Kälte, ein Witz: Wer fror denn am meisten in dem ver-teufelten Winter 1941/42?

In der Heimatzeitung stand es dann so:
‚SS-Division spendete 862.785.93 RM!
Berlin, 1. März. Eine SS-Division hat 862 785.93 RM für das Kriegs-

winterhilfswerk gespendet. Diese Summe ist lediglich von den Fronteinheiten dieser im härtesten Einsatz gegen den bolschewistischen Feind
stehenden SS-Division aufgebracht worden. Außer ihrem kämpferi-
schen Einsatz für Führer und Reich, außer ihrer Tapferkeit und ihrem
Todesmut haben die SS-Männer nun auch mit dieser Spende ein Beispiel
gegeben, das in der Heimat mit den tiefsten Gefühlen der Bewunderung
für den Opfersinn und die Haltung dieser Truppe empfunden wird.'
Hört sich fein an, was?" ...

So waren die Männer der Division REICH! Mit schnoddriger Selbstverständlichkeit und mit einem gewissen verständlichen Sarkasmus
gingen sie über dieses großartige Sammelergebnis hinweg, obwohl allen
klar war, daß der sich ansammelnde Wehrsold bei einer evtl. Verwundung mit Verlegung in die Heimat oder beim nächsten Heimaturlaub —
falls man ihn erleben sollte — einen gewissen Wert behielt.

Ab 13. 11. steht das II./D als Einsatzreserve der Division bereit und
wird in den Unterkünften so bereitgehalten, daß es innerhalb einer
Stunde zur Verstärkung der 10. Pz.Div. eingesetzt werden kann.
Die 16. (Pionier-)Kp./D setzt mit Hellwerden die Brücke bei Iwonina
so instand, daß ein verstärktes Bataillon ohne Schwierigkeit hinüber-
rollen kann.

Im Divisionsbefehl für die Umgliederung der
Verteidigung ab 12. 11. 1941 vom 13. 11. heißt es u. a.
(Auszug):

1.) . . . .
2.) IX. A.K. verteidigt die bisherige Linie.
   Trennungslinie zwischen IX. A.K. und Div. „Reich" unverändert.
   10. Pz.Div. hat nach Norden aufgeschlossen.
   Trennungslinie zwischen 10. Pz.Div. und SS-Div. „Reich":
   Nordrand Lyskowo — Punkt 215,3 — 3 km südwestlich Nikolskoje.
   5. Pz.Div. schließt von Südwesten kommend auf 10. Pz.Div. auf.
   Trennungslinie zwischen SS-Div. „Reich" und 5. Pz.Div.:
   Tschurino (SS-„R") — Tschernowo (SS-„R") — Nordrand Lyskowo.

3.) SS-Division „Reich" verteidigt sich mit den eingesetzten Teilen auf dem Westufer des Oserna-Baches und schafft durch ständige Aufklärung auf dem Ostufer die Unterlagen für den späteren Angriff.

4.) Es sind eingesetzt:

a) Verst. Kradsch.Btl. zwischen rechter Div.-Grenze und Linie: Südrand der Waldblöße am Knüppeldamm 3 km nordostwärts Starejo — Nordrand Fetschino — Südrand Gorodischtsche.

b) Verst. Rgt. „Der Führer" von dort bis zur nördlichen Div.-Grenze.

Die am 12.11. im Gelände befohlene HKL ist zu halten. Rgt. „Der Führer" erkundet Einsatz des III./DF nach Norden für den Fall eines feindlichen Angriffs auf Poprowskoje in die Flanke des Gegners.

5.) . . . .

6.) . . . .

7.) . . . .

8.) Der enge Raum, welcher der Division zur Verfügung steht, und die erhebliche Massierung von Truppenteilen, welche nicht zur Division gehören, erfordert weitgehende Rücksichtnahme . . .

9.) . . . .

10.) . . . .

11.) Div.Gef.Stand: Jelniki, 3 km nordwestlich Wolkow . . .

Auf Grund der durch die Angriffe am 12. 11. veränderten Lage beim XXXX. Pz.-Korps wird die 5. Pz.Div. dem Korps nicht unterstellt, dafür jedoch das XXXXVI. Pz.-Korps zwischen XXXX. Pz.-Korps und V. AK eingeschoben.

Am 14. 11. führt die Division REICH am Tage besonders erfolgreiche Stoßtruppunternehmen durch. Dabei zeichnet sich der Chef der 2./SS-Kradsch.Kp., SS-Hauptsturmführer Köhler, besonders aus. Es gelingt hierbei, 40 automatische Gewehre, ein Vierlings-MG und acht schwere MG zu erbeuten bzw. zu vernichten.

Der Kommandierende General Stumme spricht allen Beteiligten der Stoßtruppunternehmen seine besondere Anerkennung in einem Korps-Tagesbefehl aus.

Am Abend läßt das feindliche Artillerie- und Raketengerätfeuer nach.

Sämtliche Angriffe des Gegners wurden unter erheblichen Verlusten für ihn abgewiesen. Im Abschnitt des Korps wurden 11 Feindpanzer abgeschossen, ein weiterer durch Auflaufen auf eine Mine außer Gefecht gesetzt.

Infolge der Nachschubschwierigkeiten sind bei der Truppe in großem Umfange Mängel in bezug auf Bekleidung, Verpflegung und Feldpostversorgung eingetreten.

Der Ia des XXXX. Pz.-Korps bringt bei der Panzergruppe 4 anhand eines Vorschlages für die Weiterführung des Angriffs die Gedanken des Korps folgendermaßen zum Ausdruck:

„Die 10. Pz.Div. besitzt keine ausreichende Stoßkraft mehr, so daß ihr Angriff auf das Höhengelände bei Skirminowa erst erfolgen kann, nachdem sich der Angriff der 5. Pz.Div. bei Roshdestweno ausgewirkt hat.

Die SS-Div. ‚Reich' tritt gleich am X-Tage morgens an, so daß die gesamte Heeresartillerie zunächst einmal diese Division unterstützen kann, während die 10. Pz.Div. etwas rückwärts gestaffelt antreten wird, da sie auf das Vorwärtskommen der 5. Pz.Div. warten muß."

Der Generaloberst und der Chef des Stabes erklären sich damit einverstanden.

Am 15. 11. finden Stoßtrupps der SS-Div. REICH die Feindstellung nördlich Fetschina feindfrei. Die Ortschaft selbst ist noch feindbesetzt. I./D, II./D und II./DF rücken in die Bereitstellungsräume ein.

Der damalige SS-Uscha. und Gruppenführer Ernst Streng, 2./D, der über diesen Kampfabschnitt ein Tagebuch geführt hat, liefert gewissermaßen das „Lokalkolorit" zu den bevorstehenden schweren Kampftagen, und im folgenden werden Auszüge aus seinen damaligen Aufzeichnungen in die Schilderung der Ereignisse eingestreut werden. Die jeweiligen Überschriften wurden vom Verfasser gewählt.

Er schreibt über den 15. 11.:

„Erst in den unmittelbar vergangenen Novembertagen wurden die deutschen Truppen wieder mit den allernötigsten Nachschubgütern versorgt, welche die Fortführung der geplanten Operationen erlauben.

Vormarsch in die Bereitstellung

Der Morgen des 15. November war da. Matt strahlt die Wintersonne ihren Schein über das Schneeland an der Moskwa. Schon frühzeitig hatten wir unser persönliches Gepäck und die Waffen auf die Gruppen-fahrzeuge verladen. Eisiger Ostwind fegt durch die Moskwa-Schlucht über die Höhen und stäubt den Schnee in die Bodenfalten, wo der Wind nicht beikommt.

Es ist ein Tag wie alle anderen zuvor und wie noch viele kommen wer-den. Oder ist es bei 20 Grad unter Null noch kälter, weil der Wind so bläst? . . .

. . . Seit Hellwerden machten sich unsere Fahrer an den LKW zu schaf-fen. Sie schleppten Holz herbei und entfachten unter dem Motorblock ein Feuer, welches das Motorenöl vorwärmen sollte und das einzige Mittel ist, um die Dieselmotore in Gang zu bringen. Später schraubten sie die Luftfilter ab und ließen durch die Ansaugstutzen heiße Luft an-saugen, die sie durch brennende Wergknäuel entfachten. Zu allerletzt muß dann ein Fahrzeug nach dem anderen angeschleppt werden, damit sie bei der Hundekälte vollends anspringen.

Als ich in das Führerhaus zu Weindl steige, fahren die vordersten be-reits durch das Dorf einen vereisten Weg abwärts zum Fluß. Dann geht es über die Felder, durch Wälder an einsamen Dörfern vorbei, in denen sich deutsche Truppen zum Abmarsch an die Front rüsten.

Die Sicht ist schlecht, die Fenster sind vereist. Hohe Stangen markieren die durch Schnee verdeckten Wege über die baumlosen Hügel und Täler. Die Kolonnen ziehen sich weit auseinander. Die in den Kolonnen fah-renden B-Kräder bleiben dauernd in den aufgestauten Schneewehen stecken, und bis wir dorthin kommen, wo die Kolonne sich vor wenigen Minuten ihren Weg durch Schneewehen bahnte, hat der eisige Sturm-wind die Fahrspuren bereits wieder zugeweht, so daß wir den Weg auf gut Glück weiterfahren. Ich halte es vor Kälte kaum mehr im Führer-haus aus. Durch die geöffneten Fenster und Ritzen weht der Schnee bis in die hintersten Winkel. Oben liegen meine Männer dick vermummt unter Decken und Zeltplanen auf den Sitzbänken.

Ich stampfe mit den erstarrten Füßen auf den Boden, klopfe die Hände auf die Knie und friere doch weiter.

Am frühen Nachmittag halten wir an einem Waldrand, in dem sich unser Regiment für den morgigen Angriff bereitstellen soll. Vorne wummert unsere Artillerie."

Unterscharführer Streng berichtet weiter:

Spähtruppunternehmen

„Unser erster Zug wird als Spähtrupp für das Regiment (‚D') abgestellt. Als Ersatz für fehlende Tarnhemden ziehen wir frischgewaschene Trikothemden über die Uniformen. Vorne im Ort, an einem Schneehang, in dessen Hütten die Stäbe der eingesetzten Fronttruppen sich eingerichtet haben, melden wir uns beim Regimentsgefechtsstand. Beiderseits einer weiten Mulde liegen Artillerie, Nebelwerfer und Flakstellungen weithin verstreut, die zu unregelmäßigen Zeiten Störungsfeuer auf die russischen Feldstellungen legen. Um die Hütten gruppieren sich Sturmgeschütze, Panzerspäh- und Funkwagen. Ein V.B. der Artillerie zeigt uns von seinem Beobachtungsstand den auf der Karte vorgezeichneten Weg, weist auf erkannte feindliche Feldstellungen hin und gibt uns manch wertvollen Hinweis.

Der Auftrag lautet: Vorgehen in die russischen Stellungen, Lage und Feindstärke erkunden.

Am Hinterhang, weit rechts ausholend, marschieren wir später links von der Straße ab über die gefrorenen Äcker, die anschließend in abfallende Wiesen übergehen zum bewaldeten Moskwa-Ufer. Vorsichtig umherspähend geht Stefan mit seiner Gruppe über den gefrorenen Fluß nach drüben. Wir folgen. So leise wie möglich bewegen wir uns in den russischen Linien auf dem Boden entlang, jeden Busch und jede Senkung zur Deckung ausnutzend. Wenn wir nur wüßten, wo eigentlich die Russen stecken. Verflucht — da tritt einer auf einen Zweig, der laut hörbar knackt.

Oben auf der Höhe gibt der nahe Waldrand zur Linken einen weiten Blick auf ein lang über die Höhe gestrecktes Dorf frei. Deutlich heben sich die russischen Geschütz- und Infanteriestellungen am Vorderhang vom reinen Weiß des Schneefeldes ab. Es geht weiter über russische Trampelpfade, die sich durch die Büsche winden. Ein schwarzer Telefondraht wird durchschnitten; dann stehen wir vor einer Waldschneise. Von Zeit zu Zeit verhaltend, liege ich auf der Erde und lausche. Da führt ein Weg durch den Wald, den wir flink, von Stamm zu Stamm huschend, entlanggehen.

Plötzlich, wie aus dem Boden gewachsen, stehen zwei Russen drei Meter vor uns, die ebenso überrascht sind wie wir, sich auf der Stelle wenden und durch den Wald zurückrennen. Zur gleichen Sekunde tacken die Maschinenpistolen los, krachen Gewehrschüsse mit lange verrollendem Echo durch den Winterwald.

Sicher war das ein Störtrupp, der die Telefonleitung, die wir vor einer Stunde durchschnitten haben, absuchen muß. Also müssen auch Russen in unserem Rücken sein. Fatale Sache, die sind jetzt sicher auch auf uns aufmerksam geworden. Also nichts wie kehrt und schleunigst denselben Weg zur Moskwa zurück. Seltsam, entweder sehen uns die Russen nicht oder aber sie trauen sich nicht, gegen den starken deutschen Spähtrupp anzugehen.

Jedenfalls kommen wir alle von den Russen völlig unbehelligt über das Eis der Moskwa zurück. Als wir unsere Meldung machen, sagt man uns, daß der Angriff um einen halben Tag verschoben worden sei. Das bedeutet für uns zwei kalte Winternächte im ungeschützten Freien.

Nachher, als wir zur Kompanie zurückkehren, fange ich sofort mit der ganzen Gruppe zu graben an. Vom Grund einer schmalen Bodensenke schaufeln wir ein tiefes Rechteck in die Böschung, dessen Grund und Decke wir mit Reisigästen überdecken. In die Ecke kommt eine Feuerstelle mit Rauchabzug. So kann uns wenigstens der Wind nichts mehr anhaben. Leider funktioniert der ganze Rauchabzug nicht so, wie wir es uns gedacht haben; denn am nächsten Morgen bin ich mehr vom Rauch als von der Kälte verkatert.«

Generaloberst a. D. Paul Hausser macht in seinen persönlichen Aufzeichnungen folgende kritische Bemerkungen für den Zeitabschnitt zwischen den bisherigen Abwehrkämpfen und der Fortführung des Angriffs gegen Moskau:

Die Wende des Feldzuges bahnt sich an

»Sollte nach dem neuen Kälteeinbruch die Offensive fortgesetzt werden oder die Abwehr in der erreichten Linie aufgebaut werden? Der Nachschub wird immer schwieriger. Auch taktisch war die offene Flanke zur Panzergruppe 2 (Guderian) bedenklich.
Generalfeldmarschall v. Bock war für die Fortsetzung der Offensive.

Hitler sah das Ziel ostwärts Moskau, etwa in der Linie: Tambow—
Rybinsk (!).
Die Erkundung und Vorbereitung rückwärtiger Stellungen wurde verboten.
Zunächst mußten die Einheiten erst einmal aufschließen, die Artillerie
heranholen, Materialnachschub und Versorgung mußten gesichert werden. Die Eisenbahnstrecke war noch nicht auf deutsche Spurweite um-
gebaut. Die Kraftwagentransporte waren die einzige Möglichkeit des
Nachschubs.
Als nächstes Ziel wurde daher nur der Moskwa-Wolga-Kanal befohlen."

Alexander Werth schreibt in seinem Werk*) über diese Periode:

„Der Russe hatte aus den bisherigen Kämpfen gelernt, eine neue Säuberung war durchgeführt, unfähige Führer waren abgesetzt und bewährte an maßgeblichen Stellen eingesetzt. Die Zusammenarbeit mit
den Kommissaren war sachlicher geworden. Seit dem 7. 8. 41 war Stalin
Oberbefehlshaber.
Die Gefahr eines deutschen Durchbruchs Mitte Oktober von Wolokolamsk auf Istra war deutlich. Sie führte zu einer Panik in Moskau und
zu teilweiser Evakuierung der Bevölkerung. Arbeiterbataillone wurden
gebildet. Aber die eintreffenden Verstärkungen aus Sibirien und Zen-
tralasien wirkten beruhigend.
Die Auswirkung der Schlammperiode auf den Angreifer wurde nicht
recht erkannt, da sie sich in den Straßen Moskaus und auch in der Umgebung wesentlich schwächer bemerkbar machte.
Am Jahrestag der Revolution (6. 11.) hatte Stalin in einer Mischung
von Schwarzsehen und Selbstvertrauen gesprochen — aber die ‚vater-
ländische Note‘ tat ihre Wirkung. ‚Stalins Nationalismus hatte Lenins
Internationalismus besiegt.‘ So wurde auf russischer Seite die Panik
überwunden."
Nachdem der Angriffsbeginn um einen Tag verschoben worden war,
geht am 16. 11. im Laufe des Nachmittag vom XXXX. Pz.-Korps der
Operationsbefehl Nr. 12 für die Fortführung des Angriffs auf Moskau
bei der Division ein.

---

*) A. Werth: „Der Krieg in Rußland 1941—45"

In diesem

Befehl für die Bereitstellung und den Angriff am 18. 11. 1941

heißt es auszugsweise:

„1.) . . . .

2. XXXX. Pz.-Korps (SS-Div. Reich' rechts, 10. Pz.Div. links) durchbricht am 18. XI. die feindlichen Stellungen und stößt über die Gegend um und südlich Bely bis zur Straße Istra—Nowopetrowskoje (Cholojamicha—Jadrimino) durch, um dann Istra, entlang dieser Straße vorgehend oder durch Umfassung von Norden her, zu nehmen.

Links von 10. Pz.Div. greift die 5. Pz.Div. am 18. 11. mit rechtem Flügel von Iwoilowo über Gorki auf Roshestwenskoje an und gewinnt, beiderseits der Straße vorgehend, Petrowskoje. Von hier aus stößt sie, je nach Entwicklung der Lage, gegen das Süd- oder Nordende des Istra-Stausees (nördlich Istra) vor."

. . . .

Am 16. November wendet sich der Kommandierende General des XXXX. Pz.-Korps, General der Panzertruppen Stumme, in einem Tagesbefehl an die unterstellten Truppen. Er lautet:

Tagesbefehl

Durch den Witterungsumschlag, der Regen und Schlamm brachte, sind wir nach der Kesselschlacht von Wjasma und den Durchbruch durch die Moskauer Schutzstellungen in unserem Vorwärtsstürmen gegen unseren Willen aufgehalten worden.

In unermüdlicher Arbeit habt Ihr bei schlechtestem Wetter die Vorbedingungen für die Fortsetzung der Operationen geschaffen. Hierfür meinen Dank und Anerkennung.

Der Gegner hat die uns aufgezwungene Zeit des Stillstandes gut genutzt und versucht, durch Angriffe unseren Vormarsch endgültig zum Stehen zu bringen. Dies ist ihm dank Eures tapferen Aushaltens und Eures zähen Widerstandes bei winterlicher Kälte und unter ungünstigen Bedingungen nicht geglückt.

Jetzt werden wir wieder dem Gegner an die Kehle gehen und den Feind endgültig zu Boden werfen und das Ziel Moskau erreichen, das nicht mehr fern ist.

gez. Stumme
General der Panzertruppen

16. November 1941:
Im Abschnitt der Division REICH verstärkt der Russe sein Artilleriefeuer und nimmt auch die Gegend südlich und südostwärts Staraja Rusa unter Beschuß. Gegen Mittag greift er mit stärkeren Kräften von Gorodischtsche aus die Stellungen der Division an. Der Gegner, der im Angriff zum Teil bis auf 150 m herangekommen ist, wird bis zum Abend abgewiesen, wobei er starke Verluste erleidet.

Die zur Sicherung der Südflanke der Division bis in den Abschnitt des rechten Nachbarn vorgetriebene Aufklärung ergibt, daß der Gegner bei der neu eingeschobenen 252. ID des IX. AK angegriffen hatte und Wajuchina besetzt hat. Noch am Spätnachmittag war der Feind im Vorgehen nach Westen, um, wie Gefangenenaussagen bestätigten, die Vormarschstraße westlich des Oserna-Baches zu unterbrechen.

Zum Schutz der Südflanke wird sofort die SS-Aufkl.Abt. REICH in den Raum südostwärts Staraja in Marsch gesetzt und außerdem ein Bataillon des Regiments DEUTSCHLAND als Einsatzreserve alarmiert.

Das Regiment DEUTSCHLAND erreicht im Laufe des Tages befehlsgemäß über Lenikow, Kotipzowa, Bujnino, Borsezewo, Matwejkowo das Waldgelände westlich Lyskowa und hält sich dort untergezogen zur Verfügung der Division.

m) Einnahme von Istra und Ssolnetschnogorsk
17. 11. — 4. 12. 1941

17. November 1941:
In der Nacht zum 17. 11. rücken die bisher nicht eingesetzten Bataillone und Einheiten der Regimenter DEUTSCHLAND und DER FÜHRER in ihre Bereitstellungsräume ein.

Noch vor Morgengrauen greift der Gegner erneut an der Naht zwischen dem Regiment DER FÜHRER und dem SS-Kradsch.Btl. mit Panzern und aufgesessener Infanterie an. Es gelingt einigen Panzern durchzubrechen.

Seit 6.30 Uhr verstärkt der Feind sein Artilleriefeuer, das bis zum Abend anhält. Besonders die Stellungen bei Michailowskoje hält er mit Geschützen schweren Kalibers unter Beschuß. Zeitweise werden 50 Einschläge in der Minute gezählt.

Ein feindlicher Angriff von neun Panzern um 15.30 Uhr aus Fetschina wird abgewiesen, wobei fünf Panzer abgeschossen werden.

Der Angriff der 252. ID beim rechten Nachbarn des Korps zum Bereinigen des Geländes, das am Tage vorher durch den russischen Vorstoß verlorengegangen war, kam nur bis zum Ostrand von Wajuchina vorwärts. Der Feind setzt sich zwar aus dem Wald ostwärts Wajuchina ab, hält sich jedoch im Südwestzipfel dieses Waldes.

Auf Grund dieser Lage beim rechten Nachbarn ist die Möglichkeit einer Bedrohung der Südflanke der SS-Div. REICH nach wie vor gegeben.

Das XXXX. Pz.-Korps ist daher der Auffassung, daß ein Angriff am 18. 11. mit der Division REICH nicht möglich ist.

Beim linken Nachbarn ist der Angriff gut vorwärtsgekommen. Die 5. Pz.Div. hat die für den 18. 11. vorgesehene Ausgangsstellung: Linie Goroditsche—Lyshki—Ivoilow erreicht. Das XXXX. Pz.-Korps wird sich daher am 18. 11. mit der 10. Pz.Div. dem Angriff der 5. Pz.Div. anschließen. Hierzu wird die gesamte Heeresartillerie unterstellt.

Auf Grund der Lage kann die Division REICH erst am 19. 11. zum Angriff antreten.

Der Befehlshaber der Panzergruppe 4, Generaloberst Hoepner, erläßt am 17. 11. für den bevorstehenden Angriff an seine unterstellten Truppen folgenden

Tagesbefehl*)

Die Zeit des Wartens ist vorüber. Wir können wieder angreifen. Die letzte russische Verteidigung vor Moskau ist zerschlagen. Wir müssen das Herz des bolschewistischen Widerstandes zum Stillstand bringen, um den Feldzug für dieses Jahr zu beenden.

Die Panzergruppe hat das Glück, den entscheidenden Stoß führen zu können. Deshalb sind alle Kräfte, der ganze Kampfgeist, der harte Wille zur erbarmungslosen Vernichtung des Gegners zusammenzufassen.

Rütteln Sie die Truppe auf! Beleben Sie ihren Geist! Zeigen Sie ihr das Ziel, das für sie einen ruhmreichen Abschluß der schweren Kämpfe und die Aussicht auf die verdiente Ruhe gibt! Führen Sie mit Tatkraft und Siegeszuversicht! Der Lenker der Schlachten gebe Ihnen Glück!

gez. Hoepner
Generaloberst

Verteiler: bis Btle., Abten und selbst. Kdre.

---

*) Aus: „Geschichte des Pz.Rgts. 7" (10. Pz.Div.) von Oberst a. D. Straub.

18. November 1941:

Durch die Verschiebung des Angriffs der Division REICH um einen Tag sind die Truppen einen weiteren Tag der bitteren Kälte ausgesetzt. Während es am Vormittag im Abschnitt der Division einigermaßen ruhig bleibt, setzt gegen Mittag im Abschnitt des SS-Kradsch.Btl. überfallartig ein sehr starkes Artilleriefeuer ein.

Um 13.00 Uhr greift der Feind — III. Btl. der 258. russischen Schützendivision — von Fetschina aus an und wird abgewiesen. Noch zweimal — um 14.30 Uhr und um 15.30 Uhr — wiederholt er seine Angriffe, kommt jedesmal bis auf Handgranatenwurfweite heran, wird jedoch im zusammengefaßten Feuer der Artillerie und schweren Infanteriewaffen abgewiesen. Das angreifende russische Bataillon war nach Gefangenenaussagen vollkommen frisch und zum ersten Mal im Einsatz.

Um 13.00 Uhr tritt die Kampfgruppe Chevallerie der 10. Pz.Div. bei Roshdestweno zum Angriff an und erreicht bis zum Spätnachmittag den Westrand von Skirminowa.

19. November 1941:

Um 7.15 Uhr tritt die SS-Div. REICH zum Angriff an.

Während das SS-Kradsch.Btl. zunächst in seinen bisherigen Stellungen verbleibt, greifen die beiden durch schwere Waffen verstärkten Regimenter DEUTSCHLAND und DER FÜHRER an; und zwar: rechts Rgt. DER FÜHRER (rechter Nachbar SS-Kradsch.Btl.), links Rgt. DEUTSCHLAND.

Der Kampf um Goroditsche

Das Rgt. DER FÜHRER, das sich in der Nacht mit II./DF rechts und III./DF links zum Angriff bereitgestellt hatte, hat den Auftrag, nach Südosten durch den Wald anzugreifen und den jenseits des Waldes gelegenen Ort Goroditsche zu nehmen. Im Morgengrauen tritt es zum Angriff an, stößt jedoch auf außerordentlich starken Widerstand.

Ein Spähtrupp der 2./SS-Aufkl.Abt. hatte im Abschnitt des III./DF aufgeklärt, war als erster auf Feind gestoßen und läßt sich im Angriff von diesem Bataillon aufnehmen.

Die 78. sibirische Schützendivision, hervorragend ausgerüstet, verteidigt sich im Wald in ausgezeichneten Stellungen und kämpft hart und verbissen.

Nach dem Scheitern des ersten Angriffs wird der Versuch unternommen, mit dem Feuer einer leichten und einer schweren Nebelwerferabteilung den Feind in seinen Stellungen im Wald zu zerschlagen. Jedoch auch nach diesem Feuerinferno wird der Angriff des I./DF und III./DF abgewiesen. Die Wirkung der Nebelwerfer im Wald ist weit geringer, als angenommen wurde.

Es bleibt dem Regimentskommandeur, Ostubaf. Kumm, nur noch die Möglichkeit, mit dem II./DF von Norden her den Wald zu umgehen und den Ort Goroditsche umfassend anzugreifen. Das Bataillon dringt in die Ortschaft ein, wo es zu hartem Häuserkampf kommt. Jedes Haus muß einzeln ausgeräuchert werden. Zur Ausschaltung des flankierenden Feuers aus den Waldstücken ostwärts der Ortschaft wird das III./DF eingesetzt, das im Laufe des Tages diese Feldstellungen in schweren Kämpfen aufrollt.

Gegenstöße der Russen noch am Nachmittag aus südostwärtiger Richtung auf Goroditsche, die abgewehrt werden, lassen darauf schließen, daß der Gegner keineswegs gewillt ist, den Ort zu räumen. Am Westufer hält er sich noch mit zwei Bataillonen.

Bis zum Abend hat sich das II./DF nach hartem Häuserkampf bis in die Mitte des Ortes durchgefressen. Auch das I./DF ist erneut zum Angriff angetreten und hat den Ostrand von Fetschina erreicht. In dem Waldzipfel nördlich Fetschina hält sich der Gegner noch. Ein Gegenstoß in Stärke von zwei Bataillonen aus der Gegend Pawelkowo wird am Abend abgewehrt.

Der Kampf um Ssloboda

Das Regiment DEUTSCHLAND ist um 6.00 Uhr zum Angriff angetreten. Es gelingt, den Gegner zu überraschen und den Übergang über die Oserna zu erzwingen. Das erste Angriffsziel ist Ssloboda.

Es sind eingesetzt: rechts I./D und links II./D.

Das II./D, unterstützt durch die Sturmgeschütze „Blücher" und „Lützow", das nach Überschreiten der Oserna nach Norden einschwenkte, um befehlsgemäß Ssloboda von Süden her anzugreifen, überrumpelte den feindlichen Stützpunkt auf der Höhe 600 m südlich der Ortschaft. Erst in diesem Augenblick wird die russische Besatzung von Ssloboda auf den deutschen Angriff von Süden her aufmerksam. In raschem Durchstoßen gelingt es dem II./D, an den Südrand des Ortes heranzukommen, wo es sich in zähem Infanteriekampf festbeißt. Sämtliche Häuser der Ortschaft sind unterminiert und so zu starken Kampfständen ausgebaut.

Da keine schweren Waffen zur Verfügung stehen, weil der einzige vorhandene Übergang über die Oserna westlich der Ortschaft durch russisches Pak- und MG-Feuer aus Ssloboda gesperrt ist, kann man den in den Häuserbunkern verschanzten Russen nur in zähen Einzelkämpfen beikommen.

Nach erneuter Bereitstellung greift das II./D zum zweiten Mal mit Artillerie- und Nebelwerferunterstützung zusammen mit den beiden Sturmgeschützen Ssloboda an.

Uscha. Streng, 2./D, beim rechts benachbarten I./D, schildert seine Beobachtung des Kampfes beim II./D wie folgt:

„Zwei Kilometer links von uns zieht sich ein langgestrecktes Dorf über einen freien Bergrücken, wo unser II. Bataillon in den Feuerzauber der Angriffsschlacht untergetaucht ist und seit Morgengrauen die russischen Stellungen am Vorderhang vergeblich berennt. —
Ein feines Grollen und Heulen aus der Ferne — am Himmel zeichnet sich ein breiter feuriger Schweif. Deutsche Nebelwerfer! Wie feurige Lohe, wie glühende Masse lastet die Wucht unzähliger Explosionen auf den russischen Stellungen am linken Dorfrand. Gleich riesigen Irrlichtern tanzen die schweren deutschen Granaten zwischen den Hütten. Aufquellender Rauch und Qualm verhüllen den dunklen Berg. Das Stakkato zahlreicher Maschinengewehre fällt ein. Dort tritt das II./D zum zweiten Mal hinter dem Feuervorhang deutscher Artillerie zum Angriff an. Perlenketten überschießender leichter Flak-Granaten greifen in den Kampf ein."

Doch auch dieser Angriff hat keinen Erfolg. Daraufhin beißt sich das II./D in außerordentlich hartem Ortskampf bis zum Mittag zur Nordhälfte des Ortes durch, wo das weitere Vordringen stockt.
Gegen 16.00 Uhr entschließt sich der Führer des Sturmgeschützzuges,

Ustuf. Kneissl, über den zugefrorenen Oserna-Bach das Westufer zu erreichen und Ssloboda von Westen her anzugreifen. Die Sturmgeschütze brechen zwar ein, können aber auf das westliche Ufer gelangen. Sie greifen gegen 16.30 Uhr Ssloboda an, und es gelingt ihnen in kurzer Zeit, die russischen Pak und MG auszuschalten, die bisher den Bachübergang gesperrt haben, und in den Ort einzudringen.

Nun können endlich schwere Waffen, vor allem 2-cm-Flak, von Westen in den Ort nachgezogen werden, und durch diesen entscheidenden Flankenangriff wird der tote Punkt im Ortskampf überwunden. Aber trotz dieser eigenen Feuerüberlegenheit gibt sich der Feind nicht geschlagen. Haus für Haus muß erst über den Köpfen des Gegners in Brand geschossen werden, bevor Ssloboda beim Einbruch der Dunkelheit fest in der Hand des II./D ist. Der Gegner hat sich in seinen Stellungen bis zum letzten kämpfend totschlagen lassen, ohne sich zu ergeben — auch auf der Gegenseite ein beeindruckendes Beispiel von Standfestigkeit und für den Begriff „Verteidigung".

Aber auch die eigenen Verluste sind hoch. Allein das II./D hat an diesem Tag 138 blutige Verluste (Tote + Verwundete), das ist fast die Hälfte seiner Kampfstärke.

Das I./D und III./D sind südlich an Ssloboda vorbeistoßend anfänglich gut vorwärtsgekommen, bis sie vor heftigem Widerstand der Sibiriaken am Waldrand westlich Nikolskoje liegen bleiben.

Uscha. Streng schildert von diesem Kampftag folgende erschütternde Szene:

Die Sibiriaken geben keinen Pardon

„Nach einer knappen Stunde kommt unser III. Zug (2./D) mit blutigen Köpfen zurück. Endergebnis: 2 Tote, 5 Verwundete . . . Da sehe ich einen der Schwerverwundeten über das vor uns liegende Schneefeld kriechen. In seiner Not und seinem Schmerz hat er sich etwas in der Richtung geirrt und kriecht nun geradewegs auf das Russennest zu. Eine lange Blutspur zeichnet sich durch den Schnee. Meter um Meter kriecht er auf seinen Ellbogen, den Körper schlaff nachziehend, näher. Ich springe hoch und winke mit den Armen zu mir her, um ihn von seinem Weg ins Verderben abzuhalten. Er hört uns schreien, hebt seinen Kopf aus dem Schnee, deutlich sehe ich durchs Glas, wie sich sein Gesicht bei unserem Anblick aufhellt. Mit erneuter Willensanstrengung robbt er auf den Ellbogen den leichten Hang hoch, sein Unterleib gleitet leblos übers Schneefeld.

Alle sind aufgesprungen, ungeachtet der drohenden Gefahr, und brüllen, er solle anhalten. Je mehr wir schreien und winken, desto schneller ist sein Gleiten in den sicheren Tod. Noch 15 Meter bis an die feindliche Buschgruppe, noch 10 Meter, noch 9 Meter ... peng ... peng — seine Ellbogen knicken ein, leblos ruht sein Leichnam im Schnee, gefallen durch Kopfschuß, 30 Meter vor unseren Augen — und nicht helfen können! Wir könnten aufbrüllen vor Wut. Die Sibiriaken geben also einem offensichtlich wehrlosen schwerverwundeten Gegner auch in seiner Todesnot keinen Pardon. — Rasend hämmern unsere Geschosse in das Buschwerk, kreuz und quer zirpen die Querschläger und die Leuchtspur über den Boden. Handgranaten detonieren mit blauen Rauchbällen. Vier Maschinengewehre hämmern, es zischt, berstet und kracht, die erste und vierte Gruppe kriechen vor, versuchen rechts längs der anschließenden Hecken ranzukommen, und wieder sehen ihre Augen in wutverzerrte mongolische Gesichter und solche, die kaltblütig und ernst zurückstarren. Drei, vier, fünf Kameraden fallen mit Kopfschüssen in den Schnee, die übrigen wenden sich rückwärts und werfen sich neben den eigenen MG-Stellungen nieder.

Hüben wie drüben hören wir die Hilferufe der Verwundeten, die sich im Schmerz ihrer Verwundung im Schnee winden.

Der Widerstand der mongolischen Gegner ist von einer Zähigkeit und von einem Fanatismus, wie wir ihn nur selten erlebt haben. Die Sibirier sind in kreisrunden Erdlöchern verschanzt, so daß ihnen selbst unter großen Opfern kaum beizukommen ist ... Sie werfen Handgranaten, schießen aus den Löchern und ducken sich wieder in die Erde zurück. Sie wehren sich wie der Teufel — bis der Befehl für uns kommt, den Angriff einzustellen.«

Die Strapazen für die Männer sind unsagbar. Vom frühen Morgen bis tief in die Nacht liegen sie fast ohne Unterbrechung im Schnee und in eisigem Wind, und sie haben früher nie gewußt, welche körperlichen Schmerzen strenge Kälte verursachen kann, die manchmal fast unerträglich wird — und doch ertragen werden muß.

Ein in den frühen Morgenstunden des 19. 11. bei der Division aufgefangener Funkspruch lautet*):

> „Wir halten den Druck der SS-Faschisten nicht mehr aus und ziehen uns auf die befohlene Linie zurück."

Er scheint jedoch nicht voll für den Gegner vor dem Abschnitt des Panzerkorps zuzutreffen.

Vom Befehlshaber der Panzergruppe 4, Generaloberst Hoepner, trifft folgendes Fernschreiben beim Korps ein, das sofort an die Divisionen weitergegeben wird:

> „Russischer Funkspruch läßt Absetzen vermuten. An Truppe weitergeben: Unermüdlich hinterher! Spart Verluste! Verkürzt Feldzug!"

Auffallend ist jedoch, daß der Russe im Gegensatz zu den Vortagen nur schwache Artillerietätigkeit zeigt. Es ist anzunehmen, daß er sich mit der Masse seiner Artillerie abgesetzt hat, aber noch mit starken Nachhuten den alten Abschnitt hält.

Für die Fortführung des Angriffs am 20. 11. erhalten die Divisionen folgende Aufträge:

> „XXXX. Pz.-Korps stößt in Ausnutzung des heutigen Erfolges am 20. 11. über und südlich Bely bis zur Straße Istra—Nowo Petrowskoje weiter durch.
>
> 10. Pz.Div. nimmt Bely und hält sich bereit, weiter gegen die große Straße zwischen Jadromino (einschl.) und Duplewo-Süd vorzugehen.
>
> SS-Div. ‚Reich' säubert den Nordteil des Oserna-Bogens vom Feind und öffnet den Übergang von Nikolskoje unter Ansatz von Teilkräften nördlich der Oserna. Danach stößt sie über Budjkowo bis zur Straße Istra—Nowo Petrowskoje beiderseits Cholyjanicha durch.
>
> Gegen die im Südteil des Oserna-Bogens und im Brückenkopf westlich Goroditsche noch befindlichen Feindteile sichert die Division mit möglichst schwachen Kräften.
>
> Zur Öffnung des Übergangs von Nikolskoje wird der Division

---

*) Kriegstagebuch des SS-Kradsch.Btl. REICH, Eintragung vom 19. 11. 41

Der Kommandierende General
des XXXX. Panzerkorps, General
der Kavallerie Georg Stumme,
dem die SS-Division REICH
während der Offensive
auf Moskau vom 3. 10. bis
13. 12. 1941 unterstand

Kathedrale von Istra

Brände wüten in der Stadt Istra

Im Schlauchboot über die Moskwa
Winter 1941

Im Schnee versunken

Die letzte Stellung vor Moskau

Rückzug auf die Istra-Stellung

Vor dem Rückzug

eine Panzerkompanie der 10. Pz.Div. vorübergehend unterstellt, die in Bulanina bereitzustellen ist. Nach Erledigung dieses Auftrages tritt die Kompanie unter den Befehl der 10. Pz.Div. zurück."

Personelle Verluste der Division

Am 19. 11. 41 erstellt die SS-Div. REICH folgende Verlustmeldung an die vorgesetzten Dienststellen:

	gefallen:		verwundet:		vermißt:	
	Fhr.	Ufhr./M.	Fhr.	Ufhr./M.	Fhr.	Ufhr./M.
22. 6.—18. 11. 41	78	1575	202	5175	2	154
19. 11. 41	4	74	4	126	—	—
Gesamtverluste seit 22. 6. 1941	82	1649	206	5301	2	154

Die zahlreichen Erkrankungen sind in diesen Verlusten nicht enthalten. — Gesamtverluste: 7394 Mann.

20. N o v e m b e r 1941:

Die in der Nacht angesetzte Gefechtsaufklärung ergibt, daß der Gegner sich bei den Divisionen nicht abgesetzt hat.

Im Abschnitt der SS-Div. REICH wird beim Regiment DER FÜHRER in den frühen Morgenstunden ein erneuter Angriff des Gegners in etwa Bataillonsstärke aus Pawelkowo auf Goroditsche abgewiesen. Das durch die beiden Sturmgeschütze „York" und „Prinz Eugen" verstärkte II./DF greift um 11.30 Uhr in Goroditsche weiter an und hat endlich Erfolg. Nach schweren Häuserkämpfen ist die Ortschaft in den Abendstunden in der Hand des Regiments. Der letzte Feindwiderstand im Wald ist niedergekämpft.

Diese Kämpfe zählen zu den schwersten und aufreibendsten Kämpfen, die die Division bisher erlebt hat.

In hartem Kampf wurde damit der Südwestteil des Oserna-Bogens durch die Division vom Feinde gesäubert. Nach einem letzten verzweifelten Gegenstoß des Russen am Spätnachmittag hat er sich mit schwachen Resten durch das Waldstück ostwärts Goroditsche zurückgezogen.

Die Gewinnung der Enge von Nikolskoje

Beim Regiment DEUTSCHLAND ergibt die Aufklärung, daß auf der Straße Glinki—Nikolskoje stärkerer feindlicher Kolonnenverkehr herrscht. In Borodenka werden umfangreiche feindliche Verminungen festgestellt.

Um 11.00 Uhr tritt das Regiment DEUTSCHLAND mit I./D und III./D auf Borodenka an, um sich hier zum Angriff bereitzustellen. Die Sturmgeschütze „Blücher" und „Lützow" sind unterstellt.

Das II./D wird aus Ssloboda nachgezogen und stellt sich im Waldzipfel 1200 Meter südwestlich Nikolskoje zum Angriff auf den Ort bereit.

In einem verlassen Bunker in Borodenka werden die Minenpläne für die Verminungen um Nikolskoje gefunden. Besonders die Enge ostwärts der Ortschaft ist stark vermint. Der Gegner hat im Raume um Nikolskoje über 3000 Minen verlegt, die anhand der vorliegenden Minenpläne durch die 16. (Pi.)/SS-„D" und Teile des SS-Pi.Btl. REICH geräumt werden.

Der ursprünglich auf 14.00 Uhr festgesetzte Angriffsbeginn auf Nikolskoje wird, da die Aufklärung inzwischen dort nur schwache Feindbesetzung festgestellt hat, auf 12.45 Uhr vorverlegt.

Ohne nennenswerten Widerstand werden das I./D und III./D durch die inzwischen freigelegten Minengassen hindurchgeschleust und gewinnen gegen 14.00 Uhr den Oserna-Übergang (Sumpfenge) ostwärts Nikolskoje. Der Feind hatte den Ort geräumt. Auf der Höhe hinter dem Ort werden in etwa 1200 Meter Entfernung Feldstellungen erkannt und von den beiden Sturmgeschützen beschossen, während die Infanterie weiter vorgeht.

Die Brücke am Oserna-Übergang ist gesprengt, der mehrere hundert Meter lange Damm zur Sprengung vorbereitet. Die Sprengladungen werden von den Pionieren sofort entfernt. Da das Eis die schweren Waffen noch nicht trägt, müssen diese zurückbleiben. I./D und III./D besetzen Warwarina und Goroditsche und sichern hier.

Die Pioniere haben bis zum anderen Morgen in ununterbrochenem Einsatz mit dem Räumen der Minen zu tun. Der Bau der Brücke und die Schaffung einer Auffahrt auf den Fahrdamm nehmen trotz Anspannung aller Kräfte voraussichtlich auch noch den nächsten Tag in Anspruch.

Das II./D verbleibt zunächst in Nikolskoje und sichert nach Süden. Da der Angriff auf der ganzen Front des Korps gute Fortschritte macht und der Gegner vor dem Abschnitt des SS-Kradsch.Btl. REICH in der Nacht abgebaut hat, wird das Bataillon schon um 05.00 Uhr morgens aus den Stellungen herausgezogen und erreicht von der linken Flanke der 10. Pz.Div. über Manoschina am Abend Goroditsche nördlich des Troszjenskoje-Sees, nimmt Verbindung mit dem I./D und III./D auf und teilt sich mit ihnen in die Sicherungen.

Im Kriegstagebuch des XXXX. Pz.-Korps steht unter dem 20. 11. 1941 wörtlich*):

„Die 78. sib. Schtz.Div., die bei diesen Kämpfen sehr stark angeschlagen wurde, (von dem Schtz.Rgt. 40 und 258 können nur noch Reste nach Osten entkommen sein) ist der härteste Gegner, den die SS-Division REICH im Ostfeldzug überhaupt gehabt hatte. Sehr gut bewaffnet und ausgerüstet, kämpft jeder einzelne Mann, bis er erledigt wird. Von der beispiellosen Härte der Kämpfe zeugt die Tatsache, daß allein in und um Goroditsche 812 tote Russen gezählt werden konnten. Einem so brutal kämpfenden Gegner ist ebenfalls nur mit den gleichen Maßnahmen entgegenzutreten.
Der Generaloberst Hoepner weist in folgendem Fernschreiben nochmals besonders darauf hin:
‚Abends gelang es dem Feind im Abschnitt des V.A.K., vorübergehend eine Ortschaft zu nehmen, in der etwa 30 verwundete deutsche Soldaten lagen. Der bestialische Feind hat nach einem kurzen Verhör alle Verwundeten erschossen. Diese Handlungsweise ist bezeichnend für die Bolschewisten und ein Hohn auf jedes Völkerrecht. Ich wünsche, daß dieser Vorfall jedem kämpfenden Soldaten der Panzertruppe bekannt wird. Gnade einem solchen Feind gegenüber ist nicht am Platz. Er ist unbarmherzig zu vernichten. Jeder deutsche Soldat kämpft um sein Leben.'"

Die 10. Panzerdivision erkämpfte sich den Austritt aus dem Wald ostwärts Bulanino, nahm um 11.20 Uhr Bely und durchstieß die feindliche Stellung noch am Abend am Molodilnja-Abschnitt. Trotz des

---

*) Bundesarchiv-Militärarchiv Freiburg: XXXX. A.K. 13093/1 vom 22. 11. 1941

Gegenangriffs eines russischen Bataillons mit 7 Panzern T 34 wird im Nachtgefecht der Ort Rubzowo genommen.

Der Auftrag für die SS-Division REICH, bis zur Straße Istra—Nowo Petrowskoje durchzustoßen, bleibt für den nächsten Tag unverändert.

21. November 1941

Gegen 09.00 Uhr tritt das SS-Kradsch.Btl. REICH vor dem Regiment DEUTSCHLAND auf dem Waldweg nach Budjkowa unter miserablen Wegeverhältnissen an, wobei die 1. Kradsch.Kp. ein schweres Waldgefecht zu bestehen hat, zu dessen Flankenschutz die 4. Kradsch. Kp. angesetzt wird.

Uscha. Streng (2./D) schreibt dazu:

„Als unser I. Bataillon [I./D] über die weißen Felder als Angriffsreserve anrückt, kommt uns die blutige Ernte dieses schweren Waldgefechtes entgegengewankt. Kradschützen mit Arm- und Brustschüssen, blutgetränkte Verbände um den Kopf geschlungen. Sankas [Sanitätskrankenkraftwagen] und Kräder bergen die blutigen Menschenbündel und bringen sie ins Dorf."

Die SS-Kradschützen stoßen von Budikowa über Kolonja im. Tompa auf Jadromino vor, wo die Verbindung mit der 10. Pz.Div. hergestellt wird, welche Jadomino inzwischen genommen hat.

Regiment DEUTSCHLAND, das dem SS-Kradsch.Btl. in der Reihenfolge III./D, I./D und II./D gefolgt ist, erreicht gegen 13.00 Uhr Budikowa. Anschließend tritt das Regiment auf Lisina an, während das SS-Kradsch.Btl. nach Nordosten abdreht mit dem Auftrag, zunächst Tschassowaja zu erreichen.

Da am Molodilnja-Abschnitt stärkerer Feindwiderstand erwartet wird, sollen durch gewaltsame Aufklärung die Möglichkeiten zur Bildung eines Brückenkopfes erkundet werden.

Es sind eingesetzt:

rechts: III./D; links: I./D; dahinter II./D.

Nachdem die Panzerspähtrupps der SS-Aufkl.Abt. in den Nachmittagsstunden feindliche bespannte Kolonnen im Anmarsch von Schibanowa in die Flanke des Regiments DEUTSCHLAND festgestellt haben, wird II./D rechts rückwärts hinter III./D gestaffelt.

In Lisina wird das III./D mit den Sturmgeschützen „Prinz Eugen"
und „Derfflinger" auf Troiza angesetzt. Der Gegner liegt in gut ausgebauten Feldstellungen. Innerhalb einer Stunde werden sie genommen, und Troiza wird gegen Abend besetzt, während das I./D auf
Wassiliewskaja angesetzt ist.

Uscha. Streng schreibt darüber:

Ein Dorf wird erstürmt

„Wir schwenken in Troiza nach rechts ab und stoßen durch die Wälder vor. Unweit tuckert ein russischer Traktor im Wald umher. Diesmal sind wir den Russen dicht auf den Fersen. Nach zwei Kilometern
stoße ich mit meiner Gruppe aus dem Waldrand. Hundert Meter weiter duckt sich ein Dorf [Wassiliewskaja] am abfallenden Hang. Aus
den Hütten und dem Waldrand sehe ich bei unserem Näherkommen
braune Gestalten ausbrechen, sich rückwärts drehen und mit langen
Sätzen den steilen Hang abwärts davoneilen. Da bricht Geschrei aus
unseren Kehlen — siegessicher und anfeuernd! Und plötzlich rennen
alle den Russen hinterdrein. Weitausgreifend laufe ich mit meiner
Gruppe zum Dorf. Da sehe ich die russischen Haufen durch den Grund
am anderen Hang hoch ins Buschwerk flüchten. Wild durcheinander
springen wir abwärts, den fliehenden Russen dicht auf den Fersen.
Dann werde ich mit meiner Gruppe von oben zurückgerufen. Das
Bataillon sammelt im Ort."

III./D stößt auf eine feindliche motorisierte Kolonne, welche von Südwesten nach Nordosten ausweicht und zur Abwehr übergeht. Der
Feindkolonne werden sehr schwere Verluste zugefügt. In der eintre-
tenden Dunkelheit weicht sie in Richtung Weretenki aus.
Während der Nacht sichert III./D in Troiza, I./D in Wassiliewskaja
und am Wegekreuz 1 km südostwärts davon, II./D sichert in Lisina.
Rgt.Gef.-Stand und vorgeschobener Div.-Gef.-Stand befinden sich
ebenfalls in Lisina.
Das Regiment DER FÜHRER folgt an diesem Tage zunächst hinter
dem Regiment DEUTSCHLAND.
Das XXXX. Pz.-Korps soll am kommenden Tag den Angriff zur Einnahme von Istra fortsetzen.

Dazu erhält die Division vom Korps für den 22. 11. 1941 folgenden Auftrag:

„SS-Div. REICH nimmt Cholujanicha und greift über die Linie Shilkino—St. Cholschtschewiki so weit nach Osten an, daß ein Abdrehen der Division über Choltschtschewiki auf Dedeschino möglich ist. Sie gewinnt frühzeitig einen Brückenkopf über die Magluscha bei Dedeschino.
10. Pz.Div. gewinnt Magluscha-Übergang im Abschnitt Dedeschino (ausschl.) — Filatowo (einschl.) und stößt über Jefimonowo gegen die Istra vor. Es kommt darauf an, einen Brückenkopf über die Istra zu gewinnen, ehe der Gegner Zeit hat, das Ostufer der Istra zu besetzen.

Trennungslinien:
zwischen IX. AK und SS-Div. REICH: Istra-Fluß
zwischen SS-Div. REICH und 10. Pz.Div.: Cholujanicha (SS) — Bukarewo (10.) — Jefimonowo (10.) — Andrejewskoje (10.).
Der SS-Div. REICH wird der Arko 128 auf Anforderung zur einheitlichen Leitung des Artillerie-Einsatzes unterstellt."

22. November 1941:
Die Aufklärung des I./D während der Nacht und in den frühen Morgenstunden hat ergeben, daß Weretenki feindfrei ist. Um 08.00 Uhr tritt I./D auf Weretenki an, mit dem Auftrag, starke Aufklärung gegen Cholujanicha und die große Straße Istra—Wolokolamsk vorzutreiben. Diese stellt stärkere Besetzung von Cholujanicha und Feldstellungen an der Straße beiderseits der Ortschaft fest.
Gegen 10.30 Uhr werden II./D und III./D nach Weretenki nachgezogen und stellen sich beiderseits der Ortschaft zum Angriff bereit.
Während I./D und II./D die Ortschaft frontal angreifen, soll III./D durch den Wald südostwärts Cholujanicha vorgehen, Gegner in den Feld- und Waldstellungen an der Straße und 1 km ostwärts der Ortschaft werfen und dann nach Nordwesten einbiegend Cholujanicha angreifen.
In die Bereitstellung hinein schlägt ein schwerer russischer Artillerie-Feuerüberfall, teilweise schweren Kalibers, der empfindliche Verluste verursacht. Allein die 1. Kp./D hat acht Tote, die 2. Kp./D drei Tote

und beide eine größere Anzahl von Verwundeten. Das III./D wird in schwere Waldkämpfe verwickelt und kommt nur langsam voran. Auf Grund des dichten Unterholzes können schwere Waffen nicht nachgezogen werden.

Trotz Artillerie- und Nebelwerferunterstützung kommen die beiden Bataillone nicht voran. Die Sturmgeschütze „Prinz Eugen" und „Yorck" vernichten eine Flak (7,62), drei Pak und eine Feldkanone. Der Gegner wehrt sich sehr hartnäckig und verwendet in der Abwehr Panzer. Nach einer nochmaligen Nebelwerfer-Salve zweier Abteilungen auf die Feldstellungen am Südwestrand von Cholujanicha weicht der Gegner in das ostwärtige Waldgelände aus und gerät dabei in die Flanke des angreifenden III./D. Dabei entwickeln sich erbitterte Nahkämpfe, in deren Verlauf der Gegner in Stärke eines Bataillons teils vernichtet, teils auf seine alten Stellungen zurückgeworfen wird.

Gegen 16.00 Uhr gewinnt der Angriff des I./D an Boden, und es gelingt ihm, in Cholujanicha einzudringen. Bei einbrechender Dunkelheit zieht sich der Gegner nach Nordosten zurück.

In den Nachmittagsstunden wird der Regimentskommandeur SS-DEUTSCHLAND, Standartenführer Jürgen Wagner, auf dem Regimentsgefechtsstand in Weretenki durch Granatsplitter verwundet. Während des Angriffs führt der Divisionskommandeur, Oberführer Bittrich, das Regiment weiter. Nach Beendigung des Angriffs übernimmt der Kommandeur des III./D, SS-Stubaf. Schulz, die Führung des Regiments DEUTCHLAND. Der bisherige Divisionsadjutant, Hstuf. Kröger, übernimmt die Führung des III./D.

Verluste des Regiments DEUTCHLAND am 22. 11. 41:

gefallen: 4 Fhr.   43 Ufhr. u. Mannsch.

verwundet: 3 Fhr.   114 Ufhr. u. Mannsch.

vermißt: 1 Ufhr. u. Mannsch.

Beute des Regiments DEUTSCHLAND am 22. 11. 41:
    2 Geschütze (7,62), 6 sMG, 1 l.Gr.W., 1 schw. Flak, 4 schw. Pak, 2 Geschützprotzen, 1 Muni-Wagen, 2 Kästen Brandflaschen.

Im Kriegstagebuch des XXXX. Pz.-Korps*) finden wir unter dem 22. 11. 1941 folgenden Eintrag:

---

*) Bundesarchiv — Militärarchiv — Freiburg: XXXX. A.K. Nr. 31093/1 vom 22. 11. 1944

„Die SS-Div. ‚Reich‘ trat mit dem Regiment ‚Deutschland‘ zum Angriff auf Cholujanicha an. Das I. und II. Btl., die auf den Ort selbst angesetzt sind, kommen in schweren Häuserkampf, das III. Btl., das in hartem Kampf die Waldstellung südostwärts nimmt, stößt von hier aus auf Cholujanicha vor. Am Abend gelingt es, trotz zähesten Widerstandes (es handelt sich noch um Teile des sibirischen Regiments) den Ort selbst zu nehmen. Die harten Kämpfe um die Waldstellung südostwärts Cholujanicha sind nur verständlich, wenn man persönlich einen Eindruck von diesem Stellungssystem der Russen gewonnen hat. In einer Tiefe von über 500 m hatte der Gegner mit Front auf Cholujanicha MG-Stellungen, Schützenlöcher mit Unterschlupfen und zahlreiche Erdbunker ausgebaut.

Ein Ausräuchern dieser Waldstellungen, bei denen jedes Schützennest gut getarnt ist, kann nur im Nahkampf geschehen, da ein Einsatz von Granatwerfern und Paks in dem dichten Waldgelände so gut wie unmöglich ist.

Erschwert wurden die Kämpfe noch durch folgenden Umstand: Das II. Btl. des Regiments ‚Deutschland‘, das aus dem Walde ostwärts Weretenki die Stellungen von Süden aufrollte, wurde durch einen Entlastungsstoß der Russen von etwa 400 Mann, die von Cholujanicha aus nach Osten vordrangen, überrascht.

Jedes einzelne Schützen- und MG-Nest mußte im Nahkampf genommen werden. Der Russe selbst war gut mit Nahkampfmitteln, wie Handgranaten und Molotow-Coctails, ausgerüstet. Unzählige tote Russen bedeckten am Abend das Kampffeld.

Das III. Btl. ‚Deutschland‘ verlor bei diesen Kämpfen über 40 Tote und 80 Verwundete.

Eine Kompanie, die auf Shilkino vorgestoßen ist, hat hier Feindbesetzung gemeldet und sichert am Waldrand westlich Shilkino.“

Paul Carell berichtet in „Unternehmen Barbarossa“ über diesen Kampfabschnitt auf S. 159 u. a.:

„Das XXXX. und XXXXVI. Panzerkorps der Panzergruppe 4 müssen den Sibiriern Dorf um Dorf, Waldstück um Waldstück abkämpfen. Schritt für Schritt arbeiten sich die Vorausabteilungen und Kampfgruppen der 5. und 10. Panzerdivision sowie der SS-Infanteriedivision (mot.) ‚Das Reich‘ durch das Gelände, über offene windgepeitsche Felder, durch tiefe verschneite Wälder.“

Der amerikanische Historiker George H. Stein schreibt in seiner „Geschichte der Waffen-SS"*):

„Es war bezeichnend, daß die Verluste der Waffen-SS viel höher lagen, als die des Heeres. Die SS-Division ‚Reich' zum Beispiel hatte 60 % ihrer Gefechtsstärke bis Mitte November verloren, darunter 40 % ihrer Offiziere; dennoch bildete sie den Stoßkeil bei einem größeren Angriff auf Moskau und erzielte einen der tiefsten Einbrüche der ganzen Offensive. Im Verlauf der russischen Wintergegenoffensive versuchte ‚Das Reich' — wie alle Einheiten der Waffen-SS an der Ostfront — Hitlers Befehl (‚Kein Rückzug!') buchstäblich zu erfüllen und erlitt dadurch sogar noch größere Verluste."

23. November 1941:
Infolge der schwachen Gefechtsstärken und der Kälte — und auch, um den abgekämpften Männern hin und wieder eine Aufwärmung und kurzfristige Erholung zu ermöglichen, führt die Division nunmehr den Angriff kampfgruppenweise im Wechsel zwischen Regiment DEUTSCHLAND und Regiment DER FÜHRER.
Das Regiment DER FÜHRER greift daher um 09.30 Uhr befehlsgemäß mit II./DF und III./DF über die Sicherungen des Regiments DEUTSCHLAND hinaus an, überschreitet die Alte Poststraße und den Bahndamm Wolokolamsk—Moskau mit dem Auftrag, die Ortschaft Gorki zu nehmen, einen Brückenkopf über die Magluscha (Bach) zu bilden und Glebowo in Besitz zu nehmen.
Da I./DF im Anschluß an III./D sichert und eine Ablösung durch Teile von SS-DEUTSCHLAND eine zu große Verschiebung gäbe, wird das II./D für den Angriff dem Regiment DER FÜHRER unterstellt, während das I./DF dem Regiment DEUTCHLAND untersteht. Diese Teile verbleiben in den Sicherungsabschnitten des Vorabends. Im Vorgehen von Nordwesten erreicht das Regiment DER FÜHRER Gorki, das nur von schwachen Kräften des Gegners besetzt ist. Der Feind hatte sich offensichtlich über den Magluscha-Bach in den Ort Glebowo zurückgezogen. Die Sturmgeschütze „Yorck" und „Lützow" unterstützen das Vorgehen der Infanterie über den Bach, den sie jedoch nicht selbst überschreiten können.

---

*) George H. Stein: „Geschichte der Waffen-SS", Droste-Verlag, S. 151

Mit ihrer Unterstützung jedoch bildet die Kampfgruppe DER FÜHRER einen Brückenkopf über den Magluscha-Bach, und am späten Nachmittag gelingt es ihr, Glebowo zu nehmen.

Die Brückenkopfstellung hier ist günstig, da das ostwärtige Ufer stark überhöht ist, während der Gegner weiter ostwärts das in einer Mulde liegende Brusilowo noch besetzt hält. Die Kampfgruppe DEUTSCH-LAND sichert an der Straße südostwärts Cholujanicha, an der Eisenbahn 1,5 km nordostwärts des Ortes und 1 km südlich Gorki nach Südosten die rechte Flanke der Division.

Auch der rechts benachbarten 10. Pz.Div. gelingt es an diesem 23. 11., bei Kursakowo — Markowo einen Brückenkopf über die Magluscha zu bilden.

Damit hat das XXXX. Pz.-Korps an diesem Tage durch die Bildung der beiden Brückenköpfe die Voraussetzung für den weiteren Vorstoß auf Istra geschaffen.

Die Division erhält daher gegen 23.00 Uhr noch folgenden Korpsbefehl:

> „Auszug aus dem Panzergruppenbefehl:
> Panzergruppe 4 greift zur restlosen Vernichtung des Gegners nördlich der Moskwa mit allen Kräften weiter an. Durch schnelles Zupacken Gegner nicht zu erneutem Setzen kommen lassen! Schwerpunkt der Gruppe Geyer nunmehr eindeutig bei Istra. Wegnahme durch Umfassung von Süden und Norden."
> **Zusatz des XXXX. Pz.-Korps**
> „Es kommt darauf an, ohne Rücksicht auf das Vorkommen des XXXXVI. Pz.-Korps im Verbande des XXXX. Pz.-Korps möglichst schnell den Übergang über den Istra-Abschnitt nördlich der Stadt Istra zu gewinnen, um diese zu nehmen.
>
> gez. S t u m m e "

24. November 1941:
In der Nacht zum 24. 11., 02.00 Uhr, werden die Sicherungen des Regiments DEUTSCHLAND durch das SS-Kradsch.Btl. und durch die SS-Aufkl.Abt. übernommen.

Beim Regiment DEUTSCHLAND werden das I./D und III./D bis unmittelbar hinter das Regiment DER FÜHRER nachgezogen, während

218

das bisher beim Regiment DER FÜHRER eingesetzte II./D wieder zu seinem Regiment zurücktritt.

Nach Bereitstellung südlich und ostwärts Bukarewo tritt das Regiment DEUTSCHLAND aus dem Brückenkopf heraus über das Regiment DER FÜHRER hinweg mit dem II./D rechts über Senkino und dem I./D links durch das Waldstück ostwärts Bukarewo an, während das III./D hinter dem II./D folgt.

Da Senkino nur schwach feindbesetzt ist, wird das I./D zusammen mit dem III./D abgedreht:

Das I./D wird südlich Jefimonowo vorbeigeführt mit dem Auftrag, die Waldspitze südlich Babkino zu erreichen, dort zu sichern und Übersetzmöglichkeiten über die Istra zu erkunden.

Das III./D wird auf Jefimonowo angesetzt, das gegen 14.00 Uhr nach Brechen von geringem feindlichem Widerstand genommen wird.

Das I./D stellt durch Aufklärung fest, daß Babkino feindfrei ist. Die Istra kann jedoch hier nicht überschritten werden.

Das II./D erreicht über Bukarewo von Norden Waldecke auf Höhe 500 m ostwärts Bukarewo. Dabei erledigt das Sturmgeschütz „Blücher" eine Pak. Aus den erreichten Stellungen werden Feldstellungen bekämpft und der Ort Kutschi unter Feuer genommen. „Lützow" vernichtet dabei ein Geschütz.

Damit ist trotz teilweise zähen Widerstandes das Nordufer der Magluscha und damit die Ausgangsstellung für das Vorgehen auf die Stadt Istra gewonnen worden.

Bereitstellung für den Angriff auf Istra

Der Befehl des XXXX. Pz.-Korps für den 25. 11. lautet auszugsweise:

„XXXX. Pz.-Korps nimmt am 15. 11. Istra.

Ich erwarte, daß die Divisionen sich der entscheidenden Bedeutung dieses Angriffs bewußt sind und alle Kräfte restlos an die Erreichung dieses Zieles setzen.

10. Pz.Div. stößt in ihrem Abschnitt, ohne das Vorgehen der 5. Pz.Div. abzuwarten, über die Istra bis in Gegend Sokoljniki durch, dreht hier nach Südwesten ein und greift auf Istra weiter

an. Es kommt darauf an, dem Gegner frühzeitig die nach Nordosten und Osten führenden Rückzugsstraße abzuschneiden.

SS-Div. ‚Das Reich' deckt die Südflanke der 10. Pz.Div. durch Vorgehen einer Regimentsgruppe über Senkino auf Nikulino. Durch Vorstoß stärkerer Stoßtrupps auf Istra ist Angriff auf Istra von Westen her vorzutäuschen. Sich hierbei ergebende günstige Möglichkeiten sind zum Einbruch in Istra auszunutzen. Masse der Division ist von Senkino über Jefimonowo hinter den fechtenden Teilen der 10. Pz.Div. dichtauf auf das Ostufer der Istra nachzuführen und greift aus Gegend Maksimowka nach Süden an. Gegenüber der Feindstellung bei Cholschtschewiki sind die geringstmöglichen Kräfte zu belassen. Durch Stoßtruppangriffe ist der Gegner zu fesseln und weichendem Feind nachzustoßen.

gez. S t u m m e "

Aus dem
„Divisionsbefehl für die Fortsetzung des Angriffs am 15. 11. 1941" geht über die Gesamtangriffsführung auf Istra im Rahmen der Panzergruppe 4 folgendes hervor:

Während das IX. A.K. (rechts von SS-REICH) aus der Linie Petrowskoje—Davidowskoje—Kotowo von Süden und Südosten auf Istra angreifen wird, stößt das XXXX. Pz.-Korps am 25. 11. zum Fluß Istra nördlich der Stadt Istra vor, bildet einen Brückenkopf auf dem Ostufer, um von dort aus nach Süden eindrehend die Stadt Istra von Norden her anzugreifen.

Hierzu soll die 10. Pz.Div. (links von SS-REICH) über Sholesnikowo auf Babkino und weiter nach Erreichen der Gegend von Sokoljniki von Nordosten her angreifen.

Über die Kampfführung der Division heißt es in obigem Divisionsbefehl u. a. wörtlich:

„3.) SS-Division ‚Reich' setzt am 25. 11. den Angriff aus dem Brückenkopf um Glebowo nach Osten fort, erreicht Senjkino und stößt von dort mit Masse in enger Anlehnung an 10. Pz.Div. ebenfalls auf Babkino vor. Teile werden von Senjkino durch das Waldgebiet nordwestlich Istra durchstoßen und in Gegend Höhe 186,5 durch Feuer schwerer Waffen und rege Spähtrupptätigkeit unterstützt durch die Artillerie, den Gegner über die Bewegung der Hauptkräfte täuschen.

Teile der Division täuschen den Gegner gegenüber den Feldstellungen an und südlich Straße Petrowskoje—Istra durch ständige Spähtrupp- und Stoßtrupptätigkeit über die Angriffsrichtung.

Regiment DEUTSCHLAND stellt sich hinter den Sicherungen bei Bukarewo so zum Angriff bereit, daß es um 08.00 Uhr zum Angriff in ostwärtiger Richtung antreten kann. Erstes Angriffsziel: Semjkino. Von dort weiterer Angriff über Jefimonowo auf Babkino.

Regiment DER FÜHRER sichert die rechte Flanke des angreifenden Regiments DEUTSCHLAND, indem es dem Angriff folgt und verschiedene Schwerpunkte der Sicherung in der Südflanke bildet.

SS-Kradsch.Btl. löst bis 24.00 Uhr mit Masse das Regiment DEUTSCHLAND mit seiner Sicherung ab, mit Teilen das I./DF.

SS-Aufkl.Abt. sichert gegen die feindliche Stellung und kärt in der rechten Flanke der Division auf zwischen dem SS-Kradsch. Btl. und 252. I.D. [rechte Nachbar-Division]."

Die Panzergruppe 4 würdigt in folgendem Fernschreiben die Kämpfe des XXXX. Pz.-Korps:

„Korps jetzt selbständig! Vorwärts! Istra nehmen! und weiter auf Brechowo. Divisionen haben sich ausgezeichnet geschlagen.

gez. H o e p n e r "

Mit diesem Tage wird die Unterstellung des XXXX. Pz.-Korps unter das IX. AK mit sofortiger Wirkung aufgehoben.

Der Angriff auf Istra

25. November 1941:
Der 10. Pz.Div. gelingt es in der Nacht zum 25. 11. in kühnem Vorstoß, Shelesnikowo zu nehmen. Nach Brechung stärkeren Widerstandes stößt die Kampfgruppe in den frühen Morgenstunden weiter vor, wirft den Gegner, nimmt Busharowo, bildet ostwärts davon einen Brückenkopf über die Istra, und es gelingt ihr dabei, die Brücke unversehrt in die Hand zu bekommen.

Durch das Ausholen der 10. Pz.Div. nach Nordosten scheint der Gegner überrascht zu sein. In Busharowo wurden die Russen teilweise noch in der Unterwäsche angetroffen. Die Stellungen nördlich Busharowo waren so gut wie unbesetzt.

Das Regiment DEUTSCHLAND tritt zum Angriff an. Das Ostufer der Istra wird als schwach besetzt gemeldet. Übergangsmöglichkeiten über die Istra werden zunächst nicht gefunden.

Gegen 13.50 Uhr hat III./D Jefimonowo erreicht, I./D befindet sich von Waldstück 800 m südlich von Jefimonowo aus im Vorgehen.

Bildung eines Brückenkopfes über die Istra

Während des Vorstoßes des II./D mit dem Sturmgeschütz-Zug unter Ustuf. Burmeister bekommt dieser folgenden neuen Befehl:

„Vorstoß an die Istra und Istrabrücke nehmen!"

Gleichzeitig wird beim Regiment DER FÜHRER die 15. (Kradsch.) Kp. zur Aufklärung in Richtung Istra angesetzt.

Über diesen Kampf um die Bildung eines Brückenkopfes über die Istra berichtet das Kriegstagebuch der Sturmgeschützbatterie REICH und ein Gefechtsbericht des Regiments DER FÜHRER am 25. 11. 1941:

„Mit einem Panzerspähwagen (SS-Aufkl.Abt.) und Infanterie (II./D) auf Sturmgeschützen aufgesessen und losgefahren. Bei Nikulino erhält die Spitze Gewehrfeuer. Auf der jenseitigen Höhe liegt Istra mit seiner großen Kathedrale, die mit einer starken Mauer umgeben ist. Vor der Stadt werden gut ausgebaute Feldstellungen erkannt. Während die am Waldrand liegenden Russen flüchten, kommen aus Istra und der Kathedrale Russen in großen Mengen gelaufen und versuchen die Feldstellungen zu erreichen.

Die Sturmgeschütze eröffnen das Feuer. Die Russen rennen vollkommen kopflos durcheinander — ein Zeichen, daß der Angriff überraschend kam. Flüchtende Kolonnen, die die Brücke zu erreichen versuchen, werden beschossen. Aus den Feldstellungen vor der Istra flüchtet der Russe über die Notbrücke links der gesprengten großen Brücke (600 m südlich Nikulino).

Da zu befürchten ist, daß auch die Notbrücke gesprengt wird, fahren die Sturmgeschütze ‚Prinz Eugen' und ‚Yorck' bis hart an die Brücke heran.

Aus den Fenstern der Kathedrale und aus den Mauerluken liegt starkes Infanteriefeuer auf der Brücke. Sturmmann Purbs schaut, um sich zu orientieren, einen Augenblick aus der Luke seines Sturmgeschützes und wird dabei tödlich getroffen.

Während die Sturmgeschütze die Umgebung der Kathedrale beschießen, überrennt die 15. Kp./DF unter Führung von Ostuf. Wolkersdorfer gegen 16.00 Uhr in schnellem und überraschenden Vorstoß die Stellungen des Gegners am Westufer, stößt mit fliehenden Russen zugleich über die Brücke vor — die angebrachte Sprengladung wird durchschnitten — und bildet sofort einen kleinen Brückenkopf.

Es gelingt den Russen, ein Pak-Geschütz in Stellung zu bringen und das Sturmgeschütz ‚Prinz Eugen' zu beschießen. Keiner der sechs Treffer geht jedoch durch. Die Pak wird erkannt und durch Volltreffer vernichtet. ‚Yorck' fährt etwas zurück, und der Tote wird ausgebettet. Beide Sturmgeschütze übernehmen bis zum Morgen abwechselnd die Sicherung an der Istra."

Der kleine Brückenkopf der 15./DF liegt unter starkem Feindfeuer aus der Bastion Istra, wie der festungsartige Gebäudekomplex in den Aufzeichnungen auch genannt wird.

Nach der überraschenden Bildung dieses Brückenkopfes wird das II./D unter Stubaf. Hansmann zur Erweiterung des Brückenkopfes angesetzt und für die Kämpfe um Istra dem Kommandeur des Regiments DER FÜHRER unterstellt.

Istra ist eine mittelgroße Stadt, die weit auseinandergezogen auf einem Höhenrücken etwa 500 Meter ostwärts der Brücke beginnt. Das Flüßchen Istra umfließt die Stadt westlich in einem Halbkreis. Auf einem nach Westen bis an den Fluß vorspringenden Höhenausläufer liegt die Kathedrale von Istra — auch Zitadelle, Bastion oder Museumsbastion genannt —, ein Komplex von sechs großen kirchenähnlichen Gebäuden, das mächtigste davon die schöne, alte Kathedrale selbst. Der ganze Komplex ist von einer starken fünf Meter hohen Mauer umgeben. Ein hoher Damm führt von der Straßenbrücke bis an den Stadtrand.

Der Russe hat sich am Höhenrand in gut ausgebauten Stellungen zur Verteidigung eingerichtet und kann die weite Schneefläche zwischen seinen Stellungen und dem Fluß mit MG-Feuer beherrschen. Besonders die Kathedrale ist wie eine Festung zur Verteidigung geeignet und stark besetzt. Außerdem wird der Gegner durch erhebliches Artilleriefeuer unterstützt.

Die tapferen Kameraden der 10. Panzerdivision, ebenfalls arg zusammengeschmolzen — noch 28 Panzer, 4 schwache Schützenbataillone und 10 Geschütze sind der Rest dieser stolzen Panzerdivision — drükken den Gegner von Norden auf die Stadt.

Die Erstürmung der Zitadelle von Istra

In der einbrechenden Dunkelheit des 25. November gelingt es, das III./DF über die Istra-Brücke nachzuziehen und einen vorgeschobenen Regimentsgefechtsstand in einem kleinen Unterstand ostwärts der Brücke einzurichten.

Noch in der Nacht gelingt der 9. Kp/DF unter Führung von Ostuf. Schober ein großartiger Erfolg:

In tollkühnem Vorgehen während der Nacht bricht die Kompanie mit „Hurrah!" in die Stadt ein, und in erbitterten nächtlichen Nahkämpfen setzt sich die 9. Kompanie zunächst fest, gefolgt von anderen Teilen des III./DF. Noch während der Nacht wird in sehr harten Kämpfen der gesamte Komplex der Zitadelle von Istra genommen.

Das Regiment DEUTSCHLAND nimmt zusammen mit den Sturmgeschützen des Zuges Kneissl Jefimonowo, worauf sich der Russe absetzt. Sofort wird mit dem III./D Maksimowka ostwärts der Istra angegriffen. Die Sturmgeschütze können jedoch der Infanterie nicht über die Istra folgen, da die Brücke gesprengt ist. „Blücher" bekämpft eine feuernde russische Batterie und zwingt sie zum Stellungswechsel. Maksimowka kann jedoch in dieser Nacht nicht mehr genommen werden.

Das I./D wird in Nikulino angehalten, um die linke Flanke des Regiments DER FÜHRER zu sichern. Das II./D ist noch am Abend über die Brücke vorgestoßen, bleibt jedoch zunächst im starken feindlichen Abwehrfeuer der Zitadelle liegen.

Das SS-Kradsch.Btl. säubert das Waldgelände westlich Cholschtsche-

wiki, um anschließend dem auf Istra zurückgehenden Gegner nach-
zustoßen. Bei diesem Einsatz wird ein Spähtrupp der 2. Kompanie/SS-
Kradsch.Btl. unter Standartenoberjunker Heise hinter den feindlichen
Linien aufgerieben.

Durch Störung der Fernsprechverbindungen zur 10. Pz.Div. und SS-
Division REICH ist beim XXXX. Pz.-Korps am Abend kein klares
Bild über die Abschlußlage zu bekommen. Die Lage bei und in Istra
ist für das Korps ungeklärt.

Die Stadt Istra in eigener Hand

26. November 1941
Um Mitternacht vom 25./26. 11. wird die Fernsprechverbindung endlich wiederhergestellt.

Der Ia der SS-Div. REICH, Ostubaf. Ostendorff, orientiert den Chef
des Stabes anschließend wie folgt:

„Die Bastion ist in eigener Hand. III./D hat die Istra überschritten
und ist bei Dunkelheit im Vorgehen auf die Stadt. Istra selbst brennt.
Entsandte Aufklärung ist auf keinen Feind gestoßen."

Zu diesem Zeitpunkt hatte also auch die Division selbst noch keinen
klaren Überblick über den sich bereits anbahnenden Erfolg, der sich
erst in der zweiten Hälfte der Nacht klar herausschälte und in schwerem nächtlichen Ringen erzielt wurde.

Ein kleines, aber unvergeßliches Erlebnis aus der Zitadelle von Istra
wird von einem Angehörigen des III./DF, dessen Name leider unbekannt geblieben ist, in der Dezemberausgabe „Der Freiwillige" —
Jahrgang 1966 (S. 8) unter dem Titel „Die Zitadelle" erzählt. Den
Auszug aus diesem Erlebnisbericht könnte man auch überschreiben:

Das war ein Singen — in der Zitadelle von Istra . . .

„ . . . Sie sprengen mit geballten Ladungen die Tore auf, von Hof zu
Hof zieht sich die Blutspur der Verteidiger, und dann verstummen die
Rufe, die Befehle, der Lärm der letzten Gefechte. Von dem gewölbten
Torbogen wirft sich hallend der Marschtritt der letzten einrückenden
Kompanien zurück.

Heute nacht werden die Männer ihren Schlaf finden; nach vier Tagen des ruhelosen Angriffs wird er bleiern und tief sein. Eine eisige Luft ist in den Räumen, in denen die Quartiere für die Nacht gesucht werden. Also muß Holz herbei, um die in die Wände eingelassenen Kamine anzuheizen. Und wieder ist einer da, der der Gelegenheit eine närrische Nase aufsetzen und daran zupfen möchte; er schlägt auf dem Klavier, das aus irgendeinem Winkel herangeschleppt wird, einen raschen Akkord an, und da sind auch schon drei neben ihn getreten und stimmen in einen hallenden Kantus ein. Ein neues Lied, und der am Klavier greift die Begleitung dazu, einer schiebt ihm einen Stuhl heran, jetzt sind es schon zehn, die das Klavier belagern und den Takt mit stampfenden Füßen begleiten. Das Lied braust, und die hellen Stimmen tragen es, sich selber zur Freude, auf die Gänge hinaus; da klappert's und dröhnt es von genagelten Stiefeln rasch heran; die von den anderen Stockwerken füllen den Raum und dann auch die Gänge. Bald scheint die ganze Zitadelle ein einziger Chor hallender Stimmen zu sein.

Sie haben vier Tage eines rastlosen Angriffs hinter sich, sie haben in den Nächten oft nur wenige Stunden im Stehen schlafen können, und bis zu dem Augenblick, in dem sie den letzten Widerstand der Verteidiger zerschlugen, ist ihre Anstrengung übermenschlich gewesen. Und jetzt singen sie! Unter ihnen sind Verwundete mit verbundenen Armen und Köpfen, und auch die singen. Die wilden, jubelnden Lieder, die träumerischen und zarten, das wehmütige vom Lindenbaum, das stille von der Heide und von Wald und Berg und Fluß daheim, das von der Weser und vom Rhein, das von den Nordseewellen. Kaum ist ein Lied zu Ende, als schon ein neues anhebt, und das neue hat nicht weniger Beifall als das verklungene. Wenn die raschen Rhythmen der Tanzlieder aufklingen, wirbeln die Männer den Takt mit den Füßen.

Es ist spät geworden, als der Spieß endlich Ruhe gebietet. Aber wenn auch das Klavier schweigt, so sind doch die summenden Stimmen noch lange wach, immer noch scheinen einige der Männer ungesättigt zu sein und möchten singen von dem, was in ihren Herzen wohnt. Vier Stunden können sie schlafen; für die sechste Morgenstunde ist der Weitermarsch befohlen ... "

Die 10. Pz.Div. hat Maksimowka genommen und hat die Absicht, von Norden her auf Istra weiter vorzustoßen.

Beim Korps erhebt sich nach der überraschenden Einnahme der Zitadelle und dem schnellen Eindringen in die Stadt die Frage, die 10. Pz.Div. jetzt weiter auf Istra anzusetzen oder mit ihr allein sofort nach Osten vorzustoßen.

Auf Grund der günstigen Meldungen von der SS-Division REICH, nach denen damit zu rechnen ist, daß die Division auch ohne Unterstützung Istra nehmen wird, erhält die 10. Pz.Div. den Auftrag, über Andrejewskoje auf Sokolniki vorzugehen, um sich hier für den weiteren Vorstoß nach Osten bereitzustellen. Notfalls soll sie auf Befehl des Korps mit Teilen auf Istra vorstoßen.

Die Division REICH erhält folgenden Auftrag:

> „SS-REICH säubert Istra und die Straße ostwärts Cholschtschewiki. Sie entsendet frühzeitig Teilkräfte auf Höhe ostwärts Aleksino."

Da jedoch diese Aufgabe mit den schwachen Kräften der Division in der ausgedehnten Stadt und bei der noch immer ungeklärten Feindlage nicht allein durchzuführen ist, funkt die Division um 06.30 Uhr an das Korps:

> „Zitadelle fest in eigener Hand. Häuser am Nordostrand seit 06.00 Uhr angegriffen. Gelände ostwärts und bei Nikulino feindbesetzt. Stadt noch unklar. Ansatz 10. Pz.Div. erforderlich."

Um 07.00 Uhr tritt das Korps-Pionier-Bataillon zusammen mit dem SS-Kradsch.Btl. REICH von Cholschtschewiki auf Istra an. Ostwärts Cholschtschewiki ist die Straße gesprengt. Im Walde beiderseits der Straße liegen Mienen.

Ab 07.50 Uhr erhält die 10. Pz.Div. vom Korps den Befehl:

> „Sofort auf Istra antreten, Istra nehmen!"

Der anbrechende Morgen, ein kalter diesiger Tag mit Frost um 20 Grad sieht das Regiment DER FÜHRER in einer schwierigen Situation:

In der Zitadelle hat sich das III./DF festgebissen. Ein Angriff des I./DF und des II./DF zur Erweiterung des Brückenkopfes werden im zusammengefaßten Feuer der russischen Maschinengewehre abgeschlagen. Der Gegner hatte im Laufe der Nacht die Feldstellungen erneut besetzt. Die Sturmgeschütze nehmen die Feldstellungen unter Feuer.

Dabei wird eine Pak erledigt. Der Russe greift mit Artillerie unterstützt wieder an. Die Bataillone können daher keinen Boden gewinnen. Die Brücke kann jedoch gehalten werden. Die Sturmgeschütze fahren im Feindfeuer mindestens zehnmal über die Brücke und bringen Verwundete zurück.

Der Regimentsgefechtsstand in ungünstiger Lage liegt unter starkem Artilleriefeuer. Der Regimentskommandeur, Ostubaf. Kumm, verlegt daher seinen Gefechtsstand zum III./DF, das gegen Mittag von der Zitadelle aus zum weiteren Angriff auf die Stadt antritt.

Zur gleichen Stunde greift auch die Kampfgruppe des Oberstleutnants Maus (verst. Schützenregiment 69 der 10. Pz.Div.) von Norden her in die Kämpfe um die Stadt ein.

Paul Carell schreibt dazu in „Unternehmen Barbarossa" S. 160:

„Das SS-Kradschützenbataillon Klingenberg hatte zuvor die an der Chaussee Wolokolamsk—Moskau hart westlich Istra gelegene Waldbunkersperre zu öffnen gehabt, die von Teilen der berühmten 78. sibirischen Schützendivision verteidigt wurde. Diese Division war dafür bekannt, daß sie weder Gefangene machte noch sich gefangen gab.

Im Nahkampf, mit Handgranaten und Spaten mußten Bunker für Bunker genommen werden. Klingenbergs Kradschützen kämpften mit Bravour, und viele der jungen Männer der Waffen-SS bezahlten mit dem Leben . . ."

Auch das Regiment DEUTSCHLAND tritt mit dem I./D und III./D gegen Mittag zum Angriff an und kommt gut vorwärts.

Mit Einbruch der Dämmerung werden die Feldstellungen am Ostufer der Istra aufgerollt und der Angriff schwungvoll in die Stadt hineingetragen. Der Feind weicht mit Teilen nach Westen zum Fluß Istra aus, da ihn offensichtlich der Angriff von Norden durch die 10. Pz.Div. überraschte.

In schwungvollem Ortskampf stoßen die Bataillone bis an den Südrand der Stadt durch. Versteckte und von Westen zurückflutende Feindteile nehmen jedoch im Rücken den Kampf wieder auf, und bis Mitternacht muß nochmals Straße um Straße durchkämmt werden.

Als um 17.00 und 17.30 Uhr Teile der SS-Division REICH und der 10. Pz.Div. nach längeren heftigen Kämpfen in den West- und Nord-

228

teil der Stadt eindringen, wird vom Korps um 18.00 Uhr fernmündlich folgender Befehl durchgegeben:

„Nordteil von Istra für 10. Pz.Div.,
Südteil für SS-Div. „Reich"
Trennungslinie: Kirche — Straße Kaschino."

Um 19.00 Uhr kann die Division REICH an das Korps melden: „Istra genommen."

Paul Carell schreibt in „Unternehmen Barbarossa" über diesen Kampf um Istra auf Seite 161 u. a.:

„Vor Istra liegt in einer Flußschleife die Zitadelle der Stadt, sie beherrscht die westlichen Zugänge. Der SS ‚Reich' gelingt es, die Zitadelle überraschend zu nehmen. Die SS-Infanterieregimenter ‚Deutschland' und ‚Der Führer', unterstützt durch SS-Artillerieregiment ‚Das Reich', sind von Süden eingebrochen und sickern in die verschanzten Straßen ein. Hitlers und Stalins Garden schenken sich nichts. Die Sibirier müssen weichen. Istra, das Kernstück der letzten Moskauer Schutzstellung, wird genommen."

Im Kriegstagebuch des XXXX. Pz.-Korps[*]) heißt es unter dem 26. 11. 1941 wörtlich:

„Um 19.00 Uhr meldet SS-Div. ‚Reich': ‚Istra genommen.' Die Inbesitznahme von Istra hatte sich dadurch verzögert, daß das Herankommen der 10. Pz.Div. durch Geländeschwierigkeiten, vor allem am Bachgrund nördlich Maksimowka, sowie durch Minen erheblich erschwert wurde. Durch die 10. Pz.Div. wurden allein zwischen der Brückenstelle von Michailowka und Istra 700 Minen aufgenommen.

Auch das Vorwärtskommen des Kradsch.Btls. der SS-Div. ‚Reich' an der Straße Duplewo—Istra verzögerte sich aus diesem Grunde. 19 Straßensprengungen wurden hier behelfsmäßig überbrückt und eine große Anzahl von Minen entfernt.

Zur Ausnutzung des Erfolges ergehen am Abend folgende Aufträge für den 27. 11. an die beiden Divisionen:

Die Divisionen bilden, bzw. erweitern die befohlenen Brückenköpfe so, daß eine unmittelbare Feindeinwirkung auf Istra ausgeschlossen wird. Im übrigen aufschließen, so daß am 28. 11. weiterer Angriff in Richtung Moskau möglich ist.

---

[*]) Bundesarchiv-Militärarchiv Freiburg: XXXX. A.K. Nr. 31093/1

Trennungslinie: Woskressensk (10. Pz.Div.) — Wyssokowo (SS) — Straße von Wyssokowo Richtung Moskau (Straße für SS-Div. ‚Reich'.)"

Beim SS-Regiment DEUTSCHLAND wird um Mitternacht das III./D gegen Polewo angesetzt, nimmt die zur Sprengung vorbereitete Brükke und sichert gegen 02.00 Uhr am Ostrand von Polewo. Das I./D und II./D sichern in Istra.

Im „Divisionsbefehl für die Fortsetzung des Angriffs am 27. 11. 41" heißt es (Auszug):

1.) Die Division „Reich" hat seit Anfang Dezember zunächst durch offensiv geführte Verteidigung und seit Beginn des Angriffs der Panzergruppe 4 durch Vorstoß über die feindlichen Stellungen ostwärts der Oserna und im Nachstoßen hinter dem ausweichenden Gegner die Masse der 78. sibirischen Division, einer Elitedivision der Roten Armee, zerschlagen. Die Division hat nach Überschreiten der Magluscha und des Istra-Flusses in hartem Kampf die Zitadelle westlich Istra und am heutigen Tage die Stadt Istra genommen. Damit ist einer der entscheidenden Eckpfeiler der letzten Verteidigungsfront westlich Moskau herausgebrochen und der Weg zum letzten Angriff gegen Moskau erkämpft.

   Die durch Sturmgeschütze verst. Kradsch.Kp./DF sowie das III./DF und das II./D haben an der Brückenkopfbildung über die Istra und der nächtlichen Erkämpfung der Zitadelle großen Anteil.

   Ich spreche der ganzen Division und insbesondere den genannten Truppenteilen meine Anerkennung für diese Leistungen aus.

2.) Feind hat mit Masse im Laufe des 26. 11. das Ostufer der Istra und die Stadt Istra geräumt und ist mit Nachhuten am Abend dem Angriff der Division ausgewichen.

   Es ist mit planmäßigem Rückzug des Gegners unter Führung ständiger Nachhutgefechte an Orts- und Waldrändern und aus behelfsmäßig ausgehobenen Feldstellungen zu rechnen.

   Seit dem Durchbruch durch die Oserna-Stellung sind neue feindliche Truppenteile nicht mehr aufgetreten.

   Der Feind wird voraussichtlich auf dem Nordufer der Istra südostwärts der Stadt zur Abwehr gegen den Angriff des IX. A.K. eingerichtet sein, während er auf der Straße Istra—Moskau zurückgehen und sein Ausweichen durch starke Nachhuten decken wird.

3.) XXXX. Pz.-Korps setzt Angriff auf Moskau nördlich der Istra fort. Rechts SS-Div. „Reich", links 10. Pz.Div.

Rechter Nachbar: IX. A.K., linker Nachbar 5. Pz.Div.

4.) Grenzen: Zwischen 252. Inf.Div. (IX. A.K.) und SS-Div. „Reich":
Fluß Istra;
zwischen SS-Div. „Reich" und 10. Pz.Div.: Woskressensk (10. Pz.Div.) — Wyssokowo (SS-„R") — Straße nach Moskau (SS-„R")

5.) SS-Division „Reich" stößt aus dem Brückenkopf Polewo an und südlich Straße Istra—Moskau nach Ostsüdost vor und gewinnt am 27. 11. soweit wie möglich Raum.

Hierzu werden 3 Kampfgruppen gebildet:
a) Kampfgruppe Schulz (verst. Rgt. D)
b) Kampfgruppe Kumm (verst. Rgt. ‚DF')
c) Kampfgruppe Klingenberg (verst. Kradsch.Btl. und Aufkl. Abt....)

6.) Beabsichtigte Kampfführung:
Kampfgruppe Kumm stößt aus dem Brückenkopf Polewo und den Sicherungen, welche Kampfgruppe Schulz in der Nacht zum 27. 11. vorgeschoben hat, nach Bereitstellung entlang Straße Polewo—Wyssokowo vor.

Kampfgruppe Klingenberg tritt rechts rückwärts gestaffelt auf dem Weg über Katschabrowo—Sannikowo auf Lushozkoje an, sichert die rechte Flanke der Gruppe Kumm und klärt südlich der Hauptstraße bis zum Fluß Istra auf. Die Gruppe wird nach starkem Widerstand an der Hauptstraße nach Norden zum flankierenden Einsatz eingedreht werden, während Teile Aufklärung und Sicherung in der rechten Flanke fortsetzen.

Kampfgruppe Schulz wird je nach Auftreten des stärkeren Feindwiderstandes bei der rechten oder linken Gruppe und je nach den Straßenverhältnissen, einer der beiden Gruppen nachgeführt, um an der günstigsten Stelle den Schwerpunkt zu bilden.

7.) Hierzu stellt sich **Kampfgruppe Kumm** bis 08.00 Uhr in und hinter dem Brückenkopf Polewo so zum Angriff bereit, daß sie mit Schwerpunkt rechts auf Wyssokowo angreifen kann. Erstes Angriffsziel Wyssokowo. Durchführung der Bereitstellung ist der Division bis 08.00 Uhr zu melden.

Aufklärung ist so frühzeitig anzusetzen, daß sie die Sicherungen am Wald ostwärts und südostwärts Polewo spätestens um 06.30 Uhr überschreitet. Den Spähtrupps ist nach Möglichkeit Tornisterfunkgerät zur Sicherstellung laufender Meldungen mitzugeben.

8.) **Kampfgruppe Klingenberg** tritt nach Fertigstellung der Istra-Brücke südlich Museum durch den Südteil der Stadt Istra an und erreicht möglichst über Makruscha—Trussowo seine Vormarschstraße. Der Zeitpunkt des Überschreitens der Brücke 1,5 km südlich Polewo wird durch Funk befohlen. Aufklärung ist so früh als möglich voraus anzusetzen.

Während die vordersten Teile der Gruppe voraussichtlich zu Fuß antreten müssen, ist die Masse zunächst aufgesessen nachzuführen, um bei sich bietenden Gelegenheiten schnell dem Gegner nachstoßen zu können.

252. I.D., welche am Abend des 26. 11. mit vordersten Teilen die Linie Petrowskoje—Bunikowo erreicht hatte, ist gebeten worden, bei weiterem Vorgehen entlang der Istra enge Fühlung mit rechtem Flügel der SS-Div. „Reich" zu halten. Diese Fühlung ist auch von unserer Seite zu suchen.

Starkem Feindwiderstand weicht die Gruppe nach Möglichkeit aus. Wo dies nicht möglich ist und der Widerstand mit eigenen Kräften nicht gebrochen werden kann, ist beschleunigt Orientierung der Division notwendig.

9.) **Kampfgruppe Schulz** zieht nach Überschreiten des Brückenkopfes Polewo durch Gruppe Kumm die Sicherungen am Stadtrand Istra und die Sicherungen des Brückenkopfes ein und gliedert ihre Kräfte so, daß sie auf Befehl der Division einer der vordersten Gruppen folgen kann.

10.) **Artillerie:**
Arko 128 löst mit unterstelltem SS-Art.Rgt., Nebel-Rgt. 54, Beob.Abt. 36 und II.A.R. 72 folgende Aufgaben:
  a) Unterstützung des ersten Angriffs der Kampfgruppe Kumm mit starken Teilen aus den jetzigen Feuerstellungen,
  b) Vorstaffelung der übrigen Teile nach Hellwerden in den Raum um Istra zur Unterstützung im Schwerpunkt bei fortschreitendem Angriff;
  c) 7./SS-AR wird Kampfgruppe Klingenberg unterstellt.

11.) Pioniere:
Pi.Btl. räumt in der Nacht zum 27. 11. eine Durchgangsstraße
durch Istra von Brücke nördlich Museum nach Polewo von Sper-
ren und Minen und stellt Übergang über den Bachgrund am
Westrand von Polewo für alle Fahrzeuge bis 07.30 Uhr sicher.
Masse der Pionierkräfte ist bei Kampfgruppe Kumm zusammenzufassen. Kdr. Pi.Btl. hält enge Verbindung mit der Gruppe.
16./DF ist ihm zum einheitlichen Einsatz der Pionierkräfte unterstellt. Es kommt darauf an, durch frühzeitige Erkundung schnelle
Entminung an der Straße, Aufräumung sonstiger Sperren und
Instandsetzung zerstörter Brücken sicherzustellen.
Die Pionierzüge der Kampfgruppe Klingenberg sind zum ein-
heitlichen Einsatz zusammenzufassen.

12.) Pz.Jg.Abt. führt eine Kompanie der Kampfgruppe Kumm nach.
Ein Zug ist Kampfgruppe Klingenberg unterstellt und bis 08.00
Uhr nach Südteil Istra zuzuführen.

13.) Flak-Artillerie:
SS-Flak-Abt. wird mit einer le.Batterie auf Zusammenarbeit mit
Gruppe Kumm angewiesen. Ein Zug wird Gruppe Klingenberg
unterstellt. Rest der le.Batterie wird bei Kampfgruppe Schulz
nachgeführt und auf Zusammenarbeit angewiesen.
Le.Flak.Abt. 93 wird gebeten, mit Schwerpunkt den Luftschutz
im Raum um Istra sicherzustellen . . .

Dieser Divisionsbefehl zum letzten Vorstoß in Richtung Moskau zeigt
in seiner klassischen Befehlssprache und in seiner Ausführlichkeit, daß
selbst nach den monatelangen kräfteverzehrenden Kämpfen mit zahlreichen Großkampftagen die Division unter Oberführer Bittrich und
seinem Ia, Ostubaf. Ostendorff (O1 Hstuf. Albert), mit seinen Mit-
arbeitern noch genauso straff geführt wurde, wie in den ersten Tagen
des Rußlandfeldzuges, trotz primitivster Verhältnisse, trotz vieler
Ausfälle und fast ständiger Feindeinwirkung auf den Divisionsstab;
denn auch der Divisionsführung ist in den vergangenen Monaten er-
bitterter Kämpfe das Letzte abverlangt worden.
So ist dieser Befehl in jenen kritischen Tagen vor Moskau ein echtes
Dokument klassischer Führungskunst, das nach wie vor deutlich und
unverwechselbar die Handschrift des verwundeten ersten Divisions-

kommandeurs, SS-Gruf. und Gen.Ltnt. Hausser, des großen Lehrers, Erziehers und Ausbilders der Division und damit der Waffen-SS seit 1935 verrät.

27. November 1941:
Noch mehrere Male durchkämmen in der Nacht zum 27. 11. die Bataillone der Division REICH die Stadt Istra, wobei etwa vier Kompanien Russen aus den Häusern geholt werden.
Der Kommandierende General des XXXX. Pz.-Korps, General der Panzertruppen Stumme, würdigt an diesem Tage die Leistung der bei der Einnahme der Zitadelle von Istra eingesetzten Teile der SS-Division REICH in folgendem

Tagesbefehl*)

„Ich spreche den Führern des III./SS-Rgt. ‚DF‘, des II./SS-Rgt. ‚D‘ und der Kradschützenkompanie des Rgt. ‚DF‘, verstärkt durch Sturmgeschütze, meine besondere Anerkennung aus für die Entschlußkraft und den Wagemut, mit dem sie ihre Truppen bei der Einnahme der Museumsbastion von Istra geführt haben.
Die gleiche Anerkennung allen daran beteiligten Männern der genannten Verbände, die durch den Schneid, den Vorwärtsdrang und die hervorragende Tapferkeit den wesentlichsten Anteil an der Einnahme von Istra haben.
Der Gruppenbefehlshaber, Generaloberst H o e p n e r hat mich beauftragt, auch seinerseits Dank und Anerkennung auszusprechen."

gez. S t u m m e

Wer waren die Männer, die sich seit Monaten durch diese entnervenden, verlustreichen Kämpfe, durch Staub, Schlamm, Regen, Hitze, Kälte, Schnee und Nässe in unsäglichen Strapazen hindurchrackern und denen immer wieder durch die Vorgesetzten des Heeres in Tagesbefehlen höchstes Lob für ihre Tapferkeit und für ihre kämpferische Leistung gezollt wird?

---

*) Bundesarchiv-Militärarchiv Freiburg, KTB XXXX. A.K. Nr. 31093/1 vom 27. 11. 1941

Uscha. Streng, 2./SS-„D" schreibt in seinen Aufzeichnungen über seine Kameraden:

„Aus den prachtvollen sportlichen und kampfgestählten Soldaten der Sommermonate sind durch dauernde Überbeanspruchung ausgemergelte, körperlich und seelisch erschöpfte Menschen geworden, die ‚die Schnauze restlos voll haben', — ausgemergelte Gestalten mit dunklen Schatten um die Augen und einem bitteren Zug um den Mund, seit Wochen unrasierte, verfrorene Gesichter, in der einen Hand einen Knüppel, in der anderen Hand das Gewehr, deren Gedanken in immer größer werdender Sehnsucht nach Ruhe um die Heimat kreisen. Wie oft werden sie durch ein plötzlich auftauchendes Gerücht von einer bevorstehenden Ablösung der Division und einer Verlegung in die Heimat hochgerissen — eine Fata Morgana, die sich immer wieder in nichts auflöst.

Wenn sich die Männer nach vielen Stunden in klirrender Kälte endlich wieder in einer armseligen Kate zusammendrängen können, dann liegen sie bald über und unter den Bänken, auf dem Ofen oder auf dem kalten Boden und verfallen schnell in Mantel und Stahlhelm in tiefen Schlaf totaler Erschöpfung. Sie sind einfach zu ‚fertig', um noch das Beißen und Krabbeln der Läuse an ihrem Körper zu spüren, und dennoch nehmen ihre Sinne im Unterbewußtsein jede drohende Gefahr wahr und alarmieren gegebenenfalls den Schläfer augenblicklich. Es gibt Soldaten unter ihnen, die förmlich jede Gefahr riechen und ihr instinktiv ausweichen.

Es ist eine bekannte Tatsache, daß sich unsere ‚alten Feldhasen' unbewußt durch alle Gefahren hindurchschlängeln, als ob sie einen sechsten Sinn hätten, während der neue Nachschub aus der Heimat gewöhnlich nach wenigen Tagen als gefallen oder verwundet aus der Kompanieliste gestrichen werden muß."

Der Angriff auf Moskau geht weiter

Nach Bildung eines Brückenkopfes bei Polewo tritt die Division nach einem Feuerschlag der Artillerie auf Wyssokowo gegen 15.00 Uhr mit dem Regiment DER FÜHRER — Kampfgruppe Kumm — in zangenförmigen Angriff auf die Stadt an.

Die II./DF mit der 7. Kompanie in vorderer Linie greift mit zwei Sturmgeschützen unter Ustuf. Burmeister an. Die russischen Feldstellungen werden überrannt, und dann dringt die Angriffsspitze im Ortskampf in Wyssokowo ein, wobei das Sturmgeschütz „Derfflinger" eine Pak und ein Geschütz niederkämpft.

Beim Einbiegen in eine Häuserzeile steht plötzlich eine russische Pak vor „Derfflinger" — beide schießen zugleich. Eine Granate schlägt durch den Sehschlitz des Sturmgeschützes — der Fahrer, Sturmmann Arnold, wird tödlich verwundet. Die Kampfgruppe schiebt noch eine Sicherung bis an den Bachabschnitt 1 km ostwärts Wyssokowo vor.

Die Kampfgruppe Klingenberg (Kradsch.Btl. u. Aufkl.Abt.) tritt gegen Mittag an der Eisenbahnlinie nach Moskau südostwärts Istra und südlich Polewo zum Angriff an.

Die Sturmgeschütze „Lützow" und „Blücher" stoßen mit aufgesessenen Kradschützengruppen über Katschaprowo auf Troizkij vor. Der Ort wird genommen, und flüchtende Kolonnen werden von den Sturmgeschützen beschossen. Eine Anzahl russischer Offiziere wird hier gefangengenommen. Die Höhen ostwärts von Troitzkij werden besetzt. Das Regiment DEUTSCHLAND verbleibt am 27. 11. in Istra, vollendet die Säuberung der Stadt und hat Sicherungen bezogen.

Während die 10. Pz.Div. als linker Nachbar zunächst eine Reihe von Angriffen abzuwehren hat, stößt sie am Nachmittag mit Kradschützen, einem Schützenbataillon und den restlichen 7 Panzern (von 150!) nach Osten vor und nimmt die Ortschaften Petschkowa und Kaschino.

Am Abend erhalten die Divisionen den Operationsbefehl Nr. 13 mit folgenden Aufträgen:

„XXXX. Pz.-Korps stößt an und beiderseits der Straße Istra—Moskau auf Pawschino durch.

Es greifen an: rechts SS-Div. ‚Reich'
               links 10. Pz.Div.

Grenzen für Aufklärung und Angriff:
zwischen IX. A.K. und SS-Div. ‚Reich':
      Verlauf der Istra bis Mündung der Nachabinka—Iszakowo (IX. AK) — Pawschino (XXXX. Pz.-Korps);
zwischen SS-Div. ‚Reich' und 10. Pz.Div.:
      Straße Istra—Moskau (für SS-Div. ‚Reich')

zwischen 10. Pz.Div. und XXXXVI. Pz.-Korps:
Busharowo—Eremejewo—Kosino (für XXXXVI. Pz.-Korps)

Für SS-Div. ‚Reich' kommt es darauf an, stärkeren Widerstand an der Straße vorwiegend durch Umfassung von Süden her zu brechen."

28. November 1941:
Während die Kampfgruppe DER FÜHRER in den am Vorabend erreichten Stellungen sichert und einen überraschenden Angriff des Gegners von Nordosten auf Wyssokowo abwehrt, tritt das Regiment DEUTSCHLAND um 05.00 Uhr mit seinen Bataillonen von Istra aus in den Bereitstellungsraum, Wald 1 km nordwestlich Wyssokowo, an.
Die Bataillone stellen sich hintereinander in der Reihenfolge I./D, III./D, II./D bereit. Die Sturmgeschütze „Yorck", „Lützow" und „Blücher" stehen in der Nähe des Bahnwärterhäuschens bei Troizkij. Am Morgen werden die Besatzungen durch Einschläge russischer Salvengeschütze geweckt. Der Russe versucht durchzubrechen, kann jedoch zurückgeschlagen werden.
Die Sicherungen der Kampfgruppe DER FÜHRER liegen 600 Meter ostwärts der Ortschaft. Die Aufklärung ergibt, daß der Bahnhof Manichino feindbesetzt ist.
Um 09.00 Uhr greift I./D über B.W. auf Höhe 204,3 an. Im Bereitstellungsraum wird von der 2./D ein russischer Aufklärer abgeschossen. Das I./D nimmt nach kurzem Feuergefecht den schwach besetzten Bahnhof Manichino. Von dort aus stößt es bis zum Ostrand des Waldstückes ostwärts Manichino durch und gliedert sich erneut zum Angriff.
Um 10.20 Uhr erhält das Regiment DEUTSCHLAND den fernmündlichen Auftrag der Division, mit unterstelltem SS-Kradsch.Btl. nach Fliegereinsatz den Ortschaftenkomplex Pawlowskoje—Lushezkoje—Manichino anzugreifen. III./D und II./D werden auf Pawlowskoje angesetzt. Das I./D, das die Höhe 204,3 genommen hat, soll, durch das III./D und das II./D mitgerissen, Perwommaiskij nehmen.
Das SS-Kradsch.Btl. wird auf Lusheskoje angesetzt.
Nach Vorbereitung des Angriffs durch eigene Nebelwerfer und einige Schlachtflieger (Do 17) tritt das Regiment DEUTSCHLAND um

14.00 Uhr zum Angriff an. Das Artilleriefeuer kommt nicht voll zur Geltung, da für die gesamte Artillerie der Angriff auf 14.30 Uhr festgelegt war, mit Rücksicht auf den Fliegereinsatz jedoch auf 14.00 Uhr vorverlegt werden mußte, Der Feind verteidigt die drei Ortschaften in der Hauptsache an ihrem Westrand.

Um 15.15 Uhr ist Pawlowskoje fest in eigener Hand. Gleichzeitig mit Regiment DEUTSCHLAND ist das SS-Kradsch.Btl. mit drei Sturmgeschützen unmittelbar nach dem Schlachtfliegerangriff auf Pawlowskoje und Lushezkoje zum Angriff auf diese Ortschaften angetreten. Der Angriff hat schnell Erfolg, und um 16.00 Uhr ist Lushezkoje genommen und wird igelförmig gesichert.

Da das Regiment DEUTSCHLAND flankierendes Feuer aus Manichino erhält, werden das II./D und III./D erneut bereitgestellt, um die Ortschaft von Süden her zu nehmen. Nach Vorbereitung durch die Nebelwerfer erfolgt der Angriff auf Manichino von Süden, während gleichzeitig das I./D von Nordwesten in den Ort eindringt.

Bereits um 16.00 Uhr ist der gesamte Ortschaftenkomplex genommen und gesäubert. Die Sturmgeschütze erhalten den Befehl, in Richtung Sannikowo vorzustoßen. Es werden stark befestigte russische Feldstellungen erkannt, die, wie man später feststellt, durch ein russisches MG-Bataillon besetzt waren. Die Sturmgeschütze nehmen die Stellungen unter Feuer, worauf der Russe flüchtet.

Die 10. Pz.Div. nimmt die Ortschaften Darna und Aleksino. Bei den schweren Kämpfen werden ein russischer 52-t-Panzer und sechs T 34 abgeschossen.

Die russische Luftwaffe bombardiert im Laufe des Tages in rollendem Einsatz die Stadt Istra und die Angriffsspitzen der beiden Divisionen. Die eingesetzte 3,7-Flak kann gegen die zum Teil gepanzerten russischen Flugzeuge keinen Erfolg erzielen. Die schweren Flak-Batterien sind größtenteils als Flak-Kampftrupps bei den Divisionen zur Abwehr gegen den russischen Panzer T 34 eingesetzt — eine außerordentlich wirkungsvolle Panzerabwehrwaffe mit durchschlagendem Erfolg.

Das Regiment DEUTSCHLAND hat die Nacht noch in Istra zugebracht. Durch glückliche Umstände waren die Bataillone um 05.00 Uhr bereits aus Istra nach Osten in ihren Bereitstellungsraum abgerückt, so daß sie von diesem Inferno aus der Luft weitgehend verschont bleiben.

Paul Carell schreibt in „Unternehmen Barbarossa" auf Seite 161 darüber:

„Am gleichen Tag beginnt die sowjetische Luftwaffe mit pausenlosen Angriffen auf Istra. Man will den Deutschen das Verkehrszentrum vor Moskau nicht heil überlassen; die deutschen Stäbe sollen — wie sich aus abgehörten Funkbefehlen ergibt — keine Quartiere finden. Die Zwiebeltürme der Kirchen sinken zusammen. Haus um Haus wird von der roten Luftwaffe zerbombt. 2000 Bomben fielen auf das Städtchen, und es blieb wirklich kein heiles Quartier ...

Am 28. November früh nimmt die Waffen-SS [SS-‚Reich'] Wyssokowo und geht weiter auf Moskau vor. Die Stoßtrupps stehen nun schon innerhalb des Dreißig-Kilometer-Kreises um den Kreml.

Das Thermometer zeigt 32 Grad unter Null. Die Männer müssen nachts im Freien liegen. Sie ziehen alles an, was sie haben. Aber es reicht nicht. Sie haben keine Pelze, keine Pelzkappen, keine Filzstiefel, keine Fellhandschuhe. Die Zehen erfrieren. Die Finger in den dünnen wollenen Fausthandschuhen werden weiß und steif.

Aber bei all der Bitternis jener schweren Tage gab es auch tröstliche Stunden und Augenblicke: In den dunklen, unheimlich spannungsgeladenen Nächten um die November—Dezember-Wende 1941, als das ganze Land im klirrenden Frost erstarrt war, als die Ju's nach Moskau rauschten und der nächtliche Horizont vom sowjetischen Flakfeuer illuminiert war, da schaltete man gegen 22.00 Uhr den Belgrader Wachtposten ein, und dann erklang Lale Andersens dunkle Stimme, und die Landser lauschten: ‚Vor der Kaserne ... wie einst Lilimarlen.' Es ist kaum zu glauben, aber wer damals vor Moskau war und lebend davongekommen ist, der weiß es und vergißt es nie, wie ein sentimentaler Landsersong das Heimweh und die Sehnsucht in die Augen schwemmte."

Generaloberst Hoepner besucht die SS-Div. REICH, um sich persönlich einen Eindruck von den schweren Kämpfen zu verschaffen.

Die Verhältnisse werden immer schwieriger. Wenn auch der Kampfwert der Feindverbände erheblich geringer geworden ist — zahlenmäßig ist er den deutschen Divisionen noch immer weit überlegen und verfügt vor allem über ausreichend Artillerie aller Kaliber und Munition seiner schweren Waffen.

Trotz der Auffrischung aus dem aufgelösten SS-Rgt. 11 sind die Kompanien der beiden Infanterieregimenter durchschnittlich auf eine Gefechtsstärke von fünfundzwanzig Mann herabgesunken.

Auflösung des II./DF

Beim Regiment DER FÜHRER muß in diesen Tagen das II./DF aufgelöst werden, und Sturmbannführer H a r m e l , der Kommandeur dieses Bataillons, wird zum Kommandeur des Regiments DEUTSCH-LAND ernannt. Die in zahlreichen Gefechten bewährten Kompanien werden auf das I./DF und III./DF aufgeteilt.

Damit hat dieses hervorragend bewährte Bataillon vorübergehend aufgehört zu bestehen.

2 9 . N o v e m b e r 1 9 4 1 :

Das SS-Kradsch.Btl. erhält den Auftrag, schwachen Feind aus Lamanowo zu werfen und, falls Kujunowo (Chenowo) nur schwach feindbesetzt ist, diesen Ort ebenfalls zu nehmen.

Lamanowo (Lamnowa) wird gegen 11.00 Uhr genommen und der Angriff durch den Wald auf Kujonowo fortgesetzt, bleibt jedoch vor gut ausgebauten Stellungen am Ortsrand des gegen Kujonowo ansteigenden bewaldeten Hanges liegen. Wegen des sehr ungünstigen Geländes werden am Nachmittag die Sicherungen des Kradsch.Btl. auf Lamanowo zurückgezogen.

Das Regiment DEUTSCHLAND stellt sich gegen 10.00 Uhr zum Angriff auf Krjukowo bereit; und zwar: II./D rechts, III./D links des Weges. I./D stellt sich am Wege Manichino — B.W. zum Angriff auf Höhe 208 bereit, die es gegen 11.00 Uhr ohne nennenswerten Widerstand in Besitz nimmt.

Das II. und III./D haben jedoch zähen Widerstand zu überwinden. Der Feind verteidigt sich in gut und geschickt angelegten Feldstellungen. Er benutzt auch Häuser und Scheunen zur Verteidigung, in denen er dicht über dem Erdboden Schießscharten angelegt hat. Erst gegen

16.00 Uhr kann Krjukowo zusammen mit den Sturmgeschützen „Blücher", „Derfflinger" und „Lützow" genommen werden.

Bei diesen Kämpfen fällt der Kommandeur des III./D, SS-Hstuf. Kröger, durch Kopfschuß aus nächster Entfernung aus einem Bunker, der erst mit einer 5-cm-Pak unter Feuer genommen werden muß, bis sich die Besatzung ergibt.

Besonders unangenehm wirkt sich für die Division der Umstand aus, daß das rechts benachbarte IX. A.K. mit seinem linken Flügel, der 252. Inf.Div. nicht zum Angriff angetreten ist. Die Folge davon ist, daß der Feind auf dem überhöhten Südufer der Istra nicht gefesselt wird und daher flankierend auf den Südflügel der Division REICH wirken kann. Von Shewnewo aus geht der Gegner sogar zum Angriff über, der jedoch abgewehrt werden kann.

Generaloberst Hausser schreibt in seinen persönlichen Aufzeichnungen: „Die Kraft des Angriffs gegen den weit überlegenen Verteidiger in Stellungen bei 30 Grad Kälte war erschöpft."

Der Oberbefehlshaber der Panzergruppe 4 meldet am 29. 11. 1941 an die Heeresgruppe Mitte:

„Der Augenblick kann sehr bald eintreten, daß die feindliche Überlegenheit in der Luft und auf der Erde zur Einstellung des Angriffs zwingt."

30. November 1941:

Die Kampfgruppe Kumm (DF) greift mit dem III./D und mit den drei Sturmgeschützen des Zuges Burmeister die feindlichen Stellungen am Bhf. 1 km westlich Lenino an. Die Sturmgeschütze können wegen Geländeschwierigkeiten der Infanterie nur langsam folgen. Es gelingt dem III./D in harten Kämpfen gegenüber zähem Gegner, diesen im Nahkampf zu vernichten, den Bhf. und das Fabrikgelände nördlich davon bis zum späten Abend in Besitz zu nehmen. Auch die Höhe 215,9 und der Ort Trucholowka werden genommen. In Shewnewo sitzt nach wie vor der Feind.

Die 10. Pz.Div. hat nach hartem Kampf mit Panzern und Schützen Petrowsko und Turowo genommen. Die Fliegertätigkeit der Russen ist besonders lebhaft. In niedriger Höhe greifen sie besonders die Angriffsspitzen der Division mit Bombern und Jagdflugzeugen an.

Auflösung des III./D

Während das Regiment DEUTSCHLAND in den erreichten Linien sichert, gliedert es sich um. Die schweren Verluste der vergangenen Wochen machen die Auflösung des III./D erforderlich, um die Gefechtsstärken bei den anderen beiden Bataillonen etwas zu heben. So werden die Reste der Kompanien in das I./D und II./D eingegliedert.

1. Dezember 1941:
Die Lage des XXXX. Pz.-Korps wird immer schwieriger. Der Kommandierende General Stumme fährt zur Panzergruppe 4. Anhand der Beurteilungen durch die Divisionskommandeure und auf Grund seiner persönlichen Eindrücke bei seinen Frontbesuchen trägt er dem Befehlshaber, Generaloberst Hoepner, folgendes vor:

„Das XXXX. Pz.-Korps mit 10. Pz.Div. und SS-Div. ‚Reich' besitzt nicht mehr die Kampfkraft, um mit Erfolg weiter anzugreifen und später an der Abwehrfront Moskaus Angriffe des Gegners abzuwehren. Es ist daher unbedingt erforderlich, sobald wie möglich, das Korps durch die benachbarten Korps herauszudrücken."

W. Haupt schreibt in „Heeresgruppe Mitte" auf S. 111:

„Feldmarschall v. Bock ruft noch am 1. 12. beschwörend aus seinem Hauptquartier in Orscha den Chef des Generalstabes des Heeres an:

‚Der Angriff erscheint nun ohne Sinn und Ziel, zumal der Zeitpunkt sehr nahe rückt, an dem die Kraft der Truppe erschöpft ist.'"

Generaloberst Hausser schreibt dazu in seinen handschriftlichen Aufzeichnungen:

„Am 1. 12. meldete die Heeresgruppe Mitte dem Oberkommando des Heeres, daß der befohlene Angriff keine operative Auswirkung haben könne. Stehenbleiben vor den Toren Moskaus sei nicht möglich. Die Einnahme einer zur Abwehr geeigneten rückwärtigen Stellung wäre erforderlich.
Eine Entscheidung erfolgte nicht."

242

Die SS-Division REICH benutzt den Tag für die Vorbereitung des Angriffs am 2. 12. auf Roshdestweno. Shewneno und Lenino sind ebenfalls vom Feind besetzt.

Beim Regiment DEUTSCHLAND wird im Laufe des Tages die befohlene Auflösung des III./D und seine Eingliederung in die beiden anderen Bataillone durchgeführt.

Wintertarnung

In einem Divisionsbefehl wird die Tarnung der Stahlhelme mit Schlämmkreide oder weißem Tuch sowie die Beschaffung von Schneehemden oder zumindest weißen Tüchern zur Tarnung angeordnet.

Da die Luftwaffe über mangelnde Kennzeichnung der vorderen Linie klagt, sollen bei Mangel von Hakenkreuzflaggen behelfsmäßig rote Tücher als Fliegertücher ausgelegt werden.

Ab 1. Dezember werden die deutschen Flugzeuge mit Winteranstrich eingesetzt: Unterseite helles Weißblau, Rumpf weiß mit grauen Feldern. Gelbe Flügelenden bleiben.

Die russischen Kampfflugzeuge führen neuerdings als Hoheitszeichen den roten Sowjetstern auf weißem Feld mit blauer Umrandung, worüber die Truppe sofort belehrt wird.

Jeder Truppenteil hat beim Beziehen von Ortschaften sofort an allen Ortseingängen Tafeln mit der Ortsbezeichnung anzubringen, damit die zahlreichen Kraftfahrer und Kradmelder, die ohne Karte fahren, ihr Ziel finden können.

Im „Divisionsbefehl für den Angriff am 2. 12. 1941" heißt es u. a. (Auszug):

1.) **Feind** gegenüber SS-Division „Reich" kämpft in der Verteidigung geschickt unter Ausnutzung der hinteren Waldränder, um unsere schweren Waffen nicht zum Tragen kommen zu lassen. Er nistet sich ferner in allen Ortschaften geschickt ein. Seine Männer lassen sich in den Stellungen totschlagen.

Es kommt darauf an, um eigenes Blut zu sparen, für jeden Angriff die letzte schwere Waffe, die verfügbar ist, heranzuziehen und einzusetzen. Der Gegner muß vor Antreten der Infanterie im Wesentlichen zerschlagen werden.

2.) **IX. A.K.** (rechts) ist am 1. 12. zum Angriff auf breiter Front angetreten und hat mit linkem Flügel bis Mittag Padikow und Boriskowo Westrand erreicht.

10. Pz.Div. (linker Nachbar) hat mit Angriffsspitze Nefedjewo Westteil genommen und mit rechtem Flügel nach erbittertem Kampf Sseltwanicha genommen.

3.) **XXXX. Pz.-Korps** setzt am 2. 12. beiderseits angelehnt den Angriff auf Moskau fort und erkämpft sich das Gelände für den Angriff auf die vermutete Feindstellung hinter dem Fl. Nachabinka.

4.) Hierzu nimmt **SS-Div.** „Reich" die Orte Shewnewo und Roshdestweno, so daß am darauffolgenden Tage der Angriff mit Schwerpunkt auf dem rechten Flügel in ostsüdostwärtiger Richtung fortgesetzt werden kann.

5.) . . . .

2. D e z e m b e r 1 9 4 1 :

Für den Angriff auf Shewnewo wird das SS-Kradsch.Btl. dem Regiment DEUTSCHLAND unterstellt, welches den Feind südwestlich der Höhe 215,9 angreifen und den Ostrand des Waldes erkämpfen soll, während das Regiment DER FÜHRER nach erfolgter Umgliederung den Angriff des Regiments DEUTSCHLAND sichern soll.

Das SS-Kradsch.Btl. tritt am späten Vormittag zum Angriff auf Shewnewo an und soll dabei von allen fünf Sturmgeschützen unterstützt werden. Auf der Fahrt zum Bereitstellungsraum waren jedoch die Sturmgeschütze „Prinz Eugen", „Lützow" und „Blücher" wegen Ketten- und Motorschaden ausgefallen, so daß der Angriff nur mit den beiden Geschützen „Yorck" und „Derfflinger" unterstützt werden kann.

Der Angriff auf Shewnewo und die Feldstellungen beiderseits davon wird durch Artillerie- und Nebelwerferfeuer vorbereitet. Der Gegner kämpft außerordentlich hart. Ohne die beiden Sturmgeschütze wäre der Angriff kaum gelungen. Nach zwei Stunden ist Shewnewo gegen 13.30 Uhr durch die SS-Kradschützen genommen. „Yorck" erledigte dabei drei Granatwerfer und ein Langrohrgeschütz, während „Derfflinger" zwei Granatwerfer und ebenfalls ein Langrohrgeschütz zusammenschoß.

Nach Gefangenenaussagen sollte der Ort, der ein Eckpfeiler im derzeitigen Stellungssystem der Russen war, unter allen Umständen bis zum letzten Mann gehalten werden. Drei russische Flak waren in Scheunen in Stellung, und in einer befestigten Feldstellung wurden zwanzig leichte Granatwerfer erbeutet. Der Feind hat sich im wahrsten Sinne des Wortes in seinen Stellungen totschlagen lassen.

Anschließend fahren die beiden Sturmgeschütze zum I./D, um den Angriff auf Roshdestweno zu unterstützen. Auch hier wird der Angriff mit Schlachtfliegern und Nebelwerfern vorbereitet, und um 16.00 Uhr wird der Ort nach erfolgreichem Stuka-Angriff genommen.

Die Division hat damit am Abend folgende Linie erreicht: Shewnewo—Ostrand Roshdestweno—Höhe 215,9—Fabrikgelände nordostwärts Bhf. Smigiri — 1 km ostw. Trucholowka.

Die Spitzen der Division stehen vor Lenino.

Über die Verfassung der kämpfenden Truppe schreibt SS-Uscha. Streng, 2./D, in seinen Aufzeichnungen:

„So können wir uns nur schrittweise unserem Endziel Moskau nähern. Um uns ist eisige Kälte — und das bei schlechter Unterkunft und ungenügender Verpflegung der kämpfenden Truppe. Die Nachschubschwierigkeiten wachsen ständig. Sie sind die Hauptursache unserer Not. Wir wären sonst dem Ziele schon viel näher.

Dennoch erringt die Truppe in übermenschlichen Anstrengungen einen Vorteil nach dem anderen und kämpft sich in bewundernswerter Geduld durch alle Widrigkeiten hindurch.

Vielfach haben sich die Soldaten russische Mäntel und Pelzmützen beschafft und sind kaum noch als deutsche Soldaten zu erkennen. Überall fehlt die Winterbekleidung, alle sind verlaust. Das Anlaufen der Motoren muß durch Anzünden von Feuern unter den Wannen erleichtert werden. Der Betriebsstoff ist teilweise gefroren, das Motorenöl wird dick, und es fehlt das Glysanthin, um das Einfrieren des Kühlwassers zu verhindern.

Die verbliebene geringe Gefechtsstärke der Einheiten wird fortlaufend durch Abgänge an Erfrierungen weiter vermindert. Allzu großen Belastungen darf die Truppe nicht mehr ausgesetzt werden. Es naht der Tag, an dem die Truppe nicht nur am Ende ihrer Kraft ist, sondern die zahlreichen Abgänge an Verwundeten, Erfrierungen und Toten die Gefechtsstärken der Kompanien vollends auflöst.

Dazu kommt, daß die Maschinenwaffen der Gruppen und Züge durch die große Kälte oft versagen, weil sich kein Schloß mehr in den Maschinengewehren bewegt, was natürlich bei einem feindlichen Angriff oder Gegenstoß eine weitere tödliche Gefahr bedeutet.

Diese kämpfenden und halberfrorenen deutschen Fronttruppen stehen und liegen in der unerbittlichen Kälte, die bisweilen bis über 45 Minusgrade absinkt, in ihrer normalen Uniform, ihren normalen Lederstiefeln, ohne Handschuhe, ohne Überschuhe, ohne Schals dem gnadenlosen Kampf und Winter ausgesetzt.

Ganz im Gegenteil dazu stellen wir täglich bei den russischen Gefangenen fest, daß sie das Beste tragen, was man sich überhaupt für die winterliche Ausrüstung vorstellen kann. Ihre dicken Winteruniformen sind durchgehend mit Watte gefüttert. Sie tragen durchwegs Filzstiefel, Pelzfäustlinge und Pelzmützen. Um nicht selbst zu erfrieren, besorgen sich die deutschen Soldaten von den steifgefrorenen Toten diese wertvollen Winterbekleidungsstücke; denn die Erhaltung der Körperwärme ist einfach eine elementare Notwendigkeit, um zu überleben."

Dann heißt es in den Erinnerungen des SS-Uscha. Streng weiter:

Vor uns — das Ziel Moskau

„Lange starre ich in die schweigende sternklare Nacht. In dieser entsetzlichen Kälte werden die gezählten Minuten zu Ewigkeiten. Es ist noch lange vor Mitternacht.

Drüben über dem Weichbild von Moskau hängen plötzlich riesige Leuchtraketen wie Venussterne, und scharf gebündelte Scheinwerferstrahlen jagen sich am Himmel hin und her, verlöschen wieder, zukken an anderer Stelle gespenstisch wieder hoch und kreuzen sich zu riesigen Strahlenbündeln. Dazwischen liegen blitzende Perlenkränze schwerer russischer Flak. Dunkelrot und orangefarben jagen Leuchtspurgarben in langen Schnurreihen in den nächtlichen Himmel.

Moskau dröhnt mit lautem Trommeln durch die Dezembernacht. Schwere deutsche Bomberverbände greifen allnächtlich Moskau aus der Luft an und tragen Tod und Verwirrung in das Zentrum der feindlichen Macht. Über den Konturen der vorausliegenden Hügel blitzt das Krachen der Bombenreihen, bis nach einer halben Stunde die Nacht in das alte Schweigen zurückfällt...

... Nachts kommen wir in einem Haus unter, in dem zwei Frauen leben. Die jüngere von ihnen, welche ein fehlerloses Deutsch spricht, ist in Moskau beschäftigt, von wo sie allabendlich mit der Bahn zurückkehrt. Sie erzählt uns lange von der Stadt Moskau und seinem Leben in den jetzigen Tagen.

Moskau öffnet die Gefängnisse und bewaffnet die freigelassenen Sträflinge. In den Fabriken werden Arbeiterbrigaden zusammengestellt. Frauen und Kinder werden zu Schanzarbeiten eingesetzt. Frische sibirische Truppen sind im Anmarsch. Die Straßen von Moskau sind voll von Truppen der Roten Armee, die zur Front marschieren ... "

Die 10. Pz.Div. ist in ihrer Kampfkraft völlig erschöpft und nicht mehr angriffsfähig. Sie stellt daher den Antrag an das Korps auf Herauslösung.

Am Abend erhalten die Divisionen folgenden Auftrag für den folgenden Tag:

„10. Pz.Div. sichert stützpunktartig in Linie Nefedewo—Turowo—Petrowsko — Waldrand nördlich Sseliwanicha. Unter Festhalten des Stützpunktes Petrowsko können auf Befehl der Division bei starkem Feinddruck die Stützpunkte Nefedewo und Turowo bis in Linie Petrowsko—Nadrowrashje zurückgenommen werden.

SS-Division ‚Reich' dreht unter Sicherung und Aufklärung nach Osten, nach Norden gegen die Straße Talizy—Lenino ein, nimmt Lenino und stellt die Verbindung mit 10. Pz.Div. bei Petrowsko über Sseliwanicha her."

Der Angriff auf Lenino

3 . D e z e m b e r 1 9 4 1 :

Gegen 09.00 Uhr werden die Sicherungen des Regiments DEUTSCHLAND durch das SS-Kradsch.Btl. abgelöst. Durch die Aufklärung wird Selenkowo ostwärts des Baches feindfrei gemeldet. Daraufhin wird von der Division eine Kradsch.Kp. vorgeworfen, um den Übergang für das IX. A.K. zu sichern. Diese besetzt den Ort und die Feldstellung westlich des Ortes.

Nach Beendigung der Bereitstellung des I./D und II./D beiderseits des Weges Roshdestweno—Lenino treten die beiden Bataillone zum Angriff an und ziehen zunächst westlich der „Birnenhöhe" herum, um auf der offenen Fläche gegen die überragenden Höhen in der rechten Flanke gedeckt zu sein.

Im Wald südostwärts Lenino stoßen beide Bataillone auf starke russische Feldstellungen, wobei es zu schweren Kämpfen kommt. Zugleich setzt von Osten her ein heftiges Granatwerferfeuer ein, das sich im Walde sehr verlustreich auswirkt.

Durch die enorme Splitterwirkung im Walde treten starke Verluste, darunter auch empfindliche Führerverluste ein.

Es werden verwundet:
Der Regiments-Kdr.: Stubaf. Schulz, der Kdr. I./D: Stubaf. Meyer, der Kdr. II./D: Hstuf. Hansmann, der Rgt.Ord.Offz.: Ostuf. Balzer, der Adj. I./D: Ustuf. Ott.

Der Regimentskommandeur SS-DEUTSCHLAND und der Kommandeur des II./D führen ihre Einheiten noch bis zum Abend.

Der Russe tritt zweimal zum Gegenstoß an, wird aber durch die Sturmgeschütze unter großen Verlusten zurückgeworfen. Der Angriff auf Lenino kommt kaum vorwärts. Zu verbissen sind die Kämpfe jetzt und zu schwach die wenigen Kompanien.

Nach Säuberung des Waldstückes gehen die Sturmgeschütze in Zugbreite bis auf 500 Meter südlich von Lenino vor. Feldstellungen und Fahrzeugkolonnen werden unter Feuer genommen.„Derfflinger" vernichtet dabei zwei Pak und „Schill" eine Pak. Mit Dunkelwerden gelingt es dem I./D, von Osten her in die Ortschaft einzudringen.

Inzwischen hat das Regiment DER FÜHRER von Süden her auf den Westteil von Lenino angegriffen und ist unter schweren Kämpfen in das Fabrikgelände am Westteil des Ortes eingedrungen, während sich noch der Gegner in der Ortsmitte im Nahkampf verteidigt.

Der Kampf um Lenino dauert bis in die späte Nacht. Zunächst kann nur ein Teil des Ortes genommen werden. Gegen 23.00 Uhr erhält das II./D den Befehl, Lenino von Westen her anzugreifen und unter allen Umständen zu nehmen. Mit der 6./D greifen die Sturmgeschütze an, doch der Gegner hat sich in der Dunkelheit abgesetzt. Lenino wird genommen und gesäubert. Auch die Kompanien des Regiments DER

FÜHRER stoßen durch die Ortschaft und bis über den Bahnhof hinaus vor.

Da jedoch schweres russisches Artilleriefeuer auf Lenino liegt, wird es auf Befehl der Division wieder geräumt, um weitere starke Verluste zu vermeiden.

Die SS-Division REICH geht in der Linie: Westrand Lenino — Höhe südlich davon zur Verteidigung über, und die Bataillone werden noch während der Nacht in ihre Ausgangsstellungen zurückgenommen.

Der sofort wieder in das Dorf eingedrungene Russe wird mit schweren Waffen bekämpft.

Der Befehlshaber der Panzergruppe 4, Generaloberst Hoepner, befiehlt noch am 3. 12. aus eigenem Entschluß einen dreitägigen Halt im Angriff, der niemals mehr fortgesetzt wurde.

Mit dem Erreichen von Lenino ist einer der Vororte von Moskau, etwa 17 Kilometer vom Stadtrand entfernt, durch die Division REICH erreicht.

Der Kommandeur des Regiments DER FÜHRER, Ostubaf. Kumm, berichtet in der Regimentsgeschichte*):

„Der Russe wirft Arbeitermilizen mit Panzerunterstützung zu Gegenangriffen ins Gefecht. Die Männer des Regiments glauben, die Tage an einer Hand abzählen zu können, bis sie in Moskau eindringen werden. Bei klarem Frostwetter sind die Türme der Stadt ohne Fernglas zu erkennen. Eine vorgezogene 10-cm-Kanonen-Batterie schießt Störungsfeuer in die Stadt hinein. In der erreichten Linie wird der Angriff auf Befehl eingestellt. Die Bataillone, rechts III./DF, links an der Rollbahn I./DF, richten sich zur Abwehr ein."

Die 1. Kompanie des SS-Kradsch.Blt. hat mit vordersten Teilen die Endhaltestelle der Moskauer Straßenbahn erreicht.

Generaloberst Hausser vermerkt in seinen handschriftlichen Aufzeichnungen:

„Am 3. 12. 41 meldet die Panzergruppe 4 der Heeresgruppe Mitte, ‚daß die Angriffskraft am Ende sei. Die Gründe dafür sind körperliche und seelische Überanstrengung, nicht mehr tragbarer Ausfall an Truppenführern, mangelhafte Winterausrüstung.

---

*) O. Weidinger: „Kameraden bis zum Ende", Plesse-Verlag Göttingen, S. 101

Jetzt ist ein Entschluß fällig, ob ein Absetzen erforderlich ist. Die er-
reichte Linie an der Autobahn Svenigorod—Istra wäre dafür geeignet.'
Ohne Befehle abzuwarten, befahl die Panzergruppe 4 eine dreitägige
Angriffspause."

Das Armeeoberkommando 4 stellt jeden weiteren Angriff ein und
zieht alle vorgeprellten Divisionen auf die Ausgangsstellungen hinter
die Nara zurück. Eine erneute Weiterführung des Angriffs erscheint
unmöglich.
Damit ist der Frontalangriff der 4. Armee und
der 4. Panzer-Armee auf Moskau endgültig gescheitert.

4. Dezember 1941:
Die Division ist noch während der Nacht in der befohlenen Linie zur
Abwehr übergegangen.
Gegen 07.00 Uhr wird Lenino von russischer Artillerie beschossen.
Eine Stunde später greift der Russe im Abschnitt des SS-Kradsch.Btl.
mit zwei Bataillonen an. Die Kradschützen wehren den Angriff mit
Unterstützung der Artillerie, der Fla.MG. und der Nebelwerfer mit
blutigen Verlusten für den Gegner ab. Um 10.00 Uhr ist der Angriff
endgültig gescheitert. Etwa 200 tote Russen bleiben auf dem Gefechts-
felde zurück. In den Abschnitten der beiden Regimenter bleibt es
ruhig.
Vom Korps geht der Befehl zur Herauslösung der 10. Pz.Div. aus der
Front ein.

Abschied von der 10. Pz.Div.

Mit der Herauslösung der 10. Pz.Div. aus der Front des XXXX. Pz.-
Korps vor Moskau verliert die SS-Div. REICH ihren in vielen gemeinsamen Kämpfen bewährten Kampfpartner und zuverlässigen
Nachbarn, mit dem sie sich bei den schweren Angriffskämpfen der vergangenen Monate ideal ergänzt hat.
Damit endet eine beispielhafte Kampfgemeinschaft einer Panzerdivision des Heeres mit der ältesten Division der Waffen-SS. Eine alte

Kameradschaft verbindet beide Divisionen schon seit dem Sommer 1939 in Ostpreußen, wo das Panzerregiment 7 (10. Pz.Div. Zinten/ Ostpr.) zusammen mit den Stammeinheiten der späteren SS-V-Division, der heutigen SS-Division REICH, im Rahmen der neu aufgestellten Panzerdivision Kempf in gemeinsamen Übungen und Manövern auf dem Truppenübungsplatz Stablack zu einer feldverwendungsfähigen Panzerdivision zusammengeschweißt wurde.

Gemeinsam erlebten dann die SS-Soldaten mit den Panzermännern ihren ersten Kriegseinsatz im Polenfeldzug, wo sie in einer großen Zangenbewegung unaufhaltsam ostwärts um Warschau bis südlich davon an die Weichsel vorstießen und damit die polnische Hauptstadt von Osten her einschlossen. — Ein Beispiel der glänzend bestandenen Probe der jungen deutschen operativen Panzerwaffe.

Seit Beginn des Rußlandfeldzuges gehörten beide Divisionen zusammen mit dem Regiment „Großdeutschland" dem XXXXVI. Pz-Korps an, stießen gemeinsam als Angriffsspitze der Heeresgruppe Mitte bis auf die Höhen ostwärts von Jelnja vor, wo diese drei Eliteverbände im Jelnja-Bogen wochenlang gemeinsam dem Sturm einer fünffachen russischen Übermacht in der am weitesten nach Osten vorgeschobenen Stellung der gesamten deutschen Ostfront trotzten.

Gemeinsam stießen beide Divisionen aus dem Kampfraum Gshatsk beiderseits der Autobahn im Rahmen des XXXX. Pz.-Korps — wieder an der Spitze der Heeresgruppe Mitte — nach Osten vor, durchbrachen in tagelangen schwersten Kämpfen die Moskauer Schutzstellungen bis vor die Tore Moskaus.

Die Opfer, Verluste und Strapazen, die beide Divisionen gemeinsam getragen haben, wurden bereits eingehend geschildert. Die Männer der SS-Division REICH danken bei diesem Abschied, der endgültig sein sollte, ihren unvergeßlichen Kampfgefährten der 10. Panzer-Division für ihren Einsatz als aufopfernde Nachbarn und für ihre stets vorbildliche Kameradschaft!

Die 10. Pz.Div. wurde später nach Afrika verlegt und trat zum deutschen Afrika-Korps. Sie kehrte nie mehr an die Ostfront zurück.

Die Offensive auf Moskau ist gescheitert

Seit diesem 4. Dezember 1941 bis zum heutigen Tage sind die Fragen nach den Gründen für das Scheitern dieser Großoffensive auf Moskau kurz vor dem Ziel nicht verstummt.

Der damalige Regimentskommandeur DER FÜHRER, Ostubaf. Kumm, faßt diese Fragen in seinen Aufzeichnungen wie folgt zusammen:„War es der General Winter? Sicherlich hat die Temperatur, die stellenweise 52 Grad Minus erreichte, den deutschen Soldaten schwer zu schaffen gemacht. Fahrzeuge und Waffen waren nicht dafür eingerichtet und vorbereitet.

Waren es die sibirischen Divisionen? Kampfkräftig und ausgeruht, in weißem Tarnzeug und mit besten Waffen ausgerüstet, haben diese Einheiten ohne Frage eine wesentliche Rolle gespielt. Aber keine entscheidende. Bei Istra z. B. mußten auch diese Verbände den schwachen Kompanien des Regiments weichen.

War es das russische Straßensystem? Waren es die Fehlplanungen des OKW, des Führerhauptquartiers und des Generalstabs? Hatte man die Rote Armee unterschätzt und die Hilfsquellen vor allem ostwärts Moskaus nicht einkalkuliert?

Woran lag die äußerst mangelhafte Ausrüstung für den sich abzeichnenden Winterkrieg? War die deutsche Luftwaffe nicht imstande, den Nachschub des Gegners an die Front bereits ostwärts Moskaus zu stören und zu unterbrechen?

Lag es am Eisenbahnnetz in den eroberten Gebieten? Waren die Lokomotiven auf einen Wintereinsatz vorbereitet oder bereitete die Umnagelung auf die westliche Spurweite Schwierigkeiten?

Viele dieser Argumente dürften sicherlich zusammentreffen. Die deutschen Frontdivisionen haben ohne Zweifel ihr Bestes gegeben. Der monatelange ununterbrochene Kampfeinsatz hatte an den Kräften gezehrt und die Regimenter ausgeblutet. Erfrierungen waren teilweise höher als die blutigen Verluste.

Die Gesamtverluste der Ostfront lagen bis zum 5. Dezember bei ungefähr 750 000 Soldaten. Es drängt sich die Frage auf: hätte eine frische und vor allem für den Winterkrieg gut ausgerüstete Truppe den letzten Widerstand vor Moskau brechen können? Auch gegen einen sich tapfer und teilweise fanatisch sich wehrenden Gegner? Die Vermutung liegt nahe."

Da wir heute den vollen Umfang der Vorbereitungen zur russischen Gegenoffensive kennen und wissen, welche Kräfte aus dem asiatischen Raum ostwärts Moskau dazu bereitgestellt waren, und da wir heute Klarheit darüber haben, in welchem Ausmaß die amerikanischen Kriegslieferungen an Rußland anzulaufen begannen, können wir heute fast mit Gewißheit sagen, daß ein Gelingen der großen deutschen Offensive auf Moskau zu diesem Zeitpunkt nicht mehr möglich war, selbst wenn es den deutschen Angriffsspitzen unter Aufbietung der letzten Kräfte noch gelungen wäre, den Stadtrand von Moskau zu erreichen oder gar die Stadt zu besetzen. Was wäre dann geworden? Wäre Moskau die große Falle für die Heeresgruppe Mitte geworden? Hätte die Riesenstadt nicht die gesamten ausgezehrten deutschen Angriffstruppen verschluckt und gebunden, um den russischen Stoßarmeen die Möglichkeit zu geben, die Heeresgruppe Mitte um so sicherer einzukesseln?

Wahrscheinlich trug das rechtzeitige Anhalten der Panzergruppe 4 mit den anschließenden Absetzbewegungen zunächst auf die Istra-Stellung und später auf die Rusa-Stellung bereits den Keim des Erfolges in der Abwehrschlacht von Rshew in sich, durch die eben diese Einkesselung der Heeresgruppe Mitte durch die russischen Stoßarmeen verhindert wurde.

Die Verluste des XXXX. Pz.-Korps[*)]
vom 9. Oktober bis 5. Dezember 1941

Nach der Originalaufstellung betrugen die Verluste bei den beiden Divisionen, REICH und 10. Pz.Div., sowie bei den Korpstruppen in diesem Zeitabschnitt:

7582 Offiziere, Unteroffiziere und Soldaten

Das waren rund 40 %/o der Sollstärke der kämpfenden Truppe.

[*)] Siehe auch P. Carell: „Unternehmen Barbarossa", Ullstein-Verlag, Seite 172

n) Abwehrschlacht vor Moskau
5. 12. — 21. 12. 1941

Die russische Gegenoffensive:

In seinen persönlichen Aufzeichnungen schreibt Generaloberst Hausser über die Planung der russischen Gegenoffensive — vom Standpunkt des Gegners aus gesehen:

„Der Sommer- und Herbstfeldzug war eine schwere Prüfung — aber der gefürchtete Durchbruch auf Moskau war ausgeblieben.

Das russische Oberkommando hoffte den Rest des Jahres zu überstehen und durch umfassende Maßnahmen im Mittelabschnitt die Hauptstadt dem feindlichen Zugriff zu entziehen. Die Masse der Truppen = 40 % blieb vor Moskau.

Aber Anfang Oktober hatte die Schlacht um Moskau zu schweren Mißerfolgen vor der Westfront und der Briansk-Front geführt (zwei Kesselschlachten).

Wjasma und Gshatsk waren verloren. In den Stäben herrschte Verwirrung. Die gefährlichste Richtung des deutschen Angriffs war Moshaisk—Moskau; nur an der Kalinin-Front im Norden war noch Ruhe. Am 10. Oktober wurde Timoschenko abberufen; die West- und Reservefront trat unter Shukow. Kalinin fiel am 14. 10.; eine neue Front wurde hinter der Wolga bis zum Stausee gebildet. Im Süden hielt sich Tula; die Flügel waren gesichert.

Im Oktober trafen 20 Divisionen und eine Stoßarmee aus dem fernen Osten sowie von der Nordwest- und Südwestfront ein. Sie bildeten die Besatzungen der Moskauer Schutzstellungen. Es begann der Ausbau von Moskau: Miliz-, Arbeiter- und Frauenbataillone wurden gebildet. Das Wetter kam zu Hilfe.

Ende Oktober blieb der Angriff in der Linie Wolga—Stausee (nördlich Istra)—Wolokolamsk—Oka—Aleksin—Tula—Don liegen. Die Abendmeldungen des sowjetischen Informationsbüros vom 25. 11. 41 betonte, ‚wie aussichtslos das Streben des Gegners ist, Moskau zu nehmen; bald werden sie geschlagen'.

Die Westfront wurde umgruppiert.

Am 27. 11. 41 schrieb die ‚Prawda': , . . . vor Moskau muß die Zerschlagung des Feindes beginnen.'

Die russische Westfront wurde von Tag zu Tag stärker; der Aufmarsch der russischen Reservearmeen war abgeschlossen und geheimgehalten. Die Verteidigung Moskaus konnte offensiv geführt werden — zunächst wohl nur frontal gegen den nächsten Gegner.

Erst allmählich entstand der Plan, den Gegenangriff operativ — nach deutschem Vorbild — durch Umfassung der deutschen Heeresgruppe Mitte in Richtung Smolensk zu führen.

Am 30. 11. 41 legte der Kriegsrat der Westfront dem Oberkommando der Roten Armee den Plan für die Gegenoffensive vor. Er besagte: Angriff der 1. Stoßarmee gegen den feindlichen Nordflügel; Angriff der Gruppe der Briansker Front gegen den Südflügel; die starke Westfront angreifend fesseln, vorher Vorgehen der Kalinin-Front in die tiefe Flanke westlich Rshew."

W. Haupt schreibt in „Heeresgruppe Mitte" (S. 109) darüber:

„Jetzt kam die Stunde der ‚Roten Armee'!

Die militärische Führung der Sowjet-Union plante seit Oktober, die deutsche Offensive endgültig zu Fall zu bringen. Sie verfügte über ein Kräftepotential, das einmalig zu nennen war.

Die nach Sibirien verlagerten Industriewerke begannen, ihre ersten Produktionen auszustoßen. Durch rigorose Maßnahmen der politischen und der Wirtschaftsfunktionäre gelang es, die Menschen und das Material des riesigen Reiches zu ungeheuren Kräfteanstrengungen zu entfalten. Die Agenten Moskaus meldeten, daß Japan nicht in den Krieg gegen die UdSSR eintreten wolle. Daraufhin befahl die STAVKA (russ. Oberkommando; der Verf.) sofort, die Truppen der fernöstlichen Armeen an die Westfront zu transportieren.

So rollten in den ersten Tagen des Dezembers 30 Schützen-, 3 Kavalleriedivisionen, 33 Schützen- und 6 Panzerbrigaden frisch an die Front; während das deutsche Heer weder Nachschub an Menschen und Waffen, noch an Verpflegung und Betriebsstoff erhielt!

Die STAVKA gliederte die Truppen vor Moskau um. Sie bildete aus ihren Armeen kräftige Stoßkampfgruppen, die rücksichtslos anzugreifen hatten. Der Plan sah vor:

1.) Abschneiden der deutschen Panzerkeile im Norden und Süden vor Moskau,

2.) Durchstoß in die offenen Flanken,

3.) Vernichtung der Heeresgruppe Mitte.

Die angesetzten Stoßkeile sollten sich bei Wjasma treffen. Damit wäre die gesamte Heeresgruppe Mitte eingeschlossen und das Ostheer katastrophal geschlagen gewesen."

Das russische Heer marschierte zu dieser gewaltigen Gegenoffensive von Nord nach Süd wie folgt auf:
Heeresgruppe „Kalininer Front" mit 5 Armeen (22., 29., 31. und 30. Armee)
Heeresgruppe „Westfront": mit 1 Stoßarmee und 8 Armeen (1. Stoß-, 20., 16., 5., 33., 43., 49., 50. und 10. Armee)
Heeresgruppe „Südwestfront": mit 3 Armeen (3., 13. und 61. Armee)
„Die sowjetische Luftwaffe blieb nach wie vor den Armeen unterstellt. Sie war in ihrer Zusammensetzung den schwachen Kräften des VIII. deutschen Fliegerkorps weit überlegen ...
... Dieser gewaltige Aufmarsch wurde deutscherseits überhaupt nicht erkannt und erwartet. Lediglich die Offiziere und Soldaten vorn ahnten im Unterbewußtsein, daß sich ,Irgendetwas' im Osten zusammenbraute ..."

Noch am Abend des 4. 12. teilt der Ic des XXXX. Pz.-Korps mit: Vor dem linken benachbarten XXXXVI. Pz.-Korps sind drei neue russische Divisionen aufgetreten. Gefangene sagen aus, daß die Russen am 5. 12. um 04.00 Uhr morgens auf der gesamten Nordfront angreifen wollen. Die Divisionen werden unterrichtet.

5. D e z e m b e r 1 9 4 1 :
Um Mitternacht wird von der Panzergruppe 4 durchgegeben, daß in der Nacht mit einem Kälteeinbruch von 30—40 Grad zu rechnen sei.
Zur gleichen Zeit kommt die Nachricht, daß die Istra-Brücke südlich der Bastion Istra vermutlich durch Fernzündung gesprengt wurde.
Seit Mitternacht ist beim linken Nachbarn des Korps besonders starkes Artilleriefeuer zu hören.
Das Herauslösen und die Ablösung der 10. Pz.Div. durch die 5. Panzerdivision geht planmäßig vonstatten.
Um 07.30 Uhr greift der Gegner nach Artillerievorbereitung im Abschnitt des SS-Kradsch.Btl. auf Roshdestweno in Stärke eines verstärkten Bataillons an, wird aber im zusammengefaßten MG-Feuer

und im Feuer der Sturmgeschütze, die am Ostrand des Ortes in Stellung gehen, bis zum Mittag unter schweren Verlusten für den Feind abgewiesen. Die Reste des Bataillons entkommen nach Osten in den Wald.

Am 5. Dezember übernimmt SS-Stubaf. Harmel, bisher Kommandeur des II./DF, endgültig die Führung des Regiments DEUTSCHLAND. Das I./D führt Hstuf. Tost, das II./D Ostuf. Diercks.

Bei einer Besprechung aller Korpschefs der Panzergruppe mit dem Bericht über den Kampfwert der einzelnen Korps meldet Oberst v. Kurowski für das XXXX. Pz.-Korps, „daß die SS-Div. ‚Reich‘ an sich noch angriffsfreudig (besser: ‚angriffsfähig‘! Der Verf.) sei und noch in den letzten Tagen Angriffe geführt habe. Infolge der stark gesunkenen Gefechtsstärken sei sie jedoch nur noch für Angriffe mit beschränktem Ziel und in Anlehnung an das Vorgehen der Nachbarn angriffsfähig. In der Verteidigung bestünden, sofern die geringen Gefechtsstärken berücksichtigt würden, keine Bedenken.
10. Pz.Div. ist nicht mehr angriffsfähig . . . "

Doch auf dem gesamten übrigen Abschnitt der Heeresgruppe Mitte hatte sich die Situation schlagartig geändert.

W. Haupt schreibt in „Heeresgruppe Mitte" auf S. 111:
„Da schlug die Rote Armee zu!
Am Morgen des 5. 12. brach ihre Offensive los. Hunderte von Kampf- und Schlachtflugzeugen stürzten sich mit Bomben und MG-Geschossen auf die frierenden und hungernden deutschen Soldaten, Tausende von Granaten zerschmetterten die letzten Unterkünfte und Geschütze und aus Abertausenden von Kehlen brüllte es ‚Hurräh‘!
Der Angriff traf mit voller Wucht die deutsche Front. Die Heeresgruppe ‚Kalininer Front‘ trat in ganzer Breite zwischen den Waldai-Höhen und Kalinin zum Stoß nach Süden an.
Die Heeresgruppen ‚Westfront‘ und ‚Südwestfront‘ folgten am 6. 12. mit 88 Schützen-, 15 Kavalleriedivisionen und 24 Panzerbrigaden.
Es herrschten Temperaturen unter 30°. Die russischen Truppen waren 100 %ig für den Winterkrieg ausgerüstet.
Die deutsche Front wich fluchtartig zurück. Nur die 4. Armee hielt vorerst in ihren guten Stellungen hinter der Nara stand."

Erst am 5. 12. übermittelte General Jodl der Heeresgruppe Mitte die Ermessensfreiheit, den Angriff einzustellen und hinkte damit der tatsächlichen Frontlage weit hinterher.

6. D e z e m b e r 1 9 4 1 :

Am frühen Morgen um 04.30 Uhr beginnt starkes russisches Artillerie- und Granatwerferfeuer auf Roshdestweno. Während der Nacht ist große Kälte (ca. 30 Grad) hereingebrochen, die sich sehr stark auf Menschen und Material auswirkt.

Um 07.00 Uhr greift der Russe im Abschnitt des Regiments DEUTSCHLAND mit starken Kräften an. Es gelingt ihm, bis dicht an die Ortschaft heranzukommen, doch wird er im zusammengefaßten Feuer vernichtet. Viele Hunderte toter Russen decken das Feld ostwärts der Ortschaft. Wiederholt greift der Russe im Laufe des Tages an, wobei er jedoch immer abgewiesen wird.

Der Regimentsgefechtsstand und das Haus, in dem der Nachrichtenzug untergebracht ist, erhalten Volltreffer. Der Regimentsarzt und der Verbindungsoffizier der Artillerie sowie zwei Drittel der Nachrichtenmänner fallen aus.

Während des ganzen Tages liegt sehr starkes Artillerie- und Granatwerferfeuer auf Roshdestweno und Straße nach Snigiri.

Gegen Mittag sind die Regiments- und Abteilungsadjutanten zur Erkundung von Abwehrstellungen hinter der Istra zwecks Einweisung zur Division befohlen.

Im Abschnitt des SS-Kradsch.Btl., der etwas weiter nach Süden verschoben war, greift der Russe im Laufe des Nachmittags nochmals an. Nach anfangs leichtem und anschließend schwerem Artilleriefeuer auf Roshdestweno arbeitet sich der Feind, obwohl ihn deutsche Nebelwerfer und Artillerie an den Boden zwingen, im Schutz der schnell zunehmenden Dunkelheit an die eigenen Stellungen heran. Beim Russen fällt merkwürdigerweise kaum ein Gewehrschuß. Um das Gefechtsfeld zu erleuchten, werden durch die Pak einige Scheunen in Brand geschossen, wodurch der Kampfraum fast taghell erleuchtet wird. Der Gegner hat sich z. T. sehr nahe herangearbeitet und ist links in kleinen Trupps in das Dorf eingedrungen. Die eigenen Maschinengewehre haben durch die eisige Kälte zahlreiche Ladehemmungen, und die Finger der Schützen sind steif gefroren und gefühllos. Die

258

glücklicherweise in genügender Zahl vorhandenen Handgranaten entscheiden dann den Kampf. Im Nahkampf wird der am Boden kriechende Feind vernichtet. Was sich von den Russen noch retten kann, flüchtet zurück. Zahlreiche Tote bedecken das Gefechtsfeld.

Das Korpskriegstagebuch vom 6. 12. 1941 berichtet:
„Auf Grund der veränderten Lage ist es die Absicht der Panzergruppe 4, den Angriff einzustellen und die Front in einer für den Winter günstigen Verteidigungslinie zurückzunehmen. Es ist vorgesehen, mit dem Ausweichen aus der jetzt gehaltenen Linie ab 10. 12. 1941 zu beginnen, jedoch muß auf höheren Befehl ein frühzeitiges Absetzen ebenfalls vorbereitet sein. Es ist beabsichtigt, vor Beziehen der endgültigen Verteidigungsstellung in einer auf der Karte eingezeichneten Linie nochmals einen Tag Widerstand zu leisten . . .
Vom XXXX. Pz.-Korps wird zum Ausdruck gebracht, daß ein Halten ostwärts der Istra bzw. Beibehalten eines Brückenkopfes bei der Bastion Istra unter keinen Umständen in Frage käme . . . An der Front ist die Lage unverändert. Das Korps ist in der Lage, bei dem augenblicklichen Feindeindruck Angriffe des Gegners abzuwehren und die erreichte Linie zu halten . . . "

7. Dezember 1941:
Beim Regiment DEUTSCHLAND werden während des ganzen Tages ständige russische Angriffe mit neu herangeführten Kräften abgewehrt.
Im übrigen Abschnitt der Division ist es merkwürdig ruhig, was auf Angriffsvorbereitungen des Feindes für den nächsten Tag schließen läßt.
Beim XXXX. Pz.-Korps stellt sich die Lage folgendermaßen dar:
„Das rechte benachbarte IX. A.K. teilt . . . mit, daß sein linker Flügel, die 252. I.D., die augenblickliche Stellung nicht mehr lange halten könne. Die Truppe sei abgekämpft und nicht mehr kampffähig.
Unter diesen Umständen erscheint auch die Lage beim XXXX. Pz.-Korps bedroht, da es nicht möglich ist, die bisher gehaltenen Linien sofort zurückzunehmen. Es besteht z. Zt. nur eine Brücke über die Istra, die andere wird allerdings voraussichtlich noch am 7. 12. wiederhergestellt sein. Auf dem Hauptverbandplatz im Museum Istra be-

finden sich noch 1500 Verwundete, darunter zahlreiche Schwerverwundete, deren Abtransport noch einige Zeit bedarf ... " (KTB)

Nach den fernschriftlichen Anordnungen der Panzergruppe 4 ist als Verteidigungslinie für das XXXX. Pz.-Korps vorgesehen: Stadt Istra — Maksimowka — Istra-Staubecken.

Daraufhin teilt das Korps der Panzergruppe 4 mit, daß es unter keinen Umständen die Verteidigung ostwärts der Istra übernehmen könne. Es wird daher vorgeschlagen, die Verteidigungslinie an das Westufer der Istra zu verlegen, um unnötige Opfer zu ersparen. Die Panzergruppe stimmt diesem Vorschlag zu.

Die Korpspioniere arbeiten im Raum Istra—Museumsbastion an umfangreichen Sperrungen und Verminungen.

Das XXXX. Pz.-Korps soll nach dem Befehl der Panzergruppe in der Nacht vom 9./10. 12. die bisherige Front in die Linie: Manichino — Aleksino zurücknehmen. In der Nacht vom 10./11. 12. soll die Rücknahme der gesamten Front in die Verteidigungslinie westlich der Istra erfolgen.

Eine schwierige Frage im neuen Abschnitt des Korps und damit der Division REICH ist die der Unterbringung, da ein großer Teil der Ortschaften durch die vorhergegangenen Kämpfe zerstört ist und außerdem durch Partisanenaktionen an den bisher noch nicht beschädigten Häusern die Fensterscheiben eingeschlagen sind.

Der Kommandierende General Stumme gibt an diesem Tage nachstehendes **Schreiben an die Kommandeure der Divisionen und Korpstruppen** heraus:

> „Mehr wie je ist es notwendig, daß die Kommandeure und Einheitsführer ihre Soldaten bei jeder sich bietenden Gelegenheit **persönlich** über die militärische Lage und politischen Geschehnisse unterrichten und ihren Untergebenen Gelegenheit geben, diesbezügliche Fragen zu stellen, um gedanklich die ganze Division **einheitlich** auszurichten.
>
> Wenn wir in diesem Winter unser Ziel, auf Kanonenschußweite an Moskau heranzukommen, nicht erreicht haben, so ist dies in erster Linie den außergewöhnlich schlechten Witterungsverhältnissen im Herbst und zu Anfang des Winters zuzuschreiben. Der Feind hat in dem uns aufgezwungenen Stillstand der Operationen

Gelegenheit gefunden, frische Truppen aus dem Fernost heranzuführen, die wir zwar nach Befehl unseres Führers und Obersten Befehlshabers nicht mehr im Angriff, aber in sieghafter Abwehr schlagen wollen, bis er uns wieder zu günstiger Stunde zum Angriff und damit zur völligen Vernichtung des Gegners ruft. Der endgültige Sieg bleibt uns sicher, wenn jeder von uns hart gegen sich selbst, kampfesfreudig und im Gefühl der Überlegenheit über den Feind seine Pflicht tut, wie das deutsche Heer es stets bisher gehalten hat.

Hat ein Soldat das Unglück, in Feindeshand zu fallen, so muß er sich darüber klar sein, daß keine Aussage, wie sehr er auch glaubt, dem Feinde nach dem Munde zu reden, sein Los verbessern und ihn vor dem gewaltsamen oder langsamen Tode an Hunger und Kälte im fernen Osten retten kann. Ehrlos und unwürdig treibt er mit mutlosen und ungünstigen Aussagen über Heer und Heimat Vaterlandsverrat und gefährdet damit das deutsche Volk in seiner Gesamtheit.

Viele Entbehrungen, viele Anstrengungen, die oft an die Grenze unserer Leistungskraft gingen, mußten in der letzten Zeit von uns verlangt werden. Sie haben ihre Früchte getragen. Die Tapferkeit und Zähigkeit unserer Soldaten haben den Feind in vielen siegreichen Schlachten und Kämpfen zerschlagen. Die Beuteziffern geben den Beweis. In der Abwehr rüsten wir jetzt zu neuen Taten, um dann dem Feind endgültig den Garaus zu machen.

Ich bitte alle Kommandeure und Einheitsführer, eindringlich auf die Wichtigkeit dieser einheitlich gedanklichen Ausrichtung hinzuweisen. Sie ist nicht erschöpfend, enthält aber das für die Stunde Wichtigste.

S t u m m e "*)

In den persönlichen Aufzeichnungen des Chirurgen der 1. Sanitätskompanie REICH, SS-Stubaf. Dr. Roschmann, vom 17. 12. 1941 lesen wir folgenden eindrucksvollen Bericht, der Zeugnis ablegt von der aufopfernden Tätigkeit der Ärzte und des gesamten Sanitätspersonals auf den Hauptverbandplätzen und Truppenverbandplätzen der Division in diesen schweren Tagen:

---

*) Kriegstagebuch XXXX. Pz.-Korps vom 7. 12. 1941

Auf dem Hauptverbandplatz in Weretenki

„Tag und Nacht gab es keine Ruhe. Infolge der verlausten Verwundeten bekamen auch wir Läuse. Es gab zahlreiche Schwerverwundete: reichlich Amputationen, Bauch- und Lungenschüsse, Schußbrüche. Und dabei hatte man die traurige Gewißheit, daß sie alle, die doch dringend Ruhe benötigt hätten, in kurzem abtransportiert werden mußten, was für sie unter diesen Bedingungen nicht günstig war. Das und die Ungewißheit, zur rechten Zeit genügend Transportraum zur Verfügung zu haben, kostete viel Nerven.

Es gab wundervolle frostklare, sternenhelle Nächte und zauberhafte Kulissen in den tief verschneiten Wäldern. Aber sah man das noch?

Man wankt in den wenigen Minuten, in denen man nicht dem blutigen Handwerk obliegt, vom Operations- und Verbandraum in die Häuser, in denen die Verwundeten liegen, um sie zu inspizieren, zu verbinden und die geeigneten für den Abtransport herauszusuchen. Inzwischen kommt die Meldung, daß eben wieder neue Verwundete, 8 oder 20 angekommen sind.

Man ißt im Operationsraum rasch einige Bissen Brot und nimmt einen Schluck Kaffee, weil gerade eine Pause eingelegt werden muß, um die blutigen Verbandsstoffe, die ausgeschnittenen Hautfetzen, die blutigen Tupfer, Uniformfetzen und amputierten Glieder wegzuschaffen. Solange hat man Pause, bis wieder neue Verwundete hereingebracht werden.

Es fallen einem die Augen zu, man schläft im Stehen, die Augen tränen und drohen herauszufallen, die Beine sind gefühllos, man ekelt sich vor der blutigen Arbeit, die Läuse beißen, und wenn dann der nächste Verwundete auf dem Tisch liegt, ist es selbstverständlich, daß man sich auf ihn so konzentriert, als wäre er der erste und als sei man völlig ausgeruht. Die Luft ist zum Schneiden durch das notwendige Heizen und weil der Instrumenten-Sterilisator ständig in Tätigkeit ist, — auch durch die vielen Menschen, die hier dicht gedrängt arbeiten, die vielen Gerüche und Ausdünstungen — und das noch in einem Russenhaus, wo es ohnehin nach Kapusta, altem Brot und verschimmelten Kleidern riecht.

Wegen der winterlichen Kälte können die Verwundeten nicht vorher in einem anderen Raum ausgezogen und zur Versorgung vorbereitet werden. Die Wunden waren beim Notverband durch Aufschneiden der Uniform freigelegt und dann verbunden worden. Oft wird festgestellt, daß außer der einen Verwundung noch andere bestehen oder daß nur der Einschuß verbunden ist.

Da der Verwundetenandrang dauernd anhält, was durch die Räumung Istras bedingt ist, so daß wir eben der frontnächste Hauptverbandplatz sind, glaubten wir uns manchmal der Verzweiflung nahe ... "

8. Dezember 1941:

Nach einem ruhigen Verlauf der Nacht greift der Russe nach Artillerievorbereitung seit 07.00 Uhr zeitlich gestaffelt in etwa Regimentsstärke auf der ganzen Front der Division an. Es gelingt ihm, in den Nordteil von Roshdestweno einzudringen und mit fünf Panzern bei Lenino durchzustoßen.

Damit ist dem Feind auf der Naht zwischen SS-Kradsch.Btl. und 16./SS-D ein Einbruch gelungen.

Durch den Regimentskommandeur SS-DEUTSCHLAND, Stubaf. Harmel, wird die letzte verfügbare Kompanie, die 3./D (Stärke 25 Mann) mit zwei Sturmgeschützen angesetzt und wirft den Gegner wieder hinaus. Von dieser Kompanie bleiben nach Bereinigung des Einbruchs der Kompanie-Chef und vier Mann übrig.

Der Kommandierende General fährt sofort zur SS-Div. REICH. Die in Petschkowa und Jermolino zur Verfügung stehenden Panzer der 10. Pz.Div. und zwei Züge 5-cm-Pak (Korpsreserve) werden sofort zur Unterstützung nach Wysokowo in Marsch gesetzt. Im Gegenangriff gelingt es bei den Regimentern DEUTSCHLAND und DER FÜHRER sowie beim Kradsch.Btl., mit besonders wirkungsvollem Einsatz der Sturmgeschütze im gesamten Divisionsabschnitt die Lage wiederherzustellen.

Während des Tages gelingt es, den Gegner vom Leibe zu halten und damit den Beginn des planmäßigen Rückzuges zu gewährleisten.

Im Abschnitt des rechten Nachbarn ist ein starker Feindangriff zu beobachten, dem die stark geschwächte, ausgeblutete und abgekämpfte 252. Inf.Div. nicht mehr standzuhalten vermochte, so daß der Gefechtslärm nach einiger Zeit sich immer weiter nach Westen verschiebt.

Roshdestweno bleibt in eigener Hand. Der Feind führt jedoch laufend von Lobanowo über Selenkowo und von Dedowsskij nach Westen Reserven, dabei auch Artillerie heran. Auf der Höhe ostwärts Roshdestweno setzt er sogar Artillerie in offener Feuerstellung zum Kampf ein.

Im Kriegstagebuch des XXXX. Pz.-Korps heißt es weiter:

„Die Lage ist zwar gegen Mittag bereinigt, es muß jedoch mit erneuten Angriffen des Gegners am Tage, in der Nacht und am folgenden Tage gerechnet werden. . . .

Auch am Nachmittag wiederholte der Gegner seine Angriffe; und zwar mit Schwerpunkt am rechten Flügel der SS-Division ‚Reich' nach eingehender Artillerievorbereitung. Mit verbissener Zähigkeit wurden diese Angriffe durch die SS-Div. ‚Reich' abgewiesen. Teilen des Gegners gelang es jedoch, von Süden her über die Istra bis in Gegend südwestlich Roshdestweno vorzustoßen. Da die Gefechtsstärken der SS-Div. ‚Reich' in den letzten Tagen weiter gesunken sind und durch den Vorstoß der Russen südwestlich Roshdestweno [bei rechtem Nachbar] die Südflanke der Division bedroht ist, wird von der Division befohlen, am rechten Flügel [bei SS-D] um 20.00 Uhr beginnend, die bisherige Stellung aufzugeben und in die Linie: Ostrand Lamanowo—Trucholowka auszuweichen."

Beim Regiment DEUTSCHLAND werden, um 21.00 Uhr beginnend, die letzten Teile des Regiments — Kraftfahrzeuge und Trosse sind schon in westlicher Richtung abgerückt — im Rahmen der Division aus der Hauptkampflinie (HKL) herausgenommen.

Das Absetzen vom Gegner unter leichtem Granatwerferfeuer sowie das Erreichen und Beziehen der neuen Widerstandslinie am Ostrand von Krjukowo erfolgt planmäßig.

Im neuen Abschnitt ist rechts das SS-Kradsch.Btl., in der Mitte das Regiment DEUTSCHLAND und links das Regiment DER FÜHRER eingesetzt.

Das Regiment DER FÜHRER mit je einem Bataillon DF und D bleibt als Nachhut der Division unter dem Befehl von Ostubaf. Kumm am Feind. Der Russe merkt sofort die Veränderung und drängt mit stärkeren Kräften, vor allem auch mit Panzern nach.

Dieser Tag war vor allem auch für die Sturmgeschützbatterie REICH ein Großkampftag. In ihrem Kriegstagebuch finden wir darüber folgenden Gefechtsbericht:

264

Feindangriffe auf der ganzen Front

„Um 08.30 Uhr wird der Sturmgeschützzug alarmiert. Der Russe greift mit starken Kräften auf der ganzen Front an. Unsere eigene Linie ist im Verhältnis zum Gegner nur schwach besetzt. Die drei Sturmgeschütze fahren in Reihe vor und gehen nördlich Roshdestweno etwas gedeckt durch Strohschober in Stellung. Der erste Angriff bricht unter dem Feuer der Sturmgeschütze zusammen. Die Sicht wird durch Schneetreiben stark behindert. Unterdessen setzt der Russe schwere Waffen ein. Eine in Marschordnung herangekommene Panzerabwehr-Kompanie wird auf 1000 Meter erkannt. Sie wird von den Sturmgeschützen unter Feuer genommen und zerschlagen. Einigen Pak gelang es trotzdem, ‚Yorck‘ zu beschießen. Das Geschütz erhält dabei einige Treffer, die jedoch keinen besonderen Schaden anrichten. Die beiden anderen Geschütze halten währenddessen den jetzt in Bataillons- und Regimentsstärke angreifenden Russen nieder. Die Geschütze stehen allein. Infanteriesicherung liegt nicht mehr in diesem Abschnitt. Der Munitionsverbrauch ist groß. Abwechselnd fahren die Geschütze zurück und fassen Munition. Selbst mit Artillerie versucht der Gegner die Sturmgeschütze zum Schweigen zu bringen. Eine am Waldrand in etwa 1300 Meter Entfernung feuernde Batterie wird durch Feuer zur Aufgabe ihrer Stellung gezwungen. Da die Nordflanke nicht genügend gesichert ist, gelingt es dem Russen, in den Nordteil von Roshdestweno einzudringen. Dadurch werden die Sturmgeschütze zum Stellungswechsel gezwungen. Der Ort wird daraufhin frontal angegriffen. Eine herbeigeeilte Kompanie von SS-DEUTSCHLAND greift von Süden her an, und der Russe wird aus Roshdestweno geworfen.
Bald darauf versucht der Feind auf der Höhe nördlich der Ortschaft mit allen Mitteln durchzubrechen.
Die Sturmgeschütze eilen den dort kämpfenden schwachen Kräften zur Hilfe. Gegen 03.00 Uhr geht der Gegner in seine Ausgangsstellungen zurück. Die Sturmgeschütze nehmen die Verfolgung auf und werfen den Russen z. T. aus seinen Stellungen. Ebenso werden die Stellungen auf Höhe 200,5 wirksam beschossen, so daß der Feind diese Stellungen aufgibt. Nachdem der Waldrand noch kurz unter Feuer genommen wurde, tritt Ruhe ein. Das Vorfeld ist von toten und verwundeten Russen übersät.

Roshdestweno gerät am späten Abend in Brand und wird ein Opfer der Flammen. Die Sturmgeschütze ziehen sich über Krjukowo nach Lushezkoje zurück. Auf dem Rückmarsch werden Verwundete mitgenommen und steckengebliebene Fahrzeuge herausgezogen. Die Batterie verläßt Nikulino, fährt bis Dedeschino und zieht hier unter."

Generaloberst a. D. Paul Hausser schreibt in seinen persönlichen Aufzeichnungen:

„Am 8. 12. 1941 befahl auch Hitler in der Weisung 39 den Übergang zur Verteidigung in ‚kräftesparenden Fronten' und das ‚Herausziehen der schnellen Divisionen' zur Auffrischung! Das letztere war umöglich!

Die Heeresgruppe befahl daraufhin als ‚Winterstellung' eine rückwärtige Stellung Kursk—Orel—Kaluga—Rshew zu erkunden und auszubauen."

9. D e z e m b e r 1 9 4 1 :
Im Kriegstagebuch des XXXX Pz.-Korps heißt es unter dem 9. 12. 1941 wörtlich*):

„Der Kommandierende General spricht der SS-Div. ‚Reich' für ihr mustergültiges Verhalten in dieser kritischen Zeit seine besondere Anerkennnung in nachstehendem Tagesbefehl aus:

Tagesbefehl

Wie im unbezähmbaren Angriffsgeist, mit dem von der SS-Division ‚Reich', die siegreichen Schlachten und Kämpfe der rückliegenden Zeit geschlagen wurden, so habt Ihr, Männer der SS, am 8. 12. über einen zahlenmäßig weit überlegenen Gegner, der von allen Seiten mit verbissener Zähigkeit unter Einsatz aller verfügbaren schweren Waffen Euch überrennen wollte, einen Abwehrsieg errungen, der neue Lorbeeren an Eure Fahnen heftet. Dieser Sieg war für die Gesamtoperation von ganz besonderer Bedeutung.

---

*) Bundesarchiv — Militärarchiv — Freiburg/Br., KTB des XXXX. A.K.
Nr. 31093/1 v. 8. 12. 41

Meinen Dank und meine vollste Anerkennung für Eure überragenden Leistungen.

Wir senken die Fahnen vor Euren tapferen gefallenen Kameraden und sind uns eins in der Gewißheit, daß wir weiterhin trotz aller Witterungsschwierigkeiten und der damit verbundenen großen körperlichen Mühen und Anstrengungen dort feststehen werden, wo uns der Befehl hinstellt. Der Endsieg bleibt uns sicher.

Heil unserem Führer!   gez. S t u m m e "

Die Nacht zum 9. 12. verläuft auffallend ruhig. Das Absetzen und Ausweichen in die neue Linie gelingt ohne Zwischenfälle. Der Gegner, der bei den Kämpfen am 8. 12. etwa 1500 Mann verloren hat, scheint keine Kraft zum sofortigen Nachstoßen mehr zu besitzen. Durch Abbrennen der Ortschaften ist den Russen die Unterkunftsmöglichkeit genommen, durch Auslegen zahlreicher Minen außerdem für seinen weiteren Angriff ein Hindernis gestellt.

Die Lage beim Korps ist jedoch nach wie vor gespannt, da die Division REICH, die praktisch den gesamten Korpsabschnitt hält, bei einem scharfen Nachstoßen oder bei einem Angriff auf der gesamten Front bei den geringen Gefechtsstärken die augenblickliche Linie nicht halten kann, insbesondere deswegen, weil die Masse der schweren Waffen bereits in der neuen Verteidigungslinie westlich der Istra in Stellung ist oder sich dorthin im Stellungswechsel befindet.

Und doch folgt der Russe schnell in den leeren Raum nach, obwohl dieser stark vermint ist.

Im Laufe des Spätnachmittags rennt er bereits wieder gegen die neu bezogenen Stellungen der Division an, wird jedoch abgewiesen. Er legt Granatwerfer- und Artilleriefeuer auf den mittleren Abschnitt der Division bei Krjukowo.

Während die Truppe vorne hält, sind die Divisions- und Korpspioniere dabei, das Gelände ostwärts der Istra zu verminen und Kunstbauten zu sprengen, die dem Gegner später Aussichtsmöglichkeiten und Beobachtungsstellen für ihre Artillerie bieten könnten. Die Ortschaften sind großenteils in Brand geschossen.

Mit Dunkelwerden können sich die Nachhuten vom Feinde unbemerkt absetzen und in einem Zuge in die Auffangstellungen hinter der Istra zurückgehen. Hier sind in den letzten Tagen mit allen verfügbaren Pionierkräften Kampfstände und Wohnbunker ausgehoben und gebaut worden.

Beim Einrücken der Truppe sind diese so weit fertiggestellt, daß sie den ersten notwendigen Schutz bieten.

W. Haupt berichtet in „Heeresgruppe Mitte" auf Seite 112:

„Feldmarschall v. Bock meldete am 9. 12. an das Oberkommando des Heeres:

> ‚Heeresgruppe ist an keiner Stelle mehr in der Lage, feindlichem Angriff zu widerstehen.‘"

Der damalige Kradmelder beim Stab des SS-Kradsch.Btl. REICH H. Günther schreibt in seinem Erlebnisbericht*) über diesen Tag:

Der Rückzugsbefehl

. . . .

„Noch am Nachmittag des 9. 12. sollten wir spüren, wie man die Geschichte ‚hinten‘ beurteilte. Ich hatte gerade auf dem Gefechtsstand zu tun, da rasselte der Feldfernsprecher. Untersturmführer Buch nahm den Hörer ab, meldete sich und gab den Hörer an Klingenberg weiter. Eigentlich hätte ich jetzt verschwinden müssen; aber neugierig, wie ich nun einmal war, blieb ich stehen. Die folgenden Minuten werde ich nie vergessen. Auch Buch starrte den Alten an, der abwechselnd blaß und rot wurde. Langsam verstand ich aus den kurzen Fragen und Antworten, um was es sich handelte. Die Kinnbacken des Alten traten hervor, und es machte ihm offensichtlich Mühe, das ‚Jawohl‘ herauszupressen, dann knallte der Hörer auf seine Halterung. Mir wurde ganz mulmig — wenn ich doch bloß jetzt draußen wäre! Klingenberg stierte auf die Lagekarte, die vor ihm auf einer Holzkiste aufgezwickt war. Ich lasse mich totschlagen, er wischte sich tatsächlich über die Augen. Es sah aus, als entferne er eine Mücke, aber wo kommen jetzt im Winter Mücken her? Ich kannte Klingenberg schon von Frankreich. Seit er das Bataillon übernommen hatte, waren wir Melder fast täglich mit ihm zusammen. Aber so erschüttert hatte

---

*) H. Günther: „Heiße Motoren — Kalte Füße", Vowinckel-Verlag, S. 221

ich ihn noch nicht erlebt. Ach so, du willst wissen, was eigentlich los war? Er hatte nur einen kurzen militärischen Befehl erhalten, den Befehl zum R ü c k z u g ! Mit der Einnahme Moskaus war es dieses Jahr aus!

Keiner von den Männern im Gefechtsstand sprach zunächst ein Wort. Alles schaute auf den Kommandeur. Der Funker in der Ecke kaute nervös auf den Fingernägeln. Untersturmführer Schramm nahm umständlich seine Brille ab und fummelte mit dem Taschentuch an den Gläsern herum. Buch kaute mit den Zähnen und strich mit der Hand geistesabwesend über seine Backe...

... Die Lähmung, die den ganzen Gefechtsstand bei der Durchgabe dieses Befehls befallen hatte, ging schnell vorüber. Kaum waren einige Minuten vergangen, erschien der Adju, und wir bekamen Arbeit die Menge. Nachdem wir unsere Befehle erhalten hatten, wetzten wir los... "

10. Dezember 1941:

In den frühen Morgenstunden beginnen die Absetzbewegungen auf die Istra-Stellung westlich des Flusses.

Gegen 09.00 Uhr wird beobachtet, daß sich der Russe bei Krjukowo zum Angriff bereitstellt. Die Sturmgeschütze fahren vor und nehmen die feindliche Bereitstellung unter Feuer, so daß er zunächst nicht zum Angriff antritt.

Südlich Lamanowa gelingt es jedoch Teilen des Gegners, die deutschen Linien zu umgehen. Die Sturmgeschütze fahren deshalb auf die Höhe 207,2 und zerschlagen von dort aus den Feind in der Flanke. Anschließend kehren sie nach Krjukowo zurück und wehren hier zusammen mit der 1./D die jetzt fortlaufend angreifenden Russen ab.

Die bisher bei der Panzergruppe 4 eingesetzte Reservekompanie der Division, die auf Anforderung wieder zugeführt wurde, wird daher bei Punkt 206.0 südlich Manichino zur Sicherung der Südflanke in Marsch gesetzt.

Gegen 15.00 Uhr ist es dem Gegner doch gelungen, in Bataillonsstärke entlang der Istra nach Lushki vorzustoßen und den Wald westlich Lamanowo—Krjukowo zu erreichen, so daß er im Rücken der eigenen Linien steht.

Der Südflügel der Division REICH muß daher bis in die Gegend nördlich Lamanowo zurückgenommen werden.

Die Infanterie löst sich gegen 16.00 Uhr vom Feind, gedeckt von den Sturmgeschützen. Es ist bitter kalt, und ein starkes Schneetreiben behindert die Sicht.

Die Männer der Division marschieren und kämpfen in diesen schweren Tagen vom 8. — 10. 12. mit eiserner Ruhe, wenn auch der große Elan der ersten Monate erloschen und die Stimmung auf den Nullpunkt gesunken ist. Mancher Feindpanzer wird im Nahkampf vernichtet und jeder Durchbruchsversuch durch die eigenen Linien, die nur äußerst schwach besetzt sind, vereitelt.

Auf russischer Seite kämpfen hier gegen die Division REICH die 8. Gardeschützendivision „Panfilow" und die I. Garde-Panzerbrigade.

Uscha. E. Streng, 2./D, berichtet in seinen persönlichen Erinnerungen:

Auf dem Rückmarsch

„In den frühen Morgenstunden des 10. Dezember marschieren die Überreste der Regimenter und Bataillone von den weiten Höhen zur Stadt Istra abwärts. In den Straßen und Ruinen liegt Schnee, feiner Pulverschnee, stellenweise zu ganzen Mauern zusammengeweht. Man hat uns Lkw entgegengeschickt, auf der das ganze Gerät und die Waffen verladen werden. Der Himmel ist vom Widerschein der Brandnacht gerötet. Der Schnee leuchtet. Es ist ein weiter, beschwerlicher Marsch, und jeder hat mit sich selbst zu tun. Wir stapfen und schlurfen vorwärts und schleppen uns durch den Schnee...

Links über den schwarzen Wassern des Stromes dräut das dunkle Gemäuer der Zitadelle von Istra, und über dem tiefen Tal wallt grauer Nebel und Dunst...

... Während Pioniere und verfügbare Trosse die neuen Erdbunker der Widerstandslinie am Flußufer und auf den Westhängen in mühevoller Arbeit in das metertief gefrorene Erdreich sprengen und ausschachten, schlafen die vom langen Nachtmarsch erschöpften Infanterieverbände in den warmen Hütten des Dorfes in den hellen Dezembertag... "

Um den rechtzeitigen Aufbau der Istra-Stellung auf dem Westufer des Flusses zu ermöglichen, steht eine Panzerkompanie der 10. Pz.Div. mit den letzten wenigen Panzern ca. 5 Kilometer ostwärts von Istra auf den bewaldeten Höhen mit dem Auftrag, die nur vorsichtig nachdrängenden Spitzen des Feindes möglichst lange aufzuhalten und anschließend das Ostufer zu räumen.

In der Geschichte des Panzer-Regiments 7 (Heer) von Oberst a. D. W. Straub lesen wir dazu:

„Nach einem heftigen Granatwerfer- und Artillerie-Feuerüberfall griffen die Russen mit mehreren Panzern an. Eine auf der Straße sichernde 8,8-Flak schoß einen russischen 52-Tonner und zwei leichte Panzer in Brand. Von den eigenen Panzern erhielt einer einen Treffer ins Laufwerk und ein weiterer lief auf eine Mine. Zum Glück gab es nur einen Verwundeten. Beide Panzer versuchten noch zurückzufahren. Weitere auftretende Feindpanzer vom Typ T 34 wurden durch das Feuer der eigenen Panzer verjagt, so daß die eingeleitete Absetzbewegung reibungslos fortgesetzt werden konnte.

Als letzte Einheit gingen die Panzer zurück und nahmen unterwegs noch die Pioniere der SS auf. Damit war die Aufgabe der Panzerkompanie erfüllt. Sie überschritt die Istra nach Westen und kehrte zur Abteilung zurück."

Mit dem Ausscheiden der letzten Kampfeinheit der 10. Pz.Div., die mit einer kameradschaftlichen Tat gegenüber den SS-Pionieren unserer Division endete, s t e l l t d i e S S - D i v i s i o n R E I C H d i e l e t z t e g e s c h l o s s e n e K a m p f e i n h e i t i m R a h m e n d e s X X X X . P z . - K o r p s d a r .

Die Istra-Stellung

11. D e z e m b e r 1 9 4 1 :
Das Kriegstagebuch des XXXX. Pz.-Korps berichtet wörtlich:

„Bis Mitternacht des 10./11. 12. ist es gelungen, die Masse der Division ,Reich' auf das Westufer der Istra zurückzunehmen. Bis zum frühen Morgen sind die beiden Istra-Brücken gesprengt. Bei Polewo — Petschkowo—Jermolino stehen noch schwache Gefechtsvorposten, die jedoch um 12.30 Uhr vor einem nachdrängenden Gegner auf das Westufer der Istra ausweichen. Durch eigenes Artilleriefeuer wird der sich nähernde Feind zersprengt, der sich in den Wald ostwärts Istra zurückzieht. Feindliches Artilleriefeuer liegt lediglich auf dem Ostufer der Istra.

Bis auf einige feindliche Spähtrupps auf Skiern und mit Schneehemden ausgerüstet, konnte vor der neuen Verteidigungslinie kein Gegner festgestellt werden.

Mit dem Abend des 11. 12. kann das schwierige Ausweichen als abgeschlossen und geglückt angesehen werden. Schlechte Sichtverhältnisse, Schneetreiben und niedrige Wolkendecke machten den gegnerischen Lufteinsatz unmöglich und verhinderten dadurch eine genaue Luft- und Erdaufklärung. Hierdurch wurde das Absetzen der Division wesentlich erleichtert. Große Schwierigkeiten waren jedoch überwunden worden. Der große Mangel an Zugmaschinen bedingte ein staffelweises Zurücknehmen fast aller schweren Waffen. Der größte Teil der Fahrzeuge mußte infolge der andauernden Kälte Stunden vorher

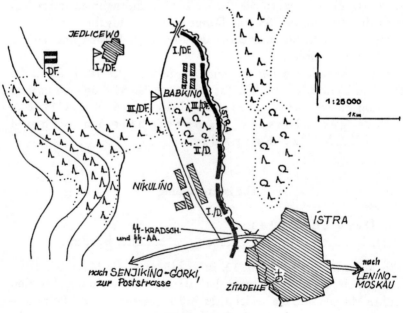

Die Istra-Stellung

abgeschleppt werden. Kupplungen und Getriebe waren eigefroren.
Von der 10. Pz.Div. lagen außerdem noch Fahrzeuge auf de Strecke,
die den flüssigen Verkehr der SS-Div. ‚Reich‘ wesentlich erschrerten.“

Ein Fernschreiben des Oberbefehlshabers des Heeres, Genelfeld-
marschall v. Brauchitsch, traf mit folgendem Wortlaut beim orps
ein, das sogleich weiter an die unterstellten Truppen gegeben wul.

‚Die Schwere der Lage an der Front im Kampf mit dem id
und der Natur ist mir voll bekannt und ebenso unserem (_
sten Befehlshaber. Es geschieht alles, um durch Zuführung
Truppen und Versorgung sobald wie möglich Erleichterung
bringen. Ich bin mir bewußt, welche Forderung ich an die Fi
rung und Truppe um Deutschlands willen stellen muß, bis c
Entlastung fühlbar werden kann.
Ich vertraue weiterhin dem Siegeswillen des deutschen Soldaten.

Der Oberbefehlshaber:
gez. v. Brauchitsch‘

Nach einer Besprechung beim Befehlshaber der Panzergruppe 4, Generaloberst Hoepner am Vormittag, treffen der Kommandierende
General und Chef des Stabes auf dem neuen Korpsgefechtsstand ein.

Inhalt der Besprechung

Der Kommandierende General trug dem Befehlshaber der Panzergruppe die Lage beim XXXX. Pz.-Korps wie folgt vor:

Die SS-Division ‚Reich‘ hat in den letzten Tagen erfolgreiche Abwehrkämpfe durchgeführt, die dem Gegner schwere Verluste beigebracht haben. Die Kampfkraft der Division ist infolge der eigenen
schweren Verluste an Gefallenen und Verwundeten stark gesunken;
sie ist aber in der Lage, sich in ihrem Abschnitt westlich der Istra noch
längere Zeit mit Erfolg zu verteidigen.
Der Generaloberst wies darauf hin, daß der mittlere Abschnitt der
Panzergruppe (SS-‚Reich‘, d. Verf.) gesichert sei, daß die Lage bei
Klin [Panzergruppe 3] und am Nordflügel des V. A.K. sehr gespannt

Wenn nunmehr der Angriff eingestellt ist und wir hinter die Istra in eine Verteidigungsstellung gegangen sind, so bedeutet das nicht ein Zurückgehen vor der Stärke des Gegners. Vielmehr treten infolge des einsetzenden harten Winters so große Schwierigkeiten in der Kriegführung auf, daß eine Winterstellung bezogen wird.

Der Kampf um die Befreiung Deutschlands und um die Vernichtung des Bolschewismus geht weiter. Wir werden ihn trotz aller Schwierigkeiten, die uns noch entgegentreten werden, siegreich beenden.

Heil dem Führer!   gez. B i t t r i c h

12. D e z e m b e r 1 9 4 1 :

Der Feind drängt nicht nach, und vor der Front der Division bleibt alles ruhig.

Die Istra-Stellung sollte die Winterstellung sein. Sie war geländemäßig ein starker Abschnitt und sollte täglich weiter ausgebaut werden. Mit Ruhe erwarten die Soldaten der Division den Gegner, der sich nur langsam und vorsichtig herantastet.

Wertvolle Dienste leisten die in der Stellung eingesetzten Pioniereinheiten. Die Leistung der Pioniere der Division sowie der auf Zusammenarbeit angewiesenen Pioniereinheiten des Heeres beim Vormarsch auf Moskau und nun vor allem beim Absetzen auf die Istra-Stellung für die Infanterie kann gar nicht hoch genug eingeschätzt werden. Ihr Einsatz beim Brücken- und Wegebau, beim Minenräumen und bei Verminungen sowie vor allem auch in der Istra-Stellung beim Ausbau der Stellung und beim Bunkerbau hat der Infanterie in entscheidendem Maße geholfen, ja sie bildete oft geradezu die Voraussetzung für die Fortsetzung des Kampfes.

„Rund um die Uhr" arbeiteten sie in eisiger Kälte, bei Schneetreiben, Eis und Regen oft bis an den Rand der totalen körperlichen Erschöpfung. Ihr Anteil an dem erfolgreichen Vorstoß und an dem geglückten Rückzug ist groß.

Durch einen russischen Tieffliegerangriff auf den Gefechtsstand des Regiments DEUTSCHLAND in Senjikino wird der Regimentsadjutant, Ostuf. Schuster, verwundet. Sein Nachfolger wird Ostuf. Diercks, der bisherige stellvertretende Führer des II./D.

Schon am 10. 12. war in einem Fernschreiben der Panzergruppe 4 angekündigt worden, daß mit Einnahme der neuen Verteidigungsfront im mittleren Abschnitt das Generalkommando XXXX. Pz.-Korps mit Korpstruppen und Arko 128 zur Verfügung der Panzergruppe herausgezogen wird.

Im Korpskriegstagebuch des XXXX. Pz.-Korps heißt es unter dem 12. 12. u. a.:

„Der Ia des XXXXVI. Pz.-Korps trifft auf dem Korpsgefechtsstand ein, um die Übernahme der im Abschnitt des XXXX. Pz.-Korps eingesetzten Truppen zu besprechen...

Der Chef des Stabes führt folgendes aus:
Die SS-Div. ‚Reich‘, die z. Zt. den Abschnitt des XXXX. Pz.-Korps hält, hat sich sehr gut geschlagen. Die Gefechtsstärken sind sehr stark gesunken, die schweren Waffen jedoch zum größten Teil noch in Ordnung. Die Division wird ihren Verteidigungsabschnitt halten können, zumindest so lange, wie die Istra nicht zugefroren ist. Um ein Zufrieren der Istra zu verhindern, verspräche unter Umständen eine Regulierung der Wasserzufuhr am Staubecken Erfolg.

Drei Pionier-Bataillone sind eingesetzt. Durch diese ist das Vorgelände gesprengt und vermint. Die Museumsbastion ist so weit zerstört, daß dem Gegner die Beobachtungsmöglichkeiten genommen sind. Die Stellungen sind so weit ausgebaut, daß für die vorderste Linie heizbare Unterstände und Schartenstände vorhanden sind. Der Ausbau für die rückwärtigen Besatzungen ist noch durchzuführen. Der Chef des Stabes wies besonders darauf hin, daß der Gefahrenpunkt die rechte Flanke der Division sei und hier zwecks Ausbau einer Riegelstellung augenblicklich das Korps-Pionier-Btl. eingesetzt ist.

An Artillerie ist augenblicklich die gesamte Artillerie des Korps eingesetzt, eine Abteilung soll jedoch sofort herausgelöst werden. Ebenso ist damit zu rechnen, daß die Artillerie der 10. Pz.Div. in nächster Zeit herausgelöst wird..." (Ende der Eintragung)

Nach drei Tagen ist die Rusa-Stellung voll abwehrbereit. Linker Nachbar der Division REICH ist die im November frisch eingetroffene 5. Pz.Div.
Der rechte Nachbar hat die Istra weit nach Westen überschritten. Damit ist der rechte Flügel der Division völlig offen. Der 5. Pz.Div. geht es auf dem linken Flügel ebenso.

13. Dezember 1941:
Das Korpskriegstagebuch des XXXX. Pz.-Korps berichtet an diesem Tage:
„Die SS-Div. ,Reich' scheidet aus dem Verbande des XXXX. Pz.-Korps aus.

Der Kommandierende General würdigt die Taten der Division und verabschiedet sich in nachstehendem

Tagesbefehl

Mit dem heutigen Tage scheidet die SS-Division ,Reich' aus meinem Befehlsbereich aus.
Von der Desna über Gshatsk, Jelnja, Moshaisk, Goroditsche, Cholujanicha, Istra, Lenino habt Ihr Euch den Weg in stets siegreichen Kämpfen bis tief in die Außenbefestigungen von Moskau gebahnt.
Freudig und stolz auf Eure Taten, die in die Kriegsgeschichte eingehen werden, aber auch mit aufrichtigem Bedauern scheide ich von Euch. Ich weiß, daß Ihr die Männer bleiben werdet, auf die sich der Führer und Oberste Befehlshaber in jeder Lage verlassen kann, mag sie zeitweilig auch noch so schwer erscheinen.
Der stolzen Division wünsche ich weitere Erfolge; jedem Soldatenglück und eine glückliche Heimkehr nach siegreich beendetem Kriege.
Es lebe Führer, Volk und Vaterland!

gez. S t u m m e
General der Panzertruppen

Verteiler:
SS-Div. ,Reich'
bis zu den Kompanien.“

Die SS-Div. REICH steht damit ab sofort, zusammen mit der 5. Pz.-Division unter dem Kommando des XXXXVI. Pz.-Korps unter Führung des Generals der Panzertruppen v. Vietinghoff, in dessen Verband sie schon im ersten Abschnitt des Rußlandfeldzuges bis einschließlich der Abwehrschlacht im Jelnja-Bogen gekämpft hatte.

Im Abschnitt des Regiments DEUTSCHLAND ist der Feind am schnellsten herangekommen. Um 08.00 Uhr wird gemeldet, daß der Gegner hart ostwärts Nikulino über die Istra einen Steg gebaut hat und sich bereits mit ca. zwei Gruppen am Westufer befindet. Durch sofort ausgelöstes Artilleriefeuer im Sperrfeuerraum C wird er zurückgeschlagen bzw. vernichtet. Das Ostufer der Istra und die dort vorhandenen Feldbefestigungen sind stark besetzt. Bewegungen innerhalb der eigenen Stellung sind am Tage unmöglich.

Um 11.00 Uhr werden an der gleichen Stelle wie vorher Bereitstellungen des Gegners zum Übersetzen mit Schlauchbooten in Stärke von etwa zwei Bataillonen erkannt. Sie werden in hervorragender Zusammenarbeit mit der Artillerie durch Sperrfeuer beider Abteilungen zerschlagen.

Abends wird durch einen starken Stoßtrupp der 16./D Gegner, der sich bereits wieder mit schwachen Kräften auf dem Westufer befindet, zurückgeschlagen.

Das SS-Kradsch.Btl., das sich mit der SS-Aufkl.Abt. ablöst, bezieht mittags seine Stellungen. Beim rechten Nachbarn ist starker Gefechtslärm zu hören, der sich abermals nach rückwärts verschiebt.

Trotz der schwierigen Lage lassen sich die Männer der Division nicht unterkriegen. So wird beim SS-Kradsch.Btl. REICH in diesen Tagen mit echtem Galgenhumor folgendes Lied, frei nach „Lilimarlen" gesungen:

> „Auf der Straß' von Moskau zieht ein Bataillon,
> es sind die letzten Reste von unsrer Division.
> wir sah'n Moskau schon von ferne stehn;
> jedoch wir mußten stiften gehn,
> wie einst Napoleon, wie einst Napoleon."

14. Dezember 1941:

Nachdem der Feind bei mehreren Angriffsversuchen gegen die Stellungen der Division und der 5. Pz.Div. unter hohen Verlusten abgewiesen wird, stößt er beiderseits an diesen vorbei und überflügelt beide Divisionen, wodurch die Gefahr der Einschließung — das offensichtliche Ziel der Russen — besteht.

Das Halten der Istra-Stellung ist dadurch illusorisch geworden, und es tritt die tragische Situation ein, daß die Division eine starke, winterfeste Verteidigungsstellung, die den Winter über gehalten werden sollte und die erfolgreich verteidigt wird, plötzlich aufgeben muß, weil sie durch Überflügelung in ihrer rechten Flanke, wie die 5. Pz.Div. in ihrer linken Flanke, einfach ausmanövriert wird.

Nachdem am Vormittag im Abschnitt des I./D nochmals ein Feindangriff mit Nebelwerferunterstützung erfolgreich abgewehrt wird, geht am Nachmittag von der Division der mündliche Vorbefehl für das Absetzen der Fahrzeuge nach Westen an alle Einheiten. Da viele Fahrzeuge nicht einsatzbereit sind, ergeben sich große Transportschwierigkeiten.

Der Kommandierende General des XXXXVI. Pz.-Korps, General d. Pz.Tr. v. Vietinghoff, erläßt folgende

Richtlinien für die Herren Kommandeure.
(Ia Nr. 1409/41 g v. 14. 12. 41)

„Nach Monaten unvergleichlicher Leistungen unserer Truppe und niemals dagewesenen Erfolgen gegen einen an Zahl und Rüstung weit überlegenen Gegner, für unser Korps zuletzt in der Wjasma-Schlacht, sind die daran anschließenden Verfolgungskämpfe zum Stehen gekommen und Ausweichbewegungen an deren Stelle getreten. Es ist notwendig, die Truppe über den Sinn dieser Maßnahmen aufzuklären, um das Entstehen falscher Bilder zu verhindern.

Ich gebe hierfür den Herren Kommandeuren, die ich in der jetzigen Kampflage leider nicht zu persönlicher Aussprache versammeln kann, folgende Richtlinien:

1.) Sinn und Zweck unserer Operationen gegen Sowjet-Rußland war und ist das Zerschlagen der bolschewistischen Wehrmacht. Der Geländegewinn ist hierbei eine erfreuliche Zugabe, aber nicht das Wesentliche.

2.) Die Überlegenheit unseres Heeres, die Quelle unserer großen Erfolge liegt im Bewegungskrieg, wo sie in den großen Kesselschlachten ihren klassischen Ausdruck gefunden hat.

Die Masse des alten bolschewistischen Heeres und eines ungeheuren Materials ist dabei vernichtet worden.

Zur Ausnutzung dieser Erfolge war Verfolgung bis zur äußersten Grenze unserer Leistungsfähigkeit notwendig, sie fand ihre Grenze in dem Augenblick, in dem der Winter den Bewegungskrieg unmöglich machte und wir gleichzeitig auf frische Truppen der Russen stießen, die in festungsartig ausgebauten Stellungen unserer Bewegung ein Ziel setzten.

3. Der Stellungskrieg — und in seiner Abart der Angriff gegen solche Stellungen — verbraucht in hohem Maße Kräfte, ohne einen dem Bewegungskrieg ähnlichen Erfolg jemals erreichen zu können. Ein großer Entschluß unserer Obersten Führung hat dem ein Ende gemacht.

4.) Es kommt nunmehr darauf an, sich völlig von allen Erinnerungen an den alten Stellungskrieg des Weltkrieges freizumachen, bei dem jeder Erfolg, jeder Fußbreit einmal erreichten Bodens, jedes gewonnene Dorf erbittert in verlustreichen Kämpfen zu verteidigen war.

Es ist vielmehr notwendig, in großzügigem Ausweichen solche Stellungen zu beziehen, in denen mit möglichst geringem Kräfteeinsatz und unter größtmöglicher Schonung der Truppe den Winter über gehalten und die Auffrischung der Divisionen vorgenommen werden kann.

Ob diese Stellung an der Istra oder — um ein extremes Beispiel zu nennen — an der Desna liegt, ist dem großen Gesichtspunkt gegenüber völlig gleichgültig. Wir zwingen damit den Gegner, uns unter für ihn ungünstigen Umständen zu folgen, und wollen dabei die Handlungsfreiheit gewinnen, für wiederum große Bewegungsschlachten im nächsten Sommer.

5.) Die Übergangszeit bis zum Beziehen der endgültigen Stellung ist schwierig und verlangt Härte, tatkräftigste, vorausschauende Führung, schärfstes Zusammenhalten der Truppe, beste Organisation der Marschbewegungen, unbeirrbaren Kampfwillen und eiserne Manneszucht.

6.) In unserem engeren Rahmen ist es dem Feind gelungen, durch starke Flankenstöße an der Moskwa sowohl wie südlich des Wolga-Staubeckens nördlich Klin die vorgeschobensten Angriffsspitzen in eine schwierige Lage zu bringen, die im Augenblick noch nicht bereinigt ist. Das Maß unserer Ausweichbewegungen wird von dem Ausgang der dort im Gange befindlichen schweren Kämpfe abhängen.

7.) Unser Korps ist das einzige der Panzergruppe, das bisher in den Flanken nicht bedroht ist und seine Front geschlossen hält. Es bildet somit den festen Kern der Ausweichbewegung.

Ich vertraue darauf, daß die in so vielen schweren Kämpfen bewährte, auf ungewöhnlicher Höhe stehende Kampfmoral der Truppen meines Korps sich, auch unter den infolge der Kälte besonders schwierigen Verhältnissen der nächsten Zeit, in gleicher Weise bewähren wird.

Der Kommandierende General:
gez. v. V i e t i n g h o f f "

Vorstehende Richtlinien sind nur
mündlich weiterzugeben und sodann
zu vernichten.
Diese Richtlinien wurden in der Division REICH bis zu den Btl.-Kommandeuren weitergegeben.

15. D e z e m b e r 1 9 4 1 :
Der Abfluß der Fahrzeuge nach Westen vollzieht sich nur langsam. Viele müssen geschleppt werden, stark beschädigte Fahrzeuge werden gesprengt und säumen als Wracks die Rückmarschstraße.
Um 14.00 Uhr trifft der **Divisionsbefehl für die Bewegungen vom 15. — 17. 12. 1941** bei den Einheiten ein.

Er lautet im Auszug:

1.) Feind vor XXXXVI. Pz.-Korps zeigte bisher nur Stoßtrupptätigkeit und Artilleriestörungsfeuer. Seine Versuche über die Istra überzugehen wurden bisher abgewiesen.
Vor den beiden Nachbarkorps sind feindliche Einbrüche erfolgt, welche eine Zurücknahme der Front erfordern.

2.) Der planmäßige Rückzug wird am 15. 12. 1941 fortgesetzt. XXXXVI. Pz.-Korps, dem die SS-Div. „Reich" seit dem 13. 12. 1941 untersteht, richtet sich zunächst hinter dem Abschnitt der Oserna und Grjada zur Verteidigung ein.
SS-Div. „Reich" in folgendem Abschnitt:
(Grenzen gleichzeitig für rückwertige Unterbringung)

   rechts: Sloboda (ausschl.) — Pokrowskoje — Matweizewo — Pachonjewo (Orte einschl.) — Djakowo (ausschl.)
   links: Schilowo — Sobowo (Orte ausschl.) — Karabusino (einschl.) — Glasowo (ausschl.)
Rechter Nachbar: IX. A.K.
Linker Nachbar: 5. Pz.Div.

3.) Es werden 3 Abschnitte befohlen:
   rechts: Kradsch.Btl. mit unterstellter AA
   Mitte: Regiment „D"
   links: Regiment „DF"

4.) Allgemeiner Verlauf der H.K.L.:
Nordostrand Pokrowskoje — Nordostrand Wert. Stjadkewo — Verlauf des Grjada-Flusses.

. . . .

Als Rückmarschstraße ist befohlen:

Cholujanicha — Duplewo — Bely — Nikolskoje — Lyskowo — neues Hauptkampffeld, bzw. Unterbringungsraum.
Die Nachhut, die zunächst am Feinde bleibt, setzt sich zusammen aus:
   1 verst. Btl./SS-DEUTSCHLAND (II./D)
   1 verst. Btl./SS-DER FÜHRER
   1 le.Art.Abt.
   1 Sturmgeschützzug

Führer der Nachhut ist der Kommandeur des Regiments DER FÜHRER, Ostubaf. Kumm.

Nur sehr langsam fließen die Fahrzeuge nach Westen ab. Starke Straßenzerstörungen bei Jadromino und Cholujanicha verursachen lange Stopps der Fahrzeugkolonnen. Bei Bely, an einer steilen Strecke, bilden sich riesige Stauungen. Viele Fahrzeuge müssen gesprengt werden. Das gleiche Bild vor Nikolskoje. Obwohl sich alle die größte Mühe geben, Fahrzeuge, Waffen und Gerät zurückzubringen, ist dies auf Grund des Wetters, des Straßenzustandes und des technischen Ausfalles vieler Fahrzeuge oft nicht möglich.

Gegen 16.00 Uhr beginnen die Ausweichbewegungen.

Da das Ausweichen der Nachhut bereits um 24.00 Uhr beginnt, müssen die Bewegungen für das Gros so schnell wie möglich abgeschlossen werden.

Gegen 18.00 Uhr meldet die SS-Aufkl.Abt. vom rechten Flügel, daß Gegner beim rechten Nachbarbtl. der 252. I.D. durchgebrochen ist. Um eine Umfassung zu vermeiden, hat die Aufkl.Abt. den rechten Flügel zurückgenommen.

Um 20.25 Uhr löst sich das II./D im Rahmen der Nachhut auf fernmündlichen Befehl der Division vorzeitig vom Feinde und besetzt gegen 23.00 Uhr als erste Aufnahmestellung die Linie: Jadromino—Lissino. Regiment DEUTSCHLAND bezieht mit verst. I./D und Rgt.Gef.Stand in Nikolskoje Unterkunft.

Die Führungsstaffel SS-DEUTSCHLAND beteiligt sich an der Verkehrsregelung der Feldgendarmerie in Nikolskoje. Fast jedes Fahrzeug hat ein oder zwei Fahrzeuge im Schlepp.

Da die Rückzugstraße die einzige Straße für die Division ist und sich bei den Fahrern durch die offene rechte Flanke eine gewisse Nervosität bemerkbar macht, ist scharfes Zupacken und energisches Eingreifen aller Dienstgrade erforderlich, um ein Chaos zu verhindern.

Bei den Sturmgeschützen springt beim Räumen der Ortschaft Dedeschino die „Lützow" wegen Motorschadens nicht an. Es gelingt auch nicht, das Geschütz abzuschleppen, und es muß zusammen mit einem Pkw und zwei Beute-Lkw gesprengt werden. Auf dem Marsch bricht „Prinz Eugen" im Magluscha-Bach ein und versinkt bis zur Hälfte. Abschleppversuche bleiben erfolglos. Auch dieses Sturmgeschütz muß gesprengt werden — zwei unersetzliche Verluste!

Als beim SS-Kradsch.-Btl. die 4. Kompanie ihren Unterbringungsort verläßt, um sich abzusetzen, fahren auf der anderen Seite bereits die russischen Panzer ein.

Der Rest der Nachhut löst sich um Mitternacht vom Feind. Durch anhaltende Schneefälle und Glätte sind die Wege in einem unbeschreiblich schlechten Zustand. Ein Teil der Fahrzeuge bleibt an der Rückmarschstraße stecken und muß gesprengt werden. Es trifft die Männer hart, sich von ihren Fahrzeugen zu trennen, die ihnen nun schon so lange ein Stückchen Heimat waren und auf denen oft noch ihre letzten persönlichen Habseligkeiten verstaut waren. Jetzt haben sie nur noch das, was sie auf dem Leibe tragen — und das gehört der Armee.

Der damalige Adjutant des SS-Kradsch.Btl., Ostuf. Buch, berichtet von einer besonderen Leistung:

Ein Husarenstück

„Am 15. 12. 1941 setzte sich das SS-Kradsch.Btl. aus dem Istra-Abschnitt ab. Die 1. Kompanie war am rechten Flügel der Division an der Grenze zur 252. I.D. eingesetzt. Die Kompanie hatte die nicht mehr einwandfrei laufenden B-Kräder nach rückwärts abgestellt. Vorne waren nur die zuverlässigen Maschinen geblieben, mit denen man sich ohne Zwischenfall absetzen konnte. Diese zuverlässigen Maschinen waren fast durchweg die alten BMW R 12, Baujahr 1935, die in Friedenszeiten sorgfältig eingefahren und sorgsam gepflegt waren.

Als das Kradsch.Btl. abrückte, kam der Kompanietruppführer der 1. Kompanie, Hauptscharführer Hans Bader, zum Btl.Gef.-Stand. Der Kommandeur hoffte zu hören, daß bei der 1. Kp. das Absetzen, wie befohlen anlief, mußte aber feststellen, daß die Verständigung der Kompanie aus unerklärlichen Gründen nicht erfolgt war und diese nach wie vor in Stellung lag.

Die einzige Rückmarschstraße für das Bataillon war die Alte Poststraße, die von Nordwesten nach Istra führte. Diese von Bomben- und Granattrichtern übersäte Straße war inzwischen schon von Russen mit T 34 befahren.

Hans Bader war im Frieden jahrelang Kradmelder in der 15./Kradsch. Kp. SS-DEUTSCHLAND in München, der damals immer wieder auf den bayerischen Landwirtschaftsfesten und auf dem Oktoberfest seine artistische Beherrschung der R 12-Solo-BMW-Maschine unter

Beweis gestellt hatte durch stehend-freihändiges Fahren auf dem Krad, Geschicklichkeitsfahren, Springen durch brennende Reifen u. ä. Nun kam Bader seine Fahrkunst zu Hilfe, und für seine Kompanie wurde die lange Übung im Frieden und sein Wagemut zur Rettung. Er nahm sich eine gute 750-ccm-Solomaschine, raste ohne Rücksicht auf die Russen mit ihren T 34 über die vereiste Poststraße zur Stellung seiner Kompanie zurück und überbrachte den Befehl zum Absetzen.

Die Kompanie konnte sich aus der fast vollzogenen Umklammerung unter Zurücklassung ihrer Kräder, aber ohne personelle Verluste herausziehen. Bader kehrte auf demselben Weg, wie er gekommen war, zwischen den verdutzten Russen hindurch zum Bataillon zurück und konnte melden, daß seine Kompanie auf die neue befohlene Linie auswich.

Diese tollkühne Leistung von Hans Bader aus Inning am Ammersee führte mit zur Verleihung des Deutschen Kreuzes in Gold. Bader fiel am 8. 8. 1944 als Obersturmführer und Kompanieführer in Tukkum/Lettland."

16. Dezember 1941:

Während im Morgengrauen der letzte Teil der Nachhut DF in der befohlenen Linie zur Abwehr übergeht, setzen die übrigen Teile der Division früh morgens die Ausweichbewegung fort.

Wieder erfolgt das Ausweichen der Nachhut staffelweise. So weicht am späten Vormittag das II./D der Nachhut auf die zweite Widerstandslinie aus, sperrt in Linie Grinkowo—Nikolskoje den Oserna-Fluß und hat den Auftrag, nach dem Abfließen sämtlicher Fahrzeuge die Brücke von Nikolskoje zu sprengen.

Während der Ausweichbewegung folgt der Feind nur zögernd nach. Bei den Fahrzeugen der Division macht sich allmählich Betriebsstoffmangel bemerkbar.

Von der Division werden alle Kommandeure darauf hingewiesen, daß mit allen Mitteln versucht werden muß, sämtliche Fahrzeuge, Gerät und Waffen zurückzubringen.

Der Rückmarsch geht nur sehr stockend vor sich, da die vorgeschriebene Straße: Borodenka, Sloboda, Lyskowo, Petrowskoje durch die

Fahrzeuge von drei Divisionen verstopft ist: der 10. Pz.-Div., der SS-Division REICH und der 252. Inf.Div.

Gegen 22.00 Uhr hat das Nachhutbataillon II./D mit allen Teilen die zweite Auffangstellung erreicht und die Brücke zur Sprengung vorbereitet. Die Hauptrückzugsstraße wird von den Pionieren mit Minen gesperrt. Vor Pokrowskoje treten infolge einer steilen Wegstrecke große Stockungen ein.

Generaloberst a. D. Hausser stellt in seinen persönlichen Aufzeichnungen fest:

> „Zwei Befehle des O.K.W. schränkten die Bewegungen wieder ein; der Befehl vom 16. 12. verlangte ‚fanatischen Widerstand' und verbot größere Absetzbewegungen."

Wohl aus diesem Grunde wird in den Korps- und Divisionsbefehlen nicht mehr von „Rückzug" und „Absetzbewegungen", sondern immer nur von „Ausweichbewegungen" gesprochen, die aber doch in Wirklichkeit Absetzbewegungen und planmäßiger Rückzug auf neue Stellungen sind.

Die Grjada-Stellung

17. Dezember 1941 :

Nachdem gegen 02.30 alle noch fahrbereiten Kraftfahrzeuge die Brücke bei Nikolskoje passiert haben, wird diese gesprengt.

Im Laufe des Vormittags trifft die Masse des Regiments DEUTSCHLAND im Raum Samoschkino ein.

Nach Einweisung der Kompaniechefs des I./D bezieht das Bataillon am Nachmittag die Grjada-Stellung. Der Verteidigungsabschnitt ist 4 km breit und bietet leider gute Annäherungsmöglichkeiten für den Gegner. Bunker sind nur in ganz geringer Anzahl und in äußerst dürftigen Zustand vorhanden. Der Tag bringt besonders große Kälte, welche die Schwierigkeiten noch vergrößert.

Bald ist der Feind heran, z. T. mit winterbeweglichen Einheiten auf Skiern, der sich an die eigenen Bewegungen anhängt. Bei beiden Regimentern und dem verst. Kradsch.Btl. wird bis zum Einbruch der Dunkelheit gekämpft und in der Nacht zum 17. 12. der nächste Sprung rückwärts getan.

Da ein Einbruch des Feindes beim rechten Nachbarkorps (IX. A.K.) den rechten Flügel der Division REICH bedroht und dem Gegner evtl. eine Umfassung ermöglicht, ist beabsichtigt, noch am 18. 12. auf eine neue Widerstandslinie mit stark zurückgenommenem rechten Flügel zurückzugehen.

Während der Nacht vom 17./18. 12. geht der

Divisionsbefehl
für die Bewegungen am 18. 12. 1941

an die Einheiten:

Er lautet auszugsweise:

1.) Feind folgt unseren Ausweichbewegungen frontal mit Infanterie und einigen Panzern.
2.) XXXXVI. Pz.-Korps setzt den planmäßigen Rückzug in südwestlicher Richtung fort, um sich bei Ausweitung des Einbruchs ostwärts Rusa einer Umfassung zu entziehen. Es kommt darauf an, alle Geschütze und schweren Waffen rechtzeitig zurückzunehmen. Die Zerstörung von Kfz., insbesondere solcher, welche sich nicht mit eigener Kraft fortbewegen können, muß in Kauf genommen werden. Sie ist erst dann durchzuführen, wenn die letzten Teile der Infanterie sie überholen.
In mehreren Tagesabschnitten wird das Südwestufer der Rusa erreicht. Auf diesem Ufer wird zur Verteidigung übergegangen und auf Befehl des Führers gehalten.
3.) SS-Division „Reich" setzt den Rückzug folgendermaßen fort:
   a) sämtliche für den Rückzugskampf entbehrlichen Fahrzeuge sind sofort auf der Marschstraße der Division über die Rusa zurückzuführen und in die neuen Unterkunftsräume gem. Ziff. . . . hineinzuführen. Die Bewegungen sind auch während der Nacht ohne Rast fortzusetzen.
   b) die Masse der Division erreicht bis 18. 12. 1941 07.00 Uhr die Oserna-Linie und hält Anschluß rechts an 252. I.D. in Lyskowo, links zur 5. Panzerdivision.
   c) Im Laufe des 18. 12. wird die vordere Sicherung mit linkem Flügel auf Pritykino zurückgenommen. Die Zurücknahme des

rechten Flügels wird sich nach den Ausweichbewegungen der 252. I.D. richten.

Beabsichtigt ist, bis zum 18. 12. 16.00 Uhr folgende Linie zu erreichen:

Nikulniki—Jeruli—Weina—Nemirowo—Pritykino.

Die starke Zurücknahme des rechten Flügels hat den Zweck, bei feindlichem Durchbruch aus südostwärtiger Richtung dorthin abwehrbereit zu sein.

4.) Neue Grenzen für Bewegung und Abwehr:

rechts zu 252. I.D.:	Pekrowskoje—Nikulniki—Laschino—Borowino (Orte zu SS-REICH)
links zu 5. Pz.Div.:	Schtschalkanowo (5. Pz.Div.)—Pritykino—........

Trennungslinie zwischen Rgt. D rechts und Rgt. DF links:

an der Oserna: Wert—Stjadkowo (SS-D)—Samaschkino (SS-D)—Weina (SS-DF)

5.) Die Regimenter führen den Kampf so, daß unter Vermeidung einer durchlaufenden Besetzung der befohlenen Linien Schwerpunkte an den Wegen gebildet werden, welche aus ostwärtiger und südostwärtiger Richtung heranführen. Verbindung dieser Stützpunkte ist durch Spähtrupps sicherzustellen. Es muß gewährleistet sein, daß trotz der großen Abschnittsbreite bei feindlichem Vorstoß an einer Stelle, die Abwehr möglich ist...

... (Ende des Auszugs.)

Am 17. 12. 1941 erkrankt Generalfeldmarschall v. Bock schwer und muß den Oberbefehl abgeben. Generalfeldmarschall v. Kluge übernimmt die Heeresgruppe. Die Führung der 4. Armee geht an den General der Gebirgstruppen Kübler.

18. Dezember 1941:

Da das SS-Kradsch.Btl. und die unterstellte SS-Aufkl.Abt. noch am frühen Morgen herausgelöst werden sollen, um auf der Marschstraße der Division Wederniki zu erreichen und dort zur Verfügung der Division zu bleiben, muß das I./D Pokrowskoje stützpunktartig als Sicherung übernehmen, wodurch der Abschnitt dieses Bataillons stark vergrößert wird.

288

Der Gegner fühlt vor der eigenen Front nur schwach vor. Dagegen ist bei der rechts benachbarten 252. I.D. sehr starker Gefechtslärm zu hören.

Gegen Mittag treten beide Regimenter in der Reihenfolge SS-DEUTSCHLAND und SS-DER FÜHRER den weiteren Rückmarsch an, um in der befohlenen Linie erneut zur Abwehr überzugehen. Das Zurückführen der Kraftfahrzeuge macht immer größere Schwierigkeiten. Um die noch fahrbereiten Fahrzeuge zu retten, müssen alle im Schlepp fahrenden Fahrzeuge vernichtet werden.

Um 18.15 Uhr ergeht mit Funkspruch folgender Befehl an die Einheiten:

„Linie gem. Funkspruch von 15.45 Uhr überholt.
Die Regimenter erreichen, am 19. 12. um 09.00 Uhr antretend über Rupzow Linie 500 südwestlich und westlich Weretenki.
Rechts: SS-Kradsch.Btl., Mitte: SS-DEUTCHLAND, links: SS-DER FÜHRER."

19. Dezember 1941 :

Der Gegner fühlt mit schwächeren Kräften gegen die Sicherungen der Division vor und greift gegen 07.30 Uhr bei Korbowa in Stärke einer Kompanie den Abschnitt des I./D an. Das Bataillon zieht sich daraufhin auf Berjaski zurück und hält den Ort, bis das zurückgehende II./D den notwendigen Abstand erreicht hat, welches gegen Mittag rechts vom I./D eingesetzt wird.

Gegen Abend fließen die Fahrzeuge etwas schneller ab, da alle Führer hinsichtlich der Vernichtung der mitgeschleppten Kraftfahrzeuge rücksichtslos durchgreifen. Auch Betriebsstoff trifft in geringen Mengen ein.

Die Festlegung des Verlaufes der Hauptkampflinie (HKL) wird dem Ermessen der Bataillonskommandeure überlassen, die nur stützpunktartig zu besetzen ist — ein Zeichen für die nur vorübergehende Besetzung dieser Abwehrlinie.

Abends trifft die Meldung ein, daß Hitler am 19. 12. Generalfeldmarschall v. Brauchitsch abgelöst hat und den Oberbefehl über das Heer selbst übernimmt.

Aus dem Führerhauptquartier trifft folgender „Erlaß des Führers" ein:

Der Führer und Oberste Befehlshaber der Wehrmacht.

Soldaten des Heeres und der Waffen-SS!
Der Freiheitskampf unseres Volkes geht seinem Höhepunkt entgegen. Entscheidungen von weltweiter Bedeutung stehen bevor. Der erste Träger des Kampfes ist das Heer. Ich habe daher mit dem heutigen Tage die Führung des Heeres selbst übernommen. Als Soldat vieler Weltkriegsschlachten fühle ich mich mit Euch aufs Engste verbunden im Willen zum Siege.

gez. Adolf Hitler

Der bisherige Oberbefehlshaber des Heeres, Generalfeldmarschall v. Brauchitsch, erläßt am gleichen Tage anläßlich der Abgabe des Oberbefehls über das Heer folgenden

Tagesbefehl an das Heer

Soldaten!
Der Führer hat mit dem heutigen Tage in einer Zeit bevorstehender größter Entscheidungen die Führung des Heeres als des ersten Trägers des Kampfes übernommen. Gleichzeitig hat er meiner vor einiger Zeit ausgesprochenen Bitte stattgegeben, mich wegen meines Herzleidens von der Führung des Heeres zu entbinden.
Soldaten! Fast vier Jahre habe ich als Euer Oberbefehlshaber das beste Heer der Welt geführt. Diese Jahre umfassen für Deutschland eine Fülle größter geschichtlicher Ereignisse und für das Heer größte soldatische Erfolge. Stolz und dankbar sehe ich auf diese Zeit zurück. Stolz auf Eure Leistungen, dankbar für Eure Treue.
Große Aufgaben sind erfüllt, große und schwere stehen noch bevor.
Ich bin überzeugt, daß Ihr auch diese lösen werdet. Der Führer wird uns zum Siege führen.
Stahlhart den Willen, vorwärts den Blick.
Alles für Deutschland!

gez. von Brauchitsch
Generalfeldmarschall

Von den Männern der Division wird dieser Wechsel im Oberbefehl des Heeres mit gemischten Gefühlen aufgenommen, da er nur ein neuer Beweis für die ungeheure Krise ist, in die das deutsche Ostheer durch den erzwungenen Rückzug vor Moskau geraten ist. Andererseits reagieren sie mit großer Gelassenheit darauf, weil sie wissen, daß in einer solchen Situation das Geschehen fast ausschließlich von dem nachdrängenden Feind diktiert wird und nicht von der deutschen Heeresführung. Für die Soldaten des Heeres und der Waffen-SS geht es in diesen Tagen um das nackte Überleben. Jeder einzelne steht während dieser Rückzugskämpfe und Rückmärsche in einem unmittelbaren Existenzkampf gegen den auf dem Fuße folgenden Feind, mit drohender Gefangennahme, gegen Hunger, Kälte, Müdigkeit, totale körperliche und seelische Erschöpfung und auch gegen die eigene Resignation.

Für den einfachen Frontsoldaten hat daher der Wechsel im Oberbefehl in diesem Augenblick nur zweitrangige Bedeutung.

Am Abend des 19. 12. ergeht folgender

Divisionsbefehl
für die Verteidigung der Rusa-Stellung
(Auszug)

„1.) Es ist dem Russen nicht gelungen, seine Absicht zu verwirklichen, das XXXXVI. Panzerkorps einzuschließen. Im geordneten Rückzug ist das Korps in eine Brückenkopfstellung ausgewichen, welche am 19. 12. gehalten wird, und aus welcher am 20. 12. hinter die Rusa zurückgegangen wird, unter Belassung von Gefechtsvorposten auf dem Nordostufer.

Daß der Gegner um seinen erhofften Erfolg gebracht werden konnte, ist der Disziplin und dem eisernen Willen aller Führer und Männer zu verdanken, die Truppe möglichst ohne Verluste an Material aus der Krise herauszubringen.

Feind drückt langsam hinter unseren Bewegungen nach, stärkerer Druck jedoch nur bei IX. A.K. und linkem Flügel XXXXVI. Pz.-Korps.

2.) XXXXVI. Panzerkorps hält die Rusa-Stellung.

Gliederung: rechts SS-Division ‚Reich'
                links   5. Panzer-Division mit unterstelltem
                        Kampfverband ‚Scheller'.
Rechter Nachbar: 252. I.D. (IX. A.K.)
3.) Grenzen für Verteidigung und Aufklärung:
    a) zwischen 252. ID. und SS-Division ‚Reich':
        Laschino (SS ‚R') – Schtscherbinki (SS ‚R') – Borowino (SS ‚R')
    b) zwischen SS-Division ‚Reich' und 5. Panzer-Division: Slid-
        mowo — Südostteil Warakssino — Ostaschewo — Terechowa
        (Orte für SS ‚R')
4.) Es werden eingesetzt:
    rechts: Kradsch.Btl. mit unterstellter A.A.
    Mitte: Regiment ‚Deutschland'
    links: Regiment ‚Der Führer'
5.) Hauptkampflinie ist die Rusa. Auf dem linken Flügel an der
    Trennungslinie zur 5. Panzerdivision ist die Hauptkampflinie
    nach Möglichkeit von dem Flußknie 500 m nördlich Owinischtschi
    zum Flußknie bei Warakssino zu führen; dort Anschluß an 5.
    Panzerdivision.
6.) Das Hauptkampffeld ist bis zur Straße Aschtscherino—Osta-
    schewo in der Tiefe zu erkunden und allmählich auszubauen . . . "

Sodann folgt die genaue Regelung der Unterstellungen für die schweren Waffen und die selbständigen Divisionseinheiten.

Der Regimentskommandeur „DF", Ostubaf. Kumm, schreibt in
seinen Aufzeichnungen über den Rückzug zwischen Istra und Rusa
vom 17. bis 20. 12. 1941:

„So geht es über Ssloboda—Lyskowo—Kurowa—Scherwinski bis
hinter die Rusa — bei Tage Abwehr russischer Angriffe, bei Nacht
mühsamer Marsch durch knietiefen Schnee und eisige Kälte — dreißig und fünfunddreißig Kilometer zurück."

Und W. Haupt berichtet in „Heeresgruppe Mitte" auf S. 115:

„Er [Hitler] erließ den Grundsätzlichen Befehl Nr. 442 182/41:
    ‚Jeder größere Rückzug ist unzulässig, da dies zum völligen Ver-
    lust der schweren Waffen und des Materials führen würde. Die
    Befehlshaber, Kommandeure und alle Offiziere müssen die Trup-

pen durch ihr persönliches Beispiel veranlassen, die besetzten Stellungen ungeachtet des an Flanken und im Rücken unserer Truppen durchgebrochenen Gegners, mit fanatischer Zähigkeit zu verteidigen!'

Die Sowjets griffen nun frontal westlich Moskau die 4. Armee und 4. Panzerarmee an. Der Rückzug der 4. Armee kostete viel Blut und hohe Verluste. Die Ausfälle traten weniger durch Verwundungen als durch Erfrierungen ein. Die Truppe beklagte allein 90 % aller Ausfälle durch Erfrierungen.

Die 5., 33. und 43. Sowjetarmee durchstießen seit 12. 12. die Front der 4. Armee und drängten sie zwischen Juchnow und Moshaisk zurück ... "

Die Rusa-Stellung

20. D e z e m b e r 1 9 4 1 :
In der Nacht zum 20. 12. wird die letzte, besonders ermüdende Etappe zurückgelegt. Im Verlauf des Vormittags erreichen die Bataillone in einem Zug die neue Hauptkampflinie an der Rusa.

Im rechten Abschnitt beim SS-Kradsch.Btl. im Anschluß mit Front nach Süden sind Kradschützen der SS-Aufkl.Abt. (dem SS-Kradsch.Btl. unterstellt) unter Ostuf. Pötschke eingesetzt. Die Trennungslinie zur rechts angrenzenden 252. I.D. ist eine Mulde. Die völlig ausgeblutete und abgekämpfte Nachbardivision hat erhebliche Schwierigkeiten bei der Einrichtung zur Verteidigung. Zur Unterstützung des Stellungsbaues stellt das SS-Kradsch.Btl. dem rechten Anschlußbataillon der 252. I.D. den Pionierzug unter Ostuf. Wegener zur Verfügung, der dort einen Bunker für den Bataillonsstab und einen Bunker für die an die Aufkl.Abt. anschließende Gruppe des rechten Nachbarbataillons baut.

Im Divisionsabschnitt sind nur wenige Bunker vorhanden. Beim Regiment DEUTSCHLAND sind eingesetzt:

    rechts   I./D — Gef.-Stand in Schukowka
    links   II./D — Gef.-Stand in Schepujowa;
beim Regiment DER FÜHRER sind eingesetzt:
    rechts   III./D
    links   I./D

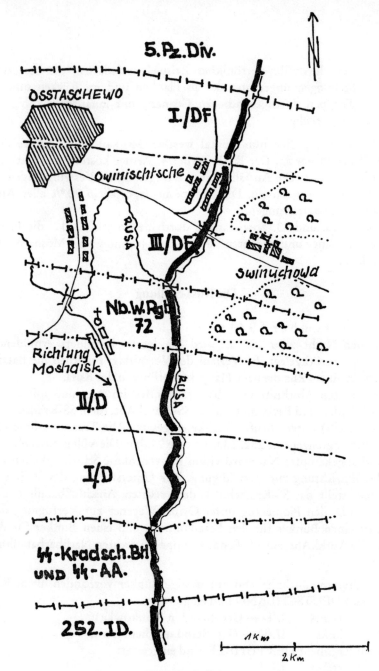

Die Rusa-Stellung
(Schema-Skizze) rekonstruiert und ergänzt nach einer Skizze d. III./DF
und dem KTB des XXXXVI. Pz.-Korps

Da zwischen SS-DEUTSCHLAND und SS-DER FÜHRER noch eine große Lücke besteht, wird zu deren Schließung von der Division die Verlängerung des linken Flügels von SS-D und des rechten Flügels von SS-DF befohlen. Dadurch ist dieser Abschnitt besonders gefährdet.

Durch eine Erkundung wird festgestellt, daß die Rusa eine Eisdecke von 75 cm aufweist und für Panzer in der Mitte des Abschnitts auf jeden Fall befahrbar ist.

Der damalige O 2 (Ordonnanzoffizier beim Ib), Ostuf. Fritz Steinbeck, schildert in seinem Bericht den vorbildlichen Einsatz eines Hauptscharführers der Abt. V des Divisionsstabes:

Sprit für die Sturmgeschütze in letzter Minute

„Nach dem Absetzen vor Moskau im Dezember 1941 hinter die Rusa lag Ostuf. Telkamp mit 4 Sturmgeschützen ostwärts der Rusa wegen Treibstoffmangels fest. Ein Pionier-Oberleutnant des Heeres hatte Befehl, die Brücke über die Rusa um 06.00 Uhr zu sprengen. Hstuf. Enseling vom Pi.Btl. stellte mir eine 16-to-Zugmaschine zur Verfügung und ein Hauptscharführer von Abt. V, dessen Name mir entfallen ist, brachte mehrere Fässer Benzin im Gegenverkehr in stockdunkler Nacht auf dem schmalen, von zurückflutenden Einheiten belegten Waldweg an die Brücke.

Hier wurde der Treibstoff in Kanister abgefüllt und zu den in Sichtweite der Brücke eingeigelten und nach allen Seiten feuernden Sturmgeschützen geschleppt. Es gelang unter gegenseitigem Feuerschutz, die Geschütze in letzter Minute über die Rusa-Brücke in Sicherheit zu bringen. Wir alle wissen, was 4 Sturmgeschütze in dieser Situation für die Division bedeuteten. Wir wissen aber auch die Leistung des Fahrers und des Hauptscharführers, deren Namen nicht mehr bekannt sind, zu würdigen."

21. Dezember 1941:
Über das Besetzen der Rusa-Stellung des zuletzt hier eintreffenden Regiments DER FÜHRER schreibt der Regimentskommandeur, Ostubaf. Kumm, in seinen Aufzeichnungen:

„Im Morgengrauen des 21. 12. erreichen die Bataillone die Rusa. Die schweren Infanteriewaffen sind z. T. auf pferdebespannten Schlitten verladen, die Männer mit verschmutzten Schneehemden sind völlig erschöpft. Ein Bild, das auch den härtesten Mann rühren muß. Während der Regimentskommandeur den Einsatz der Gefechtsvorposten in einer vorher erkundeten Linie mit den Bataillonskommandeuren bespricht, greift der Feind schon wieder mit starken Kräften an. Auf die Gefechtsposten wird unter diesen Umständen verzichtet, und so rasch wie möglich gliedert sich das Regiment westlich der Rusa zur Abwehr.

Außer fünf bis sechs großen Erdlöchern in dem etwa 6 km breiten Abschnitt des Regiments ist nichts zur Verteidigung vorbereitet. Gerade als die Bataillone in ihre Abschnitte eingewiesen werden — rechts das III./DF und links das I./DF — bricht der Feind beim III. Bataillon durch. Innerhalb einer halben Stunde werfen die Kompanien des III./ DF in grimmiger Wut den Gegner unter hohen Verlusten für die Sowjets zurück.

Die Vorzeichen für die endgültig zu haltende Winterstellung sind denkbar schlecht. Trotz dieser geringen Aussicht beginnen die Männer sofort mit dem Ausbau der Stellungen. Wo Spaten und Pickel in dem hartgefrorenen Boden versagen, wird mit Bohrpatronen und Tellerminen gesprengt. Drei Tage unbeschreiblich mühevoller Arbeit — immer wieder unterbrochen durch die Abwehr kräftiger Feindangriffe — dann ist das Regiment auch in der Rusa-Stellung abwehrbereit.

Der Gegner spürt, daß er an dieser Stelle nicht durchstoßen kann und läßt in seiner Aktivität nach. Nur das feindliche Artilleriefeuer verstärkt sich, stört die Nachschubwege und löst Ausfälle an Fahrzeugen aus. Der Nahverkehr zur Hauptkampflinie kann wegen der hohen Schneeverwehungen nur mit Panjeschlitten durchgeführt werden. Starke Kälte und die gefürchteten Schneestürme setzen ein. In wenigen Tagen ist das Land tief verschneit. Durch die Verwehungen sind die Wege fast unpassierbar geworden.

So geht das Regiment dem Weihnachtsfest entgegen — gefrorene Erbsensuppe, gefrorenes Brot, Schuhe und Strümpfe fast vollständig zerrissen, die Versorgung durch Mangel an winterbeständigen Lokomotiven, durch gewaltige Schneeverwehungen auf allen Straßen und Wegen sehr in Frage gestellt . . . "

Trotzdem bekommt die Division zu diesem Zeitpunkt endlich Winterbekleidung: pelzgefütterte Anoraks und Hosen, Filzstiefel und Pelzmäntel. Der Abwurf zusätzlicher Weihnachtsverpflegung durch Transportmaschinen der Luftwaffe (Ju 52) landet zum großen Teil beim Feind.

Am Abend erfährt die Division, daß dem Divisionskommandeur, SS-Brigadeführer und Generalmajor der Waffen-SS Wilhelm B i t - r i c h , das Ritterkreuz verliehen wurde.

Aus diesem Anlaß erläßt er am 21. 12. 1941 folgenden

Tagesbefehl

Kameraden!

In einer ernsten Stunde bin ich vom Führer und Obersten Befehlshaber mit dem Ritterkreuz ausgezeichnet worden.

Ihr sollt die Überzeugung haben, daß ich diese Anerkennung nicht allein trage. Ich sehe dieses Kreuz bei jedem Kämpfer der Division. Ich trage es für die Toten und für Euch, die ihr noch kämpft.

Die Köpfe hoch, wir werden den Feind an der Rusa schlagen, daß wir für die zukünftigen Operationen Zeit gewinnen.

Ich stehe in Ehrfurcht vor den Toten und Eurem Opfergeist.

gez. B i t t r i c h
SS-Brigadeführer und Generalmajor

o) Abwehrkämpfe in der Rusa- und Wolokolamsk-Stellung
22. 12. — 31. 12. 1941

2 2 . D e z e m b e r 1 9 4 1 :

Die Gefechtsvorposten des I./D weichen vor starkem feindlichen Druck — ca. zwei Kompanien — aus. Eigenes Artilleriefeuer verhindert weiteren Feindangriff.

Die Hauptkampflinie (HKL) und das Hauptkampffeld (HKF) werden im Divisionsabschnitt weiter ausgebaut. Wegen der großen Entfernungen zum Troß und Schneeverwehungen treten Schwierigkeiten in der Versorgung auf.

Am Nachmittag wehrt II./D einen Feindangriff mit Hilfe einer unterstellten 8,8-Flak ab. Drei russische Panzer werden abgeschossen, ein Panzer fährt sich am Istra-Ufer fest.

23. Dezember 1941:
Durch Divisionsbefehl erfolgt noch einmal eine Umgliederung in der Rusa-Stellung:
Zwischen Regiment DEUTSCHLAND und Regiment DER FÜHRER wird die der Division unterstellte Kampfgruppe Dietrich (Infanterieteile des Nebelwerfer-Regiments 72) eingesetzt, wodurch die Abschnitte der beiden Regimenter kleiner werden.
Im gesamten Abschnitt der Division werden mehrere Feindangriffe durch Artilleriefeuer zerschlagen und ein kleiner Einbruch beim Kradsch.Btl. bereinigt.

24. Dezember 1941:
Da gerade am Heiligen Abend Feindangriffe zu erwarten sind, werden alle Weihnachtsfeiern untersagt. Von der eingetroffenen „Ribbentrop-Spende" werden lediglich Schokolade und Zigaretten verteilt. Alkohol wird zunächst zurückgehalten. Die Weihnachtspost ist ausgeblieben.
Bei den Einheiten trifft Führer- und Mannschaftsersatz ein, pro Regiment ca. 4 Führer und 120 Mann.
Der Kommandierende General und der Divisionskommandeur erlassen Weihnachtsbefehle.
Die Kommandeure mit ihren Adjutanten besuchen die Männer in den Bunkern der Hauptkampflinie. Nachdem diese nach den langen Strapazen etwas zur Ruhe gekommen sind, herrscht bei ihnen eine ausgezeichnete und zuversichtliche Stimmung.
Irgendwie wird etwas Weihnachtsstimmung hergezaubert. Auf einer Mundharmonika spielt einer die alten Weihnachtslieder. Irgendwoher hat man Weihnachtsbäumchen, mit einigen Silberfäden und Lichtern geschmückt, gebracht, und alle Augen hängen an den zuckenden Flämmchen. Sie sind mit ihren Gedanken weit weg — bei ihren Lieben zu Hause — und sie verspüren in diesen Stunden die Sehnsucht nach Frieden, Ausruhen und Geborgenheit. Der schmale Grat zwischen Leben und Tod, den diese jungen Soldaten nun schon seit Mo-

naten gehen, die manchmal fast übermenschlichen körperlichen und seelischen Strapazen hat sie zu Männern gemacht mit der verwegenen Hoffnung, doch noch diesem Inferno von Not und Tod, von Hunger und Kälte, der fast ständigen Gefahr der Verwundung und Erfrierung, der totalen Erschöpfung und Übermüdung zu entrinnen.

Abgesehen von leichtem Artillerie- und Granatwerferfeuer sowie von einigen Salvengeschütz-Feuerüberfällen bleibt der Feind ruhig.

25. Dezember 1941:

Im Laufe des Tages wird im rechten Divisionsabschnitt ein Angriff in Stärke von zwei Kompanien auf Neshitino abgewehrt und gegen Mittag ein Angriff auf Kukischewo zerschlagen.

Vor der Mitte des Abschnitts herrscht Ruhe. Vor dem Nordabschnitt kreuzen 14 Panzer auf, die von in Stellung gehenden Panzerabwehrwaffen sofort unter wirksames Feuer genommen werden. Abschüsse werden nicht erzielt, da es sich teilweise um schwere (52 to) Panzer handelt. Vereinzelte Angriffe von geringer infanteristischer Stärke werden abgewehrt. Auf dem Nordabschnitt liegen zeitweise Feuerüberfälle von ca. 1 1/2 Batterien und von Salvengeschützen.

Auf der Grenze zur 5. Pz.Div. wird ein in die Stellung eingedrungener Feindstoßtrupp von ca. 100 Mann zurückgeschlagen unter Zurücklassung von ca. 50 Toten und einem Funkgerät. Durch Pak-Beschuß des Feindes fallen einige Bunker aus.

Nach Gefangenenaussagen liegt auf der Gegenseite außer der 37. und 49. Schützenbrigade das 518. Reserveregiment und die 365. Panzerbrigade sowie vor dem linken Flügel der Division das 1199. Inf.Rgt. der 354. Inf.Div. Ein Artillerieregiment ist vom Südosten her im Anmarsch.

Die Stellungen werden weiter ausgebaut. Die während der Weihnachtsfeiertage doch noch eintreffende Post läßt noch einmal weihnachtliche Stimmung aufkommen.

26. Dezember 1941:

Es bleibt an der Front weiterhin ruhig.

W. Haupt schreibt in „Heeresgruppe Mitte" über die Gesamtlage (S. 117):

„Die Weihnachtstage 1941 ließen erkennen, daß die Heeresgruppe um Sein oder Nichtsein kämpfte. Endlich wurde das auch im OKH begriffen."

Wegen „eigenmächtiger" Befehle mußten in d e m Augenblick die beiden hervorragenden Panzerführer, Generaloberst Guderian und Hoepner, gehen, als sich ihre Truppen in einem Verzweiflungskampf befanden.

W. Haupt:

„Die Heeresgruppe Mitte verteidigte sich in diesen Tagen noch auf einer Frontbreite von 780 km. Ihre sechs Armeen kämpften — ohne jede Luftwaffenunterstützung, ohne schwere Panzer, ohne Nachschub — gegen 16 bestens für den Winterkrieg ausgerüstete Sowjetarmeen und zwei Kavalleriekorps."

In diesen Tagen — vom 28. bis 31. Dezember 1941 — bleibt es im gesamten Divisionsabschnitt ruhig.

Der Regimentskommandeur „DF" schreibt in seinen Erinnerungen zum Abschluß dieses Jahres:

„Und doch . . . — überall die gleiche zuversichtliche Entschlossenheit, unseren Kampf wie bisher unerschüttert fortzusetzen. Überall das Bewußtsein völliger Überlegenheit über diesen Feind. Mehr und mehr spürt der Gegner, daß seine Angriffe gegen unseren Frontabschnitt verlustreich und erfolglos sind. Nur noch mit schwachen Kräften führt er Scheinangriffe durch, hält uns durch Artilleriefeuer nieder. Den Schwerpunkt seiner Angriffe verlegt er auf schwächere Frontabschnitte.

So endet das Jahr 1941 in der Rusa-Stellung ohne besondere Vorkommnisse. Besonders sollen hier die hohen Verdienste der Verwaltungsführer und der Trosse erwähnt werden. Unter den schwierigsten Voraussetzungen und unter Einsatz ihrer ganzen Person versorgten alle diese Männer die Gefechtskompanien im Rahmen des nur irgendwie Möglichen. An den großartigen Leistungen und Erfolgen . . . in den vergangenen Wochen haben sie gleichermaßen ihren Anteil."

Diese Worte der Anerkennung gelten selbstverständlich für die Versorgungseinheiten der ganzen SS-Division REICH.

So geht das Schicksalsjahr 1941 zu Ende und in den Erdbunkern und in den tiefverschneiten Dörfern der Rusa-Stellung wird recht still „gefeiert".

KRIEGSJAHR 1942

p) Abwehrkämpfe in der Winterstellung der 9. Armee
1. 1. — 17. 1. 1942

1. Januar 1941:
Das neue Jahr beginnt ohne Kampfhandlungen, und die Ruhe an der Front wird lediglich unterbrochen durch gekoppeltes Feuer überschwerer russischer Granatwerfer auf den Ostausgang von Schukowka, bei dem kein größerer Schaden entsteht.
Das Thermometer sinkt auf minus 30 Grad Celsius. Beim Regiment DEUTSCHLAND werden fünf Russen gefangengenommen, die in Schulgino ausgebildet wurden, und nach deren Aussagen dort fünfzehn Salvengeschütze in Stellung sind und zwanzig leichte Panzerkampfwagen bereitstehen.
Auf Befehl der Division werden alle bei der fechtenden Truppe nicht benötigten Fahrzeuge in den neuen Unterkunftsraum südwestlich Gshatsk in Marsch gesetzt. Jedes Fahrzeug darf nur d i e Betriebsstoffmenge mit sich führen, die es zum Erreichen des neuen Unterkunftsraumes unbedingt benötigt.

Der Befehlshaber der Panzergruppe 4 erläßt folgenden

Tagesbefehl *)
zum 1. Januar 1942

Die Führung der Korps und der Divisionen der Panzergruppe und der vortreffliche Kampfgeist ihrer Truppen haben in dem nun zu Ende gehenden Jahre gewaltige Erfolge erzielt. Das Vaterland wird es Ihnen ewig danken. Das Bewußtsein, sein Bestes getan zu haben, sei jedem Führer und Kämpfer größte Genugtuung!
Die Erinnerung an unsere gefallenen Helden zeige uns den Ernst, mit dem wir unsere Pflicht erfüllen müssen!
Das neue Jahr wird noch viel von uns fordern. Der Herrgott gebe uns Sieg und jedem Einzelnen persönliches Glück!

gez. H o e p n e r

---

*) KTB SS-DEUTSCHLAND, Anlage Nr. 225

2. Januar 1942:

Sibirische Kälte liegt über dem Land. Bei der Division werden minus 35 Grad Celsius gemessen.

W. Haupt schreibt in „Heeresgruppe Mitte" über die allgemeine Lage der Heeresgruppe zu Beginn des Jahres 1942 (S. 118/119):

„Der Winter schlug unbarmherzig zu. Die Temperaturen zeigten am Jahreswechsel zwischen 20 und 30 Grad Kälte. Der Schnee lag auf Straßen, Feldern und in den dichten Wäldern bis zu einem Meter Höhe. Es existierten keine festen Unterkünfte mehr. Die Häuser der armseligen Dörfer waren abgebrannt. Die Soldaten mußten sich hinter Schneewällen notdürftig vor dem eisigen Ostwind schützen. Es gab kaum Winterbekleidung. Die Erfrierungen nahmen erschreckend zu und hatten bei weitem schon die Zahl der Schußverletzungen überschritten.

Die Soldaten der Heeresgruppe wankten und stampften trotzdem weiter. Sie waren auf sich allein gestellt. Die Pferde fielen vor Hunger und Entkräftung in den Schnee. Wo sie gerade zu Boden stürzten, überzog sie in wenigen Minuten eine dicke Eisschicht.

Die motorisierten Abteilungen lagen genau wie die Infanteriebataillone fest. Die bisher gebräuchlichen Kälteschutzmittel für Treibstoff und Öl versagten. Die Motoren wurden erst angeheizt, um überhaupt anspringen zu können. Die Artillerie mußte die Geschütze sprengen. Es gab keine Zugmaschinen mehr und wenn, dann konnten die Geschütze nicht schießen. Die Verschlüsse waren eingefroren.

Das Zurückbringen der Verwundeten auf Tragbahren und in Sanitätskraftwagen bedeutete stets einen Wettlauf mit dem Erfrierungstod. Und allzuoft blieben Frost und Kälte Sieger. Der Schatten der ‚Grande Armée' Napoleons schwebte über der Heeresgruppe Mitte; wenn man überhaupt noch von einer Heeresgruppe sprechen konnte . . . "

Der Divisionskommandeur, SS-Brigadeführer Bittrich, erläßt folgenden

Tagesbefehl

Der Reichsführer-SS, der die schweren Kämpfe der SS-Division „Reich" in den letzten Wochen mit größter Anteilnahme verfolgt hat, hat mir in einem persönlichen Schreiben seine besondere Anerkennung für die vorbildliche Haltung der Division ausgesprochen. Er dankt allen Führern, Unterführern und Männern für ihre einmaligen Leistungen.

gez. B i t t r i c h

3. J a n u a r 1 9 4 2 :
Hstuf. Tychsen übernimmt die Führung der Divisionsreserve in Borodino. Stubaf. Schulz wird Kommandeur des III./DF. Die Kälte nimmt weiterhin zu und erreicht minus 37 Grad.
Wegen des Mangels an Brennholz wurden im Gebiet der Heeresgruppe von eigenen Truppen wiederholt Masten von Fernsprechleitungen abgesägt oder Drähte herausgeschnitten und zu Lichtleitungen verwendet, wodurch wichtige Fernsprechleitungen zerstört wurden.
Der Oberbefehlshaber der Heeresgruppe verbietet daher in einem eigenen Befehl jedes Absägen von Telegraphenstangen und jede Verwendung von Leitungs- und Stangenmaterial zu anderen als zu Nachrichtenzwecken. Am Schluß des Befehles heißt es wörtlich:
„Ich sehe in der Zerstörung von Fernsprechgestängen eine vorsätzliche Beschädigung von Wehrmitteln und eine vorsätzliche Gefährdung der Schlagkraft der Deutschen Wehrmacht, die gem. § 1 der V.O.Z. Erg. der Strafvorschriften zum Schutze der Wehrkraft des deutschen Volkes vom 25. 11. 1939 (R.G.Bl. I, S. 2319) mit dem Tode bestraft werden kann.
Über diesen Befehl sind alle Soldaten der Heeresgruppe sofort zu belehren.

gez. v. K l u g e
Generalfeldmarschall"

An der Abwehrfront bleibt es weiterhin ruhig. Der Divisionskommandeur besucht SS-DEUTSCHLAND und die Männer des II./D in ihren Bunkern.
Beim SS-Kradsch.Btl. gibt es folgende Veränderungen:
Die gesamten Kraftfahrzeuge des Bataillons werden zur Instandsetzung ins Reich verladen. Die Fahrer treten zu den Gefechtskompanien. Die Reste der 2. und 4. Kp. werden in der 2. Kompanie zusammengefaßt (Hstuf. Grünwälder).
Aus dem SS-Kradsch.Btl. und der SS-Aufkl.Abt. wird die „Kampfgruppe Tychsen" gebildet.

Am 7. 1. kommt das bei Romny ins Reich geschickte, schwer beschädigte Sturmgeschütz „Seydlitz" frisch instand gesetzt wieder zur Batterie zurück und wird freudig begrüßt.

Im gesamten Divisionsabschnitt müssen Tag für Tag alle Wege vom Schnee geräumt werden.

Die russische Führung holt jedoch zu neuen Schlägen aus.

Die Lage und Absicht auf russischer Seite

W. Haupt schreibt in „Heeresgruppe Mitte" (S. 119) darüber:

„Das Oberkommando der ‚Roten Armee' gab am 7. Januar 1942 seinen Armeen und ‚Fronten' die neuen Ziele für die zweite Phase der Offensive:

Die ‚Briansker Front', die bisher 1100 Ortschaften zurückerobert und durch einen kühnen Stoß den rechten Flügel der Heeresgruppe Mitte vollkommen zerschlagen hatte, sollte auf Orel vordringen.

Die ‚Westfront' erhielt Befehl, gegen Juchnow vorzugehen und in Zusammenarbeit mit der ‚Kalininer Front' die deutschen Truppen (dabei die SS-Div. REICH; der Verf.) im Raum Moshaisk—Gshatsk—Wjasma einzukesseln.

Die ‚Kalininer Front' hatte mit 29. und 31. Armee Rshew anzugreifen, die 30. und 39. Armee sollten westlich vorbei auf Sytschewka stoßen, während die 22. Armee die Eisenbahnlinie: Rshew—Welikije Luki unterbrechen mußte.

Die ‚Nordwestfront' am äußersten rechten Flügel hatte mit der neugebildeten 3. und 4. Stoßarmee den Auftrag, die Heeresgruppe Mitte von der Heeresgruppe Nord zu trennen, indem die Front gegen Cholm, Welikije Luki, Toropetz und Welish offensiv wurde.

Feldmarschall v. Kluge, der O.B. der Heeresgruppe, forderte schon am 2. Januar eine schnelle Zurücknahme der Armeen, nachdem sich die sowjetischen Ein- und Durchbrüche bei Malojaroslawez und Staritza bemerkbar machten. Doch das Oberkommando des Heeres stellte sich auf den Standpunkt, daß zuerst die entstandenen Lücken zu stopfen waren, bevor an ein Aufgeben der Stellungen gedacht werden konnte."

Von einer Front konnte man bei der Heeresgruppe in diesen Tagen kaum noch sprechen.

Smolensk 1941

„Zweckentfremdet"

Die „Stalinorgel" —
das russische Salvengeschütz
— mit Munition

Matthias Kleinheisterkamp

SS-Obergruppenführer und General der Waffen-SS

Soldatischer Lebensweg
(kurz gefaßt)

Geboren: 22. 6. 1893 in Elberfeld.

Weltkrieg 1914—18: Frontsoldat, schwer verwundet, EK II u. EK I.

Freikorps: 1918—1920 im Osten.

Reichswehr: 1921 Eintritt in das Hunderttausend-Mann-Heer, zuletzt Hauptmann und Kompanie-Chef bei den „Ratzeburger Jägern".

SS-Verfügungstruppe und Waffen-SS: 1934 Übertritt in die SS-Verfügungstruppe und zunächst Ausbildungsoffizier bei der SS-VT in Hamburg; 1935 Taktiklehrer an der neueröffneten SS-Junkerschule Braunschweig unter Generalleutnant a. D., SS-Oberführer Paul Hausser; ab Sommer 1936 Stabsoffizier bei dem inzwischen zum Inspekteur der SS-VT ernannten SS-Brigadeführer Hausser in Berlin;

1938 im Frühjahr Versetzung zum Stab des SS-Regiments „Deutschland" in München unter Staf. Steiner; Oktober 1938 Ernennung zum Kommandeur des III./SS-„Deutschland".

Polenfeldzug 1939: Kommandeur einer der drei Gefechtsgruppen im Rahmen der Panzerdivision Kempf (Heer + SS-VT). Als erster der Division erhält er die Spangen zum EK II und EK I des 1. Weltkrieges wegen hervorragender Führung und persönlicher Tapferkeit.

Westfeldzug 1940: Erneute Bewährung als Kommandeur des III./SS-„Deutschland". (Husarenstück von Vlissingen/Holl.) 3. Juli 1940 Versetzung zur Totenkopf-Division und Ernennung zum Regimentskommandeur des Totenkopf-Regiments 3.

Rußlandfeldzug 1941: Zunächst Bewährung als Regimentskommandeur; nach Verwundung des Divisionskommandeurs, SS-Gruppenführer Eicke, vorübergehend *Führer der Totenkopf-Division.* 9. Nov. 1941: Beförderung zum SS-Brigadeführer;

9. Jan. 1942: Ernennung zum *Kommandeur der SS-Division „Reich"* mitten in den schweren Winterkämpfen in der Rusa-Stellung in Rußland; für erneute Bewährung und hervorragender Führung der Division in der Winterschlacht von Sytschewka und Rshew erhält er das Ritterkreuz;

später nach Beförderung zum SS-Gruppenführer, *Übernahme der SS-Division „Nord"* in Finnland, die er bis zum Herbst 1944 führt. Mit General Dietl verbindet ihn ein freundschaftliches Verhältnis.

Ab Herbst 1944 ist er *Kommandierender General des XI. SS-Armeekorps.* Am 19. April 1945 erhält General Kleinheisterkamp als Kommandierender General das Eichenlaub zum Ritterkreuz.

Seit Kriegsende wird SS-Obergruppenführer Kleinheisterkamp vermißt.

Vorübergehende Abwehrstellung
beim Rückzug

Panzer der 10. Panzer-Division mit Grenadieren von SS-DAS REICH
beim Vormarsch an der Rollbahn

Schi-Kompanie
15./SS „D" bei der
Kampfgruppe
SS-DAS REICH 194[...]

Sturmbannführer Era[...]
Kommandeur I./„DF"
mit seinem Stab vor d[...]
Winterschlacht
von Rshew

Heldenfriedhof
und Ehrenmal des
SS-Regiments
DEUTSCHLAND
in Kashino bei Rshew

Kommandowechsel bei der Division REICH

Am 8. Januar 1942 wird der bisherige Divisionskommandeur, SS-Brigadeführer und Generalmajor Bittrich, durch Befehl abberufen. An seiner Stelle übernimmt SS-Brigadeführer und Generalmajor der Waffen-SS Kleinheisterkamp die Führung der SS-Division REICH. Der scheidende Divisionskommandeur, der die Männer der Division seit der Verwundung von SS-Gruppenführer Hausser in einem besonders schweren Abschnitt des Winterfeldzuges in Rußland bis vor die Tore Moskaus und in den kräfteverzehrenden Abwehr- und Rückzugskämpfen in der Istra- und Rusa-Stellung hervorragend geführt hat, erläßt zu seinem Abschied folgenden

Tagesbefehl *)

Meine Kameraden!
Der Befehl des Reichsführers ruft mich von Eurer Seite zu neuen Aufgaben.
Das bedeutet Abschied von der kampferprobten Division, von meinem alten Regiment „Deutschland" und von Euch allen, die Ihr unter meiner Führung Eure Soldatenpflicht bis zur Selbstaufopferung erfülltet. Der alte und der neue Ruhm der Division ist der Ruhm eines jeden von Euch, ist aber auch der Ruhm der Tapferen, die heute Rußlands Erde deckt. Ihr seid von Sieg zu Sieg gestürmt, und Ihr habt in schweren Tagen die härteste Probe bestanden.
Ich weiß, daß Ihr dem neuen Kommandeur, SS-Brigadeführer Kleinheisterkamp, den gleichen Gehorsam und die gleiche unverbrüchliche Treue entgegenbringen werdet wie mir.
Stolzen und dankbaren Herzens scheide ich von Euch. Über unsere Trennung hinaus verbinden uns die gemeinsamen Erlebnisse unvergleichlicher Siege und bitterster Kämpfe in diesem entscheidenden Feldzug.
Uns eint die unerschütterliche Kampfbereitschaft und der bedingungslose Opferwille der Waffen-SS. Wohin der Führer uns immer stellen mag, wir geloben:
Unsere ganze Kraft, unser Leben für Deutschlands Freiheit!

gez. B i t t r i c h

---

*) KTB SS-DEUTSCHLAND vom 8. Jan. 1942, Anl. 229

Am 9. Januar 1942 erläßt die Division den Vorbefehl für die Räumung der Rusa-Stellung am X-Tage, der 24 Stunden vorher bekanntgegeben wird.

Er kommt für die Truppe, die ihre Abwehrfront nach wie vor sicher hält, völlig überraschend, und im Kriegstagebuch des Regiments DEUTSCHLAND vom 9. 1. 1942 heißt es wörtlich:

> „Es erscheint dem Regiment unbegreiflich, wie diese Stellung geräumt werden kann. Es wird jedoch mit größeren Rückschlägen an anderen Frontstellen gerechnet, die ein Zurücknehmen der Rusa-Front erforderlich machen."

Nach der oben geschilderten Lage der Heeresgruppe Mitte gibt es tatsächlich keine andere Möglichkeit, als die Rusa-Stellung zu räumen.

In dem von dem neuen Divisionskommandeur gegebenen

Vorbefehl für das Ausweichen in eine rückwärtige Stellung *)

heißt es u. a. (Auszug):

1.) Die Rusa-Stellung wird voraussichtlich in den nächsten Tagen geräumt. Die HKL wird nach Ausweichen auf mehrere Ausweichstellungen in die G-Stellung zurückgenommen, um eine Verkürzung der Front zu erreichen und damit Kräfte zu sparen." ... "

Anschließend werden die Grenzen zu den Nachbardivisionen, Trennungslinien zwischen Truppenteilen während des Rückzuges, Aufnahmestellungen in den Linien A — F und die endgültige HKL befohlen. Die einzelnen Linien sollen je einen Tag, die Linie D voraussichtlich zwei Tage gehalten werden.

Es werden drei Widerstandsgruppen gebildet:

    a) **Widerstandsgruppe Tychsen:**

       Truppe: Kradsch.Btl.

           Aufkl.Abt.

           Div.-Reserve

    b) **Widerstandsgruppe Harmel:**

       Truppe: Rgt. DEUTSCHLAND

    c) **Widerstandsgruppe Kumm:**

       Truppe: Rgt. DER FÜHRER

---

*) KTB SS-„D" v. 9. 1. 42, Anl. 231

Die Widerstandsgruppen unterstehen der Division unmittelbar. Die Gruppe Dietrich geht bei Ausweichen von Linie B in e i n e m Zuge hinter die neue HKL zurück. Weiterer Befehl folgt.

Über die Kampfführung heißt es in diesem Vorbefehl in Ziff. 9 u. a.: „In den einzelnen Linien wird je ein verstärktes Bataillon in jedem Abschnitt eingesetzt. Die Bataillone überschlagen sich im Einsatz so, daß jedes Bataillon in e i n e m Zuge in die übernächste Linie zurückgeht.

. . . Die Linien B und C sowie E und F sind stützpunktartig an den Ortschaften zu besetzen. Schwerpunkt an der Rückzugsstraße und sonstigen ausgefahrenen Wegen. Überwachung tief verschneiter Räume durch Ski-Spähtrupps . . . "

Der Div.Gef.-Stand befindet sich:
bis X-2 Tage in Chotanki
bis X-5 Tage in Galyschkino

Am 10. 1. 1942 wird die Ruhe an der Abwehrfront lediglich durch einen feindlichen Stoßtrupp in Stärke von 25—30 Mann unterbrochen, der versucht, gegen den linken Abschnitt des II./D vorzugehen. Er wird durch Infanteriefeuer aufgerieben und vernichtet.

Am 11. 1. 1942 erläßt der neue Divisionskommandeur, SS-Brigadeführer Kleinheisterkamp, folgenden

Tagesbefehl*)

SS-Männer der stolzen SS-Div. „Reich"!

Mit dem 9. 1. 1942 habe ich den Befehl über die Division übernommen. Ich bin mir der Ehre bewußt, als alter Angehöriger der Division, Euch über die Wintermonate führen zu dürfen.
Eure Taten, Eure Einsatzbereitschaft, Eure Haltung und Disziplin sind beispielhaft in der Geschichte der Waffen-SS und des Heeres.
Die Überzeugung, daß Ihr auch weiterhin unter meiner Führung Eure ganze Kraft zur Erhaltung und Sicherung des errungenen Erfolges einsetzen werdet, habe ich.
Die herzlichsten Grüße und besten Wünsche Eures Divisionskommandeurs, SS-Obergruppenführer Hausser, der baldigst zu

---

*) KTB SS-„D" v. 11. 1. 1942, Anl.Nr. 230

Euch zurückkehren möchte, Euch zu übermitteln, ist mir eine Freude.

In dankbarer Ehrfurcht gedenken wir unserer toten und verwundeten Kameraden.

Wir werden unsere Pflicht tun in Liebe und Treue zu unserem Volke und zu unserem besten Kameraden

Unserm Führer

Sieg Heil!

gez. K l e i n h e i s t e r k a m p

Der Kommandeur des SS-Kradsch.Btl., SS-Stubaf. Heinz Klingenberg, bekannt geworden durch sein Husarenstück der Einnahme von Belgrad, der an Ruhr erkrankt ist, wird zur Wiederherstellung seiner Gesundheit ins Reich kommandiert. Er kehrt nie mehr zur Division zurück.

(Nach seiner Genesung wurde er zur SS-Junkerschule Tölz versetzt. Dort war er in den nächsten Jahren als Taktiklehrer, Lehrgruppenkommandeur und Kommandeur der germanischen Offizierslehrgänge tätig. Im April 1944 wurde er Kommandeur der SS-Junkerkerschule Tölz. Im Januar 1945 übernahm er als SS-Standartenführer die 17. SS-Pz.Gren.Div. „Götz von Berlichingen". Er fiel bei den Abwehrkämpfen im Westen am 22. März 1945 bei Herxheim in vorderster Linie.)

SS-Hstuf. Tychsen übernimmt nach Auflösung der Divisionsreserve die Führung des SS-Kradsch.Btl. Die aus Angehörigen der Pz.Jg.Abt. zusammengestellte Kompanie Burfeind tritt als 4. Kompanie von der Divisionsreserve zum SS-Kradsch.Btl.

Über die sich rasch verschlechternde Lage der Heeresgruppe Mitte schreibt Paul Carell in „Unternehmen Barbarossa" (S. 321):

„Nach dem Durchbruch bei Toropez (dem äußeren russischen Zangenarm um die Heeresgruppe Mitte — der Verf.) gab es auf 125 km Breite, zwischen Welikije Luki und Rshew, keine zusammenhängende deutsche Front mehr. Das war die bitterste, die gefährlichste Stunde der Heeresgruppe Mitte seit dem 6. Dezember 1941.

Drei Sowjetarmeen, weit voraus Jeremenkos 4. Stoßarmee, mit vier Schützendivisionen, zwei Schützenbrigaden und drei Ski-Bataillonen griffen nach dem großen Sieg, von dem sich Stalin die Vernichtung der deutschen Heeresgruppe Mitte versprach und damit die Wende des Krieges."

Die russischen Armeen erreichten ihr Ziel jedoch nicht, die Autobahn Minsk—Smolensk—Moskau, den Nervenstrang der Heeresgruppe Mitte, zu durchschneiden, wenn auch schon der Flugplatz von Smolensk unter russischem Artilleriefeuer lag.

Die russische Führung hatte ihren Gegner unterschätzt und die eigene Kraft überschätzt.

„Damit war der gefährlichste Stoß der russischen Winteroffensive gegen die deutsche Heeresgruppe Mitte in den Rücken ihrer 9. Armee gescheitert. Der äußere russische Zangenarm, der tief hinter die deutsche Front stoßen sollte, war zerbrochen.

Aber noch drohte die Katastrophe nördlich und südlich der Autobahn, bei Rshew und bei Suchinitschi: Die innere Zange der roten Offensive gefährdete die an der Front kämpfenden Teile der 9. und 4. Armee unmittelbar.

Vor allem Rshew war das Ziel der sowjetischen Angriffe. Die Russen wollten diesen Eckpfeiler der deutschen Mittelfront unter allen Umständen nehmen. Gelang das, dann drohte der 9. Armee Umfassung und Einkreisung.

Wenn vor der Haustür eines Armeegefechtsstandes plötzlich feindliche Panzer vorbeirollen und die Front nur einen Kilometer entfernt ist, dann bahnt sich eine Katastrophe an. Die 9. deutsche Armee blickte am Spätnachmittag des 12. Januar 1942 einer solchen Katastrophe ins Auge*)."

Vor dem Abschnitt der SS-Division REICH bleibt es weiterhin ruhig. Am 14. 1. 1942 ergeht folgender

Divisionsbefehl für die Erweiterung des Rusa-Abschnittes
(Auszug)

1.) Feind gegenüber SS-Div. „Reich" hat sich eingegraben. Er ist artilleristisch stark, leidet jedoch an Munitionsmangel.

2.) Der Abschnitt der SS-Div. „Reich" ist nach Norden bis Linie Kusminskoje Nordrand — Sepelewo Südrand — Lukino Nordrand — Lupunowo Südrand erweitert.

---

*) Paul Carell: „Unternehmen Barbarossa", Ullstein-Verlag, S. 322/323

3.) Zur Besetzung des neuen Abschnitts wird verst. Aufkl.Abt. auf dem rechten Flügel herausgezogen.

Divisionsreserve wird aufgelöst. Eine Kp. wird gemäß Sonderbefehl dem Kradsch.Btl., 2 Kpn. der Aufkl.Abtl. unterstellt.

Den südlichen Teil des hinzugekommenen Abschnitts übernimmt Rgt. „DF".

. . . .

Doch dieser Befehl ist am 15. 1. 1942 bereits überholt.

W. Haupt schreibt in „Heeresgruppe Mitte" über die Entwicklung der Lage an diesem Tage (S. 122):

„Das Oberkommando des Heeres hatte am 15. 1. einen allgemeinen Rückzug auf die Linie: Rshew—Gshatsk—Juchnow befohlen. Damit sollte wenigstens einigermaßen der Zusammenhalt gewahrt werden."

Mit diesem Ausweichen auf eine stark verkürzte Front wird die SS-Div. REICH freigemacht für neue schwere Aufgaben. Aber niemand weiß, welcher Einsatz der Division bevorsteht; jeder empfindet, daß die Zeit drängt.

Am 16. 1. 1942, um 04.00 Uhr morgens, wird der

Divisionsbefehl für das Ausweichen
in einem Zug in den Raum westlich Gshatsk

fernmündlich an alle Einheiten durchgegeben, der im Auszug lautet:

„SS-‚Reich' weicht in einem Zuge bis in den Raum westlich Gshatsk: Sjask einschl. bis Gshatsk ausschl. — aus. Das Ausweichen beginnt am 16. 1. mit Dunkelwerden."

Damit scheidet die SS-Div. REICH aus dem Verband der 4. Armee aus und tritt zunächst unmittelbar unter das Kommando der 9. Armee.

Für die Fußtruppen werden Zwischenunterkünfte befohlen, während die motorisierten Teile den neuen Unterkunftsraum in einem Zug erreichen sollen.

Mit Einbruch der Dunkelheit lösen sich die Truppen der Division REICH aus der Rusa-Stellung, während es vor dem Divisionsabschnitt ruhig bleibt, und marschieren die ganze Nacht über auf der befohlenen Straße bei großer Kälte zurück, diesmal jedoch nicht vom Gegner verfolgt.

Nach einer kurzen Ruhepause am 17. 1. von 05.00 bis 09.30 Uhr morgens geht der Marsch weiter, bis gegen 16.00 Uhr das Tagesziel erreicht ist.

Schon um 17.00 Uhr befiehlt die Division mit Funkspruch an SS-DEUTSCHLAND:

> „Verfügbare Kraftfahrzeuge bis 18. 1., 12.00 Uhr, marschbereit machen."

Hierauf wird der Ordonnanzoffizier des Regiments zu den Trossen und Kfz-Staffeln in Marsch gesetzt, die ca. 20 km südwestlich Gshask untergezogen sind, mit dem Befehl, sofort alle verfügbaren und fahrbereiten Kraftfahrzeuge entladen zu lassen, zusammenzufassen und dem neuen Regimentsgefechtsstand, der in Gshatsk noch erkundet wird, zuzuführen.

Um 20.45 Uhr geht folgender Funkbefehl von der Division an SS-DEUTSCHLAND (Südteil Gshatsk):

> „Alle abgeladenen Kfz, einschl. Trosse, im Pendelverkehr zum Heranführen der Mannschaften einsetzen. Größte Eile und Schonung der Truppe erforderlich."

Der Div.Gef.-Stand befindet sich in Brylowo.

Am 17. 1. übernimmt General der Panzertruppen Model den Befehl über die 9. Armee, nachdem der bisherige Oberbefehlshaber, Generaloberst Strauß, aus gesundheitlichen Gründen seiner Dienststellung enthoben war.

Generaloberst Hausser zitiert in seinen persönlichen Aufzeichnungen bei der Zusammenfassung dieses Kampfabschnitts aus Carl Wagener: „Mokau 1941 — der Angriff auf die russische Hauptstadt" wie folgt:

> „Hier mögen folgende Worte des Autors übermittelt werden:
> ‚Selten ist ein Rückzug schlechter geführt worden als der von Moskau.
> Daß er gelang ist vor allem das Verdienst der Truppe und grenzt an ein Wunder.
> Die oberste Führung hat alles getan, um ihn zu erschweren und nahezu unmöglich zu machen.

311

Nachdem allen Stellen klar war, daß der Angriff auf Moskau gescheitert war, mußte ein ganzer Entschluß gefaßt und auf eine
Linie zurückgegangen werden, die im Winter gehalten werden
konnte.

Der Sinn des Rückzuges ist es, sich vom Feinde zu lösen. Diese
Kampfart — der Rückzug ist eine Kampfart —, nicht ein Ver-
hängnis, Flucht oder Schande — soll dazu dienen, die Schlacht
abzubrechen und dabei Herr seines Willens zu bleiben, unab-
hängig vom Willen des Feindes.

gez. Wagener‘“

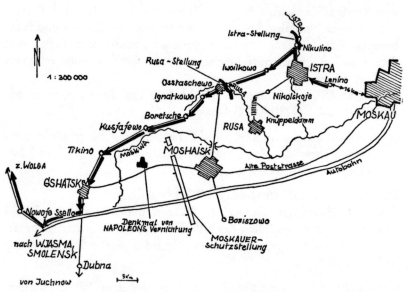

Rückmarsch von Lenino bis zur Wolga

Am 18. 1. 1942 bleiben die Einheiten der Division in den erreichten
Räumen.

Das Entleeren der beim Troß befindlichen Kraftfahrzeuge und die
Zusammenstellung dieser Kolonne — etwa 30 Fahrzeuge — nimmt
den ganzen Tag in Anspruch. Infolge Schneeverwehungen und Ein-
bahnverkehr trifft diese Leerkolonne erst gegen 24.00 Uhr beim
Rgt.Gef.-Stand SS-DEUTSCHLAND in Gshatsk ein.

Ein kurzer Divisionsbefehl, der am 18. 1. an die Einheiten geht, lautet*):

„Auf Befehl des O.K.H. wird die SS-Division ‚Reich' am 17./18. 1. 1942 im Raum Spassk — Cholm — Gshatsk (ausschl.) — Now. Sselo bereitgestellt.

Alle dort untergebrachten Truppenteile haben auf Befehl des O.K.H. soviel Unterkünfte freizumachen, als zur zusätzlichen Unterbringung der SS-Div. ‚Reich' in diesem Raum notwendig sind."

Für das Divisionskommando
Der 1. Generalstabsoffizier
gez. Ostendorff
SS-Obersturmbannführer"

Aus diesem Befehl geht hervor, daß das OKH in diesen Tagen offensichtlich direkten Einfluß auf den bevorstehenden Einsatz der SS-Division REICH genommen hat.

Die besondere Bedeutung dieses Einsatzes zeigen auch die am gleichen Tag herausgegebenen

Besondere Anordnungen für die Organisation im neuen Unterkunftsraum **)

1.) Folgende Unterkünfte ändern sich gegenüber den befohlenen Räumen:

a) Rgt. „D":   Raum (westl. Spassk) Dubrowka—Schubenka—Ssaschina—Odnorukowa;

b) Rgt. „DF":   Raum Now Sselo-Dubrowka (2 km südwestl. Basskakowo)—Ilino.

Ein Berechtigungsschein zum Freimachen von Unterkünften für die eigene Truppe geht den Truppenteilen in der Anlage zu. Es ist freigestellt, weitere Ortschaften in Anlehnung an die befohlenen Räume zu belegen.

Die Straßen von den Unterkünften zur Durchgangsstraße Gshatsk—Spassk sind jederzeit freizuhalten.

---

*) KTB-SS-„D" v. 18. 1. 1942, Anl. Nr. 239
**) KTB-SS-„D" v. 18. 1. 1942, Anl. 240

2.) Die Einheiten führen bis 20. 1. Bekleidungsaustausch und Fußpflege durch. Gründlich Waschen!

3.) Alle für Mannschaftstransport verfügbaren Kfz sind für Weitermarsch einsatzbereit zu halten.

4.) Aus den Trossen sind nochmals alle für die kämpfende Truppe brauchbaren Männer herauszuziehen.

5.) Alle Kommandeure sind für eine beschleunigte und gründliche Durchführung der befohlenen Maßnahmen verantwortlich.

6.) Mit Weitermarsch ist am 21. 1. zu rechnen.

7.) ·········

8.) ··········

9.) Div.Gef.-Stand (Führ.Abt. + Qu.Abt.):
Brylowo (18 km westl. Gshatsk).

Eine eigenartige Spannung liegt in der Luft, und jeder weiß, daß entscheidende Kämpfe bevorstehen.

In den

Hinweisen für die Kampfführung

durch den Divisionskommandeur, SS-Brigadeführer Kleinheisterkamp, heißt es bedeutungsvoll (Auszug):

> „Bei dem bevorstehenden Angriff wird der Erfolg des ersten Tages ausschlaggebend für den Verlauf der ganzen Operation sein.
> Gelingt es, dem Gegner am ersten Tage das Gefühl der Unterlegenheit, der eigenen Truppe wieder das Gefühl eindeutiger Überlegenheit zu geben, so wird die Entscheidung in wenigen Tagen gefallen sein.
> · · · · · · · · ·
> · · · · · · · · ·
> Es kommt darauf an, daß jeder Führer, Unterführer und Mann sich bewußt ist, daß der bevorstehende Angriff von entscheidender Bedeutung für den weiteren Gesamtverlauf des Ostfeldzuges ist, weil wir als erste wieder aus der Verteidigung bzw. aus dem Rückzug zum Angriff übergehen. Hiervon muß der letzte Mann **durchdrungen** sein.
>
> gez. Kleinheisterkamp"

Eine große entscheidende Schlacht kündigt sich an.

Die Winterschlacht von Rshew
19. 1. — 20. 2. 1942

Überblick über die Entwicklung der Lage

Wie hatte sich inzwischen die Gesamtlage der Heeresgruppe Mitte seit Jahresbeginn entwickelt?

Dieser Überblick ist erforderlich, um die ganze Bedeutung dieser entscheidenden Winterschlacht verstehen und würdigen zu können.

Der Beginn des neuen Kampfjahres 1942 hatte durch die menschen- und materialmäßige Überlegenheit der „Roten Armee", die für den Winterkrieg hervorragend ausgerüstet war, sowie durch die unbarmherzige sibirische Kälte (am Ilmensee bis zu minus 50 Grad Celsius) die teilweise Vernichtung der Heeresgruppe Mitte gebracht.

Ihre Truppen, die im Dezember noch bis auf 16 km an Moskau herangekommen waren, kämpften sich im russischen Hochwinter unter unsäglichen Anstrengungen nach Westen zurück.

Der strenge Befehl Hitlers „Verteidigung um jeden Preis der einmal besetzten Orte" und die kämpferische Überlegenheit des deutschen Soldaten führten schließlich wieder zur Bildung einer festen Front.

W. Haupt schreibt in „Heeresgruppe Mitte" (S. 123) u. a.:

„Von deutscher Seite muß hier gesagt werden, daß der strikte Führerbefehl ‚Halten um jeden Preis' in dieser schrecklichen Lage der Heeresgruppe und bei den unmenschlichen Kältetemperaturen richtig war. Ein planloser Rückzug durch Eis und Schnee hätte innerhalb weniger Tage zur Auflösung der Heeresgruppe geführt. Ferner darf der Wille des einfachen Soldaten zum Überleben nicht vergessen werden, der erheblich zur Stabilisierung der Front beitrug."

Die 9. Armee unter Generaloberst Strauß hat sich aus dem Raum Kalinin nach den bis zur Erschöpfung geführten Rückzugskämpfen bis zur Linie Gshatsk—Rshew durchgeschlagen. Der scharf nachdrängende Gegner aber verdoppelte nun seine Anstrengungen, die deutsche Front zu zertrümmern. Die Stellungen der ausgebluteten Infanterie- und Panzerkorps sind bis zum Zerreißen gespannt. Die Sowjets versuchen immer wieder unter Einsatz von Panzern und Schlachtfliegern, diese Linien auszulöschen.

Ihr erstes Angriffsziel ist die Stadt Rshew, der Eckpfeiler der gesamten deutschen Verteidigungsfront im Mittelabschnitt, das eigentliche Kraft- und Nachschubzentrum der Heeresgruppe Mitte. Fünf russische Armeen, die 29., 30., 31. und 1. Stoßarmee, sind von Norden Nordosten und Osten konzentrisch auf Rshew angesetzt. Der Verlust dieser Stadt würde jedoch den Zusammenbruch der von Hitler befohlenen Gshatsk—Rshew-Stellung bedeuten und damit wahrscheinlich das Schicksal der Heeresgruppe Mitte besiegeln.

Der erste feindliche Frontalangriff gegen die Nordostecke von Rshew, die das VI. Armeekorps hält, ist gescheitert. Darauf gliedert der Russe seine Kräfte um.

Der Feinddurchbruch westlich Rshew

Am 4. 1. 1942 greift der Gegner mit erheblicher Übermacht gegen die Front der 256. ID (XXIII. AK) von Norden an, um westlich an Rshew vorbei nach Süden zu stoßen und die Stadt durch Umfassung von Südwesten her zu nehmen. Diese Offensive führt noch am gleichen Tage zu einem tiefen Einbruch, der das XXIII. AK von der Armee abspaltet. Bereits am 5. 1. klafft eine Lücke von 15 km Breite zwischen den Flügeldivisionen (206. ID und 256. ID).

Die sowjetischen Divisionen dringen trotz heldenhafter Abwehr des XXIII. AK und des tapferen Einsatzes des VIII. Fliegerkorps über die Wolga vor und stehen am Abend mit Anfang im Raum 8 km westlich und südwestlich von Rshew.

Die Lage ist bedrohlich wie nie zuvor. Zum ersten Mal in diesem Feldzug kämpft die Heeresgruppe um Sein oder Nichtsein. Die Gefahr für Rshew ist auf das höchste gestiegen.

Da trifft ein weiterer Führerbefehl ein, der lautet:

„Rshew ist um jeden Preis zu halten!"

Die Lage kann aber nur durch einen eigenen Gegenangriff bereinigt werden, zunächst mit dem Ziel, die unmittelbare Bedrohung von Rshew abzuwenden, sodann die Frontlücke zu schließen und ein Nachströmen stärkerer Feindkräfte zu verhindern.

Ein Angriff mit vier hastig zusammengerafften schwachen Bataillonen des VI. AK nach Westen längs der Straße nach Mol. Tud ab 6. 1. und ein ergänzender Angriff der in Eilmärschen herangeführten SS-Brigade Fegelein von Westen nach Osten ab 7. 1. in einem starken Schneesturm sind nach Anfangserfolgen zum Scheitern verurteilt, weil der Feind in der Lücke der Front schon zu stark geworden ist.

Zum Glück verzettelt der Gegner in diesem entscheidenden Augenblick seine Kräfte, so daß in aller Eile die Westfront bei Rshew aufgebaut werden kann.

Alle entbehrlichen Abteilungen, Bataillone und Kompanien werden nun hier in die neue Stellung geworfen. Die unermüdliche Luftwaffe trägt wiederum trotz Schneetreiben und schärfstem Frost entscheidend dazu bei, den Feind an einer schnellen Ausnutzung seiner bisherigen Erfolge zu hindern. Im Lufttransport werden außerdem die in Orscha und Smolensk eintreffenden Marschbataillone nach Rshew vorgeworfen, weitere Verstärkungen fließen täglich aus der vom Armeeoberkommando der 9. Armee angeordneten Auskämmaktion zur Leitstelle Rshew.

Die Sowjets aber verstärken sich Tag für Tag. Schon ist die 39. Armee geschlossen mit Panzern, Infanterie und Schlittenkolonnen durch die deutsche Front nach Süden durchgebrochen und der Gegner ist dabei, weitere Divisionen, u. a. auch zwei Kavalleriekorps in die Durchbruchslücke nachzuschieben.

Die 9. Armee kann dagegen nur zwei Infanterieregimenter aus den bisherigen Linien ziehen und diese schwachen Verbände dem übermächtigen Feind entgegenstellen. Die starken Schneeverwehungen und die am 8. 1. beginnende sibirische Kältewelle lassen nicht nur die Zahl der Erfrierungen erschreckend ansteigen, sondern hindern auch jede schnelle Bewegung.

Da bricht am 9. 1. 1942 die große Offensive der russischen Armee Jeremenko im Waldai-Gebirge auf den linken Flügel des abgeschnittenen XXIII. AK los. Die Lage im Raum Ostaschkow spitzt sich von Stunde zu Stunde zu, und der Feind droht die weitgespannte, dünn besetzte deutsche Front zu überfluten. Die Heeresgruppe befiehlt immer wieder Gegenangriffe, doch die 9. Armee ist dazu einfach nicht in der Lage, da sich das Zuführen der 1. Pz.Div., der neu unterstellten SS-Division REICH und weiterer Infanterieverbände verzögert. Diese Truppen mußten sich ja selbst erst aus ihren bisherigen Stellungen lösen, die nun wieder von benachbarten Einheiten übernommen werden mußten.

Stärkere Angriffe gegen den rechten Flügel des VI. AK müssen als Vorzeichen eines bevorstehenden konzentrischen Großangriffs gegen Rshew gedeutet werden.

Die Führung der 9. Armee wird sich klar darüber, daß eine Rettung der Lage nur durch eine Wiederholung des Angriffs zur Schließung der Frontlücke — mit erheblich stärkeren Kräften — erzwungen werden kann.

Frühestens am 15. 1. sollte ursprünglich der erneute Angriff aus dem Raum Rshew nach Westen geführt werden; und zwar mit der herauszulösenden 1. Pz.Div. und zwei Infanterieregimentern.

Doch die Lage spitzt sich rasch weiter zu. Bereits am 11. 1. steht eine starke Feindgruppe 20 km nordwestlich Sytschewka und bedroht die lebenswichtige Bahnlinie Sytschewka—Rshew ebenso wie das Verkehrs- und Versorgungszentrum Sytshewka selbst.

Die 1. Pz.Div. im Anmarsch in die Bereitstellung wird gerade noch in letzter Minute nach Sytschewka abgedreht und trifft nach einem Nachtmarsch dort in dem Augenblick ein, als der Feind schon am Bahnhof kämpft und sich — glücklicherweise — an den dortigen Versorgungslagern mit herrlichen Dingen der Sonderverpflegung der Flieger und Panzerfahrer bedient und vor allem aber den dort gelagerten französischen Cognac überglücklich und „in vollen Zügen genießt".

Durch sofortigen Angriff einer verstärkten Kradschützen-Kompanie wird dieser Feind, der die lebensbedrohendste Gefahr der 9. Armee darstellt, vernichtet und der Raum um Sytschewka zusammen mit der etwas später zugeführten SS-Division REICH wieder freigekämpft.

W. Haupt schreibt über den Führungswechsel in der 9. Armee:

„Als nun die Lage ihren gefährlichen Höhepunkt zu erreichen schien, löste Hitler den bisherigen Armeeoberbefehlshaber, Generaloberst Strauß, ab und legte die Kampfführung um Rshew in die Hände des noch ziemlich unbekannten Generals der Panzertruppen Model, [der noch in der Kesselschlacht von Kiew die 3. Pz.Div. geführt hat, welche als Spitze des nördlichen Zangenarmes nach Süden stieß und am 14. 9. die Verbindung mit der von Süden vorstoßenden 16. Pz.Div. aufnahm, wodurch der Kessel von Kiew geschlossen wurde.]"

Nachdem der General auf dem Armeegefechtsstand eingetroffen ist, soll er gefragt worden sein: „Was bringen Sie uns an Reserven mit, Herr General?" Darauf seine Antwort: „Mich!"

„Mit der Befehlsübernahme durch General Model änderte sich zwar nicht die Kopfstärke der Armee, wohl aber ihre Kraft zum Durchhalten! Der kleine General ist plötzlich überall und nirgends; und es ist so, als würde allein sein Auftauchen den Widerstandswillen seiner Truppen stärken und den des Feindes schwächen. Von jetzt ab wird der Name Model für jeden sowjetischen Befehlshaber nur noch der Begriff des Schreckens sein!

General Model geht nun sofort mit der ihm eigenen Energie und der sich bis zur Unvernunft steigernden persönlichen Tapferkeit daran, den schon erwähnten eigenen Angriffsplan zu entwickeln. Bereits am 18. 1. wird dieser Befehl an die Divisionen herausgegeben und der Angriff zur Schließung der Frontlücke am 21. 1. festgesetzt."

q) Angriffskämpfe nordwestlich Sytschewka
19. 1. — 7. 2. 1942

20. Januar 1942:

Beim Regiment DEUTSCHLAND wird um 06.00 Uhr der Gefechtsstand nach Bogdanowo verlegt, von wo der Regimentskommandeur, Ostubaf. Harmel, Verbindung zur 1. Pz.Div. aufnimmt.

Das I./D, der Rgt.Nachr.Zug, 1 Zug 13./D, 1 Zug 14./D und die Hälfte des II./D marschieren im mot. Marsch getrennt in den Bereitstellungsraum bei Bogdanowo.

Der Rest des Regiments wird auf Befehl der Division, da noch nicht genügend Leerfahrzeuge zur Verfügung stehen, auf Eisenbahn verladen und über Sytschewka in den Bereitstellungsraum zugeführt.

Die mot. verlasteten Teile treffen im Pendelverkehr im Laufe des Nachmittags und später im Bereitstellungsraum ein.

Die 1. Pz.Div. sichert mit schwachen Kräften nach Westen und Nordwesten in der allgemeinen Linie: Rshew—Sytschewka—Loszmina-Fluß. Die Ortschaften westlich und nordwestlich dieser Linie sind z. Z. in eigener Hand.

Das SS-Regiment DEUTSCHLAND bezieht gemäß Rgt.-Befehl am 20. 1. 1942 im Raume Bogdanowo—Krjukowo—Schkrjukowo (8 km nord-nordostwärts von Sytschewka) einen Bereitstellungsraum für einen späteren Angriff in nordwestlicher Richtung.

Es stellen sich bereit: I./D mit 13./D, 14./D, Rgt.Stab und
Nachr.Zug: in Bogdanowo
II./D: in Krjukowo
15./D und 16./D in Schkrjukowo

Nachbarn: rechts von SS-DEUTSCHLAND: Teile 1. P.D.
links: Gruppe Tychsen (SS-Kradsch.Btl.
und Aufkl.Abt.)

Marschweg in den Bereitstellungsraum: Tessowo, Nowo Dugino,
Koporicha, Sytschewka, Krjukowo. Hier Entladung für alle
Teile.

Das Sturmgeschütz „Seydlitz" wird dem I./D nach Bogdanowo
zugeführt.

Um 18.00 Uhr ergeht der

Divisionsbefehl für den Angriff am 21. 1. 1942
(Karte 1 : 50 000 Zusammendruck Sytschewka),

in welchem es im Auszug heißt:

„1.) **Feind** hat während der letzten Tage die 1. Pz.Div., welche zwischen Wasusa-Brücke (18 km nördl. Sytschewka) und Koslowo (4 km südwestl. Sytschewka) die Eisenbahnstrecke Rshew—Wjasma verteidigt, angegriffen. Die von mehreren Divisionen mit starker Infanterie geführten Angriffe wurden abgewiesen. Es gelang der Division, einen Brückenkopf um Sytschewka nach Nordwesten zu bilden.

2.) **Gruppe Sytschewka** (1. Pz.Div., SS-Div. ‚Reich‘, Luftwaffenverbände unter Oberst Biermann, Gruppe Wosskressenskoje unter Oberstleutnant Decker) unter Befehl Kdr. 1. Pz.Div. tritt am Morgen des 21. 1. zum Gegenangriff nach Nordwesten an, um den nach Süden vorgestoßenen Feind in der Flanke zu fassen, ihn zu schlagen und im Zusammenwirken mit VI. A.K. die Lücke westl. Rshew zu schließen.

3.) **SS-Div. ‚Reich‘** stellt sich im Raum nördlich Sytschewka während der Nacht vom 20./21. 1. so bereit, daß sie rechts von 1. Pz.Div. im Morgengrauen des 21. 1. zum Angriff nach Nordwesten antreten kann.

4.) a) **Bereitstellungsraum:**
   Rgt. ‚D': Borodino und Pomelnizuj
   Gruppe Tychsen: Sucharewo—Stepankowo

b) **Grenzen:**
   zwischen SS-Div. ‚Reich' und 1. Pz.Div.:
   > Wolkowo Ostrand-Karabanowo Westrand-
   > Borschtshewka Westrand-Sswerkuschino Nordost-
   > rand-Gussewo Südwestrand-Jablonzewo Nordost-
   > rand;

   zwischen Rgt. ‚D' und Gruppe Tychsen:
   > Bogdanowo Südrand-Tararujkino Südrand-
   > Poswasje Nordrand-Höhe 204,1 (1 km ostw.
   > Maximowo).

· · · · · · · · · ·

Angriffsziel am 21. 1. für SS-,D': Sewlotschok.
Diese ist stark zu sichern.
Angriffsziel für Gruppe Tychsen: Maximowo

· · · · · · · · · ·

Von entscheidender Wichtigkeit für die flüssige Angriffsführung ist die Erkundung von Wegen und nötigenfalls das
Freischaufeln von Wegen zum Nachführen der schweren
Waffen.
Bei jeder Kampfgruppe ist eine Kompanie zum Schneeräu-
men mit Gerät auszurüsten und bereitzustellen.
Wo die Truppe bei Dunkelwerden in freiem Gelände liegt,
ist sie in die Ortschaften zurückzunehmen. Vorgestaffelte
wichtige Geländepunkte sind durch Sicherungen mit stünd-
licher Ablösung festzuhalten.
Durch Feuerzusammenfassung aller verfügbaren Waffen und
frühzeitige Sicherstellung der Artillerieunterstützung, nö-
genfalls über die Division muß erreicht werden, daß die Infanterie beim Antreten gegen eine Ortschaft, diese auch in
kürzester Zeit in die Hand bekommt. Längeres Liegen im
freien Gelände bringt außer Verlusten durch feindliches
Feuer bei der augenblicklichen Witterung schwere Frost-
schäden mit sich. Dies muß vermieden werden.

5.) . . . .

6.) . . . .

7.) **Artillerie:**

Die gesamte Artillerie der Gruppe Sytschewka wird unter Kdr. A.R. 73, Oberstleutnant Holste, zusammengefaßt.

Die SS-Div. ‚Reich' wird unterstützt durch Gruppe Eichberger (9. SS-A.R. und 11./A.R. 109)

8.) . . . .

9.) **Rgt. ‚DF'** wird am 21. 1. in den Raum Kudinowka—Drostowo herangeführt. Das Rgt. steht dort mit Masse zur Verfügung des A.O.K. 9. Ein verst. Btl. wird nach Rshew transportiert und dem VI. A.K. unterstellt. Btl.Kdr. voraus zum Korps-Gef.-Stand Rshew.

. . . .

10.) **Pi.Btl.** wird am 21. 1. nach Sytschewka antransportiert. Eintreffen ist der Division zu melden.

11.) VIII. Fliegerkorps wird den Angriff der Div. unterstützen.

12.) . . . .

13.) Ein als russischer Flugzeugführer eingesetzter V-Mann wird in kleinen Beuteln Meldungen (Kartenausschnitte mit Einzeichnungen und Skizzen) abwerfen. Die Beutel sind mit einer Eisenmutter beschwert und mit einem Lappen als Fähnchen versehen. Sofortige Übermittlung an Div.

15.) Div.Gef.St.: Sytschewka

gez. Kleinheisterkamp"

Die Absicht der 9. Armee ist es, zunächst die Lage um Sytschewka weiter zu stabilisieren, die Bahnlinie Rshew—Sytschewka—Wjasma, als lebenswichtigen Versorgungsstrang zu sichern, von Sytschewka aus der 29. und 39. sowj. Armee in die Flanke zu fallen und schließlich die Durchbruchstelle bei Solomino durch Angriff von Westen und Osten zu schließen.

„Angreifen, die Initiative zurückgewinnen, dem Feind das Gesetz des Handelns diktieren" — das ist der Führungsgrundsatz von General Model.

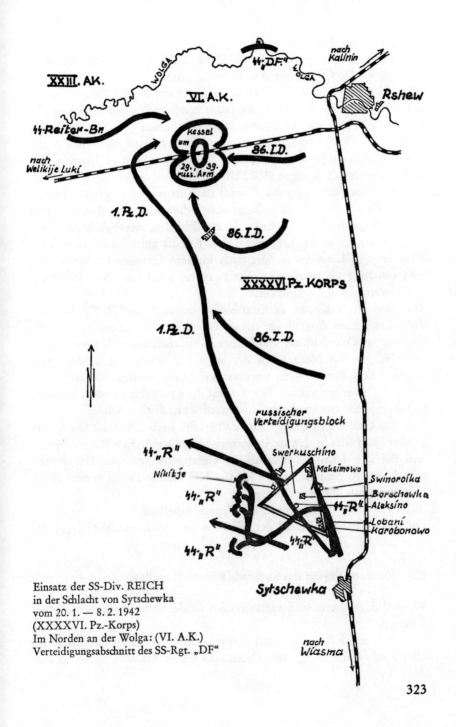

Einsatz der SS-Div. REICH
in der Schlacht von Sytschewka
vom 20. 1. — 8. 2. 1942
(XXXXVI. Pz.-Korps)
Im Norden an der Wolga: (VI. A.K.)
Verteidigungsabschnitt des SS-Rgt. „DF"

21. Januar 1942:

Um 06.00 Uhr beginnt bei 45 Grad Kälte die gesamte Gruppe Sytschewka den Gegenangriff nach Nordwesten.

Obwohl beim Regiment DEUTSCHLAND um 05.00 Uhr noch nicht alle Einheiten im Bereitstellungsraum eingetroffen sind, entschließt sich der Regimentskommandeur zum befohlenen Angriff um 06.00 Uhr. Das I./D tritt von Tararykino aus zum Angriff auf Charino an. Die 1. Kompanie bricht schwächeren Feindwiderstand in Charino und nimmt die Ortschaft gegen 09.00 Uhr in Besitz.

Das Sturmgeschütz „Seydlitz" muß nach dem ersten Schuß zurückfahren, da auf Grund der außergewöhnlichen Kälte die Bremsflüssigkeit steif geworden und dadurch ein Schießen unmöglich ist. Von Charino aus greift das I./D mit der 1. Kp. als Spitzenkompanie Tarkino an und besetzt den Ort nach kurzem Ortsgefecht, wobei ein 7,62-Geschütz erbeutet wird. Etwas später trifft von Pomelnizy die 7. Kp. ebenfalls in Tarkino ein.

Während die 3. Kp. in Tarkino bleibt, treten 1. und 7. Kp. in vorderer Linie zum Angriff auf Ssewlotschek an. Sie stoßen am Südosteingang der Ortschaft auf vier leichte feindliche Panzer. Da der meterhohe Schnee das Nachziehen der schweren Waffen verhindert hat, können diese Panzer nicht wirksam bekämpft werden. Sie drehen in Richtung Maximowo ab. Die 1. und 7. Kp. nehmen nach kurzem Ortskampf Ssewlotschek und sichern sofort nach allen Seiten.

Der Rgt.Gef.-Stand verlegt um 09.15 Uhr nach Charino. Die Kompanien igeln sich in den drei genommenen Ortschaften für die Nacht ein. Bei den Kämpfen wurden 20 Gefangene gemacht. Der Funkspruch des Regiments DEUTSCHLAND an die Division um 20.05 Uhr endet mit der Feststellung:

„Stimmung der Truppe fabelhaft."

Die 5./D wird auf Befehl der Division der SS-Aufkl.Abt. zugeteilt.

Ein schwarzer Tag für das SS-Kradschützen-Bataillon

Wesentlich schwerer und verlustreicher ist der Angriff bei der Gruppe Tychsen.

Das SS-Kradsch.Btl. tritt zum Angriff gegen Pisino an. Gegen 07.30 Uhr brechen die 1. Kp. von Osten und die 4. Kp. von Süden in den

Südteil des Dorfes zu einem zangenförmigen Angriff ein. Der Ort ist von einem russischen Bataillon besetzt. Als die 1. Kp. den Nordteil des Dorfes fast schon in der Hand hat und die 4. Kp. ebenfalls in hartem Nahkampf bis in die Mitte des Dorfes vorgedrungen ist, greift ein russisches Regiment, von Nordwesten herangeführt, in den Ortskampf ein und wirft die beiden Kompanien zurück.

Der Chef der 1. Kp., Hstuf. Ortmann, und 30 Mann seiner Kompanie fallen, ein weiterer großer Teil, darunter der Kompanietruppführer, Hascha. Hans Bader, wird schwer verwundet. Unter den Gefallenen befindet sich auch Standartenoberjunker Rasel. 18 Mann unter Standartenoberjunker Müller können sich in einer Scheune festsetzen und zahlreiche Angriffe der Russen abwehren. Die 2. und 3. Kp. unter Hstuf. Grünwälder hatten den Anschluß an die 1. Kp. verloren und werden nun durch Hstuf. Tychsen persönlich herangezogen. Von Süden her greifen sie über die stark angeschlagene 4. Kp. hinweg an. Der Führer der 3. Kp., Ustuf. Möller, fällt, ebenso Standartenoberjunker Buchmann (2. Kp.). Weitere Führer fallen, zum Teil schwer verwundet, aus. Unter ihnen: Ustuf. Pawelka (3. Kp.), Sta.Oju. Quendler (2. Kp.) und Sta.Oju. Köhler (4. Kp.). Der Angriff frißt sich fest.

Gegen 10.00 Uhr rollen von Süden aus Richtung Sytschewka fünf leichte Panzer der 1. Pz.Div. heran. Sie haben unterwegs Russen ausgeschaltet, die das Bataillon von Süden bedrohten und von denen Teile während des Ortskampfes von Süden in den Ort eingedrungen waren und gefangengenommen wurden. Die Panzer greifen in den Kampf ein, bringen den Angriff wieder voran, und es gelingt in einer weiteren Stunde, den Rest des Dorfes zu nehmen. Eine große Anzahl von Schlitten werden erbeutet, mit denen die zahlreichen Verwundeten nach Sytschewka abtransportiert werden. Der Hilfsarzt, Ustuf. Dr. Grünwälder, hat den Angriff begleitet und im Südteil des Dorfes einen Verbandplatz aufgeschlagen.

Nach dem Kampf werden in und um Pisino 450 tote Russen gezählt. Von den 450 Führern, Unterführern und Männern des Bataillons sind 4 Führer und fast 70 Unterführer und Männer gefallen. Fünf Führer und etwa 170 Unterführer und Männer sind verwundet. Die Verluste erhöhen sich, und die Verwundungen verschlimmern sich, da eine Temperatur zwischen minus 45 und minus 48 Grad Celsius herrscht und zusätzliche Erfrierungen auftreten.

Damit belaufen sich die gesamten blutigen Verluste des SS-Kradsch.-Btl. auf mindestens 250 Mann.

Nach diesen äußerst verlustreichen Kämpfen kann das SS-Kradsch.Btl. den befohlenen Angriff gegen Karabonowo westlich Pisino nicht mehr fortsetzen.

Um 12.00 Uhr ist der Divisionskommandeur, SS-Brigadeführer Kleinheisterkamp, beim Bataillon, um sich selbst ein Bild von der Lage zu machen. Das Bataillon ist gerade dabei, sich zu ordnen und versucht die Ausfälle zu ermitteln sowie die neuen Gefechtsstärken festzustellen. Die gefallenen Deutschen und Russen sind kaum voneinander zu unterscheiden. Deshalb sind die eigenen Verluste für den Divisionskommandeur nicht sofort überschaubar. Er verlangt daher zunächst von Hstuf. Tychsen die Fortsetzung des Angriffs, widerruft aber den Befehl, als er sich bei einem Gang durch das Dorf von den tatsächlichen Verlusten überzeugt hat.

Die Zusammenarbeit mit der 1. Pz.Div. ist hervorragend, wie auch das Eingreifen der fünf leichten Panzer der 1. Pz.Div. in Pisino zur rechten Zeit eine schwere Krise beim SS-Kradsch.Btl. überwinden half. Diese Hilfe wurde von den Männern des Bataillons dankbar empfunden.

Oberstleutnant i. G. Rolf Stoves schreibt in seiner Geschichte der 1. Panzer-Division über diese Kämpfe:

„ . . . die Zusammenarbeit mit Verbänden der Waffen-SS, die hier der Division das erste Mal seit Dünkirchen wieder in größerem Rahmen als im Regimentsverband unterstellt waren, erwies sich als hervorragend. Und die Division war froh, in der schwierigen Situation sich auf solche Kameraden, wie sie hier Schulter an Schulter mit ihren Männern kämpften, verlassen zu können."

Die SS-Aufkl.-Abt. hat im Laufe des Tages Swinoroika genommen und sichert nach allen Seiten.

In der Erinnerungsschrift des XXXXVI. Pz.-Korps: „Die Winterschlacht von Szytschewka 25. 1. 42 — 12. 2. 42" (S. 2) heißt es u. a.:

„Am 20. 1. 1942 übernahm die in den bisherigen Kämpfen vor Moskau noch erheblich stärker zusammengeschmolzene SS-Div. ,Reich' einen Teilabschnitt des durch die 1. Pz.Div. vorgetriebenen Westringes vor Szytschewka und fügte dem Gegner in wiederholten schweren Abwehrkämpfen erhebliche Verluste zu.

Beide Divisionen überbrückten neben ihren Kampfaufgaben in erstaunlich kurzer Zeit die Schwierigkeiten der immer geringer werdenden Motorisierung der Einheiten durch befehlsmäßige Aufstellung von Ski- und Schlittenverbänden. Doch auch in diesen Einheiten machten sich die Verluste der vorausgegangenen Schlachten und die Ausfälle durch Erfrierungen empfindlich bemerkbar."

22. Januar 1942:
Das SS-Kradsch.Btl. sichert nach dem schweren verlustreichen Kampf am Vortage in Pisino und gliedert sich um.
Um 06.00 Uhr bricht überraschend von Nordosten kommend ein russisches Bataillon in den Nordteil des Dorfes ein. Handgranaten detonieren in den Unterkünften. Der Zugführer des unterstellten Pz.Jg.-Zuges wird schwer verwundet. Im Nahkampf werden die Russen wieder aus dem Ort geworfen. Sie setzen sich nach Westen auf Karabonowo ab.

Verlustreiche Kämpfe des Regiments DEUTSCHLAND

Das Regiment DEUTSCHLAND hat den Auftrag, den Ort Karabonowo anzugreifen und zu nehmen. Der Angriff, der vom II./D geführt wird, soll von allen schweren Waffen des Regiments und der Kampfgruppe Tychsen sowie von vier Panzern der Panzerkompanie Albrecht (1. Pz.Div.) unterstützt werden.
Im Morgengrauen rückt von Norden das II./D unter Hstuf. Jobst an, um den Angriff gegen Karabonowo fortzusetzen. Gegen Morgen wird eine Temperatur von 51 Grad Kälte gemessen. Das Öl der Maschinengewehre ist gefroren, und sie versagen.
Die Bereitstellung ist um 06.00 Uhr beendet, aber die Panzer sind infolge der katastrophalen Schneeverwehungen noch nicht eingetroffen. Deshalb wird der Angriff vom Nordrand von Pisino zunächst durch Feuer der schweren Infanteriewaffen eingeleitet, und dann tritt die 7./D ohne Panzerunterstützung zum Angriff an. Sie kommt jedoch nur sehr langsam gegen starken feindlichen Widerstand vorwärts und bleibt schließlich dicht vor Karabonowo auf freier Fläche liegen. Die Schneefläche bietet keine Deckung. Was sich rührt, wird beschossen.

Unverwundete suchen Deckung hinter Gefallenen. Da sie bei dieser sibirischen Kälte im Schnee liegen müssen, sterben die Vordersten nach einiger Zeit durch Erfrieren vor dem Feind. Auf dem Verbandplatz des Kradsch.Btl. in Pisino treffen laufend Verwundete ein. Nur die nicht zu weit im Angriff vorgedrungenen Männer können sich vom Feinde lösen, als der Kampf abgeblasen wird. Auch die inzwischen eingetroffenen Panzer, die sich noch wirksam am Feuerkampf beteiligten, konnten den Angriff nicht mehr vorwärts reißen.

Die 7./D wird im Nordteil von Karabonowo durch überlegenen Feind regulär zusammengeschossen.

Die 2./D, die von Pisino auf den Südteil von Karabonowo zum Angriff antritt, kommt auf 80—100 Meter an die Ortschaft heran und bleibt in starkem MG-, Pak- und schwerem Granatwerferfeuer liegen. Die Verbindung zwischen der 2. und 7./D kann nicht hergestellt werden. Auch die 2./D hat sehr starke Verluste, da sie angesichts des Gegners in hohem Schnee auf freiem Felde liegenbleibt. Alle Zugführer und sämtliche Gruppenführer sind gefallen oder verwundet. Der Kompaniechef, Ostuf. Hallwachs, wird ebenfalls verwundet, führt jedoch noch bis zum Mittag die Kompanie. Jeder Versuch, den Angriff wieder fortzusetzen, bleibt im starken Abwehrfeuer des Feindes liegen.

Um 10.30 Uhr treten die vier Panzer der 1. Pz.Div. von Pisino aus an, um den Angriff der 2./D, die immer noch auf freiem Felde liegt, nach vorne zu reißen.

Hierauf tritt die bereits stark geschwächte 2./D ein drittes Mal auf Karabonowo an. Ein Panzer erhält 80 Meter vor der Ortschaft einen Volltreffer in den Geschützturm. Trotz der Panzerunterstützung gewinnt der Angriff nur wenige Meter an Boden und bleibt abermals im Abwehrfeuer des Gegners 50 Meter vor dem Ortsrand liegen. Dabei wird der Bataillonskommandeur, Hstuf. Jobst, ebenfalls verwundet.

In tapferem Einsatz stoßen die Panzer in schwerem feindlichem Abwehrfeuer bis dicht an den Ort heran und beschießen Widerstandsnester am Ortsrand. Trotz allem gelingt es nicht, Karabonowo zu nehmen.

Um 11.30 Uhr löst sich das II./D vom Feind, nachdem alle Verwundeten geborgen sind, wieder gedeckt durch die großartigen Panzerkameraden mit ihrem Feuer und durch einen Feuerschlag der Artillerie. Das Bataillon zieht sich auf Pisino zurück und bezieht dort Sicherungsstellungen. Es hat bei diesem vergeblichen Angriff zwei Führer, 75 Unterführer und Männer verloren, 60 Unterführer und Männer sind verwundet. Allein 30 Tote der 7./D liegen in einer Mulde 20—50 Meter vor den russischen Schneestellungen.

Die Gefallenen werden später neben denen des SS-Kradsch.Btl. in einem Massengrab am Ortsrand von Sytschewka beerdigt.

Beim Kradsch.Btl. werden die 1. und 2. Kp. zu einer Kompanie zusammengefaßt.

Das Schließen der Durchbruchstelle

An diesem Tag tritt das VI. AK zum Hauptstoß nach Nordwesten gegen die sowjetische Durchbruchstelle an.

Vom Westen her tritt zur gleichen Stunde das bei Olenino abgeschnittene XXIII. Korps mit der 206. Inf.Div., der SS-Kavalleriebrigade Fegelein und der Sturmgeschützabteilung 189 zum Angriff an und kämpft sich den Verbänden des VI. Korps nach Osten entgegen.

Es sind Männer der SS-Kampfgruppe Zehender, infanteristisch eingesetzte Reiter sowie Sturmgeschütze der „Ritter-Adler-Brigade (189)", denen sich die Russen plötzlich gegenüber sehen.

Der mit letzter Anstrengung geführte deutsche Doppelstoß gegen die Durchbruchstelle der Sowjets zwischen Nikolskoje und Solomino gelingt.

Das VIII. Fliegerkorps unter General der Flieger Wolfram v. Richthofen kämpft die Flak- und Artilleriestellungen der Sowjets im Einbruchsraum nieder. Schwere Mörser zerschlagen die sowjetischen Pak-Stellungen.

Der Einsatz des SS-Regiments DER FÜHRER

Während der harten Kämpfe der SS-Division REICH im Raum Sytschewka, zusammen mit der 1. Pz.Div., war das Regiment DER FÜHRER aus dem Verband der Division ausgeschieden und wurde zu einem Sondereinsatz an anderer Stelle vorübergehend dem AOK 9 direkt unterstellt.

Als letzte Einheit aus der Rusa-Stellung abgelöst, war das Regiment in einem tagelangen Fußmarsch über Gshatsk nach Spassk marschiert, wurde hier verladen und per Eisenbahn nach Sytschewka verlegt.

Der Regimentskommandeur fährt im Pkw voraus zur Einweisung auf dem Divisionsgefechtsstand REICH. Er berichtet über seine Eindrücke von dieser Fahrt wörtlich:

„Meine Fahrt ging über rund 120 km hinter der Front. Ich traf ein fast unglaubliches Mißverhältnis zwischen den Gefechtseinheiten aller Wehrmachtsteile und den Versorgungseinheiten, Nachschubeinheiten, Instandsetzungstruppen und Baueinheiten an. Während an der Front auf etwa einen Kilometer etwa 50—100 Mann kämpften, einschließlich der Stäbe und der schweren Waffen, fand ich mit meinem Fahrer, dank der unwahrscheinlichen Überbelegung sämtlicher durchfahrenen Orte und Kolchosen kaum ein Plätzchen zur Ruhe für meinen Fahrer und mich. Alles war mit rückwärtigen Einheiten zum Bersten gefüllt. Bei diesem Mißverhältnis konnten die Fronten auf die Dauer unmöglich halten."

In einer Besprechung auf dem Gefechtsstand der Division REICH, bei der General Model persönlich anwesend ist, erklärt dieser: „Der Führer hat ausdrücklich befohlen, daß bei der Schließung der Durchbruchstelle nordwestlich Rshew ein SS-Regiment zum Einsatz kommen soll."

Er erteilt dem Kommandeur SS-REICH den Befehl, ein Regiment dem VI. Korps in Rshew zu unterstellen für den Angriff zur Schließung der Frontlücke westlich Rshew und zur späteren Verteidigung der alten Durchbruchstelle an der Wolga.

Es kommt also für diesen Auftrag nur noch das noch nicht eingesetzte Regiment DER FÜHRER in Betracht, das damit aus dem Divisionsverband ausscheidet und dem VI. AK unterstellt wird. Das Ziel der nachfolgenden Eisenbahntransporte wird sofort auf Rshew abgeändert.

Das Regiment DER FÜHRER wird an die Wolga geworfen, genau an die Stelle, wo die 29. sowjetische Armee über den zugefrorenen Fluß gefahren war.

„Unter allen Umständen halten", lautet Models persönlicher Befehl an Kumm. „Unter allen Umständen", wiederholte der General noch einmal mit Nachdruck. Kumm grüßte: „Jawohl, Herr General!"

Wird er mit nur einem Regiment diese entscheidende Stellung halten können?

Denn besorgniserregend ist die geringe Kampfstärke: zwei Bataillone, schwere Waffen, Stäbe und Nachrichtenmänner — alles zusammen 650 Mann! Das I./DF und das III./DF haben jeweils noch zwei Kompanien und den Rest einer MGK, die 13./DF mit einem leichten und einem schweren IG-Zug. Die 14./DF mit zwei Zügen Pak (3,7 cm). Die 15./DF und 16./DF waren schon früher als Einheit aufgelöst und gleichfalls das bewährte II./DF.

Der Regimentskommandeur fährt voraus und meldet sich beim VI. AK.

Kampfraum Rshew

23. Januar 1942:

Der beiderseitige Angriff von Ost und West zur Schließung der Durchbruchstelle ist mit letzter Anstrengung geglückt. Bereits um 12.45 Uhr reichen sich die Angriffsspitzen des XXIII. Korps und der Gruppe Recke vom VI. Korps die Hand.

Das XXIII. Korps konnte wieder — wenn auch vorerst nur über eine schmale Brücke — mit der 9. Armee Verbindung aufnehmen. Die beiden Schneestraßen der Sowjets über die Wolga waren gesperrt und die durchgebrochenen sowjetischen Korps der 29. und 39. Armee von ihren rückwärtigen Verbindungen und von jedem Nachschub abgeschnitten.

Das war Models Stunde. Er hatte die Initiative auf dem Schlachtfeld zwischen Sytschewka und der Wolga zurückgewonnen, und er gedachte nicht, sie sich wieder nehmen zu lassen. Als erstes verstärkte der OB die eben erkämpfte Landbrücke zwischen VI. und XXIII. Korps. — Durch das Regiment „DF". Denn die Sowjets versuchten natürlich mit aller Kraft, den Riegel wieder zu sprengen und die Verbindung zu ihren neun durchgebrochenen Divisionen herzustellen. Das mußte verhindert werden.

Bei der Befehlsausgabe am 23. 1. beim VI. AK erhält der Regimentskommandeur, Ostubaf. Kumm, den Auftrag, im Rahmen der Gruppe Recke, im Angriff die bestehende Lücke zu schließen und anschließend die erreichten Stellungen unter allen Umständen zu halten und zur

Verteidigung einzurichten. Die Eisenbahntransporte des Regiments rollen immer noch in Richtung Rshew. Die Männer müssen sich den Bahnkörper zwischen Sytschewka und Rshew immer wieder vom Feinde freikämpfen, bevor sie weiterrollen können — und das kostet viel Zeit!

Kampfraum Sytschewka (SS-Div. REICH)

Beim Regiment DEUTSCHLAND sickert in der Nacht vom 22./ 23. 1. je eine feindliche Kompanie vom Wald südostwärts Philippowo (westl. Pomelnizy) und von Alexino (südl. Swinoroika) südlich von Charino nach Borodino ein und setzt sich in den Besitz der Ortschaft.
Zur Rückgewinnung von Borodino treten gegen 09.30 Uhr eine Pionier-Kp., eine Panzer-Kp. (Albrecht) und Kp. Intorf (Reste II./D) von Süden, Südwesten und Westen mit Masse entlang der Bahnlinie auf Borodino an. Der Angriff gelingt. Um 10.00 Uhr ist Borodino wieder fest in eigener Hand.
Reste des Gegners (etwa 100 Mann) versuchen zunächst nach Nordwesten auszuweichen, treffen jedoch auf das Abwehrfeuer der eigenen Sicherungen in Pomelnizy, drehen nach Südwesten ab und kommen in das zusammengefaßte Feuer der Abwehr von Charino und des Stützpunktes Pedwjasje. Außerdem werden sie von einem 15-cm-Geschütz der Artillerie und einem leichten Infanteriegeschütz in offener Feuerstellung beschossen. Die Reste dieses Gegners werden südlich Sswinoroika von der SS-Aufkl.Abt. vollends aufgerieben.
Beim I./D in Sewlotschek werden mehrere russische Angriffe erfolgreich abgeschlagen.
Um 08.00 Uhr meldet die SS-Aufkl.Abt. feindlichen, teilweise von Panzern unterstützten Angriff von Norden, Süden und Osten, der jedoch abgeschlagen wird.
Am Morgen war der nördlich von Sytschewka untergezogene Troß des SS-Kradsch.Btl. von Russen angegriffen worden. Unter SS-Hascha. Mittermaier warfen die Männer des Trosses im Gegenstoß den Feind zurück, wobei Mittermaier schwer verwundet wird. Es gab weitere Ausfälle an Toten und Verwundeten.

Der Kommandeur der „Gruppe Sytschewka", General d. Pz.Tr. Krüger (1. Pz.Div.), erläßt folgenden

Tagesbefehl

Der Herr Oberbefehlshaber der Heeresgruppe Mitte hat Führung und Truppe der „Gruppe Sytschewka" für ihren bisherigen hervorragenden Einsatz seine besondere Anerkennung ausgesprochen.
Durch den Angriffsgeist ist es gelungen, soviel Kräfte des Feindes hier auf die um Sytschewka kämpfenden Truppen auf sich zu ziehen, daß dadurch die Voraussetzung geschaffen wurde, den Angriff des VI. AK und XXIII. AK überraschend erfolgreich durchzuführen.
Dadurch, daß die „Gruppe Sytschewka" durch stetige eigene Angriffe den Kampf gegen 5 Feinddivisionen erfolgreich aufnahm, konnte die Lücke zwischen VI. und XXIII. AK in zwei Kampftagen geschlossen werden.
Ich freue mich, diese Anerkennung der Führung und Truppe der in der „Gruppe Sytschewka" gemeinsam kämpfenden Truppenteile weitergeben zu können. Wir werden weiter in gleicher Weise unsere Pflicht tun, bis der nun von seiner Versorgungsbasis abgeschnittene Feind vernichtet ist. Jede schwache Stelle des Feindes und Angriffsmöglichkeit ist auszunutzen.
Die Anerkennung ist allen Truppenteilen bekanntzugeben.

gez. K r ü g e r

2 4 . J a n u a r 1 9 4 2 :
Im Kampfraum der Division während der Nacht rege feindliche Spähtrupptätigkeit.
Um 07.45 Uhr wird das I./D in Ssewlotschek von einem russischen Bataillon von Nordosten, Norden und Nordwesten angegriffen, das jedoch nach heftigem Gefecht abgeschlagen wird. Daran sind die dem I./D unterstellten Waffen (Artillerie, Sturmgeschütz und 2-cm-Flak) maßgeblich beteiligt.

---

*) KTB-SS-„D" v. 23. 1. 42, Anl. 251

Von 12.15 bis 12.30 Uhr erfolgt ein deutscher Stuka-Angriff auf das feindbesetzte Maximowo.

Die Lage im Kampfraum Sytschewka ist durch russische Angriffe auf die einzelnen Stützpunkte der Division von allen Seiten gekennzeichnet, bei denen verschiedene Ortschaften im Rücken der eigenen Truppen zeitweise ihren Besitzer wechseln und die Lage meist nicht klar überschaubar ist.

Kampfraum Rshew (Rgt. DF)

Das VI. Korps hat die Absicht, am 24. 1. mit eigenen, hinter dem linken Flügel bereitgestellten Kräften, den Angriff zu beginnen und erteilt dem SS-Regiment DER FÜHRER, das der 256. Inf.Div. unterstellt wird, den Auftrag, im Morgengrauen des 25. 1. über die am 24. 1. erreichte Linie hinweg nach Nordwesten anzugreifen, das Wolga-Knie nordwestlich Rshew zu erreichen und beiderseits der Wolga mit Front nach Nordosten in einem Abschnitt von rund 6 km Breite zur Verteidigung überzugehen. Andere Kräfte sollen gleichzeitig gegen den damit abgeschnittenen Feind im eigenen Rücken mit Front nach Südwesten verteidigen.

In letzter Minute treffen in der Nacht zum 25. Januar die stark verspäteten Transporte des Regiments DER FÜHRER in Rshew ein.

25. J a n u a r 1 9 4 2 :
In aller Frühe werden die Bataillone und die Regimentseinheiten nach Spas Mitkowo vorgefahren, und ohne Aufenthalt tritt das Regiment DER FÜHRER gegen 09.00 Uhr zum Angriff an. Der Gegner leistet keinen erheblichen Widerstand, und im Laufe des Vormittags wird die Wolga erreicht. Der Angriff geht mit links eingesetztem I./DF (Stubaf. Erath) und rechts eingesetztem III./DF (Hstuf. Schulz) zügig vorwärts und wird über die am Vorabend vom IR 471 erreichten Linie am Wolga-Knie von Noshkino aus nach Nordwesten fortgesetzt mit dem Auftrag, den Wald westlich von Timonzewo zu säubern und die Linie Kolubakino—Klepenino zu gewinnen. Jede Gelegenheit, Solomino im Anschluß an den Angriff der Sturmgeschütze zu besetzen, ist auszunutzen.

334

Der hüfthohe Schnee im sog. Kulissenwald und an den Steilhängen der tief gefrorenen Wolga macht den Männern schwer zu schaffen.

Gegen 12.00 Uhr meldet das III./DF die Einnahme des Ortes Klepenino.

Beim I./DF überschreitet SS-Oscha. K. Mayer als Ordonnanzoffizier des Bataillons aus eigenem Entschluß die Wolga, arbeitet sich durch den sog. Bereitstellungswald vor und klärt gegen Solomino auf. Der Ort ist feindfrei. Dem Auftrag entsprechend, besetzt die 2./DF das Dorf und richtet sich hier sofort zur Abwehr ein. Sicherungen werden nach Pajkowo vorgeschoben. Damit ist die Lücke geschlossen.

Nach Einbruch der Dunkelheit legt der Regimentskommandeur mit den beiden Bataillonskommandeuren die Hauptkampflinie (HKL) fest. Der Abschnitt ist ca. 6,5 km breit mit Front nach Nordnordost und wird von der Wolga durchschnitten. Der Fluß selbst ist festtragend zugefroren, die Steilufer an beiden Seiten haben ungefähr eine Höhe von 30 Metern. Die neugewonnene HKL verläuft beiderseits der Wolga. Das I./DF wird links, westlich der Wolga, das III./DF rechts, ostwärts des Flusses eingesetzt.

Das schwache III./DF muß nunmehr allein den ursprünglich für das ganze Regiment befohlenen Verteidigungsabschnitt besetzen. Hstuf. Schulz richtet seinen Gefechtsstand in Klepenino ein, während Stubaf. Erath (I./DF) seinen Gefechtsstand nach Lebsino verlegt.

Der Regimentsgefechtsstand DF befindet sich in Noshkino. In der Nacht sinkt das Thermometer auf minus 40 Grad bei sternklarem Himmel, aber eisigem Wind.

Nach dem Erreichen der befohlenen Hauptkampflinie gehen die Kompanien sofort ans Werk, um mit Bohrpatronen und Minen Schützenlöcher in den tief gefrorenen Schnee zu sprengen. In einem Zwischenraum von ein- bis zweihundert Metern werden MG- und Schützennester angelegt. Damit ist die vordere Linie dünn besetzt. Eine Tiefe hat diese Verteidigungsstellung nicht. Dem Regiment stehen keine Reserven zur Verfügung.

Die zugefrorene Wolga ist auch für schwere Panzer tragfähig. Am rechten Wolga-Ufer, im Abschnitt des III./DF, liegt die Ortschaft Klepenino, aus rund dreißig Häusern bestehend. Rechts anschließend eine weite, leicht gewellte offene Schneefläche. In etwa 80 Meter Entfernung vor der HKL, die am nördlichen Ortsrand verläuft, beginnt ein Waldstück, das nach Nordosten zurückspringt. Im Rücken des Bataillons liegt ebenfalls ein Wald in einer Tiefe von 600 Metern. Die Stellung des I./DF ist etwas günstiger. Die HKL verläuft hier 200 Meter nördlich eines Waldes und hat gutes Schußfeld und weite Einblicksmöglichkeiten in das Vorgelände.

Der Angriff des Regiments DER FÜHRER ist offensichtlich zu dem günstigen Zeitpunkt erfolgt, in dem die 29. und 39. russische Armee vollständig durch die deutsche Frontlücke nach Süden durchgebrochen sind und die russische Führung noch keine neuen Kräfte nördlich der Durchbruchstelle zur Verfügung hat. Der Feind befindet sich offensichtlich in der Umgliederung bzw. beim Antransport neuer Truppen, die sicher nicht lange auf sich warten lassen.

Kampfraum Sytschewka (SS-Div. REICH)

Am 25. Januar 1942 übernimmt das XXXXVI. Pz.-Korps unter General der Panzertruppen v. Vietinghoff gen. Scheel den Befehl über die um und westlich von Sytschewka in schweren Abwehrkämpfen liegende 1. Pz.Div., die SS-Div. REICH und Teile des IR 409 sowie des III./IR 314.

Durch einen Sonderbefehl der Div. REICH vom 25. 1. wird folgende Änderung der Kriegsgliederung befohlen*):

1.) II/D wird vorübergehend aufgelöst.
    5. — 7. Kp. werden zu einer Schützenkompanie zusammengefaßt.
2.) 8. SS-„D" wird mit 4./SS-„D" zusammengelegt . . . . . .
3.) . . . . . .
4.) 15./SS-„D" wird der 1./SS-„D" unterstellt.
5.) . . . . . .
6.) Die Infanteriekräfte, außer Rgt. „DF", werden zusammengefaßt in der „Kampfgruppe Harmel".

Dieser unterstehen:
Stab Rgt. „D", Nachr.Zug „D", 13., 14., 16./SS-„D"
Gruppe Tost (I./Rgt. „D")
Gruppe Tychsen (verst. Kradsch.Btl.)
Gruppe Kment (verst. AA)

gez. Kleinheisterkamp

---

*) KTB-SS-„D" v. 25. 1. 42, Anl. 253

Der
Divisionsbefehl für die Verteidigung nördlich Sytschewka *)

vom 25. 1. 1942 lautet auszugsweise:

1.) Feind wurde am 21. und 22. 1. 1942 von der Gruppe Sytschewka angegriffen. Der Brückenkopf nordwestlich Sytschewka wurde durch Erkämpfung mehrerer Ortschaften erheblich erweitert. Der Feind erlitt schwerste Verluste an Menschen und Material. Der feindliche Schwerpunkt ist seit 23. 1. auf den Nordflügel verlegt. Der Russe greift die zur Verteidigung übergegangene Gruppe Sytschewka mit starken Kräften an, besonders unseren rechten Flügel. Die zahlreichen Angriffe bei Tag und bei Nacht wurden unter schwersten Verlusten für den Feind abgewiesen.

2.) SS-Div. „Reich", ohne Rgt. „DF", ab 25. 1. 12.00 Uhr dem XXXXVI. Pz.-Korps unterstellt, verteidigt sich in der erreichten Linie und sichert mit unterstelltem II./ I.R. 309, 2. und 5. Kp./ I.R. 309 die Eisenbahnstrecke Sytschewka—Rshew gegen Sabotageakte im Falle eines feindlichen Durchbruchs.

3.) Ausbau der Verteidigung:
Die besetzten Ortschaften sind durch Verstärkung von Häusern und Scheunen zur Rundumverteidigung auszubauen. Es sind sofort Unterstände unter Ausnutzung der Häuser herzustellen.
Zwischen den Ortschaften sind entlang der Spähtruppwege Stützpunkte zu errichten (heizbare Hütten, durch Schnee getarnt, Schneestellungen beiderseits der Hütten).
Es muß gewährleistet sein, daß feindliche Durchbruchsversuche so frühzeitig erkannt und solange niedergehalten werden können, bis Gegenstoßreserven herangeführt sind . . . .
Ein russischer Angriff im Abschnitt des I./D auf Ssewlotschek in Kompaniestärke wird abgewiesen.

Kampfraum Rshew (Rgt. DF)

26. Januar 1942:
Die Aufklärung beim III./DF ergibt, daß das Waldstück unmittelbar vor der HKL vom Gegner besetzt ist.

---

*) KTB-SS-„D" v. 25. 1. 42, Anl. 253

Vor dem diesseitigen Ufer der Wolga, im Abschnitt des I./DF ist kein Feind festzustellen. Zur Sicherung läßt Stubaf. Erath die frühere Vormarschstraße der Russen in und um Pajkowo verminen. In die Ortschaft und nach Krutiki wird eine Sicherung gelegt.

Ostubaf. Kumm trägt die eigene Lage dem OB der 9. Armee bei seinem Besuch auf dem Regimentsgefechtsstand in Noshkino vor.

Um die eigene Hauptkampflinie zu verbessern, will das III./DF seine Stellungen an den Waldrand nördlich des Punktes 203,6 vorzulegen. General Recke, der Kommandeur der Artilleriegruppe, ist mit dieser Absicht voll einverstanden, zumal das Waldstück auf der Höhenkuppe eine empfindliche Bedrohung der bisherigen HKL darstellt. Der rechte Nachbar des III./DF, das IR 471, sagt Unterstützung durch einen starken Stoßtrupp zu.

Der Regimentskommandeur genehmigt diesen Angriff, der mit Artillerieunterstützung durchgeführt wird.

Beim Angriff stoßen jedoch die Stoßtrupps im Wald überraschend auf gut ausgebaute, dicht besetzte Feindstellungen — die alte russische

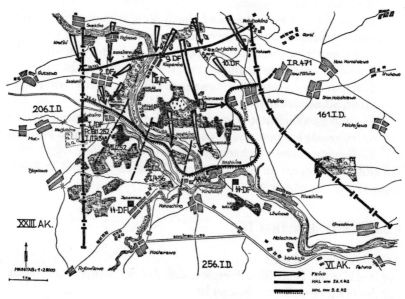

Die Verteidigungsstellung des SS-Regiments „DF" in der Winterschlacht von Rshew vom 25. 1. — 20. 2. 1942

338

Wolga-Stellung aus den Herbsttagen! Trotz aller Anstrengungen gelingt es nicht, diese Kampfstände auszuschalten, und die Lage wird immer kritischer. Der Kommandeur des III./DF, Hstuf. Schulz, der selbst führt, ordnet die Zurücknahme der Stoßtrupps auf die bisherige HKL an. Dabei setzt er sich vorbildlich ein und stirbt den Soldatentod, in dieser kritischen Situation ein besonders schwerer und tragischer Verlust.

Hstuf. Bollert, bisher Chef der 10./DF, übernimmt das III./DF. Der nachdrängende Gegner wird durch Artillerie und durch Feuer der sMG der 12./DF abgewehrt.

Am Vormittag waren Stoßtrupps des I./DF überraschend über die Wolga vorgestoßen und in Sweklino eingedrungen. Der Gegner wurde niedergekämpft, und der kleine Ort ist nach der Rückkehr des Stoßtrupps als Stützpunkt unbrauchbar.

27. Januar 1942:

Ein Blick auf die Lage der 9. Armee zeigt folgendes Bild:

Das nordwestlich eingesetzte VI. AK und das nach Westen abgesplitterte XXIII. AK hatten in äußerst anstrengenden Kämpfen nur einen schwachen Riegel, eine „Brücke" für die eigenen Verbände gegen die durchgebrochenen Teile der Roten Armee — der 29. und 39. Armee sowie des 11. Kavalleriekorps und ihren Nachschubverbindungen — vorgeschoben. Doch diese durchgebrochenen Verbände waren keineswegs geschlagen; — im Gegenteil: ihnen war zunächst ein operativer Durchbruch mit neun Schützendivisionen und drei bis vier Kavalleriedivisionen gelungen, den sie nach deutschem Vorbild nach wie vor zur großen vernichtenden Kesselschlacht gegen die Heeresgruppe Mitte vollenden wollten.

Der Auftrag für das Regiment „DF"

Der schwache „Riegel" an der Durchbruchstelle an der Wolga mußte also verstärkt und auf jeden Fall gegen weiter nach Süden nachfolgende Verbände gehalten werden.

Diese Aufgabe mußte das SS-Regiment DER FÜHRER mit allen ihm im Laufe der kommenden Abwehrkämpfe unterstellten Heeres- und

Waffen-SS-Einheiten übernehmen. Hier an der ehemaligen Durchbruchstelle der beiden russischen Armeen lag der eigentliche neuralgische Punkt dieser großen Schlacht — wahrlich keine beneidenswerte Aufgabe für das Regiment.

So wundert es nicht, daß Tag für Tag der OB der 9. Armee, General Model, persönlich auf dem Regimentsgefechtsstand „DF" erscheint, um mit dem Regimentskommandeur, Ostubaf. Kumm, die Lage zu erörtern und alle erforderlichen Maßnahmen zu besprechen. Meist kommt er mit dem Kraftfahrzeug, einmal mit dem Fieseler Storch, der auf der zugefrorenen Wolga landet, und einmal auch zu Pferd.

Man sagt von ihm, daß er am Tage e i n e Stunde vor seinen Lagekarten sitzt, sich aber 10 Stunden bei der Truppe an allen Frontabschnitten befindet. Carell schreibt: „Wo er hinkam, wirkte er wie eine Batterie, die die verbrauchten Energien der Kommandeure wieder auflud."

An diesem 27. 1. trifft Model in der Mittagszeit auf dem Regimentsgefechtsstand „DF" in Noskino ein und hält mit den Kommandierenden Generalen des VI. und XXIII. Armeekorps eine Besprechung über die künftige Kampfführung ab, zu der auch die Kommandeure der 161. und 206. Inf.Div. hinzugezogen werden. Das Hauptthema ist die Sicherung der Naht zwischen beiden Korps.

In diese Besprechung hinein kommen Meldungen vom I./DF: „Feind greift diesseits der Wolga, aus nordwestlicher Richtung auf Solomino mit starken Kräften, etwa 1000 Mann, an."

Dem Gegner ist also im linken Nachbarabschnitt ein Einbruch gelungen. Sofortige Gegenmaßnahmen, die das Regiment nicht berühren, werden getroffen.

Vor dem Regimentsabschnitt wurden in der Nacht vom 26./27. 1. mehrere feindliche Vorstöße abgewiesen. Noch im Morgengrauen wird Timonzewo vergeblich vom Gegner berannt.

Um 08.30 Uhr meldet das III./DF starke feindliche Ansammlungen vor Klepenino. Bis 10.30 Uhr verstärkt sich der Feind laufend, und vor dem III./DF wird das erste Auftauchen feindlicher Panzer gemeldet.

Die Kompanien und die schweren Waffen stehen ständig in höchster Alarmbereitschaft. Aber die durchdringende Kälte macht allen schwer zu schaffen. Trotzdem werden alle Waffen mit großer Sorgfalt gefechtsbereit gehalten; denn ihre Einsatzbereitschaft ist die einzige Garantie für das Überleben des nächsten Feindangriffs. Bei dem eisig über die Wolga fegenden Wind sind immer wieder in kurzer Zeit alle Trampelpfade und Schneestellungen verweht.

Kampfraum Sytschewka (SS-Div. REICH)

Am 27. 1. trifft von den Ersatzbataillonen Mannschaftsersatz ein. So erhält z. B. das SS-Kradsch.Btl. 80 Mann Ersatz.

Gegen 19.00 Uhr geht an die Einheiten folgender

Divisionsbefehl für die Fortsetzung des Angriffs am 28. 1. 1942 *)

der auszugsweise lautet:

„1.) **Feind** gegenüber XXXXVI. A.K. hat nach Bekanntwerden der völligen Einschließung seiner Truppen anscheinend noch keinen Entschluß für die Fortsetzung des Kampfes gefaßt. Er ist zur Abwehr übergegangen und wartet vermutlich auf Entsatz von Norden.

2.) **XXXXVI. Pz.-Korps** setzt am 28. 1. Angriff zu Vernichtung der westlich und nordwestl. Sytschewka eingeschlossenen Feindkräfte fort; und zwar mit 86. I.D. zunächst nach Westen, mit SS-Div. ‚Reich' und verstärkter 1. Pz.Div. nach Nordwesten.
Trennungslinie zwischen SS-Div. ‚Reich' und 1. Pz.Div. wie bisher.
1. Pz.Div. nimmt im Zusammenwirken mit SS-Div. ‚Reich' die Häusergruppe südlich Karabanowo.

3.) **SS-Div. ‚Reich'** mit unterstellter Panzerkp. nimmt am 28. 1. zunächst den Ort Lubany (1 km nordwestl. Karabanowo) und anschließend Karabanowo, bildet in beiden Orten Stützpunkte und stellt sich darauf ein, am 29. 1. den Angriff auf Lentewo und Borschtschewka fortzusetzen.

4.) **Kampfführung:**
Befehlsführend für den Angriff ist Stubaf. Harmel. Der Kampfgruppe Harmel wird eine Pz.Kp. des Pz.Rgt. 7 unterstellt und gem. späterer mündlicher Weisung zeitgerecht zugeführt.

---

*) KTB-SS-„D" v. 27. 1. 42, Anl. Nr. 255

Gefechtsstand Kampfgruppe Harmel ab 28. 1., 06.00 Uhr, an Wegegabel 1,5 km nördl. Pujsino.

Eine verst. Kp. der Gruppe Kment und die Pz.Kp. sind von Nordosten bis 07.45 Uhr auf etwa 400 m an den Nordostrand Lubany heranzuführen, so daß der um diese Zeit erfolgende Stuka-Angriff (letzte Bombe 07.45 Uhr) für das Hineinstoßen in den Ort ausgenutzt wird. Nach Einnahme von L. richtet die Infanterie sich beschleunigt stützpunktartig ein.

Masse Gruppe Kment verhindert eine Flankierung des Angriffs aus Lentewo durch zusammengefaßtes Feuer aller schweren Infanteriewaffen und Teilen der Artillerie auf Lentewo.

Art. wird ferner Aleksino und Rshawino mit Feuer abschirmen und Flankierung von dort ausschalten.

Durch Teile der Infanterie ist ein Hineinstoßen des Gegners aus Lentewo in die Flanke der Angriffstruppe zu verhindern.

Der Angriff auf Karabanowo erfolgt nach neuer Bereitstellung der Panzer um 10.15 Uhr unter Ausnutzung eines weiteren Bombenangriffs auf Karabanowo. Eine verst.Kp. der Gruppe Tychsen führt den Angriff mit Unterstützung der Artillerie und aller verfügbaren schweren Inf.-Waffen von Pujsino. Die Pz.Kp. greift gleichzeitig von Lubany die Stellungen bei Karabanowo im Rükken an. Letzte Bombe auf K. 10.15 Uhr.

1. Pz.Div. wird ebenfalls um 10.15 Uhr den Ort 1 km südl. Karabanowo von Süden angreifen.

Es kommt darauf an, die Bereitstellung von Infanterie und Panzern so durchzuführen, daß die Bombenangriffe unmittelbar ausgenützt werden können und daß alle schweren Inf.-Waffen und Artillerie bis zum Sturm der Infanterie auf die Ortschaften zusammengefaßt werden.

5.) . . . .

6.) . . . .

7.) **Pionier-Btl.** setzt Ausbau der Stützpunkte gem. mündlicher Anweisung fort. Schwerpunkt ist Ausbau der am 28. 1. erkämpften Ortschaften im Einvernehmen mit Kampfgruppe Harmel. Verantwortlich Kdr.Pi.Btl.

8.) . . . .

9.) . . . .

10.) . . . .
11.) . . . .
12.) Div.Gef.Stand: Sytschewka

gez. Kleinheisterkamp"

Nachtrag:

Aus russischen Nachrichten geht hervor, daß es Partisanengruppen gelungen ist, deutsche Fernsprechkabel anzuzapfen und wichtige Führungsgespräche abzuhören. Es wird nochmals auf strengste Tarnung bei Führung von taktischen Gesprächen hingewiesen.

Die Bildung des Kessels

28. Januar 1942:
Alle Teile des XXXXVI. Pz.-Korps treten um 06.00 Uhr bei starkem Schneetreiben und eisigem Wind aus den bisher erreichten Räumen in westlicher und nordwestlicher Richtung zum Angriff an, mit dem Auftrag, den sich anbahnenden Kessel zu verengen und die eingeschlossenen russischen Verbände der Vernichtung näher zu bringen.
Die Kampfgruppe Harmel hat den Auftrag, die Orte Lubany und Karabanowo zu nehmen. Hierzu wird erneut die Panzer-Kp. Albrecht (1. Pz.Div.) der Kampfgruppe unterstellt.
Nach vorherigem Stuka-Angriff auf Lubany tritt die in Gegend 202,2 südostw. Swinoroike bereitgestellte verstärkte Kompanie Damsch (Kampfgruppe Kment) zusammen mit der Panzerkompanie Albrecht um 07.45 Uhr zum Angriff auf Lubany an. Kurz nach Antreten der Panzer wird eine rückläufige Bewegung starker Feindkräfte von Karabanowo nach Lubany erkannt. Hierauf fahren die 11 Panzer der Pz.Kp. Albrecht mit großem Schwung, vorübergehend sich von der Infanterie lösend, flankierend in diese Feindbewegung hinein und feuern aus allen Rohren gegen den überraschten Gegner. Als erste erreichen sie Lubany. Sich zur Wehr setzender Gegner wird von der Panzerkompanie wirksam unter Feuer genommen, z. T. vernichtet, der Rest vertrieben.
Nach Durchstoßen der Ortschaft wird die nur langsam im tiefen Schnee vorwärtskommende Infanteriekompanie von Teilen der Panzer zur Säuberung von Lubany nachgeholt. Um 08.10 Uhr ist die Ortschaft vom Feind gesäubert und fest in eigener Hand.

Nunmehr stößt um 08.30 Uhr die in Pisino bereitgestellte Kompanie Grünwälder gegen Karabanowo vor, ausgezeichnet unterstützt durch das flankierende Feuer der elf Panzer gegen den Nordrand der Ortschaft. Nachdem die Infanteriekompanie Karabonowo fast erreicht hat, stoßen die Panzer von Lubany westlich ausholend, von hinten nach Karabanowo hinein und packen hier den bereits weichenden Gegner erneut durch ihr vernichtendes Feuer aus allen Rohren. In der Ortsmitte treffen sich Panzer und Infanterie.

Um 09.45 Uhr kann auch Karabanowo als restlos gesäubert und von eigenen Truppen besetzt gemeldet werden.

In seinem Schreiben anläßlich des Ausscheidens der Panzerkompanie Albrecht aus dem Verband der Kampfgruppe schreibt der damalige Regimentskommandeur SS-DEUTSCHLAND, Stubaf. Harmel, abschließend:

„Es ist mir eine außerordentliche Freude, feststellen zu können, daß auch in diesen drei Gefechten wiederum die Zusammenarbeit zwischen Infanterie und Panzern hervorragend und deshalb so erfolgreich gewesen ist.

Die Infanterie hatte durch die Panzer nicht nur einen moralischen Rückhalt, sondern vor allen Dingen auch eine tatsächliche Unterstützung durch Feuer. Gegenseitig haben sie sich in ihrem Angriffsgeist und Angriffsschwung angefeuert und sich in ihren Waffen ausgezeichnet ergänzt. Dem Regiment aber sind durch diese hervorragende Hilfe der Panzerkompanie Albrecht hohe Verluste erspart geblieben.

Ich wünsche im Namen des Regiments ‚Deutschland' der Panzerkompanie Albrecht weiterhin Kriegsglück und vollen Erfolg.

gez. H a r m e l
SS-Stubaf. u. Rgt.Kdr."

Um 14.30 Uhr beginnt das Stoßtruppunternehmen der Kampfgruppe Kment (AA) auf Lestjewo. Um 16.00 Uhr ist die Ortschaft genommen. Ein Gegenangriff von zwei verstärkten feindlichen Bataillonen aus Alexino und Borschtschewka wird abgeschlagen.

Die Spähtrupptätigkeit während der Nacht innerhalb der Kampfgruppe Harmel wird durch Befehl genau festgelegt. Gegen 20.00 Uhr teilt die Division den Einheiten fernmündlich mit, daß am 29. 1. voraussichtlich der Angriff auf Maximowo geführt wird.

An diesem 28. 1. 1942 verteilt die Division REICH an alle Einheiten folgenden

Erlaß des Führers *)

Soldaten der 9. Armee!
Die Lücke in Eurer Front nordwestlich Rshew ist geschlossen. Der dort eingedrungene Gegner ist damit von seinen rückwärtigen Verbindungen abgeschnitten. Wenn Ihr die nächsten Tage weiterhin Eure Pflicht so erfüllt, wird eine große Zahl russischer Divisionen vernichtet werden.
Euch allen, die Ihr in kameradschaftlicher Einsatzbereitschaft aus den Nachbarfronten der Einbruchstelle zum Angriff heranmarschiert seid, danke ich, daß trotz der schweren Unbilden des Winters Euer Angriffsgeist nicht gebrochen werden konnte. Ich weiß, meine Soldaten, was das bedeutet: Euch, Soldaten der 9. Armee, gilt daher meine dankbare Anerkennung.

gez. A d o l f H i t l e r

Inzwischen haben die Gefechtsteile der Kampfgruppe Harmel von Motorisierung auf Pferdeschlitten „umgerüstet". Nur Teile des Trosses sind noch motorisiert.

Und so sieht der Pferdebestand der einzelnen Einheiten aus:

SS-„D":	20 Pferde
3./SS-Pi.:	30 Pferde
SS-Kradsch.Btl.:	80 Pferde
SS-Aufkl.Abt.:	34 Pferde

Das letzte Sturmgeschütz — verloren

Im Kriegstagebuch der Sturmgeschütz-Kompanie REICH steht unter dem 28. 1. 1942 folgende Eintragung:

„Um 12.30 Uhr wird ‚Seydlitz' zur Aufklärungsabteilung nach Swinoroika befohlen. Von hier aus wird ein Spähtrupp nach Lentewa gefahren. 300 m vor Lentewa wird ein Bunker erkannt und beschossen, worauf die Besatzung flüchtet. Hierauf kann ein in einer Scheune

*) KTB-SS-„D" v. 28. 1. 42, Anl. Nr. 260 / SS-Div. „Reich", Ia-Tgb. Nr. 12/42 g.

stehendes Pak-Geschütz niedergekämpft werden. Der Ort selbst wird während dieser Zeit von Stukas angegriffen. Nach dem Stuka-Angriff geht die Infanterie, unterstützt von ‚Seydlitz‘, vor. Nach kurzer Anfahrt hört die Besatzung eine gewaltige Detonation. Das Geschütz wird gehoben. Die Besatzung springt heraus. Das Sturmgeschütz war auf zwei oder drei Minen aufgefahren. Die Wanne war zerrissen, das Öl begann zu brennen. Löschversuche stellen sich als unmöglich heraus. Die Besatzung geht zurück. Der Panzer brennt. Die Munition detoniert. ‚Seydlitz‘ wird vollkommen zerrissen. Das letzte Sturmgeschütz der Division ist vernichtet."

Damit hat die SS-Division REICH das letzte Exemplar einer einmaligen Waffe verloren, deren hervorragender Unterstützung die Grenadiere der Division seit Beginn des Rußlandfeldzuges ihre großen Erfolge und die Ersparung hoher Verluste in besonderem Maße mit zu verdanken haben.

Wie der Feind die deutschen Sturmgeschütze beurteilte, darüber schreibt Paul Carell in „Unternehmen Barbarossa" auf Seite 331 u. a.: „Kambulin (ein russischer Leutnant, d. Verf.) war, schwer verwundet, erfroren. Noch kurz vor seinem Tode hatte er die letzte Eintragung in sein Tagebuch geschrieben: ‚Die deutschen Sturmgeschütze sind eine tödliche Waffe, gegen die wir kein Kampfmittel haben.'"

Kampfraum Rshew (Rgt. DF)

An diesem 28. 1. seit 02.00 Uhr heftiger Schneefall. In der Nacht angreifender Gegner wird von den Kompanien bei Klepenino und Opjachtino zurückgewiesen. Diese Angriffe dauern fast den ganzen Tag an, und erst gegen 17.00 Uhr stellt der Feind diese ein. Ein T 34 wird abgeschossen.

General Model ist gerade auf dem Gefechtsstand „DF", als Männer des I./DF einen gefangenen Russen bringen, der aussagt, daß er Funker aus dem Stab der 30. sowj. Armee sei — eine ausgesprochene Rarität, da solche Leute mehr wußten als mancher Kommandeur.

In Anwesenheit des OB macht er folgende Aussage:

„Auf der Straße von Kalinin über Wissokoje bis zum Wolga-Knie stehen hintereinander die Verbände der gesamten 30. Armee: sieben Schützendivisionen und sechs Panzerbrigaden mit dem Auftrag, den

Angriff der durchgebrochenen 29. Armee weiterzuführen. Der Beginn des Angriffs ist auf den folgenden Morgen angesetzt." Ferner nennt er die Reihenfolge und die Bezeichnungen der einzelnen Divisionen, Regimenter und Brigaden. Der Durchbruch zur Freikämpfung der eingeschlossenen Armeen sollte erzwungen werden, koste es, was es wolle.

Sorgenvoll verläßt Model den Gefechtsstand. Er verabschiedet sich bei dem Regimentskommandeur noch mit den Worten: „Kumm, ich verlasse mich auf Sie!" und lächelnd fügt er hinzu: „Aber vielleicht hat uns der Iwan auch beschwindelt."

Beginn der russischen Großangriffe

29. Januar 1942:

Der russische Armeefunker hatte nicht geschwindelt. Am Morgen beginnt der Großangriff der 30. sowj. Armee — und genau an derselben Stelle, an der die 29. Armee durchgebrochen war, deren Spuren in zwei breiten Rollbahnen beiderseits der Wolga noch erkennbar sind. Pausenlos bei Tag und Nacht, drei Wochen hindurch, greift der Feind an dieser Stelle an. „Einen taktischen Fehler machte er [der Russe] allerdings, einen typischen Fehler der Russen: Er setzte nicht alles zu einem großen Durchbruch an. Versäumte es, einen Schwerpunkt zu bilden. Er warf Bataillon um Bataillon, dann Regiment um Regiment und schließlich Brigade um Brigade in die Schlacht." (Carell, Seite 333)

Der damalige Regimentskommandeur „DF", Ostubaf. Kumm, schreibt in seinen Aufzeichnungen über diese Kämpfe:

„Die Männer des Regiments halten ihre Stellungen gegen alle Angriffe. Was in diesen Tagen jeder einzelne hier an Heldentum vollbringt, übertrifft alles bisherige bei weitem! Jeder Angriff wird unter fürchterlichen Verlusten für den Feind abgewiesen, oft erst im Nahkampf mit Handgranaten und Seitengewehr. Die Toten des Gegners türmen sich zu Wällen vor den Stellungen der Kompanien. Das Furchtbarste aber sind die Angriffe der Feindpanzer."

Die Panzerabwehr im Abschnitt des III./DF in Klepenino wird von zwei Panzerjägerzügen der Pz.Jg.Abt. 561 (Heer) übernommen, deren Einsatz entscheidend zu dem Abwehrerfolg beiträgt. Zusätzlich aber sind die braven Grenadiere darauf angewiesen, mit Minen, Brandflaschen und geballten Ladungen weitere Panzerangriffe abzuwehren. Und noch ist kein Ende des feindlichen Ansturms abzusehen. Das Regiment DER FÜHRER mit den unterstellten Heereseinheiten hält jedoch seine Stellungen an diesem entscheidenden Frontabschnitt.

Die Krise der 9. Armee steigert sich weiter, als der durchgebrochene Feind am 29. 1. erstmals mit Anfängen die Autobahn westlich Wjasma erreicht und in der Folgezeit öfter tagelang sperrt. Allerdings verraten aufgefangene Funksprüche des abgeschnittenen Feindes seinen ebenfalls starken Mangel an Betriebsstoff und Verpflegung, während er Munition in erheblichem Umfang durch nächtliche Lufttransporte erhält.

Kampfraum Sytschewka (SS-Div. REICH)

Am 29. 1. finden im Abschnitt der Kampfgruppe Harmel keine Kampfhandlungen statt. Der Tag wird von allen Einheiten zum Ausbau und Verstärken der Ortschaften und Stellungen, zum Freimachen von Wegen und dgl. benutzt.

Um 23.45 Uhr ergeht an alle Einheiten folgender

Div.-Befehl für die Fortführung des Angriffs am 30. 1. 1942

1.) **Kampfgruppe Harmel** hat am 28. 1., unterstützt von allen schweren Waffen und einer Panzerkompanie, mehrere Ortschaften genommen und zusammen mit der Angriffsgruppe der 1. Pz.Div. den Brennpunkt der feindlichen Verteidigung nordwestlich Sytschewka angeschlagen.

   86. I.D. und 1. Pz.Div. haben am 29. 1. in erfolgreichen Angriffen auf beiden Flügeln des Korps erheblichen Boden gewonnen.

   Feind verteidigt weiter hartnäckig jede Ortschaft und zieht sich kämpfend nach Westen zurück.

2.) **XXXXVI. Pz.-Korps** setzt am 30. 1. den konzentrischen Angriff auf Sereda fort.

Angriffsziel für 86. I.D.: Sereda
für SS-Div. „Reich": Swerkuschino
für verst. 1. Pz.Div.: Nikite

3.) **SS-Div. „Reich"** nimmt zunächst zugleich mit dem Vorstoß der 1. Pz.Div. auf Aleksino den Ort Borschtschewka, unterstützt von dort den Angriff der 1. Pz.Div. auf Nikite mit schweren Waffen und nimmt anschließend den Ort Maximowa. Die Division stellt sich darauf ein, nach Wegnahme von Maximowo auf Swerkuschino vorzustoßen und es zu nehmen.

. . . .

30. Januar 1942:
Bei der Kampfgruppe Harmel tritt nach Feuerschlag der Artillerie mit anschließendem Stuka-Angriff auf Maximowo Kampfgruppe Tost aus Swineroika mit 2./D zum Angriff an.
Unter Ausnutzung des zweiten Artilleriefeuerschlags und des Stuka-Angriffs dringen 2. und 3./D in die Ortschaft ein. Die 2./D greift von Süden in flüssigem Angriff an, erreicht schnell den südlichen Ortsrand und nach kurzem heftigem Häuserkampf die Ortsmitte.
Die 3./D faßt nach Brechung des Feindwiderstandes bei Punkt 204,9 den Gegner von Norden und säubert den nördlichen Ortsteil. In der Mitte des Ortes treffen sich dann beide Kompanien. Um 16.15 Uhr ist Maximowo und Punkt 204,9 fest in eigener Hand.
Die 1./D stößt nach Erreichen des Ortes von Osten her bis Perejesdnaja westl. Maximowo zügig durch, besetzt den Ort und sichert rundum.
Die Kampfgruppe Tychsen marschiert über Charina, Takina nach Ssewlotschek und stellt sich dort bereit.
Bei der Kampfgruppe Kment bleibt es ruhig.

Kampfraum Rshew (Rgt. DF)

Im Abschnitt des Regiments „DF" halten die heftigen Abwehrkämpfe an. Die Temperatur sinkt wieder auf minus 46 Grad bei starkem Sturm mit Schneeverwehungen. Die Luftversorgung des Gegners für die im Kessel eingeschlossenen sowjetischen Divisionen hält die ganze Nacht über an.

Um 08.45 Uhr meldet das III./DF Feindangriff am rechten Flügel auf Kokosch. Das gleiche meldet das I./DF aus Solomino. Die Sicherungen in Pajkowo stehen noch.

Zwischen Kokosch und Klepenino greift der Gegner mit Panzern und Infanterie an. Sieben Feindpanzer werden abgeschossen, wie das III./DF um 10.35 meldet. Im Waldstück um Punkt 203,6 werden erneut starke Feindansammlungen beobachtet. Sechs Feindpanzer mit etwa zwei Kompanien verstärken die bisherigen russischen Kräfte in diesem Waldstück.

Um 11.45 Uhr stehen zwei Sowjetpanzer mit etwa 40 Rotarmisten im Waldzipfel ungefähr 700 m westlich von Timonzewo und beschießen die Stellung des III./DF von rückwärts. Gegen diesen Feind soll eine Kompanie des Pi.Btl. der 256. ID angesetzt werden.

Auf dem Regimentsgefechtsstand „DF" gehen Meldungen über hohe Verluste der Bataillone ein. Teilweise haben die Kompanien nur noch eine Grabenstärke von 20—30 Mann. Ähnlich sieht es bei den tapferen Kameraden des IR 167 aus. Bis 15.45 Uhr greift der Feind weiter massiert an. Es gelingt, von den bisher 24 angreifenden Sowjetpanzern elf auszuschalten.

Der Regimentsabschnitt kann im allgemeinen gehalten werden. Lediglich ostwärts Klepenino walzten russische Kampfwagen drei eigene MG-Stellungen nieder, vernichteten die Waffen und setzten die Bedienungen außer Gefecht.

Durch diese Lücke sickert der Gegner in das Waldstück westlich Timonzewo ein. Durch einen sofort angesetzten Gegenangriff wird der Feind zurückgeworfen.

Gegen 18.00 Uhr setzt in Klepenino-Ost ein heftiger Nahkampf gegen eine Feindgruppe ein, die mit Panzern in den Ort eingedrungen ist. Wenn auch die feindliche Infanterie keine allzu große Kampfqualität besitzt, so können sich doch die hier kämpfenden Männer des III./DF gegen die Massen des Gegners nur mühsam behaupten.

Die Gesamtlage des VI. AK ist sehr angespannt.

Um 19.30 Uhr befiehlt General Model die Einstellung des beabsichtigten Angriffs gegen den Feindkessel hinter den Linien der nördlichen Verteidigungsfront, in der auch das Regiment „DF" kämpft.

Der Regimentsstab IR 471, mit dem I./IR 471 und vier Sturmgeschützen, wird zum Gegenangriff zur Bereinigung des Einbruchs beim

III./DF für den 31. 1. versammelt und dem Regiment DER FÜH-RER unterstellt.
Bis 22.00 Uhr halten die erbitterten Kämpfe an. In Klepenino wehrt sich die 9./DF mit insgesamt 30 Männern. Der Stab des III./DF, mit den Resten der 10./DF, kämpft verzweifelt in Optjachino und Timonzewo. Da die Zwischenstellungen ausgeschaltet sind, können die Russen ungehindert in den sog. Kulissenwald zwischen Timonzewo und Klepenino einsickern. In Klepenino selbst hat sich die 9./DF mit dem Gegner in heftigem Kampf Mann gegen Mann verbissen. Die Kämpfer sind fast am Ende ihrer Kräfte.

31. Januar 1942:
Die winterlichen Stürme bei 14 Grad Kälte und mit erheblichen Schneeverwehungen halten an. Unablässig rennt der Gegner gegen Opjachtino (10./DF) und gegen das Häuflein der 9./DF in Klepenino an. Scheinbar haben die Rotarmisten die breite Lücke in der Front noch nicht entdeckt.
In der Nacht hatte eine schwache Pionierkompanie der 256. ID nicht vermocht, den Feind aus dem Ortsteil von Klepenino zu werfen.
Um 09.00 Uhr meldet das I./DF einen Feindangriff in Stärke von zwei Kompanien, der abgeschlagen wird. In Klepenino werden erneut zwei Feindpanzer vernichtet.
Der auf 09.30 Uhr angesetzte Gegenangriff des I./IR 471, verstärkt durch zwei Kompanien der 256. ID und Sturmgeschütze der 2./Stu. Gesch.Abt. 189 wird verschoben auf 11.10 Uhr. Die Zeit zur Bereitstellung war zu kurz bemessen. Lediglich eine Kompanie von IR 471 und die 1./IR 456 greifen zusammen mit vier Sturmgeschützen an, und sofort kommt es zu einem Duell zwischen Sturmgeschützen und russischen Panzern: drei Sowjetpanzer bleiben auf der Strecke. Der Rest der feindlichen Kampfwagen einschl. der Infanterie weicht in das Waldstück um Punkt 203,6 zurück. Zusammen mit der 1./IR 456 besetzen Männer der 10./DF mit entscheidender Unterstützung der Sturmgeschütze die Stellungen zwischen Klepenino und Optjachino. Gegen 13.30 Uhr ist die Lage stabilisiert. Die Sowjetpanzer wagen sich nur noch zum schnellen Schuß aus dem Walddickicht hervor und verschwinden sofort, wenn die in Lauerstellung liegenden Sturmgeschütze ihr Feuer eröffnen.

Kampfraum Sytschewka (SS-Div. REICH)

Die SS-Div. REICH setzt im Rahmen des XXXXVI. Pz.-Korps am 31. 1. 1942 den Angriff nach Norden fort mit dem Angriffsziel: Swerkuschino.

Der Angriff ist in drei Abschnitten geplant:

Abschnitt 1: mit dem Vorstoß der 1. Pz.Div. (linker Nachbar) auf Alexino zugleich Angriff auf Borschtschewka.
Abschnitt 2: Angriff auf Maksimowo und Persdnaja.
Abschnitt 3: Vorstoß auf Swerkuschino.

Nach Bereitstellung der Kampfgruppen Kment und Tychsen tritt die Kampfgruppe Kment um 08.30 Uhr zum Angriff an, der durch ein zehnminutiges scharf zusammengefaßtes Feuer der Artillerie und sämtlicher schwerer Waffen vorbereitet wird. Der Angriff gelingt, und um 09.45 Uhr ist Borschtschewka in eigener Hand.

Um 13.45 Uhr ist die Bereitstellung der Kampfgruppe Tost beendet, die durch einen starken Feuerflügel der Kampfgruppe Tychsen am Nordrand von Ssewlotschek verstärkt wird.

Um 14.00 Uhr beginnt der Angriff mit starker Artillerieunterstützung auf Sswerkuschino, welches gegen 15.30 Uhr mit Panzern der 1. Pz.Div., die von Süden her angreifen, genommen wird.

In der Erinnerungsschrift des XXXXVI. Pz.-Korps: „Die Winterschlacht von Szytschewka" (25. 1. — 12. 2. 1942) heißt es auf Seite 4 zu diesen Kämpfen:

„Unter gleichen Witterungsbedingungen und immer stärkeren Schneeverwehungen wurden die erfolgreichen Angriffe an den folgenden Tagen gegen weiterhin festgebissenen Gegner fortgeführt. Teilverbände des VIII. Fliegerkorps griffen nunmehr unter ungünstigsten Witterungsverhältnissen mit besonderem Erfolg in den Erdkampf ein. Trotz wütender Gegenangriffe des Feindes wurde durch die 1. Pz.Div. und SS-Div. ‚Reich' bis 31. 1. der Verteidigungsblock Karabonowo—Rshawinje—Nikitje—Maksimowo in schwersten Angriffskämpfen genommen."

1. F e b r a r 1 9 4 2 :

Über die Gesamtlage der Heeresgruppe Mitte schreibt W. Haupt in „Heeresgruppe Mitte" (S. 123):

„Ende Januar zeigte es sich, daß sich die Fronten der deutschen Armeen stabilisierten. Die Sowjets stellten ihre Offensive zwischen Kalinin und Kursk ein.
Die weit nach Westen vorgestoßenen Heeresgruppen ‚Kalininer Front',
und ‚Briansker Front' hatten Nachschubschwierigkeiten zu bewältigen, die mit den vorhandenen Mitteln und Kräften nicht behoben werden konnten."

Kampfraum Sytschewka (SS-Div. REICH)

Am 1. 2. wird der Ort Sereda durch die verst. 1. Pz.Div. und der 86. ID genommen.
„Die vor allem in nordwestlicher Rechtung von Sytschewka auf Sereda geführten Angriffe der SS-Div. ‚Reich' und 1. Pz.Div. ergaben zwangsläufig eine zunehmend lange und offene Westflanke des Korps, zu deren Schutz ab 1. 2. die SS-Division ‚Reich' (bisher rechts von 1. Pz.Div.) hinter der 1. Pz.Div. vorbei auf den [linken] Westflügel des Korps verschoben wird.
Nach dem Durchbruch durch die Feindstellungen hart westl. Sytschewka und nach den außergewöhnlich hohen Menschenverlusten des Feindes, von denen viele, selbst im Osten noch nicht erlebte Leichenfelder beredtes Zeugnis ablegten, ließ die Widerstandskraft des Gegners merklich nach. Selbst eine anscheinend straffe Zusammenfassung der geschwächten Reste einzelner Divisionen unter einheitlicher Führung konnte nicht verhindern, daß sich der Gegner in westlicher Richtung immer mehr absetzte. Noch immer aber war der Feind nicht geworfen und leistete auch weiterhin sinnlosen örtlichen Widerstand."
(XXXXVI. Pz.-Korps: „Die Winterschlacht von Szytschewka")

In dem am 1. 2. 1942 herausgegebenen

Div.-Befehl für die Übernahme der Sicherung westl. und südwestl. Sytschewka

heißt es auszugsweise:

1.) **SS-Division „Reich"** hat mit Kampfgruppe Harmel und Unterstützung aller schweren Waffen am 31. 1. ihre Angriffsziele erreicht und damit trotz schwierigster Wetterlage einen großen Erfolg errungen.
   Rgt. „Der Führer", welches dem VI. A.K. unterstellt bleibt, hat in den letzten Tagen schwerste russische Angriffe abgewehrt und eine große Zahl schwerer Panzer vernichtet. Feind geht weiter kämpfend nach Westen und Nordwesten zurück.

2.) **XXXXVI. Pz.-Korps** setzt mit 86. I.D. und 1. Pz.Div. Angriff in der bisherigen Richtung fort.

3.) **SS-Div. „Reich"** wird am 1. 2. 1942 aus dem bisherigen Gefechtsstreifen herausgezogen und übernimmt die Sicherung der linken Flanke des Korps...
   ... Die Division wird mit rechtem Flügel Anschluß an die nach Nordwesten angreifende 1. Pz.Div. halten und später die Sicherungslinie durch Angriff nach Westen vorverlegen...
   (Siehe Skizze S. 323)
   . . . .

8.) Sicherungsgruppe Sytschewka (Oberst Hempel) und I./A.R. 620 sind der Division unterstellt...

Auflösung der Sturmgeschütz-Batterie REICH

Mit Wirkung vom 1. 2. 1942 wird die Sturmgeschütz-Batterie REICH nach Verlust ihres letzten Sturmgeschützes aufgelöst. 32 Unterführer und Männer werden als Infanteristen zum Rgt. DER FÜHRER versetzt, aus dem das erste Stammpersonal — die geschlossene 5./DF — dieser Einheit auch hervorgegangen war.

Die letzten Angehörigen der Batterie liegen in Pewnaja, von wo aus am 3. Februar 1942 vierzehn Unterführer und Männer zu einem Panzerkurs ins Reich — nach Wien — fahren. Der Rest der Batterie wird am 7. März nach Wjasma verlegt, wo am 9. März die Verladung nach Prag erfolgt.

Damit hat diese einmalige Waffe der Division aufgehört zu bestehen. Ihre Leistungen werden an anderer Stelle noch besonders gewürdigt werden.

Kampfraum Rshew (Rgt. DF)

In der Nacht erfolgen gelegentliche Feuerüberfälle der feindlichen Artillerie, gemischt mit den Salven der „Stalinorgeln". Sowjetische Erkundungsvorstöße werden abgewehrt. Das I./DF muß die noch immer in Krutiki und Pajkowo stehenden Sicherungen zur Verstärkung der Besatzung von Solomino einziehen. Schneefall und leichter Frost behindern alle Bewegungen. Vor der HKL herrscht allgemein eine unheimliche Ruhe. In den Abendstunden wird beobachtet, daß der Gegner die verlegten Minen vor und in Krutiki räumt und Arbeitskommandos den Weg Krutiki, Pajkowo von Schnee zu räumen versuchen. Das sind neue Angriffsvorbereitungen!

Der Regimentskommandeur „DF", Ostubaf. Kumm, erläßt an diesem 1. Februar 1942 folgenden

Tagesbefehl

Männer!

In mehrtägigen schwersten Kämpfen hat das Regiment an entscheidender Stelle die Front gehalten und dem Feind schwerste Verluste beigebracht.

Die Absicht des Gegners, an dieser Stelle mit vier Schützendivisionen, einer Panzerbrigade und zahllosen schweren Waffen durchzubrechen zur Befreiung seiner im Süden abgeschnittenen Divisionen, ist gescheitert.

Der Oberbefehlshaber der 9. Armee, Generaloberst Model, hat Eure Haltung und den Erfolg dem Führerhauptquartier gemeldet unter Nennung des Namens des Regiments. Seid stolz auf das, was Ihr geleistet habt.

Der Feind wird auch weiterhin angreifen. Aber ich habe die feste Überzeugung und das Vertrauen, daß Ihr Euch auch weiterhin so tapfer schlagen werdet. Es ist dies die schwerste Probe, vor die wir hier gestellt wurden, und wir werden sie gemeinsam bestehen.

Euch allen gilt mein Dank und meine Anerkennung. Ich habe den Auftrag, Euch den besonderen Dank des Oberbefehlshabers der 9. Armee auszusprechen.

gez. K u m m
Obersturmbannführer

2. F e b r u a r 1 9 4 2 :

Schon während der Nacht, gegen 01.00 Uhr, fühlt der Gegner auf Solomino vor. Gegen 08.50 Uhr beobachten Sicherungen des I./DF starke Feindansammlungen an der Wolga bei Pajkowo. Gleichzeitig meldet das III./DF feindliche Bereitstellungen nördlich Optjachino. Die gesamte verfügbare eigene Artillerie wird gegen diesen Feind eingesetzt.

Um 12.15 Uhr meldet das III./DF heftige Feindangriffe auf Klepenino mit wesentlich stärkerer Infanterie als bisher. Von drei T 34 wird ein Panzer abgeschossen. Das eigene gut liegende Artilleriefeuer hält die russische Infanterie nicht auf, und erneut dringt der Gegner in die am Nordrand liegenden Häuser von Klepenino ein.

Es gelingt den Resten der 9./DF, unterstützt durch die Männer der 3./Pi. 356, die sowjetischen Schützen zurückzuwerfen. In der Mitte des Abschnitts, also zwischen Klepenino und Optjachino, gelingt es dem weit überlegenen Gegner, die 1./IR 256 zu überwältigen. Damit hatte der Feind erneut Zugang zum Kulissenwald. Durch das feindliche Artilleriefeuer werden die Fernsprechverbindungen, besonders von Klepenino zum Regimentsgefechtsstand nach Noshkino, laufend gestört. Daher geht hier auch keine Meldung über die Situation bei der 1./IR 256 ein. Der angesetzte Gegenstoß war nicht gelungen.

Es kann nur eine Frage der Zeit sein, wann das III./DF dem gewaltigen Ansturm der Angreifer erliegt.

An diesem Tage gibt das SS-Art.Rgt. REICH 200 Artilleristen an das Regiment DER FÜHRER als Infanteristen ab. Die Tatsache, daß die Spezialisten — wie vorher die Sturmgeschützkanoniere —, die dringend als fronterfahrenes Stammpersonal zur Neuaufstellung ihrer Einheiten benötigt würden, hier als Infanteristen in die tobende Abwehrschlacht geworfen werden, zeigt am besten die verzweifelte Situation, in der sich die 9. Armee und im besonderen das Regiment DER FÜHRER befinden.

Kampfraum Sytschewka (SS-Div. REICH)

Im Laufe des Tages (2. 2.) hat die Kampfgruppe Harmel nach durchgeführter Verschiebung an den linken Flügel seinen Sicherungsabschnitt zur Sicherung der westlichen Flanke des XXXXVI. Pz.-Korps bezogen; und zwar:

Kampfgruppe Tost (SS-„D"):   im Raum Pokrowskoje
Kampfgruppe Tychsen (Kradsch.): im Raum Borosowka,
                                 Plotki und Bol.Ossinowka

Kampfgruppe Kment (Aufkl.Abt.): im Raum Kaposstino—
                                 Likino—Kaurowo—
                                 Toroptschino.

Im Sicherungsraum der Kampfgruppe finden keine Kampfhandlungen statt.

Kampfraum Rshew (Rgt. DF)

3. Februar 1942:
In der Nacht wird im gesamten Abschnitt erbittert weitergekämpft. Trotz wiederholter eigener Vorstöße können die Feldstellungen zwischen Klepenino und Optjachino nicht zurückgewonnen werden.
Der Regimentskommandeur, Ostubaf. Kumm, wird bei der 256. ID und beim VI. AK vorstellig und weist eindringlich auf die gefährliche Lage in seinem Abschnitt hin.
Im Raum Klepenino sind seit Tagen zwei Panzerjägerzüge der Pz.Jg. Abt. 561 mit 5-cm-Geschützen dem Regiment unterstellt und in Stellung. Unter der schneidigen Führung von Leutnant Petermann unterstützen die prächtigen Panzerjäger mit ihren dreizehn Geschützen entscheidend den Kampf der Grenadiere der 9./DF und der Pioniere der 3./Pi. 256. Bis zu diesem Tage haben diese Geschütze zwanzig Kampfwagen T 34 außer Gefecht gesetzt. In der Nähe des Gefechtsstandes des III./DF walzt ein Panzer eine Pak zusammen. Ein anderes Geschütz wechselt innerhalb kurzer Zeit dreimal die Bedienungen. Bis über die Achsen ist das Geschütz eingeschneit, und die ausgebrannten Feindpanzer vor den Stellungen verdecken das Schußfeld erheblich. Keine Zugmaschine kann bei dem Feuer aller Kaliber vorfahren,

um Munition zu bringen oder um Stellungswechsel zu machen. So sind schließlich die Grenadiere und Pioniere auf sich allein gestellt und greifen mit Todesverachtung die anrollenden Eisenkolosse mit Minen, Brandflaschen und geballten Ladungen an.

Im Verlaufe des Vormittags verstärkt der Feind seine Anstrengungen, um den Durchbruch zu erzwingen.

Der Untergang der 10. Kp./„DF"

Mit einer Armada von 30—40 Panzern vom Typ T 34 fahren die Sowjets auf der offenen Fläche vor den Stellungen der 10./DF im Abschnitt Optjachino auf — vor jedem MG-Nest und Schützenloch mit drei oder vier Panzern — und feuern aus allen Rohren aus einer Entfernung von 30 bis 40 Metern auf die Stellungen der Kompanie. Ganz systematisch schießen die russischen Panzerrichtkanoniere MG-Nest um MG-Nest, Schützenloch um Schützenloch zusammen. Eine halbe Stunde dauert dieser Feuerorkan.

Paul Carell schildert den Untergang der 10./DF in „Unternehmen Barbarossa" so:

„ . . . dreißig Minuten lang. Dann fahren sie in den Wald zurück. Schweigen und klirrende Kälte lagert über der Plaine. Nach zwei Stunden kroch aus der zusammengeschossenen Stellung der 10. Kompanie ein Mann zum Bataillonsgefechtsstand. Es war Rottenführer Wagner. Schwer verwundet, mit erfrorenen Händen versuchte er, vor dem Bataillonskommandeur aufzustehen, um seine Meldung zu machen. Aber er brach zusammen und meldete im Liegen: ,Hauptsturmführer! Ich bin der Letzte der Kompanie! Alle sind tot!'

Er streckte sich. Und nun lebte keiner mehr von der 10. Kompanie . . . "

Die eigene Front ist aufgerissen

Damit klafft eine Lücke von über tausend Metern in der HKL des Regiments. Es ist keinerlei Reserve vorhanden, um diese Lücke zu schließen. Auf die dringliche Vorstellung des Regimentskommandeurs beim VI. AK wird dem Regiment zur Schließung der Lücke eine Alarmkompanie in Stärke von 120 Mann zugeführt, Fahrer, Köche,

Schuster und Schneider unter Führung von Zahlmeistern — alles sicher ehrenwerte Männer und Soldaten, aber völlig unerfahren im Gefecht, besonders unter den Ausnahmebedingungen dieser mörderischen Schlacht bei strenger Kälte, die selbst alten erfahrenen Frontsoldaten das Letzte abverlangt.

Schweren Herzens vertraut Ostubaf. Kumm dieser Einheit die Aufgabe an, die Lücke zu schließen und die Stellungen der 10. Kompanie wieder zu besetzen; denn in der kommenden Nacht rechnet das Regiment mit neuen Feindangriffen — und gerade auf diesen offenen Frontabschnitt.

Die Alarmkompanie besetzt die Stellungen der 10./DF wieder. Aber kaum hat sie sich zur Verteidigung eingerichtet, da greifen die Sowjets nach einem Feuerüberfall mit Granatwerfern und Urräh-Geschrei an. Die unerfahrenen Männer verlieren die Nerven, räumen die Stellungen und werden beim Zurückgehen auf der offenen Schneefläche restlos zusammengeschossen. Sie waren einfach überfordert.

Weitere Reserven kann das Korps dem Regiment nicht mehr zur Verfügung stellen.

4. Februar 1942:

Ungehindert kann der Feind nun durch die breite Lücke während der Nacht hindurchstoßen. Seit 02.30 Uhr greifen die Rotarmisten mit verbissener Wut und mit starker Artillerieunterstützung Klepenino und ostwärts der Ortschaft an. Sie setzen jetzt alles zum entscheidenden Durchbruch ein. Trotz verzweifelter Gegenwehr gelingt es dem Gegner in der ersten Morgendämmerung, den Kulissenwald südlich Klepenino zu durchstoßen. Die hier eingesetzten Pioniere und Bausoldaten, welche Auffangstellungen vorbereiten, werden bei ihrer Tätigkeit überrascht, überrannt und zersprengt.

In den frühen Morgenstunden steht der Feind mit starken Infanterie- und Panzerkräften am südlichen Rand des Kulissenwaldes, etwa 50 Meter vor dem Regimentsgefechtsstand.

Vorsorglich werden die etwa acht Häuser zur Verteidigung vorbereitet. Tiefe Löcher im Fußboden werden ausgehoben und Schießscharten in den unteren Balkenlagern angelegt. Jeder Mann des Regimentsstabes — Adjutant, Offiziere, Funker, Melder und Fahrer — wird nun eingesetzt, um diesen Frontabschnitt zu halten.

Drei Tage lang greift der Feind aus dem Wald heraus an und schießt mit Panzern die Häuser zusammen. Aber alle noch so massiert vorgetragenen Angriffe werden unter blutigen Verlusten für den Gegner zurückgeschlagen.

Die Seele des Widerstandes ist der Regimentsadjutant, Hauptsturmführer Holzer, der sich hier ebenso, wie vorher als Chef der 7./DF und später der 11./DF, hervorragend einsetzt, von Mann zu Mann eilt und damit immer wieder jeden Mann zu neuem Abwehrwillen anfeuert.

Carell schreibt über diese Kampfphase in „Unternehmen Barbarossa":

„ . . . es ist keine Phrase, sondern schreckliche Wirklichkeit im wörtlichsten Sinne, wenn es in den Berichten heißt: ‚Vor Klepenino lagen die Toten in großen Haufen . . .'"

Gegen diesen durchgebrochenen Gegner wird der Rest des I./IR 456 angesetzt. Stark angeschlagen ist auch dieses Bataillon, welches mit einer Kompanie entlang der Wolga nach Nordwesten, mit der anderen Kompanie auf Timonzewo angreifen soll. In diese Angriffsvorbereitungen platzt ein Feindangriff in Stärke einer Kompanie aus dem Kulissenwald auf Timonzewo.

Die Lage der eigenen Kräfte ist völlig unübersichtlich. Am Nordrand des Kulissenwaldes erleidet die rechte Kompanie des IR 456 starke Verluste. Der Kompanieführer und zwölf Grenadiere erreichen dennoch Timonzewo. Die linke Kompanie erreicht den Nordrand des Kulissenwaldes entland des Weges Noshkino—Klepenino und versucht gegen 14.30 Uhr, mit großer Bravour den Feind zu werfen, um nach Klepenino durchzustoßen. Dies gelingt jedoch nicht, da diese Kompanie aus dem Wald heraus angegriffen wird.

Um 16.30 Uhr setzt das Regiment „DF" einen starken Stoßtrupp in allgemein nördlicher Richtung an, um festzustellen, wo der Gegner sich festgesetzt hat.

Den ganzen Tag über hält das feindliche Vernichtungsfeuer auf dem Abschnitt des Regiments an. Die Fernsprechleitungen zu den Bataillonen und zur Division sind zerschlagen. Erst durch einen Melder des Stoßtrupps erfährt Ostubaf. Kumm, daß sich der Gegner am Nordrand des Kulissenwaldes, ostwärts des Weges Noshkino—Klepenino festgesetzt hat. Drei Feindpanzer konnten im Laufe des Tages in Klepenino außer Gefecht gesetzt werden.

Der Regimentskommandeur bittet das Korps erneut eindringlich, diese untragbar gewordene Lage durch Einsatz von Reserven zu ändern. Diese Lagemeldung hat zur Folge, daß der Chef des Stabes des VI. AK sich persönlich auf dem Regimentsgefechtsstand „DF" informiert. Ein halbstündiger Aufenthalt hat ihn überzeugt ...

Noch am gleichen Abend wird eine Regimentsgruppe unter dem Befehl des Kommandeurs IR 167 mit dem I./IR 456 (2 Kpen.), eine Kompanie IR 167, der wieder versammelten 3./Pi. 256 und drei Sturmgeschützen der 2./Stu.Gesch.Abt. 189 (Ritter-Adler-Brigade) in Marsch gesetzt. Sie erhält um Mitternacht den Auftrag, den Feind aus dem Kulissenwald über die HKL zurückzuwerfen, eine neue Hauptkampflinie aufzubauen und die Lücke rechts anschließend an das III./DF (9. Kp.) zu schließen.

5 . F e b r u a r 1 9 4 2 :

Der Regimentskommandeur „DF" befiehlt um 0.45. Uhr, daß gleichzeitig von Optjachino und Klepenino je ein Stoßtrupp angreifen soll mit dem Ziel, den Feind aus den Stellungen zwischen den beiden Ortschaften zu werfen. Der Angriff von Klepenino bleibt im Ansatz stecken, doch von Optjachino aus gelingt es, einige Feldstellungen zu nehmen und zu besetzen. Dabei wird beobachtet, daß der Feind in Stärke von etwa drei Kompanien die gegnerischen Kräfte im Kulissenwald, von Norden kommend, verstärkt. Die Aufklärung vom Regimentsgefechtsstand aus ergibt, daß sich der Feind am Südrand des Kulissenwaldes, also gegenüber Noshkino festsetzen will. Die Masse des Gegners sitzt jedoch am Nordostrand dieses Waldes mit Front in Richtung Timonzewo.

Vor dem Abschnitt des Regiments, von Solomino über Klepenino, Optjachino, Timonzewo bis Petelino wurden bisher Verbände der 363., 359., 371. und 375. sowjetischen Schützendivision festgestellt, die bei ihren bisherigen Angriffen durch die 21. und 58. Panzerbrigade unterstützt wurden. Neue Kräfte des 1229., 1198. und 1245. sowj. Schützenregiments stehen im Südteil des Kulissenwaldes von Noshkino.

6. Februar 1942:

Der Angriff der Regimentsgruppe unter dem Befehl des Kommandeurs des Rgt. 167, der im ersten Morgengrauen beginnt, steht unter einem unglücklichen Stern. Kaum sind die Kompanien in den Wald eingedrungen, werden sie vom Feind in einem Gegenangriff wieder zurückgeworfen und erleiden dabei hohe Verluste. An eine erfolgversprechende Wiederholung des Angriffs durch die stark gelichteten Einheiten ist nicht mehr zu denken. Der Regimentskommandeur IR 167 wird zum Korps abberufen, und die Reste dieser Regimentsgruppe werden dem Regiment DER FÜHRER unterstellt. Diese Kompanien werden an der Wolga entlang von Klepenino nach Süden bis zum Rgt.Gef.-Stand „DF" eingesetzt, um dem Feind ein Überschreiten der Wolga im Rücken des I./DF zu verwehren.

Die 2./DF kämpft bis zum letzten Mann.

Während dieser Ereignisse werden das I./DF und die Reste des III./DF pausenlos weiter frontal aus dem Bereitstellungswald ostwärts und nordostwärts Solomino angegriffen. Dabei gelingt es dem Feind, in die Stellungen der stark geschwächten 2./DF einzudringen, die sich bis zum letzten Mann verteidigt und von der niemand mehr zurückkommt. Trotzdem kann dieser gefährliche Angriff unter Aufbietung der letzten Kräfte um 16.30 Uhr im Abwehrfeuer der Grenadiere und im zusammengefaßten Sperrfeuer der eigenen Artillerie abgeschlagen werden.

Weitere Bereitstellungen von 300 Rotarmisten mit Panzern werden vom I./DF bei Pajkowo gemeldet.

Alarmierend weist Ostubaf. Kumm bei der 256. ID und beim VI. AK auf die jetzt fast aussichtslose Lage seiner und der ihm aus fremden Einheiten anvertrauten Männer hin.

Endlich führt das Korps dem Regiment eine schlagkräftige Verstärkung zu, die Aufklärungsabteilung 256 unter der Führung des hervorragenden Majors Mummert, die dem Regiment unterstellt wird. Diese AA übernimmt die Stellungen des Regimentsstabes, so daß damit wenigstens vorübergehend wieder eine durchgehende Hauptkampflinie besteht.

Um 10.15 Uhr nehmen die Aufklärer das Kirchdorf westlich der

Wolga, und um 12.00 Uhr ist der Ort vom Feinde gesäubert — eine entscheidende Hilfe in einer fast aussichtslosen Situation.

Um 17.10 Uhr wird ein Stützpunkt der AA 256 im Russenwald nordwestlich Kirchdorf angegriffen und ausgeschaltet.

Um 19.00 Uhr greifen zehn Sowjetpanzer mit Infanterieunterstützung das I./DF in Solomino an. Nach Gefangenenaussagen befinden sich im Kulissenwald vier Kompanien zu je 200 Mann und zwei Strafkompanien mit je 150 Mann.

Bis 21.50 Uhr dauern die harten Kämpfe an, dann ziehen sich die in die HKL eingebrochenen Feindpanzer endgültig zurück. Um 22.45 Uhr meldet die AA 256 den Russenwald wieder feindfrei.

Nach der Abendmeldung im Kriegstagebuch des VI. AK am 6. 2. 1942 hat die Kampfgruppe „DF" mit den ihr unterstellten Einheiten folgende infanteristische Kampfstärke:

Rgt. „DF":	226 Mann	(rechter Nachbar: I.R. 167: 821 Mann)
AA 256:	150 Mann	
Pi.Btl. 256:	68 Mann	
Pz.Jg.Abt. 561:	52 Mann	
insgesamt:	496 Mann	

Der Waffenbestand des verst. Rgt. „DF" einschl. aller unterstellter Einheiten (siehe oben!) wird wie folgt angegeben:

3,7-cm-Pak:	8 Geschütze
5-cm-Pak:	3 Geschütze
l. IG:	4 Geschütze
s. IG:	1 Geschütz
2-cm-Flak:	3 Geschütze

Kampfraum Sytschewka (SS-Div. REICH)

Bei der Division REICH sichern die einzelnen Kampfgruppen am 3. und 4. 2. die lange offene Westflanke des Panzerkorps gegenüber dem undurchsichtigen Waldgelände westlich von Sytschewka. Es finden jedoch keine Kampfhandlungen statt.

Beim Regiment DEUTSCHLAND wird eine Ski-Kompanie zusammengestellt. Da in den letzten Nächten Sytschewka wiederholt bombardiert wurde, werden sämtliche Kraftfahrzeuge von SS-DEUTSCH-LAND herausgezogen und in die neuen Unterkünfte befohlen.

Beim SS-Kradsch.Btl. wird ein starker Spähtrupp des Pionierzuges der 5. Kompanie mit einem Unterführer und 10 Mann von Chochlowka aus auf ein Dorf westlich der Sicherungslinie angesetzt und kehrt nicht mehr zurück. Wahrscheinlich ist er in eine Falle des Gegners geraten. Der Spähtrupp wird als vermißt gemeldet. Sein Schicksal bleibt ungeklärt.

Auch am 5. 2. bleibt es an der Sicherungsfront der Division REICH ruhig. Bei einem nächtlichen Bombenabwurf auf Sytschewka wird der Troß der 3. Kradsch.Kp. getroffen. Ergebnis: vier Tote und drei Verwundete.

Die Kesselschlacht

Noch am Abend des 5. 2. 1942 befiehlt die 9. Armee die Vernichtung des eingeschlossenen Gegners. Danach fällt die Hauptlast des Angriffs weiterhin den Verbänden des XXXXVI. AK zu, während das VI. Korps (256. ID) und das XXIII. Korps (206. ID) zunächst die Kesselwand zu halten haben. — Rgt. „DF" im Abschnitt der 256. ID.

In dieser Kesselschlacht fällt der Division weiterhin die Sicherung der immer länger werdenden westlichen Flanke des XXXXVI. AK zu.

Die bisherige Sicherungslinie der Division wird daher am 6. und 7. 2. erweitert.

Hierzu heißt es im Divisionsbefehl vom 6. 2., 15.00 Uhr, auszugsweise:

1.) XXXXVI. Pz.-Korps hat sich am 5. 2. an der Eisenbahnstrecke Rshew—Welikiluki bei Tschertolino (2 km westl. Rshew) mit der von Nordwesten kommenden SS-Reiterbrigade die Hand gereicht. Damit sind Teile des westlich Rshew eingebrochenen Gegners eingeschlossen und werden durch konzentrischen Angriff vernichtet werden.

Der westlich vom XXXXVI. Pz.-Korps befindliche Feind geht nach Westen zurück.

2.) SS-Div. „Reich" verlängert die bisherige Sicherungslinie nach

Norden bis zur Straße Sswerkuschino — Katerjuschki (Straße ausschl.) am 6. 2. bis 18.00 Uhr.
Die Sicherung wird am 7. 2. bis 12.00 Uhr entlang der Straße bis Katerjuschki einschl. abermals verlängert. Dort Anschluß an 1. Pz.Div. .... "
Anschließend werden für die einzelnen Kampfgruppen die Sicherungsabschnitte befohlen.

Kampfraum Rshew (Rgt. DF)

7. F e b r u a r 1 9 4 2 :
Seit 04.30 Uhr wird Solomino und Klepenino vom Gegner mit Panzerunterstützung angegriffen. Bald ist in Solomino keine Pak mehr feuerbereit.
Um 06.10 Uhr meldet das I./DF, daß sechs Feindpanzer im Vorgehen auf Lebsino beobachtet werden. Gegen 07.30 Uhr stehen im Westteil von Solomino sechs T 34 mit etwa 300 Rotarmisten, und gleichzeitig verstärkt der Feind seinen Druck auf die Teile der AA 256 in Kirchdorf. Damit ist der Versorgungsweg für das in Klepenino stehende III./DF und des IR 471 ernsthaft in Gefahr.
Um 09.00 Uhr meldet das I./DF, daß die Lage in Solomino wiederhergestellt ist. Den schwer bedrängten Männern einschl. der Pioniere vom Pi.Btl. 256 waren die Geschütze der 2. Batterie der Stu.Gesch.-Abt. 189 (Ritter-Adler-Brigade) unter Führung von Oberleutnant v. Malachowski erneut zu Hilfe gekommen, und die schneidigen Kanoniere hatten dabei 5 Feindpanzer abgeschossen.
Nach heftigen Bombenwürfen auf Timonzewo erfolgt ein massierter Feindangriff, der von den Resten des III./DF, zusammen mit Teilen des IR 167 bis 08.00 Uhr abgewiesen wird.
Um 14.00 Uhr ist Solomino erneut in Feindeshand. Nach Ansicht der 256. ID, der sich auch das VI. Armeekorps nicht verschließt, kann das I./DF mit den Pionieren 256 den Ort nicht mehr zurückgewinnen. Zur Stützung der HKL wird das Pi.Btl. 251 zum Halten von Lebsino eingesetzt.
Mit nur noch zwei leichten Maschinengewehren versucht das I./DF etwa 300 Meter südlich von Solomino eine neue Verteidigungslinie aufzubauen.

In Klepenino stemmen sich die Reste des III./DF verzweifelt gegen den Ansturm der Russen. Die Verwundeten konnten seit Tagen nicht zurückgeschafft werden, und die so dringend benötigte Munition brachten die Sturmgeschütze nach vorne.

Im KTB der 256. ID steht unter dem 7. 2. 1942 folgender Eintrag:

„ . . . SS-Wald [Kulissenwald], in dem der Feind mit starken Kräften eingesickert ist, ist nicht zurückzugewinnen. Folgende Abwehrlinie wird vorgeschlagen: Petelino — Timonzewo — Koksch-Bach — Noshkino—Wolgaufer—Lebsino . . . "

Nach Rücksprache mit dem Kommandierenden General genehmigt der Chef des VI. AK, Oberst Degen, diese neue Hauptkampflinie.

Im Verlaufe des Nachmittags müssen die Restteile des III./DF den Nordrand von Klepenino aufgeben. Im Südteil des Trümmerhaufens halten noch 14 Männer mit 28 Verwundeten.

Unter diesen Umständen entschließt sich der Regimentskommandeur DF, das bis auf ein Haus zusammengeschossene Klepenino zu räumen, die letzten 14 Mann des III./DF dem I./DF vorläufig zu unterstellen und die Stellungen des I./DF bis auf die Höhe des Bataillonsgefechtsstandes zurückzunehmen.

Der Regimentsgefechtsstand verlegt in eine kleine Ortschaft westlich der Wolga hart hinter das I./DF. Damit befindet er sich wohl noch im Bereich des feindlichen Artillerie- und Granatwerferfeuers, aber nicht mehr unmittelbar in der Hauptkampflinie.

Pausenlos greift der Russe weiter an. Sein Artilleriefeuer hat sich von Tag zu Tag gesteigert.

Die AA 256 erhält den Befehl, das Russenwäldchen nordwestlich Kirchdorf vom Feind zu säubern.

Am Abend dieses 7. 2. erhält das Regiment DER FÜHRER 120 Mann Ersatz, die auf ausdrücklichen Befehl des Korps unverzüglich in die neue HKL eingebaut werden müssen.

Gleichzeitig erhält Ostubaf. Kumm die Nachricht, daß der Regimentsstab SS-DEUTSCHLAND und das I./D in Sytschewka verladen werden und bis 20.00 Uhr in Rshew eintreffen sollen. Diese Teile der SS-Div. REICH sollen mit Lkw herangeführt werden und erhalten den Auftrag, zwischen Timonzewo und Noshkino die HKL zu besetzen.

Im KTB des VI. AK heißt es am 7. 2. 1942:

„ . . . Der Rgt.-Stab und das I./D haben für heutige Verhältnisse sehr hohe Gefechtsstärken (590 Mann) und sind mit Waffen und Gerät vorzüglich ausgerüstet. Der Einsatz dieser Teile wird eine erhebliche Stärkung der bis zum Zerreißen gespannten Front bedeuten, wenn er noch rechtzeitig, ehe ein völliges Brechen der Front erfolgt ist, durchgeführt werden kann . . . "

Kampfraum Sytschewka (SS-Div. REICH)

8. Februar 1942:
„Aussagen von Gefangenen und Überläufern, nach denen sich im Kessel die operative Abteilung der 29. Armee, darunter der Artillerie-Kommandeur der Kalinin-Front, mehrere höhere Offiziere sowie ein angeblich dem Kriegsrat angehörender Brigade-Kommissiar und in dem Waldgebiet von Jersowo allein 50 höhere Offiziere und Komissare befinden sollten, erklärten die Härte des bereits festgestellten und noch zu erwartenden Widerstandes . . . " (XXXXVI. Pz.-Korps: „Die Winterkesselschlacht von Szytschewka", S. 8.)

Trotz der Gefahr einer weiteren empfindlichen Entblößung der Westflanke des XXXXVI. Pz.-Korps wurde auf Befehl der 9. Armee zur Verstärkung der immer mehr bedrohten Nordfront des VI. AK am 8. 2. im Laufe des Vormittags die Rgt.-Führungsstaffel SS-DEUTSCHLAND und die Kampfgruppe Tost (I./D) herausgezogen und am Nachmittag auf einen Transportzug verladen, der auf dem Nordbahnhof von Sytschewka bereitgestellt war.

Im Eiltransport werden diese Teile in den Raum westlich Rshew gebracht, um der bedrohten 256. ID zu Hilfe zu kommen. Damit werden diese Truppen dem VI. AK unterstellt.

Die 13., 14. und 16./D sowie die zur Ski-Kompanie umgegliederte 15./D verbleiben zunächst noch im bisherigen Raum und werden der Kampfgruppe Drechsler unterstellt.

Kampfraum Rshew (Rgt. DF)

In der Nacht vom 7./8. 2. herrscht diesiges Schneewetter bei leichtem Frost und stark böigen Winden.

Die Absetzbewegung der Reste des III./DF aus Klepenino ist in den Nachtstunden unter Bergung aller Verwundeten gelungen, die nun endlich ärztlich versorgt werden können. Die letzten neun Männer des III./DF werden beim I./DF in Lebsino eingesetzt.

Ab 05.00 Uhr brennt wieder die Front. Zwei Sowjet-Bataillone mit vier Panzern greifen Lebsino an. Mehrere Wellen Rotarmisten, ohne Panzer, drücken auf Noshkino.

Bis 08.00 Uhr können alle diese Angriffe, wenn auch unter bitteren Verlusten und Einbußen an Waffen abgewehrt werden. In Lebsino werden zwei leichte Feldhaubitzen und vier Pak 3,7 cm von Panzern überwalzt. Drei Sowjetpanzer bleiben erneut auf der Strecke.

Um 12.30 Uhr dringt der Gegner ostwärts Optjachtino über Kokosch vor. Abends gegen 20.45 Uhr wird der Ort von eigenen Kräften geräumt.

Das Regiment DER FÜHRER hält mit den unterstellten Teilen des Heeres nach wie vor im Rahmen der 256. ID den am meisten bedrohten Abschnitt von Noshkino (einschl.) bis Lebsino (einschl.), der seit Tagen der Brennpunkt der Abwehrschlacht ist, da er im Schwerpunkt der dauernden massierten Angriffe der 30. russ. Armee liegt.

Da durch die immer geringer werdenden Kampfstärken die Front bis zum Zerreißen gespannt ist und jeden Augenblick mit einem Durchbruch der Russen gerechnet werden muß, erhält der linke Nachbar des Regiments, Oberst Wuth (Rgt.-Einheiten und I./IR 348, II./IR 252), den Befehl, für einen solchen Fall Vorbereitungen zum Einsatz im Abschnitt Noshkino—Lebsino zu treffen, und hält hierzu enge Verbindung zu Ostubaf. Kumm, der seinen Gefechtsstand nach Jesemowo verlegt hat.

r) Abwehrkämpfe im Wolgabogen westlich von Rshew
9. 2. — 20. 2. 1942

9 . F e b r u a r 1 9 4 2 :

Während der Nacht trifft der Eil-Transportzug mit I./D und Rgt.-Führungsstaffel SS-DEUTSCHLAND mit Ostubaf. Harmel in Rshew ein, wo die Einheiten im Nordteil der Stadt zunächst unterziehen. Einweiser und Quartiere waren von der Standort-Kommandantur (VI. AK) bereitgestellt.

Vereinzeltes Artilleriefeuer liegt auf der Stadt. Im Laufe des Tages werden im Pendelverkehr durch eine Kraftwagenkolonne des VI. AK die Kompanien des I./D über Kowalowo (2 km westl. Rshew), Grischino, Petunowo in den Raum Kluschino—Petelino vorgeführt und zwischen Regiment DER FÜHRER (links) und IR 167 (rechts) eingesetzt. Bataillonsgefechtsstand I./D in Petelino; Regimentsgefechtsstand SS-DEUTSCHLAND in Petunowo.
Es herrscht leichter Frost mit Schneefall. Wie hatte dieser Tag begonnen?

Ab 05.00 Uhr greift der Feind nach intensiver Feuervorbereitung sehr stürmisch auf Lebsino an und gleichzeitig verstärkt sich der Druck auf den ganzen Abschnitt des Regiments „DF".

Um 08.05 Uhr meldet der Ia der 256. ID, Major v. Warburg, an das VI. AK:

„1.) Seit 05.00 Uhr greift Russe aus Nordwesten und aus nördlicher Richtung mit größter Heftigkeit Lebsino an und liegt im Moment etwa 200 Meter vor der HKL.
2.) Ein T 34 abgeschossen, ein weiterer Panzer kurvt hier im Gelände.
3.) Drei Sturmgeschütze nach Lebsino in Marsch gesetzt.
4.) Oberst Wuth hat mit Ostubaf. Kumm Verbindung aufgenommen.
5.) Südwestl. Lebsino heute Nacht 107 Gefangene eingebracht."

Generaloberst Model (seit 1. 2. befördert), der um 12.45 Uhr auf dem Gefechtsstand der 256. ID ist, befiehlt, daß die gesamte Artillerie der 251. ID zur Unterstützung des Abwehrkampfes der 256. ID vor den bedrohten Abschnitt des verst. Regiments „DF" zu wirken hat.
In den Vormittagsstunden halten die Feindangriffe mit unverminderter Heftigkeit an.

Um 13.15 Uhr funkt das VI. AK an die 256. ID:

„1.) Lebsino ist unter allen Umständen zu halten.
2.) II./I.R. 252 wird der 256. I.D. zum Einsatz bei Lebsino sofort unterstellt.
3.) Angeordnet auf ausdrücklichen Befehl des O.B. der 9. Armee."

Major v. Warburg antwortet, daß die 256. ID einschl. den Restteilen vom Regiment DF und den anderen unterstellten Einheiten dazu nicht mehr lange in der Lage ist.

Mit unvorstellbarem Materialeinsatz und Massen seiner Infanterie versucht der Feind, den Durchbruch zur Befreiung der im Raum nordwestlich von Sytschewka eingeschlossenen Sowjetverbände um jeden Preis zu erreichen. Bisher sind jedoch alle seine Angriffe am Abwehrwillen des deutschen Soldaten gescheitert.

Wiederum geschieht das fast Unwahrscheinliche: Bis 17.00 Uhr sind alle Feindangriffe zurückgeschlagen, und die HKL ist fest in der Hand der Verteidiger. Das ununterbrochene feindliche Artillerie-Vernichtungsfeuer fordert hohe blutige Verluste.

Aus Lebsino funkt das Pi.Btl. 251 an Ostubaf. Kumm:

„I./DF: 21 Mann mit 2 MG
III./DF: 20 Mann ohne MGs,
1. und 3. Kp. 251: 25 Mann und 2 MG sowie 4 Pak 3,7, 2 Pak 5 cm und eine 8,8 Flak ohne Bedienung."

Um 18.00 Uhr funkt der Ia der 256. ID an das VI. AK:

„I./DF wird möglichst herausgezogen und mit dem Ersatz sowie den Resten des III./DF, die von Optjachtino durch Teile IR 167 herausgelöst und herangeführt wurden, auf neue Einsatzstärke von 200 Mann gebracht und verbleibt hinter linkem Flügel der Division in Tjapolowo zunächst als Reserve.

Diese Männer, die seit 8 Tagen in heroischem Abwehrkampf standen, sollen sich, wenn möglich, wieder einmal 1—2 Tage erholen, sollen neu gegliedert und geordnet werden."

Das II./IR 252 hat inzwischen mit seinen schwachen Kompanien südostwärts Lebsino die HKL bezogen, und damit werden die Restteile des I. und III./DF aus der Abwehrstellung herausgezogen, während Ostubaf. Kumm mit seinem Regimentsstab DF befehlsführend im bisherigen Abschnitt verbleibt.

Gleichzeitig wird die neue bereits angekündigte Artilleriegruppe der 251. ID mit der II./AR 251 (3 leichte und 1 schw. Batterie) auf enge Zusammenarbeit mit Ostubaf. Kumm angewiesen.

Die neue Gliederung in der Abwehrfront — befehlsführend Ostubaf. Kumm mit Rgt.-Stab DF — weist nach dem Herausziehen der Restteile des Regiments DF folgende Einheiten auf:

I./IR 456:	von Kirchdorf (ausschl.) bis Wolga-Knie
II./IR 252:	Wolga-Knie bis Lebsino (ausschl.)
Pi.Btl. 251:	Lebsino (einschl.) mit Anschluß an rechten Flügel der 205. ID
Aufkl.Abt. 256:	in Noshkino selbst (Major Mummert).

Über Rgt.Gef.-Stand DF meldet die Pz.Jg.Abt. 561 an das VI. AK:

„Am 3., 4. und 5. 2. bei Klepenino 6 Panzer des neuen Typs T 60 einwandfrei erkannt und sämtliche Kampfwagen durch glatte Durchschläge aus Entfernungen zwischen 30 und 200 m in Brand geschossen. Insgesamt Abschußzahlen vom 21. 1. bis 9. 2. 1942:

```
 1 Pampfwagen KW 1
16 Panzer T 34
 3 mittlere Panzer
 2 Kampfwagen ohne Typenerkennung
 6 Panzer vom Typ T 60
 2 russische Pak
 1 Geschütz Kal. 7,62 cm"
```

10. Februar 1942:

Auf Befehl der 9. Armee scheidet die SS-Division REICH mit sämtlichen Teilen aus dem Befehlsbereich des XXXXVI. Pz.-Korps im Kampfraum Sytschewka aus und wird an die bedrohte Nordfront des VI. AK verlegt.

Es ist beabsichtigt, die Division befehlsführend in die bisher vom Regiment DER FÜHRER gehaltene Front einzuschieben. Rechter Nachbar wäre dann die 256. und linker Nachbar die 206. ID.

Das Regiment DEUTSCHLAND hat inzwischen mit dem I./D den Abschnitt: Petelino—Timonzewo—Noshkino (ausschl.) mit dem Gefechtsstand in Petuno übernommen und kann bald darauf einen ungestümen feindlichen Angriff auf Timonzewo abwehren.

Um 11.00 Uhr rennen die Rotarmisten erneut gegen die HKL bei Noshkino an, wo sich die ebenfalls stark geschwächten Schwadronen der AA 256 mit ihrem tapferen Kommandeur standhaft und verbissen wehren und alle Angriffe abschlagen.

Bis 15.10 Uhr rennen die Sowjets mehrmals gegen Lebsino an. Vier

Feindpanzer werden erneut vernichtet. Doch die bewährten Pioniere können sich mit den wackeren Grenadieren vom II./IR 252 gegen diesen Ansturm nur mühsam behaupten.

(Für die Zeit vom 10. 2. bis 19. 3. 1943 sind sämtliche Kriegstagebuchunterlagen des Regiments DEUTSCHLAND durch Volltreffer in den Regimentsgefechtsstand und anschließendem Brand in Verlust geraten.)

Der amerikanische Historiker George H. Stein schreibt in seiner „Geschichte der Waffen-SS" auf Seite 151 unten:
„Am 10. Februar 1942 hatte die Division (SS-REICH; d. Verf.) insgesamt 10 690 Mann, die Offiziere nicht einbegriffen, verloren. War ‚Das Reich' von allen SS-Divisionen am härtesten betroffen, so hatten auch die anderen schwere Ausfälle gehabt. Nach kurzer Zeit waren sämtliche Reserven Himmlers erforderlich, um nur die Fronteinheiten der Waffen-SS einsatzfähig zu halten."

11. Februar 1942:
Der Rest des SS-Kradsch.Btl. REICH wird im Kampfraum Sytschewka abgelöst und soll im Eisenbahntransport als letzte Einheit der Division in den Kampfraum Rshew verlegt werden.
Die SS-Div. REICH hat ihren Gefechtsstand einen Kilometer nordostwärts von Troßtina errichtet.

Im Brennpunkt der Abwehrschlacht

Seit den Morgenstunden ist der Verteidigungsabschnitt unter der Befehlsführung des Regimentskommandeurs „DF" der ausgesprochene Brennpunkt der Abwehr.
Es gelingt nun dem Gegner, die Pioniere vom Pi.Btl. 251 und die stark gelichteten Kompanien des II./IR 252 aus Lebsino und den Stellungen ostwärts davon hinauszudrängen.
Im sofortigen Gegenangriff können die alarmierten Grenadiere vom I./DF (alle Restteile sowie der Ersatz des Regiments sind in diesem Bataillon zusammengefaßt) den Feind zurückwerfen. Der Kampf ist außerordentlich erbittert, und die beißende Kälte macht Freund und Feind schwer zu schaffen.

Bis 13.15 Uhr kann das I./DF das Trümmerfeld Lebsino halten. Dann ist es den russischen Stoßkeilen, von Panzern unterstützt, erneut gelungen, in den Ort einzudringen.

Etwa zur gleichen Zeit tritt der Feind mit zwei Schützenregimentern auf Noshkino an. Die gesamte Hauptkampflinie steht nun in einem Orkan von Bomben, Granaten und Feuer, und es scheint, als ob alle bisherigen Anstrengungen vergeblich gewesen sein sollten. Mit dem Mut der Verzweiflung tritt das I./DF auf Befehl von Ostubaf. Kumm noch einmal zum Gegenangriff an, und es gelingt tatsächlich, den Feind bis 13.45 Uhr aus Lebsino hinauszudrängen. Seit den frühen Morgenstunden wogt nun der erbitterte Kampf um dieses verteufelte Nest an der Wolga, und erneut bleiben fünf Feindpanzer brennend liegen. Doch auch die eigenen Ausfälle sind kaum noch zu verschmerzen.

Oberstleutnant v. Reccum, im Kampfraum Rshew Kommandeur des II./IR 459 in der 251. ID, berichtet u. a. aus der Abwehrschlacht von Rshew:

„Der Kommandeur des Inf.Rgt. 459, Oberst Fischer, erzählte mir damals von den schweren Kämpfen in diesem Abschnitt. Als Nachbar habe sich der Rest einer Kompanie der Waffen-SS (SS-REICH, d.Verf.) mit schweren Maschinengewehren buchstäblich bis zum letzten Mann verteidigt."

Diese Winterschlacht ist ein Kampf auf Leben und Tod von fast apokalyptischen Ausmaßen, in der mit kaum vorher gekannter Erbitterung gekämpft wird und bei dem es keine andere Möglichkeit mehr zu geben scheint, als zu siegen oder unterzugehen. Die ungewöhnlich hohe Zahl von Toten auf beiden Seiten ist ein erschütternder Beweis dafür. In kaum einer Schlacht vorher sind bei der Division REICH, wie auch bei den Kampfeinheiten des Heeres, so viele ganze Kompanien bis auf den letzten Mann durch Tod, Verwundung oder Erfrierung ausgelöscht worden, wie hier in der denkwürdigen und alles entscheidenden Winterschlacht von Rshew.

Das kleine Kirchdorf, an der Einmündung der Ssischka in die Wolga gelegen, wo die unerschütterlichen Kameraden der AA 256 genauso erbittert kämpfen, konnte von den Rotarmisten wohl für kurze Zeit genommen werden, doch nach einem erfolgreichen Gegenstoß der Aufklärer unter Major Mummert meldet dieser gegen 14.00 Uhr auch diese Häusergruppe wieder feindfrei.

Im Verlaufe des Tages wird das SS-Kradsch.Btl. REICH im Eisenbahntransport von Sytschewka nach Rshew verlegt, dort ausgeladen und sofort zur Front in Marsch gesetzt.

Um 15.00 Uhr trifft der Stab der SS-Division REICH mit den ersten Teilen des Kradsch.Btl. auf dem Gefechtsfeld ein und wird in Montscharowa bei der 256. ID eingewiesen.

Bis 20.50 Uhr hat sich die Lage bei Lebsino so verschärft, daß das II./IR 252 restlos ausgebrannt ist und das I./DF mit den Resten des Pi.Btl. 251 mit der Verteidigung dieses Abschnittes einfach überfordert ist.

Auf Befehl der 256. ID wird das I./IR 348 dem Regimentskommando „DF" zugeführt und unterstellt. Durch einen Funkspruch erhält Ostubaf. Kumm die Mitteilung, daß die Division REICH am 12. 2. um 24.00 Uhr den Abschnitt Petelino—Lebsino befehlsführend übernimmt.

12. Februar 1942:

In der Nacht, bei starkem Schneefall, greift der Feind bei Lebsino an. Er hat seine Angriffskräfte durch die 24. Ski-Brigade verstärkt. Mit der 21. Panzerbrigade rennen die Sowjets gleichzeitig gegen Noshkino und das Kirchdorf an. Neu festgestellt wird hier die sowjetische 174. Schützendivision. Alle Angriffe werden abgewiesen, und bis 07.30 Uhr herrscht im gesamten Abschnitt relative Ruhe. Lediglich gegen Kirchdorf fühlt der Gegner weiter vor.

Um 18.10 Uhr meldet die 256. ID an das VI. AK folgende Grabenstärken im Verteidigungsabschnitt des Regiments „DF" (ca. 4,5 km Breite):

1.) **Abschnitt Lebsino:**	Pi.Btl. 251 u. II./IR 252: insg.	100 Mann
	I./DF:	130 Mann
2.) **Abschnitt**		
südostw. Lebsino:	I./IR 456:	250 Mann
3.) **Abschnitt**		
Noshkino—Kirchdorf:	AA 256:	150 Mann
Gesamtgrabenstärke:		630 Mann

Beim Divisionsgefechtsstand SS-REICH in Abramowo geht per Funkspruch vom VI. AK der Befehl ein, daß das SS-Kradsch.Btl. REICH bis zur Befehlsübernahme um 24.00 Uhr dem IR 348 unter Oberst Wuth unterstellt ist und dieser wieder der Befehlsführung von Ostubaf. Kumm (SS-„DF"). Das SS-Kradsch.Btl. hat sich im Raum Jessemowo—Pojawilowo bereitzustellen.

Als Artillerieführer für den Abschnitt SS-REICH wird der Kommandeur der schw. Art.Abt. 848 abgestellt und hat sich beim Divisionskommandeur, SS-Gruppenführer Kleinheisterkamp, zu melden. Auf Zusammenarbeit mit dem Regiment DER FÜHRER wird durch Divisionsbefehl die II., III. und IV./AR 251 angewiesen. Vor dem Abschnitt SS-DEUTSCHLAND (Stubaf. Harmel) wirkt die III./AR 256.

Um 12.30 Uhr setzt der Feind seine Angriffe auf Noshkino fort und muß dabei schwere Verluste hinnehmen. Gegen 15.00 Uhr erfolgen heftige Feindvorstöße gegen Lebsino und Kirchdorf. Ab 17.30 Uhr erfolgen im gesamten Regimentsabschnitt ununterbrochen sowjetische Angriffe. So greift bei Lebsino die 359. und bei Noshkino die 371. und 171. sowjetische Schützendivision an. Zusätzlich rollen hier 40 Panzer der 70. sowjetischen Panzerbrigade gegen die deutschen Stellungen vor.

Gegen 18.10 Uhr setzt starkes Schneegestöber ein. Es gelingt den stark überlegenen Rotarmisten, in Noshkino einzudringen. Das kleine Häuflein der AA 256 kämpft bis zur totalen Erschöpfung. Jeder Soldat im gesamten Regimentsabschnitt leistet fast Übermenschliches.

Um 19.15 Uhr werden neue feindliche Bereitstellungen nördlich Noshkino erkannt, und nun rennt der Feind auch gegen die Abwehrstellungen des I./D in Timonzewo an.

Um 19.40 Uhr stößt der Gegner vom Russenwäldchen aus gegen das hier haltende I./IR 456 vor und kann Einbrüche erzielen.

Hstuf. Tychsen schwer verwundet

Das SS-Kradsch.Btl. REICH, unter Führung von Hstuf. Tychsen in den bedrohten Abschnitt vorgezogen, soll am nächsten Tag durch Angriff auf den Russenwald die Lage bereinigen, und Hstuf. Tychsen meldet sich dazu auf dem Rgt.Gef.-Stand „DF", dem das Bataillon ab sofort unterstellt wird. Bei der Geländeerkundung am Nachmittag wird Hstuf. Tychsen, der nur von einem Melder begleitet wird, durch einen Granatsplitter am Kinn schwer verwundet. Er wird sofort von seinem Adjutanten, Ostuf. Buch, mit dem Wagen nach Sytschewka ins Lazarett gebracht. Mit dem gleichen Fahrzeug kommt Hstuf. Weiß, bisher Kp.-Chef in der SS-AA, nach vorne und übernimmt auf Befehl der Division das SS-Kradsch.Btl.

Gegen 20.00 Uhr greifen die Sowjets mit der 174. und 348. Schützendivision im Abschnitt des Regiments DEUTSCHLAND an. Beim rechten Nachbarn hat der Feind eine Lücke entdeckt, und es gelingt ihm ein Einbruch in die HKL. Eine Kompanie des I./D wird der 256. ID rasch zugeführt und soll den Einbruch bei Now. Filikino im Gegenstoß bereinigen, um die alte HKL wiederherzustellen. Um 20.45 Uhr kann Stubaf. Harmel die Stabilisierung der Lage im eigenen Abschnitt an die Division melden, wenn auch weiterhin starkes feindliches Feuer aller Waffen auf den eigenen Stellungen liegt.

Um 20.00 Uhr erhält die Division REICH vom Gen.Kdo. des VI. AK folgenden Befehl Nr. 200/42 geheim:

„1.) Kommando SS-‚Reich' übernimmt am 12. 2. um 24.00 Uhr den Abschnitt Petelino—Lebsino und verteidigt ihn. Er ist stützpunktartig auszubauen.

2.) Mit Befehlsübernahme werden bzw. bleiben SS-‚Reich' unterstellt:
   a) alle im Abschnitt eingesetzten Teile der Regimenter ‚DF' und ‚D',
   b) II./I.R. 396 ⎫
   c) I./I.R. 456 ⎬ mit den ihnen unterstellten Teilen anderer Truppen
   d) I./I.R. 348 ⎭
   e) die 5-cm-Pak der Pz.Jg.Abt. 561
   f) die Sturmgeschütze der Stu.Gesch.Abt. 189

3.) Kradschützen-Bataillon SS-‚Reich' steht ab 13. 2. zur Verfügung und ist vom I.R. 348 heranzuziehen.

4.) Bis 15. 2. sind herauszuziehen: die Reste AA-256, die Reste Pi.Btl. 251 und 256., die Reste I.R. 471.

5.) SS-‚Reich' wird folgende Artillerie ab Übernahme unterstellt:
   Stab schw.Art.Abt. 848 (zugleich Art.Kommandeur)
   III./AR 256 mit 6./AR 39, 8./AR 241 und 8./AR 210
   IV./AR 241 mit 2. und 3./AR 120 sowie 5./AR 201
   II./AR 251 mit 4., 6. und 11./AR 251
   III./AR 251 mit 7. und 9./AR 251."

Damit sind der SS-Division ‚Reich‘ in diesem Brennpunkt der Abwehrfront zehn verschiedene Heereseinheiten unterstellt, darunter drei Infanteriebataillone und vier Artillerieabteilungen mit insgesamt 11 Batterien.

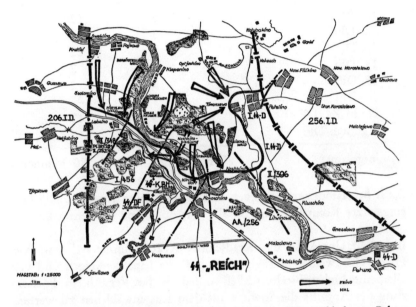

Der Verteidigungsabschnitt der SS-Division „Reich" in der Winterschlacht von Rshew ab 13. 2. 1942 im Rahmen des VI. Armeekorps

13. Februar 1942:
Pünktlich um 24.00 Uhr hat die SS-Div. REICH die Befehlsführung im befohlenen Verteidigungsabschnitt übernommen.
In den Nachtstunden stößt der Feind wiederholt auf Noshkino und Kirchdorf vor und kann unter Aufbietung der letzten Kräfte abgewehrt werden.
Um 07.30 Uhr meldet Regiment DEUTSCHLAND, daß die eingesetzte Kompanie die Lage bei Now. Filikino bereinigt hat und zum Regiment zurückgekehrt ist.
Gegen 11.00 Uhr versuchen die Sowjets, unterstützt von vier Panzern, bei Lebsino erneut einzubrechen. Die schwachen Reste des

Pi.Btl. 251 und des I./DF schlagen diesen Angriff ab. Drei Panzer bleiben brennend liegen.

Das Regiment DER FÜHRER meldet der Division folgende Gefechtsstärken:

	Fhr.	Ufhr.	Männer
I./DF:	—	2	12
III./DF:	1	5	17
13./DF:	1	3	22
14./DF:	—	1	2
15./DF:	—	3	2
16./DF:	1	1	—
Nachr.Zg./DF	1	3	13
Rgt.Stab/DF:	4	6	12
insgesamt:	8 Fhr.	24 Ufhr.	80 Männer

Auch bei Timonzewo erneuert der Gegner seine Angriffe. Die hier eingesetzte Kompanie von SS-„D" hat noch eine Grabenstärke von 30 Mann.

Bis 19.30 Uhr kann das Kradsch.Btl. REICH unter Führung von Hstuf. Grünwälder in zügigem Angriff die Lage bereinigen und vor allem die Einbruchstelle schließen. Jedoch der Versuch, in Fortsetzung des Angriffs die Sowjets aus dem Russenwäldchen zu werfen, scheitert unter hohen Verlusten an der massiven Abwehr der Russen. Dabei ist Ustuf. Müller, 2. Kp., gefallen, Ustuf. Böckmann verwundet. Die Gesamtverluste des Bataillons betragen 85 Tote und Verwundete.

Der damalige Adjutant des SS-Kradsch.Btl., Ostuf. Buch, berichtet in seinen Aufzeichnungen über diese Kämpfe:

Unser System der Abwehr

„Als wir am 13. 2. zum Bataillon zurückkamen, war der Angriff gegen das Russenwäldchen unter erheblichen Verlusten gescheitert. Das Bataillon wurde zur Verteidigung gegliedert: rechts 2 Kp. unter Grünwälder, der in diesen Tagen fiel; Mitte: 3. Kp. und links am

Brennpunkt: 4. Kp. unter Ostuf. Burfeind. Intakt war von der 5. Kp. unter Hstuf. Hoffmann besonders der IG-Zug (Ustuf. Bär) und der Granatwerfer-Zug. Vom Pi-Zug war fast nichts mehr übrig, und auch der Pak-Zug war ausgefallen. Die Nachrichtenstaffel war noch intakt. Anschluß nach rechts zur AA 256 von Major Mummert bestand bei der 2. Kp. Linker Nachbar waren Heeresteile.

Da die Front sehr dünn besetzt war, kam alles auf die schweren Waffen an. Wir saßen in Schneebunkern und lagen tagsüber fast immer in schwerem Artilleriefeuer, unter dem vor allem die 2. Kp. besonders zu leiden hatte. Während es nachts relativ ruhig war, richtete sich tagsüber beim Btl.Gef.-Stand die gespannte Aufmerksamkeit auf die Vorgänge bei der 4. Kp.

Mit sturer Regelmäßigkeit erfolgte dort stündlich der gleiche Vorgang: Meistens eine russische Kompanie, nie aber mehr als ein Bataillon, schob sich vom steilen Wolgaufer kommend durch das Russenwäldchen und versuchte über einen etwa zehn Meter breiten Kusselstreifen die 4. Kompanie zu überrennen. Die Kompanie lag in den Pausen, wie das ganze Bataillon, unter starkem Artilleriefeuer. Wenn es aufhörte, sah der Posten über die Deckung. Die Russen kamen. Der Posten alarmierte Ostuf. Burfeind. Mit MG, MPi und Handgranaten wurde der Feind in Deckung gezwungen. Inzwischen löste Burfeind das Sperrfeuer aus. IG-Zug und Granatwerfer waren genau auf den Kusselstreifen eingeschossen. Das Feuer der eigenen Artillerie konnte nicht dicht genug herangezogen werden, weil infolge der Überbeanspruchung der Geschütze die Rohre so ausgeschossen waren, daß einzelne Geschütze mit einer Streuung von 300 Metern rechnen mußten. War der russische Angriff zusammengebrochen, dann kam die feindliche Artillerie wieder an die Reihe, und das ‚Spiel' begann wieder von vorne.

Zum Glück hatten wir genügend Munition. Pro Infanteriegeschütz und schweren Granatwerfer wurden in diesen Tagen täglich 600 Schuß abgegeben — im übrigen eine Meisterleistung des Munitionsnachschubs. Ein schwerer Granatwerfer hatte einen Rohrkrepierer.

Das Bataillon erlitt in diesen schweren Abwehrkämpfen zwischen Lebsino und Jessemowo im Wolgabogen so schwere Verluste, daß die Kompanien bis auf wenige Männer aufgerieben wurden.

Gleichzeitig war unsere Aufmerksamkeit nach Norden auf den Nachbarabschnitt gerichtet. Dort erfolgten immer wieder feindliche An-

379

griffe mit Panzern T 34. Jedesmal wenn es dort brannte, fuhren die Sturmgeschütze der Stu.Gesch.Abt. 189 unter Oblt. v. Malachowski an uns vorbei. Anfangs waren es noch fünf Sturmgeschütze, dann wurden es immer weniger. Es waren prächtige Burschen — diese Sturmgeschützkanoniere. Jedesmal wenn sie nach Abwehr eines Angriffs zurückfuhren, riefen sie uns immer ihre Abschußzahlen zu; wie z. B. ‚6 T 34' oder ‚Diesmal nur 3 T 34!'"

Im Russenwäldchen hat der Feind so gut ausgebaute Stellungen vorgefunden, daß er nicht mehr herauszubringen ist. Mit dem Feuer eines 21-cm-Mörsers, der alle 4—7 Minuten eine Granate in dieses Waldstück feuert, wird der Feind jedoch niedergehalten. Das Kirchdorf, eine kleine Höhe mit einer Kirche und ein paar Häusern, wechselt im Verlauf dieser Tage rund zehnmal seinen Besitzer, bleibt aber letzten Endes doch fest in der Hand der Aufkl.Abt. 256.

14. Februar 1942:

Trotz starken Schneetreibens bombardiert die sowjetische Luftwaffe mit 20 Bombern vom Typ IL 2 den Divisionsabschnitt Petelino—Lebsino und greift auf der gesamten Abwehrfront mit Panzern und Infanterie an. Ein Einbruch von mehreren T 34 bei Lebsino wird durch die Sturmgeschütze der Abt. 189 bereinigt.

Gegen 12.50 Uhr informiert sich der Ia der Division REICH, Ostubaf. Ostendorff, bei Ostubaf. Kumm in Jesemowo und gewinnt dabei folgenden Eindruck:

Aus dem Russenwäldchen greift der Gegner nach Süden und Westen an. Örtliche Einbrüche werden von den SS-Kradschützen sofort bereinigt. Die Herauslösung der AA 256 und des I./IR 459 muß verschoben werden, da sonst die Lage bei Noshkino in Frage gestellt ist. Das Pi.Btl. 251 kann herausgelöst werden und gleichzeitig das I./IR 456, das noch eine Gefechtsstärke von 2 Offizieren, 2 Uffz. und 17 Männern hat. Das Kradschützen-Bataillon hat zu dieser Zeit noch eine Gefechtsstärke von 10 Offizieren, 24 Unteroffizieren und 200 Männern und bedeutet damit für den gesamten Abschnitt eine starke Stütze der Abwehr.

Nach dieser Besprechung trägt Ostubaf. Ostendorff das Ergebnis dem VI. AK vor, und der Chef des Stabes genehmigt, daß das I./IR 459 und die AA 256 vorerst im Divisionsabschnitt verbleiben.

15. Februar 1942:

In den Morgenstunden drückt der Gegner massiert auf den gesamten Verteidigungsabschnitt zwischen Noshkino und Lebsino, und auch im Abschnitt des I./D bei Timonzewo werden einige Feindvorstöße gemeldet, die jedoch alle abgewehrt werden.

Gegen 11.00 Uhr massieren die Sowjets ihre Angriffe, und das I./D kann den Abschuß des dritten Feindpanzers am heutigen Tage melden.

Bei Lebsino gelingt den Rotarmisten mit zwei Bataillonen und acht Panzern T 34 der Einbruch. Vorsorglich hatte das I./IR 348 eine Auffangstellung südostwärts des Ortes bezogen; denn die Sowjets schieben bei Lebsino Panzer und Infanterie nach mit der offensichtlichen Absicht, die Einbruchstelle zu erweitern und endlich den Durchbruch nach Süden zu erzwingen.

Nachdem sieben Panzer durch die Sturmgeschütze abgeschossen wurden und ausbrennen, läßt der augenblickliche Druck nach. Das gesamte Gefechtsfeld ist hier mit den Wracks abgeschossener und ausgebrannter Sowjetpanzer bedeckt.

Um 12.45 bleibt der Gegner vor Noshkino nach einem fehlgeschlagenen Angriff liegen.

Um 15.30 Uhr meldet SS-REICH an das Korps, daß der angesetzte Angriff des I./IR 348 auf Lebsino gescheitert ist, daß das Halten der Stellung mit den vorhandenen Kräften aussichtslos erscheint, da der Gegner sich hartnäckig verteidigt und laufend frische Kräfte nachführt, und daß die eigenen Ausfälle erschreckend hoch sind.

Gegen 15.25 Uhr erzielen die Russen nach einem neuen schweren Angriff aus dem Russenwäldchen Einbrüche bei Noshkino und Kirchdorf und drücken von hier weiter nach Westen auf den Kastenwald und den Eichwald.

In den frühen Nachmittagsstunden meldet sich der Kommandeur des III./IR 396 bei Ostubaf. Kumm. Auch dieses Bataillon hat sehr harte, verlustreiche und anstrengende Gefechtstage hinter sich. Es hat eine Gefechtsstärke von 130 Grenadieren.

Das VI. AK verkennt keinesfalls die bis zum Zerreißen gespannte Lage in diesem Abschnitt. Die 251. ID erhält daher den Befehl, das I./IR 451 aus seiner bisherigen Front abzulösen und eiligst mit Ostubaf. Kumm Verbindung aufzunehmen.

Bei dem fehlgeschlagenen Angriff des I./IR 348 auf Lebsino am Vormittag sind nach den bis 17.00 Uhr eingegangenen Meldungen zwei Sturmgeschütze, eine 8,8-Flak und eine 5-cm-Pak ausgefallen — ein unersetzbarer Verlust an wertvollen Waffen auf diesem Höhepunkt der Krise neben den hohen eigenen Blutopfern.

Zögernd tasten die Sowjets gegen 19.00 Uhr erneut bei Noshkino vor, werden aber zurückgewiesen. Fast scheint es, als ob nun allmählich auch der Gegner am Ende seiner Kraft mit Menschen und Material stünde.

Am Abend wird im Abschnitt des SS-Kradsch.Btl. die Ski-Kompanie (15./D) von SS-DEUTSCHLAND unter der Führung von Ustuf. Hannes Schulzer eingesetzt.

Um 20.30 Uhr meldet SS-REICH dem VI. AK, daß am 16. 2. der Angriff auf Lebsino unter Führung von Ostubaf. Kumm mit den neu zugeführten Teilen durchgeführt wird. Mit einem auf 08.30 Uhr angesetzten Stuka-Angriff soll der eigene Angriff unterstützt werden, und zu den noch verbliebenen zwei Sturmgeschützen der unerschütterlichen Abt. 189 tritt ein Panzer III.

Ohne die neu zugeführten Teile meldet Ostubaf. Kumm folgende Grabenstärke im Abschnitt Noshkino—Lebsino an die Division:

	Offz.	Uffz.	Mannschaften
Stab Rgt. DF:	4	4	25
13./DF:	—	6	9
A.A. 256:	3	3	27
I./IR 471:	3	11	42
schw. Waffen:	2	11	36
Kradsch.Btl.:	6	10	95
schw. Waffen:	3	4	35
I./IR 459:	6	25	135
insgesamt:	27	74	404

16. Februar 1942:

Im Verlaufe des Vormittags informiert sich Generaloberst Model in Jesemowo bei Ostubaf. Kumm und läßt sich die Lage eingehend schildern. Der Oberbefehlshaber ist von dem ungeschminkten Lagebericht sichtlich beeindruckt und sagt rasche Hilfe aus augenblicklich weniger gefährdeten Frontabschnitten zu.

Ostubaf. Kumm erhält noch einmal den eindeutigen Befehl, die Front unbedingt zu halten, um den greifbaren Erfolg der eigenen Angriffsgruppen gegen den im Raum nordwestlich Sytschewka eingeschlossenen Feind — die nach Süden durchgebrochenen Sowjetdivisionen — nicht zu gefährden.

Um 10.10 Uhr meldet Kumm der Division, daß der angesetzte Stuka-Angriff außerordentlich wirksam war und der eigenen Truppe fühlbare Entlastung brachte. Leider konnte der geplante Angriff auf Lebsino mit dem III./IR 396 und dem I./IR 451 nicht durchgeführt werden, da sich die Sturmgeschütze im tiefen Schnee festgefahren hatten. Bis in die frühen Nachmittagsstunden gelingt es nicht, die Geschütze freizuschaufeln. Damit muß der geplante Angriff auf den kommenden Tag verschoben werden. Der Stuka-Angriff ist damit vorerst verpufft.

Um 20.20 Uhr funkt das VI. AK an SS-REICH, am folgenden Tag Lebsino unbedingt zurückzugewinnen. Das Korps erwartet nach dem heute etwas ruhigeren Tag für den 17. 2. erneut starke Angriffe des Gegners.

Auf ausdrücklichen Befehl des OB der 9. Armee wird am 17. 2. mit allen Mitteln versucht werden, die eingeschlossenen Feindkräfte im Kessel von Sytschewka zu zerschlagen. Damit erhofft man sich auch ein Nachlassen der Sowjetangriffe vor dem Abschnitt der SS-Division REICH und der gesamten Nordfront des VI. AK im allgemeinen.

Gegen 21.00 Uhr erhält SS-REICH zur Weitergabe an Ostubaf. Kumm und an das VI. AK folgenden Funkspruch:

„ . . . Abteilung Gläsgen der 6. PD löst Pi.Btl. SS-‚Reich' und 14./D im Sicherungsabschnitt westlich Sytschewka ab. Diese Einheiten sind über Rshew dem Kommando SS-‚Reich' im Eiltransport zugeführt, wieder unterstellt."

Tag der Entscheidung

17. Februar 1942:
Ein entscheidender schicksalhafter Tag bricht an. Überraschend dringen Rotarmisten um 05.40 Uhr in Kirchdorf ein.

Um 06.00 Uhr meldet Ostubaf. Ostendorff (Ia) an das VI. AK, daß zwei Gruppen mit je sechs sowjetischen Panzern, von Infanterie begleitet, die HKL durchbrochen haben. Eine dieser Gruppen drängt über Kirchdorf, Kirchwald in Richtung Jesemowo, die andere Gruppe nach Süden in Richtung Brodnikowo.

Schnelles Handeln ist erforderlich. So werden die für den Angriff vorgesehenen beiden Sturmgeschütze gegen die Feindgruppe bei Kirchdorf in Marsch gesetzt, wo sich die Kradschützen mit dem Mut der Verzweiflung gegen den übermächtigen Feind zur Wehr setzen.

Die in Richtung Brodnikowo durchgebrochenen Panzer werden von der Artillerie der schnell alarmierten 1. Pz.Div. gestellt und nach kurzem Feuerkampf vernichtet.

Der geplante Gegenangriff auf Lebsino aber muß auf Grund dieser krisenhaften Entwicklung der Lage vorerst zurückgestellt werden.

Der Ia von SS-REICH meldet um 09.10 Uhr dem Korps, daß der Gegenangriff des SS-Kradsch.Btl. mit allen zur Verfügung stehenden Mitteln und Kräften angelaufen ist und daß der Angriff auf Lebsino auf 13.00 Uhr festgelegt wurde. Hierfür wird ein nochmaliger Stuka-Angriff erforderlich.

Inzwischen waren die SS-Kradschützen mit den unerschütterlichen Kanonieren der beiden Sturmgeschütze der Abt. 189 in schneidigem Angriff in das Kirchdorf eingedrungen. Doch in der Mittagszeit fallen beide seit Wochen überbeanspruchten Geschütze — ein tragischer Zufall — durch technische Schäden aus. In der Mitte des kleinen Ortes haben sich die Russen in der Kirche verschanzt. Vier explodierende Feindpanzer sprechen von der verbissenen Härte des eigenen Gegenangriffs.

Wegen des Ausfalls der beiden Sturmgeschütze muß die Division den auf Lebsino geplanten Angriff erneut auf 15.30 Uhr verschieben.

Die Kradschützen halten die Front — und verbluten

Um 12.45 Uhr greift der Feind in Kirchdorf nach Bereitstellung und Nachschub neuer Kräfte erneut an und stößt mit großer Wucht auf die hauchdünnen Linien der SS-Kradschützen, und bis 13.10 Uhr verbreitet sich der russische Einbruch in die HKL gegenüber dem Russenwäldchen. Doch auch den Rotarmisten scheint hier plötzlich die Kraft zu einem weiteren Durchbruch auszugehen, und es gelingt den Kradschützen noch einmal, die Lage in diesem Frontabschnitt zu stabilisieren. Doch die blutigen Verluste des SS-Kradsch.Btl. sind ungewöhnlich hoch. Bei den schweren Kämpfen fällt der Kp.-Chef der 2. Kp., Hstuf. Grünwälder. An seine Stelle tritt Ostuf Hackerodt. Die Gefechtsstärke des Bataillons beträgt noch 70 Mann. Übrig geblieben sind:

3. Kp.: Hstuf. Sayda und 17 Mann
4. Kp.: Ostuf. Burfeind und 1 Oberscharführer
5. Kp.: Hstuf. Hoffmann u. Ustuf. Bär mit 35 Mann des IG-Zuges.

Von früh bis spät abends toben die schweren und wechselvollen Kämpfe. Die Russen wollen offensichtlich noch einmal alle verfügbaren Kräfte in die Schlacht werfen und setzen alles auf eine Karte, um das Schicksal doch noch zu wenden und nach Süden durchzubrechen, um die Reste der 29. und 39. russischen Armee zu entsetzen.
Noch einmal hängt das Schicksal der 9. Armee an einem seidenen Faden. Erneut ist die Abwehrfront an diesem neuralgischen Punkt der Schlacht aufgerissen, und unter Aufbietung der letzten Kraft werfen sich die Männer des Heeres und der Waffen-SS gemeinsam gegen diesen drohenden roten Dammbruch.
Mit letzter Kraft ist es also den Kradschützen gelungen, den Einbruch der feindlichen Infanterie abzuriegeln und diese von ihren Panzern zu trennen. So können gegen 14.00 Uhr die beiden Sturmgeschütze nach Behebung der technischen Schäden bei Kirchdorf herausgelöst werden, und sie rollen sofort in den Bereitstellungsraum des III./IR 396 und des I./IR 451 zum geplanten Angriff auf Lebsino.
Nach einem tollkühnen Fliegerangriff der deutschen Ju 87, die mit Bomben und im Tiefflug mit Bordwaffen zuschlagen, kann SS-REICH um 17.10 Uhr an das Korps melden, daß beide Bataillone mit Teilen wieder in Lebsino eingedrungen sind.
Die Sowjets lassen jedoch immer noch nicht locker; denn um 18.30 Uhr muß Ostubaf. Kumm melden, daß ein russischer Gegenangriff mit 7 Panzern und 200 Rotarmisten die schwache Besatzung von Lebsino in Stärke von 60 Gewehrschützen aus der Ortschaft hinausgedrängt hat, wobei nochmals schwere eigene Verluste eintreten.
Um 18.50 Uhr trifft bei SS-REICH der Korpsbefehl ein, wonach das gesamte IR 451 zur Stützung der HKL beschleunigt in den bedrohten Abschnitt zwischen Lebsino und Noshkino geworfen wird.

Die Wende der Schlacht

Doch an diesem Tag kommt die Wende — und die Waage Fortunas neigt sich endgültig auf die deutsche Seite, so als ob das Schicksal denen den Erfolg nicht mehr versagen kann, die zum höchsten Einsatz und zum äußersten Opfer bereit sind und die dabei über sich selbst hinauswachsen.

Lassen wir hier am besten den offiziellen Bericht des Oberkommandos der 9. Armee sprechen. In seinem zusammenfassenden Gefechtsbericht

„Die Winterschlacht von Rshew" heißt es auf Seite 8:

„Der immer mehr zusammengedrängte Feind kämpft unter Führung seiner Kommissare und Offiziere mit fanatischer Entschlossenheit und lebt nach Überläuferaussagen in der ihm eingeimpften Vorstellung: ‚General Model läßt alle Gefangenen erschießen.' Selbst die verlockendsten Flugblätter, die in großer Menge über dem Kessel abgeworfen werden, können diesen Feind nicht zur Übergabe bringen. Die westlich des Kessels stehenden Feindkräfte versuchen in wiederholten massierten Angriffen, von Südwesten her den Kessel zu öffnen, erleiden jedoch jedesmal, besonders vor Stupino, ungewöhnlich hohe blutige Verluste.

Der 17. 2. bringt den Höhepunkt der Kesselschlacht. Während es an der inneren Kesselfront gelingt, dem Gegner in härtesten Kämpfen die letzten Ortschaften zu entreißen, rafft der Feind an der Nordfront sich zu dem letzten großen Versuch auf, die ‚Brücke' zu sprengen und seine eingeschlossenen Divisionen noch in letzter Stunde zu befreien. In Massenangriffen, die alles bisher Dagewesene übertreffen, hetzt er im Großeinsatz Artillerie und Flieger gegen die erschöpfte deutsche Abwehrfront, wirft den ganzen Rest seiner Panzerkräfte zusammengefaßt vor und schickt ihnen Angriffswelle um Angriffswelle hinterher. 6 Panzer brechen weit nach Süden durch, die nachfolgende Infanterie wird in heldenmütigem Kampf gestoppt. Die Spannung steigt aufs äußerste. Es will scheinen, daß der mit unsäglichen Mühen und größten Opfern erkämpfte Schlachtenerfolg noch in letzter Stunde verlorengehen soll. Schon empfiehlt die Heeresgruppe, gegen den Kessel nicht weiter anzugreifen, sondern einen großen Teil der dort stehenden Kräfte an die Nordfront zu werfen. Aber Truppe und Führung stehen auch diese letzte und schwerste Nervenprobe durch. Der

Oberbefehlshaber selbst alarmiert in aller Eile die betroffenen Truppenteile und setzt sie auf die durchgebrochenen Panzer an. Diese sind bereits in den Rücken der mit Front zum Kessel kämpfenden 1. Pz.-Div. durchgerollt; sie werden dort aber, bevor sie den Kessel erreichen, gestellt und 5 von ihnen durch Artilleriefeuer vernichtet. Damit ist die schlimmste Gefahr beseitigt und der Schlachtenerfolg gerettet."

Damit sind aber auch die Angriffe der ausgebluteten Divisionen der sowjetischen 30. Armee auf die Nordfront des VI. AK sinnlos geworden, und es ist nur eine Frage der nächsten Stunden, bis wann dies der sowjetischen Führung klar geworden ist. — Es ist ihr sehr schnell klar geworden.

Im Kriegstagebuch des VI. AK steht die Eintragung:

„ . . . der 17. 2. war einer der krisenreichsten Tage, und es hing tatsächlich nur an einem Haar, daß die seit Wochen mit allen Aushilfen und größter Anstrengung von Führung und Truppe notdürftig gehaltene Front aufgerissen wurde . . . "
Am späten Nachmittag erhält Ostubaf. Kumm den Anruf seines Divisionskommandeurs, SS-Brigadeführer Kleinheisterkamp. Der Inhalt dieses Ferngesprächs ist der Abschluß dieser männermordenden Schlacht und bedeutet zugleich den mehrfach verdienten Lohn für die ungewöhnlich hohen, schmerzlichen Opfer, für die tausendfach erlittenen körperlichen und seelischen Strapazen der vergangenen Wochen fast ununterbrochener Kämpfe gegen einen vielfach überlegenen Feind.
Der Divisionskommandeur teilt ihm folgendes mit:
„Der Feind im Kessel von Sytschewka ist vernichtet.
Das Regiment ‚Der Führer‘ soll am folgenden Tag aus der Front herausgelöst werden,
ihm, Ostubaf. Kumm, ist für die hervorragenden Leistungen des Regiments das Ritterkreuz verliehen worden."
So nahe stehen sich manchmal Sieg und Untergang!

Was kurz vorher noch niemand zu hoffen gewagt hatte, ist mit einem Schlag Wirklichkeit geworden: Der Erfolg der Schlacht, das Ende der Kämpfe für das Regiment und die höchste Auszeichnung für Führung und Truppe.

Die sowjetische Führung ist sich sehr bald der Sinnlosigkeit weiterer Angriffe bewußt geworden, und fast wie auf ein Zauberwort flauen die Kämpfe und das Feuer aller Waffen ab.

Und schon zeichnen sich auf deutscher Seite die Folgen dieser plötzlichen Wende ab. Schon der Korpsbefehl von 18.50 Uhr besagt, daß für den 18. 2. die Übernahme des gesamten Abschnitts der Division REICH durch die 251. ID geplant ist. Mit dieser beabsichtigten Umgliederung wird auch die Artillerie neu formiert: doch der Schwerpunkt bleibt nach wie vor auf dem linken Flügel der Division, also des VI. AK, dem bisherigen Abschnitt des Regiments DER FÜHRER mit allen ihm unterstellten Teilen.

18. Februar 1942:

Nach vereinzelten schwachen Feindvorstößen, die alle abgewiesen werden, haben schlagartig die sowjetischen Angriffe auf die Front der Division aufgehört.

Das SS-Kradsch.Btl. REICH wird durch zwei Bataillone des IR 451 abgelöst. Es hat beim Herauslösen nur noch eine Grabenstärke von 30 Mann.

Um 09.30 Uhr bleibt ein Gegenangriff des II. und III./IR 451 auf Kirchdorf im starken Abwehrfeuer der Russen liegen. Gegen 14.00 Uhr hat die Division REICH die Befehlsführung für den Abschnitt an das Kommando der 251. ID übergeben.

Um 20.15 Uhr trifft vom Armeeoberkommando 9 der Funkspruch ein, daß der Gegner im Kessel größtenteils vernichtet ist und daß die SS-Div. REICH ihre Verbände und Einheiten westlich Rshew zu sammeln hat.

In den späten Abendstunden funkt das VI. AK:

„I.R. 255 wird ab 19. 2. der 251. I.D. unterstellt, um in der Nacht zum 20. 2. das Regiment ‚Deutschland' einschl. II./I.R. 396 im Abschnitt Petelino—Noshkino abzulösen.

SS-‚Reich' sammelt seine Verbände im Raum westlich Rshew und frischt sie auf.

Die Division verbleibt bis auf weiteres Armeereserve im Raum Santalowo—Greschnikowo—Kowalewo—Chorochewo.

SS-Pi.Btl. ‚Reich' verbleibt vorerst bei der 251. I.D. und wird dieser unterstellt.

SS-‚Reich' wird im angeordneten Auffrischungsraum wieder dem XXXXVI. Panzer-Korps unterstellt."

Am 18. 2. 1942 erläßt der Oberbefehlshaber der 9. Armee, Generaloberst Model, zum Abschluß der Schlacht folgenden **Tagesbefehl:**

Soldaten der 9. Armee!
Meine bewährten Ostfrontkämpfer!

Nach Beseitigung der Lücke westlich Rshew hat die 9. Armee jetzt in wochenlangen schweren Kämpfen eine der durchgebrochenen feindlichen Armeen zerschlagen und die Masse einer anderen, trotz heftiger Gegenwehr und Entlastungsversuchen, von Norden und Südwesten vernichtet.

An diesem Waffenerfolg hat jeder Führer und Mann der Armee seinen Anteil! Ohne den unzerbrechlichen Schild der Abwehr im Osten und Norden wäre es nicht gelungen, das scharfe Schwert unseres Gegenangriffes bis zur Vernichtung des Feindes zu führen.

Das vorbildliche Aufgehen aller Führer in der Aufgabe der Armee und das kampferprobte Zusammenarbeiten aller Waffen, besonders auch der Luftwaffe, war für diese Erfolge unentbehrliche Voraussetzung.

Eure Einsatzbereitschaft als Führer und Kämpfer in der Front und im Versorgungsgebiet jeder Art hat erneut bewiesen, daß wir den Waffen und Soldaten Sowjetrußlands trotz der andauernden Härte des russischen Winters überlegen sind.

Der Führer hat mir heute das Eichenlaub zum Ritterkreuz verliehen. Ich werde es tragen in dankbarem Stolz auf Euch, Soldaten der 9. Armee — im besonderen auf die aus Euren Reihen, die ihr Leben für unsere Aufgabe gaben — und als sichtbares Zeichen auch für Eurer aller soldatische Haltung.

Eure Haltung als Kämpfer d e r Schlacht in diesem Winterkrieg 1941/42, die einst die Geschichte unseres großdeutschen Volkes als ruhmreiche Waffentat eingehend würdigen wird, gibt uns allen die feste Zuversicht, daß wir mit diesem in Stürmen erst voll zur Entwicklung kommenden Soldatengeist auch in Zukunft mit jedem Feind, jeder Lage und jeder Aufgabe, die uns der Führer stellt, erfolgreich fertig werden.

gez. M o d e l
Generaloberst

19. Februar 1942:

Im Verlauf des Tages trifft die Kampfgruppe Harmel (SS-DEUTSCH-LAND) Vorbereitungen zur Ablösung durch das IR 255. Weitere Einheiten der 251. ID treffen in Jesemowo ein, deren Führer hier von Ostubaf. Kumm in den Abschnitt eingewiesen werden.

Während des Nachmittags wird die Übergabe durchgeführt, und anschließend marschiert Ostubaf. Kumm mit den Resten seines Regiments DF zum Divisionsgefechtsstand und meldet sich bei SS-Brigadeführer Kleinheisterkamp zurück.

Der Oberbefehlshaber der 9. Armee, seit dem 1. Februar nunmehr Generaloberst, ist zu einem Informationsbesuch anwesend.

Paul Carell berichtet darüber in „Unternehmen Barbarossa":

„ . . . Als Obersturmbannführer Otto Kumm sich . . . . . . auf dem Gefechtsstand seiner Division meldete, war Model gerade dort. Er sagte: ‚Ich weiß, was Ihr Regiment durchmachen mußte, Kumm. Aber ich kann es noch nicht entbehren. Wie stark ist es noch?'
Kumm wies mit der Hand zum Fenster und antwortete:
‚Herr Generaloberst, mein Regiment ist draußen angetreten!'
Model schaute hinaus. Draußen standen fünfunddreißig Mann . . . "
Die Kampfkraft des Regiments war restlos verbraucht.

Der Kommandierende General des VI. AK, Biehler, läßt zum Schluß der Kämpfe in diesem Abschnitt in das Kriegstagebuch eintragen:

„Mit dem Abschluß der Kämpfe muß hier das Heldentum der Truppen noch einmal gewürdigt werden, die an einer für die Armee und die Heeresgruppe Mitte des Ostheeres entscheidenden Stelle Tag und Nacht bei stärkster Kälte und größten Entbehrungen die unaufhörlichen, von immer neuen Kräften des Gegners genährten Angriffe abgewehrt haben.

Nicht nur, daß der Gegner insgesamt 8 Divisionen auf schmalstem Raum nacheinander in den Kampf führte, er setzte auch starke Panzerverbände mit neuesten Panzern, Massen von Artillerie aller Kaliber und starke Verbände seiner Luftwaffe bei jedem Wetter ein, um mit allen Mitteln seinen Plan zu verwirklichen.

Oft stand infolge starker eigener Verluste und Fehlens von Reserven die Lage auf des Messers Schneide, aber immer wieder wurde sie von Führung und Truppe gemeistert.

Die Taten jedes einzelnen Soldaten, der in der Hölle von Klepenino, von Ssolomino, Lebsino, Noshkino, Kirchdorf und von Timonzewo gestanden hat, sind Heldentaten, die über jedes Lob erhaben sind und für immer in die Geschichte des deutschen Ostheeres eingehen werden."

Der Regimentskommandeur DF, Ostubaf Kumm, berichtet in seinen persönlichen Erinnerungen, in „Kameraden bis zum Ende", zum Abschluß der entscheidenden Schlacht:

„Der Feind hat in diesen Wochen vor dem Abschnitt des Regiments etwa 15 000 Tote verloren, die blutigen Ausfälle sind unschätzbar. Durch die genaue Kenntnis der sowjetischen Regimentsnummern war es möglich, anhand täglich mehrfach wiederholter ergänzender Gefangenenaussagen, die Verluste der einzelnen russischen Bataillone und Regimenter festzustellen. Der Regimentskommandeur hält sich aus diesem Grunde für berechtigt, diese außerordentlich hohe Zahl an Feindverlusten vollverantwortlich festzuhalten. In der gleichen Zeit wurden im Abschnitt des Regiments über 70 Feindpanzer abgeschossen, wobei die durchgebrochenen und dann von anderen Einheiten vernichteten Panzer nicht eingerechnet sind.

Allerdings hat das Regiment ebenfalls schwerste Verluste und Ausfälle hinnehmen müssen. Von den zu Beginn der Kämpfe eingesetzten 650 Männern sind 150 Soldaten gefallen, der weitaus größere Teil verwundet oder mit schweren Erfrierungen ausgefallen.

Während dieser Kämpfe wurden dem Regiment nacheinander sieben Bataillone und Abteilungen des Heeres unterstellt, deren Anteil an dem Abwehrerfolg hoch angerechnet wird.

Dem Kommandeur der Aufklärungs-Abteilung 256, Major Mummert, wurde auf Vorschlag des Regimentskommandeurs ‚DF' für den heldenhaften Kampf und Einsatz seiner Männer und für seine hohen Verdienste um die Verteidigung des Regimentsabschnittes das Ritterkreuz verliehen.

Besondere Anerkennnung verdient auch die hervorragende Zusammenarbeit des Batteriechefs der 5./A.R. 256, [Oblt. Tiesemeyer], mit dem Regiment. Während der ganzen Zeit leitete dieser Offizier das Feuer seiner Geschütze aus den vorderen Linien. Jede Feindansammlung, jeder Feindangriff wurde erfolgreich bekämpft, und auf Befehl des Regimentskommandeurs wurde dieser Batterie die gesamte Munition seiner Abteilung zur Verfügung gestellt.

Besondere Anerkennung verdient ebenfalls eine Sturmgeschütz-Batterie des Heeres, die 2. Batterie der Stu.Gesch.Abt. 189 [auch ‚Ritter-Adler-Brigade' genannt] unter Führung von Oblt. v. Malachowski. In manchen Vorstoß des Feindes hinein, wenn auch oft nur mit dem letzten einsatzbereiten Geschütz, brachten die prächtigen Kanoniere den Männern des Regiments fühlbare Entlastung. Zahlreiche abgeschossene und ausgebrannte Feindpanzer im Abschnitt des Regiments zeugten von ihrem erfolgreichen Einsatz.

Tapfer kämpften die Männer der SS-Sturmgeschütz-Batterie ‚Reich' im infanteristischen Einsatz im Rahmen des Regiments. Nachdem die Batterie am 28. Januar 1942 das letzte Geschütz verloren hatte, wurden am 1. Februar 1942 insgesamt 32 Unterführer und Männer zum Regiment versetzt."

Das „Wunder an der Wolga"

Generaloberst Hausser schreibt in seinen persönlichen Aufzeichnungen abschließend über die Winterschlacht:

„Am 19. 2. war der Kampf entschieden. Die Masse der russ. 29. Armee und große Teile der 39. Armee waren vernichtet.

Damit erlitt der mit großen Hoffnungen und Erfolgsaussichten angetretene Feind im Abschnitt der 9. Armee die erste Niederlage von deutschen Truppen aus dem Rückzug heraus, mit verkehrter Front errungen — ein kleines Wunder an der Wolga! (Wagener)

Dieser Erfolg war ein Wendepunkt in der Winterschlacht. Die Truppe mußte alle Härten des russischen Winters und der Versorgungsnot aushalten.

Der Winter war wesentlich kälter als der berüchtigte des Jahres 1812 mit seinem Rückzug von Moskau über die Beresina.

Unsere Waffen und Motoren waren für diese Kältegrade nicht eingerichtet. Maßgebend für die Erhaltung der Truppe waren die Wohnstätten. Sicherung und Kampf fanden aber meist außerhalb statt. Durch Improvisationen entstanden winterbewegliche Verbände und Ski-Einheiten. Flüsse und Sümpfe waren überall passierbar. Die Winterbekleidung war knapp.

Der O.B. der 9. Armee, General Model, hat die Leistung der Division ‚Reich' besonders anerkannt. Er hat an den Erfolgen durch sein persönliches Eingreifen — meist im Fieseler Storch großen Anteil."

Das „Wunder an der Wolga" kam jedoch nicht von ungefähr, sondern wäre ohne die glänzende Leistung der deutschen Führung mit ihrer unerreichten Kunst der Improvisation, mit immer neuen Aushilfen, mit ihrem Siegeswillen nicht denkbar gewesen, wie sie in der faszinierenden Führerpersönlichkeit von Model ihren höchsten Ausdruck fand. Das „Wunder" wäre niemals möglich gewesen ohne die Tapferkeit, die Opferbereitschaft, die Zähigkeit und ohne den Willen zum Überleben des deutschen Soldaten.

Der Kommandeur der SS-Division REICH, SS-Brigadeführer Matthias Kleinheisterkamp, wurde am 11. 4. 1942 für die entscheidenden Kampfleistungen der Division in der Winterschlacht von Rshew mit dem Ritterkreuz ausgezeichnet.

20. Februar 1942:
Im Bericht des AOK 9: „Die Winterschlacht von Rshew" heißt es abschließend:

„Am 20. 2. erreicht die Winterschlacht um Rshew ihren Abschluß. Sie stellt einen Wendepunkt im Winterkampf der Ostfront dar. Zum ersten Male hatte sich die deutsche Überlegenheit wieder im Angriff erweisen können.
Was der deutsche Soldat in dieser vierwöchigen pausenlosen Schlacht mitten im Hochwinter gegen feindliche Übermacht geleistet hat, wird als Heldenepos in die deutsche Geschichte eingehen; Es war ein dreifacher Kampf: gegen den Feind, gegen die Elemente und gegen die Versorgungsnot. Die Truppe lebte in diesen Kämpfen von der Hand in den Mund. Es fehlten ihr jedwede Vorräte an Verpflegung. Gekürzte Portionssätze für Mann und Pferd waren die Regel. Nur durch letzte Ausnutzung von Kolonnen und Trossen konnte die notwendigste Versorgung gerade noch herangebracht werden. Die Hälfte der zustehenden Versorgungszüge fiel in dieser Zeit aus. Daß wenigstens die Versorgung in diesem Ausmaß gelingen konnte, ist das Verdienst der unermüdlichen Versorgungsdienststellen und ihrer Truppen.

Alle diese Nöte bezwang das Heldentum des deutschen Soldaten. Die Erfolgzzahlen sprechen ihre eigene Sprache:

Die Masse zweier russischer Armeen wurden angeschlagen oder vernichtet.

Im einzelnen wurden 6 feindliche Schützendivisionen vernichtet, 4 zerschlagen, 9 weitere und dazu 5 Panzerbrigaden angeschlagen.

Dazu kamen 4833 Gefangene, 26 647 tote Russen, 187 vernichtete oder erbeutete Panzer, 343 Geschütze, 265 Pak, 7 Flak, 1148 Granatwerfer und MG, Hunderte von Kraftfahrzeugen, Schlitten und anderes Gerät.

Darüber hinaus haben die Verbände des VIII. Fliegerkorps in dieser Schlacht 51 Flugzeuge abgeschossen, 17 am Boden zerstört sowie 4 Panzer, 2 Batterien, 28 Geschütze, über 300 Kraftfahrzeuge, ebensoviel bespannte Fahrzeuge und mehr als 200 Schlitten vernichtet.

Diese entscheidenden Erfolge mußten mit deutschem Soldatenblut erkauft werden. Die hohen Verluste sind das Zeugnis höchster Einsatzbereitschaft, sie waren bei folgenden Verbänden besonders schwer: bei 86. I.D., bei SS-Div. ‚Reich' (besonders bei Standarte ‚Der Führer' und Kradschützen-Btl.), bei 256. I.D. (besonders bei I.R. 456), bei der 251. I.D. (besonders bei I.R. 459 und 471), sowie bei der SS-Brigade Fegelein.

Schließlich haben auch die an der Ostfront der Armee stehenden Verbände zur siegreichen Beendigung dieser Winterschlacht beigetragen. Sie haben in bangen, schweren Wochen nicht nur die Ostfront [der Heeresgruppe] gehalten, sondern darüber hinaus — unter weitgehender Entblößung der eigenen Abschnitte — den letzten irgend entbehrlichen Mann an die Front von Rshew abgegeben."

Zusammenfassend kann gesagt werden:

Die „Winterschlacht von Rshew" ist ohne Vorbild und ohne Parallele in der Kriegsgeschichte; denn dieses Ereignis ist bisher einmalig: eine ausgeblutete Heeresgruppe steht auf dem Rückzug, mitten im Hochwinter, durch eine neue feindliche Großoffensive mit frischen Einheiten und mit neuem Material, vor ihrem Untergang, nachdem dem Gegner mit zwei Armeen ein operativer Durchbruch und damit fast die erste große Kesselschlacht geglückt ist. Die sterbende Heeresgruppe aber rafft sich auf und verwandelt durch eine einmalige Gesamtleistung von Führung und Truppe in einer glänzenden Kombination von Abriegelungsfront und Kesselschlacht die eigene Einkesselung in einen tödlichen Kessel für den Gegner — und das aus dem Rückzug heraus und mit verkehrter Front!

Der Erfolg dieser Schlacht bedeutete nicht nur das Überleben der Heeresgruppe Mitte, sondern reichte weit darüber hinaus; denn er entschied letzten Endes über die gesamte Weiterführung des Feldzuges in Rußland.

E i n e Tatsache aber hat diese Schlacht noch gezeigt: Selbst in der aussichtslosesten Lage vermag eine faszinierende, dynamische Führerpersönlichkeit, wie Generaloberst Model, das Schicksal einer Schlacht zu wenden.

Mit dem Abschluß dieser Schlacht war für das SS-Regiment DER FÜHRER der schwerste Kampfeinsatz seiner bisherigen Geschichte beendet. Es hat den ihm erteilten Auftrag des OB der 9. Armee unter höchsten Opfern erfüllt, die Durchbruchstelle abzuriegeln und den weiteren Durchbruch der 30. russ. Armee und damit den Entsatz der eingeschlossenen russischen Armeen zu verhindern.

Das Regiment war in dieser mörderischen Abwehrschlacht vollkommen ausgeblutet und verbraucht. Es hatte praktisch aufgehört zu bestehen, und es war äußerst unwahrscheinlich, daß dieses kampferprobte und seit 1940 in so vielen Schlachten bewährte Regiment jemals wieder seine alte Kampfkraft erreichen würde.

Und doch — das Unwahrscheinliche geschah!

Ein Kommandeur kämpft um sein Regiment

(Aus einem Bericht des damaligen Regimentskommandeurs Otto Kumm über dessen Bemühungen um die Neuaufstellung seines Regiments)

Februar 1942. Die Schlacht von Rshew — für das Regiment die bisher härteste Abwehrschlacht — ist beendet. Das Regiment ist in seinen Stellungen von einer Heeresdivision abgelöst. Der Rgt.Kdr. Otto Kumm marschiert mit den Resten des Regiments zum Divisionsgefechtsstand. Dort wird er vom O.B. der 9. Armee, Generaloberst Model, mit dem Ritterkreuz dekoriert, das dieser auf dem

Höhepunkt der Schlacht für ihn beantragt hatte — eine Würdigung des Einsatzes des ganzen Regiments.

Der O.B. überreicht Kumm noch eine Flasche Wein und fragt: „Haben Sie noch einen Wunsch?" Kumm antwortet: „Ich möchte das Regiment in der Heimat neu aufstellen." — „Das ist unmöglich", meint der O.B., „ich beschaffe Ihnen schnellstens den notwendigen Ersatz, so daß Sie in Kürze wieder einsatzbereit sind. Wie stark ist das Regiment noch?" — „Schauen Sie bitte hinaus, Herr Generaloberst, draußen ist das Regiment angetreten — 35 Mann." — „Das ist allerdings etwas anderes, aber ich kann Ihnen das nicht genehmigen. Das kann auch die Heeresgruppe nicht. Ich schlage Ihnen vor, morgen zum Reichsführer zu fliegen, vielleicht kann der Ihnen helfen."

Am nächsten Tag fliegt der Regimentskommandeur mit ausdrücklicher Genehmigung des O.B. nach Rastenburg und meldet sich zunächst beim Reichsführer-SS. Nach kurzem Glückwunsch fragt Himmler nach seinem Anliegen. Der Regimentskommandeur schildert den Zustand seines Regiments und bittet um Genehmigung zur Neuaufstellung des Regiments auf einem Truppenübungsplatz in Deutschland. „Das ist völlig ausgeschlossen", reagiert Himmler gereizt, „in dieser Situation der Ostfront können wir dem Führer nicht zumuten, ein Regiment aus der Front abzuziehen. Ich gebe Ihnen sofort 100 Offiziere und 1000 Mann, und in drei Wochen stellen Sie im frontnahen Raum das Regiment wieder zusammen." — „Reichsführer, 100 Offiziere und 1000 Mann sind noch lange kein Regiment, schon gar nicht ein Regiment ‚DF'. Dazu gehört eine gründliche Ausbildung und Erziehung und die Fortsetzung einer in schweren Kämpfen erworbenen Tradition. Damit müssen Sie jemand anders beauftragen — ich kann das nicht." Himmler wird nachdenklich: „Ich fahre mit Ihnen zum Abendessen ins Führerhauptquartier und werde Sie dem Führer vorstellen. Versuchen Sie, ob Sie selbst mit ihm sprechen können."

Im Speisesaal des Führerhauptquartiers stehen etwa 30 Generale, Offiziere und einige Politiker in Erwartung des Führers. Hitler betritt den Saal, von Himmler begleitet. Der Reichsführer winkt den Regimentskommandeur heran und stellt ihn Hitler vor. Der legt Kumm den Arm um die Schulter und führt ihn zu seiner Rechten an den Tisch. Zunächst schildert Hitler in der ihm eigenen Art die Einsätze des Regiments, Durchbruch durch die Grebbe-Linie, Jelnja-

Bogen, Kesselschlacht von Kiew, Durchbruch durch die Moskauer Schutzstellungen und nun — die Abwehrschlacht von Rshew; — erstaunlich, wie gut er Bescheid weiß — und gratuliert dem Regimentskommandeur zu diesem hervorragenden Regiment.

„Und wie geht es dem Regiment jetzt?" Kumm antwortet: „Deshalb bin ich hier, mein Führer. Wir sind aus der Schlacht von Rshew mit 35 Mann herausgekommen, und ich möchte das Regiment auf einem Truppenübungsplatz neu aufstellen." Hitler spontan: „Selbstverständlich. Sofort! Ich werde veranlassen, daß Sie schnellstens personell und materiell voll aufgefüllt werden. Aber in drei Monaten müssen Sie wieder einsatzbereit sein."

Kumm hat noch mehr auf dem Herzen. „Wenn ich die Genehmigung bekomme, alle verwundeten und wiedergenesenen Männer des Regiments heranzuholen, werden wir in drei Monaten wieder einsatzbereit sein."

Hitler erteilt darauf über den Tisch hinweg dem Reichsführer den Auftrag, die Reste des Regiments sofort in die Heimat zurückzuberdern, einen Truppenübungsplatz für die Neuaufstellung festzulegen und für den sofortigen Ersatz an Soldaten und Waffen zu sorgen.

Mit frohem Herzen kann der Regimentskommandeur in einen kurzen Urlaub nach Klagenfurt fahren, nachdem er noch am gleichen Abend per Fernschreiben die Reste des Regiments in die Heimat beordern kann — zunächst zum wohlverdienten Urlaub und auf Mitte März 1942: Treffpunkt Truppenübungsplatz Fallingbostel in der Lüneburger Heide.

Etwa 400 Mann des alten Regiments können aus dem Ersatz-Bataillon „DF" Stralsund und aus verschiedenen Lazaretten herbeigeholt werden. Mit diesem alten erfahrenen Stamm und etwa 3000 Rekruten sieht das Regiment seiner Wiederaufstellung und damit dem Wiedererstehen seiner alten Kampfkraft entgegen.

Die Kampfgruppe SS-REICH — 1942
(Kampfgruppe Ostendorff)

Ab 20. 2. 1942 sammelt die SS-Division REICH ihre restlichen Verbände im Raum westlich Rshew zu einer kurzen frontnahen Auffrischung und ab 21. 2. 1942 ist sie wieder dem XXXXVI. Pz.-Korps unterstellt. Sie verbleibt bis zum 24. 2. als Armeereserve im Raum Santalowo—Greschnikowo—Kowalewo—Chorochewo.

Der bisherige Divisionskommandeur, SS-Brigadeführer Kleinheisterkamp, wird in dieser Zeit abberufen, und die Führung der Kampfgruppe SS-REICH übernimmt SS-Staf. Ostendorff, der bisherige Ia der SS-Division REICH.

Durch den Verlust des Kriegstagebuches des Regiments DEUTSCHLAND für die Zeit vom 10. 2. bis 19. 3. 1942 sind die Unterlagen über diesen Zeitraum sehr spärlich, da auch das Kriegstagebuch der Division REICH verlorengegangen ist. Es können daher keine Einzelheiten berichtet werden. Da jedoch ein zusammenfassender Bericht des XXXXVI. Pz.-Korps mit dem Titel: „Abwehrschlacht im Wolgabogen"*) vorliegt, können wir nach diesem Bericht, nach den Eintragungen im KTB des Korps sowie nach den Tagebuchaufzeichnungen des damaligen Adjutanten des SS-Kradsch.Btl., Ostuf. Hermann Buch, den Weg der Kampfgruppe SS-REICH in großen Zügen verfolgen.

Vom 20. bis 28. 2. 1942 wird das SS-Kradsch.Btl. aufgefrischt und neu gegliedert. Der Ersatz stammt von Restteilen des Regiments DF, vom Div.Nachsch.-Führer, der Sanitätsabteilung, dazu 200 Mann aus der Heimat, die am 28. 2. eintreffen. Die Auffrischung erfolgt in Rshew, das zeitweise unter russischem Fernartilleriefeuer liegt und einige Male von feindlichen Flugzeugen bombardiert wird.

s) Angriffskämpfe zwischen Bahn: Rshew—Olenino—Ossugo 25. 2. — 13. 3. 1942

Nach dem Einstellen der russischen Angriffe im Kampfraum Rshew auf Grund der Vernichtung der eingeschlossenen 29. und von Teilen der 39. russischen Armee schien der Feind — ausgeblutet und erschöpft — seine Durchbruchsabsichten aufgegeben zu haben. Die größte Gefahr für die 9. Armee war beseitigt.

W. Haupt schreibt in „Heeresgruppe Mitte" (S. 130):

„Die Krise für die Heeresgruppe Mitte war aber dadurch noch nicht gemeistert. Das Oberkommando der ‚Roten Armee' befahl am 16.

---

*) XXXXVI. Pz.-Korps, Abt. Ic Nr. 800/42 vom 15. 4. 1942

Februar seinen Heeresgruppen ‚Kalininer Front' und ‚Westfront', erneut die Offensive aufzunehmen, um die deutschen Armeen zwischen Juchnow und Rshew endgültig zu vernichten. Beide Heeresgruppen erhielten in diesen Tagen zwei Gardekorps, 10 Schützendivisionen, 2 Luftlandebrigaden und 4 Fliegerregimenter zugeführt. Das erste Ziel dieser Kräfte sollte sein, die bei Juchnow durchgebrochene 33. Armee und das I. Garde-Kav.-Korps zu verstärken."

In „Abwehrschlacht im Wolgabogen" heißt es zur Lage: „Das Abflauen des Ansturmes von Norden nützte die deutsche Führung zu einer Erweiterung der Front südwestlich Rshew. Das XXXXVI. Pz.-Korps [dem die Kampfgruppe SS-REICH nunmehr unterstand] mit Front nach Süden trat Anfang März zur Vernichtung des mit Masse im Ossuga-Tal stehenden Feindes an und errang vornehmlich im Raum um Sawidowo schnelle und durchschlagende Erfolge.
Zunehmende Wetterverschlechterung erschwerte aber die Angriffshandlungen, starke Schneeverwehungen lähmten die Bewegungsfähigkeit der Verbände. Es setzte schnell ein eisiger Schneesturm in einer Stärke von 11—12 m/sec ein, der die schon übermäßig angestrengte Truppe bis an die Grenze der Leistungsfähigkeit brachte. Die Erfrierungen und Erschöpfungen nahmen erschreckende Formen an. Die Pferde — schon infolge des Futtermangels nicht mehr besonders widerstandsfähig — brachen mehr und mehr zusammen. Der nötigste Nachschub für die kämpfende Truppe wurde zunehmend geringer."

Am 1. 3. 1942 macht sich die Kampfgruppe SS-REICH marschbereit und wird am 2. 3. im Eisenbahntransport nach Westen in den Raum ostwärts Olenino verlegt.
Am gleichen Tage um 20.00 Uhr hat die Kampfgruppe den Befehl am Westflügel des XXXXVI. Pz.-Korps übernommen.
Vom 2. 3. bis 10. 3. 1942 erfolgt der Einsatz der Kampfgruppe REICH im Kampfraum südostwärts Olenino, in dessen Verlauf es gelang, den Raum um das Kirchdorf Sawidowo wiederzugewinnen.
Die Kampfgruppe SS-REICH, die im wesentlichen aus dem I./SS-DEUTSCHLAND unter Hstuf. Tost, den Restteilen der SS-Aufkl. Abt. unter Hstuf. Pötschke und dem SS-Kradsch.Btl. unter Hstuf. Weiß besteht, ist wieder ununterbrochen im Einsatz.
In nächtlichen Angriffen werden in diesem Zeitraum 30 Dörfer unter geringen eigenen Verlusten genommen. Die Kompanien arbeiten sich

nachts an die Dörfer heran, brechen auf Angriffssignal mit Signalhorn und mit „Hurrah"! in die Dörfer ein und nehmen jede Nacht 1—2 Dörfer, so daß jeweils im Morgengrauen das Angriffsziel erreicht ist. Die sturen russischen Gegenangriffe am Tage werden unter hohen Verlusten für den Gegner abgewiesen.

Der Angehörige der 13./D, Herbert Thomson, schreibt in seinen Aufzeichnungen über diesen Einsatz:

„Die Angriffs- und Abwehrkämpfe im Raum Olenin wechseln sich ab. Der starke russische Druck auf Olenin und auf die Bahnverbindung Olenin—Rshew machen uns schwer zu schaffen und lassen uns Tag und Nacht nicht zur Ruhe kommen. Der Kampf geht hier nicht nur um die Ortschaften, sondern recht oft um einzelne Häuser und — wenn es sein muß — um einzelne Kellerlöcher. Kälte und Hunger sind unsere ständigen Begleiter. Die Infanteriegeschütze werden im Mannschaftszug gezogen. Die Orte, in denen wir in diesen Tagen eingesetzt sind, heißen: Swinino, Nicolino, Kaminzy, Komissarewo, Wysowocho, Pany, Ustinka und Gorki (8 km von Olenin)."

Am 5. 3. ist der Feind bei Stubenki über die Bahn Olenin—Rshew nach Norden in Richtung Kampfgruppenstab durchgebrochen, wird aber im Gegenstoß durch die Divisionsmelder unter Ostuf. Elfering zurückgeworfen.

Im KTB des XXXXVI. Pz.-Korps lautet die Eintragung für den 5. 3. 1942:

„Im Abschnitt SS-‚Reich' wurde die Ortschaft 1 km südlich Potachowa und ein Stützpunkt 2 km südostwärts davon genommen. Verstärkte feindliche Artillerietätigkeit hat starke Verluste zur Folge. Durch Angriff des I. Btl. SS-D um 19.15 Uhr wurden Wjasowacha und die Ortschaft 800 m westlich Grischina genommen."

Am 6. 3. 1942 trifft das SS-Kradsch.Btl. in Alexino mit Teilen der SS-Kav.-Brigade Fegelein zusammen.

Im Korpskriegstagebuch (XXXXVI. Pz.-Korps) finden wir weiterhin folgende Eintragungen:

7. 3. 42:   SS-„Reich" nimmt in Morgendämmerung nach Kampf die Ortschaft 2,3 km nordostwärts Grischina!

9. 3. 43:   SS-„Reich" hat im Laufe der Nacht den Durchbruch durch die feindliche Bunkerlinie ost- und nordostwärts

von Grischina erzwungen. Im Laufe der frühen Morgenstunden wurden 8 Ortschaften nach hartem Widerstand genommen und besetzt. Feind zieht sich nach Südosten zurück.

10. 3. 42: SS-„Reich" erreicht im ostwärtigen Divisionsabschnitt unter Ausnutzung des nächtlichen Angriffserfolges die Linie: Ustinka—Odrumaja. 6 Ortschaften wurden besetzt.

In „Abwehrschlacht im Wolgabogen" (S. 3) heißt es weiter:

„Inzwischen hatte der Feind in der Zeit von 7. bis 10. 3. 42 seinen ausgebluteten Verbänden an der Nordfront neuen und zahlenmäßig starken Ersatz zugeführt und setzte am 12. 3. 42 im Wolgabogen aus Gegend Frolow zu einem erneuten Durchbruchsversuch in südlicher Richtung auf der Naht zwischen VI. und XXIII. A.K. an. Infolge der durch die schneidende Kälte verursachten Ausfälle sowie des anstrengenden Wach- und Sicherungsdienstes in nur behelfsmäßigen Stellungen gelang den überlegenen Feindkräften am ersten Tag ein größerer Einbruch, den sie, begünstigt durch den gegen die deutschen Linien peitschenden Schneesturm, an den folgenden Tagen in südwestlicher und südlicher Richtung erweitern konnten. Die Lage wurde zunehmlich bedrohlich, zumal die Bahnlinie und Straße von Rshew nach Olenin — die Lebensader der westlich Rshew stehenden Verbände — durch diesen Einbruch stark gefährdet war.

Um diesen auf der Nahtstelle vorgetragenen gefährlichen Einbruch aufzufangen und anschließend wieder die HKL herzustellen, beauftragte der Befehlshaber der 9. Armee am 15. 3. 42 das bisher im Südabschnitt unter Führung des Generals der Panzertruppen v. Vietinghoff gen. Scheel eingesetzte XXXXVI. Pz.-Korps mit der Übernahme des Befehls an der Einbruchstelle. Gegen einen in 15 Kilometer Breite mit annähernd 5 Divisionen anstürmenden Feind rangen dort die in den bisherigen Kämpfen bereits stark geschwächte 206. und 251. I.D....

Zur Verstärkung der immer dringlicheren Abwehr wurde die bewährte SS-Div. ‚Reich', die durch die vorangegangenen pausenlosen Angriffskämpfe bereits zu einer Kampfgruppe zusammengeschmolzen war, beschleunigt herangeführt."

Zwischen dem 10. und 13. 3. 42 erhält die Kampfgruppe REICH
den Befehl, aus dem bisherigen Raum Wjasowacha—Bredowacha—
Sheltawez—Grischino über Olenin, Kalowska den Raum um Truschkowo zu erreichen, um dort den Gegner, der einen Brückenkopf über
die Wolga gebildet hat und ihn durch Nachstoßen in südwestlicher
Richtung zu erweitern versucht, anzugreifen und die alte HKL wiederherzustellen.

Vom 10. 3. bis 18. 3. 42 marschiert die Kampfgruppe SS-REICH
unter ihrem inzwischen zum SS-Standartenführer beförderten Kommandeur Ostendorff aus dem bisherigen Kampfraum nach Nordwesten unter großen Anstrengungen zu ihrem neuen Einsatz im
Wolgabogen. Wegen anfänglich außergewöhnlich starker Schneefälle
muß nicht nur vor der aufgeschlossen marschierenden Kolonne, sondern auch in der Mitte der Kolonne, die fast im Schnee versinkt, geräumt werden, damit die Schlitten durchkommen. Auf beiden Seiten
der Straße Olenin—Aschewo türmen sich meterhohe Schneewände.
Die Straße ist von Pferdekadavern gesäumt.

Wenn in diesem Bericht von dem entkräfteten Zustand und vom
Schicksal der Pferde gesprochen wird, so ist auch die Kampfgruppe
SS-REICH vom Ausfall der anspruchslosen und treuen Panje-Pferde
hart betroffen, da sie seit geraumer Zeit von „mot“ auf „hot“, d. h.
auf „pferdebespannt“ umgeschaltet hat, nachdem die „mot. Pferde-
kräfte“ großenteils vor dem russischen Winter kapituliert hatten. Bereits am 28. 1. 1942 hatte die Division REICH einen Bestand von
164 Pferden.

Etwa am 13. 3. bricht die Sonne durch, und nachts zeigt das Thermometer wieder bis zu 40 Grad Kälte. Ab 17. 3. erreicht die Vormarschstraße wieder Frontnähe und liegt unter Feindeinwirkung. Die Kampfgruppe meldet an das Korps allein von einer Kompanie 25 Erfrierungen.

SS-REICH im Brennpunkt der Kämpfe

In dem Bericht „Abwehrschlacht im Wolgabogen“ heißt es weiter:
„In mühsamen und anstrengenden Märschen kämpfte sich die Gruppe
[SS-REICH] durch meterhohe Schneeverwehungen bis zur Einbruchstelle durch, wo sie zwischen der 206. und 251. ID am Brennpunkt
der Kämpfe eingesetzt wurde.

Zunächst mußte durch die Verbände des Korps eine Erweiterung des Feindeinbruches in südlicher Richtung verhindert und durch intensiven Ausbau der behelfsmäßigen Stellungen eine Verteidigungsfront geschaffen werden. Hierzu wurde als letzte Reserve aus den Korpstruppen das Geb.Pi.Btl. 85 in Gegend nördlich Jagodino eingesetzt. Auf Antrag bei der Armee trafen zur weiteren Verstärkung der Abwehrfront in langen und beschwerlichen Märschen das I.R. 548 der 328 ID, das III./IR 77 der 26. ID, eine Schneeschuhkompanie der 86. ID, je eine Panzerkompanie der 1. und 7. Panzerdivision, eine Sturmgeschützbatterie, die II./Nebelwerfer-Rgt. 51 und die 3. (Mörser)/AR 816 ein. Zum Zeitpunkt der Übernahme des Abschnittes durch das Korps waren außerdem das IR 11 und das IR 167 bereits an der Einbruchstelle zur Verteidigung eingesetzt.

Die nach Süden gerichtete Korpsartillerie machte in ihren Stellungen nach Norden kehrt. Um die zunehmenden Ausfälle wenigstens annähernd ausgleichen zu können, wurde die beschleunigte Heranführung des angekündigten personellen Ersatzes mit besonderem Nachdruck gefördert."

t) Abwehrkämpfe im Wolgabogen westlich Rshew
17. 3. — 8. 4. 1942

Das Korps fährt in seinem Bericht fort:

„Während die Abwehrfront mit diesen Truppenteilen täglich verstärkt werden konnte, mußten in der Zeit vom 16. — 19. 3. 42 auf einer 15 km breiten Front in heftigen Kämpfen insgesamt 20, meist bataillonsstarke Angriffe des Feindes abgewiesen werden.

Der Schwerpunkt dieser mit immer neuen Kräften vorgetragenen Angriffe lag vornehmlich im Raum um Tarutino [SS-REICH].

Nach einem erbeuteten russischen Divisionsbefehl hatte der Russe dort nach wie vor die Absicht, in südwestlicher Richtung durchzustoßen, um sich mit den südlich der Bahnlinie Rshew—Olenin stehenden Kräften zu vereinigen und somit den Ring um Rshew endgültig zu schließen.

Aber auch vor der rechten Korpsfront griff der Feind im Abschnitt der 251. ID immer wieder an. Eine Erklärung für die Kraft der unermüdlichen Vorstöße des Feindes, die auch trotz ungewöhnlich hoher Verluste nicht nachließen, gab die Luftaufklärung: in langen Kolonnen führte der Feind ständig neuen Ersatz in Richtung auf die Einbruchstelle heran.

Um den Kampfgeist dieses, meist aus älteren Jahrgängen bestehenden Ersatzes zu Höchstleistungen anzufachen, wurde zweien der vor und in der Einbruchstelle eingesetzten 7 Schützendivisionen der sowjetische Ehrentitel einer ‚Gardedivision' verliehen. An der Front südlich der Bahnlinie Rshew—Olenin wurden ebenfalls Verstärkungen des Gegners festgestellt. In Einzelvorstößen von Späh- und Stoßtrupps gelang es hier dem Feind, die Bahn an mehreren Stellen erfolgreich zu sprengen.

Wie in den bisherigen Kämpfen des harten Winters waren Gedanken und Absicht der deutschen Führung und Truppe aber schon wieder auf die Möglichkeit eines wirksamen und vernichtenden Gegenangriffs gerichtet.

So griffen die 206. ID und die Kampfgruppe der SS-Div. REICH am 17. 3. 1942 (letztere nach Bereitstellung in Linikowo und Aschewo; der Verf.) nach einem besonders wirksamen Stukaangriff durch Verbände des VIII. Fliegerkorps den Feind im Wald westlich Reshetalowo an und drangen in den Südteil des Waldes ein.

Auch am 18. 3. 1942 gaben die Stukaverbände durch vernichtende Angriffe auf feindliche Bereitstellungen im ‚Birnenwald' den Kameraden des Heeres fühlbare Erleichterung in ihren schweren Kämpfen."

Vom 19. 3. 1942 berichtet Herbert Thomson (13. SS-„D"):

„Morgens um 06.00 Uhr erfolgt ein russischer Tieffliegerangriff auf Linikowo. Durch Bombenvolltreffer in den Kompaniegefechtsstand der 13./D stirbt der Kompaniechef, Ostuf. Jerusel, und ein Standartenjunker den Soldatentod. Ostuf. Ristau, ehem. I./A.R. REICH, übernimmt die Führung der 13./D.

Um 17.00 Uhr erfolgt der Abmarsch nach Ashewo, wo sich das I./D zum Angriff bereitstellte. Um 21.00 Uhr tritt das Bataillon zum Angriff auf die Ortschaften Dorogino und Panowo mit dem dahinter liegenden Stiefelwald an."

In obigem Bericht des XXXXVI. Pz.-Korps lesen wir weiter (S. 5):

„Den entscheidenden Angriff zur Gesamtbereinigung des Feindeinbruches im Raum um Tarutino befahl das Korps für den 20. 3.

Im Angriffsplan wurde die 251. ID von Osten und die Kampf-gruppe SS-Div. REICH von Westen her angesetzt, um die Spitze des in südlicher Richtung vorstoßenden Feindkeils in der Linie Usowo—Tschernowo—Ashewo zu durchschneiden und den damit eingekes-selten Feind zu vernichten.

Die 206. I.D. erhielt den Auftrag, von Westen her auf Pogorelki vor-stoßend, mit zusammengefaßtem Feuer aller Waffen eine Flanken-bedrohung der Kampfgruppe SS-Div. REICH aus nordostwärtiger Richtung auszuschalten.

Nach diesem Plan traten die Verbände des Korps in den ersten Stun-den des 20. 3. 1942 zum Gegenangriff an."

20. März 1942:

Das von diesem Tage ab wieder vorliegende Kriegstagebuch SS-DEUTSCHLAND berichtet nun wieder Einzelheiten:

Verlustreiche Angriffe der Kradschützen

Als Angriffsspitze der Kampfgruppe SS-REICH tritt nachts um 01.00 Uhr die 3. Kompanie des SS-Kradsch.Btl. auf Dorogino zum Angriff an, während gleichzeitig der Russe aus den Waldstücken hart ostwärts Kondrakowo und Gontschuki angreift, gegen den die eigene Artillerie Sperrfeuer schießt.

Im schweren feindlichen Abwehrfeuer bleibt die Kompanie hundert Meter vor Dorogino liegen. Dabei wird der Kompaniechef, Hstuf. Sayda, durch Bauchschuß schwer verwundet, und Ostuf. Buch über-nimmt die 3. Kp. Artilleriefeuer auf den Westrand von Dorogino kann wegen Gefährdung der eigenen Truppe nicht mehr gelegt wer-den. Die 2. Kradsch.Kp. wird herangezogen und mit eingesetzt.

Gegen 03.00 Uhr ist Dorogino genommen. Die Häuser liegen in einem Ring um einen weiten Dorfplatz. Am Ostrand des Ortes brennen die Häuser und nehmen die Sicht.

Bevor Dorogino fest in der Hand der beiden Kradschützen-Kom-panien ist, bricht ein russischer Gegenstoß aus dem Keulenwald mit einigen T 34 auf Dorogino los und bringt den Ostteil der Ortschaft in seine Hand, wodurch die 3. Kradsch.Kp. in den Nordwestteil des Dorfes zurückgedrängt wird. Die 2. Kradsch.Kp. erreicht den West-rand von Dorogino und kann sich mit der 3. Kradsch.Kp. vor dem mit überlegenen Kräften angreifenden Gegner gerade noch in der Ortschaft halten. Sie erhält den Auftrag, den Feind zurückzuwerfen, der weiter von Osten und Südosten angreift. Die 2. Kp. tritt zum Gegenstoß an und erreicht wieder den Ostrand von Dorogino gegen 05.10 Uhr.

Am Westrand des Keulenwaldes befinden sich sehr starke feindliche Schneestellungen. Um 06.23 Uhr meldet der Kommandeur des Kradsch.Btl., Hstuf. Weiß: „Feind greift mit Panzern und Infanterie aus Keulenwald Dorogino an."

Um 06.30 Uhr erfolgt ein feindlicher Tieffliegerangriff auf den Rgt. Gef.-Stand SS-„D" in Sajzewo mit 6 Bomben, die jedoch keinen Schaden anrichten. Um 07.05 Uhr stehen feindliche Panzer mit Infanterie mitten in Dorogino, und die SS-Kradschützen stehen mit der russischen Infanterie in hartem Nahkampf.

Da greifen um 07.30 Uhr in dieser kritischen Situation deutsche Stukas ein und zerschlagen die russischen Panzer auf der Mitte des Dorfplatzes. Die Stukas werden von russischen Jägern angegriffen, und es kommt zu Luftkämpfen. Kurz darauf kommt ein Zug eigener P 3-Panzer zur Unterstützung, mit deren Hilfe die 2. und 3. Kradsch.-Kp. den Feind aus der Ortschaft werfen und auf der freien Schneefläche vernichten kann.

Doch die eigenen Verluste dieses Angriffs sind außerordentlich hoch. Die 3. Kradsch.Kp. hatte von 90 Mann 40 verloren, und von 19 Unterführern sind 15 ausgefallen. Ähnlich waren die Ausfälle bei der 2. Kradsch.Kp.

Seit dem Hellwerden erfolgen laufend feindliche Fliegerangriffe auf Ashewo, wo sich der Kampfgruppen-Gefechtsstand befindet.

Die Kradschützen greifen weiter mit Unterstützung von vier Panzern und zwei Sturmgeschützen gegen den Keulenwald an, der unter eigenem Artilleriefeuer liegt.

Gegen 08.50 Uhr erhält das I./D den Befehl, die 1. Kp./D sofort nach Dorogino nachzuziehen, sobald das Kradsch.Btl. den Westrand des Keulenwaldes erreicht hat. Um 08.55 Uhr dringen die Kradschützen mit Masse in den Keulenwald ein.

Während das I./D, das in Panowo liegt, beschleunigt nach Dorogino in Marsch gesetzt wird, wird die Schi-Kp. nach Ashewo nachgezogen. Gegen 09.00 Uhr geht der Feind in hellen Scharen von Kischkino auf Pogorelski zurück.

Um 09.12 Uhr erhält der Chef der 1./D den Befehl: „Beschleunigt mit verstärkter Kompanie nach Keulenwald, auf Panzer aufsitzen, mit Panzern Kischkino nehmen!"

Um 09.20 Uhr meldet Kradsch.Btl.: „Feind weicht aus Panowo über Südteil Keulenwald nach Tschernowo aus." Daraufhin erhält die Panzerkompanie Hummel, die ab sofort dem Rgt. DEUTSCHLAND unterstellt ist, zusammen mit der Schi-Kompanie folgenden Auftrag: „Sofort über Dorogino vorstoßen nach Süden, Y-Wald säubern und Panowo in Besitz nehmen. Verhindern, daß Gegner nach Osten und Nordosten ausweicht!"

Um 10.00 Uhr erfolgt ein deutscher Stuka-Angriff mit 10 Stukas und 8 begleitenden Jägern auf Kischkino.

Um 10.16 Uhr erhalten die 1./D und die Stu.Gesch.Battr. den Befehl: „Sofort gemeinsam mit Pz.Kp. v. Orloff auf Kischkino antreten."

Gegen 10.30 Uhr erfolgt erneut ein russischer Fliegerangriff auf den Rgt.Gef.-Stand des SS-D, bei dem vier Bomben fallen. Dabei gibt es in der Artilleriestellung bei Sajzewo einige Verwundete.

Gegen 13.45 Uhr ergeben alle bisher eingegangenen Meldungen folgendes Bild:

Der Angriff der 1./D mit Sturmgeschützen konnte bis zum Eindringen der Panzer in Kischkino von der Infanterie nicht begleitet werden, da die Kompanie beim Heraustreten aus dem Ostrand des Keulenwaldes von starkem flankierendem Feuer aus Richtung Stiefelwald, von Punkt 215,7 und Wald südlich und nördlich von Kischkino zu Boden gezwungen wurde. Die Panzerkompanie v. Orloff vernichtete in Kischkino 3 Feindpanzer 52 to, einen T 34 und 2 leichte Panzer, verlor aber im Panzerkampf 2 Sturmgeschütze und 3 Skoda-Panzer. Nachdem sich diese Panzerkompanie aus Kischkino absetzte, ging die 1./D auf den Ostrand des Keulenwaldes zurück.

Das aus Dorogino angetretene I./D erhielt ebenfalls flankierendes Feuer aus dem Wald nördlich Kischkino und konnte nicht aus dem Keulenwald heraustreten. Es liegt am Nord- und Ostrand des nördlichen Keulenwaldes und verstärkt die Sicherungen des Kradsch.Btl. Ein russischer Angriff auf den Stiefelwald wird abgewehrt.

Die Ausfälle des Kradsch.Btl. sind an diesem Angriffstag so hoch, daß die vorhandenen Kräfte für den Sicherungsraum Nordteil Keulenwald und Dorogino nicht mehr ausreichen, so daß das I./D mit Masse die Sicherungen mitübernehmen muß. Die 2. und 3. Kradsch.Kp. sind an einem Tag auf die Hälfte ihrer Gefechtsstärken gesunken. So besteht die 3. Kp. noch aus dem Kompanieführer, einem Oberscharführer, zwei Unterscharführern und 50 Mann. Ähnlich sind die Ausfälle bei der 2. Kompanie. Auf dem Truppenverbandplatz werden an diesem Tage über 200 Verwundete versorgt. Der Einsatz am Schwerpunkt des feindlichen Vorstoßes nach Süden kostet seine Opfer.

Panowo wird genommen und gehalten

Die Panzerkompanie Hummel hat mit der Schi-Kp./SS-„D" Panowo genommen. Die Masse des Gegners wurde vernichtet. Die Pz.Kp. erhält den Auftrag, Panowo igelförmig zu sichern, die Schi.Kp./SS-„D" ergänzt diese Sicherungen und stellt Verbindungsspähtrupps nach 230,5 in den Südteil des Keulenwaldes und nach Kondrakowo zum SS-Pi.Btl. REICH.

Um 14.30 Uhr erfolgt ein russischer Fliegerangriff auf Ashewo. Durch einen Volltreffer in den vorgeschobenen Regimentsgefechtsstand SS-„D" werden zwei Ärzte schwer verwundet. Ein Panzeroffizier und der größte Teil aller im Hause untergebrachten Männer des Rgt.-Nachr.-Zuges sind tot.

Um 15.30 Uhr meldet die Panzerkompanie Hummel:

„Starker Feindangriff (1 ½ Kp.) aus Birnenwald mit einem Panzer. Kann Panowo mit vorhandenen schwachen Kräften nicht mehr halten. Führer der Schi-Kp. ist verwundet. Teile im Keulenwald, Teile zur Verbindungsaufnahme nach Kondrakowo. Zwei Panzer ausgefallen."

Die Panzerkompanie erhält den Befehl, Panowo unter allen Umständen zu halten. Teile des SS-Pi.Btl. müssen jeden Augenblick in Panowo eintreffen. Um 17.30 Uhr wird die Schi-Kp. durch die 2./D verstärkt. Der Feind hält mit stärkeren Kräften das Waldstück südwestlich Panowo besetzt. Nach Eintreffen der Pioniere hat Hstuf. Boden vom SS-Pi.Btl. REICH das Kommando in Panowo übernommen.

Um 20.30 Uhr ist eine Schi-Gruppe in Stärke von 8 Mann aus dem südlichen Teil des Keulenwaldes noch nicht zurückgekehrt und muß als verloren angesehen werden. Um die gleiche Zeit erfolgt noch einmal ein Feindangriff aus dem Birnenwald auf Südwestrand Panowo. Im Stiefelwald werden feindliche Panzer festgestellt.

Das II./IR 413 ist ab sofort dem Rgt. DEUTSCHLAND unterstellt, und der Bataillonskommandeur meldet sich fernmündlich.

Der Regimentsadjutant, Ostuf. Diercks, trifft um 22.55 Uhr in Panowo bei der Schi-Kompanie ein und übernimmt anstelle des verwundeten Kompaniechefs, Ustuf. Schreiber, die Kompanie. Der Auftrag für den kommenden Tag lautet: „Heranschieben an den Südteil des Keulenwaldes noch bei Dunkelheit, dann Säuberung des Waldgebietes."

Das XXXXVI. Pz.-Korps berichtet über diesen ersten schweren Kampftag in „Abwehrschlacht im Wolgabogen":

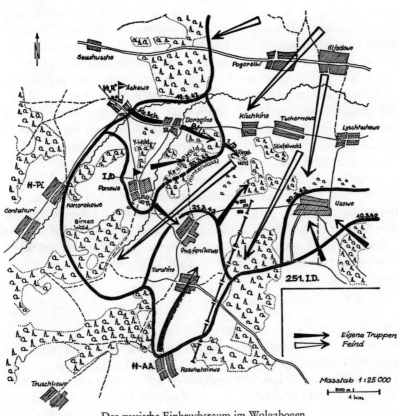

Der russische Einbruchsraum im Wolgabogen

„Während die Einheiten der Kampfgruppe SS-Div. ‚Reich' von Westen her mit Unterstützung weniger Panzer in härtesten Kämpfen Dorogino nehmen konnten und noch am Vormittag in Kischkino eindrangen, stieß die 251. I.D. vor Usowo auf besonders starken Feindwiderstand. Unter erheblichen eigenen Verlusten mußten diese Verbände am Ortsrand zunächst liegenbleiben. Auch die 206. ID drang mit Unterstützung eigener Panzer zwar zunächst in Pogorelki ein, mußte dann aber nach Verlust von 5 Panzern am Nachmittag den Geländegewinn zur Vermeidung unnötiger Verluste wieder aufgeben. Ebenso konnte die SS-Div. REICH sich in Kischkino nicht mehr halten, nahm jedoch die Ortschaft Panowo und wehrte hier starke feindliche Gegenangriffe unter hohen blutigen Verlusten für den Feind ab. Trotz des zähen feindlichen Widerstandes konnte die 251. ID am Nachmittag dieses bedeutsamen Tages doch noch einen stolzen Erfolg melden: unter Zusammenfassung aller Kräfte wurde der Gegner in erbittertem Kampf aus Usowo, einem besonders stark ausgebauten Eckpfeiler der feindlichen Stellung, geworfen. So hatte der Gegner am ersten Angriffstage unter erheblichen Verlusten entscheidende Stützpunkte in der Einbruchstelle verloren. Wenn auch die erstrebte Abschnürung nicht voll erreicht wurde, so war doch die Grundlage für eine endgültige Bereinigung geschaffen. Insgesamt verlor der Gegner am 20. 3. nach vorsichtigen Schätzungen 1700 Tote, ferner wurden 13 Panzer, 3 Geschütze, 14 Pak, 6 Granatwerfer, 3 Panzerbüchsen und 34 MG erbeutet und 80 Gefangene eingebracht. Entscheidenden Anteil an diesen Erfolgen hatten wiederum die Verbände des VIII. Fliegerkorps, die dem Gegner hauptsächlich durch Stuka-Einsatz erhebliche Verluste zugefügt hatten. Wenn auch die eigenen Verluste beträchtlich waren, so konnten die eingesetzten Truppen doch voller Stolz auf die errungenen Erfolge blicken."

21. März 1942:
Noch vor Tagesanbruch wird der Angriff fortgesetzt, und um 05.50 Uhr ist Tarutino gegen heftigen Feindwiderstand genommen.
Die Schi-Kompanie hat während der Nacht Feindangriffe aus Südwesten und Norden abgewehrt. Die Waldstücke westlich Y-Wald sind feindbesetzt. Ein Stuka-Angriff gegen Owsjanikowo zeigt gute Wirkung, und um 08.50 Uhr ist die Ortschaft genommen.

Das Kradsch.Btl. meldet den südlichen Teil des Keulenwaldes feind-frei.

Um 09.20 Uhr erhält das I./D den Auftrag, den Südteil des Keulenwaldes nach Süden und Norden zu sichern.

Um 09.35 Uhr erhält der Kommandeur des SS-Pi.Btl., Stubaf. Tietz, den Befehl zur Säuberung des Birnenwaldes nach einem Stuka-Angriff um 10.00 Uhr.

Der Angriff auf den Stiefelwald

Gegen 12.30 Uhr ergeht von der Kampfgruppe SS-REICH folgender Angriffsbefehl:

„Kampfgruppe ‚Reich' nimmt am 21. 3. 1942 den Stiefelwald. Angriffsgruppe Harmel mit verst. Schi-Kp. tritt von Owsjanikowo auf Stiefelwald an.

I./SS-‚D' unterstützt den Angriff durch Feuer. Mit einem verst. Zuge ist gegen den Riegelwald westlich Punkt 215,7 vorzugehen und dieser zu nehmen. Ein weiterer Zug ist zum Abschirmen bereitzustellen.

I./SS-‚D' hat den Auftrag, mit angreifenden Teilen bis 215,7 durchzustoßen und sich dort einzuigeln. Verbindung mit Schi-Kp. ist sofort aufzunehmen.

13.10 Uhr letzte Stuka-Bombe,

13.10 — 13.13 Uhr Feuerschlag der gesamten Artillerie. Weitere Unterstützung durch V.B. und durch eigene schwere Waffen. Die in Dorogino liegenden Kampfwagen der Panzer-Kp. Hummel sind entlang des Weges zur Unterstützung des Angriffs heranzuziehen. Sie sind dem I./D unterstellt."

Etwas verspätet — von 13.15 bis 13.35 Uhr — erfolgt der Stuka-Angriff auf den Stiefelwald und anschließend bis 13.38 Uhr der Feuerschlag der gesamten Artillerie.

Um 14.15 Uhr meldet das I./D, daß der Chef der 1. Kp./D, Ustuf. Berger, verwundet ist und Ustuf. Pohl, Adjutant I./D, die Kompanie übernommen hat. Bei einem feindlichen Feuerüberfall auf Dorogino um 14.45 Uhr fällt der Befehlspanzer der Panzerkompanie Hummel durch Volltreffer aus. Der Rest der Kompanie wird nach Truschkowo zurückbefohlen.

Der Angriff auf den Birnenwald und Kimmenwald schreitet nicht voran. Der Stoßtrupp des I./D, der befehlsmäßig angetreten ist, wurde zusammengeschossen.

Im Laufe des Nachmittags soll ein weiteres Bataillon des IR 413 herangebracht werden, das Teile des I./D zwischen dem Nordteil Keulenwald und dem Waldstück nördlich von Dorogino ablösen soll.

Um 18.10 Uhr gibt der O 1, Hstuf. Lingner, an SS-DEUTSCHLAND durch:

„Schi-Kp. hat sich durch Stiefelwald bis Höhe 215,7 durchgeboxt und sich dort eingeigelt, da eingeschlossen. Rgt.-Adjutant, Ostuf. Diercks, der die Kompanie führte, ist schwer verwundet."

Es besteht die Absicht, durch einen Angriff von SS-DEUTSCHLAND auf den Stiefelwald bei Dunkelheit die Schi-Kompanie herauszuhauen. Dieser Angriff wird im Verlauf des späten Nachmittags mit Artillerieunterstützung vorbereitet und soll um 19.35 Uhr nach Artillerie-Feuerschlag beginnen, nachdem um 18.40 Uhr das II./IR 413 mit Teilen den Abschnitt des I./D übernommen hat.

Um 20.25 Uhr teilt der Ia dem Regiment SS-„D" mit: „Schi-Kp. bei 215,7, Nordostecke des Stiefelwaldes. Ostuf. Diercks geborgen in Owsjanikowo."

Gegen 20.55 Uhr liegt das I./D vor dem Riegelwald in starkem feindlichem Feuer fest, und zwar aus Kischkino, aus Schneestellungen südlich Kischkino entlang des Bachgrundes, aus Westrand Ziegelwald und Stellungen südlich Riegelwald. Artillerieunterstützung ist wegen Munitionsmangels nicht möglich.

Inzwischen ist die Schi-Kp. mit einer Granatwerfer-Gruppe und einer sMG-Gruppe in Stärke von 5 Unterführern und 26 Mann aus dem Stiefelwald nach Owsjanikowo zurückgekehrt. Verluste 2 Tote und 6 Verwundete.

Um 21.30 Uhr setzt sich das I./D befehlsgemäß vom Gegner ab und bezieht am Ostrand des Keulenwaldes die alten Stellungen. Bisher sind um 22.50 Uhr nur 50 Mann zurückgekommen. Alle Verwundeten sind geborgen. Die Toten konnten nicht geborgen werden.

Die 2. Kradsch.Kp. setzt im Laufe des Tages den Angriff nach Osten fort, während die 3. Kradsch.Kp. zur Verteidigung in Dorogino bleibt. Auf den Höhen von Pogorelki brachten die Russen 7,62-cm-Geschütze in Stellung, die in den nächsten beiden Tagen die letzten Häuser von Dorogino zusammenschießen, so daß die Kradschützen in den Kel-

lern der abgebrannten Häuser kampieren. Auf dem Truppenverbandplatz werden an diesem Tage 65 Verwundete versorgt.

Der Bericht des Korps über diesen Kampftag lautet:

„Am 21. 3. wurde der Angriff weiter vorgetragen. Die Kampfgruppe
der SS-Div. ‚Reich‘ nahm im Morgengrauen nach Überwindung heftigen Feindwiderstandes Tarutino und anschl. im Zusammenwirken
mit der 251. ID Owsjanikowo. Der Gegner hatte schwere Verluste
und verlor erhebliche Mengen an Waffen und Gerät. Trotzdem war
die Kampfkraft des Feindes noch nicht gebrochen und den weiteren
Vorstößen der Kampfgruppe SS-Div. ‚Reich‘ nach Norden setzte der
Russe aus dem ‚Stiefelwald‘ härtesten Widerstand entgegen und trug
aus diesem sogar wiederholte Gegenangriffe in Btl.-Stärke gegen
Usowo vor. Durch diesen Vorstoß der Kampfgruppe SS-Div. ‚Reich‘
waren im ‚Birnenwald‘ (westl. Tarutino) stärkere Feindgruppen eingeschlossen worden, deren Vernichtung an diesem Tage zwar noch
nicht beendet, aber doch weitgehend vorbereitet werden konnte. Insgesamt wurde auch dieser Tag besonders erfolgreich. Der Gegner verlor etwa 1300 Tote, 2 Panzer, 2 Geschütze, 5 Pak, 4 Panzerbüchsen,
1 Granatwerfer, 6 MG und 135 Gefangene.
Während die Hauptlast der Abwehr- und Angriffskämpfe in der unmittelbaren Einbruchstelle von der Kampfgruppe SS-Div. ‚Reich‘ und
der 251. ID zu tragen waren, verhielt sich der Feind vor dem nach
Osten gerichteten Abschnitt der 206. ID anfangs ruhig. Zunehmen-
des Artilleriefeuer ließ jedoch erkennen, daß der Gegner eine laufende Verstärkung seiner Artillerie vornahm, wobei die Masse der
Geschütze vorläufig noch nordostwärts der Wolga stand. Der volle
Einsatz der eigenen beobachtenden Batterie führte dann immer mehr
zur Feststellung, daß der Feind mit über 90 Geschützen vor der Einbruchstelle stand und laufend Batterien über die Wolga in südwestlicher Richtung vorführte. Seine weiteren Angriffsabsichten konnten
keine bessere Bestätigung erfahren.“

22. März 1942:
Kurz nach Mitternacht meldet sich die 2./D zurück. Ausfälle: 1 Toter
und 6 Verwundete.
Gegen 05.50 Uhr ziehen die Russen aus dem Birnenwald in Richtung

Stiefelwald. Um 07.15 Uhr erfolgt ein Stuka- und Zerstörerangriff auf Kischkino, Tschernowo, Riegel- und Stiefelwald.

Gegen 10.30 Uhr meldet der Regimentsarzt, Hstuf. Dr. Hauk, einen Volltreffer in den Truppenverbandplatz, bei dem ein SDG (Sanitäts-dienstgrad) getötet, der Hilfsarzt schwer verwundet, ein SDG und der Regimentsarzt leicht verwundet wurden. Drei Schlitten zum Verwundetentransport sind ausgefallen.

Nach Verwundung des Rgt.-Adjutanten, Ostuf. Diercks, wird der Ordonnanzoffizier des Regiments, Ustuf. Le Coq, stellv. Rgt.-Adjutant.

Aus dem Birnenwald wird der Rgt.-Adjutant des russ. 922. Schützenregiments als Gefangener eingebracht.

Um 14.30 Uhr erbebt der Rgt.Gef.Stand SS-D in Sajzewo durch einen Bombenangriff, bei dem 8 schwere Bomben rund um den Gefechtsstand fallen, so daß sämtliche Fenster und alle Fernsprechleitungen zerstört werden. Letztere sind 20 Minuten später wieder repariert.

Schwerpunkt auf beiden Seiten der Front — der Stiefelwald

Das I./D soll am Abend durch Teile der SS-Aufkl.Abt. abgelöst werden und erhält um 15.30 Uhr durch Staf. Ostendorff folgenden Vorbefehl:

„Verstärktes I./‚D‘, unterstützt durch Sturmgeschützbatterie v. Malachowski und Panzerkompanie Hummel, greift am 23. 3. 1942 in enger Anlehnung an Teile der 251. I.D. aus dem Raum südwestlich Usowo den Stiefelwald in nordwestlicher Richtung an, durchstößt ihn und vernichtet die in und westlich Stiefelwald in Stellung befindlichen Feindkräfte.

Die im Keulenwald liegenden Teile SS-‚D‘ und SS-Kradsch.Btl. stoßen frontal in ostwärtiger Richtung nach, sobald der Stoß der Masse des I./SS-‚D‘ im Rücken der feindlichen Stellungen wirksam wird. Bei Ausweichen des Feindes aus Kischkino ist in den Ort nachzustoßen und Kischkino zu nehmen.

III./I.R. 11 wird nach Einnahme Kischkinos dort Anschluß nehmen und die HKL von Kischkino auf Punkt 208,6 vorschieben.

gez. Ostendorff"

Der Regimentskommandeur, Ostubaf. Harmel, bittet jedoch den Kampfgruppenkommandeur, mit Rücksicht auf den Zustand der Männer den Angriff um 24 Stunden zu verschieben.

Um 20.35 teilt Ostendorff dem Regimentskommandeur mit, daß das Korps die Verschiebung des Angriffs um 24 Stunden genehmigt hat. Um 23.15 Uhr ist die Ablösung des I./D vollzogen.

23. März 1942:

Beim Kradsch.Btl. wird die 3. Kp. in Dorogino durch Teile des IR 40 abgelöst und zwischen der 1./D und der 2. Kradsch.Kp. am Ostrand des „Halses" des Hantelwaldes (auch Keulenwald) eingesetzt. Im Nordteil des Keulenwaldes sind Teile des IR 40 eingesetzt.

Gegen 09.55 Uhr fährt Ostubaf. Harmel mit dem stellv. Adjutanten und dem Nachrichten-Offizier (Ustuf. Wilfling) auf einem Panzer der Panzerkompanie Hummel nach Reschetalowo zum Gefechtsstand der SS-Aufkl.Abt., wo mit dem Kommandeur der Kampfgruppe SS-REICH, mit dem Kommandeur des I./D und dem Kommandeur der SS-AA eine Besprechung für den morgigen Angriff stattfindet.

Um 15.30 Uhr fährt Harmel mit dem Kommandeur des I./D nach Tarutino und zum Waldgelände ostwärts Owsjanikowo zur Geländebesichtigung. Die Schi-Kp. SS-„D" wird der SS-AA unterstellt und erhält den Auftrag, den Südrand des Stiefelwaldes aufzuklären. Der rechte Nachbar, das IR 167, ist von der 251. ID noch nicht über die Angriffsabsicht orientiert, wie fernmündlich festgestellt wird.

Um 17.30 Uhr fliegen vier deutsche Zerstörerflugzeuge einen Angriff auf den Stiefelwald. Gegen 20.50 Uhr erfährt der Regimentskommandeur von der Kampfgruppe, daß eine Stuka-Unterstützung am morgigen Tage nicht erfolgen kann. Da jedoch bei dem derzeitigen Zustand der erschöpften und abgekämpften Truppe kein Angriff ohne konzentrierte Unterstützung a l l e r Waffen, und vor allem der Luftwaffe mehr möglich ist, meldet Ostubaf. Harmel, daß ohne Stuka ein Angriff auf den Stiefelwald nur unter allergrößten Verlusten erfolgen kann, und schlägt vor, den Angriff abermals um 24 Stunden zu verschieben.

Seine Auffassung wird bestätigt durch das Aufklärungsergebnis um 21.10 Uhr, wonach der Spähtrupp der Schi-Kp. starkes Feuer aus allen Rohren aus dem Stiefel- und Kimmenwald erhalten hat, wobei

Ausfälle eintraten. Wiederum genehmigt das Korps gegen 21.35 Uhr die Verschiebung des Angriffs um weitere 24 Stunden.

Die Männer der Kampfgruppe leiden nach den nun schon wochenlangen Strapazen und Kämpfen vor allem in diesem Einsatz darunter, daß tagsüber der Schnee taut und sich die Filzstiefel voll Wasser saugen, die dann während der Nacht bei den tiefen Temperaturen wieder frieren. Dadurch gibt es auch jetzt noch Erfrierungen, zumal ein Teil der Männer keine ausreichende Wintererfahrung hat. Die Übergangszeit schafft neue Probleme. Viele Männer waren erst im Winter als Ersatz aus der Heimat gekommen, andere waren bis Ende Februar bei rückwärtigen Einheiten, also auch kaum mit Wintererfahrung in vorderster Front. Vom 20. 3. bis 3. 4. kamen die Männer nicht aus ihren Kleidern und konnten sich nicht waschen, sondern sich höchstens mit Schnee abreiben. Natürlich war jeder von Läusen befallen, und die Läuseplage wurde immer unangenehmer. Dazu waren die Männer aller Dienstgrade körperlich und seelisch ausgepumpt. Dieser Zustand der Truppe muß den nüchternen Schilderungen, Meldungen und Befehlen der Kriegstagebücher immer zugrunde gelegt werden und tritt meist viel zu wenig in Erscheinung.

24. März 1942:

Alle einlaufenden Meldungen deuten auf eine fortlaufende Verstärkung des Feindes hin, wie Truppenbewegungen in Richtung Kischkino — Nordspitze Stiefelwald, ferner Kolonnenverkehr von Pogorelki nach Süden und von Lyschtschewo nach Tschernowo. Damit verdichtet sich der Eindruck, daß der Gegner sich zum Angriff bereitstellt. Es ist daher die eigene Absicht, sich zur Verteidigung einzurichten, den Feind anrennen zu lassen und anschließend zu vernichten.

Um 12.50 Uhr bittet der Kommandeur des SS-Rgt. DEUTSCHLAND die Kampfgruppe um Klärung der Befehlsverhältnisse für den Fall des Angriffs und für den Fall der Verteidigung.

Durch neue Schneeverwehungen auf den Nachschubstraßen wird die Versorgung erneut erschwert und zu einem Problem. Der Kommandeur des I./D, Hstuf. Tost, meldet gegen 19.10 Uhr, daß der Stiefelwald sehr stark besetzt ist und der Feind dort kleine Lagerfeuer unterhält. Da auf Grund dieser Lage bei einem evtl. Angriff als Unterstützung ein zweifacher Stuka-Angriff auf den Stiefelwald unbedingt

Georg Keppler

SS-Obergruppenführer und General
der Waffen-SS

Soldatischer Lebensweg
(kurz gefaßt)

Geboren: 7. 5. 1894 in Mainz. Vater: Oberst a.D. Otto Keppler. Humanistische Schulbildung, Februar 1913 Abitur.

Februar 1913: Fahnenjunker im Füsilier-Regiment 73 Hannover;

Oktober 1913 — Mai 1914: Fähnrich auf der Kriegsschule Glogau;

19. 6. 1914: zum Leutnant (aktiv) im Füsl.Rgt. 73 befördert.

1. Weltkrieg: Westfront. 29. 8. 1914 bei St. Quentin schwer verwundet; freiwillig wieder ins Feld, Ostfront, Westfront; 1917 Oberleutnant, Regimentsadjutant. EK II und I und weitere Tapferkeitsauszeichnungen.

1918 — Anfang 1920: Durchführung der Demobilmachung in Hannover.

Anfang 1920 — Juli 1926: Schutzpolizei Hannover als Adjutant, Juli 1925 bis Juli 1926 Hundertschaftsführer; 1920 bevorzugte Beförderung zum Polizei-Hauptmann.

Juli 1926 — Anfang 1935: Landespolizei Thüringen als Hundertschaftsführer; 1. 7. 1931 Pol.-Major und Kommandeur der Landespolizei in Jena und Gotha.

Anfang 1935 — Oktober 1935: Als Major in das neue Heer übernommen. Feiwillig ausgeschieden und in die SS-Verfügungstruppe als Bataillonskommandeur I./SS-D in München eingetreten.

Oktober 1935 — März 1938: Als Bataillonskommandeur in München. März 1938 Einmarsch in Österreich.

April 1938 — Juli 1941: Regimentskommandeur SS-„Der Führer" in Wien. — Einmarsch Sudetenland und Tschechei (Prag: Wachregiment). — Westfeldzug — Ritterkreuz — Ostfeldzug bis zum Dnjepr.

Juli — September 1941: Kommandeur SS-T-Division Nordabschnitt Ostfront.

September 1941 — Juni 1942: In ärztlicher Behandlung (Hirnhautentzündung).

Juni 1942 — Anfang 1943: Kommandeur Division DAS REICH; Übernahme bei Rshew — Neuaufstellung in Fallingbostel und Frankreich — Charkow.— Rückfall Hirnhautentzündung.

Sommer 1943 — August 1944: Befehlshaber der Waffen-SS in Böhmen-Mähren und dann in Ungarn.

August 1944 — Januar 1945: Kommandierender General des I. SS-Pz.-Korps während der Invasion im Westen und des III. SS-Pz.-Korps in Kurland.

8. 2. — 26. 4. 1945: Kommandierender General XVIII. SS-A.K. Südabschnitt Westfront.

Mai 1945 — April 1948: In amerikanischer Kriegsgefangenschaft und Internierung.

April 1948 — Dezember 1952: Heimarbeit und Gemeindeschreiber in Oberbayern.

Januar 1953 — Anfang 1961: Kaufmännischer Angestellter und seit 1954 Prokurist in Hamburg.

Seit Anfang 1961: Rentner.

SPW-Führungswagen während des Gefechts

„Panzergrenadiere" sitzen ab

erforderlich ist, konnte der Angriffsbefehl noch nicht herausgegeben werden.

Um 23.45 Uhr gibt Staf. Ostendorff an das Regiment durch:
„Laut Gefangenenaussagen ist befohlen, daß die Russen bis 27. 3. die alten Stellungen zurückgewinnen sollen.
Angriff der Kampfgruppe SS-‚Reich' findet morgen nicht statt, da Stukas wegen schlechten Wetters abgesagt haben."

Im Verlaufe des Tages war die 3. Kradsch.Kp. in Dorogino von Teilen des IR 11 abgelöst und in den Mittelteil des Hantelwaldes verlegt worden. Im Südteil lag die 2. Kradsch.Kp. und im Nordteil ein Bataillon des IR 11.

In „Abwehrschlacht im Wolgabogen" berichtet das Korps:

„In der Zeit vom 22. — 24. 3. beschränkten sich die Kampfhandlungen auf eingehende Säuberung der gewonnenen Waldstücke und Abwehr wiederholter, aber im allgemeinen schwächerer Feindangriffe. Allein beim Ausräumen des ‚Birnenwaldes' ostwärts Gontschuki durch das Geb.Pi.Btl. 85 und Teile der 206. ID konnten 280 tote Russen gezählt werden.
Der Einbruch bei Tarutino war durch eine rote Schützendivision vorgetragen worden. Ihr waren in zweiter Linie gestaffelt drei weitere Schützendivisionen gefolgt, während eine andere Schützendivision westl. Pogorelki mit Fesselungsauftrag vor der 206. I.D. stand; hieran schloß sich nördlich eine weitere, durch ein Schützen-Rgt. (mot.) verstärkte Schützendivision. Gegenüber der 251. I.D. lagen bis zum Wolgaknie südlich Bachmutowo 2 Schützendivisionen. Diese Feindverbände in Stärke von 7—8 Divisionen, verstärkt durch einzeln eingesetzte Panzer und von über 1 ½ Panzerbrigaden, erhielten nach Luftaufklärungsergebnissen und eigener Beobachtung ständig neuen Ersatz zugeführt. Mehrfach konnten neu auftretende Panzer festgestellt werden, das feindliche Artilleriefeuer nahm täglich zu — ein erneuter feindlicher Angriff in der alten Einbruchstelle stand bevor. Die Richtigkeit dieser Vermutungen bestätigten spätere Gefangenenaussagen, nach denen der Gegner allein in der Zeit vom 26. — 27. 3. aus dem Ural zwei, erst im Februar 1942 aufgestellte, neue Panzerbrigaden herangeführt und sofort eingesetzt hatte."

Neuer russischer Großangriff

25. März 1942:

Gegen 02.00 Uhr morgens setzen schlagartig und in auffallender Geschlossenheit auf der gesamten Front der Einbruchstelle in einer Breite von 10 km anhaltende Feindangriffe mit starker Panzerunterstützung ein. Nach einem Salvengeschütz-Überfall auf den Südteil des Hantelwaldes (Keulenwaldes) greift der Feind um 02.07 Uhr im Abschnitt des Kradsch.Btl. an, wird aber bis 02.45 Uhr abgewiesen.

Auf Befehl der Kampfgruppe müssen sofort fünf Panzer nach Suchuscha zum IR 11 in Marsch gesetzt werden, wo der Russe auf der Straße Kischino—Dorogino angegriffen hat.

Beim rechten Nachbarn, dem IR 167, greift der Gegner auf Usowo an.

Um 10.40 Uhr hat der Feind Dorogino und Punkt 208,6 sowie den Nordteil des Keulenwaldes (Hantelwaldes) genommen. Ostubaf. Harmel muß sofort den Befehl im linken Abschnitt übernehmen, wo der Russe mit 25 Panzern T 34 angreift. Die feindliche Infanterie begleitet den Angriff auf Schlitten im Schlepp der russischen Panzer. Vier T 34 sind abgeschossen. Die 1./D riegelt gegen den vom Russen besetzten Nordteil des Keulenwaldes (Hantelwaldes) ab. Die 2./D wird sofort durch den Kommandeur des I./D nach Truschkowo in Marsch gesetzt, und Ostubaf. Harmel fährt mit der Panzerkompanie Hummel von Reschatelowo nach Truschkowo. Unterwegs wird die 2./D eingeholt und sitzt, da Eile geboten ist, auf die Panzer auf. Nach der Ankunft in Truschkowo erhält die 2./D den Befehl, den Y-Wald nach Osten zu sichern.

Nach einer Lagebesprechung beim IR 11 erhält die Panzerkompanie Hummel den Befehl, nach Ashewo vorzufahren. Der Rgt.Kdr. SS-D geht zu Fuß von Truschkino nach Sajzewo.

Um 14.00 Uhr erfolgt ein eigener wirkungsvoller Stuka-Angriff auf Dorogino, so daß der Russe mit zwei Panzern und Infanterie Dorogino räumt. Am Westausgang des Ortes stehen sich deutsche und russische Panzer im Kampf gegenüber.

Gegen 16.10 Uhr meldet sich Ostuf. Mentel, der Chef der 5./D, verwundet beim Rgt.Gef.-Stand SS-D und berichtet:

„Russe griff gegen 05.00 Uhr mit Panzern und Schlitten im Schlepp mit aufgesessener Infanterie an, eine Mulde als Deckung ausnutzend. Die 5./D konnte daher keinen erfolgreichen Feuerkampf führen. Da die schweren Waffen eingebaut waren, konnten sie nicht zurückgenommen werden und schossen, bis die Panzer heran waren und die Geschütze z. T. überwalzten oder die Bedienungen außer Gefecht setzten. Dabei gingen zwei 2-cm-Flak, ein leichtes Infanteriegeschütz und zwei Pak 3,7 cm verloren."

Während des Feuergefechts bei Dorogino werden fünf russische Panzer abgeschossen. Ein eigener Panzer wird vernichtet.
Um 17.55 Uhr werden dem Kommandeur SS-„D" durch die Kampfgruppe unterstellt:

> III./IR 301
> III./IR 11
> SS-Pi.Btl.
> Pz.Kp. Hummel
> Pz.Kp. v. Orloff
> 2./SS-„D", Reste 1. und 5./SS-„D" mit Teilen
> 4./SS-„D".

Diese Gruppe tritt sofort zum Gegenstoß auf Dorogino an. Gegen 18.00 Uhr liegt starkes feindliches Artilleriefeuer auf der Ortschaft, und die eigene Infanterie kann den Panzern wegen des schweren Feindfeuers nicht folgen, so daß die Panzer wieder aus Dorogino zurückkommen.
Das III./IR 301 und das SS-Pi.Btl. erhalten Befehl, rund um den Ort Stellung zu beziehen und aus den Stellungen westlich des Baches Dorogino und den Weg nach Panowo zu sperren.
Um 19.35 Uhr meldet Stubaf. Tietz, der Kommandeur des SS-Pi.Btl.: „Dorogino seit 18.30 Uhr wieder in eigener Hand. Neue HKL: Südrand Wald nördlich Dorogino — Nordwestrand Dorogino — Südwestrand Dorogino, Südrand oberer Keulenwald — Ostrand unterer Keulenwald."

Beim SS-Kradsch.Btl. fällt durch Volltreffer in den Bataillonsgefechtsstand der Adjutant Schütze. Der Bataillonsarzt, Hstuf. Dr. Ruef, wird verwundet.

Das XXXXVI. Pz.-Korps berichtet über diesen Tag:

„Besonders im Raum um Usowo, Owsjanikowo und Dorogino griff der Feind mit starker Artillerieunterstützung die HKL in heftigen Vorstößen an und erzielte kleine Einbrüche, unter anderem auch die Einnahme von Dorogino und des ‚Hantelwald'-Nordteils. An denselben Stellen tobten auch am Nachmittag erbitterte Kämpfe.

Einem kraftvollen Gegenstoß der Kampfgruppe SS-‚Reich', unterstützt durch wenige Panzer, gelang jedoch bis zum Abend im zähen Kampf die Rückeroberung von Dorogino und die Bereinigung der meisten übrigen kleineren Einbrüche, so daß bei Einbruch der Dunkelheit an allen Stellen trotz verlustreichen Einsatzes überlegener Feindkräfte die alte HKL bis auf Nordteil des ‚Hantelwaldes' fest in eigener Hand war.

Insgesamt wurden am 25. 3. 11 Feindpanzer abgeschossen, von diesen vernichtete allein die tapfere Kampfgruppe SS-Div. ‚Reich' unter Führung von Standartenführer Ostendorff 7 Panzer, wobei diese Gruppe auch die Hauptlast des infanteristischen Kampfes an diesem Tage zu tragen hatte und dennoch in wuchtigen Gegenstößen den überlegenen Feind entscheidend zurückwarf."

26. März 1942:

Um 02.30 Uhr meldet das I./D, daß der Chef der 2. Kp./D, Ostuf. Diecke, gefallen ist.

Die sieben Feindpanzer, die am Vortage als zerstört gemeldet wurden, sind im Abschnitt des I./D abgeschossen worden.

Um 07.40 Uhr erfolgt ein Stuka-Angriff auf den nördlichen Keulenwald, auf Kischkino und den Stiefelwald.

Gegen 09.30 Uhr greift der Feind vom Nordteil Keulenwald durch den Bachgrund auf Dorogino unter Begleitung von zwei Panzern an, und die Stellungen der 2./SS-Pi. werden durch die Panzer beschossen.

Um 09.55 Uhr ist Dorogino wieder von den Russen in Stärke von etwa 100 Mann besetzt. Hierauf erhält die Panzerkompanie Hummel den Befehl, nach Ashewo zu fahren. Das I./D hält zwei Kompanien zum Gegenstoß bereit. Ostubaf. Harmel fährt zu Klärung der Lage nach Ashewo.

Der Kommandeur des I./SS-D, Hstuf. Tost — gefallen

Um 10.30 Uhr wird der Kommandeur des I. Bataillons SS-DEUTSCH-LAND, Hauptsturmführer Tost, durch Granatsplitter schwer verwundet. Der Regimentsarzt, Hstuf. Dr. Hauk, fährt sofort zum Truppenverbandplatz, kann aber um 11.15 Uhr nur noch melden, daß Hstuf. Tost soeben verstorben ist.

Der Tod dieses im gesamten Sommer- und Wintereinsatz 1941/42 hervorragend bewährten jungen Kommandeurs, der damals als Kompaniechef seine 1. Kp./SS-DEUTSCHLAND beim Durchbruch durch die Moskauer Schutzstellungen glänzend geführt hat, ist ein schwerer Verlust für die ganze Kampfgruppe SS-REICH.

Um 11.40 Uhr befinden sich acht russische Panzer im Raum Dorogino. Zur Zurückgewinnung der Ortschaft erfolgt um 12.55 Uhr ein Artilleriefeuerschlag auf Dorogino, und anschließend greift die Panzerkompanie Hummel den Ort an. Um 13.40 Uhr ist Dorogino wieder in eigener Hand. Die Panzerkompanie mit einem Stoßtrupp der 2./D und das III./IR 301 haben gemeinsam den Ort vom Feind gesäubert. Die Stellungen am Ortsrand von Dorogino werden ausgebaut.

Der Angehörige der 14./D Herbert Thomson schreibt in seinen persönlichen Aufzeichnungen:

„Gegen 06.30 Uhr allmorgentlicher Besuch der T 34 und 30 Minuten Feuer aus allen Rohren. Einige Stunden später greift russische Infanterie mit Panzerunterstützung Dorogino an. Wir müssen die Stellungen in der Ortschaft aufgeben. Dadurch müssen wir vom 2. Zug in Panowo besonders auf der Hut sein, um nicht abgeschnitten zu werden. Die beiden Orte liegen 800—1000 Meter auseinander. Um 13.00 Uhr greifen 10 Stukas Dorogino an, und im Gegenstoß wird die Lage wieder bereinigt.

Was wir in diesen Wochen in diesem kleinen Abschnitt an Kämpfen, und was wir an Strapazen aushalten mußten, ist nicht in Worte zu kleiden. Wir waren damals das Resthäuflein der SS-Division ‚Reich‘."

Nach Gefangenenaussagen stehen der Kampfgruppe die russischen Schützenregimenter 916 und 922 der 250. Schützendivision und die Tankbrigade 81 gegenüber. Auch diese Feindverbände sind stark geschwächt.

In der Abendmeldung kann die Lage in Dorogino als bereinigt gemeldet werden. Der Nordteil des Keulenwaldes bleibt allerdings vom Gegner besetzt.

Im Bericht des XXXXVI. Pz.-Korps lesen wir zu diesem Kampftag:

„In unverminderter Stärke setzte der Feind auch am 26. 3. seine heftigen Angriffe fort. Wieder und noch einmal wollte er vor Einbruch der Schlammzeit mit allen Mitteln und um jeden Preis sein großes Ziel verwirklichen. Aber auch an diesem Tage führten die zahlreichen, wiederum mit starker Panzerunterstützung vorgetragenen Angriffe zu keinem Erfolg für den Roten. Unter Verlust von vier Panzern mußte er seine Angriffe für diesen Tag einstellen."

27. März 1942:
Während der Nacht herrscht auffallende Ruhe beim Gegner, und auf den eigenen Stellungen liegt nur geringes Artilleriestörungsfeuer.
Zur Vorbereitung des Angriffs des II./IR 53 auf den Nordteil des Keulenwaldes erfolgt ein Stuka-Angriff auf dieses Ziel.
In den Morgenstunden wird beim SS-Pi.Btl. durch eine 5-cm-Pak ein T 34 ostwärts Dorogino und ein weiterer Panzer von einer 8,8-Flak ostwärts des Waldes nördlich Dorogino abgeschossen.
Um 08.03 Uhr greifen vier T 34 mit aufgesessener Infanterie aus dem Stiefelwald in Richtung Owsjanikowo an. Sie werden um 08.40 Uhr durch den der SS-Aufkl.Abt. unterstellten Langrohrpanzer abgeschossen. Der Angriff der russischen Infanterie bleibt im Abwehrfeuer der eigenen Artillerie und Infanterie liegen.
Um 09.55 Uhr greifen die Stukas den Nordrand des Keulenwaldes an. Anschließend erfolgt ein Feuerschlag der Artillerie, der jedoch vom II./IR 53 nicht zum Angriff ausgenutzt werden kann, weil sich die Bereitstellung des Bataillons zeitlich verschoben hatte. Als diese beendet ist, wird der Artilleriefeuerschlag 40 Minuten später wiederholt; das II./IR 53 tritt zum Angriff an und kommt bis gegen 13.00 Uhr etwa 400 Meter vorwärts. Zur Unterstützung des Angriffs wirken alle schweren Waffen der Kampfgruppe in den Nordteil des Keulenwaldes. Gegen 14.50 Uhr hat das II./IR 53, das unter dem Befehl der 14. ID (mot.) angreift, den Nordteil des Keulenwaldes erreicht. Um 20.20 ist auch die Nordwestecke des Keulenwaldes in eigener Hand.

Dazu heißt es im Bericht des Korps „Abwehrschlacht im Wolga-bogen":

„Am 27. 3. wurde sodann im Angriff die bereits am 25. 3. verloren-gegangene Stellung des Nordteils des ‚Hantelwaldes' (Keulenwaldes) von der hierzu verstärkt eingesetzten 14. I.D. (mot.) in erbittertem Nahkampf wieder genommen. Die auch an diesem Tag mit verbis-sener Sturheit vorgetragenen roten Massenangriffe brachen wieder-um vor den deutschen Linien zusammen. Diesmal bezahlte der Feind sogar den Preis von 8 Panzern. Verbissen saßen in den deutschen Stel-lungen wenige entschlossene Kämpfer, die im pausenlosen Einsatz die härtesten Strapazen dieses Winters durchgestanden hatten und wuß-ten, daß die Zeit nicht mehr fern ist, wo wieder der deutsche Soldat der Angreifer sein wird. Um für diese Zeit die Ausgangsstellungen zu sichern, mußten diese harten Winterkämpfer aushalten und darum wehrten sie immer wieder die massierten Angriffe überlegener roter Kräfte ab, ließen immer wieder die feindlichen Panzer auf nächste Entfernungen anrollen, wo sie dann durch todesmutige Geschütz-besatzungen oder schneidige Einzelkämpfer im Handstreich vernichtet wurden."

28. März 1942:
Im Laufe der Nacht wird der Nordteil des Keulenwaldes (Hantel-waldes) gesäubert, woran auch die 1./D und die 3. Kradsch.Kp. be-teiligt sind. Letztere kann dabei 30 deutsche Maschinengewehre „ein-sammeln", die beim russischen Großangriff am 25. 3. dem Gegner in die Hände gefallen sind. Sie bilden eine wertvolle Ergänzung und Verstärkung der eigenen Waffenausstattung.
Der Rgt.Gef.-Stand SS-D soll in den Birnenwald verlegt werden. Der mit der Erkundung beauftragte Chef der 2./D, Ostuf. Ross-berger, meldet jedoch, daß eine Verlegung dorthin unmöglich ist, da die fünf vorhandenen Bunker mit toten russischen Soldaten überfüllt sind.
Gefangene des russ. 376. Schützenregiments der 220. Schützendivi-sion werden eingebracht. Sie sind Troßfahrer, die infolge starker Ver-luste nach vorne in die Gefechtseinheiten geholt wurden.
Die Kampfgruppe SS-REICH wird voraussichtlich am 30. 3. den lin-

ken Abschnitt (Südrand Nordkeule — Südrand Wald nördlich Dorgino) wieder übernehmen, da das IR 53 am Angriff nach Norden teilnimmt.

29. März 1942:

Der Gegner greift wieder den Nordteil des Keulenwaldes an. Um 16.10 Uhr greift der Gegner aus Südwestteil Stiefelwald in Richtung Owsjanikowo an. Der Angriff wird aber von der 2. Kradsch.Kp. aus der Südkeule abgewehrt.

Um 16.50 Uhr wird eine feindliche Batterie mit Hilfe eines Artilleriefliegers artilleristisch bekämpft und zum Schweigen gebracht.

Es bleibt bei der Übernahme des linken Abschnitts durch die Kampfgruppe am 30. 3. bis 23.00 Uhr. Abends liegt das Feuer von Salvengeschützen auf der Mulde ostwärts Ashewo, und in der ersten Hälfte der Nacht werden mehrfach Bomben auf Sajzewo und Umgebung geworfen.

Im KTB des XXXXVI. Pz.-Korps steht am 29. 3. 1942 die Eintragung:

„Das starke Feuer der feindlichen Artillerie und Panzer forderte bei der Kampfgruppe SS-‚Reich' in der Zeit vom 18. — 28. 3. 1942 rund 1000 Ausfälle."

Das ausgeblutete Kradsch.Btl. wird nach erneuten Ausfällen durch Panzerangriffe, Artilleriefeuer und Erfrierungen von Teilen des SS-„D" abgelöst.

Aus dem Bericht des Korps über den 28. und 29. 3. 1942:

„An den nun folgenden Tagen konzentrierten sich die Feindangriffe vornehmlich im Abschnitt der 14. I.D. (mot.) auf den ‚Hantelwald', ostwärts Dorogino, wo die Lage kritisch blieb, da das Vorbringen der Panzerabwehrwaffen durch das tief verschneite Gelände besonders erschwert war. Ungeachtet der hohen blutigen Verluste schob sich hier die feindliche Infanterie im Schutz mehrerer Panzer immer näher an die eigenen Stützpunkte heran. Mit hervorragender Unterstützung durch Verbände des VIII. Fliegerkorps konnten aber die Angriffe sämtlichst abgewehrt und dem Gegner unersetzliche Verluste beigebracht werden."

424

30. März 1942:

Nach ruhiger Nacht treten gegen 07.10 Uhr am Ostrand des Keulenwaldes vier Feindpanzer mit aufgesessener Infanterie auf. Die Infanterie wird vom linken Nachbarn abgeschossen. Die Panzer kurven
vor dem Nordostrand des Keulenwaldes weiter und nehmen die Stellungen des II./IR 53 unter Feuer.

Um 8.30 Uhr meldet die Aufkl.Abt.: „Aus Südostecke des Stiefelwaldes feindlicher Angriff von fünf T 34 und ca. 100 Infanteristen
auf Usowo. Drei Panzer sind bereits abgeschossen."

Gegen 14.00 Uhr greifen zwei Panzer gegen Owsjanikowo an, von
denen einer durch Molotow-Coctail außer Gefecht gesetzt wird.

Die Zahl der im Abschnitt der 251. ID auf Usowo angreifenden Panzer hat sich auf zwölf erhöht, von denen sieben abgeschossen werden.

In einem Kampfgruppenbefehl werden verschiedene Umgliederungen
befohlen. Abends ist die Ablösung einiger Teile des Kradsch.Btl. vollzogen.

Hier wieder ein Auszug aus „Abwehrschlacht im Wolgabogen":

„Doch auch diese immer wieder erteilten blutigen Schläge hielten ihn
[den Feind] von seinen Absichten noch nicht ab. So unternahm er am
Vormittag des 30. 3. nach längerer, stärkster Artillerievorbereitung
auf breiter Front in der Einbruchstelle nochmals einen geschlossenen
Großangriff. Nach entschlossener Abwehr dieses gewaltigen Ansturms
bohrte er an denselben Stellen am Nachmittag in hartnäckigen Einzel-
angriffen weiter, die aber auch nicht zum Erfolg führten. 18 Panzer
wurden vernichtet — auch dieser verzweifelte Ansturm war endgültig gescheitert."

Damit ist der russische Großangriff endgültig abgeschlagen.

Am 1. 4. 1942 wird im Rahmen der Umgliederung der Rest des
Kradsch.Btl. in der 1. Kompanie unter Ostuf. Hackerodt zusammen-
gefaßt und mit den Resten der Aufkl.Abt. unter Hstuf. Pötschke als
Bataillon dem SS-Regiment DEUTSCHLAND unterstellt.

Im Laufe des Tages wird die Ablösung des I./SS-„D" durch das IR 53
vorbereitet und in der Nacht bis 01.00 Uhr durchgeführt. Rgt.Gef.-
Stand: Sajzewo. Die Kampfgruppe erläßt einen Tagesbefehl. (Liegt
nicht vor.)

Am 2. 4. 1942 wird nach Erkundung als Unterkunftsraum für das I./D Pustoschka — Wolowo — Teljatjewo festgelegt. Der Rgt.Gef.-Stand wird nach Kaschino verlegt. Der Gefechtsstand der Kampfgruppe befindet sich in Meschkowo.

Umgliederung der Kampfgruppe SS-REICH

Die Kampfgruppe wird auf Vorschlag des Regimentskommandeurs Ostubaf. Harmel folgendermaßen umgegliedert:

Der Regimentsstab SS-DEUTSCHLAND soll zur Wiederaufstellung auf den Truppenübungsplatz Bergen verlegt werden.
Der Regimentskommandeur übernimmt die Führung des I./D
Die Reste der 1./D werden in die 2./D eingegliedert und diese dadurch aufgefüllt.
Anstelle der 1./D tritt die 1. Kradsch.Kp. unter Führung von Ostuf. Hackerodt.
Die Schi-Kp./SS-„D" wird auf die SS-Aufkl.Abt. aufgeteilt. Ustuf. Schreiber, Chef der Schi-Kp., wird als Adjutant zum I./D versetzt.
Die 5. (s)/SS-D wird auf die 14./D, 13./D und SS-Flak-Abt. aufgeteilt.
Die Stämme der aufgeteilten Einheiten werden in die Heimat zur Wiederaufstellung befohlen.
Um 21.10 Uhr teilt der O 1 der Kampfgruppe, Hstuf. Lingner, mit, daß in Sidorowo (bei Sytschewka) eine Kompanie Wehrmachtsersatz liegt, die der Kampfgruppe zugeführt werden soll. Sie bleibt im dortigen U-Raum und wird durch Ostuf. Drechsler (SS-Aufkl.Abt.) und vier Unterführer der Kampfgruppe ausgebildet. Das Rgt. DEUTSCHLAND hat zu diesem Zweck zwei Ausbilder und einen Lkw abzustellen.
Die Ablösung des SS-Pi.Btl. durch das IR 53 konnte noch nicht erfolgen, weil am Abend noch ein Angriff des Gegners im Gange ist. Der Feind, in Stärke von einer Kompanie und fünf Panzern, wird während der Nacht abgeschlagen. Die Ablösung des SS-Pi.Btl. ist bis 01.20 Uhr durchgeführt.
Damit ist die Kampfgruppe Harmel vollzählig abgelöst. Anschließend erfolgt die Umgliederung des Regiments und die Vorbereitung für den Abmarsch der Stämme.

Endlich können die Männer wieder einmal zur Ruhe kommen und sich körperlich und seelisch erholen. Waffen, Geräte und Bekleidung können nach langer Zeit wieder instand gesetzt werden.

Während der nun folgenden Schlammperiode sollen sich SS-D und SS-AA in einwöchigem Turnus ablösen, und am vierten Abend löst das SS-D die SS-AA erstmalig ab, die nun von Hstuf. Pötschke geführt wird.

Hstuf. Brühne wird mit der stellv. Führung des I./D beauftragt. Am 4. 4. 1942 rücken die frei gewordenen Stämme der SS-AA zur Verladung ins Reich ab.

5. April 1942:
Der Feind fühlt mit Panzern vor. Im Stiefelwald vermutlich weitere Panzer. Ein Stuka-Angriff von 12.30 bis 12.45 Uhr liegt mit seinen Bomben so kurz vor den eigenen Stellungen des I./D, daß durch die Splitter zwei Mann verwundet werden.

Der Regimentskommandeur SS-„D" verleiht Auszeichnungen an die in die Heimat abrückenden Männer des Rgt.-Stabes und verabschiedet sich.

Örtliche Feindvorstöße halten an

6. April 1942:
Der Gegner scheint sich im Stiefelwald bereitzustellen. Ein russischer Überläufer berichtet bei der 3./D, daß die 132. Spezialbrigade, die aus drei Bataillonen mot. Infanterie und einer vermutlich gemischten Artillerieabteilung besteht, am 5. 4. im Stiefelwald eingetroffen ist. Sie ist im Eisenbahntransport von Moskau nach Rshew verlegt worden.

Um 17.00 Uhr erfolgen zwei kleinere Angriffe des Gegners aus dem Südteil des Stiefelwaldes auf den Abschnitt der I./D, der im Sperrfeuer abgeschlagen wird. Im ganzen Abschnitt herrscht lebhafte feindliche Fliegertätigkeit. In Reshetalowo fallen zwei Bomben neben den Btl.Gef.-Stand und Truppenverbandplatz, in dem zwei Mann durch Splitter verwundet werden. Einer der beiden Posten auf der Straße wird tödlich getroffen.

7 . M ä r z 1 9 4 2 :

Ein gegen Mittag anlaufender Angriff des Feindes in Stärke von ca. 200 Mann aus dem Stiefelwald auf Owsjanikowo bleibt im eigenen Sperrfeuer liegen.

Um 13.20 Uhr meldet das I./D:

„Gegner mit zwei Panzern und aufgesessener Infanterie greift aus Stiefelwald nach Süden an. Dicht vor den Stellungen der 3./D drehen die Panzer nach Osten ab und stoßen gegen den äußersten rechten Flügel der Kompanie vor. Dabei wird eine MG-Stellung überwalzt. Der Gewehrführer und der Schütze 1 fallen mit der Pistole in der Hand im Nahkampf. Die anderen Männer werden dabei schwer verwundet oder fallen ebenfalls."

Gleichzeitig stößt der Russe aus der Südostecke des Stiefelwaldes in Stärke von ca. 120 Mann auf die südwestlich von Usowo befindlichen Stellungen der 251. ID und wird im Artilleriefeuer abgeschlagen.
Der Führer der 3./D, Ustuf. Pohl, bereinigt den Einbruch am rechten Flügel der Kompanie mit einem Zug im Gegenstoß mit Unterstützung der Artillerie. Ein Gefangener bestätigt das Auftreten der 132. Spezialbrigade. Abends ist wieder völlige Ruhe im Abschnitt der Kampfgruppe eingetreten.

Die Kämpfe klingen ab

Auch am 8. 2. 1942 gibt es keine Kampfhandlungen. Der Bericht des XXXXVI. Pz.-Korps „Abwehrschlacht im Wolgabogen" lautet abschließend:

„Die ersten schwachen Anzeichen des nahenden Frühlings brachten dem zäh kämpfenden deutschen Soldaten die Gewißheit, daß auch die weiter anhaltenden schweren Angriffe der Roten Armee nicht mehr zu dem Ziel führen werden, das sich der Russe unter sinnlosem Einsatz verblutender Menschenmassen im Verlauf des Winters 1941/42 gesetzt hatte.
Die deutsche Linie stand.
Voll Stolz konnten die Truppen des Korps auf die Leistungen und Erfolge in den unvergeßlich harten Abwehrkämpfen im Wolgabogen blicken.

In der Zeit vom 15. 3. — 9. 4. wurden vor dem Abschnitt des Korps 193 Feindangriffe, davon 94 von Panzern unterstützte erfolgreich abgewehrt.

In diesen Kämpfen verlor der Feind:

    76 Panzerkampfwagen
     9 Geschütze
  103 MG und eine große Anzahl anderer Waffen
      und Kriegsgerät.

Weiterhin wurden durch die deutschen Truppen 890 Gefangene eingebracht und, soweit überhaupt eine Zählung möglich war oder durchgeführt wurde, nach vorsichtigen Schätzungen auf dem Schlachtfeld

  9300 tote Russen gezählt."

Zu dem immer wieder zitierten Bericht „Abwehrschlacht im Wolgabogen" hat der Kommandierende General des XXXXVI. Pz.-Korps, v. Vietinghoff, ein Geleitwort geschrieben, das hier als Abschluß dieses Kampfabschnittes stehen soll. Es lautet:

„Die letzte große Bewährungsprobe des unvergeßlichen Winterfeldzuges 1941/42 ist überstanden.

Noch einmal haben die mir unterstellten Truppen in härtester Pflichterfüllung und unvergleichlich zähem Ringen den entscheidungssuchenden Ansturm der Roten Armee aufgehalten, dem Feind unersetzliche Verluste zugefügt und somit die weiteren Voraussetzungen für die kommende Fortführung des weltgeschichtlichen Ringens unseres Volkes geschaffen.

Der Dankbarkeit und Anerkennung für die in diesen Kämpfen vollbrachten Leistungen soll die folgende Abhandlung gewidmet sein.

gez. v. Vietinghoff

Korps-Gefechtsstand den 15. 4. 1942
Abt. I c Nr. 800/42

u) Abwehrkämpfe im Raum Olenino — Nelidowo
9. 4. — 10. 6. 1942

Über die Lage im Mittelabschnitt der Ostfront schreibt W. Haupt in „Heeresgruppe Mitte" (S. 131):

„Nachdem ab Ende März die Frühlingssonne schien, der Schnee zu schmelzen begann und sich das Land in Sumpf und Morast verwandelte, hielten die Soldaten der Heeresgruppe ihre Stellung gegen jeden Angriff des Gegners genauso fest wie vorher. Der Kampf an der Ostfront begann im April 1942 ‚auf der Stelle zu treten'. Es gelang der ‚Roten Armee' nirgendswo, noch einen weiteren Einbruch in die deutsche Hauptkampflinie zu erzielen. Der Kampf im Rücken der Front gegen die eingeschlossenen sowjetischen Verbände ging mit Verbissenheit weiter."

Die Lage an der Front hat sich beruhigt. Infolge des Temperaturwechsels hat die Schlammperiode begonnen. Die Wege sind vollkommen aufgeweicht, ein Fahren mit dem Kfz unmöglich, selbst zu Fuß ist nur mühsam vorwärtszukommen. Munitions- und Verpflegungsnachschub sind dadurch naturgemäß erschwert.

Wie in den gesamten Herbst- und Wintermonaten, so vollbringen die Nachschubdienste der Kampfgruppe REICH unter der Führung des Ib, Hstuf. Kunstmann, sowie die gesamten Sanitätsdienste bei der Verwundetenversorgung und deren Abtransport einmalige Leistungen, ohne die der monatelange Kampf in Angriff und Abwehr überhaupt nicht denkbar gewesen wäre. Dies gilt in besonderem Maße für die Munitions- und Verpflegungsfahrer. Aber auch die Waffen- und Kraftfahrzeug-Instandsetzungsdienste haben ihr Letztes gegeben, um die Kampfkraft der Truppe zu erhalten, ohne deren rückhaltlosen Einsatz diese verloren gewesen wäre.

Wie schon erwähnt, wurde am 11. 4. 1942 dem Kommandeur der SS-Div. REICH, Matthias Kleinheisterkamp, der inzwischen zu anderer Verwendung abberufen wurde, für die hervorragende Führung der Division in der Winterschlacht von Rshew und für die großen Leistungen der gesamten Division das Ritterkreuz des Eisernen Kreuzes verliehen.

Der Feind hat seine Angriffe mit Ausnahme von kleinen Erkundungsvorstößen eingestellt.

Auch eigene Erkundungs- und Stoßtruppunternehmen wurden durchgeführt. So werden am 26. 4. 1942 von der 2. und 3./D je ein Stoßtrupp angesetzt, die bis zu 200 Meter tief in den Stiefelwald eindringen, neun Bunker sprengen und einen Gefangenen mitbringen. Am 10. 5. stoßen zwei Stoßtrupps der 1. und 2./D in Stärke von je zwei Gruppen und einer sMG-Gruppe mit Artillerieunterstützung in den Stiefelwald vor mit dem Auftrag, Gefangene zu machen und die Stärke des Gegners festzustellen. Ergebnis: 2 Gefangene; ein lMG und ein sMG vernichtet, 6 Bunker und zwei Kampfstände gesprengt. Beim Gegner ca. 15 Tote und Verwundete. Eigene Verluste: 1 Schwer- und 2 Leichtverwundete.

Das I./D und die Aufkl.Abt. lösen sich in achttägigem Wechsel ab, und auch im Verlauf des Monats Mai 1942 wird die Ruhe an der Front nur durch Artilleriestörungsfeuer, Spähtrupps und Stoßtrupps auf beiden Seiten unterbrochen.

Generaloberst Model schwer verwundet

Am 23. Mai 1942 gerät Generaloberst Model, der OB der 9. Armee auf einem Flug mit dem „Fieseler Storch" in MG-Feuer von eingeschlossenen Feindkräften. Der blutende Pilot bringt mit letzter Kraft sein Flugzeug mit dem schwerverwundeten Oberbefehlshaber nach Belij. Model konnte nur durch eine Bluttransfusion am Leben erhalten werden. Die Führung der Armee übernahm vertretungsweise General der Pz.Tr. v. Vietinghoff.
Der Kampf gegen die eingeschlossenen Feindkräfte südlich des Wolgabogens klingt Ende Mai 1942 aus.

Das letzte Stoßtruppunternehmen

Aber noch am 30. 5. setzt SS-DEUTSCHLAND einen starken Stoßtrupp auf den Stiefelwald an, der recht erfolgreich verläuft. Im KTB des Regiments SS-„D" vom 30. 5. 1942 finden wir über diesen letzten Einsatz der Kampfgruppe SS-REICH 1942 in Rußland folgende Eintragung:

431

30. 5. 1942:

Tag verläuft ruhig.

17.00 Uhr: Beginn des Artl.-Feuers sämtlicher für das Stoßtrupp-unternehmen auf den Stiefelwald eingesetzten Batterien.

Im Wechsel vom Feuer der Abteilungen, Batterien und einzelnen Geschützen wurde der Gegner bis 21.50 Uhr bekämpft.

18.00 Uhr: Besprechung des Stoßtruppunternehmens.

Der Stoßtrupp gliedert sich:

1 Schtz.-Zug 1./SS-„D"
1 s.M.G.-Gruppe 4./SS-„D"
5 Sprengtrupps (1 : 4)
2 Flammenwerfer

21.50 Uhr bis

22.00 Uhr: Feuerschlag sämtlicher schwerer Waffen auf Stiefelwald.

22.18 Uhr: Stoßtrupp hat Feindberührung.

22.25 Uhr: Stoßtrupp bricht in den Stiefelwald ein:

22.30 Uhr: Stoßtrupp hat befohlenes Ziel erreicht.

Russ. Gegenstoß bricht im Feuer des Stoßtrupps und der Fl.W. zusammen.

22.40 Uhr: Einsetzen des eigenen Artl.-Feuers auf Nordteil Stiefel-wald (Stiefelschaft).

22.45 Uhr: Stoßtrupp zieht sich zurück, Russe stößt nach.

23.08 Uhr: meldet sich Stoßtrupp zurück.

Ausfälle: 1 Mann der 1./SS-„D" und
2 Pioniere leicht verwundet,
1 Pionier schwer verwundet.

Beute: 1 l.M.G.
1 Pz.Büchse
die Gewehre wurden vernichtet
1 Mann gefangen
25 Feindtote

Zerstört wurden:
31 Bunker
10 M.G.-Stände
4 Schtz.-Stände

Während des Unternehmens russ. Artl. Störungsfeuer auf eigene Stellung und Eshetalowo.   (Ende der Eintragung)

Abschließend schreibt W. Haupt in „Heeresgruppe Mitte" über den letzten Abschnitt dieser Kämpfe (S. 132):

„Der Kampf gegen die eingekesselten Kräfte des Generalleutnants Below klang Ende Mai 1942 aus. Die Sowjets wurden konzentrisch immer weiter zusammengedrängt. Es gelang trotzdem großen Teilen des I. Garde-Kav.K. und der 4. Luftlandebrigade, darunter Generalleutnant Below, am 9. 6. nach Süden durchzubrechen. Die 7. I.D., die bei Kirow die Sowjets abfangen sollte, wurde überrannt.

Trotzdem war endlich die letzte Gefahr für die Heeresgruppe Mitte gebannt, die sich nun wieder nach Osten und Norden orientieren konnte."

Beendigung des Einsatzes der Kampfgruppe SS-REICH

Am 1. 6. 1942 wird die Kampfgruppe SS-REICH durch das IR 53 abgelöst.

Um 24.00 Uhr ist die letzte schwere Waffe der Kampfgruppe herausgelöst. Die Kompanien marschieren in die befohlenen Biwak-Räume.

Und damit endet der schwerste und bitterste Einsatz der SS-Division REICH im Ostfeldzug 1941/42 und im ersten Rußlandwinter.

Die Verluste der Division sind erschreckend hoch und erschütternd.

Aber auch hier gilt wohl das Wort des amerikanischen Historikers George H. Stein in seiner „Geschichte der Waffen-SS", daß Elitetruppen noch nie nach dem Ausmaß ihrer Verluste beurteilt worden sind.

Die Schilderung des Einsatzes in der ersten Hälfte des Rußlandfeldzuges zeigt, daß die SS-Division REICH in diesem mörderischen Kampf an der Ostfront vom Heer nicht geschont wurde und sich auch selbst nicht geschont hat.

Monatelang mit an der Spitze des deutschen Stoßkeils der Heeresgruppe Mitte gegen Moskau, wurde die Division von einem Angriffsschwerpunkt zum anderen und von einem Brennpunkt der Abwehr zum anderen geworfen, bis sie restlos verbraucht und ausgebrannt war.

Der soldatische Ruf, den sich die Division hier im Osten erwarb, wurde allerdings unter außergewöhnlich hohen und schmerzlichen Verlusten erkauft.

Die Männer der SS-Division REICH haben die manchmal fast übermenschlichen Strapazen dieses Feldzuges im Sommer, während der Schlammperiode und in der Strenge des „sibirischen" Winters mit seinen zahllosen verlustreichen Angriffen, mit seinen mühseligen Märschen durch zähen Schlamm, strömenden Regen und bei klirrender Kälte, mit Verwundungen, Erfrierungen und Hunger und mit seiner dauernden seelischen Überforderung redlich mit den Kameraden des deutschen Ostheeres geteilt.

Die Reste der Kampfgruppe SS-REICH werden Anfang Juni 1942 im Raum Rshew verladen, um zur Neuaufstellung ins Reich verlegt zu werden.

Der neuernannte Kommandeur der SS-Division REICH, SS-Obergruppenführer K e p p l e r , der im Sommer 1941 als Kommandeur des Regiments DER FÜHRER abberufen worden war, traf während des Herauslösens der Kampfgruppe aus der Front bereits im Kampfraum Rshew ein und gab seine ersten Befehle für den Abtransport der Kampfgruppe ins Reich.

Die Fahrt geht über Smolensk, Witebsk, Lettland und Litauen ins Reich, und die Kampfgruppe erreicht über Berlin am 10. 6. 1942 mit Anfängen den Truppenübungsplatz Fallingbostel in der Lüneburger Heide. Von hier fahren alle Angehörigen der Kampfgruppe in einen vierzehntägigen wohlverdienten Heimaturlaub, und nach ihrer Rückkehr beginnt die Neuaufstellung und Umgliederung der Division zu einer Panzergrenadier-Division.

Die Frage nach dem Sinn des Opfers

Nach Abschluß dieses ersten großen Abschnitts des Rußlandfeldzuges stellt sich unüberhörbar die Frage nach dem Sinn dieser ungeheuren Opfer der Division und damit des gesamten deutschen Ostheeres, die in noch viel stärkerem Maße nach dem Zusammenbruch des Reiches 1945 vom deutschen Frontsoldaten und von unserem Volke gestellt wurde.

Waren diese riesigen Opfer und Strapazen, die gewaltigen Kesselschlachten, der kräfteverzehrende Vorstoß bis vor Moskau nicht völlig umsonst und sinnlos?

Generalfeldmarschall v. Manstein nennt die gewonnenen Feldzüge und siegreichen Kesselschlachten „Verlorene Siege".

Zum Abschluß dieses mörderischen Winterfeldzuges 1941/42 soll daher hier die historische Wertung des schickhalhaften Kampfes gegen die Sowjetunion für die europäische Geschichte durch einen der ranghöchsten Soldaten der ehemaligen deutschen Wehrmacht wiedergegeben werden.

Der letzte Oberbefehlshaber der „Heeresgruppe Süd" und spätere Militärhistoriker, der aus der k.u.k.-Armee hervorgegangene Generaloberst a. D. Dr. Lothar Rendulic, schreibt in seinem Lebensbericht über 50 Jahre österreichischer und deutscher Geschichte „Soldat in stürzenden Reichen"*) nach eingehenden Studien in dem Kapitel

„Sinn des Rußlandfeldzuges":

„Es bedeutete für die deutsche Führung eine große Überraschung, als die Russen gleich zu Kriegsbeginn unseren hundertdreiundfünfzig Divisionen über zweihundert, unseren dreitausend Panzern zehntausend und unseren zweitausend Flugzeugen sechstausend entgegenstellten. Aus dieser Überlegenheit gewannen wir bald die Überzeugung, daß der Angriff gegen Rußland gerade im letzten Moment erfolgt war, um bei richiger Führung noch Aussicht auf Erfolg haben zu können. Ein zutreffendes Urteil über die sehr bedeutsame Stellung des Krieges gegen Rußland im weltpolitischen Rahmen vermochte ich mir damals natürlich nicht zu bilden. Die Wertung dieses Krieges war erst nach seinem Ende möglich, und auch dann mußten zuvor die leichtfertigen, aber um so kategorischeren Urteile untersucht und die Propaganda, welche die Gedanken umnebelte, durchleuchtet werden. Ich will dennoch die Tatsachen, auf die sich eine Wertung dieses Krieges gründet, bereits jetzt anführen, weil unter diesen Aspekten die weiteren Ereignisse des Krieges mit anderen Augen gesehen werden, als es eine beschränkte Propaganda und die ihr folgende Geschichtsschreibung nach dem Kriege haben wollten. Ihre Verkünder vertraten die Ansicht und vertreten sie wohl noch weiter, daß der Krieg gegen Rußland aussichtslos und deshalb überflüssig war. Doch zeigt sich bei genauer Prüfung aller Tatsachen und Zusammenhänge, daß auch der Verlust dieses Krieges dessen große Tragweite für Europa keineswegs minderte.

---

*) Damm Verlag, München 1965, S. 286—288

Wir wollen auf die Zeit knapp vor dem Kriege gegen Polen, also auf das Jahr 1939 zurückgehen. Damals waren die Streitkräfte Frankreichs ganz schwach, England verfügte über sechs nicht einsatzfähige Divisionen, die Vereinigten Staaten besaßen wohl eine starke Luftwaffe, ihre Erdtruppen zählten aber praktisch überhaupt nicht. Die russische Rüstung dagegen war in vollem Gange. Sie wurde so vollendet geheimgehalten, daß weder die Westmächte, noch Deutschland ihr ganzes Ausmaß erkannten. Ohne die Störung durch den Krieg wäre bis zum Jahre 1943 mit einer annähernden Verdoppelung des Rüstungsstandes gegenüber dem von uns 1941 angetroffenen zu rechnen gewesen. Keine Macht der Welt hätte dann Rußland daran hindern können, das kommunistische Regime in ganz Europa einzurichten. Stalin hat für dieses Ziel der russischen Politik nach dem Kriege einige Proben geliefert.

Der Krieg Deutschlands gegen Rußland führte dazu, ... daß 1941 ihre [der Russen] wertvollsten Verbände aufgerieben und in den folgenden Jahren in harten Angriffs- und Verteidigungskämpfen die dauernd neu aus dem Boden gestampften Kräfte immer wieder schwer angeschlagen wurden, bis die Russen zu Kriegsende völlig erschöpft waren. (Als ich 1945 die Heeresgruppe Süd im österreichischen Raum führte und unter möglichster Vermeidung von Kämpfen Wien geräumt hatte, lagen zwei russische Heeresgruppen, unfähig zu weiterer Kampfhandlungen, vor meiner Front. Kompanien in Stärke von neun Mann, geführt von Köchen und Schreibern, waren keine Seltenheit.) Die Schwächung Rußlands war so groß, daß es seine weitreichenden politischen Pläne nach dem Kriege nicht verwirklichen konnte, während die durch die Aufrüstung und Kriegführung Deutschlands wachgerüttelten Westmächte den Russen nunmehr sogar überlegen waren. Das heißt also, daß die gegen Deutschland gerichtete Aufrüstung der Westmächte auch den ersten Schritt gegen die russische Gefahr bedeutete. Allerdings zeigte sich, daß die Westmächte trotz ihrer Überlegenheit unfähig waren, selbst den gegenüber der Vorkriegszeit stark eingeschränkten Expansionsabsichten der Russen in Europa mit Erfolg entgegenzutreten.

Ich glaube mich deshalb nicht von der Wirklichkeit zu entfernen, wenn ich behaupte, daß die Aufrüstung des Deutschen Reiches in ihrer aufrüttelnden Wirkung auf den Westen, vor allem aber der Krieg Deutschlands gegen Rußland, die abendländische Kultur gerettet haben. Es mutet wie eine Ironie des Schicksals an, daß die Westmächte wenn auch unbewußt, alles daransetzten, diese Rettung zu verhindern. Mag das Deutsche Reich neben dem Hauptzweck des Kampfes gegen den Kommunismus noch andere Ziele verfolgt haben: für die weltgeschichtliche Tragweite seines Kampfes bleibt das bedeutungslos. In diesem Kampf hat sich das Deutsche Reich geopfert — eine wahre Winkelriedtat für das Abendland!

Solche Tragweite hat das Schicksal unserem Kampf verliehen! In jenem Frühjahr 1942 waren wir weit davon entfernt, diesen anderen, tieferen Sinn unseres Tuns zu erkennen. Heute jedoch weiß ich, daß wir nicht umsonst gekämpft haben."

DIE NEUAUFSTELLUNG
der SS-Division REICH
und ihre
Umgliederung zu einer SS-Panzer-Grenadier-Division

Die Neuaufstellung und Umgliederung des Regiments DER FÜHRER

Mitte März 1942 beginnt die Neuaufstellung des Regiments „DF" unter gleichzeitiger Umgliederung zum Panzer-Grenadier-Regiment auf dem Truppenübungsplatz Fallingbostel unter denkbar günstigen Voraussetzungen. Es wird dem Regiment gestattet, alle Wiedergenesenen aus dem Ausbildungs- und Ersatzbataillon Stralsund und alle verwundeten und kranken Offiziere, sofern sie in den nächsten drei Monaten feldverwendungsfähig werden, unmittelbar zum Regiment einzuberufen. So treffen in kurzer Zeit insgesamt etwa 400 Führer, Unterführer und Männer ein, die alle wenigstens einen Teil der Kämpfe mit dem Regiment erlebt haben und damit den Grundstock für die neu aufzustellenden Kompanien und Bataillone bilden.

In rascher Folge treffen Transporte mit jungen Rekruten ein — insgesamt etwa 3000 Mann, durchschnittlich 18—20 Jahre alt. Was an Offizieren noch fehlt, wird dem Regiment zugewiesen — zum Teil mit, zum größeren Teil ohne Fronterfahrung.

Von den Junkerschulen Braunschweig und Tölz kommen als Standartenoberjunker die Männer wieder zum Regiment zurück, die kurz vor Beginn des Rußlandfeldzuges zu den Führerlehrgängen abkommandiert worden waren.

Nach bewährtem Beispiel werden sofort Unterführer-Lehrkompanien aufgestellt, wodurch in absehbarer Zeit die besonders empfindlichen Lücken im Unteroffizierkorps geschlossen werden können.

Die Ausstattung mit Waffen und Gerät erfolgt schleppend. Die Waffenausbildung leidet wenig darunter. Ein besonderer Engpaß ist die Zuführung von Kraftfahrzeugen. Außer den wenigen alten, aus dem Osten mitgebrachten Kfz steht dem Regiment nichts zur Verfügung. Die Schulung der Kraftfahrer leidet zwangsläufig unter diesem Mangel, und die Ausbildung als motorisierte Truppe liegt daher zunächst völlig lahm.

Die Führung der Bataillone übernehmen:

I./DF: Hstuf. Opificius; II./DF: Hstuf. Stadler und III./DF: Hstuf. Horn. Regimentsadjutant bleibt weiterhin Hstuf. Holzer, durchweg alte, bewährte Führer des Regiments. Sämtliche Kompanien des Regiments sind mit sehr guten Führern und Zugführern besetzt — leider ein Drittel davon ohne Fronterfahrung.

Ab Anfang April 1942 treffen Zug um Zug die anderen Restteile der Division auf dem Truppenübungsplatz ein, während die Kampfgruppe SS-REICH noch bis zum 1. 6. 1942 im Wolgabogen im Einsatz bleibt und mit ersten Teilen erst am 10. 6. 1942 eintrifft.

v) Verwendung im Heimatkriegsgebiet
15. 4. — 27. 7. 1942

In der zweiten Hälfte des Juni 1942 sind alle Urlauber der Kampfgruppe zurück, und damit kann endgültig die Neuaufstellung und Umgliederung zu einer Panzer-Grenadier-Division unter den gleichen günstigen personellen Voraussetzungen wie bisher beim Regiment DER FÜHRER erfolgen.

Der neue Divisionskommandeur, SS-Gruppenführer Georg Keppler, ist selbst als ehemaliger Kommandeur des I./SS-DEUTSCHLAND und anschließend als Kommandeur des SS-Rgt. DER FÜHRER aus der Division hervorgegangen und ein Garant dafür, daß die Division ihre Tradition im Geiste ihres ersten Kommandeurs, SS-Gruppenführer Hausser, fortsetzt.

Das Regiment DEUTSCHLAND wird von dem als Kampfgruppenführer bewährten Ostubaf. Heinz Harmel, das Regiment DER FÜHRER von dem in der Abwehrschlacht von Rshew bewährten Ostubaf. Kumm geführt.

Auflösung der Sturmgeschütz-Batterie REICH

Am 4. Mai 1942 ergeht folgender

Divisions-Sonderbefehl

Die Sturmgeschütz-Batterie der SS-Division „Reich" wird mit Wirkung vom 30. 4. 1942 aufgelöst.

Das Personal wird gemäß Sonderverfügung zu
  SS-Panzer-Abteilung 2
  SS-Panzerjäger-Abteilung 2
  SS-Artillerie-Regiment 2
versetzt.

Die Auflösung ist auf Grund der vom Führer befohlenen Umgliederung der SS-Division „Reich" angeordnet worden.

Die gesamte Division gedenkt mit stolzer Dankbarkeit des ruhmreichen Einsatzes ihrer Sturmgeschütz-Batterie.

Sie hat sich unter Führung ihres ersten Batterie-Chefs, SS-Hauptsturmführer Günster, der als vorbildlicher SS-Führer kämpfte und an ihrer Spitze fiel, und unter seinem Nachfolger, SS-Obersturmführer Telkamp, ein würdiges Blatt im Buch der Divisionsgeschichte erkämpft.

Sie war in vielen siegreichen Schlachten und Gefechten Bahnbrecher und schirmender Begleiter der Infanterie.

Unser aller Gedenken gilt den gefallenen Kameraden der Sturmgeschütz-Batterie und den Schwerverwundeten in den Lazaretten.

In ihrem Geist mit den neuen Waffen weiter vorwärts für Führer und Volk.

gez. K e p p l e r
SS-Gruppenführer und Generalleutnant
der Waffen-SS

Niemand in der Division konnte begreifen, warum diese einmalige Waffe nun nicht mehr zur Division gehören sollte. Zu diesem Zeitpunkt war allerdings noch nicht bekannt, daß sie ein halbes Jahr später wieder — in Stärke einer Sturmgeschütz-Abteilung — erstehen sollte.

Namensänderung

Im Verlaufe des Monats Mai wird die Bezeichnung: SS-Division REICH auf Befehl des RFSS abgeändert in:

SS-Division „Das Reich".

Obwohl die Umgliederung zur SS-Panzer-Grenadier-Division gleichzeitig mit dem Beginn der Neuaufstellung erfolgte, wird die Divisionsbezeichnung erst im November in SS-Panzer-Grenadier-Division „Das Reich" abgeändert.

Umgliederung:

Die Umgliederung zur Panzer-Grenadier-Division bedingt die zusätzliche Aufstellung einer Panzer-Abteilung mit drei Panzerkompanien (Pz. III und Pz. IV), die ab 20. 4. 1942 ebenfalls auf dem Truppenübungsplatz Fallingbostel durch Stubaf. v. Reitzenstein aufgebaut wird und vor allem aus alten Angehörigen des Regiments DEUTSCHLAND besteht.

Außerdem wird ein Infanteriebataillon der Division — das III./DF — in ein Schützenpanzerwagen-Bataillon (SPW-Btl.) umgegliedert, das vor allem für den gemeinsamen Einsatz mit der Panzer-Abteilung vorgesehen ist.

Die gleiche Ausrüstung erhält die 2./SS-Aufkl.Abt. unter Hstuf. Kämpfe, wodurch die SS-AA noch kampfkräftiger wird.

Als Besonderheit erhält die Division ein „schnelles Schützen-Regiment" (s. SS-Schtz.Rgt.), das aus einem Regimentsstab und zwei schnellen Schützenbataillonen besteht, die anstatt mit Beiwagenmaschinen mit dem neuen Porsche-Schwimmwagen ausgerüstet sind. Das Regiment wird am 22. 4. 1942 in Fallingbostel aufgestellt und gleichzeitig der Division eingegliedert.

Regimentskommandeur wird Staf. Schuldt, der bisherige Kommandeur des SS-Infanterieregiments 4 „Langemarck", welches diesen Ehrennamen für seinen aufopfernden Einsatz im Winter 1941/42 in Rußland erhalten hatte und nun den Namen auf Führerbefehl weitergibt an das Regiment, dessen volle Bezeichnung daher lautet:

„schnelles SS-Schützen-Regiment ‚Langemarck'".

Das bisherige SS-Kradsch.-Btl. REICH wird I./s.SS-Schtz.Rgt. „L".
Das II./s.SS-Schtz.Rgt .„L" wird aus dem bisherigen SS-Inf.Rgt. 4 „L" gebildet und zunächst geführt von Hstuf. Harzer.
Noch im Juni 1942 übernimmt der wiedergenesene Stubaf. Tychsen das II./„L". Hstuf. Harzer tritt zum Divisionsstab zur Vorbereitung auf die Kriegsakademie. Am 1. 6. 1942 erfolgt die Umrüstung und Umgliederung auf Schwimmwagenkompanien.
Als Termin für die volle Einsatzbereitschaft der Division ist der 1. August 1942 festgelegt.

Aufstellung des ersten SS-Generalkommandos

Am 28. Mai 1942 erfolgt befehlsgemäß die Aufstellung des ersten SS-Generalkommandos auf dem Truppenübungsplatz Bergen unter dem ersten Kommandierenden General der Waffen-SS, SS-Obergruppenführer und General der Waffen-SS Paul Hausser, und seinem Chef des Stabes, SS-Staf. Ostendorff, seinem ehemaligen Ia, dem soeben bewährten Kommandeur der Kampfgruppe SS-REICH in Rußland 1942.

Verlegung des Regiments DER FÜHRER nach Frankreich

Da man in Frankreich ständig mit der Möglichkeit einer alliierten Invasion rechnet, wird Anfang Juli 1942 das Regiment „DF" — der Division voraus — nach Nordwestfrankreich in den Raum Le Mans verlegt und als Eingreifreserve des OB West der 7. Armee unter Generaloberst Dollmann unterstellt.
In letzter Minute erhält das Regiment seine vollständige Kraftfahrzeugausstattung. Das I. und II./DF erhalten wieder Mannschaftstransportwagen (3-to-Opel Blitz), das III./DF wird nunmehr gepanzert und erhält 3-to-Schützenpanzerwagen (SPW). Auch die Regimentseinhei-

ten werden sehr gut ausgestattet. Die Fahrzeuge wurden exakt nach den Gliederungsvorschriften und der KAN (Kriegsausrüstungs-Nachweis) des Heeres zugewiesen und zugeführt.

Im Raum Mayenne, nordwestlich Le Mans, wird das Regiment zunächst untergebracht. Mit dem Tage des Eintreffens in dem neuen Unterbringungsraum beginnt eine noch wesentlich intensivere Ausbildung als auf dem Truppenübungsplatz. Besonders dem Chef des Generalstabes des OB West, General Zeitzler, verdankt das Regiment eine reiche Zuteilung an Betriebsstoff und Munition, da die Neuzuführung eines vollen und so bewährten Regiments eine erfreuliche Verstärkung der Eingreifreserve des OB West im Falle einer alliierten Invasion darstellte.

Damit sind die Voraussetzungen gegeben, die noch in den Anfängen stehende Verbandsausbildung zu steigern. Ganz besonderer Wert wird auf Gefechtsschießen und Übungen der Züge, Kompanien und Bataillone im scharfen Schuß gelegt. So ist es möglich, den jungen Ersatz in kurzer Zeit an die beklemmende Wirkung des Feuerkampfes zu gewöhnen. Von erfahrenen Unterführern und Offizieren geführt, arbeiten sich die Männer bis auf wenige Meter an angenommene Feindstellungen und Bunker heran, die noch unter dem Beschuß der eigenen Maschinengewehre, Granatwerfer und Infanteriegeschütze liegen, um dann mit scharfen Handgranaten einzubrechen.

Die Panzergrenadiere des III. (gep.)/DF und der SPW-Kompanie der Aufkl.Abt. müssen in ihren SPW eigenes Gewehr- und MG-Feuer durchfahren.

w) Besatzungstruppe in Frankreich
25. 7. — 21. 11. 1942

Ende Juli 1942 wird die gesamte Division vom Truppenübungsplatz Fallingbostel nach Nordwestfrankreich verlegt. Der Divisionsstab liegt in Le Mans.

Die Verbandsübungen werden nun in Zusammenarbeit mit den Panzern III und IV der neuen Panzer-Abteilung und mit der Artillerie fortgesetzt. Es ist eine wirklichkeits- und gefechtsnahe Ausbildung, wenn die Kompanien lernen, sich bis an die vordere Grenze des Artilleriefeuers heranzuarbeiten in der Gewißheit, daß die Artilleristen, ebenso wie die Männer der schweren Infanteriewaffen, sich ihrer hohen Verantwortung bewußt sind und kein Schuß, keine Granate in die eigenen Reihen trifft. Wer einmal in einem Panzerdeckungsloch sich von einem eigenen Panzer überrollen ließ — und wenn dieser dann noch auf diesem Schützenloch stehenblieb —, der wird auch einen Feindpanzer in Ruhe erwarten.

Eine Sorge ist der schlechte Ernährungszustand des jungen Ersatzes, von dem noch in der forcierten Ausbildung körperlich alles abgefordert wird. Trotz bestehender gegenteiliger Anordnungen wandert daher manches Stück Rind, Schwein oder Kalb in die Feldküchen der Kompanien, und es ist eine Freude zu beobachten, wie die Zusatzverpflegung anschlägt. Wer in kurzer Zeit wieder im Einsatz stehen soll, braucht Kraft und Kraftreserven.

In dieser Zeit findet in der Division ein Kompanieführer-Lehrgang statt, der aus allen Einheiten der Waffen-SS beschickt wird, um die reichen Kampferfahrungen des Winterfeldzuges 1941/42 durch den kampferfahrenen und bewährten Kommandeur des Regiments „DF", Ostubaf. Kumm, vermittelt zu bekommen. Eine besondere Auszeichnung für die Division.

So vergehen die Wochen in einem atemberaubenden Tempo. Auch sportlich werden die Männer bei Leichtathletik und Spiel wieder körperlich durchtrainiert und finden zugleich Entspannung. Bei Betaillons- und Regimentssportfesten werden — bei großer Breitenarbeit — auch sportliche Spitzenleistungen erzielt.

Durch laufende Besichtigungen des Divisionskommandeurs und des Kommandierenden Generals Hausser, dem hier seine alte Division unterstellt ist — das Generalkommando war inzwischen nach Paris verlegt worden — erhält die Führung einen Eindruck von der laufend fortschreitenden Einsatzbereitschaft der Division.

So endet z. B. die Ausbildung des s.SS-Schtz.Rgt. „Langemarck" auf dem Truppenübungsplatz Coetquidan in der Bretagne mit der Besichtigung einer Regimentsgefechtsübung mit Bildung eines Brückenkopfes über einen Fluß durch die neuen Schwimmwagenkompanien in Anwesenheit des Oberbefehlshabers der 7. Armee, Generaloberst Dollmann, des Kommandierenden Generals des SS-Panzerkorps und des Divisionskommandeurs. Die Leitung liegt in den Händen von Staf. Schuldt. Hierbei kann die Einsatzbereitschaft der neuen Porsche-Schwimmwagen eindrucksvoll gezeigt werden, die seit geraumer Zeit durch die Firma Porsche in Zuffenhausen entwickelt und in enger Zusammenarbeit mit dem SS-Kradsch.-Ersatzbataillon Ellwangen/Jagst erprobt wurden.

Mit Hilfe der Schwimmwagen werden die Kradschützen — jetzt schnelle Schützen genannt — noch beweglicher. Gewässer bilden in Zukunft kein Hindernis mehr. Nach Umschaltung auf den Geländegang und Herunterklappen der am Heck beweglich angebrachten „Schiffsschraube" können die Fahrzeuge ihren Weg durch Gewässer fortsetzen. Sie erreichen im Wasser eine Geschwindigkeit bis zu 12 km/h. Voraussetzung ist natürlich, daß die Schwimmwagen im Einsatz nicht durch Einschüsse oder Granatsplittereinschläge ihre Schwimmfähigkeit verloren haben.

Bei dieser Besichtigungsübung wurde ein gewaltsamer Flußübergang mit Schwimmwagen in breiter Front mit Feuerunterstützung der schweren Waffen vorgeführt, und es war sehr beeindruckend, wie die Schwimmwagen aus der Deckung am Ufer herausfahrend ohne Aufenthalt am Ufer „wasserten", in breiter Front den Fluß überquerten und aus dem Wasser am anderen Ufer an Land gingen, um sofort ins Gefecht einzutreten.

Am 12. August 1942 tritt die Division unter den Befehl des SS-Panzerkorps.

Am 27. 8. 1942 verunglückt der Ib der Division, Hstuf. Fred Jantsch, auf der Rückfahrt von einem Planspiel in Bordeaux mit dem Wagen tödlich. Sein Nachfolger wird Hstuf. Steinbeck.

Die gesamte Ausbildung der Division erreicht in Frankreich einen Stand, der sich ohne Einschränkung mit dem hervorragenden Vorkriegsstand vergleichen läßt. Hinzu kommen aber als ganz wesentliche Faktoren die reichen Erfahrungen der Front bei Führern und Unterführern.

So ist die Division Ende August wieder voll einsatzbereit. Am 1. Oktober wird sie auf Befehl des AOK 7 in den Raum südlich St. Lô verleg, das Regiment „DF" wenige Tage später in den Raum Villers-Bocage. Die Division bleibt jedoch dem SS-Panzerkorps unterstellt.

Es gilt jetzt vornehmlich, Einsatzmöglichkeiten zu erkunden und zu üben, um einer feindlichen Invasion entgegentreten zu können.

War es ein Spiel des Zufalls, daß die SS-Division DAS REICH zwei Jahre später gerade in diesem Raum harte Kämpfe gegen die alliierten Invasionstruppen zu bestehen hatte?

Die Auflösung des s.SS-Schtz.Rgt. „Langemarck" und die Aufstellung des SS-Panzer-Regiments 2 DAS REICH

Durch eine erneute Änderung der Kriegsgliederung der Division wird die Auflösung des Regiments „Langemarck" erforderlich. Direkt nach der Verlegung erfolgt die Auflösung des Regiments. Der bisherige Regimentsstab „Langemarck" wird der Stab des neu aufzustellenden SS-Panzerregiments 2 DAS REICH unter Führung des Panzerobersten Vahl, der ab 19. 10. 1942 vom Heer zur Waffen-SS kommandiert und mit der Aufstellung des Panzerregiments beauftragt wird.

Das II./SS-„L" unter Stubaf. Tychsen wird zur II. Abteilung des SS-Panzer-Rgt. DAS REICH umgegliedert und umgerüstet. Die ehem. 3. Kradsch.Kp. (Kp. Tychsen) war inzwischen geschlossen zum I./SS-„L" versetzt worden.

Das I./SS-„L" unter Stubaf. Jakob Fick wird der Division, zunächst noch als I./SS-„L", später als SS-Kradsch.Btl. 2 „DR", wieder direkt unterstellt.

Fortführung der Tradition „Langemarck"

In der Folge wird aus freiwilligen Flamen die „Legion Flandern" aufgestellt, die später zur Brigade ausgebaut wird. Da die Flamen aus geographischen Gründen mit Langemarck verbunden waren — die Bevölkerung pflegte nach dem ersten Weltkrieg freiwillig die Soldatengräber der bei Langemarck gefallenen deutschen Studenten —, wird dieser Brigade zur Fortführung der Tradition der Name „Langemarck" verliehen.

Neuaufstellung der Sturmgeschütz-Abteilung 2 DAS REICH

Mit Wirkung vom 14. Oktober 1942 ist die Neuaufstellung einer Sturmgeschützabteilung mit einem Abteilungsstab und 3 Batterien zu je 7 Geschützen befohlen. Zum Abteilungskommandeur wird Stubaf. Walter Kniep ernannt, sein Adjutant wird Ostuf. Köhler. Die Batterien werden geführt durch Ostuf. Telkamp (1. Battr.), Ostuf. Krag (2. Battr.) und Ostuf. Kepp (3. Battr.). Abt.-Arzt wird Ostuf. Dr. Sedlatschek.

Alle inzwischen zu anderen Einheiten versetzten Männer wurden wieder zu ihrer alten Waffe zurückgeholt. Damit ersteht die Tradition der im Osten so vielfach bewährten Sturmgeschütz-Batterie, deren Auflösung von allen alten Ostkämpfern aufs tiefste bedauert wurde, weil sie eine einzigartige Waffe war, der die Russen nichts Gleichwertiges entgegenzusetzen hatten.

So hat die SS-Division DAS REICH im Verlaufe des Jahres 1942 mehrere Male durch Neuaufstellungen und Umgliederungen ihr Gesicht verändert. Obwohl sie seit Beginn der Neuaufstellung in Fallingbostel als Panzer-Grenadier-Division gegliedert war, trug sie bis zum 9. November 1942 noch die alte Bezeichnung: SS-Division (mot.) „Das Reich".

Umbenennung

Das Verordnungsblatt der Waffen-SS vom 1. Dezember 1942 gab bekannt:

> „Auf Befehl des Führers führt mit Wirkung vom 9. November 1942 die SS-Division (mot.) ‚Das Reich' folgende Bezeichnung:

SS-Panzer-Grenadier-Division ‚Das Reich'"

(Kriegsgliederung siehe Anhang: S. 510 u. 511)

Die Aufstellung eines SS-Panzerregiments mit geplanten drei Panzerabteilungen, von denen sich schon zwei in der Aufstellung befinden, überschreitet bereits die Gliederung einer Panzer-Grenadier-Division und bildet praktisch schon den Übergang zur künftigen Panzerdivision, obwohl die endgültige Umgliederung zu einer vollwertigen Panzerdivision erst im Januar 1944 nach dem zweiten Herauslösen aus der Ostfront beginnen sollte. Es ist daher schwer, eine exakte Kriegsgliederung der damaligen Division als gültig zu betrachten, weil durch mehrere Umgliederungen und Neuaufstellungen die Übergänge fließend sind.

446

x) Die Besetzung Restfrankreichs
21. 11. — 28. 11. 1942

Die Besetzung Restfrankreichs war die natürliche und logische militärische Reaktion der deutschen Führung auf die anglo-amerikanische überfallartige Besetzung Nordafrikas, da die französische Mittelmeerküste andernfalls schutzlos einer anglo-amerikanischen Invasion aus dem Mittelmeerraum preisgegeben gewesen wäre.

Am 11. November 1942 ergeht vom AOK 7 folgender Befehl an das SS-Panzerkorps:

„1.) Der anglo-amerikanische Überfall auf Nordafrika macht Maßnahmen zum Schutze des französischen Gesamtraumes notwendig.

2.) Neben Maßnahmen außerhalb des französischen Mutterlandes werden deutsche und italienische Kräfte zum Schutze des französischen Raumes in das unbesetzte Gebiet einmarschieren. Der Einmarsch der deutschen Truppen erfolgt auf Wunsch und im Einvernehmen mit der französischen Regierung, um Frankreich gegen weitere angelsächsische Überfälle zu schützen."

Die Besetzung des unbesetzten Gebietes geht am 11. und 12. 11. reibungslos vor sich.

Das SS-Panzerkorps mit der Division DAS REICH, die SS-LAH und einsatzfähige Teile der Panzerbrigade 100 werden noch nicht eingesetzt, bleiben aber, mit Gleiskettenteilen verladen, erhöht alarmbereit.

Bei der Besetzung der französischen Mittelmeerküste darf der Festungsbereich Toulon zunächst nicht besetzt werden. Der Vorsitzende der deutschen Heereskontroll-Inspektion, Generalleutnant Freiherr v. Neubronn, hat Sonderbefehl, die Haltung des Festungskommandanten zu klären. Nach erfolgter Klärung sollen vom OB West weitere Befehle ergehen. Offensichtlich ergab sich aus dieser Meldung die Notwendigkeit, die Festung und den Kriegshafen Toulon im Handstreich zu besetzen.

y) Der Handstreich auf Toulon
27. 11. 1942

Am 22. 11. 1942 wird das I./SS-„L" von SS-DAS REICH dem SS-Panzerkorps direkt unterstellt und im mot. Marsch nach Brignoles nördlich Toulon verlegt.

Für die notwendig gewordene schnelle Besetzung von Toulon wurde von OB West erstmalig das neuaufgestellte SS-Generalkommando eingesetzt, das damit seine Generalprobe zu bestehen hatte. Am 20. 11. 1942 erhielt der Kommandierende General, SS-Gruppenführer Hausser, bei OB West den Auftrag, mit unterstellter 7. Panzerdivision, welche aus dem Raum Perpignan herantransportiert wurde, sowie zahlreichen weiteren Teilen des Heeres, der Kriegsmarine, der Luftwaffe und der Waffen-SS, die Festung und den Kriegshafen Toulon im Handstreich zu nehmen.

Die Verbindungsaufnahme mit der Kommission, Kapitän z. S. Hoffmann, und mit dem Admiral Wever von der Waffenstillstandskommission ergab die Besetzung von mindestens 6 Küstenbatterien, 6 schweren und einer großen Zahl leichter Flak-Batterien in einer Ausdehnung von 20 km Festungsfront, außerdem die Anwesenheit von etwa 20 000 Marinesoldaten, einschl. Flotte.

Es mußte von vornherein mit Widerstand oder Auslaufen oder mit der Vernichtung der Flotte gerechnet werden, in Anbetracht der persönlichen Einstellung des Flottenchefs, Admiral de Laborde, und besonders nach dem Einsatz der französischen Flotte vor Nordafrika.

Von der Erteilung des Auftrages bis zur Durchführung bleiben nur sieben Tage Zeit.

In der Nacht vom 24./25. 11. kam die Nachricht, daß Admiral Darlan die französische Flotte zum Auslaufen nach Dakar aufgefordert hat und die Gefahr des Auslaufens bestand. Vom OB West wurde der 27. 11. für das Unternehmen befohlen.

Im **Korpsbefehl Nr. 1** vom 25. 11. 1942 heißt es auszugsweise:

„1.) Generalkommando mit unterstellten Teilen hat Auftrag, die See- und Landfestung Toulon im Handstreich zu nehmen, um das Auslaufen der französischen Flotte zu verhindern.

Hierbei sind die Besatzungen zu Lande und auf den Schiffen zu entwaffnen und zunächst zu internieren.

2.) Hierzu wird die verst. 7. Pz.Div. in 3 Kampfgruppen eingesetzt: (Es folgen unter 1) und 2) die beiden Kampfgruppen der 7. Pz.-Div.) und unter

3.) **Führung:**   SS-Sturmbannführer Fick
    Truppe: verst. Kradsch.Btl. SS-Div. ‚Das Reich‘
    Auftrag: Wegnahme des Arsenalgeländes le Mourillon, der Funkstation nördlich davon und des Forts an der Südküste zwischen le Mourillon und le Pradet.

Es kommt darauf an, in erster Linie das Fort Lamalgue, dort Befehlshaber von Toulon, die Kasernen im Nordteil von le Mourillon und die Südspitze des Arsenalgeländes in die Hand zu nehmen.

Einzelheiten siehe Karte. Zeitliche Regelung siehe Ziff. 9

. . . .

6.) Zum verst. SS-Btl. ‚Das Reich‘ ist (von der Korps-Nachr.Abt.) ein Sonderkommando zur Übernahme der französischen Funkstation abzustellen.

7.) . . . .

8.) . . . .

9.) **Zeitliche Regelung:**
Durchführung des Handstreiches: X-Tag (X-Tag wird mündlich durch Ordonnanzoffizier befohlen.)
Die Kampfgruppen erreichen bis X-Tag 03.30 Uhr folgende Punkte:
Kampfgruppe 1: . . . .
Kampfgruppe 2: . . . .
Kampfgruppe 3: Westausgang in Valette. Ablaufpunkt
                 siehe Karte.
04.00 Uhr sind von allen Kampfgruppen diese Punkte ohne weiteren Befehl zu überschreiten und die gegebenen Aufträge durchzuführen . . . "

Der 7. Pz.Div. sind etwa 800 Marinesoldaten und 1500 Soldaten der Küstenartillerie zugewiesen und auf Zusammenarbeit angewiesen, um die Schiffe und die Küstenbatterien zu besetzen.

Der X-Tag ist der 27. November 1942

Der damalige Adjutant des SS-Kradsch.Btl. DAS REICH, SS-Ostuf. Buch, berichtet über diesen Einsatz beim Handstreich auf Toulon: „Morgens um 04.00 Uhr war der Einmarsch befohlen. Gegen 03.00 Uhr standen wir 5 km nordostwärts von Toulon. Die Gendarmerie-Wache wurde verhaftet. Punkt 04.00 Uhr traten wir an. 20 Minuten später war das Befehlsfort von Toulon, Lamargue (2. Kp.) und der Befehlshaber, Admiral Marquis, in unserer Hand. Wir holten ihn aus seinem Bett. Dann nahmen wir die Funkstation (1. Kp.), die Arsenale (1. Kp.), die Negerkaserne, eine U-Boot-Kaserne und das Vorwerk Grosse Tour. Zum Schluß folgten die Forts Cap Brun (3. Kp.) und Marguerite (4. Kp.), darunter auch die Marineschule. Nur bei der Funkstation wurde leichter Widerstand geleistet. Bis 07.00 Uhr war alles in unserer Hand. Nur 2 U-Boote konnten auslaufen.

Beim Arsenal fuhr ich auf einem B-Krad bei der Fahrt zur 1. Kp. auf ein französisches MG in Stellung. Wir wurden angeblich für Engländer gehalten und angeschossen. Mein Fahrer, Rottf. Schraml, bekam einen Bauchschuß, an dem er starb. Der Kradmeldestaffelführer, Oscha. Hund, erhielt einen Schuß durch den Ellenbogen und ich einen Bruststreifschuß. Wir waren die einzigen Verluste des Tages."

Am gleichen Tage richtet das Generalkommando des SS-Panzerkorps an seine vorgesetzte Dienststelle, Armeegruppe Felber, folgendes Fernschreiben:

„Handstreich Toulon am 27. 11. 42 planmäßig abgerollt. Überraschung überall voll gelungen. Schwacher Widerstand an einzelnen Stellen wurde schnell gebrochen. Französische Flotte war zur Versenkung vorbereitet. Versenkung begann sofort nach Eindringen in das Hafengebiet, teilweise waren bereits eigene Leute an Bord. 08.50 Uhr Toulon in eigener Hand.

Schlachtschiff Straßbourg ist auf Grund gesetzt. 4 Zerstörer noch schwimmend. Genaue Feststellung wegen ausgedehnter Brände auf einigen Kreuzern und Hochgehen der Munition z. Zt. nicht möglich. Geschütze der Küsten- und Flakbatterien teilweise gesprengt. Genaue Übersicht fehlt noch. Eigene Verluste ganz gering. Zahlen folgen.

Generalkommando SS-Panzer-Korps
Ia"

Der eigentliche Ablauf des Handstreichs auf Toulon wird in dem abschließenden Bericht des Korps folgendermaßen geschildert*):

„ . . . Die drei Stoßgruppen überschritten um 04.00 Uhr eine Ablauflinie, 2 km außerhalb des Festungsbereiches.

Um 05.30 begann die Verminung der Hafeneinfahrt durch die Luftwaffe. Das Unternehmen wurde begünstigt durch die mondhelle Nacht. An einzelnen Stellen wurde Widerstand geleistet, der jedoch infolge der gelungenen Überraschung gering war und schnell gebrochen werden konnte. Es gelang überraschend auf einen Teil der Kriegsschiffe zu kommen und den Widerstand zu verhindern.

Vom Flottenflaggschiff ‚Straßburg' wurde Widerstand geleistet und das Herankommen an das Schiff durch Feuer verhindert.

Kurz darauf erfolgte eine große Zahl von Detonationen auf den meisten Schiffen. Die Flotte hatte die Zerstörung der Schiffe vorbereitet und setzte sie nun auf Grund.

Um 08.50 Uhr war die Festung Toulon und die Masse der Schiffe in eigener Hand. Die Entwaffnung der französischen Kriegsmarine konnte durchgeführt werden. Nur der Flottenchef Admiral de Laborde, weigerte sich, mit seinem Stabe das Flaggschiff zu verlassen, obwohl die Besatzung bereits von Bord gegangen war. Einem Parlamentäroffizier sagte er, er ginge nicht ohne den Befehl des Marschalls Pétain von Bord. Hierauf wurde der Versuch einer fernmündlichen Verbindung zwischen Marschall Pétain und dem Flottenchef gemacht, der aber mißlang.

Durch einen Parlamentär wurde der Befehl des Marschalls Pétain überbracht, sofort von Bord zu gehen. Er verweigerte die Ausführung und blieb mit seinem Stab auf dem nicht mehr bemannten und auf Grund gesetzten Schiff. Dieses Verhalten zwang nunmehr, ihn mit Gewalt in Ehrenhaft zu nehmen.

Verluste: 1 Mann tot; verwundet: 1 Führer und ein Mann, alles beim I./SS-Rgt. ‚Langemarck', die in ihren Tarnjacken für Engländer gehalten wurden."

---

*) „Bericht über den Handstreich auf Toulon" — SS-Pz.-Korps: Ia, Tgb.Nr. 718/42 g (KTB Ia, Anl. 175)

Noch am 27. 11. 1942 erläßt der Kommandierende General des SS-Panzerkorps folgenden

Korpstagesbefehl

„Der Herr O.B. West hat Führung und Truppe für die geglückte Durchführung des Handstreiches auf Toulon seine vollste Anerkennung ausgesprochen.

Ich schließe mich voll und ganz dieser Anerkennung an und danke Führung und Truppe.

In vorbildlicher Zusammenarbeit von Heer, Marine, Luftwaffe und Waffen-SS wurde trotz kürzester Vorbereitungen und schwieriger Verhältnisse die gestellte Aufgabe gemeistert.

Mit besonderer Freude stelle ich fest, daß Truppenteile, die bereits im Osten Schulter an Schulter kämpften, sich auch heute wieder bewährt haben.

gez. H a u s s e r

Auf Befehl des OB West übernimmt das SS-Panzerkorps bis auf weiteres und bis zur endgültigen Klärung und Regelung der Abschnittsgrenzen zu den italienischen Kräften die Küstenverteidigung des Bereiches Toulon im Anschluß an die 335. ID.

Zusammenfassend kann gesagt werden, daß mit der Vernichtung der französischen Flotte durch Selbstversenkung von vornherein zu rechnen war, da sie weder den Engländern, noch den Deutschen in die Hände fallen wollte. In der französischen Marine waren von jeher die anti-englischen Ressentiments sehr stark ausgeprägt, die noch verstärkt wurden, als am 3. 7. 1940 — also unmittelbar nach Beendigung des Frankreichfeldzuges durch die Kapitulation Frankreichs — englische Kriegsschiffe bei Mers-el-Kebir, einem Hafen am Golf von Oran, Teile der französischen Flotte überraschend und rücksichtslos zusammenschossen und in den Grund bohrten, um sie nicht in die Hände der Deutschen fallen zu lassen. Der Haß gegen die Engländer in der französischen Marine war mindestens genauso groß wie gegen die Deutschen.

Dadurch bestand bei der französischen Kriegsmarine ein innerer Konflikt zwischen Marschall Pétain und seiner Regierung auf der einen Seite und de Gaulle — Darlan auf der anderen Seite, der sich im Falle Toulon nur durch Selbstzerstörung lösen ließ.

Wir wollen daher der französischen Kriegsmarine für ihre Haltung in der Festung und dem Kriegshafen von Toulon unsere Achtung nicht versagen, die in einer ähnlichen Lage genauso gehandelt hat, wie die deutsche Kriegsmarine, die sich am 21. Juni 1919, nach ihrer Auslieferung an England, in der Bucht von Scapa Flow selbst versenkte und mit wehender Kriegsflagge vor den Augen der Engländer unterging.

Diese Achtung kam auch dadurch zum Ausdruck, daß auf Befehl des Kommandierenden Generals des SS-Panzerkorps, SS-Obergruppenführer Hausser, die französischen Marineoffiziere in Ehrenhaft genommen wurden und ihre Seitenwaffen behalten durften.

z) Besatzungstruppe in Frankreich
28. 11. 1942 — 15. 1. 1943

Anfang Dezember 1942 wird die SS-Division DAS REICH nochmals verlegt, und zwar in den Raum südlich Rennes.

Eine Zeitlang scheint es, als ob die Division zusammen mit der Division „L-SS-AH" und mit der „Totenkopf-Division" im Rahmen des SS-Panzerkorps für einen Einsatz beim Deutschen Afrikakorps in Nordafrika vorgesehen sei, da die Truppe im November befehlsgemäß auf Tropentauglichkeit untersucht wird und bereits der Befehl zur Herstellung der Tropenverwendungsfähigkeit (Impfungen gegen Tropenkrankheiten und Beschaffung von Tropenbekleidung) vorliegt. Inwieweit diese Maßnahme lediglich der Tarnung und der Verschleierung der deutschen Absichten diente, mag dahingestellt bleiben.

Bei der Division ist nun nach der Verlegung in den Raum um Rennes die ruhige Zeit intensiver Ausbildung vorbei. Die schwer ringende Ostfront ruft — jeder spürt es —, und die Division wartet eigentlich täglich auf den Befehl zu neuem Einsatz.

Am 7. 12. 1942 ist die Demobilmachung der französischen Marine und Heeresteile abgeschlossen. Das SS-Panzerkorps wird durch das italienische XXII. Armeekorps unter General Olearo, das SS-Kradsch.-Btl. in seinem Abschnitt durch die italienische Division „Lupi di Toscana" abgelöst.

Nach Abschluß der Besetzung von Toulon und nach Herausziehung des I./SS-„L" und der Teile der 10. Pz.Div. — alte Kampfgefährten aus Polen und Rußland — übernimmt das SS-Generalkommando den Befehl über den Küstenabschnitt: Halbinsel St. Mandrier—Toulon—Cap Plane. Unterstellt bleibt dem SS-Generalkommando: links die 7. Pz.Div. und rechts die italienische Division „Piave" unter Brigadegeneral Tabellini.

Mitte Dezember 1942 war das Kradsch.Btl. I./SS-„L" nach seiner Ablösung durch die Italiener im Eil-Transport wieder zur Division zurückgekehrt und konnte im Raume Rennes Weihnachten feiern.

Generaloberst Hausser schreibt zu diesem Zeitpunkt in seinen privaten handschriftlichen Aufzeichnungen:

„War schon jetzt hier im Westen — nach dem fehlgeschlagenen Landeversuch der Engländer bei Dieppe — mit der Invasion zu rechnen? Das war unwahrscheinlich. Dagegen war die Lage im Osten seit Mitte November 1942 außerordentlich kritisch geworden."

Am 30. Dezember 1942 trifft der Führerbefehl ein, daß für das gesamte Korps — also auch für die Division DAS REICH — die Ostverwendungsfähigkeit sofort herzustellen ist. Damit ist klar geworden, daß das nächste Ziel der Division im Rahmen des SS-Panzerkorps die Ostfront sein wird und daß der Traum vom Einsatz im Rahmen des Afrika-Korps ausgeträumt ist.

KRIEGSJAHR 1943

Dieses Jahr steht unter der am 23. Januar in Casablanca erhobenen Forderung der Alliierten auf „Bedingungslose Kapitulation" und unter dem Zeichen „Stalingrad". In mittelbarem Zusammenhang mit diesem Ereignis soll der Einsatz des ersten SS-Panzer-Korps, später II./SS-Panzer-Korps genannt, unter dem Kommandierenden General, SS-Gruppenführer Hausser, und seinem Chef des Stabes, Standartenführer Ostendorff, mit den Panzer-Grenadier-Divisionen „SS-Leibstandarte Adolf Hitler", „Das Reich" und „Totenkopf" im Raum Charkow erfolgen. Dies bedeutet einen Einschnitt in der Entwicklung der Waffen-SS: zum ersten Mal kommen die drei ältesten Divisionen der Waffen-SS unter einem SS-Generalkommando zum Einsatz.

Damit steht die Division DAS REICH unter dem Befehl ihres inzwischen von seiner schweren Verwundung wiedergenesenen ersten Divisionskommandeurs Hausser.

Wie hatte sich inzwischen die Lage im Osten entwickelt?

Die sowjetische Winteroffensive 1942/43

In dem zusammenfassenden Bericht des SS-Panzerkorps: „SS-Panzer-Korps in der Schlacht zwischen Donez und Dnjepr" heißt es darüber:

„Im November 1942 begann im großen Donbogen die gewaltigste Offensive, die die sowjetische Führung in diesem Kriege bisher durchgeführt hat. Kennzeichnend für diesen Großangriff waren von Anfang an folgende Eindrücke:

Der Gegner hatte ein Aufgebot an Menschen und Material, vor allem an Panzern, bereitgestellt, wie nie zuvor.

Die Offensive war großzügig und nach deutschen Führungsgrundsätzen geplant.

Das Erreichen oder Nicht-Erreichen der operativen Ziele konnte kriegsentscheidend sein.

Folgende zeitlich genau berechnete, uhrwerkmäßig aufeinanderfolgende Takte der sowjetischen Offensive können unterschieden werden:

Durchbruch am Don bei Serafimowitsch. Gleichzeitig Durchbruch bei Krassnoarmeisk südlich Stalingrad. Dabei wurden zwei rumänische Armeen zerschlagen; die deutsche 6. Armee in Stalingrad war innerhalb kurzer Zeit durch völlige Einschließung ausgeschaltet. Angriff der westlich und nordwestlich Stalingrad versammelten 2 Heeresgruppen nach Westen.

Antreten der Heeresgruppe Südfront beiderseits des Don mit Angriffsrichtung Rostow und südliches Donezgebiet. Dabei ergab sich von selbst das Abtrennen der deutschen Kaukasusarmee von ihren über Rostow führenden Verbindungen."

Generaloberst Hausser schreibt in seinen persönlichen Aufzeichnungen:

„Der Heeresgruppe Don — abgedrängt von Stalingrad — drohte die doppelte Umfassung in Richtung Rostow — verhängnisvoll für die rechte H e e r e s g r u p p e A im Kaukasus.

Nördlich davon hatte sich die r u s s i s c h e A n g r i f f s f r o n t Mitte Januar bis vor die H e e r e s g r u p p e B — nämlich vor die 2. ungar. Armee und deutsche 2. Armee verbreitert.

Die sowjetische Führung suchte im Südabschnitt d i e E n t s c h e i - d u n g d i e s e s W i n t e r s durch Abschneiden der b e i d e n s ü d l i c h e n H e e r e s g r u p p e n am Asowschen Meer."

Im Bericht des SS-Panzerkorps heißt es weiter:

„Antreten der Heeresgruppe ,Südwestfront' im Raum zwischen Bahnlinie Stalingrad, Morosowsk und Linie Kantemirowka, Starobelsk mit Ziel nördlicher Donez. Die nordwestlich der ersten Durchbruchstelle am Don liegende italienische und ungarische Armee wurden durch diese Angriffsgruppe in Flanken und Rücken bedroht. Beide Armeen verließen angesichts dieser Bedrohung ihre festen Stellungen, ohne noch nennenswerten Widerstand zu leisten. Ihr Ausweichen glich zuletzt einer Flucht. Heeresgruppe ,Südwestfront' überschritt den Don nordwestlich Stalingrad.

Nach Erreichen des unteren Donez durch Heeresgruppe ,Südfront' und des Oskol durch Heeresgruppe ,Südwestfront' schloß sich zunächst der Südflügel der Heeresgruppe ,Woronesh-Front' dem Angriff nach Westen an.

Der nach dem Ausweichen der südlich anschließenden ungarischen Armee weit nach Osten vorspringende Frontabschnitt des deutschen VII. und XIII. AK wurde zangenartig in der Süd- und Nordflanke gepackt. Nach Vereinigung der beiden angesetzten Angriffsgruppen bei Kastornoje waren die beiden deutschen Armeekorps eingeschlossen. Danach trat die gesamte Heeresgruppe ‚Woronesh-Front‘ nach Westen an. Es folgte der Durchbruch durch die vom deutschen A.O.K. 2 eiligst errichtete Timstellung. Im Verlauf des weiteren Angriffs nach Westen wurden Kursk, Lgoff und Rylsk genommen.

Nach dem Durchbruch bei Kursk durch Heeresgruppe ‚Woronesh-Front‘ schloß sich Heeresgruppe ‚Briansk-Front‘ dem Angriff an.

Der Südflügel trat aus Raum Liwny gegen den im Absetzen begriffenen rechten Flügel des deutschen Pz. A.O.K. 2 an, der Nordflügel trat aus dem Raum nordostwärts Orel gegen Orel an.

Das operative Ziel und der Rhythmus der russischen Winteroffensive sind deutlich erkennbar. (Skizze siehe unten!)

Das Antreten der einzelnen Heeresgruppen folgte zeitlich so aufeinander, daß durch jede Heeresgruppe ein Teilstück der in allgemein

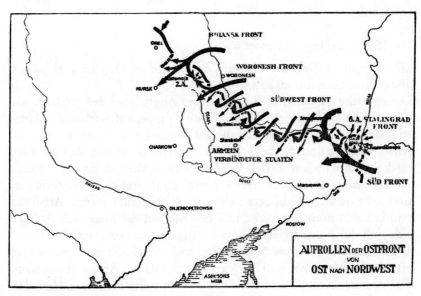

Die sowjetische Winteroffensive 1942/43 im Raum der Heeresgruppe Don

nordwestlicher Richtung verlaufenden deutschen Abwehrfront aufgerollt und herausgebrochen wurde.
Von Stalingrad bis in die Höhe von Orel verliefen die Operationen planmäßig. Die erwarteten Erfolge traten, wenigstens bei der italienischen 8. Armee und der ungarischen 2. Armee, fast automatisch ein. Zwischen Slawiansk und Raum nördlich Kursk war die deutsche Front auf einer Breite von über 500 km aufgerissen. Die Armeen zweier sowjetischer Heeresgruppen marschierten unaufhaltsam nach Westen."

Generaloberst Hausser vermerkt in seinen handschriftlichen Aufzeichnungen:

„Südlich davon kämpften sich einzelne Verbände, z. T. unter dem Korps Cramer, daneben Polizeiverbände und die Divisionen 298 und 320, auf den Oskol zurück.
An Verstärkungen traf zunächst die D i v i s i o n ‚G r o ß d e u t s c h l a n d‘ von der Heeresgruppe Mitte bei der Heeresgruppe B — Frhr. v. Weichs — im Raum Bjelgorod ein.
Im Großen hat sich daneben die deutsche Lage in Afrika bedrohlich entwickelt."

Das SS-Panzerkorps berichtet weiter:

„Das operative Ziel, der Einsturz der deutschen Ostfront, schien im Südabschnitt erreicht zu sein.
Die russische Führung nannte als neues Angriffsziel den Dnjepr. Sie nahm keine Rücksicht auf die ermüdete Truppe, auf wachsende Nachschubschwierigkeiten und auf die im Verlauf des Angriffs eingetretenen Verluste und Ausfälle. Es bekümmerte sie wenig, daß bei dem raschen Vormarsch nur Teile der Artillerie mitkamen und daß nahezu sämtliche Schützenverbände durch zwangsrekrutierte Zivilisten und nicht durch ausgebildete Infanteristen aufgefüllt waren. Artillerie wurde kaum noch gebraucht, und den Bestand der Masse erhielt man sich auch durch unausgebildete und mangelhaft ausgerüstete Zivilisten. Durch den Ausfall von 5 deutschen und verbündeten Armeen war eine starke zahlenmäßige Überlegenheit der Roten Armee entstanden. Für den weiteren Verlauf der Operationen sollte die Masse über den nunmehr weit unterlegenen Verteidiger triumphieren.

Entscheidend aber wurde, daß die sowjetische Führung den Kulminationspunkt ihrer Offensive nicht erkannte. Dieser war am Donez erreicht. Über größere Entfernungen mußten Nachschub und Bodenorganisation der Luftwaffe bei den unvermeidlichen Schwierigkeiten eines Winterfeldzuges versagen, die Stoßkraft nach den Angriffskämpfen über mehrere 100 km erlahmen.
Die Überlegenheit der deutschen Führung sowie der Truppe konnte infolgedessen trotz großer zahlenmäßiger Unterlegenheit die Entscheidung für die eigenen Waffen herbeiführen."

Generaloberst Hausser schreibt in seinen privaten Aufzeichnungen:
„Die Schilderung der Aufgaben e i n e r e i n z e l n e n D i v i s i o n hierbei würde den Ü b e r b l i c k a u f d i e Z u s a m m e n h ä n g e erschweren.
Die Aufgabe dieser Arbeit soll deshalb für diesen Abschnitt erweitert werden. Der Einsatz des Korps möge den Rahmen geben, in dem die Ereignisse der Division eingebettet werden."

Der Verfasser betrachtet es als Selbstverständlichkeit, diesem Wunsche unseres verstorbenen Seniors zu entsprechen — eine Schilderung im Rahmen des Korps zu geben, die sich im übrigen allein schon von der Sache her anbietet, da die Kämpfe des SS-Panzerkorps zwischen Donez und Dnjepr eine geschlossene Gesamtleistung der drei SS-Panzer-Grenadier-Divisionen darstellen, die durch eine einzelne Division und ohne die Führungsleistung des SS-Generalkommandos unter seiner Führung nicht möglich gewesen wäre.

Die Verlegung des SS-Panzerkorps an die Ostfront

In den ersten Tagen des neuen Jahres trifft der Befehl zur Verlegung des SS-Panzerkorps an die Ostfront ein. Die Transportbewegung beginnt am 9. Januar 1943.
Der Kommandierende General Hausser fährt mit seinem Chef des Stabes Ostendorff voraus und führt in Berlin Besprechungen mit dem SS-Führungshauptamt, während Standartenführer Ostendorff inzwischen Verbindung mit dem OKH aufnimmt, und zwar mit General

Zeitzler, der ihm aus der Zeit im Westen als Chef des Generalstabes beim OB West bekannt ist. Anschließend geht es auf dem Luftwege über Kiew, Taganrog nach Woroschilowgrad mit Meldung bei Generalfeldmarschall v. Manstein und bei der Armee-Abteilung Fretter-Pico, der das SS-Generalkommando vorübergehend unterstellt wird, und weiter nach Charkow mit Unterstellung am 26. Januar unter die Heeresgruppe B — Generaloberst v. Weichs (Chef d. Stabes: v. Sodenstern).

Die Verbände des SS-Panzerkorps rollen inzwischen in Blitz-Transporten unter absolutem Vorfahrtsrecht vor allen anderen Transporten und Zügen aus dem Westen heran. Die Fahrt geht über Nantes, Orléans, Froyes, Bainvilles, Luneville, Saarburg, Homburg, Kreuznach, Mainz, Frankfurt, Gemünden, Lichtenfeld, Hof, Zwickau, Olmütz, Lauban, Ratibor, Krakau, Przemysl, Tarnopol, Kasatin, Kiew.

An der Spitze des SS-Panzerkorps rollt die SS-Division DAS REICH, voraus das SS-Regiment DER FÜHRER, das damals nach Abschluß der Abwehrschlacht von Rshew als erster Verband der Division aus der Ostfront herausgezogen und zur Neuaufstellung nach Fallingbostel verlegt worden war.

Dahinter folgt die „L-SS-AH" und etwas später die „Totenkopfdivision".

In Frankreich blühten zum Weihnachtsfest die Veilchen — um Kiew liegt eine weite gleißende Schneedecke — ein äußerer Wandel, der dem inneren vollkommen entspricht.

Als erste Einheit des Regiments DER FÜHRER war das I./DF unter Führung von Hauptsturmführer Opificius, verstärkt durch die gesamte 14./DF (Fla.Kp.) und einen Zug 16./DF (Pi.Zg), am 10. Januar in Rennes verladen worden.

Da dieses Bataillon getrennt von der Division zum Einsatz kommt, während die Verbände des Korps in Kiew ausgeladen werden und auf eigener Achse den Raum Charkow erreichen, wo sich das SS-Panzerkorps bis 30. Januar versammelt, soll der Einsatz dieses Bataillons an dieser Stelle in groben Zügen geschildert werden.

Einsatz des verst. I./SS-DER FÜHRER
im Raum Stalino — Woroschilowgrad

a) Abwehrschlacht im Donezgebiet (I./DF)
23. 1. — 24. 1. 1943

Am 20. 1. 1943 trifft bei der Oberfeldkommandantur Stalino folgendes Fernschreiben für das SS-Panzerkorps ein (Auszug):

„1.) Auf Befehl OKH sind die bereits über Kiew transportierten Teile Div. ‚Das Reich‘ zum Schutze Woroschilowgrad einzusetzen. Sie werden nach Eintreffen Masse der Division dieser wieder zugeführt werden.

2.) Armee-Abteilung Fretter-Pico zieht diese Teile in unmittelbarem Benehmen mit SS-Panzer-Korps (über OFK Donez, Stalino) heran und setzt sie entsprechend ein.

3.) Es ist zu melden:....... "

Diesen Befehl gibt das SS-Panzerkorps an die Division DAS REICH weiter, welche das I./DF für diesen Einsatz bestimmt.

Der Befehl des Panzerkorps endet mit den Worten:
„Ich wünsche der Kampfgruppe einen vollen Erfolg bei dieser ersten Aufgabe."

gez. H a u s s e r

Die Verladung des I./DF unter Führung von SS-Hauptsturmführer Opificius in Rennes erfolgte bei einem ungewöhnlichen Wärmeeinbruch von 26 Grad Celsius. Das Bataillon rollte im Blitztransport durch Frankreich, Deutschland und Polen an den Südabschnitt der Ostfront, wo im Kampfraum Woroschilowgrad eine gefährliche Krise entstanden war und die durch die Russen stark eingedrückte deutsche Abwehrfront dringend Hilfe braucht.

Nach zehntägiger Fahrt wird das verst. I./DF in Awdejewka bei 38 Grad Kälte — das sind seit der Abfahrt in Frankreich 64 Grad Celsius Temperaturunterschied — ausgeladen, und der Bataillonskommandeur meldet sich bei der Armee-Abteilung Fretter-Pico in Woroschilowgrad.

Im mot. Marsch wird das Bataillon mit der 14./DF, einem Zug 16./DF, zwei Batterien des SS-Art.Rgt. 2 „DR" und einer Batterie Flak-Abt. 2

461

„DR" nachgezogen. Das bedeutete eine Fahrt von 265 km bei klirrender Kälte, die ohne nennenswerte Ausfälle zurückgelegt wird — eine gute Leistung der noch jungen Fahrer.

Am 22. Januar 1943 versammelt sich das Bataillon im Raum Woroschilowgrad und bezieht am 23. 1. die Bereitstellung im Raum Alexandrowka—Sabowka.

Am 24. 1. erfolgt ein unwahrscheinlicher Witterungsumschwung — es setzt Tauwetter und Regen ein. Die Kampfgruppe Opificius greift mit Panzerunterstützung der 6. Pz.Div. die Höhen 165,7 und 168,1 an, und der hier vorgeprellte Gegner wird in einer Tiefe von 12 km zurückgeworfen.

In der Nacht zum 25. Januar 1943 folgt erneut ein überraschender Temperatursturz: das Thermometer sinkt plötzlich wieder auf 28 Grad minus! Wegen des warmen Tauwetters hatten die Männer z. T. ihre Winterbekleidung auf den Fahrzeugen zurückgelassen. Die Kälte und ein eisiger Wind machen den Männern schwer zu schaffen. Wehe denen, die Filzstiefel tragen, die sich mit Wasser vollsogen und nachts an den Beinen anfrieren. Sie alle fallen durch Erfrierungen aus. Bei diesen verrückten Temperaturschwankungen erweist sich der gute, alte „Knobelbecher" wieder einmal als krisenfest und als das zweckmäßigste Schuhzeug.

Der schwungvoll geführte Angriff kostet Schweiß. Regen und Tauwetter tun das übrige, um die Männer restlos zu durchnässen. Der durch Funk gemeldete Entschluß des Bataillonskommandeurs, Teile des Bataillons auf die zugeteilten Panzer aufsitzen zu lassen, um so das befohlene Angriffsziel zu erreichen, wird untersagt und befohlen, die erreichten Stellungen auf einer freien Hochfläche bei eisigem Wind zu halten.

Die Ausfälle durch Erfrierungen sind erschreckend hoch, und die Kampfkraft des Bataillons wird in dieser einen Nacht um ca. 50 Prozent geschwächt. Es gibt erschütternde Bilder. So fährt ein Kradmelder beim Truppenverbandplatz vor, dem die Hände in den zunächst völlig durchnäßten Handschuhen bei dem plötzlich einsetzenden starken Frost als dicke Eisklumpen am Lenker festgefroren sind. Sie müssen vom Lenker abgeschnitten werden — Ausfall durch Erfrierung.

Mehrere Vorschläge des Bataillonskommandeurs, in Bewegung zu bleiben, entweder in Richtung auf das Angriffsziel — die eigene Aufklärung hatte keine Feindberührung mehr ergeben — oder durch Zurücknahme auf die Ausgangsstellung, werden abgelehnt. Erst im Laufe der Nacht wird die Zurücknahme des Bataillons und die Ablösung durch zwei Kompanien des Heeres erreicht.

Es war tragisch, daß dieser erste erfolgreiche Angriff unter solch extrem ungünstigen Witterungsverhältnissen litt.

Bis zum 31. 1. 1943 formiert sich das I./DF mit den unterstellten Regimentseinheiten neu und wird durch Zuführung des Feldersatzbataillons 304 ohne Stab und Trosse verstärkt. Gleichzeitig wird eine 100-Watt-Funkstelle zur Verbindung mit der SS-Division DAS REICH zugeführt sowie ein 10,5-Geschütz vom Heer und zwei 5-cm-Pak. Eine durch die Initiative des Obersturmführers Dahl zusammengestellte Freiwilligen-Kompanie aus Versprengten aller Wehrmachtteile, die sich mit hervorragender Tapferkeit geschlagen hat, wird ebenfalls dem Bataillon unterstellt.

Am 28. 1. 1943 werden alle diese Einheiten unter dem Kommando von Standartenführer Schuldt, dem ehemaligen Kommandeur des schnellen Schützenregiments „Langemarck", zusammengefaßt und als „Kampfgruppe Schuldt" eingesetzt. Alle Verbände sammeln bis zum 30. Januar 1943 im Raum Woroschilow. Durch Fliegermeldungen wird bekannt, daß der Gegner über den Donez Eisbrücken baut.

In der Nacht zum 1. Februar 1943 greifen die Sowjets dann mit Panzerunterstützung in Regimentsstärke an. Gegen 03.00 Uhr früh richtet sich der Hauptstoß gegen die Ortschaft Woroschilow, verteidigt durch die Masse des Bataillons, und gegen Petrowka nordwestlich davon, das durch die verstärkte 1. Kompanie (mit einem Zug 14./DF, 2 cm auf SFL und einer 5-cm-Pak), verteidigt wird. Dort bilden die 2-cm-Geschütze und die Pak das Rückgrad der Abwehr. Rottenführer Heider schießt mit seiner Pak fünf Feindpanzer ab, erhält auf dem Gefechtsstand das EK I und wird kurz darauf zum Unterscharführer befördert.

Der Waffenwart der 1. Kompanie, Oberscharführer Sepp Kammerer, sprengt mit einer T-Mine einen durchgebrochenen T 34 und wird ebenfalls mit dem EK I ausgezeichnet. Vergeblich berennt der Feind die Stellungen des Bataillons in Woroschilow. Hier bewährt sich vor allem auch der Zug der 16./DF unter Oberscharführer v. Eberstein. Gleichzeitig rechts und links vorgetragene Angriffe werden links von der 3./DF unter Hauptsturmführer Lex, rechts durch die Freiwilligen-

Kompanie von Obersturmführer Dahl verlustreich für den Gegner zurückgeschlagen.

In der Nacht zum 2. Februar 1943 wird das Bataillon auf Wodjanoi zurückgenommen. Mit massiertem Artillerie- und Granatwerferfeuer, mit Panzern und unterstützt durch Schlachtflieger drückt der Gegner weiter auf die Stellungen. Trotz des sehr ungünstigen Geländes krallen sich die Panzergrenadiere in Häusern, Löchern und Gräben fest und weisen alle Feindangriffe ab. Den Panzermännern der 6. Pz.Div. des Heeres und den eigenen Stuka-Fliegern, die Entlastung und Hilfe in gefährlichster Lage brachten, gebührt besonderer Dank für ihren aufopfernden Einsatz. Während dieser Kämpfe fällt der Chef der 4./DF, Hauptsturmführer Hocke, durch Volltreffer in den Bataillonsgefechtsstand.

Am 14. Februar 1943 wird das I./DF aus seinen bisherigen Stellungen herausgelöst und erreicht mit den unterstellten Waffen über Samsonoff den Raum Krasnodonsky. Die folgenden Tage sind ausgefüllt mit Sicherungsaufträgen, Gegenstößen und Angriffen mit begrenztem Ziel.

Am 17. Februar 1943 kommt das Bataillon in Ruhestellung im Raum Krasnaja Swesda. Kameradschaftlich gibt eine I-Staffel der SS-Division „Wiking" den dringend benötigten Treibstoff an das Bataillon ab.

Am 21. Februar 1943 wird der Bataillonsadjutant, Obersturmführer Pahnke, mit ausführlicher Meldung zur Division im Raum Pawlograd geschickt, mit dem Ziel, die Herauslösung und Wiederzuführung zum Regiment zu erreichen.

Am 23. Februar wird der Bataillonskommandeur selbst durch Funk zur Division DAS REICH befohlen. Der Chef der 3./DF Hauptsturmführer Lex, übernimmt inzwischen die Führung des Bataillons.

Bis zum 7. März 1943 folgen geringfügige Einsätze nördlich Debalzewo. Der Bataillonskommandeur, Hauptsturmführer Opificius, bringt von der Division den Befehl mit, daß das I./DF sofort wieder über Pawlograd zum Regiment zurückkehrt — eine Nachricht, die von allen Männern mit großer Freude aufgenommen wird.

Der Marsch zum Regiment leidet besonders unter Treibstoffmangel. Nur durch das Organisationstalent aller Führer und Männer können diese Schwierigkeiten behoben werden. Der Rückmarsch zum Regiment geht über Grischino, Nikolajowka, Nowomoskowsk, Pawlo-

grad, Krasnograd, Liubotin, Charkow, Unterkunftsraum Charkow-Ost.
Nach einer wahren Odyssee meldet sich der Bataillonskommandeur mit dem verst. I./DF beim Regimentskommandeur zurück. Nach Umgliederung in zwei Schützenkompanien (Hstuf. Lex und Ostuf. Pahnke) sowie eine schwere Kompanie (Ostuf. Rudolph) nimmt das Bataillon an den weiteren Kämpfen des Regiments teil.
Der Einsatz des verstärkten I./SS DER FÜHRER war durch eine besondere Tragik gekennzeichnet. Als selbständige Kampfgruppe stand das Bataillon in den vergangenen Wochen unter fremdem Kommando stets an den Brennpunkten der Abwehr an dem Krisenherd im Raum Woroschilowgrad. Überall als „Feuerwehr" eingesetzt, wurde oft fast Unmögliches verlangt — und von den Führern und Männern dieses Bataillons gegeben.

b) OKH-Reserve im Raum der Heeresgruppe B
25. 1. — 28. 1. 1943

Doch nun zurück in den Versammlungsraum des SS-Panzerkorps in und um Charkow.
In einem Fernschreiben — Geheime Kommandosache — das gleichzeitig an die Heeresgruppe Don, an das SS-Panzerkorps und an die SS-Division DAS REICH gerichtet ist, befiehlt das OKH Gen.St. d. H. Op.Abt. I Nr. 904/43 g.Kdos.:

„Landmarschteile SS-Reich erreichen zunächst Raum Charkow auf DG V.
Weiterführung über Charkow hinaus nicht ohne Genehmigung OKH.
SS-Reich meldet an Op.Abt. vor Beginn der Bewegung die Einteilung der Marschgruppen, täglich die von den Marschgruppen erreichten Punkte und für den nächsten Tag vorgesehene Ziele."

Damit untersteht das SS-Panzerkorps dem OKH direkt.
Am 23. 1. 1942 wird das SS-Panzerkorps der Armee-Abteilung Fretter-Pico — Gefechtsstand in Woroschilowgrad — vorübergehend unterstellt.

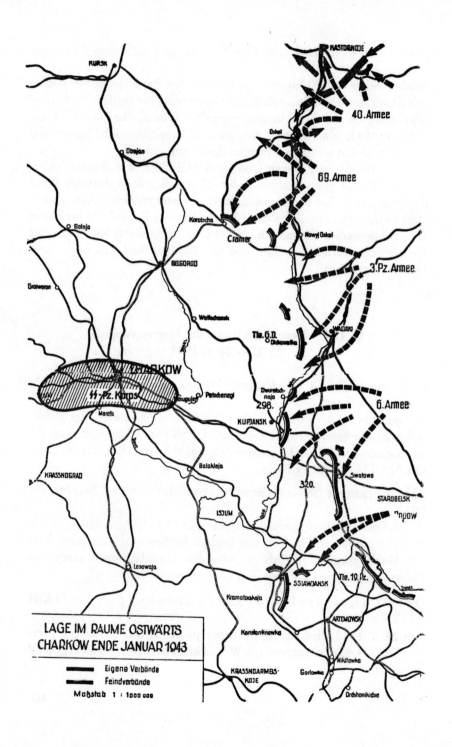

LAGE IM RAUME OSTWÄRTS
CHARKOW ENDE JANUAR 1943

Eigene Verbände
Feindverbände
Maßstab 1 : 1000 000

Am 24. 1. 1943 trifft folgendes Fernschreiben vom OKH Gen.St. d. H. / Op.Abt. Ib Nr. 1058/43 g.Kdos. über die Heeresgruppe Don ein:

„Generalkommando SS-Panzer-Korps hat im Landmarsch umgehend Charkow zu erreichen und übernimmt dort die Führung der eintreffenden Teile SS-AH und Reich.
Das Generalkommando SS-Panzer-Korps muß über Heeresgruppe B telefonisch erreichbar sein. Eintreffzeit in Charkow ist dem OKH zu melden."

Die Masse der Division DAS REICH und weitere Teile der Division „Leibstandarte SS-AH" sind bis 28. 1. 1943 eingetroffen. Das SS-Generalkommando befindet sich in Makejewka.
Am 29. 1. übernimmt das SS-Generalkommando den Befehl über die ersten Teile der beiden Divisionen und über den Frontabschnitt Kupiansk—Wolokomowka am Oskol-Fluß.
Aufgabe der nächsten Tage sind Erkundungen, Verbindungsaufnahme mit den aus Osten auf den Oskol zurückgehenden Verbänden unter dem OB der 8. italienischen Armee, General Garibaldi (v. Tippelskirch) — Teilen der 298. und 320. ID und einzelnen Polizeieinheiten.

Die Lage hatte sich inzwischen wie folgt entwickelt: Ende Januar 1943 hat der Russe die Linie: Donez bei Woroschilowgrad—Starobelsk—Waluiki — oberer Oskol erreicht und schließt mit seinen Verbänden zum weiteren Vorstoß nach Westen auf. Von eigenen Verbänden steht die 320. ID bei Sswatowo. In Kubjansk sammelt die in Rückzugskämpfen stark angeschlagene 298. ID. Westlich Waluiki sichern Teile der Grenadier-Division „Großdeutschland", und im Raum Kordiska rafft das Korps z.b.V. Kramer Teile der angeschlagenen deutschen und ungarischen Verbände, welche vom oberen Don kommen, zusammen.
Zwischen den Verbänden klaffen große Lücken. Den Befehl in diesem Raum führt der deutsche General beim italienischen Oberkommando 8, v. Tippelskirch.
Das aus dem Westen herangeführte SS-Panzerkorps ist die einzige operative Reserve im Raum der Heeresgruppe B.
Ende Januar ist das SS-Panzerkorps mit dem Generalkommando, Masse der Division DAS REICH und starken Teilen der L-SS-AH im Raum um Charkow versammelt. Die „Leibstandarte" richtet sich

beiderseits Tschugujew zur Verteidigung am Donez ein. Die Division DAS REICH steht westlich Charkow.

Die Absicht des OKH, das SS-Panzerkorps nach Versammlung zu einem geschlossenen Gegenangriff einzusetzen, wird durch das rasche Vordringen der Sowjets vereitelt. Ein Hineinstoßen in die Versammlung des Korps muß verhindert werden. Ferner darf die verkehrstechnisch, wirtschaftlich und politisch bedeutende Stadt Charkow nicht verlorengehen.

Das erste in Charkow eingetroffene Regiment der SS-Division DAS REICH — das Rgt. DER FÜHRER — war zunächst einige Tage in Charkow geblieben, um das Eintreffen der anderen Verbände abzuwarten. Das I./DF jedoch befindet sich — wie bereits geschildert — im Einsatz im Raum Woroschilowgrad. Es steht daher für die bevorstehenden Kämpfe nicht zur Verfügung.

Der Korpsbefehl Nr. 2 vom 29. 1. 1943 lautet

1.) Feind bei Nowyi Oskol über den Oskol vorgedrungen. Division „Großdeutschland" wird Korps z.b.V. Kramer vorübergehend unterstellt, um Gegner westl. Nowyi Oskol zu werfen.

2.) Die Sicherung des Raumes zwischen Oskol und Donez im Abschnitt südliche Grenze: Smijew—Kubjansk einschl., nördliche Grenze: Schebekino — Wolokonowka einschl. übernimmt SS-Reich.

3.) Hierzu ist, sofort antretend, Aufklärung gegen den Oskol vorzutreiben. Verbindung mit Sicherungskräften der Division „GD" ist aufzunehmen. Ein Überschreiten des Oskol nach Osten ist verboten.

4.) Der Stützpunkt Kupjansk wird von Teilen 298. I.D. gehalten. Diese verbleiben dort und Kupjansk kann ausgespart werden.

5.) Ein verst. Regiment der SS-Reich ist am 30. 1. in den Raum südostwärts Woltschansk zu verlegen. Dem Regiment fällt die Aufgabe zu, nach Westen vordringenden Feind in kurzen Schlägen über den Oskol zurückzuwerfen.

Für das Generalkommando
Der Chef des Stabes
i. V. Müller

Ebenfalls am 29. 1. erhält das SS-Panzerkorps vom Oberkommando der Heeresgruppe B folgenden Befehl:

„An SS-Panzer-Korps.

OKH befiehlt:
die z. Zt. im Bereich der Heeresgruppe Don eingesetzten Teile der SS-Reich sind im Zuge des Herankommens der 335. I.D. herauszulösen und ihrer Division wieder zuzuführen. Heeresgruppe Don meldet, wann die Herauslösung erfolgt."

Am gleichen Tage geht beim Korps folgendes Fernschreiben des OKH ein*):

„An SS-Panzer-Korps
Absicht des OKH ist nach wie vor, die Verbände des SS-Panzer-Korps zu einem geschlossenen Gegenangriff einzusetzen. Es kommt darauf an, die Verbände v o r diesem Einsatz nicht zu zersplittern und möglichst wenig Kräfte für die Aufgabe der Sicherung der Versammlung einzusetzen.
Unter Berücksichtigung dieses Gesichtspunktes hat das SS-Generalkommando mit möglichst schwachen Teilen die Sicherung des Abschnittes Kupjansk — Wolokonowka westl. des Oskol durchzuführen.
Die hierzu notwendigen taktischen Befehle gibt Heeresgruppe B. Sie meldet dem OKH, welche Teile für die Aufgabe eingesetzt werden.
Die Unterstellung des SS-Panzer-Korps unter OKH bleibt hiervon unberührt."

Am 30. 1. 1943 müssen Teile der Division DAS REICH zur Sicherung in den Raum westlich Waluiki vorgeschoben werden. Die dort sichernden Teile der Division „GD" werden auf dem Nordflügel des Korps Kramer gebraucht. Die Division meldete, daß stärkere Angriffe als in den Vortagen gegen die Ortschaft westlich Borki und Kosinka abgewehrt wurden.
Die Division DAS REICH wird mit folgenden Teilen zur Sicherung am Oskol eingesetzt:

---

*) OKH Gen.d.H./Op.Abt. I, Nr. 1290/43 g.Kdos.

„III./D löst seit Nachmittag Teile der Division ‚GD' bei Kosinka ab. Rgt.Stab, I. und II./D stehen bei Bahnhof Prikolotnoje; 15./D befindet sich auf dem Marsch nach Kamenka.
Verst. A.A. 2 steht seit 09.30 Uhr in Alexandrowka, 15 km westl. Wolokonowka. Es liegen keine Feindmeldungen vor.
Die Ablösung der Teile der Division ‚GD' westlich Borki durch III./D ist erfolgt. Im Abschnitt der Division wird verstärkte Aufklärung gegen den Oskol vorgetrieben, um voraussichtlich am 1. 2. den Feind westlich Waluiki über den Oskol zurückzuwerfen." (Tagesmeldung des SS-Pz.K. vom 30. 1. 43)

Das Regiment DER FÜHRER wird in den letzten Januartagen in den Raum Bely Kolodes — Woltschansk — Weliki Burluk vorgeworfen, und das II./DF unter Hauptsturmführer Stadler wird am Oskol zur Abwehr eingesetzt. Als rechter Nachbar steht das Regiment Witt von der „LAH" im Abschnitt Kubjansk. Die äußerst dünne Abwehrlinie kann nicht verhindern, daß der Gegner mit starken mot. Teilen durchsickert.

31. Januar 1943:
„Im Abschnitt des SS-Panzerkorps greift der Feind in den Mittagstunden bei der 298. ID mit zwei schwachen Regimentsgruppen den Ort Petropawlowka von Osten und Norden an. Der Gegner hat nur geringe Artillerie. Der Angriff von Osten wird abgewiesen, der Angriff von Norden erreicht Kutschelowka. Ein Gegenstoß ist im Gange.
Die 15./D stößt in den Waldstücken südwestlich Kamenka auf schwachen Feind. Gegen die Front des Regiments DEUTSCHLAND westlich Borki und bei Kosinka fühlt der Feind mit Spähtrupps vor, die abgewiesen werden. Der Feind vor der SS-Aufkl.Abt. bei Krassny Paccar ist untätig.
Das Regiment DEUTSCHLAND ist eingesetzt im Abschnitt: Wald südwestl. Kamenka — Höhen westl. Borki — Kosinka — Olowatka.
Die Abwehrfront der 298. ID wird verstärkt durch zeitlich begrenzte Zuführung einer Art.Abt. SS-DAS REICH.
Gegen Borki und die Höhen ostwärts Kosinka werden Stoßtruppunternehmen durchgeführt." (Aus der Tagesmeldung des SS-Pz.-Korps vom 31. 1. 43.)

STALINGRAD

Die 6. deutsche Armee hat in Stalingrad am 31. 1. 1943
kapituliert, nachdem der Entsatzversuch durch die Armeegruppe Hoth gescheitert war. Letzte Kämpfe dauerten noch bis zum 2. 2. 1943.

1. F e b r u a r 1 9 4 3 :
General der Gebirgstruppen L a n z übernimmt den Befehl vom italienischen AOK 8 im Raum Charkow—Bjelgorod unter der Bezeichnung „Armee-Abteilung Lanz".
Am gleichen Tage setzt der Russe seinen Angriff nach Einschieben der
3. Panzerarmee bei Waluiki auf breiter Front fort. Die 320. ID wird
auf den Oskol zurückgedrängt.

Die Tagesmeldung der SS-Panzer-Grenadier-Division DAS REICH
vom 1. 2. 1943 hat folgenden Wortlaut:

„15./D zunächst auf Waldstück Kamenka angesetzt mit Auftrag,
schwächeren Feind zu werfen und Kamenka zu besetzen. Durch Angriff stärkeren Gegners auf Dwuretschnaja bestand Gefahr, daß 15.
Kompanie abgeschnitten wurde. Sie wurde auf Befehl des Korps dem
Stützpunkt Dwuretschnaja unterstellt mit dem Befehl, den Stützpunkt
zu halten.
Gegen 17.00 Uhr war der Stützpunkt von Norden und Süden um-
faßt. Straße nach Westen noch feindfrei. Vor III./D starke Gefechts-
aufklärung des Gegners. Gegen Mittag erstmalig gemeldet: Panzer bei
Babka.
Angriff des Gegners auf Babka wurde abgewiesen. Aufklärung ergab,
daß Waldstück südlich und südwestlich Karabinowo feindbesetzt ist.
Auf den Höhen 4 km ostwärts Borki wurden Schanzarbeiten erkannt.
Auf den nach Norden und von Osten führenden Straßen starker
Feindverkehr, dabei bespannte Feindartillerie.
Bei II./D in den Morgenstunden Angriff von Nordosten auf Kosinka,
Kasnatschejewka in Btl.-Stärke. In Kosinka Gegner abgeschlagen.
Nordteil Kasnatschejewka drängt Gegner gegen Mittag vor, doch
6./D kann Südrand der Ortschaft halten.
In den Mittagstunden weiterhin starke Angriffe auf Kosinka von Sü-

den und Osten in Bataillonsstärke. Kosinka mit Teilen eingeschlossen. Ebenfalls Heranführung starker Feindkräfte von Südosten auf Michailowka (5 Geschütze und Stalinorgeln). Fünf sowjetische Schlachtflieger greifen in die Gefechte ein. Gegen 16.00 Uhr gelingt es der 6./D, Kasnatschejewka vom Gegner zu säubern. Ein Zug der herangeführten 3./D unterstützt II./D im Kampf um Kosinka. Gegen 14.00 Uhr noch Feind im Nordteil von Kosinka. Der übrige Teil feindfrei. Starke Angriffe auf Kosinka halten an.

In Konawaloff Feindkräfte, die in Obignaja 7 verwundete deutsche Soldaten niedermachten.

Bei AA 2 um 02.00 Uhr Angriffe gegen Stützpunkt Werch Lubjanka. Angriff eines Btls. von Osten wird abgeschlagen. Feindaufklärung in Stärke von 60 Mann von Westen ebenfalls abgeschlagen. Eigene Aufklärung ergibt:

Feindbesetzung der Höhen südlich, ostwärts und nordwestlich Werch Lubjanka. Eigener Spähtrupp wird in den Waldstücken nördlich Krassny Paccar angeschossen. Anschluß an nördlichen Nachbarn nicht gefunden.

Allgemeiner Eindruck: Gegner kämpft mittelmäßig bis gut. Stärke des bei II. und III./D angreifenden Feindes auf etwa eine Division geschätzt. Der übernommene Raum wurde bis 17.00 Uhr gehalten. Absetzen der Bataillone und AA befehlsgemäß vorbereitet. Ablösung der AA durch Kradsch.Btl. vorbereitet.

Das I./D wurde mit Masse zur Unterstützung des II./D eingesetzt. Einsatzbereit sind:

66 Panzer III
60 Panzer IV ⎱ alle nach Eintreffen der Winterketten
4 Panzer VI   ⎰ bzw. Winterstollen!

Schneeverhältnisse ostwärts des Donez: ca. 25 cm, starke Schneeverwehungen.

gez. Keppler
Generalleutnant"

Die Armee-Abteilung Lanz erhält am 1. 2. 1943 vom Oberkommando der Heeresgruppe B folgenden Befehl:

„Um jeden Zweifel auszuschließen, wird erneut darauf hingewiesen, daß das SS-Panzerkorps zur Verfügung des OKH steht.

Für die beweglich zu führende Sicherung zwischen Oskol und Donez sind dem Gen.Kdo. SS-Panzerkorps nur freigegeben: Aufklärungsabteilung und ein verst. Gren.Rgt. der Division SS-REICH.

Diese Kräfte sind dem OKH gemeldet.

Jeder Einsatz weiterer Kräfte des SS-Panzerkorps ostwärts des Donez bedarf der vorherigen Genehmigung des OKH. Er ist deshalb, falls nötig, rechtzeitig beim Oberkommando der Heeresgruppe zu beantragen.

Eine Verzettelung der Angriffskraft des SS-Panzerkorps muß unter allen Umständen vermieden werden."

(Oberkommando der Heeresgruppe B, Ia Nr. 506/43 g.Kdos. v. 1. 2. 43)

c) Abwehrschlacht im Raum Charkow
2. 2. — 18. 2. 1943

2. F e b r u a r 1 9 4 3 :

Nach heftigen Feindangriffen muß der Brückenkopf über den Oskol im Raum Kupjansk—Wolokomowka aufgegeben werden, um der Einschließung zu entgehen.

Trotzdem gelingt es den Russen, die 320. und 298. ID und die 15./SS-DEUTSCHLAND von ihren Rückzugstraßen abzuschneiden; sie müssen sich unter verlustreichen Kämpfen und unter Aufgabe erheblichen Materials auf ungebahnten Wegen durchschlagen.

Die SS-Division DAS REICH hält seit dem 1. 2. ihre Stellung im Raume um Olchowatka. Sie hat zunächst den Auftrag, den Gegner ostwärts des Donez festzuhalten, um später zusammen mit der „L-SS-AH" nach deren Versammlung in südostwärtiger Richtung zum Gegenangriff anzutreten.

Aber die Entwicklung der Krisenlage geht unerbittlich weiter. Die Division DAS REICH wird beiderseits umgangen und muß in wechselnden Abwehrkämpfen und Gegenangriffen hinhaltend nach Westen ausweichen.

Gleichzeitig wird durch die „Armee-Abteilung Lanz" das Absetzen auf den Donez befohlen, wo die „L-SS-AH" auf breiter Front im Raum Petschenegi die Abwehr und Aufnahme der ausweichenden Teile übernimmt.

Jetzt zeigt es sich, daß das SS-Panzerkorps zu spät aus Frankreich herangeführt wurde, um sich zunächst im Raum Charkow versammeln zu können und dann geschlossen zum Gegenangriff eingesetzt zu werden. Statt dessen müssen fortlaufend Teile des Korps in die durchbrochene Front und in die entstandenen Frontlücken eingeschoben werden, wodurch die einzige OKH-Reserve noch vor Beendigung der Versammlung zersplittert eingesetzt und teilweise in der Front gebunden wird.

3. F e b r u a r 1943:

Das I./SS-„L" (Kradsch.Btl. „DR") hatte am vorhergehenden Tage nach einem 160 km mot. Marsch über Woltschansk und Marien den Ort Sziwo erreicht und am Nachmittag die SS-Aufkl.Abt. abgelöst. Das Bataillon übernimmt Sicherungen südlich Alexandrowka. Ein Zug unter Führung von Untersturmführer Riotte wird als Feldwache im Dorf 5 km südlich davon abgesetzt.

Das Kradsch.Btl. erhält den Befehl zum Lösen vom Feind, der stark auf die 1. Kp. drückt. Die Feldwache unter Riotte wird während der Nacht von drei Seiten angegriffen, nachdem Zivilisten die russischen Soldaten eingewiesen hatten. Ustuf. Riotte und 8 Mann sind gefallen, 2 Mann verwundet, 2 Mann vermißt. Oberscharführer Wolf kann sich mit dem Rest des Zuges absetzen.

Um 10.10 Uhr erhält das SS-Panzerkorps von der Armee-Abteilung Lanz folgenden Befehl: (Nr. 141/43 g.Kdos.)

> „Feindvorstoß aus dem Raume Waluiki über Bahnhof Burluk Richtung Artemowka erfordert sofortige Gegenmaßnahme, um den Aufmarsch des SS-Panzerkorps zu sichern.
>
> Ich habe hierzu dem Kommandierenden General des SS-Panzerkorps soeben den fernmündlichen Befehl erteilt:
>
> 1.) Im Zuge der Straße Kupjansk—Woltschansk durch verstärkte Sicherungen das Vorgehen des Feindes zu verzögern.
>
> 2.) Die Donez-Linie im Falle eines feindlichen Angriffs zu halten. Ich habe ihm hierzu die SS-Reich freigegeben . . . "

Die III./SS-AR 2, die vorübergehend bei der 298. ID eingesetzt war, wird auf Befehl des Korps nach Charkow in Marsch gesetzt und steht dem Regiment DEUTSCHLAND zur Verfügung.

4. Februar 1943:
Beim Regiment DER FÜHRER im Raum Bely Kolodes — Woltschansk — Weliki Burluk wird nun auch das III./DF (SPW-Btl.) herangezogen, um zusammen mit dem Panzerregiment 2 „DR" am kommenden Tag den Feind zurückzuwerfen.

Die SPW-Kompanie (2. Kp.) der SS-Aufkl.Abt. greift ein

Das SS-Kradsch.Btl. „L" wehrt im Raume nördlich Jefremowka an der Rollbahn von Woltschansk nach Nordosten schwere russische Angriffe ab.
Um 06.00 Uhr meldet sich ein stehender Spähtrupp der 3. Kp. aus dem Dorf 5 km ostwärts der HKL zurück und meldet den Anmarsch eines russischen Bataillons. Die 3. Kp. ist abwehrbereit. Etwa um 07.00 Uhr treten die Spitzen des russischen Bataillons aus dem ostwärts liegenden Dorf.
Fast gleichzeitig erscheint Hauptsturmführer Kämpfe mit seiner 2./SS-AA „DR" — einer SPW-Kp. — zur Ablösung der 3./Kradsch.Kp.
Hinter einer sanften Bodenerhebung am Ortsrand beiderseits des Weges, auf dem die Russen anmarschiren, stellen sich die SPW bereit. Als die Spitze der Russen bis auf wenige Meter heran ist, zwingen die sMG der 3. Kp. den Feind auf der weiten Schneefläche in Deckung. Dann greifen die Schützenpanzerwagen zangenförmig an und vernichten das gesamte russische Bataillon, einschließlich Troß, der versucht, in das hinter ihm liegende Dorf zu entkommen. Anschließend übernimmt die 2./SS-AA die Stellungen der 3./Kradsch.Kp., die an einer Waldnase südlich der Rollbahn wieder in Stellung geht.

5. Februar 1943:
Das neuaufgestellte SS-Panzerregiment 2 „DR" unter Oberst Vahl tritt zusammen mit dem III. (gep.)/„DF" zu seinem ersten Panzeran-

griff gegen die nördliche Flanke des stark überlegenen Gegners an. In dem stark durchschnittenen Gelände gelingt es trotz hohem Schnee, den Feind, der zwischen der Masse der Division und der SS-Aufkl.Abt. einen Keil vortreiben will, zu vernichten. Dadurch können die Reste der 298. ID durch die Front geschleust werden.

Doch vermag diese vorübergehende Entlastung den feindlichen Stoß nach Westen nicht lange aufzuhalten.

Vor der „L-SS-AH" hat der Russe bereits die Gefechtsvorposten vom Ostufer des Donez zurückgedrängt und steht vor der Stellung. Es beginnen harte Abwehrkämpfe, die besonders heftig um die Schlüsselstellung bei Petschenegi entbrennen. Trotz der dünnen Besetzung der HKL — der Abschnitt der „LAH" ist 90 km breit — gelingen dem Russen nur vorübergehende Einbrüche, die sofort im Gegenstoß bereinigt werden können. Er erleidet bei diesen Angriffen schwerste Verluste.

Besonders bewährt hat sich in diesen schweren Abwehrkämpfen das SS-Art.Rgt. 2 DAS REICH unter seinem sehr wendigen und unkonventionellen jungen Kommandeur, Ostubaf. Karl Kreuz, der durch seine scharfen Feuerzusammenfassungen vor dem Abschnitt der Division der Infanterie eine große Hilfe ist. Seine VB (vorgeschobene Beobachter) leiten mit ihren Funkern bei den vordersten Teilen der Grenadiere das Feuer, sie waren fast ein organischer Bestandteil der einzelnen Bataillone. Alle Männer der Division DAS REICH stimmen darin überein, daß wir bisher keine bessere Artillerie erlebt haben als die eigene Artillerie der Division DAS REICH.

6. Februar 1943:

Das III. (gep.)/DF stößt auf Oldowatka vor und wirft den Gegner in einer Tiefe von rund 10 km aus seinen Stellungen zurück. Im Nachstoß trifft das III./DF und die I./Pz.Rgt. 2 „DR" auf eine stark konzentrierte Panzerabwehrmauer bei der Ortschaft Weliki Burluk. Die Panzer-Abteilung hat bedauerliche Ausfälle. Die hereinbrechende Dunkelheit erleichtert das Abbrechen des Gefechtes.

Der Gegner, die 179. sowj. Panzerbrigade und das 1245. Panzerjägerregiment unter Führung von Oberst Rudkin, hatte hier, begünstigt durch das Gelände, einen starken Panzerabwehrriegel aufgebaut.

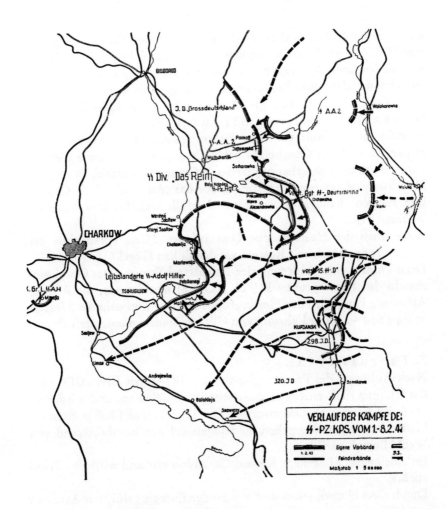

Ein Überblick über die Gesamtlage zeigt folgendes Bild*):

„Die im Raume vorwärts Charkow und Bjelgorod verzweifelt sich
wehrenden Gruppen — dabei Trümmer von vorne, die sich durchgeschlagen hatten — werden zusammen mit den ursprünglich einmal
zur Befreiung der 6. Armee bestimmten Divisionen des SS-Panzerkorps auf den Donez ostwärts Charkow zurückgedrängt. Dabei ent-

---

*) A. Philippi u. F. Heim: „Der Feldzug gegen die Sowjet-Union", Kohlhammer-
Verlag Stuttgart

steht auf der Naht zwischen der Heeresgruppe und dem Raum Isjum eine Lücke, durch die die sowjetische Panzergruppe Popow den Donez nach Süden überschreitet, ehe die von Rostow auf grundlosen Wegen anrückenden deutschen Panzerdivisionen eingreifen können.

Das Tor zum unteren Dnjepr in den Rücken des Donezbeckens ist damit aufgestoßen.

So steht die Ostfront vor einer Katastrophe größten Ausmaßes, als Hitler am 6. 2. die Oberbefehlshaber Don und Mitte sowie General Lanz zu sich ins Führerhauptquartier in Ostpreußen befahl.

Hier konnten gewisse Forderungen für das ‚Ausweichen‘ als Grundlage für eine baldige Gegenoffensive erfüllt werden. Das ergab als weiteren Plan:

Ausweichen der Heeresgruppe Don auf den Mius. Verschieben der Panzergruppe Hoth von Rostow auf den linken Flügel.

Dazu kommt eine Änderung der Befehlsverhältnisse: Das Oberkommando der Heeresgruppe B (ital. AOK 8) scheidet aus; die Armee-Abteilung Lanz wird der Heeresgruppe Don — nunmehr als ‚Heeresgruppe Süd‘ — unter Führung von GFM v. Manstein unterstellt."

7. Februar 1943:

Nach Ablösung des Panzerregiments 2 „DR" durch Div. „GD" tritt das III. (gep.)/DF erneut zu Entlastungsvorstößen an, und wiederum wird der Gegner zurückgeworfen. Die 10., 11. und 12. Kp. drängen hierbei in zügigem Vorgehen die Sowjets auf den Nordwestrand von Weliki Burluk zurück.

Im Alleingang stößt die 9. Kp. auf Gotschino vor und wirft den Feind zurück.

Durch diese blitzschnellen und mit großer Energie geführten Attacken wird der Gegner in seinem Vorstoß behindert. Weitere Vorstöße nach Südosten sind jedoch nicht mehr möglich.

8. Februar 1943:

Wegen Umgehung durch zwei russische Armeen bahnt sich eine Krise in beiden Flanken des SS-Panzerkorps an. Im Süden ist die 320. ID zu spät vom Oskol zurückgenommen worden und kämpft sich seit 5. 2. ohne jede Verbindung auf tief verschneiten Wegen langsam zurück.

478

Der Russe tastet die Front der „L-SS-AH" ab und hat den Südflügel bei Smijew gefunden. Zwischen diesem und der 320. ID klafft eine Lücke von 40 km. Dort droht der Stoß in die Südflanke des Korps bei Merefa.

Eine kleine Kampfgruppe der „L-SS-AH", mit Panzern, der das Kradsch.Btl. „L" von der Division DAS REICH unterstellt ist, wird nach Merefa geworfen mit dem Auftrag, dort die Straße nach Charkow zu sperren.

Die Umfassung Charkows zeichnet sich ab

Aber auch die Nordflanke ist bedroht. Dort kämpft das zahlenmäßig sehr schwache Korps Kramer nordostwärts Bjelgorod und wird bereits überflügelt. Die operative Umfassung Charkows beginnt und ist mit den vorhandenen Kräften nicht zu verhindern.

Damit zeichnet sich bereits die früher oder später notwendige Räumung der Stadt — oder ihre Einschließung ab.

Von einem geschlossenen Einsatz der Divisionen DAS REICH und „LAH" kann keine Rede sein.

Gleichzeitig bereitet die Sowjetführung den Stoß in die Nordflanke des Donezbeckens vor. Außer dem Angriff auf die Linie Bjelgorod—Charkow ist beim Gegner der Entschluß zu erkennen, die noch haltende deutsche Front im Donezbecken zwischen dem Asowschen Meer und Slawjansk handstreichartig von ihren rückwärtigen Verbindungen zu trennen und dann zu vernichten.

Der tödliche Stoß soll über Barwenkowo, Losowaja, Pawlograd auf Dnjepropetrowsk und Saporoshje geführt werden. Fünf Panzerkorps und drei Schützenkorps stehen für diese Operation nördlich von Slawjansk bereit.

Die 1. sowj. Garde-Armee flutet in den nach der Aufgabe von Isjum freien Raum nach Südwesten, ohne Widerstand zu finden. Die 6. sowj. Garde-Armee auf dem rechten Flügel schließt sich nach Abschneiden der 320. ID dem Angriff an.

Gelingt diese Operation, so ist die Heeresgruppe Süd von ihren Verbindungen abgeschnitten, der Dnjepr ungeschützt dem feindlichen Angriff ausgesetzt, der Weg in die Westukraine frei und damit der Ostfeldzug verloren.

Die Lage ist sehr ernst.

Bei der Division DAS REICH führen die Russen starke Angriffe auf dem linken Divisionsflügel.

General d. Geb.Tr. Lanz und Obergruppenführer Hausser informieren sich auf dem Divisionsgefechtsstand persönlich von der Entwicklung der Lage. Dabei wird sich General Lanz klar, daß eine Zurücknahme hinter den Donez nicht mehr zu vermeiden ist, den die „LAH" besetzt hält.

Der Komm.General des SS-Panzerkorps nimmt Verbindung zu General Hörnlein, dem Kommandeur der Division „Großdeutschland" (Heer), auf.

Die russische Umfassungsoperation wird immer deutlicher erkennbar.

9. Februar 1943:

Die Voraussetzungen für eine Gegenoffensive o s t w ä r t s des Donez sind nicht mehr gegeben. Auf dringenden Antrag des SS-Panzerkorps gibt General Lanz den Befehl, die Division DAS REICH hinter den Donez zurückzunehmen. Diesen Befehl gibt er auf eigene Verantwortung, ohne die vorherige Genehmigung des OKH. Was das bedeutete, sollte er bald erfahren. Die Division DAS REICH aber verdankt ihm die noch rechtzeitige geschlossene Zurücknahme hinter den Donez und damit die Vermeidung der ersten drohenden Umfassung.

Die Stadt Charkow wird unter den Befehl des Kommandierenden Generals des SS-Panzerkorps gestellt.

Durch starke Schneeverwehungen, über mühsam geräumte Straßen und bei dauernden Gefechten mit dem bereits in Flanken und Rücken stehenden Feind gelingt der Division das Absetzen aus der alten Linie hinter den Donez, der durch das SS-Panzerkorps gehalten werden soll.

Jedoch auch diese Stellung ist bereits zum Zeitpunkt ihres Beziehens in den tiefen Flanken bedroht, so daß eine weitere Zurücknahme ins Auge gefaßt werden muß. Der Gegner ist den Absetzbewegungen unmittelbar gefolgt, steht vor der gesamten Front am Donez und schiebt sich vor allem durch die Lücke zwischen dem rechten Flügel der „LAH" und der 320. ID mit so starken Kräften, daß dort eine ganze Maßnahme erforderlich wird.

Die Lage zwingt entweder zum sofortigen Angriff gegen die zur südlichen Umfassung der Stadt angesetzten Feindkräfte unter Aufgabe von Charkow oder zur engeren Heranziehung aller Kräfte an die Stadt zur Rundumverteidigung, was die Einschließung bedeutet. Deshalb wird noch am 9. 2. das Absetzen der Ostfront vom Donez auf eine Stellung ostwärts von Charkow befohlen. Auch diese Zurücknahme der Front geschieht ohne Genehmigung und Billigung durch Hitler und OKH. Sie wird einfach auf Grund der Entwicklung der Lage durch den Feind erzwungen.

Gegen Mittag trifft der Befehl der Armee-Abteilung Lanz ein, daß Teile des SS-Panzerkorps durch einen Offensivstoß nach Süden die Gefahr der südlichen Umfassung beseitigen sollen — trotz erneuter Feindangriffe an der gesamten Korpsfront nach Osten und Nordosten.

10. Februar 1943:
Nach Absetzen vom Donez mit beiden Divisionen in die Linie Mirgorod — Konstantowka — Lisogubowka — Rogan — Priwolje — Russkije Tischky zur Verkürzung der Front können Teilkräfte beider Divisionen freigemacht und um Merefa versammelt werden. Noch einmal wird der Versuch gemacht, durch Freischlagen der rechten Flanke die Einschließung von Charkow zu verhindern.

Das Antreten auf Artemowka wird für den 11. 2. befohlen. Dies bedingt das Auffangen des Stoßes auf dem linken Flügel der Division DAS REICH, Zurücknahme der Front in den Raum ostwärts Charkow und Umgliederung für den Stoß nach Süden.

Eine geschlossene Division aus der Front herauszuziehen, hätte zuviel Zeit gekostet. So wurde für den Stoß nach Süden eine „Divisions-Kampfgruppe" aus beiden Divisionen zusammengestellt und dem Kommandeur der „LAH", SS-Obergruppenführer Sepp Dietrich, unterstellt, während die Abwehr in der Front dem Rest der beiden Divisionen unter dem Kommandeur der Division DAS REICH, SS-Gruppenführer Keppler, zusammen mit dem Korps Raus — Division „Großdeutschland" und den Resten des Korps Kramer — anvertraut blieb.

War die Front hier zu halten? Die Lage wurde der Armee-Abteilung Lanz und auch durch den Chef des Stabes, Standartenführer Ostendorff, dem OKH (General Zeitzler) in aller Offenheit übermittelt.

Die Verbindung zur Truppe und zu den Nachbarn wäre bei den örtlichen Trennungen und den weit auseinanderliegenden Einsatzräumen ohne die Zuteilung einer Fliegerstaffel (Fieseler Storch) nicht zu meistern gewesen. So aber war persönlicher Einblick, Aussprache und Befehlsübermittlung sichergestellt.

Der Korpsgefechtsstand wird nach Merefa verlegt. Hier erfolgt am 10. 2. früh die Befehlsausgabe für den Angriff.

Neben dem SS-Kradsch.Btl. „L" („DR") wird das Regiment DER FÜHRER aus der Front herausgezogen, nach Merefa in Marsch gesetzt und der „LAH" für den Stoß nach Süden unterstellt.

An seiner Stelle wird der Division DAS REICH ein Regiment der „LAH" zugeführt, um die Lage ostwärts von Charkow gegen die nunmehr immer massiver vorgetragenen Feindangriffe möglichst zu stabilisieren.

Tiefer Schnee verzögert den Aufmarsch zum Angriff, die unvermeidliche Vermischung der Verbände erschwert die Bereitstellung.

An diesem Tage erleidet der Kommandeur der Division DAS REICH, SS-Gruppenführer Keppler, einen Rückfall in eine frühere Hirnhautentzündung und muß die Führung der Division an Standartenführer Vahl, den bisherigen Kommandeur des SS-Panzerregiments 2 „DR", abgeben, während Stubaf. v. Reitzenstein, der bisherige Kommandeur der I./Pz.Rgt. 2 „DR", die Führung des Panzerregiments übernimmt.

Das Heeres-Verpflegungsmagazin Merefa wird für die eigenen Truppen freigegeben.

Der Stoß von Merefa nach Süden

11. Februar 1943:

Trotz aller Schwierigkeiten treten aus dem Brückenkopf Merefa drei Stoßgruppen nach Süden an, und zwar:

rechts:	die Aufkl.Abt. 1 unter Stubaf. Meyer (Panzer-Meyer)
Mitte:	das Regiment DER FÜHRER, auf Zusammenarbeit mit dem SS-Panzerregiment 1 „LAH" angewiesen
links:	das Regiment „Witt" (LAH)

Die Temperatur liegt bei 20 Grad minus, eine etwa 30 cm hohe Schneedecke behindert die Bewegungen erheblich. Das von tiefen Balkas durchschnittene Gelände macht den Einsatz der Panzer nahezu unmöglich.

482

Der Angriff kommt für den Feind überraschend und beginnt erfolgreich. Der Stoßgruppe Meyer gelingt es, bereits am ersten Tag über Nowaja—Wodolaga Starowerowka zu erreichen.

Bei den anderen beiden Stoßgruppen gibt es harte, aber erfolgreiche Kämpfe.

Aber auch im Norden und Osten Charkows haben die Abwehrtruppen harte Kämpfe zu bestehen. Hier stehen nur zwei verstärkte Regimentsgruppen — ein Regiment der „LAH" und das verstärkte Regiment DEUTSCHLAND mit Masse des Artillerieregiments 2 „DR" — in schweren Abwehrkämpfen. An diesem 11. 2. beginnen Massenangriffe der Sowjets mit starken Panzerkräften gegen die Ostfront des Verteidigungsringes um die Stadt Charkow. Smijew, von drei Seiten umfassend angegriffen, ist bereits am 10. 2. verlorengegangen, auf Ternowoje liegt starker Feinddruck, bei Rogan halten sich die dünnen eigenen Linien gegen stärkste, mit immer neuen Kräften geführte Angriffe.

Weiter nördlich gehen Priwolje und die Höhen westlich Michailowski vorübergehend verloren. Mit schwachen Reserven werden in dauernden Gegenstößen die feindlichen Einbrüche bereinigt und dem Feind schwere Verluste zugefügt. Er greift trotzdem weiter an und führt

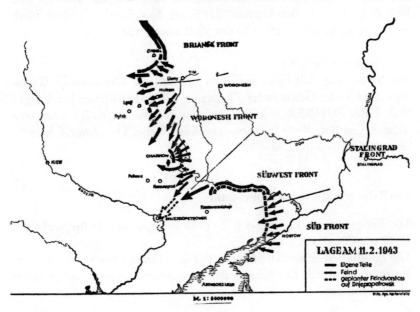

fortlaufend neue Massen heran. Ohne die hervorragende Unterstützung der eigenen Divisionsartillerie, die mit ihren scharfen Feuerzusammenfassungen viele Angriffe im Keime zerschlug, wären die Stellungen kaum zu halten gewesen.

SS-Sturmbannführer Tychsen mit seiner II. Panzer-Abteilung „DR" und SS-Hauptsturmführer Zens Kaiser zeichnen sich besonders aus. Die letzte Reserve, die SS-Aufkl.Abtl. DAS REICH, muß am 11. 2. nach einem feindlichen Einbruch im linken Nachbarabschnitt (213. Sicherungsdivision) eingesetzt werden. Damit steht die dünne Front ostwärts der Stadt ohne nennenswerte Reserven. Aber die Männer halten ihre Stellungen unerschüttert.

Trotzdem vollzieht sich hier der entscheidende russische Vorstoß zur Einschließung Charkows von Osten und Norden.

Die SS-„Totenkopf-Division" trifft mit Anfängen ein

Ein Lichtblick zeigt sich insofern, als inzwischen bei Krasnograd der Anfang der „Totenkopf-Division" eingetroffen ist. Das Regiment „Thule" dieser Division ist nach Ausladung um Kiew zur Sicherung des Straßenknotenpunktes Krassnograd vorgeworfen worden und hält ab 12. 2. 1943 den Ostrand der Stadt. Es sichert außerdem durch Aufklärung die tiefe Südflanke des SS-Panzerkorps.

12. Februar 1943:
An diesem Tag fällt beim südlichen Vorstoß der Ort Nowaja Wodolaga. Das Stuka-Geschwader 77, dessen Fliegerleitoffizier beim Rgt.-Stab DER FÜHRER mitfährt, unterstützt die ungestüm vorwärtsdrängenden Bataillone in hervorragender Weise. Der Angriff kommt überall gut vorwärts.

Die Krise erreicht ihren Höhepunkt

Die Ereignisse am 13. und 14. 2. 1943 bringen den Höhepunkt der Krise um Charkow.

Die feindlichen Einbrüche führen bei der dünnen Besetzung zu Einbrüchen, die durch den Einsatz der allerletzten Reserven aufgefangen werden müssen.

Im Norden stößt der Feind nach Wegnahme von Bjelgorod mit einer Armee tief in den Raum nordwestlich Charkow. Weitere Verbände verschieben sich bei gleichbleibend starken Frontalangriffen gegen die Ost- und Nordostfront nach Westen, um durch jede festgestellte Lücke sofort gegen die Stadt einzudrehen. Die Nachschubstraße von Poltawa ist gefährdet.

Die aus dem Raum Bjelgorod sich zurückkämpfende Division „Großdeutschland" muß zur Abwehr im Nordwesten der Stadt eingesetzt werden. Damit ist die ursprüngliche Absicht der Armee-Abteilung Lanz, die in der Verteidigung ostwärts Charkow verbliebenen Teile der SS-Division DAS REICH zur Verstärkung des Angriffs nach Süden freizumachen und durch Teile der Division „Großdeutschland" abzulösen, undurchführbar geworden.

Wieder kämpfen hier die alten Kampfgefährten von „Großdeutschland" wie damals im Jugoslawienfeldzug und in der blutigen Abwehrschlacht im Jelnja-Bogen Seite an Seite mit den Männern der SS-Division DAS REICH.

Die im nördlichen Anschluß an die SS-Division DAS REICH stehende 213. Sicherungsdivision ist in ihrem Kampfwert äußerst gering. Sie wird im weiteren Verlauf verbandsweise auf die Division DAS REICH und auf das Korps Kramer aufgeteilt.

Infolge der Notwendigkeit, die Abwehrfront laufend nach Westen zu verlängern, können nur noch Stützpunkte an den Einfallstraßen nördlich und nordwestlich der Stadt besetzt werden.

Bis zum Morgen des 13. 2. ist die Verteidigungsfront von Charkow an ihrem linken Flügel von Russkije—Tischky—nördlich Russkije—über Bahnhof Jemzow bis Feski verlängert.

Aus Gegend Andrejewka kämpft sich die abgeschnittene 320. ID mit 1500 Verwundeten in Richtung Smijew zurück. Die gesamten SS-Korps-Sanitäts- und Versorgungseinrichtungen sowie Teile der Transportmitttel der SS-Divisionen werden für die Versorgung dieser vorbildlich kämpfenden Division bereitgestellt; die Verpflegung der stark ausgehungerten Division wird vorbereitet.

Das SPW-Bataillon der „LAH" hatte am 12. 2. am Donezübergang ostwärts Smijew die Verbindung zur 320. ID hergestellt und feindliche Kräfte südlich Wodjanoje auseinandergesprengt. Hierdurch sollte im Laufe der folgenden Tage — am 15. 2. — das Durchstoßen dieser Division zur eigenen Front gelingen.

Am 13. 2. morgens erhält das SS-Panzerkorps durch die Armee-Abteilung Lanz den Befehl des Führers, die Stadt Charkow unbedingt zu halten.

Das Korps meldet, daß ein längeres Halten, als bis zum 14. 2., nicht möglich sei. Entsprechende Erkundungsaufträge für eine Loslösung wurden ausgegeben. Die 320. ID unter der hervorragenden Führung von General Postel kommt mit ihren 1500 Verwundeten in vorbildlicher Haltung nach gewaltigen Strapazen und schweren Kämpfen zurück und wird in der eigenen Front durch das SPW-Bataillon der „LAH" aufgenommen. Sofort setzt der Verwundetenabtransport und die gesamte Versorgung dieser schwergeprüften und besonders bewährten Division durch die Versorgung des SS-Panzerkorps und der beiden SS-Divisionen ein.

Schon in der Nacht vom 13./14. 2. wird eine weitere Verengung der Abwehrfront um Charkow durchgeführt, um Reserven aus der Front zu ziehen. Die neue Linie verläuft über Lisogubowka — Bahnhof Rogan — Straßengabel südostwärts Lossewo — Sankin auf Bolschaja Danilowka.

Noch am Abend des 13. 2. weist das Korps darauf hin, daß auch diese Linie nur bis zum 14. 2. gehalten werden kann, da die Stadt bereits umgangen ist. Mit dieser Lagebeurteilung stimmt auch General Raus überein. Es folgen Vorschläge des Korps über die Regelung der weiteren Zurücknahme. Den Divisionen werden hierzu Erkundungsaufträge erteilt.

d) Räumung der Stadt Charkow
15. 2. 1943

Die Gefahr der Einschließung ist schon am 14. 2. akut. Noch einmal macht ein Vorstoß des Bataillons Peiper der „LAH" im Südosten der Stadt Luft.

Am 14. 2. um 00.00 Uhr befiehlt die Armee-Abteilung Lanz die Sprengung aller Versorgungslager sowie der militärischen und wehrwirtschaftlichen Anlagen.

Morgens gelingt es dem Gegner, in die dünnen, stützpunktartigen Linien nördlich Bahnhof Rogan und nördlich Satischje einzubrechen.

Auch ein feindlicher Panzerangriff mit 40 Panzern bei Rogan führt zum Einbruch. Der Durchstoß zum Traktorenwerk Lossewo ist zu befürchten. Schwache Kräfte riegeln ab. Auch n o r d w e s t l i c h der Stadt findet der Gegner Lücken in der Front der Division „Großdeutschland" und nimmt im Laufe des Tages das Waldgelände hart nordwestlich des Stadtrandes in Besitz.

Damit sind starke Teile des Korps Raus — Generalleutnant Raus hat die Führung des Korps Kramer übernommen — bereits von ihren Verbindungen nach Charkow abgeschnitten. Der Gegner beherrscht die Versorgungsstraße Poltawa—Charkow mit Feuer; er besetzt Olschany.

Da der wiederholte Antrag des SS-Panzerkorps, Charkow aufzugeben, unter Hinweis auf den Führerbefehl vom 13. 2. abgelehnt wird, ist SS-Obergruppenführer Hausser entschlossen, selbständig den Befehl zur Räumung zu geben, um die Einschließung des SS-Panzerkorps zu verhindern und es für die notwendige Gegenoffensive freizumachen.

D e r   u m   1 7 . 5 0   U h r   e r n e u t   e i n g e h e n d e   F ü h r e r - b e f e h l ,   C h a r k o w   z u   h a l t e n ,   z w i n g t   j e d o c h   z u r Z u r ü c k s t e l l u n g   d i e s e s   E n t s c h l u s s e s .

An der Ostfront der Stadt dringen am späten Nachmittag des 14. 2. von Südosten durchgebrochene Feindteile in den Stadtteil Osnowa ein. Das zum Gegenstoß angesetzte SPW-Bataillon „LAH" beißt sich im Nachtgefecht fest, ohne den Ortsteil von dem sich dauernd verstärkenden Gegner säubern zu können. In der Stadt selbst beginnen Zivilisten mit bewaffneten Ausschreitungen. Durchmarschierende Kolonnen erhalten Feuer aus den Häusern.

In dieser Lage befiehlt die Armee-Abteilung Lanz am 14. 2. abends, daß die Angriffsgruppe des Korps den Angriff nach Süden einstellt und das gewonnene Gelände hält.

Wie war dieser Angriff von Merefa nach Süden bisher verlaufen? In dem Bericht des SS-Panzerkorps heißt es drüber:

„Der Angriff kommt für den Feind überraschend und beginnt erfolgreich. Der Kampfgruppe Meyer (Panzer-Meyer) der ‚LAH' gelingt es, bereits am 11. 2. über Nowaja — Wodolaga Starowerowka zu erreichen und in den darauffolgenden Tagen zusammen mit der Angriffsgruppe Witt (‚LAH') bis Alexejewka vorzustoßen, während Kampfgruppe Kumm (Rgt. ‚DF' / DAS REICH) in harten Kämpfen

Borki und Ochotschaje nimmt. Das sowjetische 6. Garde-Kavallerie-korps wird im Raum Ochotschaje—Taranowka—Borki unter schweren Verlusten völlig zersprengt."

Der Kommandeur des Regiments „DF", Ostubaf. Kumm, berichtet in „Kameraden bis zum Ende"*) über diesen Einsatz:

„Die beiden ersten Tage bringen harte Kämpfe, aber große Erfolge in hartem Zupacken. Nowaja Wodolaga fällt am 12. 2., und am 13. 2. nimmt das III./DF Ort und Bahnhof Borki.

Beim sofortigen Nachstoß des durch Stuka-Geschwader 77 hervorragend unterstützten Regiments von Borki auf Rjabuschino fährt sich die 9. Kompanie mit ihren Schützenpanzerwagen im tief verschneiten Gelände hoffnungslos fest. Sofort setzt der Gegner mit heftigen Angriffen auf die bewegungslos liegende Kompanie an. Durch Funk herbeigerufen, kommt die Hilfe nach einiger Zeit durch den TFK des Regiments, Obersturmführer Herbst, der mit den wackeren Männern seiner Instandsetzungs-Trupps und drei 12-to-Panzerbergungsschleppern anrückt und unter dem Feuerschutz der Kompanie die Schützenpanzer flottmacht.

In der Nacht zum 14. Februar zieht das Regiment in Rjabuschino unter. Nächstes Angriffsziel ist Ochotschaje, rund zehn Kilometer südlich gelegen. Die Aufklärung der 10. Kompanie unter Führung von Untersturmführer Nickmann meldet: Ochotschaje feindbesetzt. Das Regiment, mit dem III. Bataillon als Spitze, das II. Bataillon vorerst noch in Reserve, schiebt sich noch in der Nacht in die Ausgangsstellung, ein Waldstück etwa viereinhalb Kilometer nördlich Ochotschaje, und stellt sich hier zum Angriff bereit. Unterstützt soll der Angriff durch eine Panzerkompanie der LAH und einer Batterie der II. Abteilung des Artillerieregiments ‚Das Reich' werden. Entlang des Weges Rjabuschino—Ochotschaje erreicht das III. Bataillon mit der 10. und 11. Kompanie nebeneinander schnell die ersten Häuser der Ortschaft, welche hart westlich des nach Norden fließenden Bachlaufes liegen. Im direkten Beschuß hatten die Panzermänner und Artilleristen Granate auf Granate hinausgejagt und dadurch den Angriff gut unterstützt. Leider waren beide schnell verschossen und fielen in der Hauptphase des nun in aller Härte einsetzenden Kampfes aus. Aufgesessen hatte sich die 9. Kompanie bis etwa einen Kilometer an Ochotschaje heran-

---

*) Plesse-Verlag, Göttingen 1962, Seite 127

gearbeitet mit dem Auftrag, durch die Ortschaft und über den Fluß Berestowaja hinweg nach Süden durchzubrechen. In dem Moment, als die 9. Kompanie anfährt und sich auf der riesigen offenen Fläche zeigt, setzt schlagartig ein außerordentlich heftiges Feuer des Gegners mit MG, Pak, Granatwerfern und Panzern ein. Die Kompanien, vor allem die 9., haben erhebliche Ausfälle. Die rückwärtigen Teile der Kompanien ziehen sich zurück, während die vorderen Züge im Schutz der Häuser Deckung suchen und den Kampf aufnehmen."

Der Bataillonskommandeur, Sturmbannführer Horn, wird durch einen Splitter am Arm verwundet, und der Chef der 9. Kp., Hauptsturmführer Schober, übernimmt das Bataillon.

„Auf diese Meldungen hin fährt der Regimentskommandeur sofort an den Ortsrand vor und erlebt, daß die Truppe unter dem Eindruck des weit überlegenen Feindes bereit ist, nachzugeben. Der Kommandeur des III. Bataillons, zwei Kompanieführer und zahlreiche Offiziere, Unteroffiziere und Männer sind gefallen und verwundet."

Der blutige Sonntag von Ochotschaje

Untersturmführer Schmager, der die 9. Kompanie in diesem Augenblick von Hauptsturmführer Schober übernimmt, berichtet:
„Ein wuchtig geführter Gegenangriff der Sowjets brach unter Aufbietung der letzten eigenen Kräfte zusammen . . . Notdürftig baute Obersturmführer Werner seine 10. Kompanie und ich die Teile der 9. zur Abwehr auf, war es doch unsere verdammte Pflicht, wenigstens die Verwundeten zu bergen.
Unsere Schwäche war schnell bemerkt. Der Iwan ballerte jetzt aus allen Knopflöchern.
,Untersturmführer, erschießen Sie mich!', brüllte mich mit letzter Kraft der Sturmmann W. an und wälzte sich vor Schmerzen im Schnee.
,Halt die Schnauze!', sagte ich, mich zusammenreißend. ,Da steht der Sanitätspanzer und Molz wird Dir helfen.'
,Jawohl, Untersturmführer', war die Antwort . . .
,Was hast Du?' rief ich dem kleinen H. zu, der Funker in meinem Zuge war.

,Nicht so schlimm, Untersturmführer, erst mal die anderen!' Und dabei kam mit jedem Wort ein Blutstrahl aus seinem Munde. Molz, mein treuer Schatten und Melder, schleppte auch diesen, erst 17jährigen Jungen zum Sani-Panzer.

Soll ich noch mehr erzählen? Zwischendurch, wie wahnsinnig feuernd, wurden alle Verwundeten abtransportiert und Meter um Meter drückte uns der Iwan zurück, bis uns die völlige Lösung gelang. Als sich die Kompanien in der Ausgangsstellung sammelten, zählte die Neunte genau 21 mit mir und besser sah es bei den anderen bestimmt nicht aus. Wenn diese Zahlen nach Stunden auch etwas günstiger aussahen, wir die wir einst vom III. gepanzerten Bataillon ,DF' waren, werden den Blutsonntag von Ochotschaje nie vergessen."

Ostubaf. Kumm berichtet über Ochotschaje weiter:

„Trotz dieser Lage: wenn jetzt das Bataillon bei der beginnenden Dunkelheit den Kampf einstellt, wird es kaum wieder einen Angriff erfolgreich durchstehen können. Der Regimentsadjutant, Hauptsturmführer Holzer, übernimmt auf Befehl des Regimentskommandeurs das III. Bataillon mit dem Auftrag, den Angriff neu anzusetzen und unter allen Umständen fortzuführen. Gleichzeitig wird das II. Bataillon, unter Hauptsturmführer Stadler, auf den SPWs des III./DF aufgesessen, von Osten über Popowka auf Ochotschaje angesetzt. Es wird festgestellt, daß der Feind etwa dreißig Panzer sowie Pak, als Heuhaufen vorzüglich getarnt, im Ort aufgestellt hat und aus allen verfügbaren Rohren feuert. Bis in die tiefe Nacht hält das Gefecht an, dann ist der Gegner bezwungen und Ochotschaje in der Hand des Regiments. Der größere Teil der Feindpanzer ist leider entkommen.

Der Erfolg des Tages aber liegt vor allem darin, daß sich das III. Bataillon unter dem Eindruck des äußerst massierten Feindfeuers nach kurzem Schwächeanfall schnell wieder gefangen hat und erneut angriff. Die jungen Männer hatten das Vertrauen zu ihrer eigenen Kraft rasch wiedergewonnen und haben es nie mehr verloren.

Der aufopferungsvolle Einsatz aller Sanitätsdienstgrade war gerade bei diesem Gefecht außerordentlich: der Truppenarzt des Bataillons ,DF', Hauptsturmführer Dr. Spielberger, fuhr trotz des rasenden Feindfeuers mit seinen Männern bis in die vordersten Linien und holte die Verwundeten zurück."

Wie sieht nun die Gesamtlage im Raum von Charkow aus?

Der vorher zitierte Befehl der Armee-Abteilung Lanz vom 14. 2. abends, den Angriff der Divisionsgruppe des SS-Panzerkorps von Merefa nach Süden einzustellen und das Gelände zu halten, um Kräfte zur Verstärkung der Verteidigung auszuscheiden und eine gepanzerte Gruppe nach Walki zu schicken, um von dort das feindbesetzte Olschany wiederzunehmen und die Nachschubstraße frei zu halten, ist undurchführbar. Das Heranführen dieser Verbände würde bei den Wegeverhältnissen zwei Tage dauern.

Generaloberst Hausser vermerkt in seinen handschriftlichen Aufzeichnungen:

„Eine Umgliederung, Schaffung von Reserven und weiterer Einsatz war n u r i m S ü d e n b e i d e r A n g r i f f s g r u p p e d e r ‚LAH‘ möglich. Das bedingte die Aufgabe von Charkow. Stehenbleiben hieß Einkesselung. Diese Auffassung wurde gemeldet.
Die Armee-Abteilung Lanz lehnte ab und übermittelte um 18.00 Uhr den kategorischen Befehl Hitlers:

‚Charkow ist bis zum letzten Mann zu halten!‘

Der Kommandierende General schildert am Abend nochmals die Lage, um den Befehl für die Aufgabe Charkows zu erwirken. — Vergebens. —
Bis zum 15. 2. wollte er noch warten, um so mehr, als die Aufnahme der 320. I.D. noch nicht vollendet war.
Inzwischen verschlechterte sich noch die Lage an den beiden Flügeln des Korps:
Schon in der Nacht zum 15. 2. ist der Gegner am linken Flügel der Kampfgruppe ‚Das Reich‘ und beim Korps Raus in den Nordwestteil sowie auf dem rechten Flügel am Flugplatz im Süden von Charkow im Rücken unserer Truppen in den Südostteil der Stadt eingedrungen.
Aber die 320. I.D. war in Sicherheit.“

Einer Panzerabteilung der Division DAS REICH gelingt es, im Gegenstoß dem Feind im Nordwestteil der Stadt schwere Verluste zuzufügen. Der feindliche Vorstoß ist vorübergehend gestoppt. Noch einmal meldet das SS-Panzerkorps den Ernst der Lage an die Armee-Abteilung. Der Versuch des Kommandierenden Generals, Lanz am 15. 2. nochmals im Fieseler Storch aufzusuchen, mißlang. Bis zum 15. 2. mittags fällt keine Enscheidung.

Generaloberst Hausser fährt in seinen Aufzeichnungen fort:

„Die Entwicklung der Lage zwang zum A u s w e i c h e n n a c h S ü d e n . Nur so war die geplante Operation Mansteins zu ermöglichen."

In dieser letzten noch möglichen Stunde gibt der Kommandierende General des SS-Panzerkorps am 15. 2. um 12.50 Uhr, um die Einschließung von 1 ½ Divisionen zu verhindern, den Befehl an die Divisionsgruppe DAS REICH, die Stellungen zu räumen und sich bis zum Udy-Abschnitt durchzukämpfen. Mit Unterstützung der Panzer gelingt es, die Truppe gerade noch rechtzeitig durch Charkow und südostwärts an der Stadt vorbei zurückzuführen.

Um 13.00 Uhr wird dieser Entschluß der Armee-Abteilung Lanz gemeldet und dem Korps Raus mitgeteilt.

Um 16.00 Uhr geht erneut ein Armeebefehl ein, der die Verteidigung von Charkow unter allen Umständen fordert. — Er ist nunmehr überholt. Das Absetzen gelingt!

Der einsame Entschluß

Die näheren Umstände des selbständigen Entschlusses von SS-Obergruppenführer Hausser zur Räumung von Charkow schildert der damalige 1. Ordonnanzoffizier des SS-Generalkommandos, Georg Berger, in folgendem Bericht:

„Der vernünftige Ungehorsam eines deutschen Generals", schreibt P. Carell in seinem Buch ‚Verbrannte Erde' und meint damit den Entschluß des Kommandierenden Generals des SS-Panzerkorps, Paul Hausser, entgegen einem ausdrücklichen Führerbefehl mit seinem Korps die Stadt Charkow zu räumen. Er legte damit den Grundstein zu der Großoffensive Mansteins an der Südfront, die zur Vernichtung der 6. russischen Armee und anderer russischer Verbände und zur Wiedereroberung Charkows führten.

Dieser Entschluß, einen Führerbefehl nicht zu befolgen, ist in der Geschichte des 2. Weltkrieges ziemlich selten und zeugt von der Zivilcourage des bedeutendsten Führers der Waffen-SS.

Das SS-Panzer-Korps mit den Divisionen ‚Leibstandarte‘ und ‚Das Reich‘ war am 11. 2. 1943 in Charkow nahezu eingeschlossen. Es stand ihm das gleiche Schicksal bevor wie der 6. Armee in Stalingrad, wenn nicht im letzten Moment der Befehl zum Absetzen und zur Räumung der Stadt kommen würde.

Am 14. Februar brechen russische Panzerverbände bis an den Stadtrand Charkows durch; nur noch die nach Südwesten führende Ausfallstraße nach Poltawa kann freigehalten werden. Als 1. Ordonnanzoffizier des SS-Generalkommandos habe ich die schrecklichen Stunden vor dem Ausbruch aus Charkow miterlebt und habe Haussers Gewissensnöte, in die ihn ein unsinniger Führerbefehl stürzte, aus nächster Nähe mit angesehen.

Der Führerbefehl vom 13. Februar lautete schlicht und einfach: ‚Charkow ist zu halten.‘ In einem Lagebericht an die Armee-Abteilung Lanz fordert Hausser die Räumungserlaubnis, die unter Hinweis auf den Führerbefehl verweigert wird. Nach einigen Telefongesprächen mit dem Oberbefehlshaber der Armee, General Lanz, stellt dieser Hausser frei, mit dem Oberbefehlshaber der Heeresgruppe, Feldmarschall v. Manstein, persönlich zu sprechen.

Dieses Gespräch vermittelte ich nach vielen technischen Schwierigkeiten am Abend des 14. Februar. Leider läßt sich die Zustimmung v. Mansteins nicht erreichen, da es sich um einen ausdrücklichen Führerbefehl handle. Aber Feldmarschall v. Manstein ermächtigt Hausser, sich unmittelbar an das Führerhauptquartier zu wenden, um die prekäre Lage selbst darzulegen.

Es gelingt mir, auch dieses Gespräch in die Wolfsschanze herzustellen, und der Generalstabschef des Heeres, General Zeitzler, verspricht Hausser, in der Lagebesprechung mit dem Führer, die um 02.00 Uhr nachts angesetzt ist, nochmals eine andere Entscheidung des Führers herbeizuführen.

Inzwischen sind die Befehle an die Divisionen LAH und REICH zur Absetzung aus Charkow längst geschrieben, und die Ordonnanzoffiziere der Divisionen warten vor der Tür des Korpsgefechtsstandes ungeduldig auf die Hinausgabe der Befehle.

Ein Blitzfernschreiben aus dem Führerhauptquartier um 02.30 Uhr, direkt an das SS-Panzer-Korps gerichtet, beendet die unerträgliche Spannung. Es lautet:

‚Charkow ist bis zum letzten Mann zu halten. gez. Adolf Hitler.'

Paul Hausser tritt aus der niederen Bauernstube hinaus in die klirrende Frostnacht und geht schweigend auf und ab. Unvermittelt sagt er zu mir ganz ruhig: ‚Geben Sie die Befehle zum Absetzen hinaus an die Divisionen!' Mir stockt einen Moment der Atem. Dann wage ich einen Einwand: ‚Obergruppenführer, der Führerbefehl sagt eindeutig . . .' Paul Hausser unterbricht mich: ‚Um meinen alten Kopf ist es nicht schade, aber den Jungens da draußen kann ich das nicht antun. Geben Sie den Korpsbefehl ruhig hinaus.'

gez. Georg Berger

Auf Grund der Räumung von Charkow kann eine verkürzte Widerstandslinie gebildet werden, für welche die vorhandenen Kräfte wirklich ausreichen. Das weitere Vordringen des Feindes kann durch planmäßige Abwehr gestoppt werden.
Am 16. 2. schlagen sich die Nachtruppen der Division DAS REICH durch die Stadt zurück.

Die Kämpfe um Charkow aus russischer Sicht

Über die Kämpfe in und um Charkow in der Zeit vom 11. bis 14. Februar 1943 äußert sich der sowjetische Oberst W. P. Morosow in seinem Buch: „Westlich von Woronesch" auszugsweise wie folgt:

„Am 11. Februar, 08.20 Uhr, erhielten die Truppen ihre konkreten Aufgaben zur Eroberung von Charkow. Nach dem Plan von General Rybalko sollte das 6. Garde-Kavalleriekorps sich mit der 40. Armee vereinigen, die Charkower Garnison von Westen blockieren und sie damit völlig abschließen. Auf der Linie Peressetschnaja—Ljubotin—Rakitnoje hatte es die äußere Einschließungsfront fünfundzwanzig Kilometer von der inneren Einschließungsfront zu bilden. Alle Verbände erhielten die Aufgabe, die faschistischen Truppen nicht aus der Stadt Charkow hinauszudrängen, sondern sie in der Stadt selbst zu vernichten.

Der Gegner hatte vom nördlichen Donez die Hauptkräfte der SS-Panzer-Division ‚Das Reich' und der ‚Leibstandarte' herangezogen — bei den Hauptkräften der Division ‚Das Reich' handelte es sich zu diesem Zeitpunkt nur um das SS-Panzergrenadierregiment ‚Der Führer' ohne das I. Bataillon! — und westlich von Merefa konzentriert. Er ging vom Abschnitt der Msha zum Gegenangriff gegen die Kavallerieverbände vor. Am 11. Februar wiesen die Kavalleristen Angriffe ab, mußten sich aber trotzdem in den Raum Borki—Ordiwka absetzen.

In Anbetracht der Lage entschloß sich der Kommandeur des Garde-Kavalleriekorps, General Sokolow, seine Truppen nach Süden in den Raum Ochotschaje—Melichowka zurückzunehmen, sie dann umzugruppieren, überraschend in die Flanke der zum Gegenstoß vorgehenden Gruppe des Gegners vorzustoßen und in ihrem Rücken in den Raum Ljubotin einzudringen. Am Morgen des 13. Februar organisierten die Kavallerietruppenteile, unterstützt durch die Panzerbrigade 201, eine Rundumverteidigung in den Räumen Ochotschaje und Melichowka und hielten eine günstige Stellung gegenüber der Panzergruppierung des Feindes. Am 14. Februar wurden die Kavallerieverbände in schwere Verteidigungsgefechte in diesem Raum verwickelt." (Ende des Zitats aus russischer Sicht)

Am 15. Februar setzt das Regiment „DF" den Angriff fort und hat nach wenigen Kilometern erneut Feindberührung. Nun ist der Gegner aber angeschlagen, und in zügigem Vorgehen wird der Widerstand gebrochen.
Inzwischen hat die Panzer-Aufklärungsabteilung 1 der LAH in schneidigem Vorstoß nach Süden den Ort Bereka genommen, wird aber dort von weit überlegenen Feindkräften eingeschlossen. Auf den Schützenpanzerwagen des III./DF wird das II./DF gegen Bereka in Marsch gesetzt und kann in schwungvollem Angriff die Einschließung brechen. Die dort stehenden Feindkräfte werden anschließend von der Panzer-Aufklärungsabteilung 1 und dem II./DF vollständig zerschlagen.
Am Morgen des 17. Februar erreichen das Regiment alarmierende Nachrichten vom linken Nachbarn, dem Regiment Witt der LAH. Es wird von Osten her in der Flanke von starken Feindkräften angegriffen. Das Regiment Witt verfügt nur über ein verstärktes Bataillon

und gerät in eine kritische Lage. Die Schützenpanzerwagen des III./DF werden dem Regiment Witt zugeführt, und aufgesessen wird das Bataillon zu einem befreienden Gegenangriff nach Osten angesetzt. Auch dieser Angriff hat durchschlagenden Erfolg, und das Regiment Witt kann am Nachmittag ohne nennenswerte Verluste seine Truppen in der befohlenen Linie zur Abwehr gliedern.

Die Absicht des Feindes ist vollständig zunichte gemacht. Das Kavalleriekorps, dessen Aufgabe lautete, die Nachschubstraße Charkow—Poltawa zu unterbrechen und den Ring um die Stadt Charkow zu schließen, ist von den weit schwächeren deutschen Kräften zerschlagen; ein kurzer, harter und erfolgreicher Auftakt für die kommenden Angriffsoperationen des SS-Panzerkorps.

Ist es schon ein Erfolg, daß durch die Aufgabe von Charkow die Einschließung und Vernichtung von 1 ½ vollkampfkräftigen SS-Divisionen verhindert wurde und die Abwehr in einer erheblich verkürzten Front geführt werden kann, so liegt die entscheidende Bedeutung des Entschlusses in dem Freiwerden der Masse des SS-Panzerkorps für die Fortsetzung des Angriffes nach Süden zur Vereinigung mit der Heeresgruppe Süd, der die Armee-Abteilung Lanz seit Herausziehen der Heeresgruppe B unterstellt ist.

Bei diesem Kapitel Charkow taucht immer wieder die Frage auf, warum ausgerechnet der Kommandierende General des SS-Panzerkorps die undankbare Aufgabe und die schwere Last des vorsätzlichen Ungehorsams gegen einen Führerbefehl auf sich nehmen mußte. Warum nicht sein Vorgesetzter, General Lanz, oder in erster Linie der Oberbefehlshaber der Heeresgruppe Süd, Generalfeldmarschall v. Manstein?

Es steht heute fest, daß beide Vorgesetzte im Grunde ihres Herzens der gleichen Auffassung wie SS-Obergruppenführer Hausser waren, ja daß Manstein sogar ein besonderes Interesse an der Erhaltung des SS-Panzerkorps als der einzigen operativen Reserve für die künftigen Operationen haben mußte.

Manstein hatte wohl immer ein gespanntes Verhältnis zu seinem Obersten Befehlshaber, und Lanz hatte sich schon einmal durch seinen selbständigen Befehl zum Absetzen der SS-Division DAS REICH auf den Donez und gleich darauf in den Raum ostwärts Charkow bei Hitler unbeliebt gemacht. Beide glaubten offensichtlich, daß es sich ein SS-General am ehesten leisten könne, einen Führerbefehl nicht

chen — der hat einen besseren Draht zu Hitler als ich."
äußert: „Das (die Räumung Charkows — d. Verf.) soll Hausser ma-
auszuführen. GFM v. Manstein hat sich in diesen Tagen einmal ge-

Beide, v. Manstein und Lanz, kannten die Reaktionen Hitlers und
glaubten wohl, in dieser Krise keine Entlassung wegen Ungehorsams
riskieren zu dürfen. Sie hielten es wahrscheinlich im Intersse der Sache
und auf dem Höhepunkt dieser gefährlichen Krise für besser, nicht
aus dem operativen Geschehen auszuscheiden.

In der Schrift „Furchtlos und treu" zum fünfundsiebzigsten Geburtstag von General der Gebirgstruppe a. D. Hubert Lanz*) schreibt
Oberst a. D. Josef Remold (S. 75):

„Anfang 1943 wurde Lanz, inzwischen zum General der Gebirgstruppe befördert, mit der Führung einer vor Charkow stehenden
Armeeabteilung, die seinen Namen erhielt, betraut. Rasch erkannte er
die operative Absicht der roten Führung, den Großraum Charkow von
Norden und Südosten zu umfassen. Bei Schneetreiben und großer Kälte
besuchte er im ‚Storch'-Flugzeug seine unterstellten Korps, die in hartem Kampfe mit überlegenen Feindkräften standen. Gegen einen,
nach seiner Ansicht, überholten Führerbefehl — Vorstoß mit der Division ‚Das Reich' in die tiefe Flanke des Feindes in Richtung auf Artemowka und Tschugujew — setzte er sich zur Wehr, handelte selbständig nach bestem eigenem Wissen, was ihm als Eigenmächtigkeit und
Mißachtung einer Forderung der Obersten Führung ausgelegt wurde
und seine Ablösung nach sich zog. Die Durchführung dieses, der ge-
änderten Lage hohnsprechenden Befehls hätte bei den weit gesteckten
Zielen, dem überlegenen Feind und der hohen Schneelage zur Einschließung der wertvollen Division geführt, ohne den angestrebten
Erfolg zu erreichen. Sein mutiger Entschluß, an Ort und Stelle den
Angriff einzustellen und die Division hinter dem Donez zur Begra-
digung der Abwehrfront einzusetzen, hat Blut gespart und die kaum
abwendbare Einschließung von Charkow hinausgezögert. Lanz be-
wies in jenen schweren Tagen ein hohes Maß von Verantwortungs-
gefühl und Selbstverleugnung."

---

*) Prof. Dr. Charles B. Burdick, Santa Cruz, Kalifornien — Markus-Verlagsgesell-
schaft m.b.H. Köln 1971: „Furchtlos und treu".

In der gleichen Schrift schreibt Prof. Dr. B. Burdick (S .56):

„Hausser teilte Lanz mit, daß durch die sich verschlechternde Lage der Rückzug erforderlich werde. Wenn Lanz den Befehl dafür nicht gebe, werde er selbst es tun. Lanz antwortete ihm, daß die Stellungen trotz allem gehalten werden müßten. Als Lanz seinen Befehl per Telephon wiederholte, erwiderte Hausser, daß er schon Rückzugsbefehl gegeben habe, und bezweifele, daß er rechtzeitig widerrufen werden könne. Da Lanz sofort und ärgerlich antwortet, sagte Hausser, er sei bereit, seinen Befehl zu widerrufen, bat aber um einen Führerentscheid.

Am folgenden Tage berichtete Manstein, daß er auf seine persönliche Anfrage bei Hitler den Bescheid erhalten habe, daß nichts geändert sei. Die Stadt werde bis zum bitteren Ende verteidigt werden. Alles andere war unwichtig — der Doppelauftrag war tatsächlich beendet, aber es war zu spät. Da der Korridor, durch den man Charkow verlassen konnte, nur wenig mehr als zwei Kilometer breit war, meldete Hausser, daß er die Absicht habe, die Stadt zu verlassen. Lanz tadelte ihn und ging eilends zu ihm, um persönlich mit Hausser zu sprechen. Sie gingen alles zusammen durch, und Lanz bestätigte ihm endlich, daß seine Entscheidung richtig sei. Er teilte Manstein seine Zustimmung mit und ging soweit zu sagen, daß Haussers Handlung eine katastrophale Einschließung verhindert habe. Manstein, der gegen Eigenmächtigkeiten der SS sehr mißtrauisch war, setzte sich sofort mit Lanz der SS-Führung wegen in Verbindung. Der Oberbefehlshaber, der sehr geradezu war, faßte sein Urteil in dem Ausdruck zusammen: ‚Sehr selbständig.‘ Er würde sich nicht vor persönlicher Verantwortung drücken, noch einen Sündenbock suchen. Innerhalb von 24 Stunden waren die Truppen aus Charkow heraus.“

Lanz glaubte nach den schlechten Erfahrungen, wo sein durch die Lage bedingtes verantwortungsbewußtes Handeln bei der obersten Führung als Eigenmächtigkeit und Mißachtung einer Forderung Hitlers ausgelegt wurde, wenigstens äußerlich sich nicht mehr dem gleichen Vorwurf aussetzen zu dürfen.

Generalfeldmarschall v. Manstein hat jedenfalls den Entschluß Haussers bis zum Schluß gegenüber dem Führerhauptquartier n i c h t gedeckt.

Da Hitler offensichtlich später von der Richtigkeit der Räumung Charkows überzeugt war, ohne die die anschließenden operativen Erfolge nicht denkbar gewesen wären, mußte er aus Prestigegründen einen Sündenbock haben, der weder GFM v. Manstein noch SS-Obergruppenführer Hausser sein durfte — und das war General Lanz. Das muß gerechterweise festgestellt werden. Er wurde am 20. Februar seiner Aufgabe enthoben und durch General d. Pz.Tr. Werner Kempf ersetzt.

„Der vernünftige Ungehorsam eines deutschen Generals"

Das dramatische Geschehen in den Kämpfen um Charkow vom 11. bis 16. 2. 1943 schildert Paul Carell[*]) wie folgt:

„Die sowjetischen Heeresgruppen ‚Woronesh-Front', ‚Südwest-Front' und ‚Süd-Front' erhielten Befehl, ‚ohne Rücksicht auf Nachschub und auf feindliche Nachhuten durch den weichenden Feind zu stoßen, noch vor Beginn der Frühjahrsschlammzeit den Dnjepr zu erreichen und Manstein den Rückzug auf den Fluß abzuschneiden'.

Der Befehl der STAWKA an die ‚Südwest-Front' vom 11. Februar 1943 lautete: ‚Sie haben den Rückzug des Feindes auf Dnjepropetrowsk und Saporoschje zu verhindern und die feindlichen Kräfte auf die Krim zurückzuwerfen, die Zugänge zur Krim zu sperren und damit die deutsche Südgruppe abzuschneiden.'

Da war es, das große Wagnis! Das Risiko, zu dem sich Stalin entschlossen und auf das Manstein spekuliert hatte.

Ein Ereignis hat das sowjetische Oberkommando in seinem Irrtum besonders bestärkt, ein dramatisches Ereignis: nämlich der vernünftige Ungehorsam eines deutschen Generals. Er wirkte sich wie ein genialer Trick aus und war es gar nicht.

Hitler hatte der Armeeabteilung Lanz — die in jenen Tagen zur Heeresgruppe B gehörte und noch nicht Manstein unterstand — am 11. Februar den strikten Befehl gegeben, Charkow zu halten, obwohl die Stadt bereits von zwei sowjetischen Armeen operativ ausmanövriert war und vor der Einschließung stand.

Der verhängnisvolle Auftrag zur Verteidigung Charkows fiel dem gerade erst aus Frankreich eingetroffenen, neuaufgestellten SS-Panzerkorps unter General der Waffen-SS Paul Hausser zu. Zu dem Korps

[*]) Paul Carell, „Verbrannte Erde", S. 159—163, Verlag Ullstein GmbH, Berlin, Frankfurt, Wien

gehörten die beiden Elitedivisionen ‚Das Reich‘ und ‚Leibstandarte Adolf Hitler‘.

Der Befehl, Charkow zu halten, war töricht und von Prestigedenken bestimmt. Manstein versuchte, Hitler davon abzubringen. Denn wichtiger als eine Stadt zu halten war jetzt, den südlich Charkow vorstürmenden Feind aufzufangen. Ihn zu schlagen und damit endlich zu stoppen, um so die linke Flanke der Heeresgruppe Süd zu entlasten und einen sowjetischen Durchbruch zum und über den Dnjepr zu verhindern.

Aber Hitler wollte die industrielle und politische Metropole der Ukraine nicht preisgeben. Charkow begann, wie kurz zuvor Stalingrad, für ihn trotz aller bösen Erfahrungen eine Prestigefrage zu werden. Und er war bereit, hervorragende Kampfverbände, wie ‚Leibstandarte‘ und ‚Das Reich‘, ins Stalingrader Schicksal zu jagen.

Noch am 13. Februar wiederholte Hitler den strikten Befehl, Charkow zu halten und sich notfalls dort einzuigeln. Lanz gab den Befehl an Hausser weiter. Der halsstarrige Hitler war beruhigt; denn er rechnete mit dem unbedingten Gehorsam des Waffen-SS-Korps und übersah die nüchterne Vernunft, die operative Klugheit und die Zivilcourage seines Kommandierenden Generals Paul Hausser.

Und deshalb passierte etwas, was jene Legende ad absurdum führt, die man den Soldaten der Waffen-SS und ihren Führern gerne anhängt, nämlich: eine bedenkenlos parierende Parteitruppe gewesen zu sein.

Am 14. Februar zeichnet sich die Einschließung der Stadt ab. Sowjetische Panzerrudel durchbrechen die nördliche, nordwestliche und südöstliche Abriegelungsfront und dringen bis an den Stadtrand von Charkow vor. Die Versorgungsstraße Poltawa—Charkow liegt unter sowjetischen Artilleriefeuer. Hausser verlangt von General Lanz die Erlaubnis zum Ausbruch. Seine nüchterne Lagebeurteilung ergibt sich aus dem Kriegstagebuch des Korps vom 14. Februar 1943 unter Tagebuchnummer 138/43. Sie lautet:

‚Feind vor Ost- und Nordost-Front Charkow 14. 2. erheblich verstärkt. Angriffe an Straßen Tschugujew und Woltschansk mit letzten Reserven abgewehrt. Einbruch in zwölf Kilometer Tiefe bei Flugplatz Süd bis Ossnowa. Bereinigung mit unzureichenden Kräften im Gange. Für Abriegelung Feindeinbruch nordwestlich Charkow bei Division ‚GD‘ keine Kräfte. Alle Angriffstruppen im Süden zunächst

gebunden. 320. I.D. noch nicht in HKL aufgenommen. Zustand nach Meldung des Zweiten Generalstabsoffiziers schließt Einsatz zum Angriff für nächste Tage aus.
In Charkow schießt Pöbel auf Soldaten und Kfz. Keine Kräfte zur Säuberung, da alles in Front. Stadt einschließlich Eisenbahn, Vorräte und Munitionslager auf Armeebefehl nachhaltig gesprengt. Stadt brennt. Planmäßiges Ausweichen täglich unwahrscheinlicher. Voraussetzung für operative Bedeutung von Charkow scheint nicht mehr gegeben. Erneute Führerentscheidung, ob Charkow bis zum letzten Mann gehalten werden soll.'

General Lanz versteht Haussers Appell. Doch er verweigert eine Überprüfung des Haltebefehls angesichts der klaren Order, die Hitler ihm vor wenigen Stunden als definitive Entscheidung gegeben hat. Sein Entschluß wird ihm erleichtert, weil die sich seit Wochen aus dem Raum der zerschlagenen 2. ungarischen Armee auf Charkow zurückkämpfende 320. I.D. immer noch nicht heran ist.

Paul Hausser, kriegserfahrener Generalstabsoffizier der kaiserlichen Armee, 1932 als Generalleutnant der Reichswehr in den Ruhestand getreten, dann zur Waffen-SS gegangen, gibt sich nicht zufrieden. Befehle, auch Führerbefehle, sind für ihn keine heiligen Gebote. Er ruft Lanz an und beschwört ihn. Aber der General bleibt bei seiner Ablehnung. Daraufhin funkt Hausser erneut an die Armeeabteilung Lanz:

,Entscheidung über Absetzen bis 12.00 Uhr notwendig. gez. Hausser.'
Lanz lehnt ab.

Darauf meldet das SS-Panzerkorps nachmittags:
, . . . habe am 14. 2. 16 Uhr 45 den Befehl zur Räumung von Charkow und zum Ausweichen hinter den Udy-Abschnitt in der Nacht vom 14./15. 2. gleichzeitig an Korps Raus gegeben. Beurteilung der Lage folgt schriftlich.'

Der Gebirgsjägergeneral Lanz sieht sich angesichts der strikten Weisung Hitlers in schwierigster Lage. Obwohl er und sein Stab im Grunde ihres Herzens auf Haussers Seite stehen, befiehlt er mit Funkspruch Nummer 624 um 17 Uhr 25:

,Panzerkorps hält gemäß Führerbefehl bis zum letzten Mann seine jetzigen Stellungen an der Ostfront von Charkow.'
Am Abend des 14. Februar befiehlt General Lanz sogar, daß die An-

griffsgruppen des Korps, die im Süden der Stadt zur Abwehr übergegangen sind, Kräfte zur Verteidigung Charkows abgeben und gleichzeitig noch den Feind aus Olschany, im Süden der heißumkämpften Stadt werfen sollen. Der Funkbefehl der Armeeabteilung Lanz lautet:
‚Führerentscheid:
1.) Die Ostfront von Charkow ist zu halten.
2.) Die herankommenden großen SS-Verbände sind zum Freikämpfen der Verbindungen nach Charkow sowie zum Schlagen der von Nordwesten auf Charkow drückenden Feindkräfte einzusetzen.‘
Ein undurchführbarer Befehl!
Im Stadtzentrum greifen die Partisanen bereits offen zu den Waffen. Hausser, der sich mit seinem Chef des Stabes, Ostendorff, und seinem Ia, Oberstleutnant i. G. Müller, noch einmal beraten hat, telefoniert am Abend erneut mit Lanz. Aber der Befehlshaber der Armeeabteilung lehnt auch jetzt wieder den Antrag auf Räumung unter Berufung auf den Führerbefehl ab. Stalingrad!
In der Nacht zum 15. Februar dringt der Russe in den Nordwestteil und Südostteil der Stadt ein. Im sofortigen Gegenstoß wird er von einer Panzerabteilung der SS-Panzergrenadierdivision ‚Das Reich‘ noch einmal geworfen.
Am 15. Februar mittags greift der Russe wieder an. Nur noch eine winzige Lücke südostwärts der Stadt ist offen. Wird sie geschlossen, ist Haussers Korps und auch die Panzergrenadierdivision ‚GD‘ im Nordteil der Stadt verloren. Stalingrad!
In dieser Lage befiehlt Hausser im Einvernehmen mit dem benachbarten Korps Raus, dem ‚GD‘ untersteht, seinen Divisionen, was die Logik der Kriegskunst, die Verantwortung des Truppenführers und der Mut des Soldaten gebieten: Ihre Stellungen zu räumen und sich zurückzukämpfen. Stalingrad findet nicht statt!
Gegen 13.00 Uhr meldet Hausser diesen Entschluß der Armeeabteilung mit folgendem Funkspruch:
‚Um Truppe vor Einschließung zu bewahren und Material zu retten, wird 13.00 Uhr Befehl zum Durchschlagen hinter Udy-Abschnitt am Stadtrand befohlen. Zur Zeit Durchkämpfen im Gange. Straßenkämpfe im SW und Westen der Stadt.‘
Der Spruch geht in den Äther. Die Verweigerung des Gehorsams gegen einen Führerbefehl. Was wird geschehen?

Um 15 Uhr 30 fängt Haussers Funkstelle die strikte Order von General Lanz auf: ‚Charkow ist unter allen Umständen zu verteidigen!‘ Aber Hausser kümmert sich nicht darum, antwortet nicht. Er bricht nach Südwesten aus. Die Panzer schießen den Grenadieren den Weg frei. Artillerie, Flak und Pioniere decken die Flanken, fangen den nachdrängenden Feind auf und machen dann am Udy-Abschnitt kehrt. Vierundzwanzig Stunden später boxen sich die Nachtruppen der Division ‚Das Reich‘ durch die brennende Stadt.

An den Straßenkreuzungen stehen im flackernden Licht der lodernden Häuser die wuchtigen Sturmgeschütze der Division ‚Großdeutschland‘. Sie warten auf die Nachhuten ihrer Division; denn auch General Hoernleins ‚GD‘ gibt nach Haussers Ausbruch ihre Stellungen nordwestlich von Charkow auf und kämpft sich durch die Stadt zurück. Die Schlacht läuft nach der Logik der Front, nicht nach dem irrealistischen Befehl aus Rastenburg.

Auch die bewährte Panzergrenadierdivision ‚Großdeutschland‘ hat schwerste Abwehrgefechte hinter sich.

In den Morgenstunden jagen die letzten Melder und Schützenpanzerwagen des Bataillons Remer durch die Straßen. Aus Fenstern und Ruinen feuern schon die eingesickerten Russen. Am Roten Platz hissen Partisanen eine riesige rote Fahne.

Und was geschah in der ‚Wolfsschanze‘? Bleich vor Zorn nahm Hitler die Meldung vom Ungehorsam seines SS-Panzerkorps entgegen. Aber ehe er sich klar wurde, was er gegen Hausser tun sollte, zeigte sich bereits, wie richtig dessen Entschluß gewesen war. Zwei gar nicht zu entbehrende, voll kampfkräftige, osterfahrene Panzerdivisionen sowie die Panzergrenadierdivision ‚GD‘ waren für die entscheidende Phase der Abwehrschlacht erhalten geblieben.

Darüber hinaus hatten der Widerstand der Verteidiger von Charkow und ihr Gegenstoß auch der 320. I.D. unter Generalmajor Postel den Anschluß an die Armeeabteilung Lanz ermöglicht. Die zeitweilige Aufgabe der größten ukrainischen Stadt hatte sich also entgegen allen Befürchtungen operativ nur günstig ausgewirkt.

Was aber niemand auf deutscher Seite ahnen konnte, war die psychologische Wirkung der Räumung Charkows auf Stalin und seinen Generalstab, wie sie heute aus sowjetischen Quellen belegt ist. Die Befreiung Charkows, der viertgrößten Stadt der Sowjetunion, führte nicht nur zu einer weiteren Steigerung der sowjetischen Siegesstimmung; vielmehr sah Stalin darin auch eine Bestätigung für die vermuteten deutschen Rückzugsabsichten. Er kannte Hitler, und er hielt es für undenkbar, daß dessen ‚Prätorianer' von Charkow abließen, wenn nicht ein allgemeiner Rückzugsbefehl vorlag. Logisch richtig gedacht! Und doch falsch. Denn Stalin hatte die unbeirrbare Zivilcourage eines Mannes nicht einkalkuliert." (Ende des Zitats)

Abschließend zum Kapitel Charkow 1943 bemerkt Generaloberst Hausser in seinen privaten Aufzeichnungen:
„Persönlich meine ich, daß der Entschluß des K.G. II. SS-Pz.-Korps, Charkow zu räumen und damit den entscheidenden linken Flügel Mansteins stark zu machen, eine wesentliche Grundbedingung für Mansteins Erfolg war.
In der Bearbeitung von A. Philippi und F. Heim: ‚Der Feldzug gegen Sowjetrußland 1941—45 — ein operativer Rückblick' (Kohlhammer-Verlag Stuttgart) ist das zwar zwischen den Zeilen angedeutet, aber sonst wird es verschwiegen."
Die südliche Angriffsgruppe hatte bis zum 17. 2. Tanarowka erreicht. SS-Obergruppenführer Hausser überprüft mit dem Fieseler-Storch die Lage bei den Kampfgruppen der Division „LAH" und fliegt anschließend zur Armee-Abteilung Lanz. Hier erhält er die neue Weisung, daß sich das SS-Panzerkorps am 17. 2. weiter hinter den Mscha-Abschnitt abzusetzen hat, wo sich das Korps für den entscheidenden Einsatz im Rahmen des operativen Planes Mansteins im Raume Krassnograd umgliedert.
Das SS-Panzerkorps steht mit der inzwischen herangekommenen und versammelten „Totenkopf-Division" — also mit insgesamt drei voll kampfkräftigen SS-Panzer-Grenadier-Divisionen zu neuem Einsatz bereit.
Das Regiment „DF", bisher der „LAH" unterstellt, wird herausgelöst, nach Krassnograd in Marsch gesetzt und wieder der Division DAS REICH unterstellt.

Wie richtig und entscheidend die Räumung Charkows war, werden die nun folgenden brillanten und durchschlagenden Operationen des Generalfeldmarschalls v. Manstein zur Rettung der Südfront zeigen, die ohne den entscheidenden Einsatz des SS-Panzerkorps nicht möglich gewesen wären.

504

ANHANG

Schlacht- und Gefechtsbezeichnungen
der SS-Division REICH — später: DAS REICH
vom 19. 8. 1941 bis 18. 2. 1943

19. 8. — 1. 9. 41:	Heeresgruppenreserve im Abschnitt der Heeresgruppe Mitte	DAS REICH
4. 9. — 18. 9. 41:	Verfolgungskämpfe in der Schlacht bei Kiew	DAS REICH
20. 9. — 24. 9. 41:	Schlacht im Raum ostwärts Kiew	DAS REICH
2. 10. — 4. 10. 41:	Durchbruch durch die Desna-Stellung	DAS REICH
8. 10. — 13. 10. 41:	Vorstoß über Gshatsk	DAS REICH
14. 10. — 26. 10. 41:	Durchbruch durch die Moskauer Schutzstellungen	DAS REICH
27. 10. — 16. 11. 41:	Abwehrkämpfe westlich Moskau	DAS REICH
7. 11. — 4. 12. 41:	Einnahme von Istra und Ssolnetschnogorsk	DAS REICH
5. 12. — 21. 12. 41:	Abwehrschlacht vor Moskau	DAS REICH
22. 12. — 31. 12. 41:	Abwehrkämpfe in der Rusa- und Wolokolamsk-Stellung	DAS REICH
1. 1. — 17. 1. 41:	Abwehrkämpfe in der Winterstellung der 9. Armee	DAS REICH
19. 1. — 20. 2. 42:	Winterschlacht von Rshew	DF
19. 1. — 7. 2. 42:	Angriffskämpfe nordwestlich Sytschewka	DAS REICH ohne DF
9. 2. — 20. 2. 42:	Abwehrkämpfe im Wolgabogen westlich Rshew	DAS REICH ohne DF
25. 2. — 13. 3. 42:	Angriffskämpfe zwischen Bahn Rshew—Olenino—Ossugo	Kampfgruppe DAS REICH

17. 3.— 8. 4. 42:	Abwehrkämpfe im Wolga-bogen westlich Rshew	Kampfgruppe DAS REICH
9. 4.—10. 4. 42:	Abwehrkämpfe im Raum Olenino—Nelidowo	Kampfgruppe DAS REICH
15. 4. —24. 7. 42:	Verwendung im Heimatkriegs-gebiet	DAS REICH
25. 7.— 5. 11. 42:	Besatzungstruppe in Nord-frankreich	DAS REICH
6. 11. — 20. 11. 42:	Bereitstellung an der Demarkationslinie	DAS REICH
21. 11. — 28. 11. 42:	Besetzung Restfrankreichs	DAS REICH
27. 11. 42:	Handstreich gegen Toulon	Kradsch.Btl. DAS REICH
29. 11. — 19. 12. 42:	Küstenschutz an der Mittelmeerküste	Kradsch.Btl. DAS REICH
20. 12. 42 — 15. 1. 43:	Besatzungstruppe in Frankreich	DAS REICH
23. 1.— 24. 1 .43:	Abwehrschlacht im Donezgebiet	I./DF
25. 1.— 28. 1. 43:	OKH-Reserve im Raum der Heeresgruppe B	DAS REICH ohne I./DF
29. 1.— 1. 2. 43:	Abwehrschlacht und Rück-zugskämpfe zwischen Don und Oskol	DAS REICH ohne I./DF
2. 2.— 18. 2. 43:	Abwehrschlacht im Raum Charkow	DAS REICH ohne I./DF
14. 2. — 15. 2. 43:	Räumung der Stadt Charkow	DAS REICH ohne I./DF

Unterstellungsverhältnisse
der SS-Division REICH — später: DAS REICH
vom 19. 8. 1941 bis 18. 2. 1943

5. 6. — 1. 9. 41:	XXXXVI. Pz.-Korps (Gen. d. Pz.Tr. v. Vietinghoff)	ganze Division
1. 9. — 7. 9. 41:	Panzergruppe 2 (Generaloberst Guderian)	ganze Division
7. 9. — 24. 9. 41:	XXIV. Pz.-Korps (Gen. d. Pz.Tr. Geyr v. Schweppenburg)	ganze Division
24. 9. — 3. 10. 41:	LVII. Pz.-Korps (Gen. d. Pz.Tr. Kuntze)	ganze Division
3. 10. — 13. 12. 41:	XXXX. Pz.-Korps (Gen. d. Pz.Tr. Stumme)	ganze Division
13. 12. 41 — 15. 1. 42:	4. Pz.-Armee (Gen.Obst. Hoepner) / 9. Armee (Gen.Obst. Model)	ganze Division
15. 1. — 18. 2. 42:	VI. AK (9. Armee) (Gen. d. Inf. Biehler)	Rgt. DF
25. 1. — 9. 2. 42:	XXXXVI. Pz.-Korps (v. Vietinghoff)	Division ohne DF
8. 2. — 12. 2. 42:	VI. AK (Gen. d. Inf. Biehler)	Stab.Rgt. D + I./D
9. 2. — 18. 2. 42:	VI. AK (Gen. d. Inf. Biehler)	Div.-Stab + Rest d. Kradsch.Btl.
18. 2. — 1. 6. 42:	XXXXVI. Pz.-Korps (Gen. d. Pz.Tr. v. Vietinghoff)	Kampfgruppe SS-REICH
15. 4. — 1. 6. 42:	Kommandant Tr.Üb.Pl. Fallingbostel u. Kdo.Amt der Waffen-SS	Division ohne Kampfgruppe SS-REICH

1. 6. — 24. 7. 42:	Kommandant Tr.Üb.Pl. Fallingbostel u. Kdo.Amt der Waffen-SS	ganze Division
. 7. — 24. 7. 42:	7. Armee (Gen.Obst. Dollmann)	Rgt. DF
24. 7. — 12. 8. 42:	7. Armee (Gen.Obst. Dollmann)	ganze Division
12. 8. 42 — 18. 2. 43:	SS-Pz.-Korps (Gen.Obst. Hausser)	ganze Division
22. 11. — . 12. 42:	SS-Pz.-Korps (Gen.Obst. Hausser)	Kradsch.Btl. „L" d. Div. DAS REICH
20. 1. — 7. 3. 43:	Armee-Abtl. Fretter-Pico	I./DF

Kriegsgliederung der SS-Division DAS REICH
als Panzer-Grenadier-Division, 1942

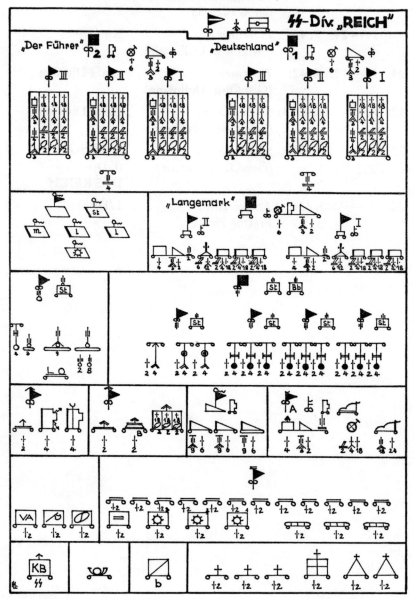

SS-Division „Reich" als Panzer-Grenadier-Division vom 24. 4. 1942

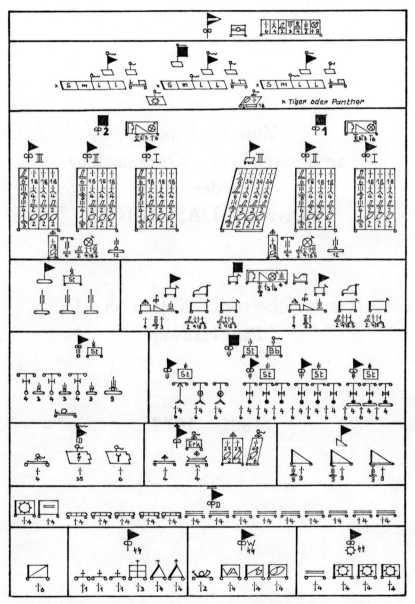

SS-Division „Reich" als Panzer-Grenadier-Division vom 27. 10. 1942

Zum Gedenken
an unseren ersten Kommandeur
der
SS-Division „DAS REICH"

Generaloberst der Waffen-SS a. D.
Paul Hausser

1880—1972

Seine Losung war: Ich diene!

Abschied von Paul Hausser, Oberst-Gruppenführer
und Generaloberst der Waffen-SS

In den Morgenstunden des 21. Dezember 1972 starb in Ludwigsburg
bei Stuttgart Generaloberst a. D. Paul Hausser, kurz nach seinem 92.
Geburtstag. Der Tod von Papa Hausser— wie ihn alle seine alten Soldaten ehrerbietig und vertrauensvoll zugleich nennen — symbolisiert
in besonderem Maße das Ende einer Epoche, die sich vom Kaiserreich
des 19. Jahrhunderts bis in unsere Tage spannt. Welch erschütterndes
geschichtliches Sinnbild: am gleichen Tage, da der erste Kommandeur
der Division „Das Reich" die Augen für immer schließt, wird in der
zweigeteilten alten Hauptstadt Berlin das von Bismarck begründete
Reich vertraglich endgültig zerstört...
Die Trauerkunde vom Ableben des Generalobersten — von der Tages-
presse weitgehend verschwiegen — geht wie ein Lauffeuer durch die
deutschen Lande, ja durch ganz Europa. Wo noch Männer aus der
Truppe des verstorbenen Heerführers leben, dringt die traurige Bot-
schaft hin, oft von Mund zu Mund. Zwar stehen die Weihnachtstage
bevor und viele sind unterwegs — aber wen die Kunde erreicht, der
versucht nach Möglichkeit, dem „Senior" der Waffen-SS noch einmal
zu begegnen, ihm die letzte Ehre zu erweisen, ihn auf seinem letzten
Weg zu begleiten.
Die ersten treffen schon am frühen Morgen des 28. Dezembers in der
Stadt ein. Darunter sind Kameraden aus Wien und Salzburg, her-
gereist mit Privatwagen und Bussen. Und der Strom reißt nicht mehr
ab. Auf dem großen Parkplatz bei der Stadthalle sammeln sich Fahrzeuge mit Kennzeichen vieler Länder, oftmals mit Trauerschleifen
markiert. Wieder andere bringt die Bahn herbei. Sie kommen aus allen
Himmelsrichtungen — aus der ganzen Bundesrepublik, aus Öster-
reich, Flandern, der Schweiz, aus Frankreich, Holland, ja sogar aus
Schweden und Finnland.
In den ersten Nachmittagsstunden wölbt sich ein kalter, blaßblauer
Himmel über Ludwigsburg. Das Ziel der vielen Trauergäste ist der
Neue Friedhof, wo seit etwa sechs Jahren auch Sepp Dietrich ruht.

513

Immer mehr Menschen finden sich ein, bis sich schließlich weit über dreitausend als unübersehbare Menge hier versammeln. Kaum zweihundert Personen faßt die kleine Aussegnungshalle — doch draußen auf dem Vorplatz, auf den Wegen zwischen den Gräberreihen da stehen sie; schweigend, trauernd. Alte und Junge nebeneinander, Kriegsversehrte, Väter bei ihren Söhnen, von denen einige die Uniform der Bundeswehr tragen. Ergraute, vom Leben und den Narben des Krieges gezeichnete Männer neben Witwen gefallener Gefährten. Kriegsblinde am Arm ihrer Frauen oder fürsorglich geführt von Kameraden. Matt blitzt im Schein der Wintersonne da und dort ein Ritterkreuz auf. Wettergeprägte Gesichter von Männern im Trachtenanzug, die aus den Bergen herbeieilten, zeigen verhaltene Züge des Schmerzes und des Leides. Schon mehr als eine halbe Stunde vor Beginn der Feierlichkeiten stehen sie alle stumm und wartend, als wollten sie gemeinsam ein allerletztes Mal Posten stehen für ihren verehrten Papa Hausser — vereint in der Trauer um den großen Mann und Kameraden, der jetzt dort in der Halle aufgebahrt ist.

Drinnen in der Aussegnungshalle, am geschlossenen Sarg, den ein herrliches Blumengebinde deckt, halten zwölf Ritterkreuzträger die Totenwache. Seitlich davor stehen die hochdekorierten Träger der Ordenskissen. Auf einem der Kissen schimmert das Ritterkreuz des Eisernen Kreuzes mit Eichenlaub und Schwertern. Unbeweglich, Statuen gleich, wachen die Ritterkreuz-Kommandeure, die in ihrer soldatischen Laufbahn alle einmal in Einheiten dienten, die dem verstorbenen Heerführer unterstanden.

Die Trauerfeier in der Kapelle wird durch Lautsprecher hinaus übertragen zu den Tausenden, die dicht gedrängt, in tiefem Schweigen verharren. — Der evangelische Pfarrer stellt seine Ausführungen unter das Bibelzitat „Sei getreu bis in den Tod, so will ich Dir die Krone des Lebens geben." Es sind die Worte, die dem Verstorbenen und seiner Gattin bei der Eheschließung vor mehr als 60 Jahren mit auf den Lebensweg gegeben wurden.

Dann tritt, dem Wunsche des toten Generalobersten folgend, als einziger Redner General a. D. Otto Kumm vor, um dem Toten die letzten Grüße zu entbieten. Seine markanten Worte kommen aus dem Herzen des alten Soldaten, und unter all den Tausenden von Veteranen in der weiten Runde gibt es wohl keinen, der davon unberührt bleibt. Im Namen aller nimmt er Abschied vom toten Kommandeur:

Hochverehrter Herr Generaloberst,
lieber Papa Hausser.

Zum letzten Mal stehen wir um Sie geschart, Ihre alten Kampfgefährten an der Seite Ihrer hochzuverehrenden Familie. Wir können und
wollen Sie nicht von uns gehen lassen. Jeder von uns hinterläßt, wird
er zur Großen Armee abberufen, eine Lücke — mehr oder weniger
groß — je nach seiner Einwirkung auf die Mitmenschen. Nach einer
Zeit der Trauer und der Auflehnung gegen das Schicksal schließt sich
diese Lücke, andere treten an unsere Stelle.
Die Lücke aber, die Sie, Herr Generaloberst, hinterlassen, wird sich
niemals schließen!
Zu einmalig war die erhabene Größe Ihrer Persönlichkeit, die Aus-
strahlung Ihres Geistes und Ihres Wesens, zu tief auch Liebe und Zu-
neigung aller Ihrer Soldaten! So werden Sie für alle Zeiten in unseren
Reihen weiterleben. — Es wird kaum ein Zusammenfinden unserer
Kameraden geben, bei dem nicht Sie als strahlender Mittelpunkt zu-
gegen sind. Damit wollen wir Ihnen nicht die Ruhe rauben, die Ihnen
nach einem langen und schweren Weg gegeben wurde. Nein — aber
so wie wir zu allen Zeiten bereit waren, für Sie einzutreten, so wollen
wir auch in Zukunft für Sie da sein wie ein Mann, beseelt von Ihrer
Kraft und in Befolgung Ihres Willens.
Als Sie, Herr Generaloberst, nach einem klaren soldatischen Weg von
der Kadettenschule über den Ersten Weltkrieg bis zum Infanterie-
Führer in Magdeburg und Generalleutnant der Reichswehr, im Jahre
1934 zu unserer jungen Truppe kamen, begann für diese ein neuer
Tag. Als Kommandeur der Junkerschule Braunschweig haben Sie zunächst den Führernachwuchs in soldatischem Geist erzogen und ausgebildet; dann als Inspekteur die jungen Bataillone geformt und damit den Grundstein gelegt zu späteren Erfolgen. Als Kommandeur
der Division „Das Reich" — im Westen und im Osten — prägten Sie
sich durch Führungskunst, vorbildliche Tapferkeit und Ihre von uns
allen täglich bewunderte Ausdauer und persönliche Anspruchslosig-
keit tief in unser aller Herzen ein. Als Sie dann im Oktober 1941 vor
der Moskauer Schutzstellung — in unmittelbarer Nähe unseres Regi-
ments-Gefechtsstandes — schwer verwundet wurden, ging ein Beben
durch die ganze Division, und manches harte Herz wurde weich.

Ein Jahr später — als Kommandierender General — vereinigten Sie unsere drei ältesten Divisionen in Ihrem Panzer-Korps „Hausser". Da war uns allen klar, daß Sie damit eine besonders tiefe Kerbe in den Baum der Geschichte schlagen würden. Und dies ließ nicht lange auf sich warten.

Nach dem Schicksalsschlag von Stalingrad und dem fast völligen Zusammenbruch des Südflügels der Ostfront — das Korps wurde gegen weit überlegenen Feind auf den Stadtrand von Charkow zurückgenommen — offenbarte sich die überragende Größe Ihrer Persönlichkeit. Entgegen dem wiederholten Führerbefehl, Charkow bis zum letzten Mann zu verteidigen, zogen Sie das Panzerkorps aus der Stadt heraus. Damit retteten Sie es vor der Vernichtung und gaben der Heeresgruppe Manstein die Möglichkeit, in großangelegtem Gegenangriff die sowjetische Offensive zu stoppen und die Front im Süden wiederherzustellen. Eine Tat — Tauroggen vergleichbar — die für Sie persönlich die schwersten Konsequenzen in sich barg und bis heute in der Geschichte des Zweiten Weltkrieges leider noch nicht die notwendige Würdigung gefunden hat. Wir wollen dafür sorgen, daß diese Großtat die ihr gebührende Darstellung erhält. Bisher hielt uns Ihre sprichwörtliche Bescheidenheit davon ab. Mit der mutigen Tat von Charkow banden Sie auch den letzten Grenadier Ihrer Truppe für immer an sich. So ist es verständlich, wie glücklich gerade Ihre ältesten Truppenteile waren, Sie ein Jahr später aus dem Kessel von Falaise, zwar wieder verwundet, aber doch lebend geborgen zu haben.

Nach jenem Einsatz in der Normandie als Oberbefehlshaber der 7. Armee erfolgte Ihre letzte Berufung zum Oberbefehlshaber der Heeresgruppe Süd, in der Ihnen Truppen aller Wehrmachtsteile unterstellt waren. Damit wurden Sie als wahrhaft großer Heerführer gewürdigt. Ihre hohen Auszeichnungen aus beiden Weltkriegen — über allen das Ritterkreuz mit Eichenlaub und Schwertern — sind nur kleine sichtbare Zeichen Ihres großen soldatischen Wirkens.

Wie tief fiel dann das Lot, als Sie in schäbigen Ami-Klamotten auf armseligem Strohsack kostbare Jahre Ihres Lebens verbringen mußten. Und doch — hier mehr denn je — strahlten Sie wahre Ritterlichkeit aus. Sie legten eine Haltung an den Tag, die jedem Bewunderung abverlangte und Hunderttausenden von Schicksalsgefährten geholfen hat, diese schwere Zeit ungebrochen zu überstehen. In dieser schweren Zeit wurden Sie zur legendären Vatergestalt, und in jedem neuen Lager

war die erste Frage unter Kameraden: Wie geht es Papa Hausser? —
Konsequent verfolgten Sie Ihren Weg weiter. Vor dem großen Ge-
richtshof verteidigten Sie die Reinheit und Fairneß Ihrer Truppe. Sie
griffen zur Feder, und in zwei Werken und unzähligen Briefen traten
Sie für die Gleichberechtigung unserer Soldaten ein — Soldaten wie
andere auch —, für die Sie sich in höchstem Maße verantwortlich
fühlten. Dafür danken wir Ihnen. Die Verantwortung ist nun von
Ihnen genommen, und wir wollen versuchen, diese weiterzutragen in
Ihrem Sinne. Ihre unwandelbare Treue zu uns wollen wir über den
Tod hinaus vergelten, indem wir geloben: Ihre hochzuverehrende
Frau Gemahlin, Ihre Tochter, Ihre Enkel und Urenkel sollen niemals
verlassen sein. Solange noch einer von uns lebt, sollen sie unter unserem Schutze stehen. Ihr Werk, hochverehrter Herr Generaloberst,
die Wahrung der Ehre unserer Truppe, werden wir weiterverfolgen.
Die HIAG und das Sozialwerk, das Ihren hohen Namen trägt, wollen
wir in Ihrem Auftrage weiterführen. Ihr ganzes Leben hatte den einen
Sinn, dem Vaterlande zu dienen. So wollen auch wir — dem Zeitgeist
und widrigen Umständen entgegenwirkend — den Begriff des Vater-
landes hochhalten. Herr Generaloberst, grüßen Sie unsere toten Kameraden!

Wenn alle untreu werden, so bleiben wir doch treu! — — —

Stumm und ergriffen steht die große Trauerfamilie der alten Getreuen,
und noch lange hallen die eben gesprochenen Worte nach.
Dann setzt sich das Trauergeleit in Bewegung, von der Aussegnungshalle zum einige hundert Meter entfernten Krematorium. Angeführt
wird der Kondukt von der Stadtmusik Ludwigsburg-Ossweil, die ge-
messenen Schrittes den Trauermarsch von Chopin intoniert. Anschließend folgen die unzähligen Kränze, geleitet von Vertretern der
Verbände und Kameradschaften. Hinter ihnen schreiten die Träger
der Ordenskissen. Der Sarg des toten Generalobersten Paul Hausser
wird begleitet von Ritterkreuzträgern aller Wehrmachtsteile, gefolgt
von den Angehörigen und engen Freunden des Verstorbenen. Durch
unübersehbare Reihen von Frauen und Männern, die dicht gedrängt
den Weg säumen, führt die letzte Fahrt von Papa Hausser. Still grü-

ßen ihn seine alten Kämpen, all die Gefährten großer und oft schwerer Zeiten. Da und dort heben in der Menge Soldaten und Offiziere der deutschen Bundeswehr stumm die Hand zur Mütze. Auch sie ehren den großen Feldherrn und Menschen noch einmal. Und das nicht ohne eine gewisse Bitternis, müssen doch diese Männer der Bundeswehr auf Geheiß höchster Stellen „privat" an der Trauerfeier teilnehmen. Der Staat versagt einem seiner großen Söhne die letzte Ehrung. Kein Kranz der Armee wird niedergelegt . . .

Dem alten Soldatenbrauch folgend, langt der Sarg unter den Klängen des „Preußischen Präsentiermarsches" an. Hier nehmen die Sprecher der Organisationen, Soldatenverbände und Kameradschaften zum allerletzten Male Abschied, legen ihre Kränze nieder, begleitet von kurzen, eindringlichen Worten, die deutlicher als alles andere die enge Verbundenheit mit dem Verstorbenen ausdrücken.

Wer nennt all die Namen . . . einige wenige sollen stellvertretend für alle stehen. Da sind die ehemaligen ungarischen Freiwilligen, die Kameraden von der Division „Das Reich", diejenigen vom I. und die vom II. Panzerkorps, die Ordensgemeinschaft der Ritterkreuzträger, der Verband deutscher Soldaten, Stahlhelm und Kyffhäuserbund, das Sozialwerk, das den Namen des Verstorbenen trägt, die HIAG und natürlich auch die Kameraden der österreichischen K IV. Aber auch die französischen Mitstreiter der Division „Charlemagne", ihre dänischen und holländischen Kameraden stehen ergriffen am Sarge des Mannes, der für sie schon vor Jahrzehnten nicht nur ein deutscher, sondern ein europäischer General war und in dessen Truppe Männer des ganzen Kontinents Schulter an Schulter kämpften.

Langsam versinkt der Sarg des Generalobersten in der Tiefe, als die Klänge des Soldatenliedes „Ich hatt' einen Kameraden . . . " erklingen. Nach einem Augenblick der Stille ertönt voll und klar die großartige Melodie des Deutschlandliedes über die Weite des großen Friedhofes, und alle singen ergriffen die Strophen mit. —

Die Trauerfeier ist zu Ende. Aber niemand rührt sich, denn aus nahezu dreitausend Kehlen brandet machtvoll das alte Treuelied empor, gesungen aus heißen Herzen. Und wie ein Schwur klingt es über die Menschen hinweg: „Wenn alle untreu werden, so bleiben wir doch treu, daß immer noch auf Erden für Euch ein Fähnlein sei . . . "

518

Dann geht die große Trauergemeinde still auseinander. Aber die alten Soldaten — herbeigeeilt aus ganz Europa — sitzen noch lange in der Stadthalle von Ludwigsburg beisammen. Zurück fliegen die Gedanken in die gemeinsam verlebte Zeit, deren Feuer, Freude und Leid die heute noch bestehende enge Kameradschaft begründete. Und jeder nimmt auf seinen Heimweg die Gewißheit mit, daß das Wort von der Ehre, die da Treue heißt, nichts von seiner Kraft verloren hat und weiterleben wird — bis den Allerletzten der Rasen deckt.

Walter H. Hefti

DANK DES VERFASSERS
AN SEINE MITARBEITER

Der Dank des Verfassers gilt allen, die an diesem dritten Band der Divisionsgeschichte DAS REICH mitgearbeitet haben oder daran beteiligt sind; und zwar:

Generaloberst a. D. Paul Hausser † für die Überlassung seiner wertvollen handschriftlichen Aufzeichnungen,

Herrn Oberarchivrat Dr. Stahl, dem Direktor des Bundesarchivs — Militärarchivs Freiburg/Br. und **Herrn Archivamtmann Ziggel** für ihre freundliche Unterstützung bei der Archivarbeit,

Herrn Dr. Arenz vom Militärgeschichtlichen Forschungsamt Freiburg/Br. für seine Beratung in allen fachlichen Fragen,

dem ehemaligen Kompaniechef Heinz Lindner für die Zeichnungen der zahlreichen Skizzen sowie für die Zeichnung des Marsch- und Kampfweges der Division,

dem ehemaligen Kompaniechef Gert Schmager † für die Beschaffung der Unterlagen und für die erste Bearbeitung der „Winterschlacht von Rshew",

dem ehemaligen Adjutanten des SS-Kradsch.Btl. Hermann Buch für seine persönlichen Tagebuchaufzeichnungen und Erlebnisberichte, für die Mithilfe bei der Rekonstruktion des Marsch- und Kampfweges der Division und für die Überlassung von Bildern,

dem ehemaligen „Regimentsfotografen" Ferry Fendt, Wien, der einen Großteil der Bilder zur Verfügung stellte,

dem Mitglied der Arbeitsgemeinschaft „DF" Walter Schallowetz für den Druck des Gedenkblattes für Generaloberst a. D. Paul Hausser (siehe Anhang) und für seine großzügige Unterstützung,

der Arbeitsgemeinschaft „DF" (Burkhardt, Lindner, Schallowetz) für ihre Unterstützung und Mitarbeit,

der Regimentskameradschaft „DF" für die Finanzierung der Beschaffung sämtlicher Unterlagen und aller entstandenen Kosten,

allen Kommandeuren, Führern, Unterführern und Männern aller Waffengattungen der Division, die durch Tagebücher, Berichte, Skizzen und Bilder ihren Beitrag zur Divisionsgeschichte geleistet haben.

Verbleib der Kriegsakten der Waffen-SS

Dem Verfasser liegt folgende amtlich beglaubigte Eidesstattliche Erklärung des ehemaligen SS-Hauptscharführers Georg S t r e i c h e r vom 15. Mai 1970 über den Verbleib der Kriegsakten der Waffen-SS — darunter offensichtlich die Kriegstagebücher der SS-Division DAS REICH — vor:

Georg Streicher , den 15. Mai 1970
7472 Winterlingen/Wttbg.
Römerstr. 28

Eidesstattliche Erklärung

Unterzeichneter, Georg Streicher geb. am 16. 11. 1919 in Aalen/Wttbg. erkläre an eidesstatt, dass am 9. Mai 1945 bei dem Dorfe Gottesgab im Erzgebirge ca. 10 — 12 km östlich von Johanngeorgenstadt, sieben Lastwagen, 2 Ford u. 5 franz. Beutewagen Berlith, von mir in Brand gesteckt wurden. Diese Lastwagen, waren mit Kisten beladen, deren Inhalt Kriegsunterlagen waren.
Diese Lastwagen wurden von einem Oberscharführer Maier oder Meier mit e , begleitet. Dabei waren noch 4 Rottenführer 2 Sturmmänner u. 4 SS-Männer, als Fahrer u. bewaffnete Begleiter. Der Oscha war mir bekannt vom Truppenübungsplatz Wildflecken, u. war damals ebenfalls Angehöriger der neuaufzustellenden 5. SS- Pz.-Abt. Wiking.
Ich kam am 9. 5. 45 über Kaaden — Schmiedeberg gegen 15 00 Uhr in das Dorf Gottesgab u. wollte noch nach Johanngeorgenstadt. Traf am Ortsausgang ca. 200 m unterhalb der Kirche auf einer Wiese die Kolonne mit den sieben L.K.W. u. gesellte mich zu ihnen. Im Verlauf der Gespräche stellte sich heraus, dass die Ladung aus einem Schlosse östlich von Prag bei Kolin stammte. Die Leute haben die Kisten am Frühen Morgen dort aufgeladen u. sollten diese Kisten nach Bayern bringen. Ferner war den Leuten unbekannt, daß der Krieg schon zu Ende war. Eine Möglichkeit nach Süden durchzukommen bestand nicht mehr. Aus diesem Grunde haben wir uns entschlossen, die Ladung mit allem zu vernichten. Ebenfalls unsere Fahrzeuge, sowie un-

521

sere gesamte Habe. Ich hatte noch etwa tausend Liter Dieselöl, u. 200 l
Benzin. Die Wagen fuhren wir zusammen u. überschütteten alles mit
dem Kraftstoff. Einzelne Kisten haben wir abgeladen um besser zu
verbrennen. Dabei entdeckte ich Aufschriften an den Kisten wie etwa
Standarte Germania, u. Deutschland. Da ich früher bei Germania war
habe den Inhalt inspiziert, u. festgestellt, daß es Tagebücher waren
von den Feldeinheiten, Frankreichfeldzug habe ich dann alles mitgenommen, u. später gelesen. Teilweise unterschrieben von Demel-
huber u. von Dörfler-Schuhband. Bei Rautenkranz habe ich auch das
vernichtet. Von den L.K.W.s blieb nichts mehr ich u. alle anderen
waren bis zum 9. 5. dabei und schliefen im Freien beim Feuer. Kurz
vor Hof haben wir uns getrennt, Norddeutsche gingen Richtung Thüringen u. Sachsen. Wir Süddeutschen in Richtung Nürnberg. Dieser
Oscha. war nach meiner Erinnerung aus der Gegend von Magdeburg.
Einer der Rottenführer war später noch mit mir im Lager Camp 73
Kornwestheim, A-Bau. Was aus ihm später wurde, weiß ich nicht,
denn ich kam noch ins Gefängnis nach Schwäb. Hall, dann nach Mann-
heim, u. nach Heilbronn.
Obige Angaben kann ich jederzeit beschwören, u. Versichere alle Angaben nach bestem Wissen u. meiner Erinnerung gemacht zu haben.
Dass von den Akten usw. von mir heute erste gesprochen wird, kam
aus Anlass, dass ich in dem Buch von Herrn Weidinger gelesen habe,
daß diese Akten nicht aufzufinden sind. Aus diesem Grunde habe ich
diese Erklärung abgegeben, denn ich wußte nicht, dass nach diesen
Unterlagen gesucht wurde.

Georg Streicher
ehem. SS-Hscha.
(handschriftliche Unterschrift)

Vorstehende Unterschrift ist echt,
Winterlingen, den 29. Mai 1970
Bürgermeisteramt:

Stempel: i. A.   (unleserlich)   GA.
Gemeinde Winterlingen —
Kreis Balingen

Quellen- und Literaturverzeichnis

I. **Ungedruckte Quellen:**
Bundesarchiv — Militärarchiv — Freiburg/Br.:
Gen.Kdo. XXXXVI. Pz.-Korps, Bestand-Nr. 30241/2:
20. 8. — 23. 8. 41, 25. 1. — 9. 2. 42, 18. 2. — 1. 6. 42
Gen.Kdo. XXIV. Pz.-Korps, Best.Nr. 21363/19 u. 6,
7. 9.— 24. 9. 41
Gen.Kdo. XXXX. Pz.-Korps, Best.Nr. 31093/1,
3. 10. — 13. 12. 41
Gen.Kdo. VI. AK mit Anlagen
außerdem:
Gen.Kdo. SS-Pz.-Korps, Microcopie Nr. T-354, Roll 116 u. 119

II. **in Privatbesitz:**
KTB SS-Rgt. DEUTSCHLAND, Microcopie T-354, Roll 121
Generaloberst a.D. P. Hausser: Persönliche handschriftliche
Aufzeichnungen
Otto Kumm: Persönliche Aufzeichnungen:
AOK 9: Umdruck — „Die Winterschlacht von Rshew"
XXXXVI. Pz.-Korps: Erinnerungsschrift für Kommandeure:
„Die Winter-Kesselschlacht von
Szytschewka 25. 1. — 12. 2. 1942"
vom 15. 12. 1942; Abt. Ic Nr. 242/42 geh.
XXXXVI. Pz.-Korps: Erinnerungsschrift (Umdruck):
„Abwehrschlacht im Wolgabogen"
v. 15. 4. 1942; Abt. Ic Nr. 800/42

SS-Panzerkorps: Zusammenfassender Bericht (Umruck):
„SS-Panzer-Korps in der Schlacht zwischen Donez und Dnjepr"
KTB der Sturmgeschütz-Batterie/SS-REICH,
KTB des Kradsch.Btl./SS-REICH
KTB der 4./Kradsch.Btl./SS-REICH,
Hermann Buch, ehem. Adjutant Kradsch.Btl./REICH:
Persönliche Tagebuchaufzeichnungen und Kampfberichte
Oberstltnt. Frhr. v. Reccum: Aufzeichnungen für die
Div.-Geschichte der 251. ID
Oberst a.D. Walter Straub: „Geschichte des Panzerregiments 7"
(Vervielfältigung)

III. Literatur

Burdick, Prof. Dr., Furchtlos und treu (zum 75. Geburtstag von Gen. d. Geb.Tr. Hubert Lanz) Markus-Verlagsgesellschaft m.b.H., Köln 1971

Carell, Paul, Unternehmen Barbarossa, Verlag Ullstein GmbH, Frankfurt/M — Berlin 1963

Carell, Paul, Verbrannte Erde, Ullstein 1966

Cerff, Karl, Die Waffen-SS im Wehrmachtbericht, Munin Verlag, Osnabrück 1971

Guderian, Heinz, Erinnerungen eines Soldaten, Verlag Kurt Vowinckel, Heidelberg 1960

Günther, Helmut, Heiße Motoren — kalte Füße, Vowinckel, Neckargemünd 1963

Haupt, Werner, Heeresgruppe Mitte, Podzun Verlag, Bad Nauheim 1968

Hausser, Paul, Waffen-SS im Einsatz, K. W. Schütz Verlag KG, 7. Aufl., Preuß. Oldendorf 1973

Hausser, Paul, Soldaten wie andere auch, Munin Verlag, Osnabrück 1966

Klietmann, Dr. Kurt-Gerhard, Die Waffen-SS — eine Dokumentation, Munin Verlag, 1965

Krätschmer, Ernst-Günther, Ritterkreuzträger der Waffen-SS, Plesse-Verlag, Göttingen 1965

Payk, Ernst, Die Geschichte der 206. Infanterie-Division, Podzun Verlag, Bad Nauheim

Philippi, A. und Heim, F., Der Feldzug gegen die Sowjetunion, Verlag W. Kohlhammer GmbH, Stuttgart

Rendulic, Dr. Lothar, Soldat in stürzenden Reichen, Damm Verlag, München 1965

Schukow, G. K., Erinnerungen und Gedanken, APN-Verlag Moskau 1969 — Deutsche Verlagsanstalt, Stuttgart

Stein, George H., Geschichte der Waffen-SS, Droste-Verlag, Düsseldorf 1967

Stoves, Rolf, Geschichte der 1. Panzer-Division, Podzun Verlag

Weidinger, Otto, Kameraden bis zum Ende, Plesse-Verlag, Göttingen 1962

Werth, Alexander, Krieg in Rußland 1941—45, Droemersche Verlagsanstalt, Th. Knaur, München

Gegenüberstellung
der Dienstgrade der Waffen-SS und des Heeres

Waffen-SS	Abkürzung	Heer
SS-Mann	—	Schütze
SS-Sturmmann	SS-Strm.	Gefreiter
SS-Rottenführer	SS-Rttf.	Obergefreiter
SS-Unterscharführer	SS-Uscha.	Unteroffizier
SS-Scharführer	SS-Scharf.	Unterfeldwebel
SS-Oberscharführer	SS-Oscha.	Feldwebel
SS-Hauptscharführer	SS-Hascha.	Oberfeldwebel
SS-Sturmscharführer	SS-Stuscha.	Hauptfeldwebel
SS-Standartenjunker	SS-Sta.Ju.	Fähnrich
SS-Standartenoberjunker	SS-Sta.Oju.	Oberfähnrich
SS-Untersturmführer	SS-Ustuf.	Leutnant
SS-Obersturmführer	SS-Ostuf.	Oberleutnant
SS-Hauptsturmführer	SS-Hstuf.	Hauptmann
SS-Sturmbannführer	SS-Stubaf.	Major
SS-Obersturmbannführer	SS-Ostubaf.	Oberstleutnant
SS-Standartenführer	SS-Staf.	Oberst
SS-Oberführer	SS-Obfhr.	—
SS-Brigadeführer	SS-Brig.Fhr.	Generalmajor
SS-Gruppenführer	SS-Gruf.	Generalleutnant
SS-Obergruppenführer	SS-Ogruf.	General
SS-Oberstgruppenführer	SS-Obstgruf.	Generaloberst

Erläuterungen der Abkürzungen

AA oder Aufkl.Abt.	Aufklärungsabteilung
Abt.	Abteilung
Adj.	Adjutant
AHQu	Armee-Hauptquartier
AK, A.K.	Armeekorps
AOK, A.O.K.	Armee-Oberkommando
AR, Art.Rgt.	Artillerieregiment
II./SS-AR	II-Abteilung des SS-Artillerie-Regiments
3./SS-AR	3. Batterie des SS-Artillerie-Regiments
IV.(schw.)SS-AR	IV. (schwere) Abteilung des SS-Artillerieregiments
Arko	Artillerie-Kommandeur (Führer der Artillerie eines Koprs)
Aufkl.Staffel	Aufklärungsstaffel (Luftwaffe)
B-Kol.	Betriebsstoff-Kolonne
B-Krad	Beiwagen-Kraftrad
B-Offz.	Beobachtungsoffizier (Artillerie)
Brüko	Brückenkolonne
B-Stelle	Beobachtungsstelle der Artillerie
Btl.	Bataillon
Bttr.	Batterie
Chef d. Gen.St.	Chef des Generalstabes; oder auch:
Chef des XXXX. Pz.-Korps	Chef des Generalstabes des XXXX. Pz.-Korps
Ia	1. Generalstabsoffizier (Führung)
Ib	2. Generalstabsoffizier (Versorgung)
Ic	3. Generalstabsoffizier (Feindbild, Abwehr, Sicherheit)

D oder „D"	DEUTSCHLAND (Regimentsname)
DF oder „DF"	DER FÜHRER (Regimentsname)
Div.	Division
Div.Kdr.	Divisionskommandeur
Div.Nachsch.Fhr.	Divisions-Nachschubführer
Div.St.Qu.	Divisions-Stabsquartier
Div.Gef.St.	Divisionsgefechtsstand
E-Btl. oder Ers.Btl.	Ersatz-Bataillon
Flak	Flugabwehrkanone
Flak-Abt.	Flak-Abteilung
Fla MG	Flugabwehr-Maschinengewehr
Flivo	Fliegerverbindungsoffizier
Geb.Pi.Btl.	Gebirgs-Pionier-Bataillon
gef. (Verlustmeldung)	gefallen
geh.	geheim
Gen.Kdo.	Generalkommando
Gen.St.d.H.	Generalstab des Heeres
Gr.Wf.Zg.	Granatwerfer-Zug
g.Kdos.	geheime Kommandosache
H.Gr.	Heeresgruppe
HKF	Hauptkampffeld
HKL	Hauptkampflinie
ID, I.D., Inf.Div.	Infanteriedivision
IG	Infanteriegeschütz
i.G.	im Generalstab (zusätzliche Bezeichnung für Offiziere mit Generalstabsausbildung)
IR, I.R., Inf.Rgt.	Infanterieregiment
IR „GD"	Infanterieregiment „Großdeutschland"

KD, Kav.Div.	Kavalleriedivision
Kdr.	Kommandeur
Kfz	Kraftfahrzeug
KG	Kommandierender General (eines Korps)
KHQu	Korpshauptquartier
Kp.	Kompanie
Kp.Tr	Kompanie-Trupp
Krad	Kraftrad
Kradsch.Btl.	Kradschützen-Bataillon
Kr.KW.Zg	Krankenkraftwagen-Zug
KTB	Kriegstagebuch
le FH oder l FH	leichte Feldhaubitze
l GrWF	Leichter Granatwerfer
l IG	leichtes Infanteriegeschütz
l IK	leichte Infanterie-Kolonne (Nachschub)
LKW	Lastkraftwagen
l MG	leichtes Maschinengewehr
l PzSpWg	leichter Panzerspähwagen
LSSAH	Leibstandarte SS Adolf Hitler
MG-Btl.	Maschinengewehr-Bataillon
mot.Div.	motorisierte Division
MPi	Maschinenpistole
MTW	Mannschaftstransport-Wagen
NA, Nachr.Abt.	Nachrichten-Abteilung
O 1	1. Ordonnanzoffizier (bei Ia)
O 2	2. Ordonnanzoffizier (bei Ib)
O 3	3. Ordonnanzoffizier (bei Ic)
O 4	4. Ordonnanzoffizier (bei Ia)
O 5	5. Ordonnanzoffizier (Begleitoffizier des Divisionskommandeurs)

OB	Oberbefehlshaber
Ob. d. H., Ob d H	Oberbefehlshaber des Heeres
OFK	Oberfeldkommandantur
OKH	Oberkommando des Heeres
Op.Abt.	Operationsabteilung
OO oder Ord.Offz.	Ordonnanzoffizier
ostw.	ostwärts
Pak	Panzerabwehrkanone
Pi.Btl.	Pionier-Bataillon
PKW, Pkw	Personenkraftwagen
Pz.Brig.	Panzerbrigade
Pz.Div.	Panzerdivision
Pz.Gr.	Panzergruppe (mehrere Panzerkorps)
Pz.Jg.Abt.	Panzerjäger-Abteilung
Pz.K.	Panzerkorps
Pz.Sp.Tr.	Panzerspähtrupp
RFSS	Reichfsührer SS
Rgt.	Regiment
Rgt. SS D	Regiment SS-DEUTSCHLAND
Rgt. SS DF	Regiment SS-DER FÜHRER
Rgt. SS 11	Regiment SS 11
II./D	II. Bataillon des Regiments DEUTSCHLAND
7./DF	7. Kompanie des Regiments DER FÜHRER
Rgt.Gef.St.	Regimentsgefechtsstand
Rückw. Dienste	Rückwärtige Dienste
San.Abt.	Sanitätsabteilung
s FH	schwere Feldhaubitze
s GrWf	schwerer Granatwerfer (10,5 cm)

sib. Div.	sibirische Division (russ.)
s IG	schweres Infanteriegeschütz
s MG	schweres Maschinengewehr
SPW	Schützenpanzerwagen
SR 69	Schützenregiment 69 (russ.)
Stu.Gesch.Bttr.	Sturmgeschütz-Batterie
Stuka	Sturzkampfflugzeug
T 34	russischer mittlerer Panzer (Typ 1940 mit 762 mm-Kanone und 45 mm Panzerung)
T-Div.	Totenkopf-Division
to	Tonne
z.B. 8 to-Brücke	8-Tonnenbrücke (Tragfähigkeit)
VA	Vorausabteilung
VB	vorgeschobener (Art.) Beobachter
verm. (Verlustmeldung)	vermißt
verw. (Verlustmeldung)	verwundet
VT	Verfügungstruppe
V-Wagen	Verpflegungswagen
westl.	westlich
WH	Wehrmacht-Heer
WK	Werkstatt-Kompanie
X-Zeit	noch geheimgehaltene oder noch nicht festgelegte Uhrzeit des Angriffbeginns
Zkw	Zugkraftwagen (Halbkettenfahrzeug)

Verzeichnis der Kampf- und Erlebnisberichte

Verzeichnis der Skizzen